U0660193

本书是国家社科基金项目"世界主要发达国家的社会发展与政策选择——现代田园主义的理论与实践"（06BGJ022）的最终成果

中国社会科学院创新工程学术出版资助项目

社会发展与现代田园主义

发达国家社会发展得失谈

蒋立峰◎主编

中国社会科学出版社

图书在版编目（CIP）数据

社会发展与现代田园主义:发达国家社会发展得失谈/蒋立峰主编.
—北京：中国社会科学出版社，2013.10
ISBN 978 - 7 - 5161 - 3374 - 3

Ⅰ. ①社… Ⅱ. ①蒋… Ⅲ. ①发达国家—社会发展—社会政策—研究
Ⅳ. ①D569

中国版本图书馆 CIP 数据核字（2013）第 235638 号

出 版 人	赵剑英	
责任编辑	王　茵	
责任校对	王兰馨	
责任印制	王炳图	

出　　版	中国社会科学出版社	
社　　址	北京鼓楼西大街甲 158 号（邮编100720）	
网　　址	http://www.csspw.cn	
	中文域名:中国社科网　　010 - 64070619	
发 行 部	010 - 84083685	
门 市 部	010 - 84029450	
经　　销	新华书店及其他书店	

印　　刷	北京君升印刷有限公司	
装　　订	廊坊市广阳区广增装订厂	
版　　次	2013 年 10 月第 1 版	
印　　次	2013 年 10 月第 1 次印刷	

开　　本	710 × 1000　1/16	
印　　张	32	
插　　页	2	
字　　数	526 千字	
定　　价	89.00 元	

凡购买中国社会科学出版社图书，如有质量问题请与本社联系调换
电话：010 - 64009791
版权所有　侵权必究

目　录

绪论 ……………………………………………………………（1）

　第一节　美国金融危机影响深远、后果严重 ……………………（1）

　第二节　地球环境危机更为严重，但尚未引起高度重视 ………（9）

　第三节　研究社会发展所需涉及的基本理论问题 ……………（17）

　第四节　社会发展形态与模式泛论 ……………………………（22）

　第五节　国内外关于社会发展的研究概述 ……………………（28）

第一章　英国的社会发展与政策选择 …………………………（46）

　第一节　英国人口结构的变化与政策选择 ……………………（46）

　　一　英国人口结构的变化过程 ………………………………（46）

　　二　人口结构变化对英国社会发展的影响 …………………（50）

　　三　英国人口政策及人口发展趋势 …………………………（55）

　第二节　英国的城市化与产业化 ………………………………（61）

　　一　英国城市化与产业化的进程与发展模式 ………………（61）

　　二　英国关于人口流动的引导与控制 ………………………（69）

　　三　英国的城市规划与资源利用策略 ………………………（73）

　第三节　英国的社会发展与阶层分化 …………………………（77）

　　一　英国产业结构的变化与阶层变动 ………………………（77）

　　二　英国社会阶层结构的主要特征 …………………………（82）

　　三　英国阶层之间的利益冲突 ………………………………（87）

　第四节　英国的社会发展与自然环境的关系 …………………（91）

　　一　英国社会发展与生态和谐的政策与实践 ………………（91）

　　二　自然环境与可持续发展的综合策略 ……………………（94）

　第五节　英国社会发展与社会稳定的政策取向 ………………（97）

　　一　社会保障制度的形成与完善 …………………………………………（97）

　　二　英国社会公正观的变化 …………………………………………（104）

　　三　英国的就业政策改革 …………………………………………（109）

　　四　对社会弱势群体的政策援助 …………………………………………（113）

　　五　英国的宗教问题和民族问题 …………………………………………（116）

第六节　英国的国民素质教育 …………………………………………（121）

　　一　英国的公民教育 …………………………………………（121）

　　二　英国的道德教育 …………………………………………（124）

　　三　英国的科普教育 …………………………………………（127）

第二章　美国的社会发展与政策选择 …………………………………………（130）

第一节　美国人口结构的变化与政策选择 …………………………………………（131）

　　一　多样化的人口种族结构及其变化过程 …………………………………………（131）

　　二　"移民国家"美国的人口增长及其分布 …………………………………………（133）

　　三　美国的多样化种族结构对社会文化的影响 …………………………………………（136）

　　四　美国的人口政策和移民政策 …………………………………………（138）

第二节　城市化与产业的发展 …………………………………………（142）

　　一　美国城市化的进程 …………………………………………（143）

　　二　经济发展对城市化发展的推动作用 …………………………………………（145）

　　三　美国的主要工商城市 …………………………………………（150）

　　四　从纽约的变化看从城市化到城郊化过渡 …………………………………………（153）

　　五　城市规划与资源利用策略 …………………………………………（155）

第三节　社会发展与阶层分化 …………………………………………（159）

　　一　产业结构的变化与阶层变动 …………………………………………（159）

　　二　美国的各社会阶层及其主要特征 …………………………………………（162）

　　三　亚裔、华裔美国人在美国社会中的地位 …………………………………………（170）

第四节　美国的社会发展与自然环境的关系 …………………………………………（175）

　　一　美国的环保政策：先发展后治理 …………………………………………（176）

　　二　重国内环境问题，轻全球环境问题 …………………………………………（182）

　　三　美国政府对全球气候变化问题的立场变化 …………………………………………（183）

第五节　美国社会发展与稳定及其政策取向 …………………………………………（186）

　　一　从"罗斯福新政"到"费城宣言" …………………………………………（186）

二　社会保障制度的形成与完善 …………………………（187）

三　雇佣体系的建立与完善 ………………………………（193）

四　如何处理和解决宗教问题 ……………………………（197）

五　美国的社会治安问题 …………………………………（204）

第六节　美国的国民素质教育 …………………………………（208）

第三章　法国的社会发展与政策选择 ………………………（215）

第一节　"新社会"人口结构的变化与政策选择 ……………（215）

一　人口结构变化的历史轨迹及其原因 …………………（215）

二　人口结构变化对社会发展的影响 ……………………（220）

三　人口政策及人口结构的发展趋势 ……………………（221）

第二节　"新社会"的城市化与产业化 ………………………（228）

一　产业化与城市化的进程与发展模式 …………………（228）

二　人口流动的引导和控制 ………………………………（236）

三　城市规划与资源利用策略 ……………………………（239）

四　城市化的经验与教训 …………………………………（243）

第三节　"新社会"的发展与阶级阶层结构的嬗变 …………（247）

一　产业结构的变化与阶级阶层结构的嬗变 ……………（247）

二　"新社会"阶级阶层结构的主要特征 ………………（252）

三　"新社会"阶级阶层利益的冲突与协调 ……………（255）

第四节　"新社会"的发展与自然环境的关系 ………………（261）

一　自然环境问题的提出和环保特点 ……………………（261）

二　社会发展与生态和谐的政策与实践 …………………（264）

三　自然环境与可持续发展战略 …………………………（267）

四　"新社会"的发展与自然环境的基本和谐及其原因 ……（269）

第五节　"新社会"的发展与社会稳定的政策 ………………（271）

一　覆盖全民的"从摇篮到坟墓"的社会保障制度的

建立和完善 ………………………………………………（271）

二　社会排斥和反社会排斥的政策 ………………………（275）

三　雇佣制度的建立与完善 ………………………………（279）

四　社会公正的制度保障 …………………………………（280）

五　民族问题和宗教问题的处理 …………………………（283）

六 社会稳定政策的特征及其对"新社会"发展的促进作用 …… (288)

第六节 国民素质教育 ……………………………………… (290)

一 国民教育与素质教育 ………………………………… (290)

二 公民意识的形成与社会公德 ………………………… (295)

三 人文文化教育与荣辱观的关系 ……………………… (297)

四 科学知识的普及 ……………………………………… (298)

第四章 日本的社会发展与政策选择 …………………… (307)

第一节 日本人口结构的变化与政策选择 ……………… (307)

一 战后人口结构的变化过程 …………………………… (307)

二 日本人口出生率下降的原因 ………………………… (310)

三 人口结构变化对日本社会的影响 …………………… (314)

四 日本采取的对策与举措 ……………………………… (319)

五 日本面临的人口结构课题 …………………………… (324)

第二节 日本农村社会的变迁 …………………………… (325)

一 农地改革与农村社会变迁 …………………………… (326)

二 经济高速增长与日本农村社会发展 ………………… (329)

三 国际化时代与日本农村社会的变化 ………………… (332)

四 农村的城市化过程及其政策 ………………………… (335)

五 农村"人口过疏"问题及其对策 …………………… (337)

六 日本农村政策的经验与教训 ………………………… (340)

第三节 日本社会阶层与社会流动 ……………………… (344)

一 1945 年前后的日本阶级、阶层变动 ……………… (344)

二 中间阶层的壮大与中流意识的产生 ………………… (349)

三 产业结构的变化与阶层变动 ………………………… (352)

四 经济差距有所扩大 …………………………………… (352)

五 民众淡漠政治,意识趋于保守 ……………………… (354)

第四节 社会保障政策的形成与发展 …………………… (355)

一 战后日本社会保障制度的发展过程 ………………… (356)

二 日本社会保障的基本特点 …………………………… (359)

三 日本社会保障制度改革的背景 ……………………… (363)

四 社会保障改革的具体措施 …………………………… (366)

第五节　国民的宗教信仰与相关法律政策 ……………………………（372）
　　一　日本国民宗教信仰的现状、特点及其影响 ………………（372）
　　二　宗教法律政策选择对国民宗教信仰的影响 ………………（378）
第六节　日本的环境问题及其对策 …………………………………（384）
　　一　战后日本高速发展时期的四大公害病 ……………………（384）
　　二　日本环境保护的法制建设与对策措施 ……………………（387）
　　三　日本环境保护趋势 …………………………………………（390）
　　四　日本环境对策的经验教训 …………………………………（392）
第七节　日本的国民素质教育 ………………………………………（393）

第五章　瑞典的社会发展与政策选择 ………………………………（408）
第一节　人口结构的变化与政策选择 ………………………………（409）
　　一　人口结构的变化过程 ………………………………………（409）
　　二　人口结构变化对社会发展的影响 …………………………（411）
　　三　人口政策及人口发展趋势 …………………………………（413）
　　四　移民问题与社会政策 ………………………………………（414）
第二节　城市化与产业化 ……………………………………………（416）
　　一　城市化与产业化的进程与发展模式 ………………………（416）
　　二　关于人口流动的引导与控制 ………………………………（419）
　　三　产业规划与资源利用策略 …………………………………（420）
第三节　社会发展与社会分层 ………………………………………（421）
　　一　产业结构的变化与阶层变动 ………………………………（421）
　　二　阶层结构的主要特征 ………………………………………（422）
　　三　阶层之间的利益冲突与调整 ………………………………（424）
第四节　社会发展与自然环境的关系 ………………………………（426）
　　一　瑞典环境保护政策的发展 …………………………………（426）
　　二　瑞典环境保护政策的具体措施 ……………………………（427）
第五节　社会发展与社会稳定的政策取向 …………………………（430）
　　一　社会保障制度的形成与完善 ………………………………（430）
　　二　对社会弱势群体的政策援助 ………………………………（438）
　　三　雇佣体系的建立与完善 ……………………………………（441）
　　四　社会公正的制度保障 ………………………………………（445）

第六节 国民素质教育 ·················· (447)

　　一 国民教育与素质教育 ·············· (447)

　　二 法律意识的形成与社会公德 ·········· (453)

　　三 全社会文化的普及 ··············· (456)

终章 比较与结论 ·················· (459)

　第一节 各国社会发展及其政策选择的经验教训 ·········· (459)

　第二节 关于现代田园主义的思考 ··········· (465)

　第三节 对我国维持社会稳定、推动社会发展的政策建议 ········ (469)

主要参考文献 ··················· (490)

绪　　论

我国改革开放 30 多年，成果显著，国家富强。但进入 21 世纪后，如何将改革推向深入，经济实现可持续增长，人民生活不断得到提高，成为世所瞩目的重大问题。本书以科学理论为指导，以忧患意识、危机意识为出发点，选择有代表性的 5 个西方国家英国、美国、法国、日本、瑞典为剖析对象，从人口、城市化、阶级分化、环境保护、社会稳定和国民素质教育等方面对 5 国的各自特色分别展开论述，归纳总结其在社会发展和政策选择方面的经验教训，以供借鉴。当然，研究并阐述这些问题的现实背景，首先是给世界许多国家的经济发展造成巨大困难的美国金融危机，以及各国发展所共同面临的日益严重的地球环境危机。这一双重危机表明，各国的发展不仅面临全球经济一体化大潮的冲击，同时面临着地球环境一体化的制约。因此，这又引起了国际社会关于社会发展问题的大讨论。本绪论亦从美国金融危机和地球环境危机对研究社会发展和政策选择带来的启示谈起，并进而对相关基本理论及发展模式问题进行新的思考，为以下各章阐述英、美、法、日、瑞 5 国的社会发展与政策选择做一铺垫。

第一节　美国金融危机影响深远、
后果严重

2007 年 7 月开始的美国次贷危机在 2008 年迅速升级为金融危机，雷曼兄弟等几家大投资银行接踵倒闭、被收购或转型，国民经济陷入严重困境。① 美国金融危机给占世界经济前位的众多国家的经济乃至社会发展带来了很大的影响，造成了不小的困难。美国金融危机的主要表现是：美国施行美元霸权经济多年从而积累下的巨大经济泡沫终于破灭，一些颇具象征意义的大金融公司、大生产企业相继破产，股市、物市动荡，国内需求下降，失业率上升。所谓美元霸权经济，指国内经济由实体经济为主转变为非实体经济为主（据统计，美国虚拟经济资本的虚假财富高达 400 万亿美元，超过其实体经济资本的 30 多倍至 40 倍②），即患上了"企图不用生产过程作媒介而赚到钱"的"狂想病"③，国民储蓄意识淡薄（储蓄率最高为 2009 年的 5.9%），"理财"（投机）意识狂热、享乐意识膨胀（造成家庭债务越积累越多），推崇"钱能生钱"的资本拜物教，经济类似赌博，国家以发行外债实现赤字转移，以印制美元、操纵美元汇率等空手套白狼的方式席卷世界财富，支撑经济需求，并打击他国经济。④ 美

① 仅以房地产为例，美国人热衷于贷款买房（与中国出现的投资买房热不同），2008 年 10 月 23 日《华尔街日报》报道称，将有 1200 万人（占全部供房者的 1/6）因金融危机造成的房价下跌而破产。另据美国房地产跟踪公司统计，2008 年前 10 个月美国被银行回收的房产已达到创纪录的 82 万套，远远多于 2006 年全年的 22.4 万套，到 2008 年年底，银行回收的房产可能达到 120 万套，占美国待售房产总数的 1/3。此后仍是根据美国房地产跟踪公司统计，2009 年被银行没收拍卖的止赎房屋为 280 万套，2010 年将升至 300 万套。直至 2013 年 3 月，这一趋势仍在继续。美国汽车产业中心城市底特律面临财政破产，人口大量外移，房地产价格崩盘，曾经四五十万美元的公寓、别墅降至数千甚至几百美元仍无人问津。见 http://www.china.com.cn/international/txt/2008 – 11/10/content – 16739248 – 2. htm、http://news. xinhuanet. com/world/2010 – 08/21/c – 12468645. htm、http://www. chinanews. com/cj/2010/12 – 02/2695659. shtml、http://finance. 591hx. com/article/2013 – 03 – 20/0000336871s. shtml。

② 见 http://www. 360doc. com/content/11/0516/20/58063_ 117265326. shtml。

③ 马克思：《资本论》第 2 卷，人民出版社 2004 年版，第 68 页。

④ 美国从 2008 年 10 月开始的 2009 财年财政赤字为 1.42 万亿美元，占 GDP 的 10%，2010 年为 1.3 万亿美元，占 GDP 的 9%。2006 年美国外贸赤字达 7630 亿美元，等于其他国家每年为每个美国家庭补贴 6500 美元。至 2010 年美国贸易赤字仍达 5000 亿美元。见 http://finance. sina. com. cn/stock/usstock/c/20101008/07508744616. shtml、http://finance. sina. com. cn/stock/usstock/economics/20110211/22079363299. shtml、http://realtime. zaobao. com/2007/02/070214 – 06. html。另外，美国联邦储备委员会于 2009 年 3 月和 2010 年 11 月两次采取总额达 9000 亿美元的量化宽松货币政策以刺激经济。2011 年 7 月 11 日，俄罗斯总理普京痛批美联储的量化宽松政策，直斥美国印钞票刺激经济的做法与流氓没有区别，美国开启印钞机让全世界美元泛滥，只为解决他们自己面临的迫切问题。他们说垄断是坏东西，可他们将印钞票的垄断权发挥到极致。（见《环球时报》2011 年 7 月 16 日第 8 版）尽管引来批判之声一片，美国仍我行我素。2012 年和 2013 年美国又连续实施了第三轮和第四轮量化宽松政策，不断靠直接或变相地开动印钞机跳过经济"悬崖"，向他国转嫁危机。美国经济学家保罗·埃德尔斯坦亦认为，美国如此量化宽松相当于海量印钞，无疑将给全球带来一场"货币海啸"。（见《环球时报》2012 年 12 月 14 日第 11 版）

国经济因金融危机受到重创，很难迅速好转。虽然美国总统奥巴马在2009年3月就表示对美国经济前景充满信心，因为投资者仍认为美国是世界上最强大的经济体，美元"格外强劲"，无须创建其他世界货币。但据美国劳动部的雇用统计，美国2009年10月份的失业率已上升为10.2%，失业人数达1570万人，如果将兼职人群也列入失业统计范围，则失业率高达17.5%，为26年来的最高水平。至2011年5月美国失业率仍维持在9.1%的水平，2012年失业率仍明显高于长期以来的正常水平。失业率是衡量国民经济发展好坏的重要指标，这个指标降不下来，就不能说国民经济已经摆脱了危机。①

对于美国发生金融危机，不用说国际经济问题专家（一小部分专为美国说好话的专家除外），实际上就是对国际经济问题稍有了解的民众都能看得出来，似美国人那样不讲储蓄、追求享受的超前高消费及全民"玩虚活儿"的经济虚高发展，绝对不可能长久维持。但因有众多国家替它埋单，这种经济模式才能维持到现在，这已实属不易。当然，美国经济也不会因此垮掉，资本拜物教不单在美国信徒众多，在受其牵连的其他国家也正盛行。美国仍有以技术、军事为依托的政治霸权，被美元绑架了的几个大债权国不仅未敢乘机发难，反而借机争相示好，或更以实际行动予以支持，兴衰与共，同舟共济。21世纪的世界经济市场法则越来越令人难以琢磨，各国平时与美国闹得不可开交，关键时刻却又纷纷克己奉"美"，"充满信心"地与美国共克时艰。他国的"信心"帮了美国的大忙。这正如同坐在一辆汽车里的乘客，有谁希望司机出事导致翻车？经过一番调整和改造，那种在美元霸权下各国为美国"打工"的世界经济体

---

① 见 http：//gzdaily.dayoo.com/html/2009 - 11/08/content - 757574.htm、http：//finance.sina.com.cn/roll/20110608/05359956914.shtml。近日有报载文章称，2008年以来，美国政府多次宣扬经济复苏，但实际情况是，由于美国核心消费物价指数将能源、食品排除在外，无法反映能源、食品涨价导致通货膨胀的真实情况，加之美国滥发美元诱发物价上涨，社会购买力严重缩水，而又竭力掩盖通胀，因此名义GDP增长数据掩盖了实际上的经济衰退。美国这样做的目的仍然是欲误导中国为主的其他国家政府和企业大量购买美国各类债券及金融衍生品，以转嫁危机损失，打击中国经济。还应该看到，金融危机以来，美国的各大金融机构采取了多种转嫁危机的措施，从市场恐慌中牟取暴利。2011年3月，美国最大债券投资基金抛售了全部国债债券，表明投资者甚至对美国最安全的国债也已丧失信心。（见杨斌《美国经济复苏是一种误导》，《环球时报》2011年6月27日第15版）

制仍将继续下去。① 不过，这次金融危机已充分说明，美国多年来一意推行的全球经济一体化，很大程度上就是美元一体化，以美国为主导的全球资本主义化。目前看来，美国推行的全球经济一体化对美国来说已是绩效显著。在这次金融危机过后，各国不应再"美"云亦云，而应认真反思，这个全球经济一体化对美国以外的国家究竟意味着什么，为什么会有那么

---

① 美国生产美元及各种金融产品，其他国家尤其亚洲国家生产物质产品以交换美元及美国的各种金融产品，大量积累起来的美元及金融产品无法消化（美国对中国仍然在搞禁运），只得再低息借给美国购买自己的物质产品。反过来美国还要通过美元贬值、压对方货币升值使对方的外汇储备实际上不断缩水（如果有1万亿美元外汇储备，美元贬值或本币升值10%，就有1000亿美元债权不翼而飞）。这好比美国是大工厂主，其他国家尤其亚洲国家、发展中国家为它打工，明知受剥削，还要感谢工厂主，因为不受剥削就没有了工作，明知得到的工资（钞票）在不断贬值，还幻想工厂主能采取措施保证钞票的价值，维护打工者的利益。就这样，其他国家尤其亚洲国家养活了美国，遭到美国残酷剥削，巧取豪夺，却仍以"外汇储备增多"而沾沾自喜。其实，真正能笑到最后的只能是美国。正如诺贝尔经济学奖得主墨顿·米勒嘲讽日本的制造业："我们指挥你们给我们送来这些费尽千辛万苦生产出来的、奇妙的汽车、照相机和机床。而我们又给你们提供了什么呢？只不过是乔治·华盛顿的一些头像。"（墨顿·米勒：《论金融衍生工具》，转引自王小强、梁晓《市场原教旨主义的历史终结，怎么终结?》（上篇），载北京大学中国与世界研究中心《研究报告》2009年5月号，第18页）这些年来，美国债务一路攀升，至2011年5月16日已达到14.3万亿美元的债务上限（其中外国债权人持有4.5万亿美元，占32%）。美国面临着"债务违约"和导致新的金融危机的巨大风险。对于是否提高即将到期的美国最高债务限额，美国总统与民主党、共和党争吵至最后一刻，直至2011年8月2日中午，距离最后期限不到10个小时，奥巴马总统才正式签署了获两院投票通过的提高债务上限议案，将债务上限上调2.1万亿美元，同时至2013年分两步削减赤字约2.4万亿美元。2012年底到2013年初，"跳崖"闹剧再次生动上演。对此，人均持有3.3万美元国债的3亿美国人早就习以为常。他们认为70年来美国已先后80余次提高债务上限，哪一次都不会"跌下悬崖"，最后必然会在提高限额上取得一致，这就是美国制度的优越性。但世界上多个美元债权国却不能像美国人那样泰然自若，这些国家在为美国是否会"赖账"而心急如焚，为手中的美元将可能因此大幅度贬值而忐忑不安。正是由于号准了这些国家的"脉搏"，美国统治集团才在再一次提高国债上限前，演出这出民主、共和两党激烈争辩、互不相让的闹剧，通过这出戏吊高各国的胃口，让各国为美国其后采取的各项措施不仅不会表示反对，还要拍手叫好，甚至对美国"感恩戴德"。这就是美元在游戏世界、绑架世界。按美国某学者的观点，美国不会硬赖账，但一定会软赖账，就是加印美钞，让美元贬值；增发国债，举新债还旧债；适度的通货膨胀，从而使今天看起来数量惊人的国债不断稀释。另据美国财政部2011年7月18日公布的各国购买美国国债的最新数据，截至2011年5月，中国所持美国国债为1.16万亿美元（占同期中国3.2万亿美元外汇储备的1/3强，占外国持有美国国债总量的约1/4），仍为美国最大的债权国。（见《环球时报》2011年7月20日第11版）而基辛格在2011年6月25日北京第二届全球智库峰会上发言时，在给中国戴了一大堆高帽子后，也不忘着力忽悠中国应继续购买美国的债券。

多的人集会游行反对全球经济一体化。①

　　为尽早从金融危机的阴影中摆脱出来，美国顾不得是否符合自己鼓吹多年的新自由主义经济规范，又一次搬出凯恩斯的国家管制理论，以国家紧急提供巨额美元救市资金或直接接管、变相接管等手段挽救大银行、大企业，同时推行"购买国货"的贸易保护主义，千方百计刺激经济。② 事实已看得很清楚，对资本主义的发展而言，以注重国家调控管理为主要内容的保守主义（新保守主义）和以无节制地依靠市场规律发挥作用为主要内容的自由主义（新自由主义）两种市场运行机制交替发挥作用，互不可缺。一般情况下强调市场自由运行机制发挥作用，当市场自由运行机制发挥作用导致矛盾积累到严重程度，而市场机制自身又无法克服，再发展下去将会危及资本主义制度本身时，国家则必然要出面采取各种措施进

---

　　① 对于美国经济的未来走势，众说纷纭。笔者认为，现在美国经济已病入膏肓，"底特律病"将会呈现蔓延趋势，任何时候"忽喇喇似大厦倾"均不奇怪。现在我们已无法做到"未雨绸缪"，而只能做到"即（将）雨绸缪"，我们的政府和专家应跳出"美国经济永远不会破产"、"美国债券仍是目前世界上最可靠、最有信誉的债券"这两个认识误区，以高度的责任感认真讨论采取什么措施才能使美国经济破产给我国经济发展造成的负面影响最小、使我国的外汇储备贬值最少。毕竟我国目前的3万亿美元外汇储备除小部分是境外流入的热钱外，绝大部分说到底是我国劳动人民辛苦30年积攒的血汗钱，任何人没有权力拿这些钱"送人情"。如果造成巨大损失，绝不能以"交学费"、"摸着石头过河"一类说词姑息之，而应追究决策者和参谋者的责任。实际上，有些人内心未必想着为中国的利益说话，要谨防这些道貌岸然的暗藏他心者。2011年7月外管局称，国家的外汇储备因企业和个人等价和自愿卖汇故而不能看做老百姓的血汗钱。这种观点是完全错误的。

　　② 2008年10月，美国总统布什签署了7000亿美元的救市方案《2008年紧急经济稳定法案》。2009年2月17日，美国新任总统奥巴马签署了《2009年美国经济复兴与再投资法案》（简称"经济刺激法案"），为遭受衰退打击的美国经济寻求短期内复苏和就业增长提供巨额资金支持，总额达7870亿美元。其中，4990亿美元（占63%）用于基础设施、医疗保险、教育及州财政援助性支出；2880亿美元（占37%）用于企业和个人减税。法案要求使用美国产品，规定法案拨款和其他资金项下的公共建筑或公共工程，包括工程建造、更改、维护或修复，必须使用美国生产的钢铁和制成品。与此同时，美国财长甚至宣布了高达1.5万亿美元的新金融救援计划。5月20日奥巴马又签署一项住房援助法案，使之成为法律，投入22亿美元以帮助陷入困境的40万美国房主避免丧失住房抵押品赎回权，并用于援助无家可归者。此后，奥巴马又陆续签署了失业救助法案、小企业贷款减税法案、对地方政府的资金救助法案。2010年12月17日，奥巴马签署了成本8580亿美元的减税延期法案，主要内容包括把将于当年12月底到期的布什政府时期全民减税政策延期两年，把当年11月底到期的针对长期失业者的失业救济法案延长13个月，给予企业投资税收减免，将美国每人的遗产税免征额设定为500万美元、最高税率定为35%等。除以投入大量资金刺激经济复苏外，2008年美国兰德公司甚至向美国国防部提交了一份评估报告，评估发动一场战争来转嫁目前经济危机的可行性。报告认为，用7000亿美元救市的效果很可能不如用7000亿美元发动一场战争。见http://news.sohu.com/20081031/n260330741.shtml。

行调控干预。所以，美国要求这个国家、那个国家实行自由市场经济，还以裁判者身份自居，动辄以"非完全市场经济国家"为口实向其他国家施加压力，实际上它自己也没有做到"完全的市场经济"。要求美国承认所谓的"完全市场经济国家"的地位，不外是主动往美国设好的圈套里钻。

当前，美国的金融危机"成为新自由主义经济理论破产的标志"，或"市场原教旨主义的历史终结"，这在经济理论界几乎已成定论。但要考虑的是，美国鼓吹新自由主义、推行自由市场经济其目的为何？美国的目的其实就是，将各国纳入以美国为核心的世界自由经济体系中，美国可以更方便地在这个经济体系中从各国的经济发展中得到好处，是打着新自由主义的旗号让世界各国共同为美国服务。这与上文所述美国推行全球经济一体化的目的是完全一致的。

美国的金融危机不仅是美国的危机，也是对美经济依赖性很强的中国等国的危机。资本家从来都要把危机转嫁到打工者身上，美国的金融危机对中国等国的经济必然产生巨大的影响。仅以持有美国债权最多的中国和日本为例，单从失业率方面看就是如此。中国的就业、失业状况就很不乐观。中国是一个正处于转型过程中的发展中大国，在这方面如何划定统计标准很难，而且即使划定了统计标准，要想得到真实可信、准确无误的统计数字则更难。[①] 中国的失业率统计就是如此，其中既有统计标准不一的影响，也有"政绩观"的影响，还不能忽视中国的特定的大环境这一影响要素。最近的数字虽难查到，但 2008 年 12 月中国社会科学院《社会蓝皮书》公布中国城镇失业率为 9.4%，已超过国际警戒线 7.0% 的水平，比政府的统计数字高出一倍。2009 年只能上升不会下降。有学者认为，如果把返乡农民工或农村富余劳动力统计进去则达 20%，若再将"下岗"与失业并轨统计，则应为 33% 即 1/3 左右，只有这样统计才准确、人

---

① 即以 2009 年的大学毕业生初次就业率为例，国家主管部门为确保至 9 月 1 日达到 70%（与 2008 年相同）的目标，在 7 月 1 日宣布在 611 万毕业生中已有 415 万签约，就业率达 68%（给之后的两个月预留了 2% 的空间）。此数字立刻引起普遍质疑，称之为"数字游戏"，纷纷揭露其中显然属于造假行为的所谓"被就业"肯定占有不小的比例。这是当前中国普遍存在的"政绩观"在作怪。

道。① 日本的经济情况也不美妙。据日本总务省统计局的最新统计，2009
年 7 月完全失业人数 359 万，比 1 年前增加 103 万，是 9 个月连续增加。
其中二人以上家庭的一家之主 89 万人，比 1 年前增加了 31 万。7 月的季
节调整值完全失业率达到 5.7%，比上月高 0.3%，为连续 6 个月上升。
另据日本厚生劳动省 2009 年 7 月的调查，2010 年春季高中毕业生中有近
20 万人主要因为家庭收入拮据，而欲参加工作挣钱补贴家计，但只有七
成欲求职者可能觅得岗位。这是金融危机造成的经济不景气的直接表现，
真实反映了经济问题的严重程度。

　　若观察应对危机之法，则各国也像美国一样，无论是否短视，皆用尽
各种手段，频频给经济打"强心剂"，不惜寅吃卯粮，大借子孙债。② 各
国千方百计刺激消费，以求摆脱经济下滑、拉动经济增长。中国采取增加
农民补贴，提高粮食最低收购价，实施中小学教师绩效工资，提高城乡低
保补助水平，增强城乡居民消费能力等措施，但真正发挥主力作用的还是
高额消费领域，即被视为现代经济支柱性产业的汽车业和房地产业（请
注意房地产业与建筑业的区别）。在这方面，中日两国的做法既有相同之
处，也有不同之处。为鼓励民众买车，都采取了降税、给补贴、以旧换新
等措施；为刺激民众的购房欲望，日本是努力降低土地和新旧房产的价
格，中国则是以所谓"买涨不买跌"为理论支撑，政府和开发商"抱团
取暖"（可理解为共同获益），采取各种措施极力抬高土地和新旧房产的

---

① 网上作者名"ylhecho"：《中国失业率严重失真，实际失业率已达到 33% 以上》，转载于
"天涯社区·经济论坛"。

② 2008 年下半年和 2009 年，英国两次宣布金融救助计划，德国拨 4800 亿欧元巨款应对金
融危机，投入 500 亿欧元刺激经济，法国公布了 3600 亿欧元的救市方案及 260 亿欧元的经济刺
激计划，各国政府纷纷向问题银行注资以救助金融业。问题最严重的冰岛、瑞典，政府甚至直接
接管金融机构，实施完全的国有化。2008 年 9 月（麻生太郎出任首相）以来，日本用于刺激经
济的事业费总额（由政府直接出资参与推动的事业经费额，大约能够达到政府直接投资的 2—3
倍）达到 132 兆日元（包括计划额，2009 年 9 月麻生下台，计划可能未全部实施），以此期间美
元与日元的汇率约为 1 美元合 100 日元计算，即为 1.32 万亿美元。至 2013 年初，尽管日本债务
占 GDP 的比例已超过 200%，但日本政府仍明确表示，将为摆脱长年通缩而实施大胆、激进的货
币宽松政策，力争尽早达到 2% 的通胀目标。中国为应对美国金融危机的影响，2008 年 11 月制
定积极财政政策和适度宽松货币政策，提出 4 万亿元人民币的两年投资计划以扩大内需，推动经
济走出困境，其中，中央政府投资 1.18 万亿元，带动地方和社会资金参与建设。但实际上，中
国的人民币增发量（银行贷款为主）在金融危机前两年为每年 6 万亿元，而金融危机后 2009 年
至 2012 年平均每年达到 12 万亿元。

价格，使房地产商发财发到"不好意思"的程度，国家在贷款方面的些许优惠政策使房产投机成为公开营生，反过来又绑架了国家政策，促成了土地和新旧房产价格的飞速上扬，让普通购房者长期背上沉重的经济包袱。如果考虑到日本的平均工资约为中国平均工资的7—10倍，而日本的地价和房价与中国基本持平甚至还要低于中国，就不难想象中国目前的房地产政策对国民经济的未来发展预留了多大的阻力和障碍。① 统而观之，不仅日本、中国，各国无不勇蹈美国促成金融危机的覆辙，为"扩大内需"竭力推进超前消费或浪费性消费。观前车之鉴，其造成的近期虚幻

---

① 2009 年国内楼市过于火爆，北京等大城市房价一日三涨，地价更是扶摇冲天，以至于开发商自己都说"赚钱赚得不好意思了"。对于中国的高房价造成的严重后果，可参考评论家时寒冰的论述："由于欧美富人前往置业，加勒比海圣卢西亚的房价是非常高的，而当我在亲眼见识了当地的住房之后，不能不惊叹：中国的房价要比它高太多了！当那些既得利益者拼命鼓吹中国房地产的投资价值时，他们却悄悄地带着子女移民到了国外——当我走出国门，走出骗局，我找到了原因，明白了真相。我（的）一位朋友家，这座占地超过 7 亩（1 亩＝666.67平方米）的豪华别墅，位于圣卢西亚首都卡斯特里不远的一座浓郁葱葱的山上，紧邻美丽的加勒比海，美丽得犹如神话中的宫殿。房子是一位英国设计师设计的，从建房到绿化，前后花了7 年时间才完工——开发商把房子建得铜墙铁壁一般，极其坚固。这套房子多少钱呢？60 万美元！连同房屋、花园、游泳池和大小树木。60 万美元折合人民币 400 万多点。这个价钱，在北京、上海这样的城市，买一套 200 平方米的公寓也得在三环外。而且，60 万美元是包含土地价格的，只要土地主人不卖房，房子旧了可以拆了重建，任何人不得干涉，更不能以任何理由违逆其意愿强行拆迁。这套房子每年要缴纳千分之一的物业税。如果比照我们的 70 年土地出让金一次性交付的做法，这套房子每年要缴纳的物业税应该是 1/70 而非 1/1000。不管是从含物业税的角度来比较，还是从不含物业税的角度来比较，欧美富人购买的这种占地面积超过7 亩（超过 4700 平方米）的别墅，都比中国大城市的公寓便宜得多！中国人所谓的买房，不过是一次性缴纳了 70 年的租金而已，根本不是真正意义上的买房。而在加勒比海国家，在中国最普遍的公寓楼是无人问津的，因为，哪怕是最穷的人，也要求自己的住房有一个单独的院子。当中国人为住房问题像奴隶一样苦苦挣扎的时候，他们或许根本不知道，他们所承担的房价，是超过国外富人的。如果没有这个重担，国人怎么会不敢消费？怎么会没有钱消费？只有走出骗局，才能清醒。高房价绑架了一个国家的经济，绑架了一个民族的精神，绑架普通民众的幸福。查阅圣卢西亚的官方数据得到，2005 年，圣卢西亚人均 GDP 为 3006 美元。中国在 2008 年时，人均 GDP 突破 3000 美元大关，达到 3266 美元。两国人均 GDP 极为接近。而圣卢西亚却是世界上国民幸福指数最高的国家之一，人们洋溢着笑容。中国人均 GDP 突破 3000 美元的数据被大加渲染。但是，如果 GDP 数字给国民带来的仅仅是一个虚妄的幻觉甚至是痛苦，这样的 GDP增长还有意义吗？中华民族要实现伟大复兴，必须走出高房价的羁绊。高房价的实质就是一种掠夺，一种强势既得利益集团通过各种途径和手段，对民众的剥削和欺诈。中国只有把房地产从掠夺的道路上引向民生的道路，国民才能摆脱高房价带来的巨大痛苦和不安全感。"（见时寒冰2009 年 6 月 25 日博客）

和长远隐患乃洞若观火。①

　　总之，美国金融危机及其对各国经济社会发展造成的严重影响，提醒人们迄今为止以美国为龙头的国际社会的发展模式正在遭遇生死劫。如果国际社会一味因循守旧，得过且过，则今后几十年国际社会发展的持续动荡与衰退是难以避免的。这对各国今后的社会发展必将产生至关重要的影响。

第二节　地球环境危机更为严重，
但尚未引起高度重视

　　以上所论为美国金融危机给各国经济社会发展造成的严重危害，除此之外，各国的社会发展还共同面临着日益严重的地球环境危机。这是比前一个危机更深刻、更长远、更严重却尚未得到应有重视的危机。如果在研究社会发展与政策选择时仍然忽视这一危机，这种研究则很可能形成片面、短视、误导众生的后果。

　　任何一个社会的发展既离不开包括科学技术在内的生产力的发展，也离不开自然界。但人类毕竟只有一个地球。科学技术再发展，人类既不能突破能量守恒定律和物质不灭定律，也不可能创造光速飞船，在将地球的有限资源耗尽后迁移到其他星球去生活。当然，人类发展悲观论是错误的，1964 年毛泽东在谈到认识论和辩证法问题时说："人类的历史，就是一个不断地从必然王国向自由王国发展的历史。这个历史永远不会完结。在有阶级存在的社会内，阶级斗争不会完结。在无阶级存在的社会内，新与旧、正确与错误之间的斗争永远不会完结。在生产斗争和科学实验范围内，人类总是不断发展的，自然界也总是不断发展的，永远不会停止在一个水平上。因此，人类总得不断地总结经验，有所发现，有所发明，有所创造，有所前进。停止的论点，悲观的论点，无所作为和骄傲自满的论

---

　　① 我国将房地产业推为支柱性产业，以此鼓励超前消费，其实质是超前压缩以后的消费（而且中国有学者分析大量统计数据后得出的结论是：房地产业对国民经济的带动或推动作用比较小，远低于国民经济各行业的平均水平。见《中国社会科学报》2012 年 12 月 5 日 A—06 版张清勇等《正确认识房地产业的作用》一文）。相同的手法还有 2009 年、2010 年发行 20 年期乃至50 年期固息国债、通过银行和大型国企投资股市，大规模压缩中小股民财富空间等。不可否认，这其中自然有政府的任期观、政绩观以及财政观在发挥作用。

点，都是错误的。其所以是错误，因为这些论点，不符合大约一百万年以来人类社会发展的历史事实，也不符合迄今为止我们所知道的自然界（例如天体史，地球史，生物史，其他各种自然科学史所反映的自然界）的历史事实。"① 这些话讲得很有辩证法，很有道理。我们也相信人类有智慧和能力克服发展途中的各种困难，有所发明，有所创造，不断前进。但不能因此进入一个认识误区，即科学技术万能论。随着科学技术的高度发展，人类制造了两万多件核武器，足可以毁灭地球上包括人类自身在内的所有生物，但地球并未毁灭而是照样转动。科学技术的高度发展使人类进入信息时代，互联网使信息传播快如光速，信息"爆炸"使人类对自然的认识更加深入，应对自然的能力更加强大，但地球上的各种灾害照样在发生，无时无刻不在威胁着人类的生存。② 另一方面，地球虽大，这是针对人类的早期认识而言，对于现在经常坐着飞机在世界各地东奔西跑的人而言，地球已缩小如村落。对于每日通过互联网基本实现无障碍地了解世界变化的更多的人而言，"地球很大"的观念也淡薄了许多。实际上，对于今天 70 亿人的生存和发展，地球已经由过去的"很大"变成了"不大"，而且正在向"很小"转变。科学技术的发展有可能适度延缓这个转变，但最终无法阻止这个转变。

地球向"很小"转变的主要证据是，人们感觉居住环境越来越拥挤了。如果站在日本神户的海岸边，看到密密麻麻的居民房一直向六甲山顶排去，似乎随时都会把低处的房子挤下海里去，心中不免战栗不止。尽管现在日本在为"少子化"发愁，担心照此发展下去，若干年后日本人甚至会绝种，但毕竟现在日本是人口密度最高的人口大国之一，③ 以与我国

---

① 毛泽东：《学习马克思主义的认识论和辩证法》（1964 年 12 月 13 日），载中央文献研究室编《毛泽东文集》第 8 卷，人民出版社 1999 年版，第 325 页。

② 2008 年中国四川"5·12"汶川大地震给当地民众造成了重大损失。然而中国国家地震局的负责人无视我国曾有过准确地震预报的历史事实，却以"地震无法预报"为己开脱责任。随着科学技术的发展，人类必然会进一步掌握地震规律，一步步提高地震预报的准确性，那种宣称"地震无法预报"的观点显然与辩证唯物主义的认识论相违背。

③ 日本的人口密度为每平方公里 338 人，在全世界国家和地区中排名第 19 位，当然不能与中国澳门、新加坡、中国香港、马耳他、马尔代夫、孟加拉国、中国台湾、荷兰等城市型（或小型）国家和地区相比，但在人口超过 5000 万的 23 个国家中，日本排名第二，仅次于孟加拉。印度以 333 人位列第三，中国（未计港澳台）以 138 人列第 11 位。中国当然对此不能有所满足，如果排除掉不适于人类居住的地区，则人口密度可能会大大提高，排位也会上升许多。（2006 年联合国统计数据）

云南省相当的土地面积居住着 1 亿 2700 多万人，怎会不感到拥挤，怎不幻想向国外移民？从世界人口的增长历程看，全世界人口在 1650 年约 5 亿人，到 1900 年时增长到 16 亿人，250 年增长了 3.2 倍；但此后至 2000 年达到 60 亿人，100 年就增长了 3.75 倍。世界人口至 2006 年达到 65 亿人，依此速度推算，至 2050 年前后将达到 100 亿人。这还是较为保守的推算，实际上人口基数越大，则人口纯增长越快，人类百亿纪念日完全可能提前访问地球。人们不禁要问，人类是否已为解决百亿人口的居住问题制定好了规划？

　　以上只是简单分析了地球的土地与人类的居住关系问题。实际上问题不仅于此。此外还有地球资源能否满足人类快速增长的需求的问题及人类的快速增长必然对地球环境造成破坏这些近年来人们日益关注的问题。早在 40 多年前的 1969 年，美国经济学家 K. 波尔丁就提出了发展循环经济的理论。1972 年，德内拉·梅多斯等美国、德国、挪威等西方国家的科学家组成的罗马俱乐部第一次提出了关于世界发展趋势的研究报告《增长的极限》，作者们明确提出了在资源有限并非无穷无尽的地球上，如果目前的人口和资本的快速增长模式继续下去，所有国家都把寻求增长视为解决所有问题的良方（增长崇拜），追求无止境的增长，必然会给人类自身带来灾难性的后果。人类必须注意增长的极限。在一个有限的世界中盲目追求物质增长，最终将会使大多数问题恶化。为改变这种状况，需要有一场跟农业革命、工业革命具有同样深远意义的革命。"增长的极限"这一概念振聋发聩，从而迅即引起全球注目。越来越多的人认识到，经济增长达到极限必将导致崩溃，为避免这一时刻的到来，人类必须以共同的责任感认真应对增长过程中出现的各种问题，绝不能再掉以轻心。1980 年联合国向全世界发出呼吁："必须研究自然的、社会的、生态的、经济的以及利用自然资源过程中的基本关系，确保全球持续发展。"1983 年联合国成立了世界环境与发展委员会（WECD）；1987 年，该委员会提出报告《我们共同的未来》，正式提出了可持续发展的概念。1992 年联合国环境与发展大会（UNCED）通过的《21 世纪议程》，更是高度凝聚了当代人对可持续发展理论认识深化的结晶。可持续发展从环境的角度倡导人类社会的进步与发展，人类在发展经济的同时，必须注意生态环境的保护与改善。可持续发展并不意味着零增长或经济倒退。人类必须改变旧的生产方式和生活方式及经济政策，同时也要改革现行的国际经济关系。可持续的社会是能够满足当代人需求的同时不损害子孙后代满足自身需求的能力的社会。这一社会的三项原则是：可再生资源消耗的速度不能超过其再生的速度；不可再生资源消耗的速度不能超过可持续再生的替代资源的发展速度；污染排放的速度不能超过环境的吸收能力。建立可持续社会就是人类物质文明的重建，人类精神文明的重建。循环经济、增长有极限、可持续发展，三种理论融合在一起，构成人类对已经走过的发展道路的深刻反思，及对未来发展道路的更加精准的设计和安排，标志着生态文明观的确立。

因此，现在面临的对人类社会的未来发展最基本、最首要的问题是，地球的承载力（或称阈值）究竟有多大，建设生态文明人类社会必须遵循哪些新的原则？

要准确回答地球的承载力究竟有多大很不容易，只能根据现实存在作出大概的判断。以现在人类的生活状况分析，人类所面临的地球环境已经出现了危机，而且不是短时期的、一般性危机，而是长时期的、颇为严重的危机。

这个危机主要包括三个方面：

第一，人类生活的基本要素面临十分严重的威胁。人类生活的基本要素有土地、水和空气。地球表面的陆地原本就有限，其中适于人类生活的地区更加有限，再除去其中必需的耕地、森林等面积外，人类可用于建房居住并进行交流的地区就更有限了。据联合国环境规划署在 1986 年估计，在过去的 1000 年里，人们已经把大约 20 亿公顷的耕地变成了垃圾场，这一数字比现今的耕地总数还要多。另据世界银行 2008 年《世界发展指标》报告，世界森林平均消失率 1990 年至 2000 年为 1.5%，2000 年至 2005 年为 1.7%，后 5 年的态势比前 10 年还要严重。其中森林消失最多的是部分非洲国家、拉美国家和东南亚国家。2000 年至 2005 年世界的森林覆盖率由 30.8059% 降至 30.5222%，降低了 0.2837%。假设这个降低速度保持不变，500 年后地球的森林覆盖率将变成零。[①] 其实，不用等到森林覆盖率降为零，就是现在降到不到 1/3，森林的气候调节能力已大大

---

① 据日本记者 2009 年夏季的调查，在过去的 40 年里，亚马逊森林的面积因毁林转为农地、牧场而减少了两成。当地人认为，保护森林固然重要，但森林里的居民为了生活不得不毁林种地、养牛（现在世界的粮食和牛肉的需求量很大）。见 2009 年 9 月 8 日本《产经新闻》。

降低，对水资源和洁净空气资源的供给都产生了不可忽视的负面影响。但人口的迅速增长和生活现代化促使用水量迅猛增加，造成相当多的地区水资源缺乏，致使越来越多的地区成为不适宜人类居住生活的地区，人类的生活因此受到越来越大的地域局限。现在，像日本这样屋满为患的国家或地区恐怕不会是少数。从 20 世纪 80 年代后期起，人类每年消耗的资源已经超过了地球每年的资源再生量，在进入 21 世纪的时候，人类需要的土地数量已经达到可从地球获得的土地数量的 1.2 倍。仅从这一点而言，人类已经处在地球极限的 20% 以上了。① 与此同时，在相当多的地区环境污染日益严重，这对正因生活用地不断减少而陷于窘迫的人类无疑是雪上加霜，土地污染，水源污染，空气也污染，全方位的污染致使物种灭绝加速（现代科学家估计，在人类影响条件下物种灭绝率增长了 1000 倍），癌症、艾滋病、SARS、禽流感等严重威胁人类健康的疾病不断出现。人类正在吞咽自己酿造的苦果。也许只有在因呼吸严重污染的空气、饮用严重污染的水源、食用严重污染的食物而罹患癌症或艾滋病后，才能觉悟到当代人类生活的无奈与悲哀，而回过头去憧憬原始时代祖先们在完全无污染环境中的美好、幸福、快乐的生活。②

第二，人类生活的第二要素粮食和能源的危机也已经很严重。关于粮食危机，应透过假象看人类整体面临的粮食状况。显然，占人类多数的发展中国家的人口中，目前仍有数以亿计的人在为获取维持简单生存而必需

---

① 德内拉·梅多斯等：《增长的极限》，李涛等译，机械工业出版社 2008 年版，第 3、52 页。该书认为，人类对此无知的程度之深远远超过我们大多数人愿意承认的水平。没有一个领导人理解这种形势，无论他们装成多么权威的样子。世界领袖们在如何把世界带入一个可持续发展的社会方面知道得并不比其他人多，他们中的大部分人甚至不知道这么做的必要性。见该书第 254 页。

② 现在有许多国家已经重视到这个问题，有些国家的环境治理卓有成效，但不可否认的是，仍有许多国家不重视这个问题，而且多数是发展中国家。其理论是，为保障和提高生活（生存权是人权中的最主要的权利），发展第一，环境第二。这种将发展与环境对立的观点是错误的，如果以破坏环境为代价发展经济，事实已经证明这种经济发展必将付出长远的、沉重的代价。中国提出科学发展观，无疑是完全正确的，可惜在实际操作中往往被割裂，仍然是百般强调"发展是硬道理"，而把"科学"摆在一边。故而形成的后果是，中国虽然成为世界第二大经济体，但环境污染日益严重。2013 年初，中国半数城市出现大范围、连续性严重空气污染，专家称其危害堪比"SARS"。另有报道，中国的水污染亦十分严重，不仅地表水污染严重，连地下水也因一些企业凿井排污而受到污染。地下水一旦被污染则极难恢复，因而遗祸子孙后代。

的粮食而忧心忡忡。[①] 能源危机则比粮食危机更紧迫、更严重。正如《增长的极限》的作者所言："在人类历史的时间段里，矿物燃料时代将只是过眼烟云。"[②] 2004 年《世界能源统计年鉴》报告，虽然全球能源储量正在增长，但目前已探明的石油总储量仅可供应全球消耗 41 年，天然气总储量仅可供应全球消耗 60 年。根据《增长的极限》转引美国矿产局、美国能源部的资料，2000 年储量与产量之比，石油资源生命预期为 50—80 年，天然气为 160—310 年，煤炭则非常大。但若考虑到世界人口的增长（2050 年近 100 亿）及发展中国家的发展、其中有些会变成能源消耗量大的发达国家，2050 年时世界的能源需求将扩大至 2000 年的 6—10 倍，则上述资源的生命预期便会大大缩短。对于能源危机，无论悲观论者或乐观论者，无论主张石油生成有机说（需数百万年）或无机说（仅需数十年），都不会否认在需求量猛增的情况下，石油能源的供给非常明显是有极限的。

其中涉及发展中国家的发展权问题。以中国为例，根据 2008 年国际公路协会的《世界公路统计》，每千人拥有乘用车中国为 18.3 辆，日本、西班牙、英国、美国、法国分别为 441 辆、445 辆、457 辆、461 辆和 495 辆，超过 500 辆的国家有澳大利亚、加拿大、德国和意大利，分别为 542 辆、561 辆、565 辆和 595 辆，千人拥有乘用车最多的国家是新西兰，达到 609 辆。对此状况，中国在 2050 年（或提早至 2030 年也未可知）成为中等经济发达国家时，中国民众的乘用车拥有量应该是多少？新西兰是中等发达国家，届时中国民众的千人乘用车拥有量也达到 600 辆的话，以现有人口计（不考虑其间的人口增长）实有总数将达到难以置信的 8 亿辆。即使按照拥有量最低的日本 441 辆计，也会达到 6 亿辆，即约等于当前世界拥有的乘用车总和。[③] 对此，发达国家不能以能源危机为由限制中国民众拥有乘用车，而且也是限制不住的。发展中国家完全有权利实现与发达

---

① 《增长的极限》称每年约有 900 万人死于饥饿或相关疾病，即平均每天因饥饿死亡 25000 人。前揭《增长的极限》，第 54 页。中国努力 20 余年，改革开放取得了巨大的成绩，宣布进入小康社会，但真正仍处于贫困线以下（四难：衣难蔽体、食难果腹、屋难挡风、病难得医）的人恐怕仍需以千万计。

② 前揭《增长的极限》，第 91 页。

③ 本节数字引自中华人民共和国国家统计局网站，该网站载有大量国际比较数字，下文关于世界各国排放二氧化碳的数据等许多数据皆引于此，或据其数据算出。在此仅对该网站表示感谢。

国家同样的生活，其发展权不容剥夺。① 发达国家首先需要约束自己，然后才有资格与发展中国家共同探寻应对能源危机的有效方法。而发展中国家在维护自身的发展权的同时，也应认真参考借鉴发达国家已有的经验教训，在谋发展的同时尽可能少走弯路或不走弯路。

第三，气候变暖开始威胁人类的生活环境。2009 年 9 月在大连召开的夏季达沃斯年会上，联合国气候变化框架公约执行秘书伊福德布尔明确表示，全球气候变暖已是不争的事实。世界各国政府、国际组织应共同面对、解决这一气候变化问题。② 政府间气候变化专门委员会第四次评估报告表明，大气中二氧化碳浓度已从工业革命前的 280ppm（百万分之一单位）上升到 2005 年的 379ppm，超过了近 65 万年以来的自然变化范围，近百年来全球地表平均温度上升了 0.74℃。③ 气候变化导致喜马拉雅冰川和南极洲、格陵兰岛的冰雪融化加速，引起海平面上升，沿海地区遭受洪涝、风暴、海啸等自然灾害影响更为严重，类似马尔代夫的小岛屿国家已面临生存不下去的危险，如同荷兰、孟加拉国等地势低洼国沿海地带甚至有被淹没的可能。气候变化还导致灾害性气候事件常态化，水资源分布失衡，生物多样性受到威胁，病菌多发威胁社会经济和人类健康发展。这一趋势如果继续发展下去，必将对全球生态系统带来不可逆转的损害，使人类的生存环境出现根本性的破坏。发展中国家并没有避免这种危害的天然的豁免权。诺贝尔和平奖获得者、美国前副总统戈尔制作的《难以忽视的真相》，形象、生动且非常有感染力地阐述了气候变暖给人类发展带来的威胁，对其中提出的问题，发达国家或发展中国家都需要认真思考。

要制止气候变暖的趋势，不是一件容易的事情。目前对世界各国二氧化碳排放量的统计多有不一，根据世界银行 2008 年《世界发展指标》的统计，2004 年美国、中国、俄罗斯、印度、日本为排放量前 5 位，分别为 60 亿吨、50 亿吨、15 亿吨、13 亿吨和 12 亿吨，前 5 国共排放 150 亿吨，占全球排放总量 290 亿吨的 51.7%。前 5 国应为今后削减排放、抑

---

① 发展中国家的人权，第一表现是生存权，第二表现是发展权，第三表现是民主权。

② 全球大气层和地表这一系统就如同一个巨大的"玻璃温室"，使地表始终维持着一定的温度，产生了适于人类和其他生物生存的环境。在这一系统中，大气既能让太阳辐射透过而达到地面，同时又能阻止地面辐射的散失，大气对地面的这种保护作用即大气的温室效应。但科学家认为，二氧化碳等气体的大量排放造成温室效应的加剧是全球变暖的基本原因。

③ http://news.sohu.com/20090912/n266673993.shtml.

制气候变暖承担主要责任。① 当然，其他国家并非无须承担责任。若从人均排放量说，美国、加拿大、澳大利亚分别以 20.6 吨、20.0 吨、16.2 吨位列前三，哈萨克斯坦、新加坡、捷克、俄罗斯、以色列等都是人均排放超过 10 吨的国家，这些国家也应对削减排放付出努力。中国的人均排放只有 3.9 吨，尚低于世界平均值 4.5 吨，但绝不能以此为"利好消息"而放松继续为削减排放作出努力。中国也要制定出具体可操作、可检查的长期减排目标，并对国内的发达地区和欠发达地区制定有差别的减排政策。

以上人类面临的无法转嫁的现实危机足以说明，人类的发展需求已经超越了地球的承载能力，因而人类目前追求的增长是不可持续的增长，如何建设生态文明已是人类社会共同面临的十分紧迫的问题。美国、日本等发达国家不会停顿下来，还要继续促增长、谋发展，与此同时发展中国家理所当然更要促增长、谋发展。但无论发达国家或发展中国家，今后都须在地球资源与环境限定的框架中谋求社会发展，其政策选择所受到的制约也越来越大。只有注意到这一点，才能真正实现长期可持续的发展，而不是短期可持续的发展。

最后须着重指出一点，当前人类发展面临的最大威胁，首先不是成长发展的极限的威胁，而是人们头脑中存在的麻痹观念造成的威胁。唐代诗人权审《绝句》曰："得即高歌失即休，多愁多恨亦悠悠。今朝有酒今朝醉，明日愁来明日愁。"元代白朴《中吕阳春曲·知机》唱道："今朝有酒今朝醉，且尽樽前有限杯。回头沧海又尘飞。日月疾，白发故人稀。"若仅从消极面来理解，这种今朝有酒今朝醉，得过且过乐逍遥的思想对后人处世危害甚重，实在要不得。人类受惠于科学技术的发展，生活现代化的步伐日益加快，却不知危险已经迫近。这就如同坐在高速行驶的现代化列车里感到无比舒适快意，殊不知列车前方不远处红灯早已亮起，若再不采取制动措施，巨大的惯性必然造成车毁人亡的重大悲剧。人类的欲望不能漫无止境，为了自身能够无限繁衍下去，必须对欲望有所节制。对于具有几十万年、几百万年发展史的人类而言，这种威胁尽管仍具有几十年、

---

① 据国际能源机构最新统计，2007 年世界各国二氧化碳排放量中，中国和美国的排放量分别为 60 亿吨和 58 亿吨，中国超过美国成为冠军，美国居次，后三位未变，依然是俄罗斯、印度和日本。

几百年甚至几千年的未来预期，也都应看做迫在眉睫的威胁。当前，人类迫切需要增强自持力（自我约束力），多休养生息，少竭泽而渔，以为子孙后代的繁衍和发展预留下足够的空间和时间。

第三节　研究社会发展所需涉及的基本理论问题

对于金融危机中各国采取政策的是非曲直，且留"债主"子孙后代去评论，本论对此提出的问题是：无论社会主义国家或资本主义国家、经济发达国家或发展中国家，采取的最主要应对之策均是国家出钱刺激消费，已看不出社会主义国家与资本主义国家、经济发达国家与发展中国家之间在经济体制上有多大区别。由此在我国引发了一场关于如何认识资本主义、帝国主义，如何认识其经济政策及经济危机的大讨论。在这个大讨论中，马克思关于资本的本质而引用的邓宁格的话最受关注："资本害怕没有利润或利润太少，就像自然界害怕真空一样。一旦有适当的利润，资本就胆大起来。如果有10%的利润，它就保证到处被使用；有20%的利润，它就活跃起来；有50%的利润，它就铤而走险；为了100%的利润，它就敢践踏一切人间法律；有300%的利润，它就敢犯任何罪行，甚至冒绞首的危险。如果动乱和纷争能带来利润，它就会鼓励动乱和纷争。走私和贩卖奴隶就是明证。"[①] 马克思说："资本来到世间，从头到脚，每个毛孔都滴着血和肮脏的东西。"[②] 马克思针对早期资本主义的分析无疑是完全正确的，这些话及剩余价值论深刻地揭露了资本主义的罪恶本质。但是，马克思主义的活的灵魂就是实事求是、与时俱进。在资本主义又经过百余年的发展，甚至旧的帝国主义阶段都已成过去的时代，如果不对马克思主义补充新的内容，搭建新的理论框架，马克思主义就会僵化，就会失去生命力。

马克思主义的核心理论是剩余价值论和阶级论。对于剩余价值论，马克思分析得非常透彻，但马克思显然无法预见在21世纪人类社会进入信息时代后，资本主义国家的经济运行体制会随着生产力的高度发达而出现

---

① 《马克思恩格斯全集》第23卷，人民出版社1972年版，第829页脚注。

② 同上书，第829页。

哪些新特点，社会主义国家也会采用资本主义的生产方式为发展社会主义
经济服务。在当今时代，资产阶级剥削劳动者获得剩余价值的方式已发生
变化，剩余价值的表现形式也出现了多样性变化，而且对剩余价值自身的
评价也在发生变化。姑且不论资本主义国家，现在在社会主义国家除国有
（公有）企业外，也建立了大大小小的各类私营企业，开辟了股票市场。
马克思的上述论断是否适用于社会主义国家的私营企业家的资本获得与运
作？如果说社会主义国家的私营企业家获取的是利润而不是剩余价值，因
而不是资本家，实事求是地讲恐怕没有人会认可这种说法。社会主义国家
的私营企业家也是资本家，同样通过剥削劳动者以获得剩余价值，从而扩
大再生产，甚至有些私营企业家因得到政府的庇护，其剥削劳动者的程度
较之资本主义国家有过之而无不及。

　　恩格斯 1845 年在《英国工人阶级状况》一书中有言："资产者总是
需要无产者的，但是他之需要他们，并不是直接为了生活（要知道，他
可以吃光自己的资本），而是为了发财，就像做买卖需要货物，驮东西需
要牲口一样。无产者给资产者制造商品，资产者把它卖掉就可以赚钱。因
此，当这些商品的需求增加，因而彼此竞争的工人全都有了工作，或许甚
至还不大够的时候，工人间的竞争就会停止，资产者之间的竞争就开始
了。寻找工人的资本家知道得很清楚，由于需求增加而日益上涨的价格可
以使他获得巨大的利润。因此，他宁愿稍稍增加一些工资，也不愿放过全
部利润。他为了赢得火腿，可以给工人香肠。这样，资本家互相争夺工
人，工资就上升起来。但是它也只能上升到已经增加的需求所容许的程
度。资本家可以牺牲一些非常的利润，但是当他必须牺牲自己的通常的利
润即平均利润的时候，他就会想办法不付那超过平均工资的工资了。"①
恩格斯还说："资产者随心所欲地剥削自己的工人，支配他们，而且，如
果他在工资以外，还对他们表现一点不花一文钱的和蔼可亲的态度，或者

---

　　① 恩格斯：《英国工人阶级状况》，中共中央马克思恩格斯列宁斯大林著作编译局据苏联国
家政治书籍出版局 1955 年出版的《马克思恩格斯全集》第 2 版第 2 卷中的《英国工人阶级状况》
译出，人民出版社 1956 年版，第 119—120 页。《英国工人阶级状况》在日本有一条和生、杉山
忠平根据 1845 年德文原版翻译的日文版（岩波书店 1990 年出版），及浜林正夫根据 1845 年德文
原版翻译的日文版（新日本出版社 2000 年出版）两个版本。这两个日文版本的译文与上述中文
版本的译文均有所不同。据浜林正夫日译本第 127 页注，在 1887 年的英文版中，恩格斯在"乐
意给工人香肠"之后又增加了如下一段话："他为得到奶酪而送出黄油，得到了奶酪，就乐意把
黄油留给工人。"

给他们一些小恩小惠（这一切似乎纯粹是出于一种不平常的好意，虽然加起来还不到他所应当做的事情的 1/10），那末还可以获得这些傻子的服从、感激和爱戴。"① 资本家为了得到火腿，他可以给工人香肠。但"所有这些对正义和仁爱的让步，事实上只是一种手段，是用来加速资本在少数人手中聚积的过程和窒息那些没有这种额外收入就不能生存的小竞争者的手段。早年那种斤斤计较的间接的勒索方法，现在不但对于这些少数人丧失了一切意义，而且对于规模巨大的企业甚至成了障碍。"② 而上述社会主义国家的一些私营企业家得到了"超级大火腿"，却不想给也用不着给劳动者增加哪怕一根"香肠"，不想提供哪怕一点点"义务"之内的亲切和施舍（因为劳动后备军太庞大了，政府的支持太坚定了）。

对于股票市场，如果说社会主义国家的股票市场与资本主义国家的股票市场不同，这话倒是会得到许多人的认可。因为社会主义国家的股票市场与资本主义国家的股票市场的确有很大不同。两者最主要的不同点就是，社会主义股票市场面临着国家的强力干预（俗称有国家"托低"），因此连长期停工甚至濒临破产的企业只要"包装"得好，就照样能上市圈钱，而毫无经济知识的人也敢拿着"棺材本"入市以期实现发财梦，股市早已不是为促进经济发展而设立的融资场所，而变成了极为疯狂的投机套利场所（中国股民已超过一亿，几乎占全人口的 1/10）。其结果便是，国家一次次以各种方式投钱（全体纳税人的钱）"托底"，大企业尤其垄断性大企业（主要是企业最高层负责人）及国外投机者一次次获得巨大利益，多数一般股民一次次梦想破灭。股市成为富人追求暴利的最有效、最便捷的场所，也成为全社会贫富差距扩大的加速器。

再说阶级论。现在的问题不是再就工人阶级的绝对贫困化和相对贫困化进行讨论。前述《英国工人阶级状况》一书，是 25 岁的恩格斯根据实地考察和大量资料，1845 年撰写出版的。该书对 19 世纪初期英国工人阶级在资本家阶级的残酷压迫下的艰苦劳动和穷困生活进行了生动且详细的描绘，其悲惨之处令人不忍卒读，尤其关于资本家酷使童工状况的介绍，更使今人难以置信。但在 1892 年该书的德文第 2 版序言中，72 岁的恩格斯多次说道："现在，这本书里所描写的情况——至少就英国而言——大

① 恩格斯：《英国工人阶级状况》，第 167 页。
② 恩格斯：《英国工人阶级状况》，1892 年的德文本第 2 版序言，第 20 页。

部分已成过去。现代政治经济学的规律之一（虽然通行的教科书里没有直接谈到这一点）就是：资本主义生产愈发展，它就愈不可能采用它在低级发展阶段所惯用的那些小小的诳骗和欺诈手段。""这本书里所描写的那些触目惊心的和见不得人的事实现在或者已被消除，或者至少不那样刺眼了。""英国现在已度过了我所描写的这个资本主义剥削的青年时期，其他国家却刚刚踏进这个时期。"① 百余年来各国工人阶级的生活状况总体上已经发生了非常大的向上的变化，事实已经证明在资本主义进入成熟发展阶段后，在大多数场合、总的发展趋势上相对贫困化是成立的，但绝对贫困化是不成立的（不排除个别人或个别时段的生活状况每况愈下）。现在首先应讨论工人阶级在后工业化的资本主义国家是否还存在，怎样界定工人阶级。如果工人阶级自身都不存在了，那么工人阶级的政党还能存在吗？

先分析无产阶级。过去的阶级分类法以有无生产资料（或有无资本）作为划分阶级的基本要素。因此视农民为不能自在的群体，因有少量生产资料甚而归入小资产阶级、半资产阶级，知识分子也不是自在的群体，虽无生产资料，也被归入小资产阶级。只有工人除具有劳动力外一无所有，当然更没有生产资料（资本）。因此，资本主义社会由无产阶级、小资产阶级和资产阶级三大基本阶级构成，其中小资产阶级极不稳定，其成员可随时分化为无产阶级或资产阶级。但在当代资本主义国家，已不能单纯用有无生产资料（有无资本）作为判别资产阶级与无产阶级的标准了。从理论意义上讲，包括工人在内的任何人购买、持有股票，既是作出与劳动者本质相抵触的食利者行为，同时也表明本人对股票代表的企业具有了占有权（尽管权利大小不同），因此也就具有了该企业的生产资料（尽管多少不等），参与了对该企业工人的剥削（尽管程度不同）。这样一来，"无产阶级"是否还能成立值得研究，至少"无产阶级"已不能成为工人阶级的同义语。

关于对工人阶级的认识同样需要再思考。当代资本主义国家的第二产业在国民经济中所占比重的缩减导致工人阶级队伍缩小，以体力劳动者（亦称蓝领）为主体的工人阶级队伍在不断缩小，这一客观事实不容否认，而且今后随着科学技术的进步还要进一步缩小。相对而言，如果从劳

---

① 恩格斯：《英国工人阶级状况》，第 17、21 页。

动方式上区分，与体力劳动者蓝领相比，脑力劳动者白领已占优势。所谓白领，既包括中小企业的管理层，也包括非直接从事体力劳动的所有大中小公司、企业的职员及各级管理人员。其中最下层的白领与蓝领已很接近（间或也需参加体力劳动的管理者），而上层白领尤其最上层白领与资本家已没有很大的区别（因持有大量股份而成为重要股东或参加最高决策集团者）。

　　针对这一变化，资本主义国家的进步学者除极少数外，都已放弃了阶级论而改用阶层论来分析当代资本主义社会。我国的许多政治学者亦跟从之，不再以阶级论而是以阶层论分析当代资本主义社会，并引申用来分析当代社会主义社会。由此产生的问题是，阶层论是否否定了马克思主义的阶级论？或者是否可以说阶层论是对马克思主义阶级论的发展？应该说，阶层论能够更细致、深入地分析当代资本主义的社会结构，符合社会发展的需要，有存在价值，甚至可以说是对马克思主义阶级论的发展（或补充？），但仍不能取代阶级论。社会由多个方面构成，在人的要素方面，则是由不同的阶级构成，而阶级又分成不同的阶层。所以，对当代资本主义国家的社会结构有两种分类方法：一种分类法是农民阶级、工人阶级、职管阶级（职员与管理层，即白领）与资本家阶级，其中职管阶级（白领）分上中下阶层，资本家阶级分大中小阶层和食利者阶层；另一种分类法是劳动者阶级与非劳动者阶级，劳动者阶级包括农民阶层、工人阶层和白领阶层，非劳动者阶级包括资本家阶层和食利者阶层。[①] 两相比较，后一种分类法简单明了，不存在难以解决的死结，可能更符合实际，更能说清楚问题。

　　本论对当代资本主义社会结构进行粗略分析，并不想得出什么结论，只想表明这样一点：对当代资本主义出现的新情况、新变化，没有实事求是的研究，没有与时俱进的理论，则新时代的工人运动就丧失了理论指导，而进入茫然之途。这是新时代工人阶级运动每况愈下的最重要原因。

　　本论的以上论述并非仅仅分析美国的金融危机及其引发的社会问题，而是要透过美国金融危机寻找能够深刻、准确认识当代资本主义的方法。没有正确的理论前提，没有正确的方法论，就谈不上正确分析当代资本主

---

　　①　一说中国的马克思主义经由日本传入，但日本称工人阶级为"劳动者阶级"，这一点带有启发性。

义国家的社会发展与政策选择。所以说，以上理论阐述与本书的主题有着直接的关系。

除怎样认识当代资本主义的问题外，还有怎样认识当代社会主义与资本主义的关系问题。21 世纪仍处在社会主义取代资本主义的进程中。社会主义是在资本主义长久发展的基础上、成果上发展起来的，社会主义既不能从封建主义直接产生，也不能从早期资本主义产生，而是在资本主义发展到一定阶段后才能发展起来。当代社会主义仍处在社会主义发展的初级阶段，不可避免地在许多方面保留着资本主义的因素，更不能说社会主义在一切方面都比资本主义先进。"以人为本"既非社会主义的专利，而是来源于资本主义的民本主义乃至封建主义的民本思想，是对资本主义的民本主义的发展和升华。所以，社会主义借鉴资本主义的经验教训以促进自身更好、更快地发展，这是应该做到也可能做到的。

有无居于社会主义和资本主义之间的"中间"主义、第三条道路，这也是当代理论界的热门话题。既然任何事物都是相对存在而非绝对存在，则社会发展道路也是如此，社会主义与资本主义是相对存在，社会民主主义与社会主义是相对存在，与资本主义也是相对存在。中国必须坚持有自身特色的发展道路，其他国家当然也应该选择具有自身特色的发展道路。社会发展不能是单线论，而应是多线论。社会主义不只一家，不只一种模式，正如资本主义也有多家，也有多种发展模式一样。有的国家选择社会民主主义的发展道路，必有其传统影响和现实因素，不应简单地视之为"假社会主义、真资本主义"。社会民主主义究竟是资本主义的异化形式，还是社会主义的异化形式，还是资本主义向社会主义的独特过渡形式，现在尚难拿出结论，需要较长时期的观察和研究。

第四节　社会发展形态与模式泛论

本书的理论命题是社会发展与政策选择，因此首先需要界定社会的含义。

社会，指特定人群在生产、生活中形成的相互关系和与所依存的空间所形成的关系及因之形成的各种共同性和特殊性的总和。

这一定义表明，社会的主体是特定的人群（或称群体），没有特定的人群，就没有群体之间形成的各种相互关系，也没有群体与所依存的空间所形成的关系，因此也就无社会可言。所以说，特定的人群是社会的最基本的构成要素。依据特定人群生产、生活范围的大小，而形成范围大小不同的社会。当特定人群放大至无限大时，此特定人群即为全人类，社会于是成为人类社会。

社会的基本构成要素还包括以下方面：

人类的生产与生活。生产活动（或云发展生产力）是人类的基本活动，没有生产活动，人类无法生活，社会不能发展，生产活动产生出社会发展的根本动力，这是不言自明的道理。经典理论亦如是说。所以，生产活动是社会的基本要素。在此提出的问题是，人类的生产活动其目的为何。人类不是为了进行生产活动而进行生产活动，而是为了保障生活、提高生活而进行生产活动。如果认为只要进行生产活动，人类的生活必然能够得到保障和提高，这是混淆甚至颠倒手段与目的，有"生产活动就是一切"的唯生产力论的嫌疑。生活是生产活动的目的而不是保障生产活动得以持续进行的手段，更多地生产是为了更好地生活。人类的生活因此也应是社会的基本构成要素之一。

人类为进行生产，持续生活，必须组成各种群体，群体内部、各群体之间无论大小、是否平等，必然会建立各种关系，制定各种规则，在此基础上又形成了各群体独自的文化和制度，及群体之间的文化交流及制度融通（加上生产活动即马克思主义所说的生产力与生产关系、经济基础与上层建筑）。这些内容使社会变得生动绚丽，富于多样性。这种相互关系及由此形成的文化制度也是社会发展的必然结果，而且会随着社会的发展而发展，或因自身的创新而推动社会发展，二者如影随形，不可分离。因此，这种相互关系及由此形成的文化制度必然成为社会的基本构成要素之一。进一步说，社会具有的这种复杂多变的关系及各具特色的文化制度，既能寻找出很多的共性（共同性），也能看到非常明显的个性（特殊性），当然，共性存在于个性之中。换言之，共性依赖个性而存在，而个性又依赖共性而发展，因此彰显出保护和发展个性的重要性。

人类的生产、生活及由此形成各种关系和文化制度，绝不能在真空中进行，必须具有相应的空间。这个空间就是自然界。人类产生于自然界（反过来说自然界产生了人类也是成立的），人类在自然界的孕育下逐渐成长，人类的生产、生活从未离开也离不开自然界，只不过随着生产力的发展和人类认知能力的提高，人类与自然界的关系更加紧密而已。所以，人类发展所依存的空间自然界也是社会的基本构成要素之一。人类是能动的物种,但自然界成千上万的物种也都是能动的物种。当然,人类是其中能动力最强大的物种,但强大到何种程度,是否已达到可以不计后果任意改造自然界的程度?地球如果再次遇到6500万年前那样的小行星撞击(或火山群大规模爆发、太阳黑子剧烈爆发、海平面剧烈上升)的灾难,人类的能动力是否能保障自身摆脱恐龙灭绝那样的命运?[①]

关于社会发展形态,有各种各样的观点和议论。如野蛮社会、文明社会、原始社会、农业社会、工业社会、信息社会以及商品社会、法制社会、平等社会、人道社会、和谐社会等称呼各不相同,但基本上可以分为两大类,一类是根据上述界定作出的广范围的、着重基本面的判断,一类是侧重其中的某一个基本构成要素作出的、着重不同侧面的判断。其中,马克思主义的人类社会五种发展形态论最具科学性,影响最为广泛,具有不可否认的极为重要的社会意义。原始社会、奴隶社会、封建社会、资本主义社会(帝国主义是其高级阶段)和共产主义社会(社会主义社会是其初级阶段)这五种社会发展形态,是根据生产力的发展程度及由此引起的生产关系和上层建筑的变化划分的,而且除共产主义的社会发展形态外,其他社会形态都已成为历史或正处在实践的过程中,马克思主义认为这是人类社会发展的最基本的客观规律,并对此作出了科学、合理的解释。

我们相信,人类社会最终会走向共产主义。从马克思主义的社会发展论看未来,共产主义是目前所能看到的最高形态,此所谓最高或最低点的标准是生产力发达水平及由此决定的具有普遍意义的人们的欲望的满足程度。归结为最简单的一句话就是:各尽所能,按需分配。关键是如何理解

---

①   关于恐龙灭绝的原因,一般说法是,在6500万年前小行星撞击地球或是火山群大规模爆发造成恐龙突然灭绝。但美国威斯康星大学麦迪逊分校地质学教授沙南·彼得斯近日提出一个新说法:海平面升降导致恐龙灭绝。自35亿年前生命诞生以来,地球物种已经经历了5次大灭绝,恐龙灭绝就是第5次。目前正濒于第6次大灭绝的边缘。根据对1970年数据的研究,发现野生物种发生变化至少有95%是因全球变暖造成的。此外,彼得斯表示,即使没有发生全球变暖,依然会发生生物大灭绝事件。因为恐龙灭绝后,另外一种物种——人类开始支配地球。纽约大学生物学家彼得·梅鲁说,如果不控制人口增长,物种大灭绝就会再次发生。《第六次大灭绝》的作者理查德·利基表示,在全球规模的大灭绝中,1.7万到10万种物种会消失。到21世纪末,由于人口数量可能达到100.亿,地球上的半数物将会消失。见 http://www.infooo.cn/content/kaogu/2009/0322/3756.html。

按需分配。如果是按照保障衣食住行的基本需要进行分配，这并不是十分难办的事。现在中国政府即宣称要努力使全体人民学有所教、劳有所得、病有所医、老有所养、住有所居，也就是说要使老百姓读书、就业、看病、养老和居住都有保障，应该说，如果能够正确分解当前的国富，再经过一二十年努力，这个目标完全能够达到。如果这样，离按需分配还有多远？仔细想来，这不就是最低标准的按需分配吗？虽然距离共产主义的按需分配还有一定距离，但并非遥不可及的距离。不要把共产主义看得太神秘，想得那么遥远。其实，共产主义的按需分配，其"需"并非无限之需，而是有限之需。如果每一个社会成员都能得到充分的教育，都有适合自己同时适合社会的工作，有宽松的居住环境，社会具有完善的医疗和养老制度，同时还具有健全的民主管理与法律制度，这就应该是理想的共产主义社会。之所以说适合自己同时适合社会的工作，意在强调工作的社会性，从事工作是为社会创造财富，为社会服务，是每一个社会成员的义务，所以不能单凭自己的兴趣选择工作，这一条在共产主义社会也不会改变。所谓宽松的居住环境，即每人都有独立居室，家庭有共同活动的场所，购物方便，交通便利，环境优美，也就可以了。如果仅计算居住面积，人均 50 至 70 平方米应是合适的标准。

这样的共产主义社会可能与某些人设想的"想要什么就要什么、想干什么就干什么"的"共产主义社会"有不小的"差距"。其实，"想要什么就要什么、想干什么就干什么"的社会不是共产主义社会，而是永远不可能实现的无政府主义社会。共产主义社会虽然生产力高度发达，但也不可能"想要什么就要什么、想干什么就干什么"。这是因为存在着两个不容忽视的约束条件。第一个约束条件是人的道德约束。个人需求无限膨胀不仅不符合共产主义的道德标准，也不符合社会主义的道德标准，甚至也不符合资本主义的一般性道德标准。若没有这一道德约束，每人都想过封建帝王般的生活，那就是建设十个共产主义社会也达不到。第二个约束条件是自然界的约束。这甚至是比第一个约束还要重要的约束。这一点已如前述，不再重复。

当然，共产主义毕竟现在还是一个颇为抽象的概念，现在不要说讨论共产主义，就是讨论已经进行了百年实践的社会主义仍很难得出准确的结论。即使对资本主义、封建主义，现在仍存在许多争论不休的问题。而且还有各种形态之间的你中有我、我中有你的相互包容现象，资本主义国家包含着社会主义的因素，社会主义国家也不可能完全排除资本主义因素。这些争论对更好地认识人类社会的发展规律是有益的，应积极鼓励，大力提倡。

如前所述，马克思主义的人类社会发展五种形态论是根据生产力的发展程度及由此引起的生产关系和上层建筑的变化进行划分的理论，但不能说对人类社会发展只能如此认识而不能有其他认识。马克思主义是科学的思想论和方法论，它是吸收其他科学理论的营养成长起来的，从本质上说，马克思主义不搞唯我独尊，不排斥其他科学理论，甚至非科学的理论（如宗教理论）。

因此，对人类社会发展的观察，除马克思主义的五种形态论外，当然还有其他的理论。例如，根据生产方式的不同区分为狩猎社会、农业社会、工业社会、后工业社会（信息社会），根据科学技术发展的程度区分为野蛮社会、文明社会和现代文明社会，根据人类对自然界的认知程度的发展区分为必然（王国）社会和自由（王国）社会，前现代化社会、现代化社会和后现代化社会等，这些划分都有其理论依据，当然有合理的部分，也有值得进一步深入研究的部分。但无论如何，这些理论及划分都是研究社会发展问题时应予以充分注意的。

与社会发展形态相对应的则是社会发展模式。简言之，社会发展形态是社会发展的本质表述，社会发展模式是社会发展形态的外在表现形式。若进一步分析，则现实中的任何一个资本主义国家都会与经典理论意义上的资本主义国家不同。同样，现实中的任何一个社会主义国家也会与经典理论意义上的社会主义国家不同。这是因为同一个理论意义上的社会发展形态可以有多种外在表现形式，即多种社会发展模式。在不同的社会发展形态中，在同一社会发展形态的不同阶段、不同地域，其社会发展模式不会是僵死不变的一个模式，而会呈现出时静时变的多样化的模式。

这就是社会发展形态与社会发展模式之间的密切而又有区别的关系。一个国家的根本制度或基本性质是由其所处的社会发展形态决定的，在其生产力未发展到致使生产关系及上层建筑发生根本改变的程度之前，其社会发展形态是相对稳定的。但即使在社会发展形态相对稳定期间，若全方位地观察，其社会发展模式仍会包含着多种模式在内，例如政治民主模式、经济发展模式、社会保障模式和环境保护模式等，而多年来人们的相关研究多以经济发展模式和社会保障模式尤其后者作为社会发展模式的主要内容，甚至于将社会保障模式等同于社会发展模式，这显然囿于片面。社会发展模式是综合性模式、系统性模式，各种发展模式均有各自的特点，各有长处和短处。因其下尚有多个局部性模式、子系统模式，再下还有更局部的模式，或称子子系统模式。社会发展模式在不同的时间或空间会以某个或某几个局部模式、子模式占主要地位或发挥主要影响，从而形成各社会发展模式的各自不同的特点。总之，不仅在社会发展相同形态的国家之间，即便在社会发展形态不同的国家之间，不会有百分之百相同的社会发展模式，但可以有取向相同而内容相近的社会发展模式。所以，各国在建立何种模式以促进各自的社会发展上，如何不断地改革更新模式使之能够更加适合社会发展，或能够推动社会更快地发展上，有可以相互学习借鉴的一面，前车之覆，后车之鉴。总之，各国的社会发展模式之间既有相同的部分，但从根本上说是各有不同，必然具有各自的特点；各国的社会发展模式自身也不是固定不变的，各国必须不断改革其发展模式使之更加适应社会发展，因而其发展模式的特点也是不断发展变化的。这样的认识符合唯物辩证法。

　　如上所述，国家的根本制度是由其所处的社会发展形态决定的，即形态决定制度，而国家的各种体制如政治体制、经济体制、社会体制等，则是由其对社会发展模式的取舍来决定的。国家政治是采取民主模式还是采取独裁模式，是采取总统制模式还是采取内阁制模式，是采取直选制模式还是采取非直选制模式，模式选择不同便须建立不同的政治体制；国家经济是采取计划经济模式，还是采取市场经济模式，拟或采取计划经济与市场经济相结合的模式（结合的程度又有不同），模式选择不同则其对应的经济体制亦不同；国家社会是采取高福利模式，还是采取中福利模式或低福利模式，是共同富裕模式还是贫富差别模式，或以富带（动）贫模式，其对应的社会保障体制自然亦不相同。社会发展与保护环境关系方面是采取环境保护后于社会发展模式还是先于发展模式或与社会发展并重模式，是政府管理推动为主的模式还是政府民间共同推动的模式，也须建立不同的环保体制。以上只是简单的列举划分，现实操作中则要复杂得多。例如高福利社会发展模式，有些社会主义国家实施住房分配制（低租金）、大学教育免费、公费医疗制，但工资低、税收低（甚至无税收），这属于低收入、高福利的社会发展模式，有些资本主义国家在住房、教育、医疗等方面也是高福利，但伴以高收入、高税收，这就属于高收入、高福利的社会发展模式，相对而言还应有伴以中等收入的高福利社会发展模式。推而广之，国家的社会发展模式多种多样，千差万别，虽然可以大致分类，但不应流于刻板。加之各国国情不同，所处环境不同，发展模式必不相同。研究各国的社会发展模式，如果不注意这一点，而是要牵强比附，甚至主张完全照搬，这就属于现代版的刻舟求剑了。

所以，在研究社会发展模式时，不能以意识形态画线，要努力克服思想僵化。社会主义国家具有的优越性使之不必或不能学习借鉴资本主义国家的社会发展模式，或一概否定社会主义国家原有的社会发展模式而奉资本主义国家的社会发展模式为一成不变的学习样板，这些认识都属于思想僵化。研究社会发展模式，应以马克思主义理论为指导，以政治经济学、社会学、人口学、教育学、环境经济学等学科理论共建新的理论框架，在充分把握本国国情的基础上，不设禁区，敢讲真话，发扬开拓创新精神，在社会发展模式创新上有所前进。本书本着这一基本认识和思路，从人口、城乡关系、阶级关系、环境保护等方面入手，认真研究世界主要发达国家的社会发展模式，总结其特点和经验教训，并充分结合本国国情，最后就我国今后应采取的综合性社会发展模式提出独自的建议。

第五节　国内外关于社会发展的研究概述

本书是在研究社会发展的个别局部性模式的基础上探讨适合我国国情的综合性模式。关于社会发展模式问题，近些年来国内外的相关研究已有很多。总的来说，这些研究大致归为两大类，一是与自然科学联系在一起的社会发展模式研究；二是社会科学内在的各学科、多学科或综合性的社会发展模式研究。第一类以上文所述德内拉·梅多斯等西方科学家提出的《增长的极限》为代表，其核心观点是资源有限度，增长有极限。"增长拜物教"将会使社会发展中的大多数问题日益恶化，必然会给人类社会发展带来灾难性的后果。此后，在"增长的极限"这一理论引导下，联合国及其他国际机构、各国政府及各领域研究机构迅速跟进，在不断加深的开拓性研究的基础上，发表了众多的研究报告和成果。例如具有权威性和指导性的联合国各类宣言和报告，有 1972 年斯德哥尔摩的《联合国人类环境会议宣言》，1987 年联合国世界环境与发展委员会在东京提出的关于人类未来发展的报告《我们共同的未来》，1992 年里约热内卢的确定了

27 项原则的《联合国环境与发展宣言》和《21 世纪议程》，2002 年约翰内斯堡的《联合国世界可持续发展宣言》和《行动计划》，还有 2000 年的《联合国千年首脑会议宣言》、1990 年以后每年发布的《联合国人类发展报告》等。最近则有 2011 年 7 月 7 日联合国发布的《千年发展目标进展报告》。报告指出，距离千年目标的截至期限 2015 年已不遥远，世界各国必须要有紧迫感，尤其要在贸易谈判和气候变化、可持续性发展方面取得突破。这些宣言和报告迅速准确地反映出世界各国研究人类及各国社会发展问题取得的最新进展，提出了对各国社会发展具有警示意义的参考性、约束性建议，是各国学者智慧的最高凝聚，理所当然地对各国的社会发展和政策选择发挥重大引导作用。

在这一背景下，各国学者的相关研究硕果累累，理论创新不断涌现。各国学者提出了"可持续发展"、"绿色经济"、"循环经济"、"生态经济"、"低碳经济"、"和谐经济"乃至"幸福经济"等多种具有各自理论体系的概念，呈现出百家争鸣的局面。但是，如果仔细分析这些新概念、新理论，则不难看出这些新概念、新理论虽然切入点、侧重点不一，但在基本点上是一致的，即均主张不能简单地将社会发展与经济增长画等号，二者之间并不是在任何情况下都是正相关的关系。当经济增长伴随的不是财富（包括资源）增长而是财富损害时，这种经济增长与社会发展就成了负相关的关系。实际上，从长远看，这种经济增长变成了社会发展的不利因素，是不值得追求和鼓励的。所以，与其说是百家争鸣，不如说是百家共鸣，百家为包括各国在内的人类社会实现长久、稳定、和谐的发展而共鸣。发达国家和发展中国家均包括在内的所有国家的执政者在考虑各自的社会发展模式并进行相应的政策选择时，没有任何理由排斥和拒绝这些意义重大的科学研究成果，为各国的共同发展谋划健康、稳定的发展道路。但遗憾的是，执政者的政策选择与学者的政策建议之间尚有显著的距离，二者之间虽然总体上正在接近，但接近的速度十分缓慢。

例如，关于可持续发展问题。在选择或评价社会发展模式时，是否可持续发展是首要标准。可持续发展与一般意义上的环境保护有天壤之别，与传统经济增长理念也不在同宗同列。说到底，可持续发展的经济就是能够无限长期地、全面稳健地发展的经济。研究可持续发展问题的国际著名生态经济学家、美国马里兰大学公共事务学院赫尔曼·E. 戴利教授在 1996 年出版的名著《超越增长——可持续发展的经济学》，对可持续发展的含义、如何实现可持续发展有十分深刻的阐述。作者认为，增长属于物理上的数量性扩展，发展属于质量上、功能上的改善，而可持续发展则是超越增长的发展；要谋求可持续发展首先须摒弃以增长为核心原则的数量性发展观，取代以福利为中心原则的质量性发展观。把经济看做是不依赖外部环境而存在的孤立系统，因而是可以无限制增长的传统发展观是错误的，而可持续发展的核心理念强调经济只是依赖于外部的有限生态系统的子系统，因此宏观经济的数量性增长是有规模的，而不是无限的。在工业化开始时，人造资本是稀缺的限制性因素，因此追求经济子系统的数量性增长是合理的。但是，随着经济子系统的增长，整个生态系统从"空的世界"转变为"满的世界"，自然资本替代人造资本成为稀缺的限制性因素，经济子系统就需要从数量性增长转换为质量性发展。所以，发展中国家在一定时间段需要有一定规模的数量性增长，发达国家则需要从速为可持续发展作出改进。可持续发展又是生态、社会、经济三方面优化的集成，即要求生态规模上的足够（足够过上满足基本需求的好生活而不是物质消耗最大化）、社会分配上的公平（这种生活状态应该被所有人所拥有）、经济配置上的效率（对自然资本的有效利用能允许更多的人生活在足够的生活状态中）三个原则同时起作用。今天的世界，一些人的生活超过了足够，而另一些人则远远低于足够，因此是高度不平等的；同时，以日益增长的速度消耗资源和损坏自然资本、不能满足所有人基本需要的系统不能被认为是有效率的。可持续发展的基本原则是努力使能够获得足够的人均福利的人数随着时间的推移而达到最大化。①

　　与可持续发展经济相关的还有绿色经济、循环经济等多种概念及其研究。英国环境经济学家大卫·皮尔斯等于 1989 年出版的《绿色经济蓝图》一书中提出"绿色经济"的概念，认为绿色经济是可持续发展的经济，非绿色经济就不是可持续发展的经济。② 发展绿色经济，是对工业革

---

　　① 戴利：《超越增长——可持续发展的经济学》，上海译文出版社 2005 年翻译出版。我国出版的与此相关的研究著作也很多，如钱保生《可持续发展的理论与实践》，中国环境科学出版社 1999 年版；张坤民《关于中国可持续发展的政策与行动》，中国环境科学出版社 2004 年版；王伟中《国际可持续发展战略比较研究》，商务印书馆 2006 年版；钱易等《环境保护与可持续发展》，高等教育出版社 2010 年版；中国科学院研究组《2011 中国可持续发展战略报告：实现绿色的经济转型》，科学出版社 2011 年版；等等。

　　② David Pearce, Anil Markandya, Edward B. Barbier, *Blueprint for a Green Economy* (*The Blueprint Series*). Earthscan Publications Ltd, 1989.

命以来几个世纪的传统经济发展方式的根本否定，是 21 世纪世界经济发展的必然趋势。绿色经济的本质是以生态、经济协调发展为核心的可持续发展经济，是以维护人类生存环境，合理保护资源、能源以及有益于人体健康为特征的经济发展方式，是一种平衡式经济。经济发展必须是自然环境和社会环境均可承受的，既不能因盲目追求生产增长而造成社会分裂和生态危机，更不能因为自然资源耗竭而使经济无法持续发展。与白色经济、黑色经济不同，绿色经济强调经济、社会和环境的一体化发展，重视自然环境的价值。注意利用自然资源的公平性和产业结构的优胜劣汰，促进环境技术转化为生产力，通过发展环境友好型经济，实现经济的可持续增长。

我国学者从我国经济正处于转型期的现实出发，对绿色经济的研究更充满现实感。北京工商大学季铸教授认为，绿色经济是人类社会继农业经济、工业经济、服务经济之后新的经济结构，是更加效率、和谐、持续的增长方式，也是继农业社会、工业社会和服务经济社会之后人类最高的社会形态，绿色经济、绿色新政、绿色社会是 21 世纪人类文明的全球共识和发展方向。季铸教授每年发布《中国 30 个省市绿色经济与绿色 GDP 指数》，并协助四川遂宁完成了传统经济向绿色经济的转变。2010 年 11 月 20 日，联合国工业发展组织国际环境资源管理监督机构授予四川遂宁全球首个"绿色经济示范城市"称号。绿色经济是一种融合了人类的现代文明，以高新技术为支撑，使人与自然和谐相处，能够可持续发展的经济，是市场化和生态化有机结合的经济，也是一种充分体现自然资源价值和生态价值的经济。①

绿色经济与传统产业经济的区别在于：传统产业经济是以破坏生态平衡、大量消耗能源与资源、损害人体健康为特征的经济，是一种损耗式经济；绿色经济则是以维护人类生存环境、合理保护资源与能源、有益于人体健康为特征的经济，是一种平衡式经济。所以，绿色经济必然是生态经济、循环经济。生态经济以保护生态为发展经济的前提，循环经济以资源的最有效利用和充分再生为主要内容。这方面的研究也以西方学者为开先河者。20 世纪 60 年代，美国经济学家波尔丁就提出了地球经济发展的

---

① 此外，相关研究著作还有鲁明中等《中国绿色经济研究》，河南人民出版社 2005 年版；朱海玲《绿色 GDP 应用研究》，湖南人民出版社 2007 年版；等等。

"宇宙飞船理论"和生态经济学理论，至 20 世纪 80 年代，以拉德瑞尔为首的联合国环境规划署工业发展局总结了各国工业生产的经验，提出了经济发展中资源循环的 3R 原则，即资源利用的减量化（reduce）原则、产品生产的再使用（reuse）原则、废弃物的再循环（recycle）原则。2005年，北京航空航天工业大学吴季松教授参加在阿联酋阿布扎比举行的世界思想者节日论坛，在 3R 原则的基础上，提出并得到与会者认可的 5R 循环经济新思想，即再思考（rethink）、减量化（reduce）、再使用（reuse）、再循环（recycle）、再修复（repair）。该主张包括，要研究资本循环、劳动力循环和自然资源循环，使社会财富和自然财富维持均衡。从这个观点考虑，如果剔除环境污染和生态破坏的因素，我国 GDP 8%—9%的年增长率，实际至多只有 4%—5%。这如同一座豪华大厦建在将要荒漠化的地区，其价值可能为零。减量化则不仅是资源利用的减量，而且包括社会与人的物质需求的减量，只能满足最低的、合理的需求。①

在我国提出建设和谐社会理论后，也有学者提出了和谐经济的观点。其核心内容是，从根本上说，社会经济的发展要实现经济系统内部的和谐、经济系统与社会系统的和谐、经济系统与自然系统的和谐。②

以上各方面的研究提示我们，在研究社会发展和政策选择时，已经不能局限于社会之内的非广义的社会发展模式研究，而且必须与社会之外的各方面结合在一起进行广义的社会发展模式研究。这不仅是社会发展研究的潮流，而且是社会发展的现实的大趋势。因此，以上介绍的各项研究对社会发展研究不是可有可无，而是不可忽视。

关于非广义的社会发展模式研究，以往主要集中在对欧美国家发展模式的研究，相比较而言，对亚洲国家主要是东亚国家的发展模式研究则要弱一些。其主要原因是，东亚国家多是后发国家，而且多处在关键的发展转型阶段。能否成功转型关系到国家的前途，故东亚学者多注意从已成功转型为现代发达国家的欧美国家的社会发展中寻找借鉴，以免走弯路，多付成本。此外，近二十余年拉美模式的研究也时兴过一阵，但因暴露的问

① 吴季松：《循环经济概论》，北京航空航天工业大学出版社 2008 年版，第 1 章。此外，相关研究著作还有：山东理工大学课题组《广义循环经济论》，人民出版社 2007 年版；任正晓《生态循环经济论》，经济管理出版社 2009 年版；何东《区域循环经济论》，中国财政经济出版社 2009 年版；等等。

② 刘光岭：《和谐经济理论研究》，中国经济出版社 2007 年版。

题越来越多，拉美模式已陷入严重的困境，拉美国家不得不重新寻找出路。另外，欧美发达国家在经过几十年的发展后，其社会内部聚积的矛盾和问题越来越多，以至于造成社会发展动力不足，乃至停滞不前。欧美的学者则多注意对这些问题的解析和探讨解决问题的途径。例如1994年的欧盟委员会《社会政策白皮书》将欧洲社会模式定义为一组共同的价值观，即对于民主、个人自由、社会对话、人人平等、充足的社会保障以及在社会中团结弱势群体的承诺。但此后由于欧洲一体化的加速，欧洲社会模式面临着新的挑战，具体表现在欧洲经济一体化加速与社会保障本国化之间出现的不平衡，人口结构、家庭结构、社会结构、消费方式和生产方式都在不断地发展变化，原有政策已不能发挥最佳效益，养老金来源和劳动力供给将会陷入困境。甚至有学者认为，如不进行改革，这些难题将不可避免地导致欧洲破产。所以，至2004年里斯本高峰会议，其工作综述便将重点放在了如何改革欧洲社会模式上，如通过教育与技能培训，以终身学习的方式适应劳动力市场的新的供给需求，改革社会保障体系，加强养老金财政的可持续性，让就业有利可图以提高个人参与能力，促进社会融合，等等。①

　　在深入一步的研究中，福利问题即社会保障问题成为研究欧洲社会模式的核心问题。1990年瑞典学者艾斯平·安德森出版《福利资本主义的三个世界》一书，以福利类型学的研究方法将欧洲社会模式中各国以福利体制为标尺分析归类为三种类型，并得到多数欧洲学者的采纳。第一种，欧洲大陆的保守主义的社会福利模式，主要包括法国、德国、荷兰、比利时等国，其特点是公平性高但缺乏效率；第二种，北欧（斯堪的纳维亚）的社会民主主义的社会福利模式，包括丹麦、芬兰、瑞典等国，其特点是国家主导全部社会保障，高税收高福利，维持了效率和公平的双高水平，其中尤以瑞典模式最为典型，最具代表性；第三种，盎格鲁—撒克逊自由主义的社会福利模式，包括英国、美国、加拿大等国，牺牲公平以追求提高效率，以市场经济支持社会保障，而社会保障具有明显的方向

　　①　余南平在《欧洲社会模式——以欧洲住房政策和住房市场为视角》一书中，对欧洲社会模式的相关理论及研究状况有较为详尽的叙述，见该书绪论及第一章。该书由华东师范大学出版社2009年出版。

性和选择性。我国学者也多赞同这种分类法。①　在总体分类上，除以上三种主要类型外，还有南欧地中海国家意大利、西班牙、希腊等国的社会福利模式及中东欧转型国家的社会福利模式，也都有各自的特色，需要研究。不过，本书由总题目所限，自然将研究的焦点集中在前三种模式外加日本模式上。

欧洲学者研究欧洲的社会发展，成果众多，但若不以欧洲整体、欧洲一体化或第三条道路为题，则多以福利问题、失业问题等具体问题为题进行研究，而明确以"模式"为题进行的单一模式或群体模式研究，其理论性成果比较而言还不能称已经足够。这方面的成果有安东尼·吉登斯的《第三条道路——社会民主主义的复兴》、《现代性的后果》，弗兰茨·夏沃的《比较福利国家》，奈尔·吉尔博特的《社会福利政策导论》，泰勒·古白的《压力下的福利国家变革与展望》，戴维·柯茨的《资本主义的模式》，艾斯平·安德森的《转变中的福利国家》，科勒·科赫等的《欧洲一体化与欧盟治理》等。②

我国学者出于我国社会发展转型的需要，对欧美国家的相关研究长期成为热点，而且集中在两个主要问题上。一是欧洲社会模式（一体化）与社会政策，二是福利国家与瑞典模式，或将二者结合，从福利国家的角度研究欧洲模式的总体特征，在此基础上分析社会资源分配方面的政府政策选择，及社会组织结构的运作机制。这方面的成果有：黄素庵的《西欧福利国家面面观》，黄范章的《瑞典"福利国家"的实践与理论："瑞典病"研究》，李宗主编的《西欧社会保障制度》，余开祥等的《欧洲共同

---

① 艾斯平·安德森：《福利资本主义的三个世界》，法律出版社 2003 年翻译出版。但我国也有不同观点。有学者认为，成功的北欧模式根本不存在；北欧有代表性的只有瑞典模式；除瑞典外，北欧模式就是欧洲模式；中央组织部党建研究所课题组《当今世界主要发展模式基本走向与比较研究》认为有英美模式、莱茵模式、转型国家发展模式、东亚模式和拉美模式，将欧洲大陆模式和北欧模式合并为一莱茵模式。见该研究报告，载《当代世界与社会主义》2011 年第 1 期。

② 安东尼·吉登斯的《第三条道路——社会民主主义的复兴》，北京大学出版社 2000 年翻译出版，《现代性的后果》，译林出版社 2000 年翻译出版；弗兰茨·夏沃的《比较福利国家》，台湾巨流图书公司 2006 年翻译出版；奈尔·吉尔博特的《社会福利政策导论》，华东理工大学出版社 2003 年翻译出版；泰勒·古白的《压力下的福利国家变革与展望》，台湾松慧有限公司 2006 年翻译出版；戴维·柯茨的《资本主义的模式》，江苏人民出版社 2001 年翻译出版；艾斯平·安德森的《转变中的福利国家》，重庆出版社 2003 年翻译出版；科勒·科赫等的《欧洲一体化与欧盟治理》，中国社会科学出版社 2004 年翻译出版。

体——体制·政策·趋势》,刘玉安的《北欧福利国家剖析》,周弘的《福利的解析:来自欧美的启示》,陈炳耀主编的《当代英国瑞典社会保障制度》,陈林等的《第三条道路——世纪之交的西方政治变革》,陈玉刚的《国家与超国家:欧洲一体化理论比较研究》,顾俊礼主编的《福利国家论析:以欧洲为背景的比较研究》,张荐华的《欧洲一体化与欧盟的经济社会政策》,巴尔的《福利国家经济学》,周弘编著的《欧洲模式与欧美关系:2003—2004欧洲发展报告》,田德文的《欧盟社会政策与欧洲一体化》[1] 等。

其实,我国学者与国外学者的关注点是基本一致的。这与我国学者在研究社会发展与政策选择问题开始及定型阶段,从理论到方法多受西方学者的影响有关,以至于一谈到社会保障问题便是西方学者如何如何说,完全以西方的标准为标准,因而判断我国近代及以前没有社会保障制度,直到改革开放以后才开始真正搞社会保障制度。其实,在古代封建社会,我国的社会保障制度也未缺失,只不过其所处地位与表现形式与近代、当代不同罢了。[2] 所以,当国外学者尤其西方学者多关注瑞典模式时,我国学者也对瑞典模式研究倾注了极大的注意力。当然,这也与瑞典模式是20世纪中在社会稳定发展及社会保障方面最成功、最具影响有关。当我国处于改革开放的社会转型过程中,在社会保障改革方面急需正反两面的参照系和借鉴体,瑞典模式突出于其他模式因而受到相关学界的关注则是理所当然的。

---

[1] 黄素庵:《西欧福利国家面面观》,世界知识出版社1985年版;黄范章:《瑞典"福利国家"的实践与理论:"瑞典病"研究》,上海人民出版社1987年版;李宗主编:《西欧社会保障制度》,中国社会科学出版社1989年版;余开祥等:《欧洲共同体——体制·政策·趋势》,复旦大学出版社1989年版;刘玉安:《北欧福利国家剖析》,山东大学出版社1995年版;周弘:《福利的解析:来自欧美的启示》,上海远东出版社1998年版;陈炳耀主编:《当代英国瑞典社会保障制度》,法律出版社2000年版;陈林等:《第三条道路——世纪之交的西方政治变革》,当代世界出版社2000年版;陈玉刚:《国家与超国家:欧洲一体化理论比较研究》,上海人民出版社2001年版;顾俊礼主编的《福利国家论析:以欧洲为背景的比较研究》,经济管理出版社2002年版;张荐华:《欧洲一体化与欧盟的经济社会政策》,商务印书馆2001年版;巴尔:《福利国家经济学》,中国劳动社会保障出版社2003年翻译出版;周弘编著:《欧洲模式与欧美关系:2003—2004欧洲发展报告》,中国社会科学出版社2004年版;田德文:《欧盟社会政策与欧洲一体化》,社会科学文献出版社2005年版。

[2] 参见史柏年《略论中国古代社会保障思想和措施》,载《2002年两岸四地社会福利学研讨会论文集》(未出版);王卫平等《中国古代传统社会保障事业述论》,《学习与探索》2007年第1期;孙祁祥等《中国社会保障制度研究——社会保险改革与商业保险发展》,中国金融出版社2005年版。

　　瑞典模式，即20世纪瑞典社会民主党在长期执政的过程中，通过各项政策对资本主义制度进行局部性改革，兼顾社会的稳定与发展，建设具有瑞典特色的全民福利国家的政策过程与结果演进的总和。尽管人们常常把瑞典模式简单化地归结为"高税收、高福利"，其实这样说是不全面的。瑞典模式包含了全方位、立体式的众多内容，是动态模式而不是静态模式。瑞典社会民主党长期执政，以民为本[①]，力避骄奢，使瑞典这样一个人口只有900多万，面积不过45万平方公里的北欧国家，其人均GDP位列世界前茅，在消除三大差别、实现男女平等、健全社会保障、推行义务教育、提高就业水平、发展科学技术、加强环境保护等方面取得的巨大成就令世界称羡。瑞典在世界工业生产中所占比例，超过它在世界人口中所占比例的4倍，出口超过9倍，一些知名电子产品享誉世界。尽管也有罢工游行，但总体上说，瑞典人民心态平和，社会稳定。瑞典与丹麦及其他北欧国家一起，建成世界上最清廉国家，人民得到从摇篮到坟墓的无微不至的社会保障，其幸福感非其他国家所能企及。如果说百余万党员的瑞典社会民主党中央党部其全部工作人员仅有六十余人，地方党部更是减少到区区五六人，党的活动经费也受到严格的限制和管理；除国王外，包括首相在内的所有国家级领导人不得配备警卫、随从（后因帕尔梅遇刺，首相才配备了警卫），家中无公务员和厨师；只有议长、首相、国防部长、外交部长等极少数官员配有公务车，但他们上下班还是要乘坐公交车或开自家车或徒步往返；在工资待遇方面，政府最高领导人的工资比一般职工的工资，在税前的差距可能达四五倍，但税后往往只有两三倍，特别是他们除工资以外，并没有其他级别津贴和职务消费；出身农民的首相费尔丁，任职时还抽时间回家务农，等等。对于看惯了"官本社会"的中国人来说，突然看到这样一幅生动和谐的断难想象得出的"民本社会"的图景，虽生怀疑之念但难掩羡慕之情，恐怕少有人例外。[②]

　　瑞典模式是动态模式，因为瑞典模式的内涵在不断发展变化中，这也

①　注意不是"以人为本"，二者有重大区别。与人本主义相比，民本主义对资本家阶级和公共机关人员的限制要强得多。该党曾提出建设"人民之家"的口号，其长期政策具有明显的亲民倾向。我国提"以人为本"多年，但往往以"为全体人民"为借口而削弱或损害广大民众的利益，把权力者与被权力者混而为"人"，易造成"以人为本"口号化、空洞化。
②　我国一些公务团访问瑞典，其团长和团员被瑞典接待方安排住同样的房间，这种体现公仆意义平等精神的做法使我们的团长和团员都感到意外乃至不习惯。

是瑞典模式能较长发展的主要原因。瑞典社会民主党搞具有瑞典特色的社会主义，既注重理论创建，又注意理论与实践相结合。理论来源于实践，在实践中丰富，又要能够适当超前于实践，进而指导实践。瑞典社会民主党搞瑞典特色的社会主义，有两个基本原则，一是维持社会稳定，通过大战期间保持中立及此后尽力避免激化社会矛盾（不"折腾"）维持稳定；二是努力执政为民，基本做到了"权为民所用，情为民所系，利为民所谋"。从 20 世纪 30 年代到 80 年代，瑞典社会民主党搞瑞典特色的社会主义即"瑞典模式"，经历了"福利社会主义"、"职能社会主义"和"基金社会主义"三个阶段：第一阶段是建设福利社会主义阶段，是在回避所有权问题的状态下建设福利社会，其"人民之家"理论的核心是团结、民主、公平、平等和福利；第二阶段是建设职能社会主义阶段，其理论核心是将部分的所有权社会化，而另一部分职能仍保留非社会化，通过这样的办法逐步实现社会主义的目标；① 第三阶段是由瑞典首相奥洛夫·帕尔梅推动的建设基金社会主义阶段。简而言之，基金社会主义比福利社会主义在所有权问题上又前进了一步，即要通过设立雇员投资基金将企业部分利润由资本家所有转为工人的集体财产，用以进行生产投资，使其成为与资方资本抗衡的一种经济力量和所有制成分，从而逐步实现所有权的社会化。②

---

① "职能社会主义"理论的创始人是 20 世纪 20 年代瑞典社民党理论家厄斯登·翁登。英格瓦·卡尔松在 20 世纪 60 年代发展了这一理论。该理论主张，所有权是一个包含众多不同所有权职能的概念，这些职能可以被任意分割。所有权 O 并非一个不可分割的概念，而应等于若干职能如 a、b、c、…、n 的相加。其公式为：$O = a + b + c + \cdots + n$。因此，为了实现社会主义，没有必要在社会上实行全面社会化，而只需对所有权的部分职能如 a 和 b 实行社会化。也就是说，在保留生产资料资本家占有的条件下，国家可以通过各种经济政策和宏观管理手段，直接或间接地对国民经济中的不同组成部分进行有效的控制和管理。工人阶级实际上可以通过国家的立法以及其他强制性和非强制性的手段对整个社会进行管理，这体现了工人阶级拥有的社会权利，但同时资本家阶级在生产资料方面的私人占有性质可以不发生根本性的改变。此理论改变了以往关于社会主义所有权是一个不可分割的整体的理论观点，而认为所有权是可以按照不同的职能加以分割的，通过对构成所有权的各个职能逐个地进行社会化，既可以避免对资本家的大规模的补偿，维护了社会稳定，又可以渐进地实现所有权的社会化的目标。

② 1971 年瑞典工会联合代表大会决定由工会运动的著名经济学家麦德内尔组织研究小组研究"限制财富集中"的对策方案。四年后，研究小组提交了著名的"麦德内尔方案"。其基本原则是，作为集体财产的雇员投资基金绝不能被消费掉或归还给以前的所有者，雇员投资基金所带来的收益必须用于社会全体雇员。该方案建议将企业全部利润的 20% 转为雇员的集体财产，作为雇员在企业的股份，不离开企业。如果按照这一征收率，当利润率为 10%—15% 时，10 年内雇员便可掌握企业 17%—24% 的股份，30 年左右雇员基金可占企业 50% 的股份。

但建设基金社会主义的努力因 1986 年帕尔梅遇刺而中断。这一世界社会主义探索的重大缺失，令人感到惋惜和遗憾。①

改革开放以来，出于建设中国特色社会主义的需要，我国学者对瑞典模式的研究倾注了极大的热情。若在互联网上查询"瑞典模式"，相关条目达 70 万条以上。即使其中包括了不少重复的内容，但这仍然能说明这方面的研究成果是何等丰硕。但开始时这种研究还是有一定的禁忌的。首先应提到的是，杨启先 1985 年和 1988 年两次赴瑞典考察，写成了考察报告，但直到 2002 年即写成 14 年之后，这篇报告《一篇迟到的考察纪要》才发表在一份"发行量不大的小刊物"《陈独秀研究简报》上（27—28合刊）。② 这表明关于走向社会主义的瑞典模式问题在较长一段时间内是一个敏感的话题。

该报告的总的看法是："多年以来，对于瑞典式社会主义，我们不仅是一直视为异端，持严厉批判的态度，而且时至今日，在一般人的心目中，仍然肯定的少，否定的多。其实，这是不够公平的。如果实事求是地加以分析，我们就不难发现，除了其在政治上的是非暂时还难以作出一般都能够接受的结论以外，在经济上，马克思主义的社会主义所要求的，无论是促进生产力的发展，促进人民生活的提高，还是实现分配公平、社会公正、保障工人阶级和劳动人民的应有利益等方面，其成就都是很大的。"瑞典社会民主党一直认为，瑞典社会民主党是一个社会主义的政党，瑞典社会是社会主义社会。"其主要理由是：从瑞典社民党的历史看，在 1889 年成立时，他们就没有自己的党纲党章，而完全是一字不变地采用了当时由恩格斯创立的德国社会民主工党的党纲党章。现在他们虽

---

① 瑞典社会民主党人的探索，似乎是在印证恩格斯的如下论点："例如本书（特别是在末尾）大力强调：共产主义不纯粹是工人阶级的党的学说，而且是一种理论，其最终目的就是把连同资本家在内的整个社会从现存关系的狭窄的范围中解放出来。这个论断在抽象的意义下是正确的，然而在实践中却是无益的，甚至多半是有害的。既然有产阶级不但自己不感到有任何解放的需要，而且以全力反对工人阶级的自我解放，那末工人阶级就应当单独地准备和进行社会革命。"（恩格斯：《英国工人阶级状况》，第 23 页）

② 《陈独秀研究简报》编者称，20 世纪 80 年代改革开放初期，我国思想界比较活跃，同时也有反对所谓"精神污染"和"资产阶级自由化"的干扰，其表现之一，就是国家领导人和学术界见斯大林—毛泽东社会主义试验的失败，对欧洲社会民主党的执政业绩发生了浓厚的兴趣。杨启先先生《一篇迟到的考察纪要》就是这时"活跃"与"干扰"的产物。该文在本刊发表后，又引起许多读者对西欧社会民主主义的兴趣，似乎可以成为我国改革的目标，这也是陈独秀晚年追求的理想。

然正在酝酿第七次修改党纲，但在其散发的修改党纲的宣传资料中仍然载明：瑞典社民党的理论基础是多元的，但主要是马克思恩格斯主义；阶级基础是广泛的，但主要是工人阶级。只不过是明确了工人阶级不仅包括蓝领工人，也包括白领工人。""瑞典经济的性质，既不是完全的资本主义经济，也不是完全的社会主义经济，而是一种混合经济。所谓混合经济，就是在所有制上，实行公有制与私有制混合；在分配制度上，实行按劳分配与按资分配混合；在经济运行方式上，实行国家宏观调控与市场经济混合。其中，核心是所有制的混合，因为，只有做到了所有制混合，才有可能做到分配制度与经济运行方式的混合。""瑞典的分配原则，是既要有利于充分调动和发挥各方面的积极性与提高劳动效率，又不能让分配差距过于悬殊，有点类似我们近些年一再强调的效率优先，兼顾公平的意思。其主要的做法是：在初次分配中始终坚持效率优先原则，即对劳动多、贡献大的人，必须做到多得；反之，只能少得。但在再分配中，要进行合理的调节，以做到最终分配的差距不致过大。因此，至今他们全国除了极少数优秀企业家，如沃尔沃汽车公司的老总那样的人物，年收入可达上百万克朗以外，绝大多数人实际收入的差距都不是很大的。瑞典的收入差距在世界各国中可能是最小的；一般所谓的城乡差别、工农差别和脑体差别，在瑞典可以说已基本消除。""瑞典的社会福利，人所共知，在世界各国中是最多的。即除了同其他西北欧国家一样都有法定的四大保险：退休养老、公费医疗、失业和工伤以外，还有这样那样名目繁多的各种社会福利项目，以致人们把他们形容为从摇篮到坟墓都有福利的国家。""瑞典模式"中多党制对遏制腐败的作用："政党之间的激烈竞争和党的生存危机，迫使各级领导与公职人员必须以平等的态度对待群众和以公正的原则处理社会事务。瑞典在政治上实行的是所谓西方式的民主制度，政党之间竞争十分激烈，不仅能否上台执政要取决于群众的选票，党的生存在很大程度上也要取决于选票。因为，他们国家财政对各个政党都没有无条件的拨款，政党的经费来源，除党员缴纳的党费和其他自筹的经费以外，较大一部分要靠政府按照其进入议会的人数，定额拨给费用。一个政党如果没有得到群众较多的选票，进入不了议会，没有这笔资金，是很难长期存在的。因此，无论他们的主观愿望如何，在各项活动中，都势必要力求保持一种富而不奢、平等待人和社会公正的形象。"

这篇考察报告发表后影响很大，在学术界形成了主流性观点，即瑞典模式以高税收维持高福利，建设瑞典特色的福利社会，是值得肯定的有益的尝试，确实曾经取得了相当不错的成就。但多年来维持高福利的结果，已造成众多的社会问题。第一，为支撑高福利，政府不得不加税，这无疑降低了人们的投资冲动。第二，高福利增加了瑞典的劳动力成本，使瑞典在经济全球化的竞争中处于不利地位。第三，福利体制确实有利于社会公正，但过于慷慨无疑会鼓励懒汉，导致生产率下降。第四，高福利使瑞典债台高筑。据统计，1994 年，瑞典政府的财政赤字为 1900 亿瑞典克朗，内债 9950 亿克朗，外债 3850 亿克朗，总计达 12945 亿克朗（约合 1750 亿美元），相当于当年国内生产总值的 92%。瑞典社会民主党难以后退，社会矛盾不得解决，遂至在 2006 年大选中失败。在经济全球化的浪潮下，瑞典的经济社会政策不可能不受外界影响和制约，如何在经济全球竞争的条件下保持完善的福利制度成为当今瑞典社会发展面临的困境。瑞典社会民主党执政的时间很长，实行从摇篮到坟墓的社会福利制度，这就具有社会主义的因素。但是瑞典国家 94% 的生产资料还集中在一百家大资本家手中，因此很难说瑞典是社会主义国家，其实还是资本主义国家。①

除以上主流性观点外，还有多种观点值得注意。在政治及意识形态上有学者肯定了"瑞典模式"，认为如同"中国模式"一样，"瑞典模式"是社会主义模式的一种。它不但为许多资本主义国家所推崇，而且在很多方面也为苏联、东欧和中国的改革者所借鉴。② 但有学者从意识形态方面否定瑞典模式："瑞典模式并不是什么中间道路的典范，或理想的福利国家，它仅仅是社会民主主义运动对国家和社会生活的领导权所达到的一种绝妙形式，反映了瑞典社会民主工党如何审时度势，纵横捭阖，通过劳动的内部分配、有利的政策制定、广泛的协商共议以及非决定性的选举导致政治反对派的衰落而逐步确立自己的优势统治地位这一事实，因此是一种原则性实用主义的体现。"③

在社会、经济领域，有学者对"瑞典模式"大加赞赏，中国应学习借鉴。有学者认为瑞典模式在制度层面的优点是"瑞典经济中私有制和私营经济占绝对优势，既有追逐利润的内在动力，又有激烈竞争的外在压

---

① 中共上海市委党校当代社会主义研究所：《瑞典民主社会主义模式简介》，《上海党史与党建》2007 年第 8 期。

② 袁霞：《社会主义模式断想》，《社会主义研究》1996 年第 8 期。

③ 林小芳：《制约第三条道路的几个潜在问题》，《教学与研究》2001 年第 8 期。

力，促使企业加强管理，提高企业的经营效率。而国家依据健全的法制，在各种组织的基础上进行研究、协商和谈判，对经济进行适度的干预和调节，则显然有利于调整产业结构，协调国民经济比例关系和各方面的关系，调动各方面的积极性，提高社会经济效率，增强其产品在国际市场上的竞争力。值得注意的是，经济发展为提高社会福利奠定物质基础，而社会福利的进展又在一定程度上促进了经济的发展。"① 当然，也有学者以另一种眼光来看待瑞典模式，即注重瑞典模式在 20 世纪 80—90 年代出现的问题，即所谓的"瑞典病"，以及对其福利制度所进行的改革。有学者认为瑞典主要的经济问题是公共支出、与收入挂钩的养老金制度、慷慨的社会保障津贴等。1993 年底瑞典的财政赤字占 GDP 的 14%，国家债务占 GDP 的 80%，其预算赤字为世界最高。国家债务的增长也快于其他任何国家。这就使瑞典政府不得不从 80 年代末就酝酿进行税制改革。② 还有学者持基本相同的观点："这个'从摇篮到坟墓'无所不包的福利体系逐渐使国家感受到的财政压力越来越大。瑞典支付的社会保障费用不断上升，包括社会福利体系维护成本在内的与社会保障有关的费用在国家财政总额中占了很大比率，达到 30%。以前，瑞典经济基本处于上升态势，国家可以靠提高税收来解决财政困难，但到了 1980 年，税收已占瑞典国民生产总值的 55%，再加税已无可能。20 世纪 90 年代初，世界范围的经济衰退使瑞典深受其害，金融危机、高失业率更暴露了原有福利体系的缺陷。财政赤字达到占国民生产总值的 13%。公共部门出现许多问题。"③

对于瑞典模式具有的借鉴意义，有学者认为，瑞典模式本质所在是：一种结合自己传统和历史的制度创新，不照搬任何现存的模式，既意识到市场、私有制对个体原动力发挥的重要性和与人的本质属性的一致性；又认识到社会公平、平等对人的尊严实现的必要性，它同样也是人类的一种基本需求。努力在二者之间找到一个恰当的平衡点，并在不断变化的外部环境中努力实现动态中的新平衡，这不仅是对瑞典的一种挑战，对中国乃至整个人类都将是一个长期的挑战。从这个意义上说"瑞典模式"现在

---

① 陈华山：《论瑞典经济模式》，《求是学刊》1994 年第 6 期，http：//www.lw23.com/paper_ 147904591_ 7/。

② 向文华、李雪梅：《20 世纪 90 年代瑞典、英国的社会福利制度改革》，《国际论坛》2002 年第 4 期，http：//www.cqvip.com/qk/91406X/200204/10381948.html。

③ 刘仲华：《瑞典福利体系模式，终结或是新生？》，《人民日报》2004 年 2 月 6 日。

没有，将来也永远不会过时。尽管瑞典与中国的文化、历史和国情有着很大的差别，但瑞典模式中的本质东西对我们构建社会主义和谐社会仍然有着借鉴作用。"瑞典模式"——可资借鉴，但不要神化和照搬。① 但也有学者认为，像瑞典这样的人少地少的国家搞什么主义都坏不到哪里，那些人鼓吹瑞典模式就是要利用所谓的公平来兜售资本主义。② 还有观点认为，我们在借鉴瑞典式管理时，不得不考虑的是它所赖以生存的环境。从摇篮到坟墓的庞大福利计划，不可避免地产生一些副作用，瑞典是一半人口养活着另外一半人口。过度保护、过度民主很容易形成懒散的氛围，甚至导致大锅饭，企业的反应速度也很慢，劳动力方面对企业的压力也大，不得不一再延长退休年龄。所以，瑞典模式是建立在国力强盛的基础之上的，是历史沿革下来的，对于积累不太够的国家和地区来讲并没有特别大的借鉴意义。③

在今年欧洲学者出现对瑞典模式的批判回潮后，我国也有学者步其后尘，在介绍欧洲学者的观点时表达了更为激烈的否定观点：瑞典的福利社会主义，主要特征是三高一平：高度国营化、高税收、高福利，追求社会财富均等（分配）。要达到三高一平，政府就必须主导经济、控制社会（以全面提供服务为名），把人从摇篮到墓地都包揽起来。这一定产生恶果，因为政府要提供"高福利"，只能提高税收。羊毛出在羊身上，当中产阶级、富人和企业的资金都被政府的"高税收"强行收缴，他们就没有资金扩大再生产，就无法再招工和扩大企业规模。20世纪70年代，瑞典是全球"臭名昭著"的敌视商界的国家，制定了繁琐的规章限制企业。1979年，瑞典的最高税率达到87%的顶峰。高税收、高福利，直接导致经济活力下降，人们的生产积极性降低，很多企业外移，到劳工成本低、税率低的国家办厂。这些连锁反应汇集到一起，导致整个社会的经济滞缓，形成危机。瑞典经济学家尼·卡瑞森2004年就指出，瑞典所代表的北欧社会主义模式已完全失败。后来在布鲁塞尔召开的《社会主义是否死亡》的研讨会上，多数学者都以瑞典模式为例说明，社会主义至少在全球有思考能力、有理性、有信息的人民中已经死亡。那些还信奉它的

① 吴兴唐：《"瑞典模式"——可资借鉴，但不要神化和照搬》，《当代世界》2007年第9期。

② 见《瑞典模式与叶公好龙》，http://blog.sina.com.cn/s/blog_7ad85af70100rqnp.html。

③ 见《瑞典模式的陷阱》，http://www.51labour.com/show/42433.html。

人，"是对所有形式的社会主义（共产主义，费边主义，国家社会主义，法西斯主义，乌托邦公社）失败的历史无知"。2006年，瑞典发生"政治地震"，长期执政（65年）的左翼政党在大选中失败，强调市场经济的保守派上台（2010年又连任）。瑞典又通过"改革"，从原来的"福利社会主义"改走原本的资本主义道路。如同英国布莱尔走所谓"中间道路"一样，就是以所谓中间的名义、体面地放弃原来的左倾经济政策，而走向自由经济。瑞典学者罗·莫伯格和理·拉恩针对瑞典从左向右的变化著文《瑞典向右转》，针对瑞典从左向右的变化，总结说：瑞典曾建立了世界上第一个政治民主，经济半社会主义的福利国家，吸引无数的其他国家追随。现在，瑞典再次成为"样板"，向世界展现了一条新的道路：用民主的方式，而且是用一种很少痛苦的方式，改变过去灾难性的经济试验，从原来那个（带来灾难的）社会主义模式的样板，变成实行市场经济，走向真正资本主义的、充满经济活力的新样板。①

最后须指出的是，我国学者在研究瑞典模式时，还不能说对瑞典国情的了解已经足够充分，而是仍须进一步加深了解。瑞典学者珀·奥尔森揭示的瑞典经济社会发展的真实情况中，有些则是仅对瑞典进行短期考察难以了解到的。奥尔森指出，瑞典一直以来都是市场经济，从来不是完全意义上的社会主义国家——以公有制为基础，工人阶级管理和掌握国家政权，实现社会公平及民主的计划生产。瑞典既不是所谓的"混合经济"，也没有提供"第三条道路"——资本主义和共产主义之外的一种选择（如果这种形式的社会存在的话）。事实上，瑞典所谓的"混合经济"从来就不是公共和私人公司的混合。瑞典的国有部门比许多其他国家小，其作用是为占经济统治地位的大型垄断集团提供廉价能源、基础设施以及研究和开发，而社会福利制度和民主政府为资本主义提供必要的政治和社会稳定。社会民主党和工会联合会从没有想真正挑战资本主义及其对生产资料和分配的私人占有。从20世纪30年代至1976年，社会民主党掌握国家权力约40年，在此期间几乎没有任何工业国有化。以工会为例，在"二战"结束的一段时期内，由于冷战对共产党人和其他左派的疯狂围堵和迫害，工会中几乎所有工人民主分子都被剔除了。左派被边缘化，剥夺

---

① 曹长青：《瑞典模式再次成为样板》，http://caochangqing.com/gb/newsdisp.php? News－ID=2388。

了话语权，工会变得极端官僚化和集中化，由高薪全职官员（全是社会民主党的正牌成员）统治，普通成员没有任何渠道能够影响到决策和政策。工会代表在公司董事会是作为股东的维护者，而不是工人的维护者。在董事会中任职已成为那些工会领导人获得额外收入的来源，而不是代表任何来自下级的民主监督，或对资本主义的代替，工会代表几乎总是与老板站在一边。劳动工资一直是工会与雇主联合会之间斗争的问题，最后由工会联合会决定劳动力市场各行业普遍的工资标准框架。每个行业的工会联合会直接与资方进行谈判，而他们签署的协议至多只保障相关工人工资的最低增长量，而且最终增加的工资得由具体的工作地点、水平或具体的"个别谈判"来决定。通过分解集体力量，分散化、个性化的工资构成自然不会使工人受益。然而，接受工资协议也约束了所有的工人。自1928年以来，一旦签订了工资协议——通常都有二三年的期限——罢工就成为犯罪活动。这也意味着，在有协议的时间框架内，如果工会包括当地的组织继续罢工，甚至只是口头上支持罢工，则必须支付巨额罚款。工人参与罢工不仅要冒罚款的风险，而且可能被辞退。至20世纪70年代中期，战后繁荣结束，旧的瑞典模式随之终结。20世纪80年代瑞典社会民主党政府开始的制度改革是社会福利的倒退与放松管制和私有化相结合。1991年实施的重大税制改革，即官方所称的"世纪税改"终止了累进税制中的积极性，降低了富裕阶层的所得税，提高了销售税和租金，造成许多瑞典人所珍惜的社会平等的倒退。原有意义上的改革消失了，改革成了反改革，瑞典模式已经演变成为展示资本主义胜利的新自由主义的"作品"。这种右转的国内外原因是：①20世纪80年代初马克思主义者被驱逐，党内剩余的左派，或者放弃斗争，或者转向右派寻找"新思维"，没有反对势力可以挑战这种新进程。②瑞典经济停滞，社会福利没有发展空间，资本家因此要求减少公共开支，削减经济蛋糕中工人的份额。③在20世纪70年代凯恩斯主义失败后，全球化进程的加剧及日益激烈的国外竞争使得新自由主义制度在全球范围扩张。④1989—1991年斯大林主义国家的崩溃以及包括瑞典在内的其他国家社会民主主义的右转，进一步推动了这些趋势。在西欧，福利的实施被当做是争取支持、反对苏联和东欧斯大林主义的手段。斯大林主义崩溃后，资本家则确信福利是不必要的和昂贵的"奢侈品"，从而将公共服务转变为私人图利。瑞典的社会民主党和工会运动正面临着历史性的危机，因为他们的政策和方法只是意味着对剩余的普遍福利系统的进一步攻击，他们已经失去了重新获得群众支持的影响力和前景。社会民主党已经成为一个空壳。摆在瑞典和其他国家的真正社会主义者面前的任务是，在社会主义道路上重建工会运动——建立一个新的群众性的社会主义工人党，并把工会改造成民主的战斗型组织。从瑞典经验中吸取的关键教训是，除非真正推翻资本主义制度，否则所取得的社会利益都将无法保存。①

以上关于瑞典模式的从左至右的各种观点，表明了瑞典模式的独特性和复杂性，在社会发展与政策选择方面具有典型意义。所以，只要平心静气、客观求实地思考，瑞典模式应该是我们分析社会发展与政策选择问题时一个难得的、非常重要的参考。

本书撰写分工如下：中国社会科学院日本研究所研究员蒋立峰撰写绪论和终章；中国社会科学院欧洲研究所研究员田德文撰写第一章；中国社会科学院日本研究所研究员冯昭奎撰写第二章；中国社会科学院欧洲研究所研究员吴国庆撰写第三章；中国社会科学院日本研究所研究员王伟、副研究员张建立、唐永亮撰写第四章；中国社会科学院法学研究所副研究员高旭晨撰写第五章；全书由蒋立峰通稿、统编。

---

① 珀·奥尔森：《瑞典模式的起落》，《当代世界与社会主义》2010 年第 1 期。

第 一 章

英国的社会发展与政策选择

英国是老牌资本主义国家，曾依靠发达的经济和技术，成为世界发展潮流的龙头，长时间握有真正的世界霸权。进入 20 世纪后，其霸权地位逐渐让于美国，但其有衰无退，仍旧在世界舞台上扮演着重要角色。之所以如此，与英国的社会发展和政府的政策选择有着密切的关系。

第一节　英国人口结构的变化与政策选择

英国是欧洲人口最多的国家之一。根据英国国家统计局公布的数据，截至 2005 年 6 月，英国人口为 6021 万人，首次超过 6000 万大关。同时，近年来英国人口的增长速度在欧洲国家中也是比较快的。从 2004 年 6 月到 2005 年 6 月，英国人口净增加 37.5 万人，增幅为 0.6%，达到 20 世纪 60 年代以来的最高水平。总的看来，英国人口结构变化的主要趋势是人口增长在西欧国家中相对较快、地区分布不平衡、老龄化日益严重和移民数量不断增加。到目前为止，英国政府还没有独立的人口政策，政府主要是从社会政策和移民政策等方面对人口结构的变化进行间接的干预，努力减少人口结构变化对于经济与社会发展的消极影响。

一　英国人口结构的变化过程

18 世纪中期工业革命开始以前，英国的人口数量一直低于多数欧洲大陆国家。据专家估计，1450 年不列颠列岛的人口总量不过 300 万左右，而同期法国人口已经达到了 1200 万人，德国和意大利的人口也达到了 750 万。① 工业革命之后，随着食品供应日益充足和人口死亡率不断下降，英国的人口数量急剧增加。1801 年英国人口达到 1050 万人，100 年后就猛增到 3700 万人；② 1950 年英国人口达到 5060 万人，成为欧洲仅次于苏联的人口最多的国家。③

工业革命以前，限制英国人口增长的主要因素是间歇性爆发的瘟疫，其中影响最大的是发生在 14 世纪的黑死病。据专家估算，黑死病爆发之前的 1377 年，英国人口约为 223 万。1377 年到 1485 年间，英国至少爆发了 15 次全国性的瘟疫和疾病，造成大量人口死亡。直到 150 年后的 1520 年，英国人口仅为 222 万左右。此后，英国人口迅速增加，到 1616 年就达到了 450 万，在 100 年间翻了一倍。④

据统计，1750 年工业革命开始时，英国人口约为 700 万，到 1850 年工业革命结束时已经猛增到 2750 万，增加近 3 倍。在这 100 年间，英国的人口出生率较高、死亡率不断下降，因而人口总量迅速增加。从学理上看，工业革命刺激英国人口增长的机制很复杂。有学者认为，农民离土离乡之后，改变了原来农村家庭因土地限制而实行晚婚和生育限制的传统；工场的大量建立瓦解了行会的权力，使其禁止学徒早婚的规定失去了作用；农业方面，高产根茎植物的大量种植和畜牧业的发展改善了英国人的饮食结构；同时，随着城市医疗卫生事业的发展，英国"从 1726 年起每千人的平均死亡率开始下降，从 1780 年往后下降的幅度更大"。⑤ 概括地说，当时英国人口快速增长的原因是工业化的发展需要大量劳动力，同时工业化和城市化又为人口增加创造了条件。

历史上，英国的"人口爆炸"是与工业化和城市化进程同步进行的。产业革命以前，英国工业主要集中在以伦敦为中心的东南部地区。产业革命过程中，伦敦作为全国政治经济中心的地位进一步提高，但工业的重心逐步向北部地区转移，兰开夏郡逐渐成为棉纺织工业中心，苏格兰出现了

① 米兰·奇波拉主编：《欧洲经济史》第一卷，商务印书馆 1988 年版，第 28 页。该统计中法国的数据包括低地国家，德国包括斯堪的纳维亚国家。

② W. H. B. 考特：《简明英国经济史：1750 年至 1939 年》，商务印书馆 1992 年版，第 5 页。

③ 前揭《欧洲经济史》第五卷，第 24—25 页表格。

④ 张佳生：《近代早期英国的人口增长与贫困问题》，《西北人口》2007 年第 5 期。

⑤ 前揭《简明英国经济史：1750 年至 1939 年》，第 7—15 页。

以格拉斯哥为首的新工业区，曼彻斯特、利物浦、伯明翰、博尔顿、普雷斯顿等新兴工业城市逐渐形成。在这个过程中，英国农村人口大量向城市迁移，来自北威尔士的农民大量涌入兰开夏的纺织厂、苏格兰高地居民主要流入克莱德塞德低地的工业区、爱尔兰人则分散在英格兰和苏格兰的公路、铁路、运河等工业基础设施建设工程中。在此期间，英国的城市人口数量急剧增加。以曼彻斯特为例，1770 年该市只有 1 万居民，1821 年就增加到 18.7 万人，而到 1841 年则达到了 35.3 万人。据统计，到 1851 年，英国的城市人口已经超过了人口总量的 50%。1900 年，英国的城市人口达到了 77%，农业人口减少到不足 10%，成为世界上人口结构现代化程度最高的国家。同期，德国的城市人口为 56%，法国的城市人口为 41%，两国农业人口均在 40% 左右。[①]

进入 20 世纪以后，英国人口结构变化的进程主要有以下五方面的特点。

第一，人口总量持续增长，英国成为欧洲人口密度最大的国家之一。从 1901 年到 2000 年，英国人口增长约 53%。在这 100 年间，英国的人口出生率波动较大，但总的看来呈下降趋势。1901—1911 年，英国的人口出生率平均为 10‰，到 1981—1991 年已经平均下降到 2.6‰左右。20 世纪 50—60 年代，受战后生育高峰的影响，英国的人口出生率不断提高。经过 70—80 年代的陡然下降之后，在移民增加等因素的作用下又开始上升。2000—2006 年，英国的人口出生率重新回到 5‰的高位，在欧洲国家中处于较高水平。导致英国人口增长较快的原因很多，如人口基数逐渐增大、婴儿死亡率降低、公民平均寿命延长、外来移民增加等都产生了作用。由于人口总量持续增长，英国已经成为欧洲人口密度最大的国家之一。按 2006 年中期的数据估算，英国每平方公里居民数量高达 250 人，人口密度在欧洲仅次于比利时（341 人）与荷兰（393 人），[②] 比我国的人口密度（120 人左右）大一倍以上。以北京和伦敦相比[③]，北京为每平方公里 708 人，伦敦为 4679 人，伦敦是北京的 6.6 倍。以内城区人口密度计，北京为 5350 人，伦敦为 8980 人，二者之间的差距仅为 1.7 倍。

---

① 前揭《欧洲经济史》第五卷，第 72 页注释。

② http://www.optimumpopulation.org/opt.toomany.uk.html.

③ http://blog.sina.com.cn/s/blog_ 4a46559f01000bd4.html，其中北京市的数据取自 2004 年，伦敦市的数据则取自 2002 年。

第二，英国人口分布极不平衡，多数居民主要集中在英格兰地区的大城市中。2005 年 6 月，英格兰人口为 5043.2 万，占英国总人口的83.8%；威尔士人口 295.9 万，占 4.9%；苏格兰人口 509.5 万，占8.5%；北爱尔兰人口 172.4 万，占 2.9%。长期以来，这种不平衡状态呈日益严重的态势。1901—1991 年间，英格兰和威尔士地区人口增长57%，北爱尔兰 30%，苏格兰仅 14%。[1] 英国国家统计局预测，到 2017年，居住在英格兰的人口将达到 5500 万人，2031 年该数字将增长到 6043万人，超过目前英国的人口总量。同时，由于城市化进程启动较早，英国形成了一批在欧洲人口最多的城市。根据欧盟公布的数字，2005 年伦敦人口为 751 万，在欧盟国家中遥居榜首，超过位居第二的柏林（342 万）一倍多。伯明翰人口为 100 万，位居第 16 位；利兹 76 万，位居第 23 位。目前，英国人口在 30 万以上的大城市有 13 个，数量远远超过其他欧洲国家。

第三，英国人口老龄化的程度在欧洲居中等水平，但近年来呈加速态势。根据 2002 年 10 月英国人口普查的数据，该国 60 岁以上的人口占到人口总量的 21%，首次超过 16 岁以下人口（20%），年龄超过 65 岁的男性及超过 60 岁的女性人口达到 1158 万。英国人口统计办公室据此表示，英国已全面进入老龄化社会。老龄化加速发展的首要原因是医疗水平的提高延长了公民的平均寿命。同时，20 世纪 80—90 年代过低的人口出生率也从反面促进了英国人口老龄化的趋势。在过去 30 多年里，英国超过 80岁的人口数量已增至 270 万，刚好是 30 年前的两倍。目前，英国人口的年龄结构已经呈现了比较典型的老龄化的"菱形结构"。在未来一段时期里，尽管移民因素有可能对英国老龄化的态势产生一定程度的抑制作用，但长远而言老龄化趋势却是很难根本改变的。

第四，外来移民对英国人口结构的影响日益增强。英国国家统计局认为，20 世纪 90 年代末期以来，外来移民成为英国人口变化中的重要因素。据英国《金融时报》报道，2004 年至 2005 年英国人口增长中近 2/3来自外来移民，净移民 23.5 万人，增长 41%。据英国国家统计局的报告，在过去 5 年中，英国每年新增移民 19.1 万人，合计增加超过 100 万

---

① Joe Hicks & Grahame Allen, "A Century of Change: Trends in UK statistics since 1900", http://www.parliament.uk/commons/lib/research/rp99/rp99 – 111.pdf.

人，英国净增加人口中有 70% 以上是外来移民。同时，外来移民的生育率远高于英国公民。在 2001 年，移民婴儿只占英国当年出生婴儿的 15%。2006 年英国 5 个新生儿中就有 1 个来自外国移民家庭，当年生育总量达到 15 万名。其中，来自巴基斯坦、印度和孟加拉国的"移民妈妈"们生育了英国 5% 的新生儿。

第五，同多数欧洲国家相比，战后英国人口结构变化的过程相对稳定，人口总量的变化幅度比同期德国、法国都要小一些。（见表 1—1）英国 2002 年人口普查的结果表明，自 1951 年以来，英国总人口上升了 17%，低于欧洲 23% 的平均增长水平。形成这种相对稳定性的原因很多。例如，两次世界大战中英国本土受到的直接破坏要小于欧洲大陆国家。同时，虽然在 20 世纪 70—80 年代英国也面临人口出生率降低的压力，但英国政府鼓励生育的力度没有多数欧洲大陆国家那样大。近年来，英国人口快速增长的态势主要与移民因素有关，而非政策导向的结果。

表 1—1　　　　　1920—1970 年间英、法、德三国人口总量变化　　　　（万）

国家	1920 年	1930 年	1940 年	1950 年	1960 年	1970 年
英国	4370	4580	4820	5060	5250	5570
法国	3880	4120	4130	4170	4570	5080
德国	3500	3750	4060	4780	5320	5940

资料来源：米兰·奇波拉主编：《欧洲经济史》第五卷，第 24—25 页和第 31—32 页表格。

二　人口结构变化对英国社会发展的影响

在现代社会中，人口结构的变化与经济、社会发展是相辅相成的关系。英国是世界上最早开始工业化的国家，在这方面有很多经验可资借鉴。工业革命以前，英国出现了一定程度的人口相对过剩，中下阶层普遍面临严重的生存压力。此后，相对过剩的人口大量从农村涌入城市，为英国的早期工业化提供了大量廉价劳动力。工业化之初，由于大量贫困人口聚居而产生了很多社会问题。但是，正是在解决这些问题的过程中，英国城市的卫生和公共管理状况逐步得到改善，反过来促进了城市人口的增长，为英国工业规模的不断扩张创造了条件。工业革命的成功给现代英国创造了巨大的财富，使得英国的人口总量在政府基本未加干预的情况下得到比较均衡的"自然增长"。进入 20 世纪以后，英国在由工业化到后工

业化社会的转型过程中，和其他欧洲国家一样，在人口结构方面也遇到了
出生率下降、老龄化日趋严重、移民数量不断增加等一系列问题。

第一，英国的历史经验说明，人口相对过剩与工业化发展之间是相辅
相成的关系。没有足够的剩余劳动力，工业化的发展会受到严重的限制。
16—17 世纪，英国人口呈现增长态势，总量超过了黑死病以前的水平。
随着农奴制最终解体，在圈地运动、关闭修道院以及解散家臣和侍仆等因
素的作用下，英国出现了人口相对过剩的状况，产生了比较严重的"流
民问题"。当时，英国多数人都生活在贫困的状态中。剑桥人口史研究小
组编写的《1541—1871 年英国人口史》认为，"由于人口的增长超过了物
产的增长，英国的人口和那时的技术所能获得的资源间的平衡日益恶
化"。这种状况的突出表现是，很多家庭因"依赖人口"过多陷入困顿。[1]
当时的一份调查显示，2/3 的流民在 25 岁以下。在 1570 年诺里奇市对穷
人所做的调查中，史蒂芬街区 23 户穷人家庭中有 8 户子女在 3 个或 3 个
以上，占穷人家庭数量的 1/3。[2] 正是在这种背景下，英国牧师马尔萨斯
（Thomas Robert Malthus）于 1798 年出版了《人口学原理》，认为英国人
口正呈几何级数增长，而食物供应只是算术级数增长。由于人类不可能通
过自制来减少生育，所以只有靠战争、瘟疫、饥荒和其他灾难才能缓解
"人口爆炸"的压力。

但历史已经证明，英国并没有落入"马尔萨斯陷阱"。这里的原因很
多，其中最重要的是工业的发展吸收了大量剩余劳动力。从 18 世纪 60 年
代到 19 世纪 40 年代，英国完成了以机器生产的近代工厂取代以手工劳动
为基础的手工工场的产业革命过程，建立了当时世界上最强大的纺织、煤
炭、冶金、机器制造业。在当时的技术条件下，所有这些行业都采取劳动
密集型的生产方式。为赚取最高利润，很多厂主都大量雇佣女工和童工。
据统计，1839 年在英国的 42 万名工厂工人中，妇女占 24.2 万人，18 岁
以下的童工占 19.3 万人。由此可见，当时英国"依赖人口"的概念已经
发生了很大的变化，相对过剩的人口成为英国工业发展的重要保障。到
19 世纪 20 年代，英国工业和运输业中的工人已达 200 万人，相当于当时

---

① 依赖人口（dependent mouth），指 15 岁以下和 60 岁以上的人，因为他们不能靠自己劳动
完全养活自己，而对家庭、亲属和社会有所依赖。

② 张佳生：《近代早期英国的人口增长与贫困问题》，《西北人口》2007 年第 5 期。

人口总量的 1/5 左右。20 世纪初，英国的产业工人数量上升到 600 万人，位居欧洲国家之首；同时，农业劳动力在劳动力总数中所占的比重下降到 9%，为欧洲国家最低。这就是说，英国的工业化已经完全吸纳了原来农村的"相对剩余人口"，在人口就业结构方面完成了从农业社会到工业社会的转型。

第二，英国工业化的过程中，因人口快速增长产生了很多社会问题。但恰恰是在解决这些问题的过程中，英国实现了前所未有的社会进步。在英国工业化的早期，将相对剩余劳动力纳入工业领域的过程充满了血腥和暴力，这是英国历史上最黑暗的时期之一。当时，失地农民被迫四处寻找生路，都铎王朝和斯图亚特王朝都颁布了镇压流民的法令，逼迫贫困人群进入工厂接受残酷的剥削。为了弥补家用，许多家庭不得不让儿童也加入到紧张的家庭手工纺织等生产劳动中去，以至于有学者认为，"近代英国社会的转型是由贫困所逼迫出来的"。大量贫民涌入城市带来了很多社会问题。例如，在当时英国很多地方，酗酒现象非常普遍。1577 年，坎特伯雷市有 22 个有执照的啤酒馆，到 1596 年就增加到 42 个，而有执照的啤酒馆与无执照的啤酒馆相比只是冰山一角。[①]

但是，在工业化的过程中，英国的人口死亡率却极大降低了。对英国经济史的研究表明，工业革命期间英国人口急剧增加的主要原因不是出生率升高，而是死亡率降低。"从 1726 年起每千人的平均死亡率开始下降，从 1780 年往后下降的幅度更大。从 1815 年对法战争结束至 1831—1832 年霍乱猖獗的年代里，死亡率又直线上升，不过从来没有达到过去的水平。"[②] 到 1850 年，已经有 2/3 的英国女性可以活到结婚的年龄，1/2 可以活到最高生育年龄，与以往相比有了很大的进步。因此，"新生儿和幼儿的存活和母亲的寿命期望指数的延长也许应该列为十八世纪人口增长的主要原因"。当时英国死亡率下降的原因很多，"都铎和斯图亚特王朝时代，英格兰人民生活十分艰苦。在衣、食、住方面的哪怕一丁点的改善势必会增加人口成活的机会"。[③] 17 世纪末到 18 世纪初，英国农产品的产量不断提高、城市环境卫生逐步改善、在伦敦等大城市出现了早期的医院、

---

① 张佳生：《近代早期英国的人口增长与贫困问题》，《西北人口》2007 年第 5 期。

② 前揭《简明英国经济史：1750 年至 1939 年》，第 13 页。

③ 同上书，第 12 页。

政府按照《济贫法》对贫民实施最低的救济，所有这些因素在英国人口增长的过程中都发挥了积极的作用。

第三，工业化所创造的巨大财富又为英国人口的进一步增长创造了条件。产业革命使英国的生产力得到了迅速发展，1770—1840 年，英国工人每个工作日的生产率平均提高了 20 倍。1840 年，英国工业生产占到世界总值的 45%。1801—1850 年，英国的出口额增加了 6 倍，占世界贸易总额的 20%。当时英国生产的棉织品 80% 销往国外，而所消费的棉花则全部依靠进口。英国不仅是世界各国工业消费品的主要供应者，而且也是工业生产资料的主要供应者。19 世纪上半期，英国煤、铁、机器的输出不断增加，成为名副其实的"世界工厂"。这种外贸结构给英国带来了巨大的收益，"1851 年后国家繁荣的一个惊人特色是收入的增加遍及所有阶级"。[①] 虽然当时英国仍存在严重的贫困问题，资本家对于工人阶级的剥削仍然非常残酷，但是多数人还是从工业化中得到了好处，社会平均生活水平有很大的提高。正是在这种情况下，当时英国的人口才可能获得持续稳定的增长。

从历史上看，英国的人口结构变化与社会发展形成了相辅相成的关系。在城市化和家庭核心化的背景下，农业社会的家庭保障模式逐渐弱化，工业社会特有的社会风险，包括养老、工伤、失业、医疗等只有通过社会保障才能得到有效的满足。1910 年前后，英国自由党政府实施了社会改革，开始建立现代社会保障制度。"二战"结束以后，英国按照贝弗里奇报告的规划对社会保障制度进行了全面的完善，其中国家退休年金制度和全民医疗保健制度极大地改善了英国人的生活状况，使英国成为欧洲一个很有代表性的福利国家。

社会保障制度的建立从根本上改变了英国人的生活方式，使其人口结构逐步产生了相应的变化。进入 20 世纪以后，英国的人口结构率先进入了从工业化模式向后工业化模式转型的过程，具体特点包括：首先，随着家庭保障功能的弱化，英国人的生育观发生了很大的变化，人口出生率呈下降趋势，1920—1950 年间保持在 14‰—16‰ 之间，成为欧洲出生率最低的国家之一。1900 年，平均每个英国家庭有 3.5 个孩子，到 1997 年已经下降到 1.7 个。其次，随着医疗条件的不断改善，英国的人口死亡率持

---

① 前揭《简明英国经济史：1750 年至 1939 年》，第 293 页。

续下降，从 20 世纪 20 年代跌破 13‰后一直保持在 11.4‰—11.7‰之间。① 死亡率下降的结果是英国人口的平均寿命迅速延长，20 世纪 30 年代为男 58.7 岁/女 62.9 岁，到 20 世纪 60 年代就延长到男 68.7 岁/女 74.9 岁。2006 年，英国男性平均寿命达到 88.1 岁，女性达到 91.5 岁，在欧洲居最高水平。虽然近年来由于移民大量流入等因素的影响，英国的老龄化进程在欧洲国家中并不是最快的，但是从根本上说其老龄化的趋势还是无法改变的。据 BBC 发布的消息，到 2025 年，英国将有 1/3 以上的人达到 55 岁以上。② 2006 年，英国 75 岁以上的老人为 470 万，预计到 2016 年将增加到 550 万，到 2031 年将达到 820 万。③

从理论上说，老龄化是社会进步的结果，是所有工业化国家都要面对的事情。在社会发展方面，老龄化会带来一系列的变化。

第一，老龄人口的增长会改变人口的抚养比，被抚养人口的增加必将加重现有劳动人口的负担。

第二，伴随人口老龄化而产生的劳动力年龄结构的老龄化，必将对经济发展和劳动生产率的提高产生一定的消极影响。

第三，人口老龄化使用于老年社会保障的费用大幅增加，给政府带来比较沉重的财政负担。

第四，人口老龄化客观上要求调整现有的产业结构，以满足老年人口对物质和精神文化特殊的需要。为了满足老年人口日益增长的物质和文化的需要，需发展老龄产业，增加老年人所需要的社会服务业，改造不适应人口老龄化的住宅、社区和环境，发展老年人衣、食、住、行、用、文等各种消费品。

第五，人口老龄化必然会引起家庭规模和家庭结构的变化，使家庭的养老功能不断削弱。因而迫切要求发展以社区为中心的各项社会福利和社会服务事业，以补充家庭养老功能的不足。④

为应对这些挑战，近 20 年来英国政府已经采取了全面的改革措施。从某种意义上说，20 世纪 80 年代以来英国所有的社会改革都是以老龄化为背景进行的。

---

① 前揭《欧洲经济史》第五卷，第 42 页。
② http：//news. bbc. co. uk/1/hi/uk/4012797. stm.
③ http：//news. bbc. co. uk/2/hi/uk_ news/7057765. stm.
④ http：//zhidao. baidu. com/question/46809968. html.

需要强调的是，结合我国的具体情况，英国的老龄化进程是很有启发意义的。

第一，应该正确判断"富"与"老"的关系，谨慎对待关于我国"未富先老"的判断。根据英国经济学家麦迪森和美国经济学家西蒙·库兹涅茨的算法，60 岁及以上老年人比例达到 10% 或者 65 岁及以上老年人口比例达到 7%，社会即出现了老年型人口结构。那么，英国 20 世纪 60 年代即已进入老龄化社会，但此后的经济发展并未受到严重的影响。我国 2004 年 60 岁以上老人才达到 10%，应该至少还有 30—40 年的"人口红利期"，现在还谈不上"未富先老"的问题。

第二，人口结构老龄化是工业化社会不可避免的趋势，重要的是在政策层面上未雨绸缪，提早作出安排。英国在老龄化的过程中没有出现严重的社会问题，主要原因是建立了完善的社会保障制度，并根据情况随时对这些制度进行微调。相比之下，我国的社会保障制度建设相对滞后，已经给未来的经济社会发展带来了一些不确定性。

第三，老龄化对于经济发展的影响是客观存在的，但是如果考虑到科学技术发展因素的话，则大可不必杞人忧天。从英国的经验看来，适度延长退休年龄、充分发挥老年人口的潜能，对于经济发展是可能起到积极作用的。从英国的经验看来看来，如果能够对老龄问题和未来潜在的老龄危机保持清醒的认识，及时进行相关的社会政策建设，完全可能把老龄化对经济发展造成的消极影响控制在最低的限度之内。

三　英国人口政策及人口发展趋势

历史上，英国曾经是自由放任资本主义的典型国家，政府对于包括人口问题在内的社会事务长期持"不干预"的态度。18 世纪早期，很多欧洲国家已经开始进行人口普查。1753 年，英国议会却否决了关于人口普查的议案，理由是担心人口统计会侵犯英国人的自由和危害王国的利益，"使国家的某些弱点暴露无遗"。直到 1801 年，英格兰和威尔士才开展了第一次很不完善的人口普查。1836 年，英格兰和威尔士的登记总署才开始设立办事处，对公民的出生、婚姻和死亡情况进行登记。[①] 1937 年，英国政府对陈旧的人口统计制度进行了修改，议会于次年通过了人口统计条

---

① 前揭《简明英国经济史：1750 年至 1939 年》，第 5 页。

例。1943 年，英国议会任命了专门的委员会对人口问题进行研究。该委员会建议，英国应效仿比利时和法国，通过实施家庭补贴、减免税收、婚姻贷款等方式鼓励公民生育，以遏制生育率不断降低的状况，英国议会对这些意见未予采纳。[①] 20 世纪 60 年代，英国人口受战后生育高峰的影响增长较快。1967 年，英国议会通过了支持计划生育的决议，同时通过法令，扩大了医生实施人工流产手术的自由。但即使如此，英国议会仍未明确赋予政府制定"人口政策"的权力，上述节育服务是作为一项健康服务来实施的。直到 1971 年，英国议会才首次通过决议，敦促政府制定一项人口政策以减少人口的增长，扩展生育控制服务的范围，加强对人口增长的趋势、原因和影响的研究。但在此后 40 年间，英国政府并没有建立一项完整的人口政策，而是主要通过社会政策和移民政策对人口总量和人口结构进行调控。

与欧洲大陆国家相比，战后英国政府在人口方面的政策重点一直是控制人口增长速度，而不是通过政策刺激来提高人口出生率。其原因是，除去上面提到的自由放任思想的影响、"二战"中人口损失相对较少之外，主要是因为英国在战后遇到了人口出生高峰和外来移民高峰同时到来的问题。从 20 世纪 60 年代开始，英国人口问题的主要矛盾已经是人口增长过快，同时在新增人口中移民比重过高，而不是人口出生率持续下降。因此，目前英国政府人口政策主要有三个重点领域：控制人口总量、减少移民流入和解决与老龄化有关的问题。

第一，加强针对特定群体的计划生育服务，控制人口总量的增长速度。据专家估计，按照现在的增长速度，英国的人口总量将在 21 世纪 30 年代突破 7000 万、21 世纪 70 年代突破 8000 万大关（见表 1—2）。有专家认为，这种势头将极大地制约英国的经济发展。据英国"理想人口信托组织"2007 年底发布的报告，目前英国每个孩子消耗的资源是埃塞俄比亚孩子的 160 倍，是孟加拉国孩子的 35 倍，因此该组织建议，为了保护环境、实现可持续发展，希望英国夫妇"能够严格地将自己的子女数量控制在两个以内"。当然，上述建议并不代表英国政府的官方立场，而且在发布之后引发了一定的争议。但是，此类研究工作应该说是得到英国政府支持的。

---

① 　前揭《欧洲经济史》，第五卷，第 40 页。

表1—2　　　　　　　　英国人口总量增长预期　　　　　　　（万）

2006 年	2010 年	2020 年	2031 年	2041 年	2051 年	2061 年	2071 年	2076 年
6058	6231	6675	7110	7431	7724	7983	8248	8388

资料来源：http：//www. optimumpopulation. org/opt. more. ukpoptable. html。

　　1974 年，英国政府将民间组织"计划生育协会"纳入"国民健康制度"中，由政府拨款支持其向国民提供计划生育的咨询与服务。除此之外，由于国内政治与社会文化方面的限制，英国政府在倡导计划生育方面所能采取的措施是非常有限的。而且，从目前的情况看，20 世纪 70 年代以后，英国结婚或同居家庭的婴儿出生率一直呈下降趋势，并不是英国人口激增的主要原因。据统计，目前 72% 的英国夫妇都采取避孕措施。1979 年，只有 31% 的英国夫妻有孩子；而到 1998 年，这一数字更是已经下降到 23%。[1] 从 1971 年到 2007 年，英国明确表示不要孩子的丁克（Dink，Double Income & No Kids）家庭的比例已经从 19% 升至 25%。据说，除去价值观念和生活方式的变化之外，多数英国家庭不要孩子的主要原因还是费用问题。有人算过一笔账，目前在英国养大一个孩子至少需要 18 万英镑（包括教育费用）。根据金融公司"利物浦维多利亚"2007 年年底的估计，英国一个孩子平均一天花费父母 23.5 英镑。[2]

　　但与此同时，英国未婚先孕的情况却非常严重。据英国官方统计，20 世纪 70 年代初该国未婚先孕的比例已经达到 12%，2007 年则高达 44%，远高于多数欧洲国家。据 BBC 家庭版主编马克·伊斯顿（Mark Easton）说，目前在威尔士和英格兰东北部，非婚生子女的比例更高，分别达到 52% 和 55%。[3] 高比例未婚先孕给英国带来了一系列社会问题，其中最严重的是单亲家庭数量急剧增加。近年来，单亲家庭在英国增长的速度很快。根据英国国家统计局的报告，目前英国已经有 1/4 的家庭是单亲家庭，其中有很多都是未婚先孕的结果。在某些特定族群中，单亲家庭已经是一种非常普遍的现象。据统计，目前英国 48% 的加勒比裔黑人家庭和

---

[1]　http：//news. idoican. com. cn/daqwb/html/2008 - 06/11/content_ 6352215. htm.

[2]　http：//www. bbc. co. uk/china/lifeintheuk/story/2007/07/070718_ ukcolumn. shtml.

[3]　http：//www. bbc. co. uk/china/lifeintheuk/story/2007/04/070411_ single_ parents. shtml.

36%的非洲裔家庭都是单亲家庭。很多单亲家庭都生活在贫困线以下，加重了英国社会救济制度的负担。同时，未婚先孕和单亲家庭对孩子的健康成长也非常不利。英国智库 Civitas 的研究表明，单亲家庭儿童成人后更容易失业、犯罪或辍学。因此，从 20 世纪 70 年代开始，英国政府在防止未成年人未婚先孕方面采取了一系列措施。根据 1993 年《教育法》，英国所有的中学都要开设性教育课。1991 年起，51% 的英国国民保健机构开始对 16 岁以下的未成年人提供计划生育专家服务。到 2007 年，这一比例已经增加到 85%。服务内容主要包括通过邮件和电话就避孕问题提供专家咨询、散发普及避孕知识的读物和传单、对已经怀孕的少女进行相关的法律和就医指导、举行产前和产后培训等。按照英国的相关法令，该组织可以指导怀孕 13 周以内的孕妇实施人工流产。据统计，1980 年到 1990年，英国通过人工流产终止妊娠的孕妇从 1/5 提高到 1/4，其中多数为16—25 岁之间的未婚青少年。①

第二，加强对于移民入境的限制，减少移民数量。如前所述，外来移民近年来在英国新增人口中的比例不断增加，构成了英国人口快速增长的一项重要原因。从根本上说，战后英国外来移民数量急剧增加，是英国殖民历史的结果。按照 1948 年的《英国国籍法》，所有英联邦国家公民和联合王国殖民地公民都有权移民英国。1948 年 6 月 22 日，493 名牙买加移民来到英国，开始了战后有色人种向英国移民的历史。据统计，从1953 年到 1962 年间，有 39.1 万人从前殖民地流入英国定居。到 1960 年，流入英国的移民数量已经达到 640 万人，超过了英国人口的 1/10。在这种情况下，英国议会于 1962 年通过了《英联邦移民法》，对移民采取了一些限制措施。但是，该项政策的实施并没有抑制移民增长的势头，到1965 年英国的外来移民人口已经增长到 750 万人。②

目前，英国学术界关于人口政策的研究，实际上主要是呼吁政府重视移民问题，希望通过控制移民的流入和高生育率来控制英国的人口总量。③ 其实，这个领域一直是英国政府在人口问题方面关注的重点，只是政策效果差强人意。据英国媒体报道，仅 2001 年官方在边境上就拒绝了

---

① http：//www. cnzcs. com/lianmeng/ShowArticle. asp? ArticleID = 24452.

② http：//www. statistics. gov. uk/pdfdir/popest0808. pdf.

③ Alasdair Murray, "Does Britain need a population policy?" http：//www. centreforum. org/as-sets/pubs/population – policy. pdf.

3.83万名移民进入英国，另有4.733万人被纳入非法移民和非法逗留的处理之中。① 加强边境控制的后果之一是英国非法移民的数量急剧增加，据有关机构估计，2002年在英国的非法移民总数已经达到100万人。② 形成这种局面的原因很多，其中最重要的是英国在限制非法移民进入劳动力市场方面的政策一直相对宽松。长期以来，英国企业都可以雇用没有工作许可的外国移民。1996年，撒切尔政府不顾反种族主义联盟和企业界的强烈抗议，实施了一项限制非法移民就业的法案。但实际上，由于英国的个人身份证制度、移民居留地的申报义务以及移民迁移上的申报制度都有待完善，警察局很难对非法移民进行调查与控制，使得这项政策的效果大打折扣。同时，在英国的非法移民还有获得合法身份的可能。英国曾于1974年和1978年两次对非法移民实施大赦，准许那些来自英联邦少数种族群体的家庭成员获得合法身份。基于其他规定，英国内务部每年还可以向1400—3000个非法移民提供合法身份。另外，还存在着非法移民依据婚姻、申请庇护和在自主就业方面规定上的漏洞而合法化的可能性。总之，在英国，非法移民生存和进入劳动力市场的社会环境是相对宽松的，与其他西欧国家相比相对容易和简单。③ 从更深的层次上说，在英国崇尚自由的社会文化氛围中，要采取像欧洲大陆国家那样严格的移民限制措施，可能遇到的阻力会大得多。因此，尽管英国政府在限制移民流入方面下了很大的工夫，但扭转移民数量不断增加的势头还是有很大难度的。

第三，通过社会保障制度改革，鼓励老年人延迟退休年龄，减少老龄化对于经济发展的消极影响。人口老龄化已经给英国带来了一系列的挑战，如养老金开支不断增加、社会服务和医疗保健费用迅速攀升等。英国政府应对这些挑战的主要思路是延长老年人的退休年龄，准备将退休年龄由60岁逐步推到65岁甚至67岁。据统计，截至2008年3月，英国65岁以上的男性和60岁以上的女性共有130万人仍在职场中，较上年同期

---

① Home Office, Control of Immigration. Statistics United Kingdom 2000, London 2001. or Edited by Anita Böcker, Betty de Hart and Ines Michalowski, *Migration and the Regulation of Social Integration*, Osnabruck: Universitaetsverlage, 2004, pp. 61 – 62.

② 转引自李明欢、卡琳娜·盖哈西莫夫《"共和模式"的困境：法国移民政策研究》，《欧洲研究》2003年第4期，第119—139页。

③ 宋全成：《英德非法移民社会问题之比较研究》，《欧洲研究》2008年第5期。

增长了 8.8%，增速远远高于其他任何一个年龄组。增幅第二显著的是 50 岁至退休年龄之间的劳动力——10 年前，雇主们曾向这个年龄段的雇员提供丰厚的提前退休金，以摆脱这些更为昂贵的员工。按照英国国家成人继续教育研究所负责人斯蒂芬·麦克奈尔（Stephen McNair）的说法，目前英国的"年长者是劳动力市场上唯一在增长的群体"，"其传递的积极信息是：50 岁以上的人多数希望，他们在职场中待的时间长于他们所认为的规定年限"。[①] 事实上，对他们中的很多人来说，选择继续工作并不完全是出于经济考虑，工作还是建立社交网络、参与更广阔社会生活、避免孤独的途径。据统计，英国"一人家庭"的比例已经从 1971 年的 17% 上升到 1998 年的 29%。而在这类家庭中，60 岁以上的独居老人比例最大，已经从 1971 年的 5% 增加到 1998 年的 13%。[②] 但是，延迟退休并不是在所有行业都受到了欢迎。2005 年 11 月，英国政府试图延长市政工人的退休年限，就引发了 100 万人参加的大罢工，不得不对改革措施作出妥协。

关于人口政策与人口趋势之间的关系，英国国家统计局的报告认为，英国"自 2001 年来，出生率已经停止下降，25 岁到 29 岁生孩子的比例在增加。造成这一现象的'可能'的原因是产假的增加，税收减免和福利补助的增加。当然，最近移民英国的潮流也推动了英国人口的增加。"[③] 同时，英国政府在解决人口密度分布不均衡方面取得的效果也不是非常明显。最新官方统计数据显示，英格兰人口数在 25 年内将至少增加一千万，即在 2030 年前达到 6000 万人，该数字相当于现在英国人口总数。而增加人口数量中有 70% 以上将是外来移民。报告说，人口增长最快的地区将是英格兰东南部、东部和伦敦，预计居民增长数量将分别达到 160 万、140 万和 130 万。其他地区由于对移民的吸引力较小，人口增长压力也较小，东北部地区预计人口增加数只有 20 万。从人口总量增长的趋势上看，英国政府预计，人口数量在未来十年内都将持续增长。2007 年，英国国家统计局的报告指出，短短三年内英国人口数就增加了一百万，是英国工业革命以来人口增长较快的时间。最近就有人预测高生育率、老龄化人口

---

① http：//www.b2b99.com/wyks/Yw/l145.htm.

② http：//news.idoican.com.cn/daqwb/html/2008 – 06/11/content_ 6352215.htm.

③ http：//news.china.com/zh_ cn/international/1000/20071212/14544707.html.

的增加和创纪录的移民人口将使得英国的人口在 50 年内超过一亿。[1]

第二节 英国的城市化与产业化

英国是世界上最先完成城市化和产业化的国家,在发展模式上经过了一个由自由放任到政府干预的过程。20 世纪以前,英国主流政治文化的基本信条都是"管事最少的政府就是最好的政府"。[2] 因此,当时英国的城市化进程完全是在产业化的引导下进行的,而产业化则是在资源和市场等经济因素的综合作用下自然发展的。直到第二次世界大战之后,英国政府才开始调整观念,对国家的城市化和产业化进程进行人为的规划与管理。由英国的这个转变过程可以看出,随着现代经济与社会发展的日趋复杂化,政府的合理介入与干预是不可避免的,是国家经济与社会健康发展的重要保证。

一 英国城市化与产业化的进程与发展模式

1. 英国的城市化进程

英国的城市化进程发端于 18 世纪中叶。18 世纪早期,英国的城市人口约占总人口的 20%—25%,到 1801 年就已经增加到 33%。1800 年,伦敦的人口达到 100 万人,成为当时世界上人口最多的城市。1851 年,英国已有 580 多座城镇,城镇人口达到总人口的 54%。19 世纪晚期,英国 70% 的人口都已经居住在城市中,成为世界上第一个实现城市化的国家。从历史上看,英国的城市化进程是在工业革命的拉动下实现的,城市化是产业化的一个结果,大量人口涌入城市的主要原因是寻找工作。这段时期的英国城市主要是围绕着资源和市场等因素自然地发展起来的,各个城市在产业结构和经济功能上各具特色,在形成曼彻斯特、利物浦、伯明翰、格拉斯哥、里兹等工商业中心城市的同时,出现了一批分别以纺织、工矿、港口、海滨、交通枢纽和商业为主要功能的中小型城市,城市群和城市带出现端倪。

"二战"结束以前,英国政府对城市化进程基本持不干预的态度,使

---

① http://www.optimumpopulation.org/opt.toomany.uk.html.

② 前揭《欧洲经济史》第三卷,第 78 页。

得英国在城市化的过程中出现过不少问题。

第一，很多英国城市都是围绕着某种产业发展起来的，那么该产业的衰落就会损害城市的存在基础，导致大量居民流出，形成"破败市镇"。20世纪20—30年代，英国的煤炭、纺织和造船工业日益衰落，致使100多万人流出以上述工业为支柱产业的北方城镇，涌入大伦敦地区和英格兰南部新兴城市寻找工作，达勒姆—诺萨伯兰地区、苏格兰中部低地、泰恩塞德、默西塞德、西约克郡和南威尔士地区的很多老工业化城镇的发展陷入停滞。

第二，由于缺乏必要的规划和疏导，英国城市化过程中出现了人口分布严重失衡，多数人口集中在少数大城市的情况。目前，英国人口80%以上都集中在英格兰地区的几个大城市中，加剧了人们在就业、交通、住房等方面的困难，对人们的生活质量产生了消极影响。

第三，很多英国城市在形成过程中缺乏规划，存在街道狭窄、住房拥挤、公共设施布局不合理的情况。实际上，从19世纪中期开始，英国的地方政府已经开始广泛地介入城市街道改造、公共设施建设和住房管理等事务。1866年，格拉斯哥市政府通过法案，对市中心约88英亩范围内的区域进行重新规划，拆除杂乱无章的建筑物和私搭乱建的贫民窟，对街道进行新建和扩建，建设了公园绿地等公共活动空间。为缓解居民住宅狭窄的问题，利物浦市政府从19世纪40年代就出台了条例，对居民的住宅建筑提出了一些基本要求。① 但从效果上看，这种先放任自流然后治理改造的模式存在很多缺陷，成本高昂、成效有限。

"二战"结束后，英国政府启动了国家投资的"新城（new towns）开发运动"，标志着该国城市化进程进入了新的阶段。1945年，英国中央政府依据"新城法"拨款建立了"新城开发公司"，负责在全国范围内建立新的城市。开发公司的资金完全来自中央政府，通过中央统一基金提供预付款项，通过城市设施租售分期偿还。1940年，阿伯克比（Patrick Abercrombie）完成了一个大伦敦规划，主导思想是有计划地在伦敦周围开发新城，分散人口、工业和就业，缓解城市中心区的压力。在新城开发公司的规划和开发下，1946年在伦敦北部40公里处建造了第一个新城斯戴藩（Stevenage），人口规模10万人。按照这种思路，到20世纪70年代中期，

---

① 陆伟芳：《19世纪英国城市化的起步与私人空间的关注》，《史学集刊》2006年第1期。

英国已经先后建立了 33 个新城，其中 11 个分散在伦敦外围 129 公里周长范围内。11 个新城的总人口为 180 万人，迁入 2009 个新的工业企业或其他性质的公司，这些公司、企业提供了 18.8 万个就业岗位。由于经过精心的设计，每个新城都有完善的基础设施，包括水、电、气、道路、公共交通等。与 70 年代前建立的新城比较，20 世纪 90 年代的大型新城除了像原有的新城一样拥有完善的、基本的公共和社会基础设施之外，还增加了更完善的生活服务设施和文化娱乐设施。据统计，90 年代初英国的城市人口为全国人口的 90%，其中的 23% 是居住在政府规划和建设的各种不同规模的新城里。①

1979 年撒切尔夫人上台后，认为新城开发运动有国家过度干预之嫌，在第三期开发项目尚未完成的情况下终止了这个运动。1990 年，新城开发公司解散，善后事宜移交“英格兰工业房地产公司”。② 目前，英国由政府出资的新城开发建设运动已经基本终止，只是在一些私营机构建设的“花园郊区”或者新居住区项目中还能看到一点新城的影子。新城建设终止的原因除了意识形态因素的影响，与社会需求的下降也有关系。经过几十年的开发，英国的城市布局已有明显改善，人口密度分布基本趋于合理。目前，虽然英国的人口密度比我国高得多，但城市人口密度却比我国要小得多。有人以北京和伦敦为例进行了比较：2004 年北京朝阳区等四个旧城区的人口密度高达 24862 人，而位于伦敦西区的卡姆登区等 6 个旧城区的人口密度仅为 9297 人，北京的人口密度是伦敦的 2.7 倍；但论及外城区的人口密度，北京仅为 279 人，伦敦则多达 3582 人，北京只有伦敦的 7.8%。③

2. 英国的产业化进程

英国是世界上第一个完成产业化进程的国家。从 18 世纪中期工业革命开始，19 世纪 40 年代基本结束。④ 17 世纪初期，英国还是一个小农经

---

① http：//www.curb.com.cn/pageshow.asp? id_forum=006113.

② English Industrial Estates Corporation，现称 English Partnerships。

③ http：//blog.sina.com.cn/s/blog_4a46559f01000bd4.html，其中北京市的数据取自 2004 年，伦敦市的数据则取自 2002 年。

④ 有学者认为，1750 年英格兰中部地区的工业革命就已经开始了。但也有学者认为，英国的工业革命直到 1830 年以后才真正全面展开。这种差异应该是由于对工业革命的不同理解而形成的。

济占主导地位的国家，2/3 的英格兰和威尔士家庭的主要收入还来自农业生产。至 1811 年这类家庭下降到 1/3，1831 下降到 1/4，到 1851 年就只有 1/5 了。到 1890 年，英国的产业化进程基本完成。

由于率先进入工业化时代，当时的英国在世界贸易中迅速确立了优势地位，以至于人们把 19 世纪称为"英国世纪"。据统计，1740—1770 年间，英国的工业品出口增加了 3/4，商品结构从毛纺织品扩展到多样化的制造业产品，市场扩展到美洲、非洲、印度和远东地区。1850 年，世界上 60.2% 的煤、50.9% 的铁、46.1% 的棉花都是由英国生产的，使英国因此获得了"世界工厂"的美誉。但是很快，美洲和欧洲国家就先后启动了工业化进程，由于英国的主要工业力量集中在纺织、煤炭和钢铁等几个传统产业中，设备老化、技术陈旧，新兴工业部门发展相对迟缓，在世界竞争中的优势逐渐减少。到 19 世纪 80 年代，美国的工业产值已经超过了英国。① 经过两次世界大战的沉重打击，英国工业在世界制成品市场上的领先位置已经丧失殆尽。

20 世纪 60—70 年代，英国政府有意识地组织了产业结构调整进程，英国贸易部、投资发展署、企业发展局等职能部门都发挥了重要作用。在产业结构调整的过程中，英国首先在钢铁、石油、天然气等传统产业中加快进行技术改造。以钢铁制造业为例，1966 年英国政府把该行业的 90% 收归国有，次年便开始了一项投资 30 亿英镑进行现代化改造的 10 年计划。在这期间，新的科研成果不断应用于冶炼与轧制、设计与生产、管理与营销等方面。新技术的应用，极大地提高了劳动生产率，到 1980 年，该行业就业人数从国有化时的 26.8 万减少到 13 万，但生产效率却超过了任何欧洲国家。到 1988 年英国钢铁业再次私有化时，就业人员已经减少到 5 万，但生产效率和产品质量却仍居世界领先水平。在改造传统工业的同时，战后英国把产业结构调整的重点放在发展新兴产业方面，在伦敦东部、曼彻斯特、格拉斯哥等老工业化地区建立了一批电子信息、计算机、生物工程、光电子等高新技术企业。到目前为止，这些城市以及苏格兰地区已经形成了以高新技术、金融服务为主的产业结构。

经过半个世纪的调整，英国传统产业在提供就业机会和占 GDP 比

---

① 王振华编著：《英国》，社会科学文献出版社 2003 年版，第 207—220 页。

重方面不断下降，就业人数已经从 1945 年的 80% 下降到目前的 20% 左右。曾经以制造业为经济支撑的曼彻斯特，其制造业在 GDP 中的比重由调整初期的 60% 下降到目前的 17%，IT 制造业已上升到 10% 以上。据统计，目前在英国 2790 万的就业人口中，产业工人仅为 350 万，所占比例为 12.5%，降到英国 19 世纪中叶完成早期工业革命以来历史最低水平。同时，英国新兴产业的产值却在不断增长。以苏格兰为例，2003 年该地区 IT 产业年营业额已达 20 亿英镑，其中软件产业为 15 亿英镑。其 PC 产量占全欧洲的 28%，占全世界的 7% 以上，工作站产量占全欧洲的近 80%，自动柜员机产量占全欧洲的 65%，笔记本电脑产量占全欧洲的 29%。

进入 21 世纪之后，英国的"创意产业"在欧洲国家中是发展最快的，表演艺术、电影电视、出版、艺术品及古董市场、音乐、建筑、广告、数码娱乐、电脑软件开发、动画制作、时装及产品设计等行业在其国民经济中的地位日益重要。10 年来，英国整体经济增长 70%，而创意产业增长 93%，显示了英国经济从"制造型"向"创意型"的转变。以增加值计算，软件自 2002 年取代服装成为英国最大的创意产业。2000 年，英国的创意产业增加值已超过 500 亿英镑，占国内生产总值的 7.9%，年增长率是其他产业的 3 倍，达到 9%；提供岗位 115 万个，占总就业人数的 4.1%。2001 年，根据英国文化媒体体育部发表的《创意产业专题报告》，当年英国创意产业的产值约为 1125 亿英镑，占 GDP 的 5%，成为英国仅次于金融服务业的第二大产业，在"部际商业注册机构"注册的创意产业行业公司达到 122000 家。[①]

在产业结构调整的过程中，英国的面貌发生了重要的变化。例如，伦敦历史上曾经是英国重要的工业城市，"二战"前夕工业总产值约占全国的 1/4，在 1945—1968 年工业最为鼎盛时期，全市有 3270 家工厂。此后，伦敦加快了工业改造和外迁的步伐。20 世纪 70 年代后，伴随着英国大规模工业改造进程的开始，伦敦城内的许多工厂关闭或外迁，逐步建立了以金融业、信息产业和旅游业为主的产业结构。随着工厂迁出和大量新建绿地，伦敦由于污染严重而戴上的"雾都"的帽子也随之被摘掉。目前，伦敦在"创意产业"发展方面再度领先。2003 年，英国首相战略小组指

---

① http：//www. arting365. com/news/others/2006－01－20/1137762678d115813. html.

出，用就业和产出衡量，伦敦创意产业对经济发展的重要性已经超过了金融业，一年中伦敦的境内外游客仅在艺术文化方面的花费超过了 60 亿英镑。

3. 英国城市化与工业化的发展模式

英国是世界上最典型的"先发型"资本主义国家，其城市化和工业化的发展经历了一个由"自由放任"到政府干预的历史过程。"二战"以前的英国是典型的盎格鲁—撒克逊模式的自由放任资本主义模式，政府只充当"守夜人"的角色，对经济发展的干预度很低。"二战"结束后，凯恩斯主义在很长时期里成为英国主要政党的共识，实行了企业国有化、经济宏观调控和充分就业等一系列政策，被人们称为"粉红色的社会主义"国家。20 世纪 80 年代以后，英国进行了新自由主义性质的改革，措施包括国有企业私有化、减少干预经济、削减国家福利等。但是，这些改革并没有使英国退回到战前的自由放任状态，而是完成了一个"螺旋式上升"的发展过程，在政府管理和经济自由之间达到了新的平衡。1997 年布莱尔的工党政府上台后，提出了建设"新英国"的口号，表示"在新千年里，政府的使命是实现国家的现代化和复兴，这是第二次现代化和城市化"。

作为最早实现城市化的国家，英国率先完成了两次城市化的进程，其发展模式在发达国家中颇具典型意义。在第一次城市化的过程中，英国在中世纪形成的城市迅速向周边农村和小城镇扩张，由中等城市膨胀为大城市和特大城市。"二战"结束后启动的"第二次城市化"进程则是对第一次城市化膨胀状态的"消肿"，大量企业和居民逐渐向城市郊区和小城镇迁移，小城市重新增多，城市布局重新走向均衡。这个转变过程可以追溯到战后英国的郊区新城开发运动。它的形成过程与土地富裕国家的郊区城市不同，完全是在政府的规划下，由政府拨款的新城开发公司联合私有企业，在专业规划的指导下建立起来的。英国的新城开发避免了一些传统都市的弊端，但也面临很多问题，由于缺乏持续的投资，不少新城在 50 年后的今天已经显现出衰败的迹象，住房和城市基础设施老化、住宅密度过大且缺少配套的公共设施，在城市中形成了一些高失业率、高犯罪率衰败地区。[1]

---

[1]   http://news.bbc.co.uk/1/hi/uk/2154822.stm.

　　布莱尔工党政府重提"第二次城市化"的概念，具体政策则有很大变化。按照他的理念，政府主要不应该作为投资者和建设者介入新兴城市开发，而应该用政策手段引导和促进城市周边地区的发展，通过持续的基础设施开发，让高速火车、电子商务、远程教育、科技协作、远程医疗等以往无法想象的技术进步推动城市周边地区的发展。2007 年布朗上台后，承诺在未来三年内斥资 100 亿英镑，建造针对低收入人群的"社会住房"。这些工程将遵循环保原则，实行严格的建筑标准以使二氧化碳排放量达到最低。同时，布朗政府还准备在一些废弃或闲置的"褐色地带"新建住房，在保护大城市郊区生态环境的同时切实解决中低收入者的住房困难。从历史发展的角度看，布朗的这种举措可以被理解为英国第二次城市化的一种新的发展趋势。

　　和城市化一样，英国的工业化进程也经历了一个由"自由放任"到"政府干预"的螺旋式上升的过程。历史上，英国政府强调不用行政手段干预工业化的发展。但是，工业化是一个经济组织变革、技术变革和工业结构变革同时发生的过程，没有坚实的政治保证是无法顺利进行的。事实上，英国政府在工业化早期实行的"自由放任"政策绝不是"放任自流"政策。恰恰相反，当时的英国政府通过圈地运动、解散修道院等政治手段为工业化进程创造了基本条件。16 世纪中期开始的圈地运动持续到 19 世纪初期，1761—1792 年，约有 50 万英亩土地根据议会法令被圈占；拿破仑战争期间，又有 100 万英亩土地被圈占。18 世纪 50 年代，英国"政府改革了金融制度，从而成为经济社会中最有信誉的借方"。① 通过政府主导的殖民贸易，英国的工业化获得了大量的资金支持。18 世纪中期，英国议会批准建立"运河股份公司"，作为担保人向社会融资建造公共基础设施，为工业化的发展创造了必要的环境。更加重要的是，在整个英国工业革命期间，英国政府对维护本国的技术优势给予了高度的重视，曾多次立法禁止英国和欧洲之间进行技术交流。②

　　"二战"结束后，英国在战后重建过程中实行了大规模的国有化，对银行、交通、钢铁、能源等涉及国家经济命脉的行业实行国家控股或参

---

① 前揭《欧洲经济史》第四卷，第 165 页。
② 同上书，第 131—183 页。

股，甚至连续提出了国家经济发展的计划。20 世纪 80 年代后，撒切尔夫人领导的保守党政府进行了"新自由主义"性质的改革，将多数国有企业重新私有化、减少国家对经济的干预、充分发挥市场机制的作用，试图让市场这只"看不见的手"去淘汰没有竞争力的产业和企业。布莱尔上台后，在保持撒切尔改革成果的前提下着力改变政府在经济发展过程中的作用，试图在更高的层面上引导国家工业经济发展的方向。总的看来，布莱尔政府在这方面工作的重点是通过政策导向和资金投入加快信息化进程、扶持中小企业的发展和加大教育培训投入，从而在产业基础、产业格局和人才培养三个方面为国家的工业发展注入了新的活力。

第一，布莱尔政府动用公共开支努力推进新技术的普及程度，上台之后就提出了 2002 年要使英国成为"全球最适合电子商务发展的地点"的目标，到 2001 年已经兴建了 1000 多个信息技术培训中心，2002 年实现了公共图书馆和学校全部上网，在每个社区都建立了公共互联网服务站，以确保每个人都不被排除在这类信息技术之外。

第二，布莱尔政府着力扶持新兴的中小企业，使其与大企业实现在产业结构上的优势互补。他认为，大公司的生存能力和抗御风险的实力较强，政府的工作重点应该是扶持中小企业（员工少于 250 人，年营业额低于 1200 万英镑），培养这些企业的全球化观念，鼓励它们走出国门。英国政府通过提供信息咨询、争取欧盟支持、向金融机构推荐、提供政府软贷款等手段，全方位地向中小企业提供了服务。

第三，政府加大对教育的投入，努力建立高质量的终身教育培养体系，促进高等教育、职业教育和继续教育的全面发展。同时，通过教育培训促进就业、保证产业结构调整得以顺利实施。

总的看来，战后英国各级政府扶持新工业发展的手段主要不是资金投入。即使是资助高新技术企业的无偿拨款，一般也要求企业界的投入大于 50%。政府的风险投资主要采取建立投资基金的方式，以吸引更多社会投资的介入。多数情况下，英国政府不作为投资人直接参与经营管理，而是拨款创立一个实体，然后委托多个机构组成董事会，由董事会任命总经理来具体负责管理。同时，英国政府还特别注意发挥中介机构在新工业发展中的作用。英国的主要城市基本上都有贸易会、商会、企业局等机构，这些机构均具有完全的独立性，政府对其不下达指令，主要以经济白皮书等方式对其进行引导。苏格兰 1980 年就制定并开始实施了"城市复兴计划"，苏格兰企业局只负责帮助指导企业，不制定任何产业政策和经济行为准入政策，而是强化发挥中介机构的作用，投入资金或争取欧盟支持，在老工业城市成立若干科学研究开发中心，承担提高国民素质、旧城改造及部分研究开发任务。同时，英国政府还建立了一批半官方的中介组织来发挥作用，这些组织的部分经费来自政府，战略计划由政府制定，但具体运作由社会各界代表构成的理事会任命的执行总裁负责。

值得注意的是，英国主要城市的产业结构调整，都是和城市规划、旧城改造紧密结合，统筹规划，分步实施。如伦敦东部原来是传统制造业、制衣业的基地，在英国中央政府的指导下利用欧盟的援助，大力创建小科技公司，加大员工培训的力度，统筹规划进行了产业结构调整。格拉斯哥原来是苏格兰的汽车制造、船舶制造基地，经规划，在原造船基地上建设了科技公司和通信交换中心。传统工业的更新和新兴产业的出现，使曼彻斯特这样的重工业城市在交通、通信、能源等方面都面临挑战。在解决问题的过程中，曼城政府运用了行政手段与市场手段相结合的办法，目前已建成年吞吐量达 1850 万人次的现代化机场，拥有大西洋至英国海底光缆周转通信枢纽，使这个老工业城市重新具备了发展的潜力。

二　英国关于人口流动的引导与控制

按照西方学术界的理解，人口流动包括地理流动（国内流动和国际流动）和行业流动（由农业到工业到服务业）两种内涵。目前，英国对国内的人口流动和迁移没有任何明文政策、规定和限制，对国际人口迁入则有准入条件和配额限制，根据国内劳动力市场的需求引入不同职业、技能和数量的人才，对低技能移民则实施比较严格的控制。

1. 英国工业化时期的国内人口流动

从历史上看，英国是世界上劳动力转移起始最早、规模最大、最具代表性的国家。英国农村劳动力转移最早开始于 11—12 世纪，这是世界上出现的第一次农村人口向城市持续转移的浪潮。这一时期迁移的人群主要是失地农民，迁移的主要目的是为了生存，距离也比较长。在 16—17 世纪，英国又出现了第二次劳动力快速向城市转移的浪潮。这一时期迁移的对象主要是商人、工匠和青年女性，迁移的目的是为了更好的前途和获得丰富的生活资料，迁移的距离较短。英国劳动力流动最稳定、规模最大的时期是从 18 世纪下半叶的工业革命开始的。因为此前的两阶段虽然劳动力转移规模比较大，但到工业革命前的 18 世纪 60 年代，英国的农业人口仍占总人口的 80% 以上，而到工业革命后的 19 世纪中叶，英国的农业人口急剧下降到总人口的 25%。总的来说，促进英国农村劳动力转移的原因，主要有以下几个方面：

第一，农村人口的持续增长。近代以来，适度的人口增长促进了英国经济的快速增长，但经济的增长反过来又加速了人口的不断增加。随着农村人口的快速增长以及英国土地长子继承制的制约，人口与土地的关系日趋紧张，许多没有继承权的贵族子女和一些佃农为了生存不得不移居他处，迁移的地方主要集中在城市和工矿区。

第二，始于 15 世纪的英国圈地运动，是农村劳动力转移的重要因素之一。在圈地运动中，许多农民丧失了自己的土地，失去了收入来源，在农村失去生存基础的农民不得不加入自由流动的人流。此外，圈地运动还引发了农村经济变革，如大农场的建立、农村产业结构的调整、生产技术和管理水平的提高等，进一步产生了大量的剩余劳动力。

第三，到 18 世纪中后期，英国机器生产开始代替手工劳动，工厂代替手工工场及家庭作坊，农业和手工业在国民经济中的比重逐年下降，从事制造业、采矿业、运输业、商业和家庭服务业等众多行业的人口逐年提高。随着生产要素和人口的集中以及工业化的继续推进，19 世纪英国建立了一大批工业城市，城市中迅速发展的第二、第三产业需要大量的劳动力，为农村剩余劳动力提供广泛的就业机会。可见，英国的工业革命引起的生产方式的变革和经济结构的变化，是推动劳动力转移的决定性因素。

从政治上看，英国工业化进程中人口流动的加快与制度障碍的消除有关。在中世纪，封建领主为了确保庄园拥有足够的劳动力建立了庄园劳役制度。他们采取各种措施实行财产扣押制度、担保制度和罚金制度等把农民束缚在土地上，人为地限制了农村劳动力的转移。另外，工业革命以前及早期的一些法律（主要是《济贫法》和《定居法》）也限制了人口的流动。在农奴制、劳役制度崩溃后，特别是在工业革命以后，为了满足工业对劳动力的大量需求，政府颁布和修改了一系列的法律制度，消除了限制人口流动的制度障碍。其中，1846 年颁布的《贫民迁移法（修正案）》使一些贫民不再被遣返原籍；1865 年议会通过的《联盟负担法》扩大了救济贫民的区域范围和贫民居住地范围，使限制定居地不再可能。这些约束性制度因素的消除，大大促进了劳动力的转移和英国的城市化进程。

2. 战后外来移民的管理与控制

19 世纪中期以后，国际移民成为英国人口流动的主要形式。最初，随着殖民地的不断扩大，英国大量相对过剩人口流向海外。据统计，从拿破仑战争结束到第一次世界大战的 100 年间，有 2000 多万英国人移居国外，其中 1300 万人迁往美国、400 万人移居加拿大、另有 150 万人到澳大利亚和新西兰定居。[①] 1920—1970 年间，英国一直是向外移民数量最多的欧洲国家，占到同期欧洲移出人口的 22%—30%。"二战"结束后，随着英帝国的瓦解，从海外殖民地流回英国的人员数量迅速增加，英国逐渐由移民净输出国转变为净输入国。但是，在很长一段时间里，英国的移民流入数量与其他欧洲国家相比并不是很多。直到 20 世纪 90 年代以后，由于欧洲大陆国家（特别是德国）的难民庇护法趋紧，而英国给予非法移民和难民政策相对宽松，流入英国的外来移民数量才开始急剧增加。

从根本上说，英国出现移民过剩的主要原因是：由于该国的工业化进程已经进入了稳定发展阶段，对于人口增长的经济需要有所降低。英国移民观察智囊机构的格林爵士说：近年来英国"增加的人口数量中有 70% 以上是外来移民。从公共服务与基础设施建设来看，英国人口数量增加如此迅速是无法承受的，更重要的是，移民数量巨大对英国社会的凝聚力将产生消极影响"。很多英国人认为，来自发展中国家的移民不断增加，给英国带来了一系列社会问题，包括就业压力增加、贫困问题严重、文化融合任务艰巨等。在最直接的层面上，新移民的流入加大了英国社会住房压力，迫使政府提供更多住房。英国社区与地方政府部表示，新建房屋规划中预计将有 1/3 的房屋提供给新移民。[②] 英国地产网站最新公布的调查显示，英国房价与人口流动态势紧密相关。金融危机以前，英国房价过去 10 年一直在增长。根据英国国家统计局、社区与地方政府部（Department

①　王振华编著：《英国》，社会科学文献出版社 2003 年版，第 14—15 页。

②　最新统计报告预计，至少 38% 的新建房屋将提供给移民。

of Communities and Local Government）和土地注册处（Land Registry）公布的数据，该国人口增长和房价增长的相关性达 73%。① 换句话说，英国房价快速增长的主要原因之一就是大量移民的涌入。

为了抑制移民流入速度，英国开始执行日益严格的签证制度。由于英国与多数发达国家和地区都有免签证协议，所以这种措施实际上完全是针对发展中国家的。据英国《泰晤士报》2006 年 8 月的报道，此前 3 年英国签证机关在没有正当理由的情况下，拒绝了约 4.6 万人的签证申请。根据英国有关机构的调查，英国对入境申请的拒签率 2000 年为 6.5%，到2004 年就上升到 19%。在签证问题上，英国签证机关明显采取了歧视性态度，很多人遭拒签的原因实际上就是他们的国籍。英国签证官员经常要求来自贫困或政局动荡国家的申请人证明前来英国动机的合法性（根据英国法律，这样做是不允许的），以不合情理的理由拒绝穷国申请人的入境申请。例如，拒绝给一名罗马尼亚妇女签证的理由是她"知道在英国生活、学习或工作的好处"。大批印度人被拒签的原因是，他们的生活水准即便以当地标准衡量仍然很低，所以他们清楚来英国生活工作可以带来经济上的益处。对于孟加拉国人，英方竟以申请人"在孟加拉国生活无望"而拒签。据统计，在加纳首都阿克拉，对学生签证的拒签率 2000 年为 35.4%，到 2004 年竟然猛增到 85.7%。②

实际上，英国严格签证制度的目的是阻止贫困、低技能人员的流入，对富有和高技能人员还是非常欢迎的。2006 年 8 月，英国政府公布了新的移民政策构想。该政策的核心内容是对移民申请人建立分级评估制度，吸纳更多来自新欧盟成员国的劳工以填补英国国内低技术含量的职位，而对来自欧盟以外没有技能的劳工关闭移民大门。在受理签证申请的过程中，英国移民局把移民申请人分为 5 个等级（Tier）：第一类为高技能人士移民签证；第二类为一般技能人士工作签证；第三类为低技能工作临时签证；第四类为学生签证；第五类为短期访问签证。然后，再从四个方面对其进行评估，包括智力、经验、年龄和劳工市场需求等。对于那些在英国投资或高技术人才移民，移民局将加快他们和他们的家庭成员办理英国公民身份的速度。但相比之下，对低技术含量的劳工，新的移民政策就比

---

① http: //funds. money. hexun. com/2067435. shtml.

② http: //www. chinanews. com. cn/hr/ozhrxw/news/2006/08 - 09/771281. shtml.

较苛刻了。首先，英国将限制在英国打零工的发展中国家劳工的数量，这些劳工最多只能在英国居住 1 年。他们的家人也不能随同来英国。他们的工资必须是在确定他们离开英国后，才会支付到他们的银行账号中，以彻底消除他们滞留在英国的可能性。

三　英国的城市规划与资源利用策略

在城市化的过程中，英国社会各界逐渐认识到，由于土地资源的有限性和城市生活的复杂性，市场因素无法自发地解决城市在布局管理和持续发展方面遇到的问题。只有政府建立强有力的城市规划、土地使用、工业布局等方面的管理体系，城市化进程才可能顺利发展。这样，尽管英国在政治文化传统上非常崇尚自由市场的作用，但在城市规划方面，20 世纪后的英国政府却一直处于核心地位。

1. 英国的城市规划

作为世界上最早启动城市化进程的国家，英国也是最先开始进行城市规划工作的国家。由于长期奉行不干预的政策，到 19 世纪，英国已经开始面临城市化带来的一系列问题，如大量侵占农业用地、城市人口急剧膨胀、城市布局杂乱无章等，城市中的公共健康和社会秩序状况也日益恶化。迫于各种压力，1909 年英国颁布了《住房与城市规划法》（Housing and Town Planning Act），标志着政府全面介入城市规划工作。政府的城市规划工作很快就得到社会各界的肯定，促使英国议会先后于 1919 年、1925 年和 1932 年三次发布了相关法律。[1]

介入城市规划工作之初，英国政府把重点放在城市建筑、街道、公共设施的合理布局和建设工作等方面。20 世纪 40 年代，英国政府先后发布了巴罗（Barlow）、斯科特（Scott）、尤斯瓦特（Uthwatt）和雷斯（Reith）等四个政府调查报告，全面扩展了城市规划工作的范畴，提出了全新的理念。1940 年的巴罗报告重点讨论了工业人口分布问题，强调应统筹处理产业布局、人口迁移和土地再分配，以实现工业化的合理布局。1941 年的斯科特报告主要讨论了农村土地使用问题，提出了保护农业用地、鼓励城市进行高密度开发的理念。1942 年的尤斯瓦特报告主要讨论

---

① 法律包括 "Housing and Town Planning Act 1919"，"Town Planning Act 1925" 和 "Town and Country Planning Act 1932"。

了城市开发中的补偿金和改善金（compensation and betterment）问题，提出公共部门征地建设时，应该按照市场现价向土地所有者支付补偿金；但考虑到土地所有者必然乘机抬高地价，政府应酌情向这些人征收改善金，以维护其他社会成员的利益。1947 年的雷斯报告提出了由政府组织，在大城市周围建设新城的想法，启动了英国历史上最大规模的政府城市规划建设项目。①

"二战"结束后，英国于 1947 年发布了新的《城乡规划法》（Town and Country Planning Act），确立了一个完全由政府主导的土地利用规划体系，这被认为是西方国家土地规划史上重要的转折点。该法的基本原则是：地方政府是土地开发和城市规划的管理者，任何开发行为都必须得到它的许可方可进行；如果未能获规划许可就强行开发，地方政府有权进行制裁。由于确定了地方政府在城市建设中的核心地位，战后英国公共住房的设计建造、城市中贫民窟的治理、衰败的城市中心区的清理等工作全部是由地方政府主导进行的。英国政府进而提出了建设新城、土地开发国有化、控制工业布局、设计国家公园、保护宜居环境等新的土地开发理念和项目，极大地促进了英国战后初期的恢复重建工作。

但是，到了 20 世纪 50 年代，这种政府主导型体制的弊端逐渐显现出来。

第一，新城建设和城市重建工作的市场化程度不足，难以充分体现公众的愿望与要求，造成了脱离实际需要和结构不合理等问题。由于新城开发的影响，许多城市尤其是大城市出现了内城衰退的现象。致使英国政府在 1976 年全面停止了新城建设，把工作重点转移到内城改造方面。

第二，由于开发工作的主导权不在中央政府，而在地方政府的职能部门，后者比较容易侧重于消极的开发控制，而不是积极进行有效规划，最终影响了全国开发布局的合理性和发展速度。

为解决这些问题，1968 年英国发布了新的《城乡规划法》，建立了中央政府与地方政府协作进行土地开发的政策体系，由中央政府提出结构规划（structure plan），地方政府在其指导下提出地方规划（local plan）。此

---

① http：//en. wikipedia. org/wiki/Town_ and_ country_ planning_ in_ the_ United_ Kingdom.

后，英国的城市规划工作基本是在这种管理框架中进行的，1991 年的
《城乡规划法》（Town and Country Planning Act）对地方政府的规划权进行
了一些微调，加大了伦敦与其他 6 个大都市区政府的权力。但从城市规划
的管理格局看，整体结构并没有发生根本的改变。

2. 英国城市规划中的资源利用策略

20 世纪 90 年代开始，"可持续发展"逐渐成为英国社会各界普遍接
受的经济与社会发展的基本理念。这种理念很快就反映到城市规划工作中
来。2000 年，英国环境部发表一份白皮书，正式提出了"城市复兴"
（urban renaissance）的概念。① 白皮书指出，由于英国文化对于乡村生活
的推崇和对于城市生活的片面批判，战后历届政府始终把控制大城市的发
展作为城市政策的基点。这种城市规划的思路推动了城市周边地区的迅速
发展，但也带来了土地和能源方面的浪费。更加重要的是，由于大量人口
向郊区流动，城市内部资源浪费严重。据白皮书估计，当时英国城市中大
约有将近 5.8 万公顷已使用的土地是空置的和被弃置的。另有报告指出，
当时仅英格兰地区的城市中就有 70 万幢住房是无人居住的，其中 25 万幢
已经空置了一年以上。白皮书指出，英国长期以来形成的蔓延式城市发展
模式在环境上是不可持续的，必须立即开始运用税收和财政政策来鼓励开
发弃置的土地（brownland）。据估计，当时在英格兰地区已有 5 万至 20
万公顷的土地受到污染。白皮书建议通过降低税收来鼓励污染清理工作，
鼓励运用新技术进行土地修复。②

2004 年，英国颁布了《规划和强制性收购法》③，对城市规划的体系
和目标进行了重大调整。在管理体制方面，该法重新设定了国家、区域和
地方三个层次的责任。在国家层次上，政府负责制定有关规划方面的国家
政策和系统运作的总体原则，发布中央政府的"规划政策陈述"（PPS）
和"规划政策指引"（PPG）。同时，该法要求各地区级政府制定"区域

---

① Department of the Environment, Transport and the Regions. 2000. Our Towns and Cities: The
Future-Delivering an Urban Renaissance（Urban White Paper）.

② Urban Task Force. 1999. Towards an Urban Renaissance. London: Department of Environment,
Transport and the Regions and Thomas Telford Publishing. 转引自孙施文《英国城市规划近年来的发
展动态》，《国外城市规划》2005 年第 6 期。

③ "Planning and Compulsory Purchase Act", http://www.opsi.gov.uk/ACTS/acts2004/ukpga_
20040005_ en_ 1.

空间战略"（RSS：Regional Spatial Strategy），明确该区域内重点发展地区和10—15年内土地利用方案。地方层次提出"地方发展文本"，具体落实中央和地区政府的理念和规划。在开发模式方面，更加强调私营部门和社会公众的广泛参与。在开发理念上，更加强调可持续发展的原则。2005年，英国政府副首相办公室（ODPM）① 根据该法发布了指导性文件，要求各级政府以可持续发展为核心，广泛征求社会各界的意见，提出切实可行的地方性政策框架和行动策略。在这个过程中，要对"区域空间战略"和"地方发展文本"进行"可持续性评估"。文件要求各级政府在城市规划与开发过程中，要综合考虑社会公平和就业增长、气候变化和能源使用、生物多样性和地方性保护以及社区发展和个人福利等问题，实现人与人之间、人与自然之间的和谐相处和城市经济与社会的可持续发展。

在中央政府的反复强调和统一管理下，目前英国各城市在进行城市规划和开发建设时都把可持续发展放在核心位置。在规划立项的过程中，在土地与建筑的重新利用、减少噪声和空气污染、改善城市微气候、提高公共交通的覆盖面和舒适性以及保护自然环境和生物多样性等方面提出了具体的"可持续设计标准"和指导方针。在城市设计方面，英国学者提出了建设"紧凑城市"（Compact City）的概念，倡导在城市规划中以公共交通、步行和自行车为主要出行方式，合理提高建筑密度，在城市中心区实现公交化、步行化、集约化，建立结构紧凑型的城市。与此同时，他们还提出了城市"内填式发展"（infill development）的概念，强调在城市已开发地区合理提高空间的利用率，在建筑重建、郊区建设的过程中实现可用空间的"巧增长"（smart growth）。② 此外，英国在城市可持续发展方面还推出了一些实验性示范项目。伦敦南部伯丁顿地区2002年完成的"零能"项目（BedZED）③，通过场地规划、绿色交通、节能设计、太阳能收集、生物能发电、热交换器以及热电一体化设备的使用，基本上实现了建设项目的能源自给和无污染排放，建立了英国第一个"零能耗、零排放"的社区，于2003年获英国皇家建筑学会

---

① Office of the Deputy Prime Minister.

② http：//en. wikipedia. org/wiki/Suburban_ infill 和 http：//www. nemw. org/infillbook. htm.

③ Beddington Zero Energy Development.

（RABA）一等奖。伦敦格林威治的"千年村"项目（Greenwich Millennium Village）和伦敦东区的 2012 年奥林匹克中心规划也在推进实施可持续发展方面进行了有益的探索。

第三节　英国的社会发展与阶层分化

一　英国产业结构的变化与阶层变动

1. 英国产业与就业结构的变化

18 世纪中期工业革命开始之后，英国的产业结构迅速走向工业化，就业结构也随之改变。1800 年到 1900 年这 100 年间，农业、渔业、采矿业等"初级产业"的就业数量占英国劳动力的比重由 70% 下降到 10%；同期以制造业为主的"第二产业"就业数量从 20% 上升到 45% 左右。1900 年以后，英国的初级产业就业数量继续下降，目前略高于 1%；第二产业的就业数量经过 50 年左右的稳定期之后，在"二战"结束后迅速下降，目前略高于 20%，标志着英国的产业结构从工业化开始走向"后工业化"；而以服务业为主的"第三产业"在战后则迅猛发展，目前占英国就业总量的 75% 左右。

"第三产业"是英国经济学家费希尔 1935 年在《安全与进步的冲突》一书中首次提出来的概念，主要包括流通和服务两大部门，行业包括交通运输业、邮电通信业、商业饮食业、物资供销和仓储业、金融业、保险业、房地产业、公用事业、居民服务业、旅游业、信息咨询服务业和各类技术服务业，等等。一般而言，战后发达国家产业结构和就业结构的主要标志就是第三产业的比重不断增加并占到 2/3 以上。

根据哈利法克斯研究机构对 1985—2005 年间英国就业状况的调查，在这 20 年中，英国就业市场共提供了 350 万个新的就业岗位，其中超过一半属于服务行业，而农业、采矿业和制造业在 20 年内共失去 232 万个就业岗位。2005 年，在英国就业总量中，采矿业只占 2.5%，农业和其他相关行业占 1.5%。20 年间，英国的商业和金融业增加了 200 万个就业岗位，增幅达到 71%。据统计，由于外出旅游、就餐、购物的人越来越多，英国的餐饮、旅游、商店和旅馆行业的就业岗位在 20 年中增加了 55.8%；零售和批发行业就业岗位增加了 91.3 万个，增幅为 25.5%，使该行业总就业人数提高至 449 万人。① 2008 年德国亚太管理咨询机构（A-sia-Pacific Management Consulting GmbH）进行的比较研究显示，目前英国服务业的就业比重比德国和法国都要高。（见表 1—3）

表 1—3   德国、英国、法国产业结构与就业结构比较

		德国	英国	法国
劳动力 行业结构	劳动力总量	4351 万人	3087 万人	2781 万人
	农业	2.8%	1.4%	4.1%
	工业	33.4%	18.2%	24.4%
	服务业	63.8%	80.4%	71.5%
国民生产 总值构成	服务业	70.1%	75.7%	76.7%
	工业	29.0%	23.4%	21.0%
	农业	0.8%	0.9%	2.2%
贫困线以下人口比例		11.0%	14.0%	6.2%
家庭可支配收入——基尼系数*		0.28	0.34	0.28

资料来源：官方网站根据 2008 年数据制表。http：//www. investgermany. com. cn/？ n = b4&ln = cn。

* 基尼系数（Gini Coefficient）是意大利经济学家基尼（Corrado Gini, 1884—1965）于 1912 年提出的，定量测定收入分配差异程度，国际上用来综合考察居民内部收入分配差异状况的一个重要分析指标。其经济含义是：在全部居民收入中，用于进行不平均分配的那部分收入占总收入的百分比。基尼系数最大为"1"，最小等于"0"。前者表示居民之间的收入分配绝对不平均，即 100% 的收入被一个单位的人全部占有了；而后者则表示居民之间的收入分配绝对平均，即人与人之间收入完全平等，没有任何差异。但这两种情况只是在理论上的绝对化形式，在实际生活中一般不会出现。因此，基尼系数的实际数值只能介于 0—1 之间。目前，我国的基尼系数为 0.47 左右。

2. 英国社会阶层的划分方法

20 世纪以后，英国政府在进行社会统计的时候，一直是按照"职业差异"来划分社会阶层的。有学者认为，这种分类方法的前提是"职业决定收入高低"，因为从社会心理上看，似乎"人们对财产上的差别不大

---

① http：//education. 163. com/05/0905/14/1ST5JG2300290028. html.

理会，而对收入上的差别则比较计较"。① 从 1911 年起，英国的普查机构
开始把国民按照职业划分为五级，第一等级是"专家"（纯非体力劳动）；
第二等级是"中间收入阶层"；第三等级是"技术职业"；第四等级是
"半技术职业"；第五等级是"非技术职业"（纯体力劳动）。1950 年起，
英国《国民读者概览》（*National Reader Survey*）对上述分类方法进行了细
化与调整，成为战后英国社会阶层划分的主流方法（见表 1—4）。

表 1—4　　　　　　20 世纪 50 年代后英国通行的阶层分类方法

分类	级别	职业
A	上等中产阶级	高级经理人员、管理人员或专业人员（如律师、医生等）
B	中产阶级	中等经理人员、管理人员或专业人员
C1	低等中产阶级	管理人员、办事员或年轻的经理人员、管理人员或专业人员
C2	技术工人阶级	技术工人
D	工人阶级	半技术或非技术工人
E	最低生活水平的人	临时工或最低等级的工人，靠养老金生活的或其他靠国家救济生活的人。

资料来源：http：//en. wikipedia. org/wiki/Social_structure_of_Britain#General_Social_
Castes。

　　为了适应时代的发展，更好地反映本国社会阶层分野的现状，2001
年，英国国家统计局（ONS）公布了新的社会阶层分级方法（NS-SEC），
在不改变按照职业划分的前提下，对原来的分类方法进行了较大幅度的调
整，将社会阶层从五级增加到八级。（见表 1—5）② 与以前的分类方法相
比，新方法主要是细化了"中产阶级"的范畴，试图突出目前英国社会
结构中以中产阶级为主的"特点"。因为，按照这种分类方法，除 1 级可
毫无疑义地属于高收入阶层，7—8 级属于低收入阶层之外，其他人都可
以自认为属于"中产阶级"。

---

① 阿萨·勃里格斯：《英国社会史》，中国人民大学出版社 1991 年版，第 341 页。
② http：//www. ons. gov. uk/about-statistics/classifications/current/ns-sec/index. html.

表 1—5　　　　　　　2001 年后英国国家统计局的国内阶层分类方法

组别	描述	原分类级别
1	高级专业人员与经理人员	B
2	低级经理人员与专业人员	C1 和 C2
3	中等职业	C1 和 C2
4	小企业主与非专业人员性质的自雇者	D
5	低等管理人员与技术人员	C1 和 C2
6	半机械性职业（semi routine occupations）	D
7	机械性职业	D
8	长期失业者	E

资料来源：http：//en. wikipedia. org/wiki/Social _ structure _ of _ Britain # General _ Social _ Castes。

　　从目前英国各行业具体的工资分布情况看，上述分类方法基本上还是可以比较客观地反映现实状况的。属于 1—3 级职业的人所挣的工资远高于全体雇员的平均工资，其余各级人员即使属于"中等职业"，收入也要低于平均工资。除了"非技术工人之外"，收入最低的是服务业雇员，如售货员、理发师和护工等，他们的收入仅为全体雇员平均工资的一半左右。（见表 1—6）当然，工薪收入只是社会分层的依据之一，不同行业的劳动强度、工作环境和社会地位也应该考虑进去。英国有学者认为，在划分社会阶层的时候应该综合考虑"工作境遇"（Work situation）和"市场境遇"（Market situation）两种因素，前者指的是某种职业赋予人们自主安排工作与工作时间的程度，后者指的是人们在某种职业中积累的能力、经验和知识对提高他们在劳动力市场上身价的意义。两者共同构成的"就业关系"（employment relations）才应该是决定人们阶层归属的基本指标。[1]

---

① BRITAIN TODAY 2007，p. 97.

表 1—6　　　　　　　　2007 年英国不同职业之间的年收入差距

职业	中间（Median）收入	平均（Mean）收入	第 90 百分位收入
全部雇员	19943	24908	42902
经理和行政人员	34001	47082	78072
专业人员（医生、律师等）	32176	34932	54941
次等专业人员（护士、警察等）	24999	27245	41313
管理人员和秘书	15452	16135	26205
技工（建筑工、木工、管道工等）	21871	22607	34835
私人服务人员（理发师、护工等）	11461	12226	20370
售货员	9093	10512	19072
半技术工人	19972	20710	31615
非技术工人	11703	12292	22850

资料来源：http：//en. wikipedia. org/wiki/Income_in_the_United_Kingdom。

3. 英国各社会阶层之间的收入差距

在欧洲国家中，英国不同社会阶层之间的收入差距一直相对较大（见表 1—6）[1]，而且近年来这种差距总体上呈扩大趋势。英国国家统计局的分析显示，1971 年，收入最高的 5% 的英国家庭的收入占据全国可储蓄收入（disposable income）的比重为 36%，到 1991 年增加到 42%；而同期收入最低的 5% 的英国家庭占全国可储蓄收入的比重则由 10% 下降到 7%。这种趋势在 1992 年后有所减弱，但在 2004—2007 年又有所提高。[2] 有学者认为，在过去的 20 年间，以技能为基础的技术变化已经成为扩大英国社会各阶层之间的收入差距的主要原因。[3] 由于教育、培训和设备投资等方面的原因，中等以上收入阶层再次占得先机，而低收入阶层的处境则更加艰难。

有学者使用英国国家统计局每年 4 月发布的"新收入概览"（NES）

---

① 英国的基尼系数比德国和法国要高 6 个百分点。

② http：//www. statistics. gov. uk/cci/nugget. asp? id = 332.

③ Alexander Hijzen，"Rising Wage Inequality in the UK：The Impac of Technology and Outsourcing"，http：//www. swan. ac. uk/economics/res2004/press/labour/hijzen. pdf.

公布的数据，用百分位法①对 20 世纪 70 年代中期以后英国各阶层之间的收入不平等状况进行了分析，得出了两点比较有启发意义的结论。

第一，在此期间，英国高工资与低工资之间的差距进一步加大了。第90 百分位的高收入者与第 10 百分位的低收入者的小时工资相比，1976 年高 104%，到 1998 年则高 133%，增加了 29 个百分点。第 90 百分位与第50 百分位工资相比，增加了 19 个百分点。

第二，在此期间，中间阶层工资相对增加的幅度则要小一些。第50百分位与第 10 百分位之间的差距只增加了 8 个百分点，与第 25 个百分位之间的差距则只增加了 7 个百分点（见表 1—7）。② 据此可以作出判断，由于收入越高的阶层工资收入增长越快，英国各阶层之间的收入差距还将进一步扩大。

表 1—7　　　1976—1998 年英国工资百分位级差比较（Percentile Differentials）

工资级差	90—10	90—50	50—10	75—25	75—50	50—25
1976	1.04	0.56	0.49	0.52	0.27	0.26
1980	1.08	0.59	0.48	0.55	0.29	0.27
1990	1.24	0.70	0.54	0.66	0.35	0.31
1998	1.33	0.75	0.57	0.72	0.39	0.33

资料来源：Eswar S. Prasad, Wage Inequality in the United Kingdom, 1975 – 99, p. 24。

二　英国社会阶层结构的主要特征

1. 英国社会各阶层之间的贫富差距较大

根据英国学者的分析，前面讨论的工资收入差距是英国社会各阶层之间贫富差距的最主要成因。工资收入约占英国人年收入的 75%，投资收入仅占 2%③。但是，英国的贫富差距在"财富占有"方面的表现则更加

① 工资分析的百分位（wage percentile）法：对薪酬调查数据进行离散分析的一种常用方法。如果某人（或企业）的薪酬处于第 10 个百分位，意味着他的薪酬低于同行业 90% 从业人员的工资；薪酬处于第 90 个百分位，则意味着还有 10% 的同行业从业人员的薪酬更高。

② Eswar S. Prasad, Wage Inequality in the United Kingdom, 1975 – 99, http://ftp.iza.org/dp510.pdf, p. 9.

③ http://en.wikipedia.org/wiki/Income_in_the_United_Kingdom，年收入比重为雇员工资和自雇者收入之和。

突出。根据英国"女王岁入与关税总署"（HMRC）发布的数据，对包括住房、现金、股票、债券或投资基金等"可市场化财产"（marketable assets）的统计显示，英国最富有的1%的人占据了英国全部财产的21%；而财富占有百分位在50%以下的人总共才占7%（见表1—8）。也就是说，中等阶级以下各阶层的财富拥有比例是非常低的。

表1—8   2004—2005年英国人均财产分布情况

占英国人口的百分位 %	人均财产 £	占英国全部财产总量的比例 %
1	688228	21
2	460179	28
5	270164	40
10	176221	53
25	76098	72
50	35807	93

资料来源：http://en.wikipedia.org/wiki/Income_in_the_United_Kingdom。

从统计学上分析，造成这种情况的主要原因应该是英国拥有一个人数众多的"中高收入"阶层。根据英国"女王岁入与关税总署"（HMRC）发布的数据，2004—2005年英国缴纳个人所得税的最低收入为4745英镑，人均收入为22800英镑。全部纳税人约为3027万，但年收入在15000英镑以上的人数达到了1672万，为全部纳税人的55.25%。[①] 英国的主要财产是属于这部分人的，收入更低的人可以储蓄下来的财产数量则少得可怜。可以说，英国目前的收入分配图形呈现的是一种底部较宽的"橄榄"形，而非传统意义上的"金字塔"形。

英国社会阶层的财富分布结构与多数发达国家没有本质差别，但相对而言，英国社会各阶层之间的贫富差距还是比较大的。英国约瑟夫·朗特里慈善基金2007年7月公布的一项调查报告显示，英国的贫富差距已创40多年来的新高。这份调查报告名为《英国1968年至2005年贫富差别与地区》。报告说，英格兰东南部地区贫富差距最大，导致两极分化现象

---

① 根据http://en.wikipedia.org/wiki/Income_in_the_United_Kingdom数据计算而得。

严重。根据这份报告，英国生活"极端贫困"的人口数量下降，但"贫困线"下的人口数量正在增加。某些城市中的一些地区，过半数家庭仍在"贫困线"附近挣扎。根据 2001 年英国政府公布的"贫困线"标准，目前每 4 户英国家庭中就有一家生活在"贫困线"以下，所占比例约为 27%。在贫困人口增加的同时，富裕家庭在 1999 年至 2003 年数量激增，目前所占比例约为 23%。报告还说中等收入家庭数量在 1980 年占总数 2/3 左右，截至 2000 年所占比例已降至刚过半。[①]

2. 英国的相对贫困问题仍比较严重

直到 20 世纪初，英国仍然存在着非常严重的绝对贫困问题。当时，英国学者朗特里对约克市的绝对贫困状况进行了研究，他对贫困的定义是一对夫妇三个子女的家庭周收入低于 21 先令 8 便士，一对夫妇四个子女的家庭每周 26 先令。这种收入下的"生活意味着仅能维持生存。意味着一个家庭完全不可能花钱乘车，不可能买报纸或听音乐会，不可能给在外的孩子写信，不可能对教堂施以捐助，不可能给邻居提供任何金钱方面的帮助，不能存钱，不能参加友谊会、俱乐部和工会，不能给孩子购买玩具，父亲不能喝酒抽烟，母亲不能为自己和孩子购买衣服。除了维持生存必需的东西以外什么都不能买，所买的必需品也一定是最普通最便宜的"。但即使如此，仍有 28% 的约克城居民生活在贫困线以下。同期查理斯·布斯对伦敦东部地区的贫困问题进行了调查，贫困的标准与朗特里大致相当，结论是伦敦东部大约 30.7% 的人口生活在贫困状态中。布斯将贫困人口分成三种类型：一是最低收入阶层，主要是打零工的人和流浪汉，占人口的 0.9%；二是很贫困的阶层，主要是临时工，占人口的 7.5%；三是贫困阶层，包括那些无固定职业、收入不稳定者或虽有稳定职业但工资收入较低者，占人口的 22.3%。[②]

从根本上说，消除绝对贫困是经济发展与社会进步的结果。战后英国建立了完善的福利国家制度，通过覆盖全民的社会保险、社会福利、社会救助和免费医疗制度，在制度层面上基本消除了产生绝对贫困的可能性。但是，到目前为止，英国的"相对贫困"问题在欧洲国家中还是比较严

---

① http://news.qq.com/a/20070718/000957.htm.

② 谭诗斌：《收入贫困的界定与测量：贫困理论探讨之三》，http://www.chinaelections.org/PrintNews.asp?NewsID=43302。

重的。处于相对贫困状态的人虽无冻饿之虞，但生活水平和社会地位远低于多数社会成员。根据英国新政策研究所（New Policy Institute）公布的统计数据，2008 年，在 27 个欧盟成员国中，英国贫困人口所占的比重居第 6 位，同期比荷兰高两倍，比德国和法国高 1.5 倍。2008 年，英国政府对于贫困的定义是：无被赡养人的单身成年人周薪少于 112 英镑、夫妻周薪少于 193 英镑；有两个 14 周岁以下被赡养人的单身成年人周薪少于 189 英镑、夫妻少于 270 英镑。上述收入指的是扣除所得税、家庭税（council tax）和住房费用（包括房租、贷款利息、房屋保险和水费）之后的净收入。按照这种标准，2006—2007 年约 1300 万英国人生活在"低收入线"（low-income threshold）以下，占英国人口的 1/5 左右，比 2004—2005 年度增加了 100 万人。对数据的分析表明，生活在贫困线以下的无子女成年人占全部贫困者的 1/3 左右，其中多数为单身；残疾人贫困的比例比正常人高一倍，主要原因是残疾人失业的数量更高。

对于各国政府而言，解决绝对贫困问题是相对容易的，但彻底解决相对贫困问题则非常困难。英国政府的做法是运用政策手段提高最低收入阶层的生活水平，减少他们与其他社会阶层之间的差距。同时，创造各种条件鼓励贫困者通过就业实现自救。用布莱尔的话来说就是，"为能工作的人找到工作，为不能工作的人提供保险"。经过工党政府十几年的努力，英国最贫困阶层的状况有所好转。例如，原来英国依靠养老金生活的老人的贫困率一直高于有工作的人，被学术界称为"养老金贫困"。这种情况与英国养老金制度的缺陷有直接关系。经过大量的制度性微调，目前英国的老龄贫困问题已经有所好转。统计显示，1996—1997 年，英国 29% 靠养老金生活的人身处贫困线以下；2006—2007 年已经减少到 19%。[①]

3. 英国人的阶级观念仍然较强

英国的资产阶级革命是以妥协的方式完成的，因此封建的社会结构和思想观念得到了一定程度的保留。有学者认为，时至今日，在英国"机会平等和身份平等只是法律意义上的，而不是社会学意义上的。门第、社会等级、职业的高低贵贱、上层社会的排他性、对不同职业和出身的人的不同待遇，是已经形成的社会习惯和风气，是牢固的'传统精神'

---

① http：//www. poverty. org. uk/summary/key%20facts. shtml.

的体现"。① 在欧洲国家中，英国人的"阶级观念"一直是比较强的。

按照英国的政治体制，女王仍旧在形式上处于英国社会的顶层，上院议员中还有很多世袭贵族，这些人所属的家族构成了英国的"上等阶级"（Upper class）。他们一般都拥有数量不等的世袭财产，在英国最著名的公学如伊顿（Eton）、哈罗（Harrow）、文切斯特（Winchester）受过寄宿制教育，毕业于牛津和剑桥大学（合称"牛桥"oxbridge）的著名学院。他们有自己相对封闭的社会圈子和关系网，家族之间相互通婚，外人很难进入。即使他们中的很多人家道中落，后代失去了巨额的财产和接受良好教育的机会，只能做收入微薄的普通工作，但是他们的头衔还是可以让多数英国人肃然起敬。

这个贵族阶层下面的是"上等中产阶级"，即传统意义上的资产阶级。他们拥有巨额的财产，在教育背景、生活方式、乃至说话的腔调上都与上等阶级没有差别。他们的子女要么继承大型家族企业，要么做文官、律师、医生、外交官等高等级的"专业人员"，住房水平和收入水平远高于生活平均水平。然后是"中产阶级"，他们一般也上过公学和大学，只是名头要小一些，也从事高等专业工作或企业管理工作，住房和收入高于国民平均水平。然后依次是"下层中产阶级"，他们也都有大学学历，做的是企业高管或白领工作，收入高于平均水平；"上等工人阶级"，没有大学文凭，但做的是技术性或经验性的工作，如监工、领班、管工、电工、细木工、工具制造工、驾校教练等；"工人阶级"的教育程度则普遍较低，从事一些半技术或非技术工种的蓝领职业；"下等工人阶级"则从事低收入的工作，如清洁工、售货员、餐厅招待等，一般为私营小型服务企业所雇用。近年来，在英国社会地位最低的人被称为"低等阶级"（underclass），指的是那些靠政府救济生活的人。②

值得注意的是，英国人的阶级观念是由很复杂的因素构成的，经济状况、职业属性、教育背景、出身门第都可能被考虑在内。如果门第和教育背景不佳，即使从事比较高等的职业、有较高的收入，在阶级地位上就仍然处于较低的等级。这种情况不仅反映在社会评价中，而且反映在具体个

---

① 罗志如、厉以宁：《二十世纪的英国经济："英国病"研究》，人民出版社1982年版，第182页。

② http：//en. wikipedia. org/wiki/Social_ class#British.

人的自我阶级认同中。英国政府发布的 2007 年版《今日英国》中的分析显示，目前英国人的阶级认同（class identity）仍然是比较强的，只有不到 6% 的人表示没有阶级意识。半数左右的受调查者认为，他们的阶级地位没有提高过。尽管自认为属于"中产阶级"的人数有所增加，但仍然有 57% 的人认为自己属于"工人阶级"。这些人中的很大一部分从事的是人们认为的"中产阶级职业"，但是英国人在阶级认同方面似乎更加注重他们"天定"的生长环境，而不是后来自己选择或创造的社会地位，这种思维方式使得 29% 的银行经理人仍然认为他们自己属于"工人阶级"①。

战后以来，英国的阶级意识已经主要是一种社会认同的概念。强烈的阶级意识并不意味着现代英国阶级斗争的激烈程度超过其他发达国家。由于进行"合法斗争"的工联主义传统在英国工人运动中一直处于主流地位，现代英国工人阶级的革命性受到了根本性的削弱。与其他欧洲国家相比，英国人对国家的认同感历来是比较强的。但是，各种社会调查的结果显示，英国人对于社区的认同感却似乎不是很强。据《英国犯罪概览》（British Crime Survey）的数据，1996 年只有 36% 的受访者认为"邻里之间应该互相帮助"，其他人认为多数人都是"各顾各"（mostly go their own way）。社会资本的另外一个重要指标是社会信任（social trust）。《英国社会态度概览》（British Social Attitudes survey）2000 年的数据显示，只有 45% 的受访者认为"多数人是可以信任的"。调查同时显示，从 1974 到 2000 年，英国公众对政治的信任程度不断下降，2001 年只有 59% 的选民参加了议会选举，达到战后的最低水平。同时，人们参与其他社会政治活动的比例却有所增加。1986 年，34% 的受访者说他们参加了一次请愿活动，到 1991 年增加到 53%。2000 年，声称参加请愿活动的人数下降到 42%，但声称参加过各类抗议示威活动的人数却达到 10%，比往年有所增加。②

三 英国阶层之间的利益冲突

在工业社会中，社会各阶层之间冲突最集中的表现是劳资冲突。由于

① BRITAIN TODAY 2007, p. 49.

② http://www.statistics.gov.uk/cci/nugget.asp? id = 286.

单个劳动者很难以个人的身份就工资待遇和劳动环境等问题与雇主抗衡，只有联合起来才能与雇主进行斗争，维护自己的合法权益。因此，劳资冲突又主要表现为工会与雇主之间的冲突。

1. 英国的工会运动

作为最早启动工业化进程的国家，英国也是世界上最早出现工会运动的国家。17 世纪后期，英国已经出现了劳动者自发组织的工会。工会的主要职能是代表职工与雇主进行谈判，为职工争取最合理的工资待遇和劳动条件，而工会对雇主最有力的武器则是罢工。在工会地位和罢工权方面，英国一直没有法律上的明确界定。历史上，1799 年和 1800 年的《结社法》曾将工人和雇主的结社判定为非法，工会组织罢工行动会被追究民事和刑事责任。经过英国工人阶级的艰苦斗争，1906 年英国发布了"劳资纠纷法"（Trade Disputes Act），确认如果工会"对行业纠纷是在深思熟虑或是力促解决的情况下"采取的行动，那么将不会因此而受到法律的追究，从而确立了工会罢工行动的法律豁免权。工会会员由此受到了充分的法律保护，不会因为卷入劳资纠纷而受到特殊处罚。但直到现在，英国仍然没有对于罢工权的明确规定，从原则上讲罢工只是商业合同的一个组成部分。[①]

20 世纪 80 年代以前，英国是欧洲国家中工会运动力量最强大的国家，以至于工会被人们称为"王国的统治集团"（estates of the realm）[②]。与其他欧洲国家相比，英国的工会比较分散，全国性工会联合会（TUC）没有约束会员工会行动的权力。因此，英国各地各行业的罢工很多。1978 年的一次民意调查显示，82% 的英国成年人都认为工会的权力太大了。[③] 1979 年撒切尔夫人领导的保守党政府上台后，对《就业法》和《工会法》进行了一系列改革，严格限制工会的权力，对英国的工会运动造成了沉重的打击。与此同时，在工会运动基础上产生的工党也主动地与工会"划清界限"。在布莱尔领导的"新工党"看来，"工会的意见当然应该被听取，雇主们的意见也是一样。但是无论哪一方都不能左右工党

① 约里斯·范·鲁塞弗尔达特等：《欧洲劳资关系：传统与转变》，世界知识出版社 2000 年版，第 60 页。

② Peter Dorey, *Developments in British Public Policy*, Sage Publications, 2005, p. 133.

③ 前揭《欧洲劳资关系：传统与转变》，第 57 页。

及其政策"。①由于英国的工会被两大主要政党同时打压和抛弃，20 世纪
80 年代已经有作者认为，"一直被看作这个国家三个台柱之一的工会，现
在被当成盲肠了"。在这样的双重打击下，英国工会的力量急剧衰落，职
工入会率和罢工率迅速下降。②近年来，这种趋势愈演愈烈。1980 年，英
国工会的入会率曾经达到 53.6%，到 1993 年就下降到 37.6%，2006 年进
一步下降到 28.4%，已经与 1930 年的水平相当。目前，英国工会入会率
最高的是北爱尔兰地区，为 39.7%，最低的是英格兰地区，仅为 27%。
由于英格兰是英国的主要工业区，所以从趋势上看英国工会的入会率在未
来还可能进一步下降。与此同时，英国的罢工率也急剧下降。2004 年，
英国在 26 个向经合组织提供资料的国家中，罢工数量居第 19 位；而在
2003 年还是居 21 个国家中的第 11 位。1994 年以来，除 1996 年和 2002
年两年外，英国的罢工数量都低于欧盟的平均值。③

　　2. 英国的集体谈判制度

　　集体谈判（Collective Bargaining）是当代西方国家在劳动关系领域中
普遍承认的制度，其目的在于规定劳动条件、规范劳动关系。历史上，集
体谈判制度起源于英国。英国早期工会的主要职能就是代表工人就工资和
雇佣条件等问题与雇主进行谈判，谈判后雇主不必再与每个雇员签订劳动
合同，只要签订一份集体协议（Collective Agreement）就可以了。由于这
种做法对雇主来说也有好处，所以到 18 世纪末英国很多行业都已经出现
了企业工会与雇主签订的集体协议，成为世界上出现得最早的劳资集体协
议。与其他欧洲国家相比，英国在集体谈判制度方面最主要的特点是
"劳资关系中根深蒂固的自愿主义传统"。英国的集体谈判制度一直奉行
"当事人自治"的原则，国家立法只居于次要的和补充的地位，同时"国
家不参与在私营企业中的集体谈判过程"。④

　　因此，虽然集体谈判在英国劳资关系中居于重要地位，但集体协议的
法律效力却不同于其他国家。英国法对团体协议没有直接的立法规定，通
常认为可适用于合同法的一般原则。但依照判例和学理，工会与雇主签订

　　①　托尼·布莱尔：《新英国：我对一个年轻国家的展望》，世界知识出版社 1998 年版，第
160 页。

　　②　安东尼·桑普森：《最新英国剖析》，中国社会科学出版社 1988 年版，第 86 页。

　　③　http：//www. statistics. gov. uk/cci/article. asp? id =1473.

　　④　前揭《欧洲劳资关系：传统与转变》，第 51 页。

的团体协议又并非合同，因此对双方都不具有法律上的拘束力，不能请求法院强制执行。当然，多数劳资协议在实践中都是得到双方遵守的。但这种规定还是为历史上英国大量的劳资冲突埋下了伏笔。20 世纪 80 年代以来，集体谈判方式在英国开始受到右派的指责，认为其"破坏性"太大，因集体谈判破裂而导致的罢工过于频繁，从而削弱了英国经济的国际竞争力。还有人认为集体谈判有碍于职工个人行使权利，并使得雇主雇员的关系复杂化。① 著名新自由主义经济学家哈耶克就曾经明确表示，"如果不解决工会所具有的特权，就没有办法解救英国"②。布莱尔也多次大谈职工的个人权利问题，认为在劳动力市场改革的过程中必须"强化个人力量"，同时要求"工会必须积极营造工作中合作的气氛。这将有助于英国成为更加成功，更具竞争力的经济实体"。③ 因此，在工党 1997 年上台执政后，英国各类企业的集体协议数量仍然延续了撒切尔时代的下降趋势。（见表 1—9）当然，即使如此，集体协议仍然是目前约束英国劳资关系的主要工具。同时，由于英国有着健全的劳动法制度，因此并不存在企业雇主肆意侵害职工合法权益的现象。

表 1—9　　　　1998—2001 年英国集体协议数量变化（%）

	1998 年	1999 年	2000 年	2001 年
无集体协议	36.99	36.88	37.27	38.40
有集体协议	63.01	63.12	62.24	61.60
工资评议机构（Pay review bodies）	23.30	23.96	24.62	24.48
国家或行业（industry）级协议	2.89	2.55	2.91	2.82
区级（district）协议	0.24	0.24	0.31	0.35
公司协议	34.24	33.98	32.24	31.04
机构（Establishment）协议	1.13	1.20	1.42	1.50
由区级或机构协议补充的国家或行业协议	1.22	1.19	1.23	1.41
工人数量	157380	157098	151683	153443
工作数量	160129	158140	155285	157087

资料来源：http：//www.statistics.gov.uk/articles/economic_ trends/ET612Pereira.pdf。

① http：//www.calss.net.cn/n1196/n554247/n555047/1208007.html.
② 前揭《欧洲劳资关系：传统与转变》，第 60 页。
③ 前揭《新英国：我对一个年轻国家的展望》，第 160 页。

第四节　英国的社会发展与自然环境的关系

一　英国社会发展与生态和谐的政策与实践

英国是世界上最早提出环境保护概念的国家之一，最早的环境立法可以追溯到工业革命时期。1821 年英国发布的关于蒸汽机和火车头的法律就包含了防治大气污染的规定，1847 年的《自来水厂供水法》包含了关于保护水质的规定，1848 年制定了《公共卫生法》，1863 年制定了《制碱法》，1876 年颁布了《河流污染防治法》。但是总的看来，作为工业化的先发国家，英国在环境保护方面走的是先污染后治理的路子。当代英国人的环保意识很强，可能与他们遭受工业污染严重侵害的历史经验有关。在这方面，泰晤士河的污染与治理是一个突出的例子。18 世纪末期，泰晤士河两岸建立了大量工厂，19 世纪时河水开始受到严重污染。到 20 世纪 50 年代末，泰晤士河河水的含氧量已经接近于零，除少数鳝鱼存活外已无其他鱼类生存。据统计，从 1849 年到 1954 年，泰晤士河滨河区约有 2.5 万人因霍乱而死亡。1964 年开始，英国政府开始大力治理泰晤士河，建造 453 座污水处理厂，每天处理 9.44 亿加仑污水。这样，到 1979 年泰晤士河已经基本变清，河水里已经有 104 种鱼类。[1] 另外一个突出的例子是伦敦空气的污染与治理。由于伦敦属于温带海洋性气候，空气湿度大，本来就容易产生雾气。19 世纪中后期，伦敦的工业污染迅速增加，加上居民普遍烧煤取暖做饭，使得伦敦在无风的季节里经常漂浮着一种烟尘与雾混合而成的黄黑色的浓雾，每年的雾日长达 90 天左右。1952 年，伦敦大气中尘粒浓度高达 4.46 毫克/立方米，达到平时的 10 倍，二氧化硫浓度高达 1.34×10^6 毫克/立方米，是平时的 6 倍。很多人因此患上呼吸系统疾病，很多人因此而死亡，成为人类环境史上的一场劫难。[2] 1956 年，英国政府首次颁布"清洁空气法案"，决定大规模改造城市居民的传统炉灶、减少煤炭用量；冬季采取集中供暖；在城市里设立无烟区，区内禁止使用产生烟雾的燃料；发电厂和重工业设施被迁到郊区。1968 年又颁布了一项法案，要求工业企业建造高大的烟囱，加强疏散大气污染物。1974

---

[1]　http：//www.cr20g.com/Article_ Show.asp? ArticleID = 9266.

[2]　http：//www.cqep.org/News_ View.asp? NewsID = 5077.

年出台"空气污染控制法案"，规定工业燃料里的含硫上限。这些措施有效地减少了烧煤产生的烟尘和二氧化硫污染。到 1975 年，伦敦的雾日已经减少到了 15 天，1980 年进一步降到 5 天。①

　　20 世纪 60 年代以后，英国议会颁布或修订了很多环境保护方面的法律法规，其中包括《清洁河流法》（1960 年）、《水资源法》（1963 年）、《清洁大气法》（1968 年）、《噪声控制法》（1960 年）、《核设施安装法》（1965 年）、《森林法》（1967 年）、《乡村法》（1968 年）、《农业法》（1970 年）、《油污染控制法》（1971 年）、《天然气法》（1972 年）、《水法》（1973 年）和《海洋倾废法》（1974 年）等。1974 年，英国颁布了《污染控制法》，使英国环境保护及环境立法进入了一个新的阶段。20 世纪 80 年代以后，英国继续加强环境立法，先后颁布或修订了《天然气法》（1980 年）、《公路法》（1980 年）、《野生生物及乡村法》（1981 年）、《能源保护法》（1982 年）、《建筑物法》（1984 年）、《食品与环境保护法》（1980 年）、《城镇与国家规划法》（1985 年修正案）、《水法》（1983 年修正案）和《野生生物及乡村法》（1985 年修正案）等法律法规。此外，1982 年颁布的《刑法》增加了对危害环境的犯罪行为实行刑事制裁的规定。②

　　与此同时，英国公众保护环境的意识得到了很大的提高。根据布莱尔在一次演讲中援引的数据，英国有 2/3 以上的人使用回收再利用或不伤害臭氧层的产品；皇家保护鸟类协会拥有 80 多万名会员。因此，英国政府主要的职能不是唤醒民众的环保意识，而是通过系统的政策与实践建立一种社会发展与生态保护之间的和谐关系。用布莱尔的话说，在英国"重要的不是在一个国家里时不时地赶起环保的时髦，也不是掀起'绿色政治'的热潮。重要的是要培养这样一种理念，即环境是建设稳定的人类社会的一块基石"，当务之急是"探索能促使经济效益、社会公正和环境保护齐头并进的激励政策"。③

　　与多数国家一样，英国保护环境的主要政策与实践是通过政府的强制命令来减少污染，例如通过设立环境标准、推广某一种低污染环境技术的

---

①　http：//www. gdepb. gov. cn/hbxw/200412/t20041210_ 14483. html.

②　http：//baike. baidu. com/view/1672336. htm.

③　前揭《新英国：我对一个年轻国家的展望》，第 260—267 页。

应用等。在英国，环境违法行为与犯罪可以被处以无限度的罚款，最高两年的有期徒刑和相应的民事赔偿。英国环境保护法的执行主体由三层构成：最高一层是部级的国家环保总局（Enviromental Agency），主要处理IPPC（综合污染预防和控制），垃圾处理，水污染和大气污染的问题。第二层是地方政府，主要职责是管理地方大气污染，地方性环境卫生噪声尘土问题和地方生活垃圾的处理。第三层是自来水公司，主要处理对下水道系统的排放的问题。按照英国法律的规定，一切对下水道系统排放任何已知污染物的行为都是环境违法行为和环境犯罪。[①]

这种行政主导的方式在很长一段时间里对英国环境质量的提高作出了重大贡献，但是在实践中也暴露出一些局限性。由于行政命令是由管理者设定一个或多个环境标准为基础，通过行政许可的形式强加于被管理者，如公司、个人等，以明确哪些行为是可以实施的，任何没有获得许可的行为都有可能受到行政处罚。有学者认为，用这种"末端控制"的措施控制污染，有忽略环境保护整体性的可能性。英国政府似乎也意识到了这个问题，1990年《环境保护法》第一章中确立了"污染整体控制"（IPC）的概念，使得英国的环境保护在理念上完成了从传统的"污染危害被动控制原则"到"以预防为主原则"的重大转变。IPC致力于寻求"最可行的环境保护选择"（BPEO）和要求"不至于产生过多成本的最佳可利用技术"（BATNEEC）。IPC最基本的特征是它不仅对某一流程可以排放到现有环境中的污染物种类做了规定，而且对生产流程本身也做了规定。该特征因此意味着英国政府在环境保护方面的控制手段从单纯针对现有环境的污染后果转移到对污染原因的关注。[②]

同时，英国政府在环境保护方面还更多地使用了"经济激励机制"，通过诸如污染收费、征税、补助以及建立在产权法和污染者付费原则上的许可交易等刺激机制，鼓励那些有利于保护环境的行为。这种做法在英国的起源可以追溯到1909年劳合·乔治（Loyd George）政府把环境税加入汽油价格中的做法。但后来此类做法没有延续下来。在环境保护方面，英国政府长期以来似乎更加倾向于使用行政立法的手段。直到1972年，英

---

① http://www.tianya.cn/new/TechForum/Content.asp?iditem=157&idArticle=520682.

② 吕晨光、周珂：《英国环境保护命令控制与经济激励的综合运用》，《法学杂志》2004年第6期。http://www.eduzhai.net/lunwen/64/871/lunwen_309921.html。

国皇家环境污染委员会还声称："我们并不认为环境收费系统比（法律）许可系统更行之有效……如果采用适当的政策，（许可系统）就能保证良好的环境效益……收费系统的运行管理需要专业人士……而我们不认为现阶段存在这样的专业人士……政府应该立即对采用市场手段的个案进行调查；但我们并不完全相信这些调查结果已经能够充分显示从许可制度向市场手段为主的转变在环境污染控制上具有可行的正确性。"[1] 但是，20 世纪 90 年代以后，英国政府逐渐转变了态度，在环境保护方面引入了很多经济激励机制，如 1993 年实行的国内燃料消费税、1996 年实施的垃圾税、2001 年的"气候变化征税"、2002 年"排放物交易方案"等。

在布莱尔工党政府执政的十几年间，环境保护被提到了前所未有的高度。不仅在国内决策中把环境保护放在核心位置，而且决心在国际社会中发挥"领导作用"。"任何国家都不能免受全球气候变化的影响。同样，污染不受国界的限制。我们必须在全球范围内采取共同行动。"[2] 2009 年 3 月，英国《气候变化法》（Climate Change Act）正式颁布实施，使英国成为世界上首个将温室气体减排目标写进法律的国家。按照该法律，英国本届及下届政府必须致力于削减二氧化碳以及其他温室气体的排放，到 2050 年达到减排 80% 的目标。为了实现减排目标，该法规定要通过制定 5 年一次的"碳预算"，使投资者和政策制定者有明确的目标和方向。政府将成立一个独立机构——气候变化委员会，负责研究减排目标落实情况，向政府提供独立的专家建议和指导。政府则每 5 年至少向议会提交一份报告，说明气候变化的现实影响和未来影响，及计划如何达到排放标准。

二　自然环境与可持续发展的综合策略

可持续发展的概念是 1987 年世界环境与发展委员会报告中正式提出的，其核心内容是强调社会和经济的发展必须以环境提供资源、自我更新和吸纳人类活动影响的能力为度，这种发展应该能够"满足这一代人的需求，而不牺牲未来几代人满足他们自身需求的能力"。[3] 可持续发展的概念提出后，英国在 1992 年联合国环境与发展大会上作出了相关承诺，

---

[1]　吕晨光、周珂：《英国环境保护命令控制与经济激励的综合运用》，《法学杂志》2004 年第 6 期。http://www.eduzhai.net/lunwen/64/871/lunwen_309921.html.

[2]　前揭《新英国：我对一个年轻国家的展望》，第 266 页。

[3]　同上书，第 265 页。

由中央政府环境部于 1994 年制定了首个英国可持续发展战略——《可持续发展：英国的战略选择》。在这个长达 260 页的报告中，对当代英国的环境和经济问题分领域进行了审视，并明确地阐述了政府对可持续发展的认识与理解。报告指出，大多数社会都渴望得到经济发展以保证提高他们自己和后代的生活水平，同时也追求保护和改善他们现在及子孙后代的环境。协调这两个目标是可持续发展的核心。用布莱尔的话说，可持续发展首先意味着一种观念上的转变："人们有一种倾向，把环保视作牺牲……把环境和就业、竞争力和社会最贫困阶层看作是彼此对立的。"因此，未来实现可持续发展，必须制定全面的规划，在经济发展、社会公正和环境保护之间实现和谐，才能在实践中真正得到贯彻执行。"只有当人们相信他们的生活得到保护的时候，人们才会保护环境。"①

以这种思想为指导，英国在制定国家可持续发展战略的时候设立了一个完整的指标体系。在综合考虑经合组织、联合国可持续发展委员会、世界银行、欧洲联盟及欧洲环境署等国际组织思路的基础上，英国结合自身可持续发展的关键问题提出了本国的指标框架。这一框架远远超出了环境保护的范畴，建立了一个把经济社会活动与环境影响联系在一起的综合体系。在当今的国际社会中，明确拒绝可持续发展理念的国家应该是没有的，但不少国家基本上还是停留在口头上，使其成为脱离经济与社会发展的空洞的口号。在这方面，英国的可持续发展指标体系应该说是在国际社会中建立了一个良好的范例。

1996 年 3 月，英国环境、交通和区域部（DETR）公布了首个本国可持续发展指标体系，按照压力—状态—响应（PSR）的模式分成了 120 个指标。该指标体系以可持续发展目标为基础，采取目标分解的方式设计，是国际社会中第一个将对可持续发展概念从定性落实到定量的尝试。当然，这套指标体系也存在一些问题，例如初级指标过多，没有复合指标，社会方面的指标严重缺乏等。② 2005 年 3 月，英国政府发布了题为"保障未来"（Securing the Future）的新的国家可持续发展战略，将指标合并为68 个，修正了原有指标体系存在的缺陷。③ 新的英国可持续发展指标体系

---

①　前揭《新英国：我对一个年轻国家的展望》，第 268 页。

②　颜廷武：《可持续发展战略的国际比较与借鉴》，http://www.66wen.com/02jjx/jingjixue/jingjixue/06919/39672.html。

③　http://www.defra.gov.uk/sustainable/government/.

的内容分为温室气体排放、发电、二氧化碳与其他排放、资源使用、废品、自然资源、语境指标（Contextual indicators）、社会、教育、健康、流动性与通路（Mobility and access）、社会公正与环境性平等（Environmental equality）、国际和善存（Wellbeing）等14个大类，每类下设数量不等的具体指标。"温室气体排放"下设"温室气体排放"、"由终端用户造成的二氧化碳排放"、"航空与海运排放"等3个指标；"发电"下设"可再生能源"和"发电"两个指标；"二氧化碳与其他排放"下设"家庭能源使用"、"公路运输"、"私家车"、"公路货运"、"制造业部门"、"服务业部门"和"公共部门"等7个指标；"资源使用"下设"资源使用"、"能源供应"、"水资源使用"和"国内水消费"等4个指标；"垃圾"下设"垃圾"和"家庭人均垃圾"两个指标；"自然资源"下设"鸟类数量"、"生物多样性保护"、"农业部门"、"农场与环境管理工作"、"土地使用"、"土地再利用"、"居住密度"、"鱼类"、"空气污染的生态影响"、"污染物排放"、"河流质量"、"洪水"等12个指标；"语境指标"下设"经济产出"、"生产率"、"投资"、"人口"、"家庭与居住"等5个指标；"社会"下设"积极的社区参与"、"犯罪"、"对于犯罪的恐惧"等3个指标；"就业与贫困"下设"就业"、"失业家庭"、"经济上失去活力（inactive）"、"儿童贫困"、"青年人"、"养老金条款"等6个指标；"教育"下设"教育"和"可持续发展教育"两个指标；"健康"下设"健康不平等"、"健康生命预期"、"死亡率"、"吸烟"、"儿童肥胖症"、"节食"等6个指标；"流动性与通路"下设"流动性"、"入校学习"、"（服务）可达性（Accessibility）"、"交通事故"等4个指标；"社会公正与环境性平等"下设"社会公正"、"环境性平等"、"空气质量与健康"、"住房条件"、"燃料匮乏的家庭"、"无家可归者"、"地方环境质量"和"地方区域满意度（Satisfaction）"等8个指标；"国际"下设"英国国际援助"一个指标；"善存"下设"善存"一个指标。①

　　这个指标体系最显著的特点全面性和可操作性，它把"可持续发展"具体化为一个覆盖经济发展与社会生活各个领域的目标体系，其中每一个目标都是可以量化的，使得所有公民都可以对国家在可持续发展方面存在的问题和取得的进展一目了然。在这个体系的指导下，可持续发展不再是

---

① http：//www. defra. gov. uk/sustainable/government/progress/national/index. htm.

某个政府部门的专门事务，而是每个部委都要用来指导决策和确定政策优先领域的基本准则。这样就减少了各部门决策之间出现矛盾的可能性。同时，为了更加有效地落实可持续发展战略，英国政府还专门成立了一个独立的"可持续发展委员会"（SDC），负责向中央政府首相、苏格兰和威尔士政府的首席大臣以及北爱尔兰的正副首席大臣报告相关事务。虽然该委员会只是一个顾问机构，但是它在英国的可持续战略框架中却处于很重要的地位。因为它主要负责可持续发展战略方面的监督工作，可以将各部的决策及其落实情况直接报告给政府首脑并提出相关建议。由于该委员会全面掌握可持续发展战略的框架与进展情况，各个政府部门都愿意与其进行沟通和咨询，以合理制定本部门的落实措施。但是，该委员会并不是一个凌驾于各部之上的行政性可持续发展监管机构，而首先是一个在公司注册处（Companies House）正式注册的公司，同时又是一个行政性非政府部门公共体（executive non-departmental body）。委员会的规模也受到严格的限制，现由来自学术、商业、科学机构和非政府组织的18名委员组成，另有46名工作人员负责具体事务。委员会的资金主要通过对政府部委提供咨询服务获得，来源包括环境部、食品与农村部、苏格兰政府、威尔士议会政府、商业部、企业和法规改革部、世界自然基金会英国分会（WWF-UK）、北爱首席大臣和副首席大臣办公室、社区与地方政府部、儿童、学校与家庭部和保健部等。[1] 这样，英国政府就以最小的开支解决了可持续发展战略的部级监督问题，既没有把权力集中在一个政府部门，也避免了建立超级机构的行政负担。这种做法，值得多数国家在落实可持续发展战略时学习借鉴。

第五节　英国社会发展与社会稳定的政策取向

一　社会保障制度的形成与完善

1. 英国社会保障制度的形成

英国是世界上最早建立社会保障制度的国家之一，19世纪初就已经开始进行社会立法；经过20世纪初劳合·乔治自由党政府的社会改革和两次世界大战之间的制度建设，英国在"二战"以前就已经建立了社会

---

[1]　http：//www.sd-commission.org.uk/pages/about-us.html.

保障制度的基本框架。"二战"结束后，英国在《贝弗里奇报告》的指导下，建成了比较全面的福利国家制度。但是，随着经济的持续衰落，英国的福利国家制度从 20 世纪 70 年代开始面临严重的危机。20 世纪 80 年代，以撒切尔夫人为首的保守党政府对其进行了较大的调整，使英国的福利国家制度发生了重大的转型。90 年代后期，工党上台执政，但是英国福利国家改革的基本方向并没有改变。总的看来，和多数西欧国家相比，英国的福利国家制度已经发生了比较大的变化。

1906 年，英国自由党在工会和工党的支持下战胜保守党上台执政，开始进行全面的社会改革。首先，使用立法手段统一原来分散的社会保障制度，建立社会保险体系。1908 年通过了《养老金法》，规定国家为年满70 岁、年收入低于 21 英镑的老年人提供每周 5 先令的养老金；1909 年通过《劳工介绍法》，建立劳工职业介绍所；1911 年颁布了第一个全国性的强制性《失业保险法》，但保险范围仅限于建筑、造船、铸铁等 7 个就业状况不佳的行业。其次，开始建立社会福利制度。1906 年颁布《教育法》，规定学校应为贫困家庭儿童提供免费膳食；1908 年的《儿童法》强调在全社会禁止虐待儿童和少年；在卫生保健方面，规定所有工资收入者都应参加医疗保险，在指定医院免费就医。在改革的过程中，自由党政府以增加烟、酒、汽车、汽油税收的办法来获得实行上述立法所需要的资金，以国家财政手段保证社会保障制度的建立与实行。①

"二战"期间，英国政府一直用战后建立福利国家的允诺来鼓舞人民的斗志。1942 年，伦敦经济学院院长贝弗里奇受政府委托发表了题为《社会保险及其有关服务》的报告，确定了战后英国社会保障制度建设的基本原则，对其他西欧国家也产生了深远的影响。概括地说，《贝弗里奇报告》中主要强调了三条原则：其一，"最低原则"，即社会保障制度的目的是保证全体社会成员的生活水平不低于"维持生存所需要的最低限度"，"国家所组织的社会保险和社会救济的目的在于保证以劳动为条件获得维持生存的基本收入"；其二，"普遍和全面原则"，即社会保障制度应顾及全体社会成员生活的各个方面，也就是"每一个人"，"从摇篮到坟墓"都应该受到社会保障制度的基本保护；其三，"个人责任原则"，强调社会保障制度不是免费午餐，"不是一个毫无交换条件和随随便便地

---

① 李琼主编：《西欧社会保障制度》，中国社会科学出版社 1989 年版，第 187 页。

给人提供好处的计划，也不是通过提供好处使受益者从此可以卸去个人责任的计划，而是一个以劳动和捐款为条件，保障人们维持生存所必需的收入，以便他们可以劳动和继续保持劳动能力的计划"。

"二战"结束之后，英国政府立即着手进行福利国家建设。首先，建立了完善的社会保障体系；1946 年，英国颁布了《国民保险法》和《国民医疗保健法》，1948 年颁布了《国民救济法》，这三部法律的实行标志着英国已经建成了现代社会保障制度；保险覆盖面已经遍及全体公民，保险项目已经达到了"从摇篮到坟墓"的水平。从机制上看，战后英国的社会保障制度与战前有着重大的区别。一方面，1944 年英国建立了国民保险部，实现了对社会保险项目的统一设计、统一实施，改变了原来分散杂乱的局面；这说明英国政府已经把社会保障事务作为自己最主要的日常工作之一，最终确立了"福利"与"国家"之间的联结关系。另一方面，"二战"前分散的社会保障项目主要立足于防止少数社会成员因贫困而陷入绝境；而战后社会保障制度则立足于为全体社会成员提供普遍的生活保障，为现代集约化社会大生产的劳动力再生产提供保障。这就是说，英国的社会保障制度已经成为其经济体制的组成部分，发生了质的变化。

社会保障制度是现代福利国家的核心，战后英国的社会保障制度在体制上与欧洲大陆国家有很大的区别，被人们称为"盎格鲁—撒克逊模式"。从总体上看，这种模式更加强调社会保障的普遍性，国家在社会再分配方面承担了更大的责任。战后英国的社会保障制度是在英国经济逐步走向衰落的背景下发展起来的，人们普遍认为它们相互之间有着一定的因果联系。对英国社会保障制度的特点和"英国病"之间的关系进行深入探讨，将有助于加深对 20 世纪 80 年代以后英国福利国家制度改革的理解。

2. 英国社会保障制度的基本结构

战后英国的社会保障制度主要是由社会保险制度、国民医疗保健制度、社会补助制度和社会救济制度组成的。强制性的社会保险制度是社会保障制度的核心部分，包括退休年金、失业津贴、疾病津贴、产妇津贴、寡妇津贴、工伤与伤残津贴、战争抚恤金等项目。享受社会保险的前提是交纳社会保险税，国家另外向雇主收取雇员的社会保险税与投保人捐税共同组成"国家保险基金"，开支不足部分由政府拨款。不同项目的保险金发放采取不同的标准，有的与捐税额挂钩，有的则一视同仁。国民医疗保健制度规定，凡居住在英国的人都可以免费（或缴纳很少费用）到国民保健系统的医疗机构就医，英国绝大部分医院都加入了这一系统。国民医疗保健制度的开支主要由英国财政部负担。社会补助制度主要包括家庭收益、住房津贴、疾病看护补助等项目，社会补助不需要捐款，只要符合补助的条件就可以向有关当局申请补助；补助的数量基本采取统一标准。社会救济制度主要面向特殊群体的特殊困难，不需要缴纳捐税，但领取救济的人需要经过严格的资格审查。社会补助和社会救济主要由国家税收支付，它既面向人们生活中的偶然性事件，对遇到特殊困难的人提供帮助；也可以作为保障贫困者基本生活水平的一种手段，在社会保险制度之外提供另外一张安全网。英国社会保障制度的这种基本结构在"二战"结束时就建立起来了，此后虽然几经调整，但基本框架并没有发生过变化。

英国社会保障制度的资金来源主要有四种渠道：个人缴纳的社会保险税、雇主为雇员缴纳的社会保险税、国民保险基金的投资收益、国家的财政拨款。公民根据各自的职业和收入状况缴纳社会保险税。雇主缴费的数量取决于雇员的工资：雇员需要缴纳本人工资的 11% 作为社会保险税，雇主需要缴纳该雇员工资 97 英镑以上部分的 12.8% 作为保险税。自雇者缴纳年收入 4465 英镑以上者每周交 2.75 英镑。年收入 5035—33540 英镑者缴收入的 8%，33540 英镑以上者另交 1%。缴纳此类型保险税的人不能享受失业和工伤保险。除国家基本养老金之外，英国还有与个人缴费挂钩的国家第二养老金。按照目前规定，男 65 岁女 60 岁以上，依据个人捐税额（年计税工资 2006 年 4 月为 4368—33540 镑），按平均收入指数分别计算第二养老金的数量。公共部门就业人员由各部另行安排。从目前情况看来，社会保险税和保险基金收益是英国社会保障开支的主要来源，其余部分由政府财政预算拨款。

在管理方面，英国实行彻底的"行政主导"方式，提供全民免费医疗的"国民保健制度"（NHS）由中央政府的"保健部"（DH）协调管理，其余社保工作由"工作与年金部"（DWP）主管，社保资金由"女王岁入与关税总署"（HMRC）负责征收和发放。在具体主管部门方面，英格兰、苏格兰、威尔士和北爱尔兰地区的情况不同。北爱尔兰在社保方面实行全面自治，北爱政府的保健部（HSSSPSNI）和社会发展部（DSD）分别负责管理区域内的国民保健制度和社会保险事务。苏格兰和威尔士在国民保健制度方面实行自治，分别由苏格兰政府的保健部（DHS）、威尔士政府的保健与社会服务部（DHSS）主管。中央政府的工作与年金部负责管理英格兰、苏格兰和威尔士地区的国民养老保险、医疗保险（病假工资和相关待遇）、工伤保险、失业保险、社会福利和社会援助项目，建立了全面覆盖上述地区的庞大的服务网络。在这些领域中，工作与年金部与苏格兰、威尔士地方政府是伙伴关系，但后者基本不介入具体的社保行政事务。作为附加养老保险组成部分的"公共职业年金"，如公务员年金、警察年金、教师年金、消防员年金和地方政府雇员年金等，由中央政府相关部委对口管理英格兰和威尔士地区事务，苏格兰和北爱尔兰的相关事务则由其地方政府管理。

由于历史较长、规模较大，英国的社会保障项目错综复杂、代理机构数量很多，且频繁调整、改革，非专业人员很难自行妥善处理相关事务。因此，英国政府近年来对建立方便公众的社保行政体系给予了高度重视。

第一，建立了很多"客户友善型"的社保服务网站，供人们浏览查阅，了解相关项目信息、下载申请表格、联系代理机构，有些项目可在网上直接办理。

第二，建立了全国统一的社保服务电话，客户仅须陈述自己的情况，由接待人员提供项目信息，进而转接到客户所在地的代理机构安排面谈。

第三，企业雇主、社区服务机构等基层社保行为者均可通过网络、电话或面谈了解自己的权利和义务，减少了他们在这方面的行政成本。在英国的社保管理机构中，工作与年金部的业务量最大，其年金服务局负责国民养老保险事务，就业中心（Jobcenter Plus）负责管理医疗保险、工伤保险、失业保险等事务，儿童支持署（Child Support Agency）负责管理儿童福利和相关社会援助工作，残疾人与护理者服务局（Disability and Carers Service）负责管理针对残疾人的社会援助项目。由于工作与年金部在英格兰、苏格兰、威尔士建有为数众多的代理机构，因此其他社会福利和社会援助项目也由它们来进行审批管理。

3. 英国社会保障制度的基本特点

与欧洲大陆国家比较起来，战后英国的社会保障制度在体制设计上更加强调普遍性，社会保障的覆盖面比较宽，但是保障水平远低于欧洲大陆国家和北欧各国；在资金结构上，国家的公共开支比重较大、雇主也须缴纳较高的社会保险费，而投保人缴纳的社会保险税则远低于欧洲大陆国家。在采用"盎格鲁—撒克逊模式"的国家中，英国的社会保障制度又比较强调"个人责任"，但保障水平却比其他国家低得多，仅限于满足居民最基本的生活需要。这种特点是由英国的文化传统和发展历程决定的，给英国的福利国家制度带来了一些很麻烦的问题。

首先，普遍性原则是战后英国社会保障制度建设的基本准则。1946年的《国民保险法》规定：凡受完中等教育（16岁），已经就业，而又没有达到退休年龄（男65岁，女60岁）的公民，都必须缴费参加国民保险；参加了保险就可以享受到养老、伤残、失业、疾病以及其他各项津贴。同年通过的《国民医疗保健法》规定：凡在英国居住的人，不需要取得保险资格，一律可以享受到免费的医疗服务。1957年以后，英国的医疗保健开始少量收费，但是基本上还是属于免费的性质。对于极少数没有参加强制性社会保险的人，英国使用各种"无捐"收益制度及社会救济制度加以补救。这样，英国基本上实现了全体社会成员享受社会保障收益的目标。在一定意义上，《贝弗里奇报告》提出的这种普遍性原则在战后已经被多数西欧国家所接受，变成了一种共同准则。那么，英国社会保障制度区别于其他西欧国家的主要特点就是它更加彻底地贯彻了"最低原则"和"个人责任原则"。

其次，英国社会保障制度使用"低入低出"的方法来贯彻"最低原则"，即社会保障收益只用于维持基本生活，不能成为人们收入的主要组成部分。从历史上看，英国的社会福利收入占人均总收入的比重一直低于15%，远远低于法国（45%）、德国（40%）及瑞典（20%）等国，在西欧国家中是最低的。[1] 最后，英国的社会保障制度更加强调"个人责任"。这条原则与英国社会保障制度实行的"最低原则"有直接的关系，因为社会保障收益不足以保证生活水平，人们自然需要更多地依靠自己的力量。据统计，英国的私人消费开支在总消费开支中所占的比例，在欧洲国家中一直居于中等偏上的水平，高于德国和瑞典；而在"可支配收入"的储蓄率方面，英国一直是最低的，只有德国和法国的一半左右，为瑞典的2/3。换句话说，英国人在日常生活中已经承担了更多的"个人责任"。另一方面，在实行"盎格鲁—撒克逊模式"的国家中，英国的社会保障制度比较强调投保人收益与贡献挂钩。英国的社会保障收益是严格地与捐款次数挂钩的：投保人至少需要缴纳156次捐款，才有权享受基本退休年

---

[1] 数据参见欧盟委员会编："Social Protection in Member States of European Union: Situation on 1 January 1998 and evolution"，欧共体官方出版局1999年版。

金；至少缴纳 26 次捐款，才有权享受疾病和失业津贴。而瑞典只要求投保人在瑞典居住 5 年以上，就可以领取基本老年人年金，挪威、芬兰、丹麦等国也要比英国更加"平均主义"。

英国的社会保障制度之所以形成这种"低出低入"的体制，而且比较强调"个人责任"是有其原因的：一方面，从文化上看，英国是资本主义制度的发源地，其社会价值观念历来比较推崇"个人自由"；从 1600 年英国实行"济贫法"开始，社会保障就一直被多数人视为一种补救社会弊病的措施。应该说，《贝弗里奇报告》中提出的"最低原则"在英国是被人们广泛接受的。另一方面，从历史上看，英国的社会保险体制是在工业化的推动下，"自下而上"地逐步建立起来的。19 世纪晚期之后，英国的政治逐渐实现民主化，公民的选举权不断扩大；在人民的强大压力下，英国的统治者不得不作出让步，逐渐建立了一些社会保险制度。这样，英国的社会保障制度从开始就具有阶级间相互妥协让步的色彩，所以标准不可能很高。另外，由于社会保障收益的"低入"是与社会保险税的"低出"相互联系的，所以英国的工人阶级也可以接受这种"低出低入"的体制。相比之下，以德国为代表的"欧洲大陆模式"则与英国的情况有着重大的不同；他们的社会保障体制基本上是"自上而下"地建立起来的，从开始就具有稳定工人阶级队伍，维护统治阶级利益的目的。所以，他们的社会保障制度并不限于补救社会弊病，而是兼及职业福利的功能，因而最终建立了与英国相反的"高出高入"的体制。

英国社会保障制度的基本特点带来了不少问题：

第一，由于社会保障收益太低，英国社会保障制度无法有效地解决社会上的贫困问题。据估计，英国目前生活在官方公布的贫困线以下和略高于贫困线的"贫困人口"接近 1700 万，约占其总人口的 30%；远高于德国、瑞典、挪威等国。在英国，单纯依靠养老金生活的老年人和依靠失业津贴生活的失业者，都生活在贫困线以下。

第二，虽然英国的社会保障支出水平不高，但由于社会保障税也比较低，所以其社会保障制度仍然面临财政困难，同样遇到了"福利国家"的危机与困境。英国社会保障制度的财政来源基本上是国家负担四成、雇员和雇主分担六成。这样，英国政府需要为社会福利支付费用的比重就要超过大多数西欧国家，公共开支的负担反而比较沉重。德国、法国政府负担的社会保障开支都不到 30%。福利国家改革以前，英国的税收水平在西欧国家中一直居于中等水平，基本与德国不相上下，高于法国和意大利等国；英国的福利不高，税收却不低，原因正在于公共开支的资金来源结构上。

第三，英国的社会保障水平比较低，所以很难与西欧其他国家实现社会保障制度上的一体化，使英国一直被迫扮演欧盟社会政策中的"坏孩子"。这是因为，共同的社会政策要求欧盟成员国在社会保障标准上逐渐趋同，以防止成员国的社会差异影响经济一体化进程。由于英国的社会保障水平远低于多数欧盟成员国，实行共同的社会政策就意味着提高社会标准，这将有可能对英国经济造成巨大的冲击，而且会影响现行社会保障制度的运行体制。

二　英国社会公正观的变化

对于"社会公正"（Social Justice）概念的理解，是所有国家公共政策的基础，其基本目标是保证全体社会成员都能受到公正的待遇，分享经济与社会发展的收益。[①] 也许没有人会公开反对实现社会公正，但在对于社会公正的理解和实现社会公正的路径选择上，则存在着本质的不同。在这方面，如何理解国家、社会和个人之间的责任、权利和义务是决定性的问题。根据对这个问题的回答，在当代西方社会中，形形色色的社会公正观可以大致分为强调个人责任的"新自由主义社会公正观"和强调国家与社会责任的"民主社会主义社会公正观"两类。在政策层面上，这两种社会公正观都通过公共政策的制定与实施得到了充分的体现。英国在这方面是一个很有代表性的国家，以撒切尔主义为代表的新右派和以布莱尔为代表的新左派先后按照自己的社会公正理念，对英国的福利国家制度进行了改革，为当代西方社会公正观研究提供了丰富的素材。

1. 从自由放任到凯恩斯主义

英国历史上长期实行"自由放任的资本主义"模式，其主流社会意识形态认定，在市场经济条件下最大限度地发挥个人的潜能是实现社会公正的根本途径。这种"维多利亚式价值观"（Victorian Value）的基本主张是：让市场经济去自由地运转，"国家的作用应限于建立起一个框架，

---

① http：//en. wikipedia. org/wiki/Social_ justice.

让个人能够在这个框架中各尽其能"。① 市场经济的健康发展可以使整个社会的收益最大化，至于个人能够在多大程度上分享这些收益，则是由个人的天赋、勤奋和运气所决定的，国家和社会不对此承担任何责任。在很长的历史时期里，这种社会公正观是英国统治者治国的基本理念。英国由此而形成了浓厚的个人主义和自由主义的社会文化氛围，社会主流群体都接受了这种社会公正观。这种价值观在理论上最有代表性的体现就是亚当·斯密提出的"经济人"概念：每个人都从自己的私利出发，但最终将裨益于社会。在这个过程中，社会可以自然地形成合理的"秩序"，任何人为的干预都只能把事情搞糟，"使国家从最野蛮的状态发展到最富裕程度所必需的，只不过是和平、轻税和某种程度的司法行政，所有其他事情都应听其自然发展"。②

1929—1933 年的经济危机彻底摧毁了西方人对于自由放任主义的迷信，取而代之的凯恩斯主义强调，市场并不能自动地趋于均衡，国家应采用扩张性的经济政策，通过增加需求促进经济增长、扩大就业、维持繁荣。凯恩斯曾经表示："我抛弃自由放任主义——并非情愿，也不是轻视那个美好的古老的信条，而是因为不管我们喜欢还是不喜欢它，作为它成功的条件已经消失了。"③ 使凯恩斯发生这种转变最重要的社会原因就是，当时英国社会存在着严重的不公正现象。"我们生存其中的经济社会，其显著缺点，乃在不能提供充分就业，以及财富与所得之分配有欠公平合理……我相信的确有社会的以及心理的理由可以替财富和所得之不均辩护，可是不均得象近日那样厉害，那就无法辩护了。"④ 1942 年，《贝弗里奇报告》更加明确地指出，贫困、疾病、愚昧、肮脏和懒惰是影响英国社会进步、经济发展和人民生活的五大障碍，并据此提出政府要通过社会保障实现国民收入再分配的建议。社会保障必须由国家和个人共同承担责任，通过国家和个人共同的合作来实现。按照报告的思路，国家在维护社会公正方面应该承担相应责任，但同时也不应扼杀和替代个人的责任。国家向全体公

---

①　1990 年撒切尔夫人接受《泰晤士报》专访时所言，载 *Times*，Jul. 8，1990，转引自王皖强《国家与市场：撒切尔主义研究》，湖南教育出版社 1999 年版，第 102 页。

②　约翰·雷：《亚当·斯密传》，胡启林等译，商务印书馆 1992 年版，第 58 页。

③　转引自孙洁《英国政党政治视角下的福利共识》，http：//www. gotoread. com/article/？wid = 83261。

④　凯恩斯：《就业、利息和货币通论》，徐毓丹译，商务印书馆 1993 年版，第 321—322 页。

民提供基本的生活保障，使他们不至于生活在社会所能接受的底线以下；但是，这种保障的水平不宜定得过高，应给个人参加自愿保险和储蓄留出一定的空间。由于这种思想在一定程度上融合了英国传统的自由主义社会价值观和新的社会公正理念，因此成为战后英国建立福利国家制度的基本方针。

2. 撒切尔改革与英国社会公正观的变化

20世纪80年代以前，英国两大执政党（左翼的工党和右翼的保守党）在通过福利国家制度维持社会公正方面达成了基本的共识，其核心内容是在国家干预基础上的社会保障制度和充分就业政策。但是，在英国经济持续衰落、公共开支压力日益增大、福利国家诸种弊端不断暴露等因素的综合作用下，1979年撒切尔夫人领导的保守党政府上台后放弃了这种共识，实行了被媒体称为"撒切尔革命"的福利国家改革。就与社会公正问题直接相关的内容而言，改革的主要内容有以下三条。

第一，将抑制通货膨胀设定为政府宏观经济政策的首要目标，取代了原来维持"充分就业"在政府决策中的核心地位，使得英国的失业率急剧增加。我们知道，凯恩斯主义和新自由主义经济政策之间最重要的差别就是：前者在宏观经济决策中将"维持充分就业"作为首要目标，而后者则将"抑制通货膨胀"作为首要目标。战后历届英国政府都把"充分就业"作为维持福利国家社会公正的基本内容，撒切尔政府在这方面作出了彻底的改变，坚定地实行了反通货膨胀战略，通过压缩开支、降低公共部门的借款需要来控制货币增长。

第二，在社会保障制度方面强调个人责任，在养老金改革中引入与个人收入挂钩的"职业年金制度"，国家基本养老金只作为最低安全线而被保留下来，加剧了英国的"养老金贫困问题"。

第三，以增加人们的"选择权"为由，进行各种实验，探索社会福利制度私有化的可能性。在这方面取得较大进展的是住房私有化改革，虽然保守党政府在国民保健服务和个人社会服务方面也进行了一些私有化实验，但是和住房改革相比，这些措施的作用是比较有限的。[①]

---

① Ray Robinson & Ken Judge, "Public expenditure, privatization, and the welfare state in Britain", in Robert Morris ed. *Testing the Limits of Social Welfare*, Brandeis University Press, 1988, pp. 50 – 55.

这些改革措施的思想基础是要修正战后英国的社会价值观，重新强调"个人责任"与"个人的选择权"在实现社会公正过程中的基础地位。总体看来，20世纪70年代的石油危机结束了西欧福利国家的"黄金时代"，各国政府先后开始调整自己的角色，试图从经济生活中逐步"淡出"；社会保障制度开始向"基本安全网"的方向转化，不再承诺公民生活水平的提高，只负责解决少数人的特殊困难，使社会上的失败者和弱势群体无冻馁之险而已。在这种观念转化的过程中，撒切尔保守党政府在欧洲起到了先锋作用。

但从改革的效果上看，"撒切尔革命"对于英国社会保障制度的触动其实是非常有限的。从表1—10可以看出，"撒切尔革命"时期英国用于福利国家方面的公共开支水平并没有得到有实际意义的控制。这是因为，社会保障开支有比较固定的年增长率；在议会民主体制下，社会保障制度改革充其量是限制开支的增长速度，不可能取消它自然增长的趋势。这方面的改革措施牵涉到公民的切身利益，处理不当会带来政治上的麻烦。尽管撒切尔政府的社会改革是小心翼翼的，但是最后还是出了问题。1989年，撒切尔政府决定改革地方政府税收制度，用按人头平均的"社区税"取代原来按财产征收的地方税，用以兴办社区公共事业。人头税与战后英国实行的累进税制度相反，收入越高、相对纳税比例就越低，低收入阶层则税负沉重。这种做法触动了战后英国社会公正观的底线，英国国内随即掀起了大规模的抗议和抗税运动，有一半的选民拒绝缴纳人头税。最后，撒切尔夫人在谴责声中被迫下台。1991年，梅杰政府终止了人头税，代之以按财产计算的市政税，风波才宣告结束。

表1—10　　　　"撒切尔革命"期间福利国家开支指数表　　（1979/80 = 100）

	1980/81	1981/82	1982/83	1983/84	1984/85	1985/86
社会保障	103.7	113.2	120.3	124.5	128.2	131.1
个人社会服务	102.3	100.8	102.9	106.3	107.9	110.2
健康与个人社会服务	102.7	105.7	107.3	108.3	109.8	110.4
教育	97.3	94.6	95.4	95.9	95.3	94.1
住房	82.8	53.6	44.3	47.9	46.3	37.8

资料来源：Ray Robinson & Ken Judge, "Public expenditure, privatization, and the welfare state in Britain", in Robert Morris ed. *Testing the Limits of Social Welfare*, Brandeis University Press, 1988, p.41。

3. 新工党的社会公正观

保守党的社会改革在英国引发了很大的争议，布莱尔领导的工党在野期间就对其进行了激烈的抨击。首先，布莱尔认为，保守党将促进经济增长与维护社会公正对立起来，最终给二者都造成了重大的损害。"保守党断定社会公平是经济成功的障碍，是它造成了经济下降和社会衰退，而工党则相信是社会不公平阻碍着我们取得经济繁荣"。保守党经济政策造成的大规模失业不仅极大地浪费了英国的劳动力资源、加剧了社会的分化，而且加重了社会保障制度的负担。同时，低工资工作的普遍存在也使英国付出了很高的代价，实际上是把企业应该承担的工资成本通过社会保障制度转嫁到所有纳税人的身上。同时，"低工资增加了雇员跳槽的现象，因此阻碍了培训投资"，影响了英国劳动生产率的提高。布莱尔认为，企业适度提高员工工资，可以"让劳动者与公司利益息息相关"，"纳税人不必再为剥削性的低工资提供补助"。其次，布莱尔认为，保守党的改革加剧了英国社会的分化，使得物质产品非常丰裕的当代英国，仍然有"数量可观的一部分少数人被孤立起来，脱离了社会的主流。他们的生活特征通常是长期失业、贫穷和缺少教育机会，有时还是家庭动荡、滥用毒品和犯罪"。同时，更多的人正在失去生活的安全感。"有大批人在缺乏保障的条件下工作，一方面想着子女们一生中的开端是否同他们一样糟糕，另一方面为上了岁数的亲戚和他们自己偌大的年龄忧心忡忡，另外还要担心丢掉工作"。而"社会分化和不平等不仅仅毁了穷人的生活，而且也破坏了其他人的生活质量"。因此，当务之急是应该立即着手"消除英国中等收入阶层的不安全感和低收入阶层的贫困"。①

1997 年布莱尔领导的工党上台执政，把增强社会公正放在了决策的核心位置。布莱尔试图提出一种既不同于保守党的新自由主义，也不同于传统工党"社会主义"的新的社会公正理念，并据此决定其社会政策。这种"第三条道路"社会公正观的主要内容是：合理工资待遇前提下的充分就业和完善的社会保障制度绝不是一种简单的社会消费项目，而是一项可以促进经济增长的生产性社会投入。但是，在全球化和科技革命的背景下，传统的就业模式和社会保障制度都面临着挑战，需要实现自身的"现代化"。在政策层面上，这种观念落实为两大要点，其一是促进就业，

---

① 前揭《新英国：我对一个年轻国家的展望》，第 174—175、167、184 页。

其二是增强社会福利的指向性。在此后 11 年的执政实践中，布莱尔政府用这种理念对英国的就业政策、社会政策、教育政策、住房政策、健康政策等进行了全面的改革，成为欧洲国家"新左派"社会改革中比较成功的模式，对欧盟社会政策的调整也起到了很大的作用。

在布莱尔的社会改革体系中，增加就业处于核心位置。从某种意义上说，充分就业是福利国家的"第一福利"，与之相比，社会保障只是第二福利。只有不断增加就业，才能从根本上减少贫困、增进平等，为建立"包容性社会"（inclusive society）提供必要的基础。布莱尔政府认为，应该清醒认识全球化和科技进步对传统就业模式的影响，不断增强劳动力市场的弹性，通过职业技能培训和"终生学习"增强人们对于劳动力市场的适应性。在新的工作模式中，人们获得传统意义上的稳定工作的几率不断降低，弹性时间工作、临时性工作、服务性工作的比例不断上升。未来避免人们因此而陷入"工作贫困陷阱"，社会保障制度必须进行改革。布莱尔认为，英国福利国家制度的危机来源于结构性的不合理，以至于"开支扩大同时贫困增加"，这说明"50 年前的福利国家无法满足今天的福利需求"。他将改革的目标确定为"减少依赖性、帮助那些真正需要帮助的人、促进工作以及为老年人建立一种可行的保障制度"，① 改革后的"第二代福利"应该"给人以扶持，而不仅仅是施舍。它意味着多种服务，而不仅仅是现金，包括子女抚养和子女补贴，培训和失业救济金，老年人赡养和养老金。福利应成为成功的跳板，而不是缓解措施失败之后的安全网"。②

三　英国的就业政策改革

由于战后英国政府长期采取充分就业政策，20 世纪 70 年代中期以前，英国的失业率一直是西欧国家中比较低的，基本维持在 3% 以下。70 年代末期，在经济衰退的影响下，英国的失业率直线上升，到 1979 年已经达到 9.5%。撒切尔夫人领导的保守党上台以后，实际上放弃了充分就业目标，"反通货膨胀取代充分就业目标成为宏观经济政策的首要目标，

---

① Tony Blair, "New Britain", http：//www. ndol. org/ndol_ ci. cfm？kaid＝128&subid＝187& contentid＝1599.

② 前揭《新英国：我对一个年轻国家的展望》，第 168 页。

当失业上升时，政府不仅不再象过去那样扩大需求以降低失业，反而进一步限制需求的增长来遏制通货膨胀"。① 这种政策有效地抑制了英国的通货膨胀，1980 年英国的通货膨胀率曾经高达 19.7%，到 1986 年就降低到 3.3%。但与此同时英国的失业率则急剧增高。在"撒切尔革命"时期，英国的失业率居高不下，1986 年达到创纪录的 11.8%；从 1979—1990年，英国的平均失业人口一直在 200 万人左右；1993 年，英国的失业率再度猛增，失业人口接近 300 万人大关。②

面对失业率的直线上升，撒切尔政府并非毫无作为。按照新自由主义的思路，也采取了很多应对措施。其中最重要的是扩大就业培训的规模，试图推进实现福利国家制度从"收入维持型"向"促进就业型"的转变。在此期间，英国用于就业方面的公共开支不断增加。"1979 到 1990 年间，英国政府在经济各主要领域的开支有较大幅度的削减，但在就业方面的开支则从 20.18 亿英镑上升到 26.41 亿英镑，增幅达到 30.8%。"③ "政府在就业领域的大量开支主要投入到各种就业培训计划中。从 1983 年到 1988年，由政府出资的就业和培训项目有'青年培训计划'（Young Training Scheme，简称 YTS）、'社区项目'（Community Project，简称 CP）、'企业津贴计划'（Enterprise Assistant Project，简称 EAP）和一些较小的项目。"④ 这样，20 世纪 90 年代保守党执政后期，在经济形势逐渐好转和政府多种努力的综合作用下，1993 年以后英国的失业率持续下降。到 1997 年布莱尔工党政府上台的时候，已经降低到 6.5% 左右，低于多数欧洲国家的水平。英国重新成为欧盟国家中失业率最低的国家之一。

工党政府上台后，对英国的就业政策进行了重大调整。1998 年 4 月，工党政府公布了题为《我们国家的新动力：新的社会契约》的绿皮书，提出了福利国家改革的 8 项原则，其中的基本原则就是围绕"工作观念"重塑福利国家。⑤ 工党政府把增加就业重新放到政府中心工作的位置，强

---

① 王皖强：《国家与市场：撒切尔主义研究》，湖南教育出版社 1999 年版，第 198 页。

② 英国国家统计局，LABOUR MARKET OVERVIEW：MARCH 2009，p.11，http://www.statistics. gov. uk/downloads/theme_ labour/LMS_ QandA. pdf.

③ 前揭《国家与市场：撒切尔主义研究》，第 200 页。

④ 同上书，第 202 页。

⑤ 转引自王振华、刘绯、陈志瑞主编《重塑英国》，中国社会科学出版社 2000 年版，第101 页。

调增加就业是福利国家存在的基础。政府的责任是"为那些能够工作的人服务,为那些不能工作的人保险",而不是用社会福利来养懒汉。据统计,当时英国 5800 万人口中有 100 万成年人从来没有工作过,工党政府决心要采取措施促使这个不工作阶层去工作。为此,工党政府对社会保障项目进行了改革,将"寻找工作"作为领取社会补贴的必要条件,失业者不承诺积极寻找工作就得不到失业津贴。在政府的官方语汇中,把失业者改称"求职者"(Jobseeker)。同时,对积极雇佣新职工的私人企业提供政府补助、向有学龄儿童的单亲家庭提供收入支援,为增加就业提供社会保障。

布莱尔政府促进就业的各项措施中,影响最大、效果最广的是"新政(New Deal)项目"。1998 年,工党政府决定向私有化改革后获得暴利的电信、航空、铁路、供水等公共部门征收 52 亿英镑的"意外收入税"(windfall tax)用于社会福利支出,其中有 36.3 亿英镑投入了与失业有关的新政项目。新政项目的主要内容是向失业者提供培训和就业补贴,依失业群体分为青年(18—24 岁)、25 岁以上、单亲父母、残疾人、50 岁以上者等不同的项目。青年新政项目的份额最大,约占项目开支的 70%。按照规定,失业 6 个月以上的青年必须参加下面四种活动中的一种:第一,到私营部门工作,雇主在半年内每周可以得到 60 英镑的政府补贴;第二,到志愿者机构工作;第三,到环境服务队工作;第四,接受全日制的职业教育或职业培训。为解决长期失业问题,新政项目规定,从 1998 年 6 月开始,年龄在 25 岁以上、失业两年以上的人可以到私营部门就业,政府在半年内每周付给雇主 75 英镑的补贴;如果失业者愿意,也可以参加政府组织的全日制的职业教育或培训。针对单亲家庭数量上升、处境普遍艰难的状况,政府特别推出了专门的新政项目。1997 年 7 月开始,这个项目首先在英国的 8 个地区试行,有 4 万个单亲父母参加;从 1998 年 10 月开始,所有申请社会救济的单亲父母都必须参加该项目。① 新政项目动用保守党政府私有化政策的收益去补贴就业,突出地显示了两党社会政策理念的不同。项目一经推出就取得了良好的结果,有 79000 家企业或机

---

① 参见欧盟委员会编 "Social Protection in Member States of European Union: Situation on 1 January 1998 and evolution",欧共体官方出版局 1999 年版,第 66 页。

构参加了项目，积极为失业者提供岗位。① （见表1—11）目前，新政项目已经成为英国政府促进就业的一个最重要的工具。

表1—11   1998—2000 年新政就业项目统计

	启动日期	估计费用（亿英镑）1997—2003 年	参与者至2001 年 11 月	新增就业岗位至 2001 年
针对青年的新政	1998 年 4 月	14.70	731900	345000
针对 25 岁以上者的新政	1998 年 6 月	6.40	353300	62410
针对单亲父母的新政	1998 年 10 月	3.40	305030	127920
针对残疾人的新政	1999 年 4 月	1.65	20000	8000
针对伴侣失业的新政	1999 年 4 月	0.65	—	—
针对 50 岁以上者的新政	2000 年 4 月	0.65	—	—

资料来源：Nick Ellison & Chris Pierson ed., *Developments in British Social Policy*, p.117.

在以各种方式增加就业的同时，工党政府还于 1999 年建立了英国历史上首个最低工资制度，实现了 80 年前费边社先驱的理想。最低工资制度覆盖了英国大部分工人，按照规定，雇主必须向有关部门提供企业的最低工资记录，达不到法定最低工资标准或造假记录的，可以罚款最高5000 英镑。按照 2008 年 10 月 1 日的标准，英国 22 岁以上的正式工人每小时最低工资为 5.73 英镑，18 岁到 21 岁的劳工最低工资是 4.77 英镑，16 岁到 17 岁学徒工的最低工资是 3.53 英镑。② 曾经有英国经济学家声称，引入最低工资制度会增加失业，但实际上这种情况并没有发生。欧洲工会联合会 （European Trade Union Confederation） 最新公布的调查显示，自 2003 年以来，相对于其他欧洲国家而言，英国底层低收入工人的生活水平提高的幅度最为显著。调查显示，近年来英国在减少贫困方面取得较大进展，其中引入最低工资标准功不可没。自 2003 以来，英国最低薪资工人的购买力上升 18.8%，西班牙与卢森堡的升幅分别为 18% 与17.4%。③ 与此同时，近年来英国制造业工资的提高速度也要超过欧盟平均水平。

───────────

① http：//news. bbc. co. uk/2/hi/business/1047694. stm.

② http：//www. lowpay. gov. uk/.

③ http：//news. stockstar. com/info/Darticle. aspx? id = JL，20070529，00041401.

四　对社会弱势群体的政策援助

按照英国社会保障机构的通常理解，社会弱势群体主要包括长期失业者、失业的妇女和从未工作过的青年、残疾人、靠养老金生活的老人和单亲家庭的成员等。这部分人的收入远远低于社会平均水平，很多人长期处于贫困状态。1974 年，法国学者勒努瓦出版了题为《被排斥群体：法国的十分之一人口》（Les Exclus，un Francais sur Dix）的论著，用"被排斥者"（Les Exclus）这个概念指那些没有被传统的社会保障体系所覆盖的人，包括单亲父母、残疾人、失业者等易受伤害人群。[1]"社会排斥"这个概念与传统意义上的"贫困"概念最大的区别是，它覆盖了贫困的原因和社会后果，因而要求社会从一个更加综合的视角认识与处理社会弱势群体所面临的困境。20 世纪 90 年代以后，英国政府也开始使用欧盟的"反对社会排斥"的提法来制定本国的相关战略与政策，根据其官方的定义，"社会排斥作为一个简洁的术语，指的是某些人们或地区遇到诸如失业、技能缺乏、收入低下、住房困难、罪案高发环境、丧失健康以及家庭破裂等等交织在一起的综合性问题时所发生的现象。"[2] 20 世纪 80 年代以来，英国两党在援助社会弱势群体方面都倾注了很大的政策力度。它们在基本思路上最大的共同之处是：要解决这些人的生活困难，最重要的是要增强他们在劳动力市场上的竞争力，让他们通过自己的劳动改善生活状况。对于那些确实无法就业的人，就需要通过社会援助来帮助他们克服困难。但是，在具体的政策理念上，两党之间还是有很大的区别。

20 世纪 80—90 年代，撒切尔政府在新自由主义理念的指导下，强调应该加强英国社会保障制度的"选择性"，试图改革原来社会福利制度中的"普遍性原则"。"选择性"在这里有两层意思：

第一，增强社会政策项目的指向性，使社会福利真正起到帮助穷人的作用，而不是平均分配。由于奉行普遍主义的原则，英国社会保障制度的平均主义色彩非常浓厚，很多社会开支实际上流向了并不需要的阶层，造成了社会福利资源的浪费。撒切尔政府用"家庭信贷"取代了"家庭收

---

[1]　丁开杰：《"社会排斥"概念：语义考察和话语转换》，《晋阳学刊》2009 年第 1 期。

[2]　唐钧：《社会政策的基本目标：从克服贫困到消除社会排斥》，http：//thjp. vip. sina. com/C. htm。

入津贴"，用"额外资助"取代了"附加津贴"，使资助的对象仅限于低收入、丧失工作能力、有子女的贫困家庭；单亲家庭；青年失业者等社会最贫困的人群。同时，撒切尔政府还对"工伤津贴"和"寡妇年金"做了更加严格的限制，取消了不少人的领取资格。但总的看来，撒切尔政府的社会福利改革只是一些"微调"，并没有从根本上触动原有的制度框架。

第二，增强人们对于社会保障项目的选择性，提高个人的责任、拉开待遇的差别。撒切尔夫人在其后两个任期对英国的年金制度进行了改革：英国的年金可以分成"基本年金"和"附加年金"两个部分；前者采用统一标准，只要投保人按规定缴纳保费，到退休时就可以领取；[①] 后者是和投保人的收入挂钩的，投保人缴纳的保费越高，收益也就越高。根据1975年工党政府的年金法，附加年金最高可达投保人年收入的25%。撒切尔政府认为，由于人口老龄化日益严重，如果不限制年金开支，将会给政府和国民造成沉重的负担。因此决定，在基本年金保持不变的情况下，调低国民附加年金的数额。[②] 与此同时，政府鼓励投保人加入"职业年金"和"个人年金"系统，用自己的力量提高晚年的收入。这种改革在梅杰当政时期又有所发展。从1993年开始，已经建立职业年金制度的企业可以"协议退出"国民年金体系；用职业年金替代国民年金，但水平不得低于后者；雇员自愿参加，不受强制；国家有责任在职业年金发生特殊困难时向参加者提供国民基本年金。除此而外，撒切尔政府还对国民保健制度和教育制度进行了一些改革，主要原则是引入市场机制，增加人们的选择余地，由此促进医院和学校提高服务质量。与养老金改革相比，这些方面的改革说得较多、做得较少，没有取得什么实质性的进展。

布莱尔工党政府在反对社会排斥方面采取了更加积极的态度，其基本思路是要用以促进就业为主的"第二代福利"替代以社会救济为主的第一代福利，社会开支的目的是"要为人民提供机会来摆脱救济金"，而不是要把这些人"养起来"。[③] 工党政府对于社会保障项目的调整基本上都是按照这种思路进行的，其中最具代表性的措施是税收抵免（包括工薪

---

① 按照1999—2000年的标准，基本养老金为单身每周66.75英镑，夫妇每周106.7英镑。

② 按照原来的规定，附加年金计算公式中的"年收入"指的是投保人收入最高的20年；改革后则指投保人一生的平均收入。这样改革之后，附加年金数额将要降低5%左右。

③ 前揭《新英国：我对一个年轻国家的展望》，第173页。

家庭税收抵免和儿童税收抵免）。简单地说，税收抵免（tax credit）的意思就是，工资低于一定标准的人可以要求国家对其收入进行补贴，缺多少补多少。申请人准备好自己的工作证明和收入证明，填写申请表提交到有关部门，审查通过后即可得到转账支付。只要有一英镑的工作收入就可以得到这种补助，但没有工作的人则不能申请。

对于确实不能就业的人，布莱尔政府也试图通过增强社会救济项目的指向性来提高效率，让社会的援助能够真正流向需要帮助的人。按照英国政府的规定，遇到特殊困难的贫困者可以向政府申请特别救济，低收入者可依情况申领的项目包括：帮助支付大额生活开支的"预算贷款"（Budgeting Loan）和危机贷款（Crisis Loan），支付取暖费的冷天费（Cold Weather Payment）和老年冬季燃料费（Winter Fuel Payment），针对残疾人的"残疾收入担保"（Disability Income Guarantee）、残疾生活补助（Disability Living Allowance）和独立生活基金（Independent Living Funds），针对病人的陪护补助（Attendance Allowance）和看护补助（Carer's Allowance），帮助支付房租的住房津贴（Housing Benefit），支持低收入雇员的工作税收信贷（Working tax credit）等近30个项目。由于项目的情况非常复杂，申请者往往搞不清自己应该申请什么和怎样申请。为了解决这个问题，英国政府特别设置了免费服务电话。贫困者只要拨通电话，说清自己的困难，接线员会指点他申请的项目并转接到受理机构。[1] 对于孤寡老人，英国政府除加强老人福利院的监察外，还通过社会服务派遣免费护士和社会工作者，深入家庭帮助老人洗澡、做饭和料理家务。[2] 为解决儿童贫困问题，工党政府还推出了一个"确保起点"（Sure Start）计划。该项目的工作重点是为贫困地区0—3岁的儿童提供综合的早期教育服务。2002年9月，布莱尔在参观一个地方的"确保起点"项目中心时发表讲话，强调说："我们的目标是在一代人中消灭贫困，不把贫困带到第二代。无论一个人的出身背景和阶级，每一个人都能享有我国日益增长的繁荣"，实现"真正的平等——平等的身份和平等的机会"。[3]

总体而言，目前英国已经基本上消灭了绝对贫困。为避免贫困者陷入

---

① 参见英国工作与年金部就业中心官方网站：http：//www.jobcentreplus.gov.uk/JCP/index.html。

② http：//www.chinavalue.net/media/article.aspx? articleid=2850。

③ http：//www.dss.gov.cn/Article_Print.asp? ArticleID=187150。

饥饿状态，英国政府规定，符合低收入标准的英国公民可以申请食品券（Food Stamps），根据家庭人口数量的不同，目前每月可达155—1000英镑甚至更多。食品券只能在商店购买面包、水果、蔬菜、肉类、鱼类、奶类等食品，不能用于购买烟酒和其他生活用品。同时，一些民间组织，如"食物银行"（FoodBank）等，也向穷人免费发放食品。这些免费食品大部分是食品店或生产厂家捐献的，捐助厂商由此可获得政府部分免税的优惠。为解决低收入者的住房困难，英国政府花巨资为贫困家庭提供廉租房，不仅房租低于市价，而且规定租金超过家庭收入30%的部分可以报销。如果贫困者希望自己购房，可按规定申请抵押信贷证书，10年内享受个人所得税的抵免。无力支付房屋首付款的英国家庭可申请低收入家庭特别资助，政府将为他们交首付款和办理房屋过户手续的有关费用。无家可归者可以申请入住基督教组织"救世军"（Salvation Army）筹办的"避难所"，住房包括家庭间、男人间、女人间等，拥有独立的食堂、电视图书室、健身房、教室、电脑室、洗衣房、儿童游乐场等公共空间。按照政府的规定，入住避难所的人白天必须出去找工作或接受社区的免费职业技能培训。找到工作后，收入的10%用于交房租，65%由避难所代为保管，攒够了2500英镑，就可以离开避难所到社会上租房子独立生活了。有记者走访这个避难所后报道，该所每年耗资50万英镑左右，联邦政府和地方政府分别拨款3.5万英镑和7000英镑，其余部分靠企业和个人捐款。曾经有个老人捐赠的遗产就超过100万英镑。[1]

五 英国的宗教问题和民族问题

英国是世界上最典型的"民族国家"之一，绝大多数居民为盎格鲁—撒克逊人。英国公民有60%的人是国教圣公会成员。苏格兰长老会有教徒79万人，是英国第二大新教教会。除新教以外，目前英国还有天主教徒约570万人，伊斯兰教徒160万人，犹太教徒40万人和2万名佛教徒。19世纪之后，不列颠岛内部没有出现过严重的宗教和民族问题。但是，在北爱尔兰地区一直存在着新教教徒和天主教教徒之间的冲突，成为困扰英国的一大难题。近年来，随着穆斯林居民数量的不断上升，英国出现了"穆斯林问题"。"9·11"事件之后，尤其是2005年伦敦爆炸案

---

① http：//www.jobs.cn/jobsbbs/Show. Asp？ID=4513.

之后，"穆斯林问题"引起英国各界的广泛关注。

1. 北爱尔兰问题

严格地讲，北爱尔兰问题的根源并不是宗教问题或民族问题，而是英国历史上在爱尔兰实行的殖民统治。1169年，英格兰侵入爱尔兰岛，来自英格兰和苏格兰的大批移民随即涌入。1609年，英格兰议会通过"阿尔斯特种植园计划"，准备没收当地爱尔兰人的土地，交给英格兰和苏格兰新教徒移民种植。此举激化了爱尔兰岛上的民族矛盾，信奉新教的移民和信奉天主教的爱尔兰人之间爆发了激烈的冲突。此后的几百年间，爱尔兰人争取民族解放的运动从未终止过。1921年，爱尔兰获得了"自由邦"地位，南部各郡于1949成立了爱尔兰共和国，北部以新教居民为主的6个郡则继续留在英国的版图之内。

北爱尔兰地区在英国一直处于特殊地位，拥有相对独立的政府体系和议会，中央政府和议会对北爱内部事务一般不进行干预。但是，这种高度自治的地位并没有使北爱尔兰民族主义者放弃争取民族独立的斗争，他们的目标是实现爱尔兰的统一。由于信奉天主教的爱尔兰人只占北爱人口的35%左右，无法通过"合法"的政治手段实现自己的目标。因此，他们中的激进分子开始发动针对新教目标的袭击，新教准军事组织如阿尔斯特防卫协会（UDA）、阿尔斯特志愿军（UVF）与阿尔斯特抵抗运动等随即发起反击。有证据表明，自居中立的英国驻军和皇家阿尔斯特警队也牵涉其中。从1969年到1997年，北爱尔兰地区发生了大量流血冲突。据统计，1969年到2001年期间，有3523人在北爱冲突中丧生，其中约60%的受害者死于共和派激进分子之手，30%被新教保皇派武装所杀，10%被英国、爱尔兰和北爱尔兰安全部队所杀。

20世纪70到90年代，北爱地区是在暴力冲突中度过的。1972年，联合派为主的北爱政府已无法控制局面，英国中央政府被迫收回自治权，实行直接统治。中央政府重新划定了北爱各选区的边界，以使天主教徒得到更多议会席位，还采取了很多措施减少天主教徒受歧视的状况。次年，英国政府促成北爱天主教民族派和新教联合派政党之间的谈判，与爱尔兰政府一起达成"桑宁代尔协定"，试图政治解决北爱冲突，实现民族派和联合派之间的"权力共享"，建立一个促进南北爱双边合作的"爱尔兰理事会"。协定遭到冲突双方的一致反对，以失败告终。1972年起，爱尔兰共和军正统派实现永久停火，逐渐演变为完全拒绝暴力的爱尔兰工人党。

但是 1974 年从"正统派"中分裂出来的爱尔兰国民解放军则仍然继续进行暴力活动。1983 年，爱尔兰天主教激进派的政治代表新芬党同意通过谈判结束冲突。谈判的过程屡经波折，直到 1994 年保皇派与共和派准军事组织之间才最终达成停火协议。但是，由于英国政府拒绝在共和军放下武器前开始谈判，1996 年 2 月天主教激进派撤销停火，并于当天制造了伦敦夜莺码头（Canary Wharf）爆炸案，炸死两人，给伦敦金融城造成 8500 万英镑的损失。当年 6 月 15 日，他们又制造了曼彻斯特爆炸案，使英国遭受了"二战"后最大的一起炸弹袭击，超过 200 人受伤。

制造针对平民的暴力事件使北爱激进派失尽人心。1997 年，北爱各方决定在没有新芬党参加的情况下启动和平谈判，激进派旋即宣布停火并参加谈判。1998 年，各方签署了《贝尔法斯特协定》（亦称"耶稣受难日协定"）。天主教阵营接受了英国的一贯立场，即北爱尔兰将保留在联合王国境内直到多数人投票同意脱离；新教阵营承认爱尔兰岛的人民有权利作为一个整体在双方自愿的情况下解决南北问题。协议还决定，在北爱尔兰建立一个由联合派和民族派权力共享的政府、各种准军事组织立即停火并解除武装、增加警察部队中天主教徒的数量，等等。2002 年，由于北爱政府中各派出现严重分歧，英国政府被迫暂停北爱自治政府的运作，把北爱尔兰地区的控制权重新收归中央政府。直到 2008 年 5 月布莱尔下台之前，北爱政府才重新恢复自治地位。① 目前，北爱尔兰地区的暴力冲突已经大大减少，但是天主教民族派和新教保皇派之间的仇视并没有消失，人民之间的隔阂也依旧存在。从长远来说，彻底解决北爱问题只能依靠英国和爱尔兰政府、北爱各种政治势力和不同教派的人民之间相互尊重、理性务实地进行合作。因为，历史经验已经充分证明，暴力冲突不仅于事无补，而且会损害双方的根本利益。

2. 穆斯林问题

历史上，早在 16 世纪英国就有了穆斯林移民，但是目前英国的穆斯林居民则主要是战后引入的外籍工人、移民和难民以及他们的后裔，其中以巴基斯坦人（35 万）、孟加拉人（8 万）居多，其余多数来自印度、印尼、塞浦路斯、土耳其、马来西亚及阿拉伯、北非地区。根据 2001 年的人口普查，英国穆斯林人口约 160 万，取得英国国籍者约 80 万，占英国

---

① http://baike.baidu.com/view/400114.htm.

总人口的 1.5%。虽然人数并不很多，但英国的穆斯林人口主要集中在大中城市里。因此，在英国所有重要城市里都有穆斯林聚居区，建立了清真寺和穆斯林学校。据统计，伦敦的穆斯林人口已经达到全部人口的 1/10。

穆斯林与英国主流文化之间的融合程度不是很高，多数人更重视同其"文化母体"的联系，依然保留其原有的宗教传统。绝大多数英国穆斯林属逊尼派的哈乃斐学派，少数遵循什叶派的贾法尔学派或伊斯玛仪派传统。主要组织有：联合王国暨爱尔兰穆斯林组织、联合王国伊斯兰宣教会、英国伊斯兰全国教育委员会、英国伊斯兰基金会等。英国有 1300 多座清真寺和伊斯兰文化设施。在利物浦、伯明翰、曼彻斯特、累斯特、格拉斯哥、考文垂、诺丁汉等地也有规模宏大的清真寺和伊斯兰文化中心。20 世纪 70 年代在沙特阿拉伯等国资助下建造的英国伦敦伊斯兰中心，是世界上最大的伊斯兰文化中心之一。[①] 由于伊斯兰教已经成为英国除基督教外最大的宗教，为增进穆斯林与英国社会之间的融合，近年英国政府想了不少办法。除以立法确保穆斯林的宗教信仰受到保护和尊重外，还定期公布穆斯林人口的统计数字，使政府、议会等部门更加重视保护穆斯林的权益。英国国际发展部设立了穆斯林工作局，外交部专门设立了朝觐办公室。2003 年起，英国银行和金融体系开设了专为穆斯林服务的伊斯兰金融部。英国部队的穆斯林现役军人可保留短胡须，还专门为穆斯林官兵开设礼拜室和清真灶。英国的穆斯林女警察和警官还可戴上专为她们设计的头巾值勤，这在西方国家属首例。[②]

但总的看来，当代英国虽然是多元化社会，却并未成为"民族大熔炉"。由于民族和宗教的不同，许多移民族群，特别是穆斯林族群在历经一代甚至两代人后，仍很难融入英国主流社会。同时，英国穆斯林中除少数阿拉伯和印度籍的商人比较富裕外，多数人都从事体力劳动和服务工作，失业者很多。在英国的孟加拉和巴基斯坦男性移民的平均收入比英国男性白人每周低 150 英镑。居住在低收入住房中的穷人中，巴基斯坦移民比白人、黑人移民多得多。2001 年到 2002 年，英格兰白人失业率为 5%，而孟加拉裔移民的失业率则高达 21%。在这种情况下，在英国出生的第二代穆斯林普遍对现状不满，对歧视和不公正待遇高度敏感。1989 年，

① http://baike. baidu. com/view/954085. htm.

② http://www. shm. com. cn/newscenter/2005 - 08/01/content_ 872652. htm.

英国穆斯林首先发起了抗议拉什迪《撒旦诗篇》的行动,引起国际社会的广泛关注。近年来,阿富汗战争和伊拉克战争进一步激化了英国穆斯林激进分子的反西方情绪。

2005年7月的伦敦爆炸案后,英国的穆斯林问题空前激化。当时,四名英国穆斯林极端分子在地铁和公共汽车上引爆了8颗自杀式炸弹,夺去了52条无辜的生命。虽然在爆炸事件发生后的数小时内,多个穆斯林团体就共同谴责了右翼极端分子,但英国各界对穆斯林的恐惧和敌意还是达到了前所未有的程度,很多清真寺和其他一些伊斯兰组织所在地遭到燃烧弹攻击。据统计,1/5的穆斯林表示他们本人或家人在爆炸之后曾遭到过敌意或是侮辱。许多穆斯林担心,一旦警察撤走,他们将遭到白人的报复。白人则感到身边隐藏着可能采取自杀式袭击的恐怖分子,感到惴惴不安。① 在那段时间里,穆斯林与英国社会之间的矛盾空前激化。7月23日,伦敦第二次遭遇袭击后的第三天,英国《每日电讯》公布了他们对有英国国籍的穆斯林作的一份问卷调查的结果,结果有32%的受访穆斯林认为西方社会腐朽、不道德,应该遭受灭顶之灾;16%认为自己不应该忠于英国;24%认为可以理解自杀袭击者的动机;6%认为自杀炸弹袭击是正确的。

但总的看来,多数英国人在穆斯林问题上还是很快就恢复了理智,英国穆斯林协会公开宣布支持反恐,决定给全国各清真寺写信,力劝英国的穆斯林帮助警察与恐怖分子展开斗争,同时对非法活动提高警惕。这个决定受到了英国首相布莱尔的欢迎,却惹恼了“基地”组织,他们声称要对英国穆斯林协会进行报复。英国穆斯林协会立即对此作出反应,表示恐怖分子的威胁吓不倒英国穆斯林协会,并对“基地”组织表示蔑视,称他们除了“死亡”和“毁灭”之外什么都不懂。由于“基地”组织犯下的暴行,他们将失去在穆斯林世界中的所有支持,人们都把它看做是只知道制造暴力的恐怖组织。② 这些理性的表态得到英国社会各界的高度赞誉,对于修复英国穆斯林与其他社会成员之间的关系起到了积极的作用。但是从长远来说,彻底解决穆斯林问题有赖于加强他们对于英国社会的认

---

① http://www.shm.com.cn/newscenter/2005-08/01/content_ 872652.htm.

② http://www.jfdaily.com/gb/node2/node4085/node4324/node5073/userobject1ai461246.html.

同程度、减少贫困与失业数量、与其他种族之间建立起相互尊重和信任的关系。要实现这些目标，英国的政府与公众无疑都还有很多事情要做。

第六节　英国的国民素质教育

一　英国的公民教育

公民教育（citizenship education）是英国中小学教育的一个组成部分，主要向学生介绍英国的法律、人权与责任、刑事法律、种族问题、中央与地方政府架构、议会的结构、选举制度等方面的常识。按照英国教育当局的解释，公民教育的目的是增强学生对于法律制度、政治结构、社会问题等方面的知识，使学生能够更好地理解重大政治问题，掌握作为一个合格公民所必备的知识。

20 世纪 80 年代后，英国教育当局准备在中小学课程中增加公民教育内容。1991 年，按照当时执政的保守党政府的规定，公民课作为五种"跨学科课程"之一正式进入中等学校教学体系。但是，它并没有引起各个中学足够的重视，学校普遍表示教学任务繁重，无力进行公民教育。这种情况遭到当时在野的工党的尖锐批评，认为公民教育的软弱无力"是有损公众生活美好形象的一个污点，它给我们的民主前景笼罩上一层阴影"[1]。1997 年，以布莱尔为首的英国工党上台执政。在公民教育方面，工党提出了全新的理念：强调公民应该是一个积极、自由、有责任感的主体，反对按照消极自由的模式来界定公民身份，指出公民必须有能力参与公共领域的活动；强调公共善高于个人利益，认为公共善是所有社会道德或好社会所必不可少的；强调公民的德行是实现公共善的必要条件，也是公民身份的基本构成要素。与保守党的"积极公民"理念相比，工党更加强调公民的义务、参与、社区意识和公共道德，希望通过强化公民教育，提高国家的凝聚力和公民的政治参与热情。在所有这些品质中，最重要的是责任感。新工党强调，责任是对公民身份重新定义的一个方面，也是新的社会契约的强力黏合剂，是一个体面社会共同体的前提。在学校

---

[1]　Advisory Group on Citizenship, "Education for Citizenship and the Teaching of Democracy in School" (the Crick Report). London: Qualification and Curriculum Authority, 1988. Foreword, Terms of reference, Appendix c, 4.1 – 4.13.

里，"孩子们要学习读、写、算，他们必须学会如何学习，而且他们应该在纪律严明的环境下学习，从而学到对自我和社会的责任感"。① 在这种理念的指导下，公民课具有了前所未有的重要意义。

1997 年 11 月 19 日，英国教育和就业部（DFEE）发表了题为《学校中的优异》（*Excellence in School*）的白皮书，作出"加强学校中的公民教育和民主教学"的决定，希望通过学校教育增强学生的民主意识及对权利和义务的认识。同期，工党政府成立了由贝尔纳·科瑞克（Bernard Crick）领导的"学校公民教育与民主教学咨询小组"（Advisory Group on Education for Citizenship and the Teaching of Democracy in Schools），在资格与课程局（Qualification and Curriculum Authority）对国家课程进行审定的背景下对英国公民教育的情况进行调查并提出建议。小组后来向政府提交了题为《学校中的公民教育与民主教学》的调查报告，简称《科瑞克报告》，成为工党建立新的公民教育体制的主要依据。

科瑞克报告首先强调了加强公民教育的重要意义，认为英国的年轻一代"对公共生活冷漠、无知和玩世不恭"的程度已经达到了令人担忧的地步，如果不给予足够重视，将有可能危及英国社会的民主与安全。《科瑞克报告》明晰了民主公民教育的含义和目标，认为民主公民教育包括三个维度：政治素质、社会道德责任及社区参与。这三部分互相依赖，并行不悖。其意义是：让学生学会自信，无论在校内还是校外，无论对待权威人士还是其他人，都要为自己的行为承担起社会和道德责任；通过参与社区活动和服务社区，学会关注社区并在社区生活中作出贡献；让学生掌握公共生活中必要的知识、技能和价值观，并知道如何有效运用这些知识和技能。报告指出，民主公民教育的目标应该是"确保并增进学生有关参与型民主性质和实践的知识、技能以及价值观，提高成为积极公民所需的权责意识和责任感；借此确立参与本地或更广泛社区活动对个人、学校和社会的价值。必须让学生理解地方和国家民主的机构、实践和目的，包括议会、审议会、政党、压力集团和志愿团体的工作；让学生知道英国和欧洲正式的政治活动与公民社会是如何联系的，并培养他们对世界事务和全球议题的意识和关注。同时，必须让学生对包括税收与公共支出如何平衡在内的经济生活有一定的理解"。《科瑞克报告》的发表，标志着英国

---

① 前揭《新英国：我对一个年轻国家的展望》，第 194 页。

公民教育由原来的跨学科课程模式开始向独立设置的国家课程模式转变。①

2002 年，公民课正式纳入了英国国家课程体系，成为 11 岁到 16 岁学童的必修课。当时很多人担心，由于文化课教学的压力已经很大，公民课必将很快再次遭遇边缘化的命运。然而，2004 年 9 月社会服务志愿者组织（CSV）关于公民课的调查显示，自从两年前公民课开设以来，已对学生产生了显著的影响：25% 的受访学生感到公民课使他们对他人有了更多的尊重，17% 的学生感到公民课促进了更大的宽容，6% 的学生认为在公民课上学到的知识直接改进了他们的行为。报告援引了伦敦北部一所高中的例子。这所学校的学生有着复杂的社会和文化背景，但校方对公民教育高度重视。要求每名九年级学生每周都要接受 1 小时的公民教育，其他年级的所有学生在开学和集会时也都要接受相关教育。同时，学校的各门功课都包含了公民教育的内容。校方表示，现在学校的气氛更加平和了，孩子们不再像以前那样喧闹粗野，校园里有了更多的尊重。但是，CSV 的调查也显示，目前公民课师资培训还比较滞后、公民课还没有被要求作为核心课程来安排，很多学校敷衍了事，仅仅对 PHSE（体育、健康与社会教育综合课）和历史课做了一些修补。② 英格兰教育标准办公室表示，在督学（inspectors）检查的学校中，公民教育不符合标准的达到了 1/4。③ 但即便如此，由于公民课已经是英国学校教育中的一门正式的课程，在学校的教学体系中还是获得了一席之地。如英国公民课研究所执行主席赞德里亚·鲍恩斯福特所说，近年来在愤世嫉俗的生活态度，以及对政治体制的不满情绪的影响下，英国公众对政治尤其是选举的参与度明显下降，大力促进人们参与民主过程比以往任何时候都更加重要。从这种角度看，"公民课就是社会对其未来的投资"。④

---

①　Qualifications and Curriculum Authority, Education for Citizenship and the Teaching of Democracy in Schools: Final Report of the Advisory Group on Citizenship.（the Crick Report），转引自唐霞《浅析国际视野下的英国中小学民主公民教育》，《比较教育研究》2007 年第 5 期。

②　http：//www. nbedu. gov. cn/article/show_ article. asp? ArticleID = 10469.

③　http：//www. bbc. co. uk/china/studyintheuk/story/2006/09/060928 _ citizenship _ studies. shtml.

④　http：//www. nbedu. gov. cn/article/show_ article. asp? ArticleID = 10469.

二　英国的道德教育

道德教育是英国中小学教育中重要组成部分。由于英国教育强调学校自治的原则，目前并没有全国统一的道德教育课程安排。1988 年教育改革后，英国公立中小学开始实施全国统一的课程，但是道德教育还是没有列在其中，属于各个学校在地方政府指导下自行安排的范围。目前，英国中小学道德教育方面的课程主要包括宗教课、道德课和社会课等，涉及内容包括公民教育、社会知识、法律常识、参与能力、社会问题等。英国中小学道德教育的目标是使学生懂得做人的基本道理，提高学生在理解和宽容、平等与关爱、对人的尊重、公正与合理、诚实与守信等方面的品质，使其将来能够顺利地融入社会，成为一个有责任心和爱心的守法公民。

宗教教育（RE）是英国公立中小学教育中强制性的组成部分。在苏格兰地区，该课程称为宗教与道德教育课，在英格兰称宗教教育。1944 年《教育法》规定，所有郡立学校和民办学校都应实施宗教教育，1988 年的《教育改革法》和 1998 年的《学校标准与框架法》也有同样的规定。① 英国的宗教课主要传授一些各教派共同具有的宗教知识，是非宗派性的一般性宗教教育，根据地方教育当局任命的各宗派、英国国教会、教师团体代表组成的委员会制定《协定教学大纲》（Agreed Syllabus）的规定实施。宗教课主要向学生介绍宗教和精神领域的历史、内容和观点，课程的内容包括：学习和了解圣经的主要内容；耶稣基督的生活和教条；基督教发展史；教会、神职人员的职责；各教派公认的若干信仰要义以及基督教义适应于日常生活和社会生活的方法等。在非基督徒学生较多的学校，宗教课的内容要依据情况进行调整。这是因为，英国宗教教育的根本目的要通过教学使学生尊重不同的种族、宗教和生活方式，培养学生正确的人生观和价值观，而不单纯是要普及基督教知识。为了确保宗教教育课程的实施，英国法律还规定了担任宗教教育课的教师为"保留教师"，不得随意解雇，即使学校只有两位教师的话，也要聘用一位宗教教育教师。②

很多学校在宗教课外还开设了专门的道德课，运用内容生动、形式多

① http://en.wikipedia.org/wiki/Religious_Education.

② http://www.fjzzjy.gov.cn/newsInfo.aspx? pkId = 3847.

样、符合青少年特点的联系现实生活的教材，培养学生观察、分析道德问题的能力以及体谅他人、为人着想的道德品质。20 世纪 70 年代以来，英国中小学普遍使用《生命线》系列教科书，以生动活泼的形式开展教学活动，将理论、游戏、思考和行动融于一体。英国国家规定的教育目的之一是：培养学生具有活跃探索的头脑；能理性地提出问题和解决问题；能理解人类的成就和抱负；能了解现实世界；了解国家、组织和个人之间的相互关系。因此，英国中小学的道德教育也比较注重培养具有理性的和自治的人，强调促进学生在道德方面的认知能力的发展（包括使学生掌握各种事实知识、逻辑推理、道德判断原则等）和提供道德训练的机会（包括让学生参与作决定的活动和扮演各种角色）。重视创造一个关心人的课堂环境和学校环境，在这种环境中可以观察、体验、学到许多道德准则。[1] 有英国学者指出，一切道德的核心都是在人与人之间关系中学会尊重他人，正确认识自己、别人以及相互之间的关系，道德教育就是要在这方面教给孩子们必要的知识、习惯和态度。[2] 在学习的过程中，要鼓励孩子们自己去寻找生命的意义和目的，建立起自己的信念和价值框架。通过道德教育，孩子们相互协作的能力应该得到加强。教师应该为学生创造对话、反应和争论的机会，激励学生深入思考他们的信念、态度和价值。[3]

同时，英国的中小学普遍比较重视对学生进行礼仪、仪表和个人品行方面的教育。在一些学校德育大纲上，对这些方面均有详细的规定，如在家和在学校的礼节、用餐的礼节，要守时，在公共场所要举止端庄、有礼貌、服装整洁，甚至连上厕所如何保持清洁也有规定。英国人相信严格的纪律约束有助于提升学生的道德水平。英国教育部明确规定，16 岁以下学生若上课缺席，必须有家长或医生证明；学生在校的出勤率应超过90％，否则不予毕业。牛津大学在 1984 年出台了《学监备忘录》，它对学生的日常生活的各方面几乎都有规定，学生一旦违纪，便会受到学校"纪律法庭"的审理，视情节、后果给予不同的惩处。[4] 事实上，对于中小学生的道德教育作为一个基本目标，已经体现在几乎所有课程当中。在这方面，英国学校道德教育没有停留在空洞说教的层面上，而是充分重视

---

[1]　http：//www.fjzzjy.gov.cn/newsInfo.aspx? pkId = 3847.

[2]　http：//libr.org/isc/issues/ISC23/B8％20Susan％20Devine.pdf.

[3]　http：//www.hmie.gov.uk/documents/publication/rmepcp.html.

[4]　http：//www.studa.net/Education/090103/14305017 - 2.html.

了教学形式上的灵活多样和教学方法上的不断创新，其中的很多做法很有启发意义。

英国自 20 世纪中期以来，特别注重道德教育方法的科学化和创新性的探索，相继提出了：①文化传递法。英国是一个具有悠久的历史和深厚的人文传统的国家，教师通过讲述历史故事、人物事迹以及现实生活中的事件、事例，引导学生思考、问答、讨论，使其认同并接受某些传统的、优良的文化价值观和道德标准。②关心体谅法。这是一个很有创见的德育方法，即通过教学，鼓励学生关心他人、体谅他人，多为他人着想。其目的在于形成能为社会所接受的行为准则，帮助学生建立良好的人际关系。③价值澄清法。该方法是由美国拉思斯（Louise Raths）等人创制的，由选择、珍视、行动三个阶段和七个步骤组成。英国教育界将其引进后，把它的步骤简化为五个：认清问题，找出各种可能的选择；衡量各种选择的利弊；考虑各种选择的后果后作出选择；珍惜并且愿意公开所作的选择；根据自己的选择采取行动。价值澄清法强调的是道德和价值观的形成过程，重在培养学生的道德判断力和道德决策力。④道德两难问题讨论法。这是在教学过程中经常被教师们使用的方法，目的在于促进学生从不同的角度思考问题，刺激其认知结构改变，提升道德认知的层次，提高学生解决问题的能力。英国著名道德教育家彼得·麦克菲尔（Peter Mcphail）在 20 世纪 70 年代初创立了独具特色的体谅道德教育模式（The Consideration Model）。该模式将情感置于道德教育的首位，主张学校道德教育应以情感为中心，以培养学生学会关心、学会体谅为道德教育的出发点和归宿。麦克菲尔认为，道德教育过多地运用高度理性化的教育方法，仅仅关注学生的道德判断、道德推理能力的培养，而对学生的道德情感和道德行为不予重视，必然会降低道德教育的成效。尽管道德教育的确具有培养学生的道德思维能力的职责，但如何教育学生学会与他人和谐相处更为重要。麦克菲尔通过大量的调查和实验，发现青少年学生对待成人和同伴行为的反应大多是情感型和动机型的。体谅模式还非常注重道德感染力和榜样在道德教育中的作用。麦克菲尔认为，品德是感染出来的，而非教出来的。在人际关系中，重要的是营造相互关心、相互体谅的气氛，以及教师在关心人、体谅人上要起表率作用。[①]

---

① http：//www. studa. net/Education/090103/14305017 – 2. html.

三　英国的科普教育

英国是近代科学的主要发源地，科技水平一直在世界上居领先地位。据统计，到目前为止英国已经产生了 70 多位诺贝尔奖获得者，资助了全球 4.5% 的科学研究，发表了全球 8% 的科技论文，科技论文的引用率达 9%。① 取得如此骄人的成绩，与英国的大众科普教育活动是分不开的。科普教育不仅增进了英国公众对科学的理解，而且使很多少年儿童从小就对科学产生浓厚的兴趣，为科学事业的发展造就了一个良好的社会氛围和民众基础。

英国政府对科普教育给予了高度重视，1993 年 5 月，英国政府发表了题为"实现我们的潜力"的科技白皮书，首次明确提出要增强公众对科学、工程和技术重要性的认识。1994 年 1 月，英国政府启动了"让公众了解科学、工程和技术计划"（PUSET），使其成为英国科技政策的组成部分，贸工部（DTI）下的科学技术办公室（OST）成立了公众理解科学技术与工程（PUSET）领导小组，指导全社会公众理解科学活动、管理公众理解科学计划。2000 年 7 月，英国政府发表的关于科学技术的第二个白皮书《卓越与机会》，全面阐明了面对 21 世纪知识经济挑战加强英国的科学研究基础、拓展技术创新机会和促进科普的原则立场和政策措施。② 2007 年，英国政府调整部委结构，科普工作已经交由"创新、大学与技能部"（DIUS）的科学与社会处负责管理。③

在英国，科普教育又被称为让大众理解科学，每年都拨出专项资金支持和资助开展公共科普活动。其中最为引人注目的是每年一度的科技周和科学节。科技周（National Science and Engineering Week）一般在每年 3 月举行，为期 10 天。科技周期间，全国的许多科研机构都敞开大门与公众一起开展各种以科技为背景的活动。这些活动通常以青少年为重点，内容涉及几乎所有的科技领域，活动形式也多种多样，有专家会议、公共讲座、开放实验室、动手实验、发现发明展、科技辩论会，还有以强化中小学科学课程为目的的各种活动。目前，2008 年参加科技周的人数达到 140

---

① http：//ibdaily. mofcom. gov. cn/Template/gqxxnewsTemplate. asp？ newsid = 44086.

② http：//www. cast. org. cn/n35081/n35668/n35743/n36689/n39420/10206104. html.

③ http：//www. lda. gov. uk/server. php？ show = conGlossary. 153 & http：//www. dius. gov. uk/.

万，举行各类活动 3500 余项。① 英国科学节（British Science Festival）最初是英国科技促进会的年会，一般于 9 月份举行。早期的年会主要是科学家相互交流的聚会，20 世纪以来重点逐渐转向介绍科技成果和普及科技知识方面，并以集中举办科技活动的方式吸引更多的公众参与。目前，英国每年都要在国内不同地点，举办主题不同的科技节活动。2009 年，英国科技节的主题是纪念达尔文诞辰 200 周年，于 9 月 5—10 日在吉尔福德（Guildford）市的萨里大学（University of Surrey）举行。②

在英国的各项科普教育活动中，英国科技促进会和皇家学会等机构发挥了重要的作用。英国科技促进会（British Association for the Advancement of Science）成立于 1831 年，是英国最古老的专业科普组织。该协会下设 16 个专业部门和 1 个学生组（BAYS），每年除组织上面提到的科技周和科学节外，还重点开展面向青少年的科普活动。现在，该协会的青少年部已成为科促会最大的部门。他们组建的由上千个青少年科技俱乐部构成的科普网络分布在英国各地的学校、博物馆、大学和青少年组织内，所有 8—18 岁的青少年都可以参加俱乐部组织的参观访问、科技讲座和有奖竞赛等活动。创建于 1799 年的皇家学会（The Royal Institution of Great Britain）也是英国历史悠久的科普机构，该所最具影响的科普活动是每年圣诞节期间在讲演厅举办的圣诞科学讲座。③ 该讲座由著名物理、化学家法拉第于 1826 年发起，目的是唤起少年儿童对科学的热爱。每年圣诞期间，研究所都安排一名科学家就某一科学领域进行连续 5 天的讲座。据称，当初法拉第本人曾 19 次登台演讲。之后，英国许多科学家纷纷光临该演讲厅，他们用浅显易懂的语言并配以大量图片、例证、示范等，形象生动地向人们讲述科学知识，受到公众的普遍欢迎。

在英国的科普教育中，各类博物馆和科技中心始终处于核心位置。1683 年，世界第一座科技博物馆——阿什莫林博物馆就是在牛津大学建立起来的。目前，英国的科技类博物馆种类繁多，有大型综合性科技博物馆，也有专业性科技博物馆和许多新建的科技中心，如布里斯托尔探索馆、威尔士技术探索馆和哈利法克斯尤里卡儿童科技馆等。这些场馆集科

---

① http：//www. dius. gov. uk/% 7E/link. aspx？ _ id = F5C33ADAC02247E99982E01732201AFA&_ z = z.

② http：//www. britishscienceassociation. org/web/BritishScienceFestival/index. htm.

③ http：//www. rigb. org/. /registrationControl？ action = home.

普、休闲、娱乐于一体，成为英国日常科普活动的重要基地。在这些博物馆中，位于伦敦的科学博物馆和自然历史博物馆是最为有名的两个大型综合博物馆。这两家博物馆免费向公众开放，世界各地的许多游客纷纷慕名而来，一些英国中小学也组织学生专程到这里参观。科学博物馆的展出内容十分丰富，涵盖了英国科技发展史上所有重要时期和重要的科技成果。在这里，人们可以看到引发英国工业革命的瓦特蒸汽机，也可以看到最新的人类 DNA 测序机和培育克隆羊多莉时用来融合成年体细胞和去核卵细胞的融合器。英国政府从立法和资金保障两方面大力扶持科技馆事业。早在 18 世纪末，英国政府就制定了《博物馆法》，对包括科技馆在内的博物馆给予法律保护，确定其公益法人的地位。英国政府不仅斥巨资建立科技馆，而且每年为科技馆划拨大量经费，保证其运营。① 此外，英国还出版了大量科普图书，同时运用电视和互联网等途径开展科普活动，也取得了良好效果。尤其值得一提的是英国的科普类图书十分发达，有适合不同年龄段的系列丛书，也有印刷精美的科普画册和各种科技百科全书。这类图书的销售十分灵活，不仅局限于书店，在普通超市也有销售。

　　科技的发展离不开公众的支持。近年来，科学技术在为人们带来巨大利益的同时，也在健康、环境和伦理道德等方面带来了许多问题，致使部分公众对科学产生怀疑和恐惧心理。在英国，一些人甚至采取极端手段，通过摧毁动物实验室和转基因作物实验田来表示抗议。针对这种状况，英国前首相布莱尔在皇家学会的讲话中曾经强调指出，当前英国存在反科学倾向，这就要求科学界与公众之间加强沟通与了解，为科学的发展创造良好的外部环境。

① 　http：//www.lsinfo.gov.cn/shownews.asp? NewsID = 135.

第 二 章

美国的社会发展与政策选择

美国源自于脱离英国统治的 13 个英属北美殖民地。1776 年 7 月 4 日，13 个州的殖民地代表共同发表了《独立宣言》。在经历艰苦的独立战争后，于 1783 年与英国签订了《巴黎条约》，从此受到世界各国的承认。

现在的美利坚合众国（United States of America）是一个由 50 个州和一个联邦直辖特区组成的宪政联邦共和制国家。美国本土位于北美洲中部，包括 48 个州和华盛顿哥伦比亚特区。在美国本土之外，阿拉斯加州位于美洲大陆西北岸，与美国本土之间隔着广阔的加拿大；夏威夷州位于太平洋中部；此外，美国在加勒比海和太平洋海域内拥有众多的海外领地。

美国的国土面积超过 962 万平方公里，仅次于俄罗斯和加拿大占世界第三位，其人口总量超过 3 亿人，仅次于中国和印度占世界第三位。美国是全球最具特色的多元文化国家，接纳了来自全球各地的移民，号称"移民国家"。美国也是全球经济最发达的国家，2008 年其国内生产总值高达 14.3 万亿美元，占全球生产总值的 23%（按购买力平价为 21%）。

冷战结束后，由于苏联在 1991 年解体，美国成为当今世界上唯一的超级大国。美国是联合国安全理事会五个常任理事国之一。美国在全球的政治、经济、军事、文化等众多领域具有十分巨大的影响力。

2007 年美国爆发了次贷危机，在很短的时间内，演变为全球性的金融危机，而且危机还在继续蔓延。这次金融危机发生以后，美国和其他国家的政府纷纷出台一些政策，挽救金融危机所产生的消极后果，与此同时，对于美国资本主义的研究也达到了空前的高潮。

本篇主要从美国的人口结构、城市化、社会阶层分化、社会发展与稳定等角度，讨论美国的社会发展与政策选择，以资我国建设和谐社会作为借鉴。

第一节　美国人口结构的变化与政策选择

格林尼治标准时间（GMT, Greenwich Mean Time）2009 年 3 月 20 日 3 点 31 分（本文开始写作时间），美国人口为 3 亿 604 万 3422 人，同时间世界人口为 67 亿 6776 万 2505 人。美国人口占世界人口的比例为 4.52%。目前，在美国每 12 秒钟有一个婴儿出生；每 12 秒钟有一人死亡；每 36 秒钟增加一名移民；每 13 秒钟美国总人口净增一人。[①] 人口的自然增长与外国移民的流入，是美国人口不断增加的两个基本原因。

不过，近年来由于发端于美国次贷危机的世界金融危机和经济衰退的影响，美国等发达国家一定程度上正在失去对外来移民的吸引力，有经济学家认为，全球移民潮可能出现自 20 世纪 30 年代 "大萧条" 以来的最大逆转。[②] 尽管如此，在今后相当长时期，外国移民流入的趋势仍不会改变，外国移民流入仍将是美国人口增长的一个重要因素。

一　多样化的人口种族结构及其变化过程

美国原来是土著民族居住的地方，从发现新大陆的 15 世纪末开始，来自欧洲的殖民者来到这里，从此开启了美国移民的大门。其中，英国人是美国早期殖民者中的主流民族，英语也因而成为美国的主流语言。但是，紧随英国人之后，来自西班牙、葡萄牙、荷兰、德、法等国的欧洲人日益增多，以致一位美国革命者托马斯·潘恩说："欧洲而非英国才是美国的母国。"[③]

在 17—19 世纪，来自非洲的黑人奴隶通过奴隶贸易被贩卖到这里。在 19 世纪，来自亚洲的移民迁徙到这里。外来人口的进入又导致了不同人种之间的混血。据统计，从 1820 年到 2002 年 183 年间，外国移居美国的居民共 6822 万人，其中来自欧洲的 3882 万，来自亚洲的 942 万，来自美洲的 1895 万，来自非洲的 79 万，来自大洋洲的 24 万。在亚洲国家中，移民美国最多的国家是菲律宾（163 万），其次是中国（144 万），第三是

---

① http://www.census.gov/population/.

② The Great U-Turn By PATRICK BARTA and JOEL MILLMAN, Printed in *The Wall Street Journal*, 2009, 6, 6.

③ http://usinfo.state.gov/usa/infousa/facts/factover/ch1.htm.

印度（95万）。①

表 2—1　　　　生活在美国的各个人种的人口（2004 年国势调查）

顺位	系统	人口	顺位	系统	人口
1	德国裔	42800000	20	华裔	2270000
2	爱尔兰裔	30520000	21	西班牙裔	2190000
3	英国裔	24510000	22	菲律宾裔	2120000
4	美国人	20190000	23	欧洲裔	1970000
5	墨西哥裔	18380000	24	威尔士裔	1750000
6	意大利裔	15640000	25	亚裔印第安人	1550000
7	波兰裔	8980000	26	丹麦裔	1430000
8	法国裔	8310000	27	匈牙利裔	1400000
9	印第安人	7880000	28	捷克裔	1260000
10	苏格兰裔	4320000	29	韩国裔	1190000
11	荷兰裔	4540000	30	非洲人	1180000
12	挪威裔	4480000	31	葡萄牙裔	1170000
13	苏格兰裔爱尔兰人	4320000	32	希腊裔	1150000
14	瑞典裔	4000000	33	日裔	1100000
15	白人	3830000	34	古巴裔	1100000
16	波多黎各裔	2650000	35	英国人	1090000
17	俄罗斯裔	2650000	36	越南裔	1030000
18	拉丁（语）裔	2450000	37	瑞士裔	910000
19	法国裔加拿大人	2350000	38	多米尼加裔	910000

　　生活在美国的种族多样化结构世属罕见。据 2005 年的统计，白种人（包括欧洲血统、北非血统、中东血统、中亚血统、拉丁美洲血统）人口达 2 亿 1530 万人，占总人口的 74.7%；撒哈拉以南的非洲血统（黑种

① http://eire. census. gov/popest/data/national/popbriefing. php.

人）人口达 3490 万人，占总人口的 12.1%；亚裔人（东亚、东南亚、南亚）达 1250 万人，占总人口的 4.3%；美洲印第安人有 240 万人，占总人口的 0.8%；太平洋地区的土著民族人口 40 万人，占总人口的 0.1%，其祖先的人种在两个以上的美国国民（混血人种）有 560 万人，占总人口的 1.9%；其他人口 1730 万人，占总人口的 6%。[①] 由于美国是英语圈国家，一般人容易以为占人口最多的是英国人，其实并非如此，最多的是德国人，其次是爱尔兰人。表 2—1 示出了生活在美国的各个人种的人口（2004 年数据）。

二　"移民国家"美国的人口增长及其分布

从 1790 年美国进行第一次人口普查起，美国每十年进行一次人口普查，最近两次是在 2000 年和 2010 年进行的。

1790 年美国人口仅为 392 万 9214 人，而截至 2009 年 3 月 20 日，美国人口为 3 亿 604 万 3422 人，增长了约 77 倍。[②] 美国人口增加的一个重要原因在于移民的大量涌入。1820—1980 年的 160 年间，共有 4960 万移民来到美国。[③] 由于存在大量的合法的或非法的移民，而移民总的来说比较年轻而且出生率较高，致使整个美国的出生率得以长期保持在 2.0‰—2.1‰（2005 年为 2.05‰），在发达国家中处于最高水平，其中，移民的出生率达 2.71‰；出生在美国的女性的出生率为 1.98‰；即使限于白色人种的女性的出生率也达到 1.85‰。在自然与社会的双重因素作用下，美国的人口持续增长，在 1915 年超过 1 亿人，在 1967 年超过 2 亿人，在 2006 年超过 3 亿人。从 1776 年美国建国算起，美国人口用了 139 年时间才突破 1 亿，其后增速加快，从 1 亿人到 2 亿人用了 52 年，从 2 亿人到 3 亿人用了 39 年。

从主要发达国家的人口增长率来看，至 1980 年，西欧各国的人口增长率约为 0.5‰，美国、加拿大、日本 3 国约为 1‰。其后，日本、西欧各国的人口增长率降至 0—0.5‰，美国和加拿大的人口增长率至今仍维持在接近 1‰的水平。现在发达国家总人口为 12 亿，预计在今后 50 年这

---

① http：//www. census. gov/population/.

② http：//www. census. gov/dmd/www/resapport/states/united-states. dls.

③ U. S. Bureau of the Census, "Historical Statistics：From Colonial Times to 1970（Washington D. C. , 1975）and Statistical Abstract of the United States", 1985.

个数字将大致保持不变。其中，在主要发达国家中，日本、德国、意大利在 2005 年前后，英国、法国在 2035 年前后，人口将超过峰值转为减少。而美国和加拿大的人口即使到 2050 年也将继续增加。

美国有 50 个州，被美国人口统计局划分为：①东北部，包括康涅狄格、缅因、马萨诸塞、新罕布什尔、新泽西、纽约、宾夕法尼亚、罗德岛、佛蒙特各州；②中西部，包括伊利诺伊、印第安纳、艾奥瓦、堪萨斯、密歇根、明尼苏达、密苏里、内布拉斯加、北达科他、俄亥俄、南达科他、威斯康星各州；③南部，包括亚拉巴马、阿肯色、特拉华、哥伦比亚特区、佛罗里达、佐治亚、肯塔基、路易斯安那、马里兰、密西西比、北卡罗来纳、俄克拉荷马、南卡罗来纳、田纳西、得克萨斯、弗吉尼亚、西弗吉尼亚各州；④西部，包括阿拉斯加、亚利桑那、加利福尼亚、科罗拉多、夏威夷、爱达荷、蒙大拿、内华达、新墨西哥、俄勒冈、犹他、华盛顿、怀俄明各州。自 19 世纪的所谓"西进运动"起，美国人就不断西迁。20 世纪 30 年代罗斯福推行"新政"、"二战"及"二战"后美国政府采取扶植西部和南部等落后地区的政策，进一步促使美国人向南部和西部迁徙。到了 2000 年，东北部、中西部、南部、西部的人口占全国人口的比例分别为 19.0%、22.9%、35.6%、22.4%；而在半个世纪以前，这 4 个地区的人口占全国人口的比例分别为 26.2%、29.5%、31.3%、13.4%；两相比较，东北部、中西部、南部、西部 4 个地区的人口占全国人口的比例的变化分别是：-7.2%、-6.6%、4.3%、9.0%，反映了 50 年来东北部和中西部的人口占全国人口的比例在下降，而南部和西部的人口占全国人口的比例在上升，上升幅度最大的是西部。位于西部和南部的加利福尼亚州、得克萨斯州、佛罗里达州等地常被称为"阳光地带"（sun belt），其中，尤其是加利福尼亚州为美国经济第一大州，闻名于世的"硅谷"、斯坦福大学、好莱坞等都在这里，加州农业也很发达。得克萨斯州是全美第一大石油产地，农牧业也很发达。佛罗里达州是旅游胜地，迪斯尼以及号称"美洲的首都"、被《福布斯》评为"美国最干净的城市"的迈阿密就在这里，农业也很发达。

美国人口在各州的分布以及人口变动直接影响到政治力量的变化，美国宪法第一条第二款规定："众议员名额……在本联邦可包括的各州中，按各自人口比例进行分配。"① 这意味着美国国会的众议员名额与各州的人口多少直接挂钩。按照美国总统选举所实行的选举人团制度，美国总统由各州议会选出的选举人团选举产生，而不是由选民直接选举产生。总统候选人获得全国 50 个州和华盛顿特区总共 538 张选举人票的一半以上（270 张以上）即可当选。美国各州拥有的选举人票数目同该州在国会的参、众议员人数相等。其中参议院由各州选举两名议员组成，众议院议员人数则根据各州人口比例来确定（不过，尽管美国宪法规定众议员名额按人口比例分配，但实际上各州每名众议院议员所代表的人口数不尽相同）。② 总的来说，人口多的州，其众议员人数相应就多，同时在总统选举时拥有的选举人票也多。例如，美国人口最多的加利福尼亚州所拥有的选举人票多达 55 张，而人口较少的阿拉斯加州只有 3 张选举人票。鉴于这种情况，在历届美国总统选举中，人口众多的州都成为总统候选人争夺的重要目标。与此同时，每 10 年一次的人口普查将根据人口数量决定哪些州在国会获得新席位，哪些州失去原有席位，比如，在 2000 年人口普查中，犹他州因为差 80 人而没能得到第 4 个众议院席位，北卡罗来纳州则增加了一个席位。由于人口普查直接影响到国会代表权的划分以及政府给地方的拨款，成为美国政府制定各项社会政策的基本依据之一，因此，美国的人口普查总是伴随着各个州之间利益争夺，"人口普查通常会引发白热化的政治大战"③。

　　表 2—2 表示出了以人口多少来排序的美国城市的名字，可以看出，在前 20 名当中，得克萨斯州占了 5 个，加利福尼亚州占了 4 个。此表依据的是 2007 年 7 月 1 日美国国势调查局的数据。需要注意的是，由于历史背景与地理条件的不同，在美国有很多场合，不能将城市人口与城市规模等同起来，也就是说，不宜简单地根据人口的多少来判断城市的规模。

---

① *The Constitution of the United States of America.*

② http：//www. census. gov/population/www/censusdata/apportionment/history. html.

③ 引自美国《芝加哥论坛报》2009 年 5 月 25 日报道："2010 年美国人口普查将是迄今为止规模最大和耗资最多的人口普查。"

表 2—2　　　　　　　美国主要城市的人口（2007 年国势调查）

	城市	行政区划	人口		城市	行政区划	人口
1	纽约	纽约州	8274527	11	底特律	密歇根州	916952
2	洛杉矶	加利福尼亚州	3834340	12	杰克逊维尔	佛罗里达州	805605
3	芝加哥	伊利诺伊州	2836658	13	印第安纳波利斯	印第安那州	795458
4	休斯敦	得克萨斯州	2208180	14	旧金山	加利福尼亚州	764976
5	菲尼克斯	亚利桑那州	1552259	15	哥伦布	俄亥俄州	747755
6	费城	宾夕法尼亚州	1449634	16	奥斯丁	得克萨斯州	743074
7	圣安东尼奥	得克萨斯州	1328984	17	福沃斯	得克萨斯州	681818
8	圣地亚哥	加利福尼亚州	1266731	18	孟菲斯	田纳西州	674028
9	达拉斯	得克萨斯州	1240499	19	沙洛特	北卡罗来纳州	671588
10	圣荷西	加利福尼亚州	939899	20	巴尔的摩	马里兰州	637455

三　美国的多样化种族结构对社会文化的影响

移民问题在美国的政治与社会中一直是一个重大而敏感的楔子问题（the wedgeissue），它涉及什么是美国人和美国根本的文化与价值问题。美国是世界上最大的、典型的移民国家，也被曾看做是一个各种不同民族、人种集聚，各种不同文化兼容并蓄的"大熔炉"，移民带来自己的文化贡献，融入美国文化之中，最终形成一个统一的美国文化。其实，这种"大熔炉"的说法并不符合事实，美国社会与其说是由不同人种相互融合而成的"熔炉"，不如说是不同人种分别居住在不同场所（比如中国人多居住在"中国城"）而形成的由各种蔬菜混合成的"大拼盘"或"色拉碗"，[①] 换句话说，"色拉碗"说比"大熔炉"说更符合现实，外来移民并没有完全融入美国主流文化即以清教徒为主体的盎格鲁—撒克逊文化。美国在事实上就是一个"各色人种的色拉"，不同人种相对独立地保存了本民族的文化特色，成为美国文化的组成部分，虽有相互影响，但并没有完全融入美国的主流文化。现代社会学家论及美国多样化种族结构对社会文化的影响时，多倾向于多元文化论，在很大程度上放弃了

---

① Joyce Millet, "Understanding American Culture：From Melting Pot to Salad Bowl". culturalsavvy. com，2006 年 6 月 28 日.

"熔炉"说。①

尽管美国的不同种族、宗教、民族及其文化并没有达到互相融合的地步，但是，众多种族和民族生活在一方国土上，多族裔文化并存于一个社会里，必然产生相互碰撞、相互影响和相互交流，给美国社会带来了蓬勃的生机和活力，特别是美国高技术企业对外国人才的依赖越来越大；但在另一方面也带来了严重的人种差别和歧视问题，特别是种族主义者的恶性犯罪事件经常发生，演化成为严重的社会问题。

1776 年大陆会议通过的《独立宣言》、1787 年制定的《美利坚合众国宪法》、1791 年生效的宪法修正案——《人权法案》虽然主张"平等与天赋人权"（natural rights）思想，强调人的与生俱来的权利绝不应该被剥夺，但是，实际上美国土著印第安人的社会和文化遭到严重破坏，美国其他少数民族长期遭受不公正的待遇。自 20 世纪 60 年代以来，在"二战"后民族解放运动高涨的国际环境的影响下，与"熔炉"说相对立的多元文化思潮日益兴起，在历史上备受压迫和歧视的民族维护自身权益的民权运动（civil rights movement）日趋发展，这标志着少数民族在文化上开始走向觉醒，在政治上也迈出了坚实的一步。尤其在南方，从 20 世纪 50 年代开始，马丁·路德·金（Martin Luther King）等人领导的民权运动对种族歧视展开了勇敢的挑战，最后终于废除了南方各州的种族隔离法律，导致了一场全国范围的对美国少数民族地位的重新评价。2008 年，在马丁·路德·金发表《我有一个梦》的讲演 45 年、被暗杀 40 年之后，来自伊利诺伊州的参议员巴拉克·奥巴马（Barack Obama），一位非洲裔美国人，经过了长达 15 个月的艰苦初选，终于被民主党提名为总统候选人。2008 年 11 月 4 日，他又击败共和党参议员麦凯恩而入主白宫。奥巴马从美国第一位黑人总统候选人一路走来，到赢得大选，当选为美国历史上第一个黑人总统，这对于长期被种族问题所困扰的美国，对于自里根政府以来一直将黑人青年妖魔化的美国，在政治与社会文化方面具有里程碑的意义。②

现在，越来越多的美国人认识到必须尊重文化的多样性，必须让少数

① Adams, J. Q., Pearlie Strother-Adams (2001), Dealing with Diversity. Chicago, IL: Kendall/Hunt Publishing Company.

② Klarman, Michael J., *From Jim Crow to Civil Rights: The Supreme Court and the Struggle for Racial Equality.* Oxford University Press, USA: 4 May 2006, p. 552.

民族拥有发展自身的传统文化的机会、空间和尊严。多元文化思潮的兴起和民权运动的高涨促使美国社会、法律及种族关系逐步取得进步，少数族群在教育、就业及住房等方面逐渐获得了比较公平的机会，异族之间的通婚越来越被接受，不同种族的孩子以及他们的父母亲也日益适应与其他种族一起游戏和工作。现在，人们在美国的大街小巷可以看到各种肤色的人；在公司、学校、政府机关等单位，也可以看到不同民族的人齐聚一堂，无所谓美国人与外国人。有时你见到一个白人，一搭话，却发现他是外国人；你见到一个黑人或黄种人，一聊天，却发现他是一位地道的美国人。

这反映了美国在将不同肤色、不同民族以及不断流入的外来移民组合、"统一"到美利坚合众国（United States of America）这个由 50 个州和一个联邦直辖特区组成的宪政联邦共和制国家方面取得的进步和成功。不过，尽管有了上述的进步和成功，美国的种族问题至今仍然存在，表面平等自由的美国社会种族主义暗流仍在深层涌动，美国社会占据主流地位的仍是"盎格鲁—撒克逊白人清教徒"，少数族裔面前依旧横亘着一条经济社会地位差异的鸿沟，美国主流社会中对华裔"永远的外国人"的成见依然存在，现行的移民法依然带有歧视某些种族团体和所谓"少数族裔"的不公正色彩，比如对非裔的死刑执行率大大高于对欧裔的死刑执行率，显示出司法制度在种族问题上依然不够公平。在美国南方，选择陪审员时仍盛行种族歧视，在阿肯色州、佛罗里达州和田纳西州，居然没有黑人检察官。

与此同时，不同种族间还时而出现紧张关系甚至引发暴力。1992 年洛杉矶动乱就是因为种族问题而引发的。"9·11"恐怖事件发生后，在保守势力中敌视外来移民的主张死灰复燃，对美国政府旨在公平善待移民的政策形成压力，不少美国公众也改变了对待移民问题的宽容态度，在此背景下，政府对移民政策的部分改变或调整，已影响到不少移民和非法移民的日常生活。在美国南部和中西部的一些地区，3K 党等种族歧视团体依然在公开活动。在 2008 年大选当中，有人甚至威胁要暗杀竞选总统的民主党候选人奥巴马。

四　美国的人口政策和移民政策

在历史上，美国为了促使人口增加，实际上采取了一些促进人口增加的政策。如 1873 年，美国政府颁布了《康托斯法》，禁止一切避孕材料的邮寄和从外国进口。战后，美国人口增长较快。在此背景下，从 1965 到 1966 年，先后有 5 个州废除了对避孕手段传播的限制。1965 年美国高等法院宣布，已婚夫妇实行避孕不受任何法律限制，1972 年宣布该项规定扩大到未婚者。

从 20 世纪 60 年代初到 70 年代中期，美国的出生率明显下降。1967 年，美国官方发表了第一个开展家庭生育计划的声明，约翰逊总统也在其国情咨文中确认一切家庭可按意愿生育孩子和安排生育间隔，倡导"生育自由"，并没有采取着意阻止出生率下降趋势的政策。

1970 年，经国会通过，尼克松总统设立"人口增长和美国前景委员会"，研究美国人口发展状况及其相关问题。1974 年，该委员会经研究提出"人口继续增长，对经济、环境、政府和社会等皆无益处"的结论，提出最理想的目标是人口稳定，也就是将"静止人口"作为美国政府人口政策的目标。

从 20 世纪 80 年代后半期开始，美国的出生率缓慢上升。2000 年以来，美国的出生率（每 1000 人口的出生人数）一直保持在 2.0—2.1 之间，接近人口置换水准（即保持人口总数不变的出生率）2.09，这意味着美国基本上达到了"静止人口"的目标。

在日、欧等发达国家出现"少子化"（妇女生孩子日趋减少）、纷纷采取多种政策措施支援生育、遏制人口增长率下降的情况下，美国只是在税制方面采取了一些鼓励生育的措施，政府对鼓励生育的政策介入十分有限，这是因为美国基本上是一个即使政府对生育不给予支援也能达到较高出生率的国家，是欧美发达国家中少有的、人口持续增加的国家。在美国的人口增长中，少数族裔（ethnic minorities）的出生率高于多数族裔，以致有学者认为美国的人口种族结构将可能向着少数人种成为"过半数人种"的局面发展。[1] 其实，目前至少在纽约市、加利福尼亚州，移民和移民的后代已经成为"多数族裔"。

移民政策是美国人口政策的重要部分。美国是世界上接收移民最多的国家，是世界上最受欢迎的移民目的地。在所谓"美国梦"的吸引下，

---

[1] Mather, Mark. 2007 "The New Generation Gap" Population Reference Bureau：May 2007 issue.

来自世界各国各地区的人们大量移民到美国。现在，每年仍有超过一百万的移民成为美国公民。① 从历史上看，美国最初是以来自欧洲的移民为中心、通过吞噬土著民族的传统生活空间建立了美利坚合众国；在建国后一段时期继续维持奴隶制度；以后又从世界各国接受移民以谋求发展。

美国 1868 年宪法第 14 条修正案规定，凡在美国领土出生的人都是美国公民，也就是说，美国在出生公民权问题上实行出生地原则，即"落地国籍"原则。即使在美国航空公司的飞机上或美国客轮上出生的婴儿，根据领土规定，都算在美国出生，理论上也可自动获得美国国籍。② "落地国籍"原则对于美国吸引移民起到了重要作用，不过，这项原则也可能被非法移民所利用，一些非法移民通过在美国生育获得居留权，并以"无法离开孩子"为由，向美国法院提出居留申请，当孩子长到 21 岁后，又可以凭借美国公民身份为其父母申请"绿卡"。③

在有关移民的法律方面，早期美国采取的是有选择的移民法，仅仅从"质"的方面对移民加以限制（例如限制妓女、有犯罪前科的人等），而在数量方面没有限制。但是，进入 20 世纪，来自东欧、南欧的所谓"新移民"大量进入美国，导致在美国各地以工会力量为中心，要求政府制定有限制的移民法的呼声日益高涨。其结果，从 1921 年开始，美国的有选择的移民法发生了 180 度的转换，采取了以种族主义为背景、以"限额制"和数量限制为基本原则的政策。1921 年美国国会通过的移民法案，规定任何国家每年向美国移民人数不得超过当时居住在美国人数的 3%。1924 年制定的《原国籍法》规定各国向美国移民人数每年不得超过在 1890 年时住在美国的该国人数的 2%。

在第二次世界大战后，美国开始抑制种族主义的思维，废除阻碍移民自由化和移民归化权利的各种差别，并推行"人才进口"政策，以优厚的待遇和良好的条件，吸引世界各地有名望、有成就的科学技术专家移居

---

① 所谓美国梦（American Dream）就是一种相信只要在美国经过努力不懈的奋斗便能获得更好生活的梦想，亦即人们必须依靠自己，而不是依赖他人，通过自己的勤奋、勇敢、坚毅、富有创意的努力，在生活上达到富足，在经济上获得成功。请参照 Boritt, Gabor S., *Lincoln and the Economics of the American Dream.* Page 1. December 1994. University of Illinois Press。

② "落地国籍"又称"属地原则"，加拿大、巴西等国都采用这一国籍原则。然而，大多数欧洲国家则在国籍问题上采取"属血"原则，也就是一个人可以根据其祖上的血统获得国籍。

③ 近年来，美国的一些议员要求修改"落地国籍"原则，使出生于美国的非法移民婴儿无法自动取得美国国籍。

美国。1952 年通过的移民法对所有人种的移民给予入境资格。但是，即便是这样的法律，对出身亚太地区的移民仍然加以限制。1965 年，国会通过新的移民法案，规定任何一国每年向美国移民的限额为 2 万人，墨西哥和加拿大移民限额 4 万人，基本消除了对出身亚太地区的移民的种族歧视，分配给亚洲移民占全部移入民的比例从 20 世纪 50 年代的 6% 提高到了 1973 年的 30%。但是，对接受移民的总数仍维持限额，规定对来自西半球（南北美洲）的移民每年不得超过 12 万人，对来自西半球以外的移民每年不得超过 17 万人。[①]

1977 年众议院成立了"人口选择委员会"，研究国内外人口问题，尤其注重外来移民对美国的影响。进入 20 世纪 80 年代，美国移民政策进一步加强了选择性原则，重视有文化和专长的移民入境。

按照美国过去的移民法，凡是在美国有亲属关系的移民申请案都能得到优先处理。近年来美国近 2/3 的绿卡都颁发给了美国公民的亲属。这种做法造成大量的"连锁移民"，未能注意移民者本身的素质。与此同时，大量的"非法移民"入境成为美国政府面对的棘手课题，1986 年颁布了《外来移民改革和控制法令》，旨在遏止非法移民流入。

为了应对目前在美国有 1200 万非法移民的问题，布什政府从所谓的"富于同情心的保守主义"（compassionate conservatism）出发，提出了一个全面移民改革方案。改革方案的核心就是给予非法移民以合法的地位，给他们提供走出地下、成为美国公民的可能性。2007 年美国国会通过新的移民法案。根据新法案，未来的美国移民法将建立一套打分系统，移民申请者受教育程度越高，掌握的某种职业技能越熟练，英语的运用能力越高，在科学、数学和技术等领域所受的训练时间越长，工作的领域和行业为美国所需要的程度越高，都将在打分系统中获得更高的分数，移民美国的希望也就越大。新政策从以往那种以家庭背景为主的移民方式转变为对高端科技人才大开绿灯，显示出美国急需在教育、工作技能等方面可以加强本国在全球竞争力的人才，高端科技人才仍然是最受美国移民当局欢迎的人群。[②]

---

　　① 　Robert W. Tucker, Charles B. Keely and Linda Wright, ed. "Immigration and U. S. Foreign Policy", Westview Press, 1990.

　　② 　www. eol. cn/ymdt_ 5807/20070530/t20070530_ 2...47K 2008 – 10 – 25.

　　新政策对滞留在美国的1200万非法移民也作出新的规定，所有滞留美国的非法移民都可以得到一张防伪的身份卡，利用这个卡即可以申请Z签证，前提是必须通过美国政府的安全背景调查、有一份工作、无犯罪记录并缴纳1000美元的罚款。在经过一定的年数之后，只要这些Z签证的持有者能够达到更高的英语水平，并在新的移民打分系统中得到符合条件的分数，而且到时美国政府积欠的绿卡申请案也已经清理完毕，那么这些Z签证的持有者就可以再缴纳4000美元的罚款后，回到原国家递交绿卡申请，进而申请美国绿卡。

　　看上去这是给非法移民"正名"的一条"康庄大道"，但事实上非法移民转变为合法公民的条件还是相当苛刻。在必须保证自身条件得到提高的基础上，还必须赶到恰好的时机——美国政府必须清理完毕所有积欠的绿卡申请案。另外，即使有机会顺利地成为合法的美国公民的非法移民，前后也要为这一转变过程付出至少5000美元的代价。且不论是否交了这笔钱就能够达成心愿，仅仅这笔钱的数量来说，对于那些处于贫困线上挣扎的非法移民就是不小的负担。[①]

　　最后，在国内移民方面，美国政府在历史上曾鼓励和资助人们向中部和西部人口稀少的地区移动，现在则对国内人口分布和迁移不加限制，让人们自由迁移流动。近年国内人口自由移动的总趋势是从工业化的东北部和北部各州向西南、东南各州移动，同时也向大都市以外的区域移居。

第二节　城市化与产业的发展

　　美国的城市化进程是与产业的发展、特别是与19世纪以来的工业化和20世纪后半期的后工业化的进程紧密相关的。随着工业和服务业的就业人数不断增加，生产分工和专业化趋势日益分明，城市也逐渐发展和扩大。总的说来，美国的城市化是工业化和后工业化发展的产物，它反过来又有力地促进了工业化和后工业化的发展。有学者特别指出：在早期，是工业革命的发生启动了美国的城市化；凡工业发展速度快、完成早的国

---

　　① http：//liuxue. eol. cn.

家，其城市化程度相对也高；城市化的完成晚于工业化的实现。[①] 在美国，工业革命完成于 19 世纪末，城市化实现于 20 世纪 20 年代。

一　美国城市化的进程

美国早期城市与产业的发展是与美国版图的逐步形成过程分不开的。

在属于当今美国版图的这块土地上，美洲原住民居住了 15000 余年。欧洲从 15 世纪末开始殖民美洲。17 世纪初期，英国人开始在北美大西洋沿岸的殖民地即现今美国版图的东北部沿岸地区建立一些城市，早期城市的主要是港口城市，集中在美国东海岸，如纽约（1625 年）、波士顿（1630 年）等。

到了 18 世纪中期，除今天的加拿大外，英国在北美洲共建立了 13 个殖民地。1775—1783 年，13 个美洲殖民地与英国之间的矛盾日益激化，终于引发了独立战争（American War of Independence）。1777 年，从英国殖民者手里争得独立的 13 个殖民地建立了一个联邦政府，成为主权国家。独立战争以英国的失败而告终，1783 年签订的《巴黎条约》承认了美利坚合众国的独立。与此同时，因为许多殖民地的居民在战争中逃离那 13 个殖民地流向北方，为日后加拿大的建立打下了基础。

然而，独立后的美国，依然还是一个 "乡村国家"。在 18 世纪 90 年代，在美国开始走向城市化的时候，城市人口比重（城市化率）只有 5%，而且没有一个城市超过 5 万人。

从 1803 年至 1848 年，美国的面积几乎扩大了 3 倍，殖民者怀着将新国家的版图扩展至整个大陆的理想，朝着广阔无垠的大地开拓，直至太平洋沿岸。[②] 1848 年美国赢得了美（国）墨（墨西哥）战争，将得克萨斯并入美国的版图。

随着美国疆域的扩大，城市人口也日益增加。从 1840 年至 1850 年，城市人口数量几乎翻了一番，从 1850 年至 1860 年又翻了一番。但是，当时的主要城市仍然限于东部地区。

---

① 黄柯可：《关于美国城市化研究若干问题的思考——兼评我国的研究情况》，《世界历史》1995 年第 6 期。

② 特别是美国第 5 任总统门罗任职期间（1816 年当选总统，连任两届），美国国土增加了密西西比、俄克拉荷马、密苏里、缅因和伊利诺伊 5 个州，加上门罗任法国特使时购买的路易斯安那，他使美国国土扩大了好几倍。

随着国家的不断扩展，掌控北方的联邦政府与南方的州政府在蓄奴等问题上产生分歧：掌控北方的联邦政府反对保留奴隶制度，而南方州由于其棉花等主要产业依赖于奴隶制度，极力反对北方州干涉其传统制度。1860 年亚伯拉罕·林肯当选总统后，南北双方终于爆发冲突，7 个南方州相继脱离联邦，于 1861 年成立"美利坚联盟国"对抗联邦政府，双方之间的冲突发展为一场内战（American Civil War）①，这场战争以联邦在 1865 年取得胜利告终，导致奴隶制度的终结，各州围绕是否有权脱离联邦的争论也随之销声匿迹。美国史学者认为这场内战是美国历史的主要分水岭，联邦政府的权力从此大大增强。②

内战期间的科技发展，加上来自欧洲的大量移民潮为美国新兴产业提供了丰富的劳动力，以前无人开发的地区开创了许多社区和城市，加速了美国工业化的进程。与此同时，内战后美国的疆域从北到南、从东向西进一步扩大。

到了 19 世纪六七十年代，经历了从农业到手工业、商业，再到大工业的循序渐进的发展，东北部地区的城市化日益形成规模。与此同时，加利福尼亚等地区丰富的矿藏吸引大批"淘金者"开始"西进运动"，在原来仅有一些印第安人部落及英国、西班牙早期殖民据点的空旷的西部大地，人们修筑铁路，开发矿产，在矿山和铁路附近迅速兴起了星罗棋布的大小城镇。

富饶的美国大地越来越展示出对外来移民的吸引力，19 世纪 80 年代掀起了又一波移民高潮，主要来自欧洲的移民纷纷来到尚未开发的区域建造新的社区、新的城市，农村人口与国外移民犹如潮水一般涌向城市，其中很大一部分涌向中西部与西部，在人口的自由流动、迁徙、繁衍中，依靠采矿和修路先行，越过农业发展阶段的西部地区的城市化日益扩张，其发展速度和水平逐渐赶上甚至超过了东北部，促使整个美国城市化进入了高速发展阶段。到了 20 世纪 20 年代，美国的城市人口超过了农村人口，

---

① 1861 年 4 月至 1865 年 4 月美国南方与北方之间进行的战争（南北战争），又称美国内战。北方领导战争的是资产阶级，战斗力量是广大工人、农民和黑人。在南方，坚持战争的只是种植场奴隶主，他们进行战争的目的是要把奴隶制度扩大到全国，北方目的则在于打败南方，以恢复全国统一。

② De Rosa, Marshall L., *The Politics of Dissolution: The Quest for a National Identity and the American Civil War.* Transaction Publishers, 1997, p. 266.

1920 年城市人口比重达到 51.2%。①

截至 20 世纪末期，美国城市化率达到 80% 以上，形成了大纽约区、芝加哥区、大洛杉矶区这样的世界级城市群，成为世界上城市化水平最高的国家之一。

二　经济发展对城市化发展的推动作用

在 18 至 19 世纪，第一次工业革命首先在英国发生，随后扩展到欧美各国。美国的工业革命开始于 19 世纪初期，其起步虽然晚于英法，但速度较快，迅速赶超了英法。一般认为，美国的工业化开始于英美战争后的 19 世纪 20 年代，基本完成于 20 世纪 20 年代，总共用了 100 年时间。产业革命成为美国城市化的最初的发展动力。

1. 从工业化、城市化到后工业化

自 1843 年至 1914 年，吸引外资和发展贸易成为美国推进工业化的重要手段。在吸引外资方面，1914 年美国吸引的外资额相当于 1843 年的 33 倍。

众所周知，英国是世界工业化的故乡，从英国引进技术和人才，对于美国推进工业化具有重要意义。但是，英国人吝啬得很，在 1774—1785 年，英国政府颁布了一系列禁令，不准技师、机器出境，对私带图纸"闯关"者，判刑 1 年，罚款 500 英镑。

针对英国对人才外流的吝啬态度，美国各州纷纷亮出绝活，大力吸引人才，引进技术。1790 年 4 月，美国国会通过专利法案，联邦专利委员会开始运转。重赏之下必有勇夫。英格兰的穷工匠塞缪尔·施莱特和约翰·施莱特兄弟俩，把最前沿的纺纱技术装进大脑，漂洋过海来到美利坚。美国人洛维尔出访英国也不空手，顺手牵羊偷回尖端织布技术。

在引进英国技术的基础上，1814 年美国人洛维尔"发明"了新式强力织布机，同年世界上首家梳棉、纺纱、织布一体化的工厂在北美大陆开张，美国纺织技术走到了英国前头。② 这不仅标志美国人在引进技术的基础上对纺织技术有了自己的革新，而且创造了世界上第一个将梳棉、纺

---

① 参见《剑桥欧洲经济史》第六卷，经济科学出版社 2002 年版，第 635、657 页。
② 王东京：《美国工业化：政府不做"发动机"》，人民网 2006 年 7 月 9 日。

纱、织布等工序综合在一起的新式工厂。①

　　与此同时，美国通过大力普及和发展教育、尊重知识和人才，努力提高劳动力的专业化素质。1863 年，联邦政府组建国家科学院，鼓励各州、企业和个人积极投入和投身科研，培养本土科技人才，促使民间办科研蔚然成风。1876 年爱迪生创办"发明工厂"，1900 年通用电气建立实验站，到 1915 年美国各类工业研究机构超过 100 个。贝尔、爱迪生等美国发明家，成了家喻户晓的英雄，从他们的实验室里，走出了美国一流的科技人才。

　　美国早期工业化主要集中在美国北部地区，在 1812—1815 年第二次对英战争后，美国对英国的胜利扫除了发展民族工商业的最大外部障碍，出现了开始近代工业化的有利条件，从 1816 年到 1828 年这段时期，被认为是美国机器生产排挤手工业的时期。②

　　在广袤的国土上发展跨区贸易，成为推进工业化的必不可少的条件。1830 年，英国的蒸汽机车刚刚投入运营，美国就跟着修起了铁路。③ 铁路建设有力地促进了大规模的领土开拓和西进运动，又为工业化的开展提供了广阔的国内市场。与此同时，一系列反映工业化开始的重大事件相继涌现。④ 马克思在 1878 年曾说："现在，经济学研究者最感兴趣的对象当然是美国"，"在英国需要整整数百年才能实现的那些变化，在这里只有几年就发生了。"⑤ 1882 年，恩格斯预言美国在 20 年之后"会成为世界上人

　　① 徐玮编著：《美国近代经济史》，黑龙江科学技术出版社 1988 年版，第 161—163 页。

　　② 黄绍湘：《美国通史简编》，人民出版社 1983 年 5 月第 2 次印刷，第 154—155 页。

　　③ 铁路建设既需巨额资金，又要专业技术，回收期长，风险大，按理应由政府操办。然而，美国政府却另有高招，这就是"以地换路、多贷少投"。根据 1862 年和 1864 年法案，国家把筑路权交给铁路公司，每修一英里铁路，赠与沿线 10—40 英里土地，并可获得 1.6 万—4.8 万美元贷款。政府先后拨出土地 2 亿英亩，发放贷款 6500 万美元。这在当时是一个惊人的数字。但它却换来 5 条横贯大陆的干线，40 亿美元国外投资，1 亿美元利息收入，为政府节省运费 6 亿美元。1910 年美国铁路总长度超过英国 11 倍，工业中心向西部原料产地靠近了 350 公里。修这么多路，政府却不担风险，无须增税还债，获得了许多管制权（王东京："美国工业化：政府不做'发动机'"，人民网 2006 年 7 月 9 日）。

　　④ 黄安年：《美国的崛起》，中国社会科学出版社 1992 年版，第 239—240 页。相关的参考文献还可举出：《马克思恩格斯全集》，第 2 卷，第 281、296 页；《马克思恩格斯全集》，第 30 卷，第 318、320 页；《资本论》，第 1 卷，第 410 页；李庆余、周桂银等著《美国现代化道路》，人民出版社 1994 年版，第 28 页；张友伦《美国工业革命》，天津人民出版社 1981 年版。

　　⑤ 《马克思恩格斯全集》第 34 卷，第 324—333 页。

口最多,最富有和最强大的国家"。① 1886 年,恩格斯又说:"大西洋彼岸事变的发展至少要比欧洲快一倍。"②

在 20 世纪 20 年代,美国经济迅速发展,而经历第一次世界大战的英、法、德等国的经济却处于停滞或恢复状态,这就为美国经济势力向外扩张提供了良好的机遇。美国人通过革新技术、更新固定资本、促进企业生产及管理的合理化,空前地加快了生产和资本的集中过程,其中汽车制造、电机电器制造和住宅建筑业的发展尤为显著。到 1929 年,美国在资本主义世界工业生产的比重已达 48.5%,超过了当时英、法、德三国所占比重总和,但这种繁荣主要集中在一部分工业部门和一部分城市中,其他一些工业部门和农业则很不景气,从而导致美国经济发展很不平衡,加之股票投机成风,使当时的经济繁荣带有一定的浮躁、虚假的水分。与此同时,生产和资本的进一步集中加深了资本主义社会的固有矛盾,孕育着新的危机。

1910 年,农业劳动力占美国总劳动力的比例下降到 36.3%,制造业、矿业的劳动力占美国总劳动力的比例为 26.1%,到了 1920 年,上述比例分别为 28% 和 31.2%。③ 与制造业的就业人数不断增加相适应,在 1790 年 1920 年之间,美国城市人口比重(城市化率)也不断增长,从 1790 年的 5% 迅速提高到 1920 年的 51%。

到了 20 世纪六七十年代至八九十年代,工业国家相继出现了产业集群化趋势,即同种产业或相关产业的制造企业在特定地区有机地集聚在了一起,其中具有特色的中小企业发挥着重要作用。美国的硅谷和 128 公路的电子业群、明尼阿波利斯的医学设备业群等,成为较为典型的产业集聚地区。美国成为汽车、飞机、军火、电子器材、钢铁等工业产品的主要出口国。

另一方面,从 20 世纪 90 年代以来的近 20 年来,美国的产业结构加速向金融服务业倾斜,进入了所谓"后工业化"发展阶段,农业、制造业等占 GDP 的比重持续下降,其中制造业在近 20 年来由 18% 下降到 12%;金融业产值占 GDP 的比重从 1970 年的 14.35% 增长到 1996 年的

---

① 《马克思恩格斯全集》第 35 卷,第 334 页。

② 《马克思恩格斯全集》第 21 卷,第 296 页。

③ Albert Niemi, Jr., *U. S. Economic History*, Chicago, 1980, p.14.

18.16%，在 90 年代中期金融业产值占 GDP 的比重就超过了制造业，至 2008 年金融业产值占 GDP 的比重进一步增长到近 25%，金融业占美国股市总市值的比重到 21 世纪初也达到了 25%，金融业利润占美国企业利润总值的比重最高时达到 40%。从就业人数比例来看，制造业就业人数在总就业人数中所占比例下降到 10%，金融和专业服务业就业人数则由 30% 上升到 50%。高盛、摩根士丹利、UBS、花旗集团、瑞士信贷、德意志银行、美林、农业信贷、美国银行号称华尔街的"八大金刚"。

从社会发展的角度看，值得注意的是工业化和所谓"后工业化"发展对美国城市化及社会发展的影响。长期以来，美国的城市化过程是其近代工业的发展、交通运输业的完善、农村的革命以及大量的移民涌入等综合因素推动的结果，其中近代工业发展是城市化的主要推力，为城市的发展提供了有利条件，而且工业越发展，城市化率就越高；反过来，城市化发展也对美国的工业化发展起到了重要的促进作用。

随着美国工业化的发展，一方面是工业比重逐步超过农业，另一方面是在工业内部，重工业的比重逐步超过轻工业。轻工业在整个工业中的比重虽然逐渐下降，但其发展速度也不慢；农业发展慢于工业，但在工业化过程中，农业仍然兴旺，并且从东部向西部扩展，这是因为交通运输业的迅速发展，导致西部的农产品因运输费用下降而更具有竞争优势，促使新英格兰地区的农业劳动力通过劳动力市场顺利流向西部农场以及当地工厂。虽然经过工业化和"后工业化"，美国仍然是全球最大的农业产品出口国之一，主要农产品包括玉米、小麦、大豆、糖、烟草，中西部大平原惊人的农业产量使其被誉为"世界粮仓"。[①] 农业的发展一方面为工业提供了市场，另一方面又使农产品加工业成为美国第一大制造业。

然而，随着美国工业化的完成，早在 20 世纪 60 年代以来，一些在工业化时期鼎盛一时的城市开始走下坡路，尤其是 20 世纪 90 年代以来，美国的产业结构过度向金融服务业倾斜，制造业占 GDP 的比重日趋下降，服务业、特别是金融业、航运业、保险业以及商业服务业的比重日趋上升，成为占美国 GDP 比重最大的行业，全国 3/4 的劳动力从事服务

---

① Frazier, Ian. , *Great Plains* 1st Picado edition. Picador, 2001, p. 9.

业，① 而且美国的服务业处于世界领先地位。

在 20 世纪 90 年代，电脑和互联网的普及令美国进入前所未有的繁荣，进一步巩固了在全球科技领域中的领先地位。21 世纪初，信息经济泡沫破裂，导致美国经济从高速增长转向低速增长。2003 年美国经济有所恢复，出现了较好的增长局面。

在 2007 年，美国爆发了次级房贷危机，并在 2008 年进一步发展成为全球性的金融海啸。在美国，自次贷危机波及整个金融业、实体经济部门也被拉向衰退之途以来，有些重要的城市呈现出日益萧条、衰败的景象。特别是底特律在 2009 年被媒体称为"悲惨之城"，城市中心街区几近荒废，众多工人失去工作。一个对美国城市地区经济活动的评估发现，在 381 个美国城市中，有 320 个城市已经陷入萧条，有 64 个处在危险之中，只有 5 个城市地区还在发展，其中包括石油和天然气资源丰富的得克萨斯州和俄克拉荷马州，还包括大华盛顿地区，在那里由于政府的紧急财政援助、对金融公司的国有化和财政扩张，律师、游说者、政治学家和政府关联商的人数有所增加。②

2. "汽车轮子上的国家"

在工业化与城市化的过程中，铁路、公路等基础设施建设发挥了重要作用，工业化发展与铁路、州际高速公路等交通网络建设的同步发展，促生了既相互联系又具不同类型的一个个城市群和城市体系。

从 1840 年到 1860 年，美国铁路总长度从 5320 公里增加到 49000 公里。19 世纪下半叶，美国进入了"铁路时代"，相继修建了 5 条横贯大陆的铁路，构成了纵横交错的全国铁路网。到了 1900 年，美国的铁路线已达 32 万公里，相当于当时全世界铁路总长度的一半。到 1913 年，美国铁路总长度已达 37.9 万公里，比全欧洲铁路总和还多。1920 年，美国铁路总长度达到 40 万 6000 公里。③

与铁路建设相比，美国的高速公路建设开始得较晚，1916 年美国国

---

① "Toward a Learning Economy" by Stephen A. Herzenberg, John A. Alic, and Howard Wial. 2006.

② 周琪：《危机正改变美国的经济地理》，《第一财经日报》2009 年 5 月 6 日。

③ 与 100 年前的美国相比，当今中国具有与美国大致相同的国土面积，铁路总长却只有 7.4 万公里，相当于 1900 年美国铁路总长的 1/4，1913 年美国铁路总长的 1/5，中国人均铁路只有 5.7 厘米，以其占全球 6% 的铁路线，承担着相当于全球 1/4 的铁路运输任务。

会开始为国家高速公路网建设提供资金，从 1921 年起，各个州可以选择一定的一级或者二级公路，由联邦资助建设，当时连接美国城市和大城镇的一级公路仅占美国道路总里程的 3%，公路基础设施很落后。1940 年第一条高速公路（从洛杉矶至帕萨迪纳的旱河谷的旅游公路，全长 6 公里）通车。1956 年 6 月，美国总统艾森豪威尔签署了一项法案，旨在建立一种基金，以支持建设全国性的跨州高速公路。至今，美国是高速公路发展最迅速，路网最发达，设施最完善的国家之一，高速公路总长度约 8.8 万公里，占全世界高速公路总里程的 1/3。美国高速公路网的建成，缩小了时空距离，提高了运输效率，促进了资源和商品的流通，促进了社会的发展和科学技术的进步，并在很大程度上影响了美国人的生活方式，造就了一个"汽车轮子上的国家"，造就了一个"没有汽车，简直无法出门"的汽车社会。然而，正是生活在这个"汽车轮子上的国家"的人们，现在也开始认真反思那种"如果没有汽车几乎就等于没有腿一样"的"汽车轮子上的生活"。在美国的大城市，交通拥堵现象也很严重，尤其是过度依赖汽车出行造成了"水桶腰"、"腿脚弱"、脊柱退化、过度肥胖等"汽车综合征"。2005 年美国 17 岁至 24 岁的年轻人中，至少有 27% 的人（900 万人）因为太胖而不能在军队服役；从 1998 年至 2008 年，40% 以上年轻人超重或肥胖的州已经从 1 个增加到 39 个，以致美国军方人士质疑说："美国正变得太胖而无法保卫自己吗？"[1]

三　美国的主要工商城市

在美国工业化的过程中，形成了一批重要的工商城市。在 1860 年，在美国全国，人口在 10 万人以上的城市只有 9 个，而到了 1910 年，人口在 10 万人以上的城市增加到 50 个。[2] 不仅在沿海地区出现了许多港湾城市，而且在内陆地区新建成的铁路沿线出现了芝加哥等大型工业城市。美国最早的 12 位总统都是农村出身，然而，从 1865 年到 1912 年，美国总统都有着代表实业界和城市的经历。工业化与城市化相辅相成，城市地区渐渐地变得混杂起来。由于生活环境的卫生条件差，痢疾、伤寒等传染病

---

①　http：//www. Washinton Post20100430.

②　Cowan，Ruth Schwartz，*A Social History of American Technology*，New York：Oxford University Press，1997，p. 166.

蔓延的频度上升。为了治理城市环境脏、乱、差的问题，开展了铺设道路、疏通下水道、净化水质、建造住宅、发展公共交通等事业。

20 世纪 30 年代美国经历了一场大萧条，但从 1933 年至 1939 年，美国公共工程署帮助建造了 65% 的县政府办公楼、市政厅和污水处理厂，35% 的医院和公共卫生设施，10% 的道路、桥梁、地铁和类似的公共工程建筑，进一步促进了工商城市的发展。

目前全美国有大约 77% 的人口居住于城市地区，其中又有半数以上集中于 37 座主要的大城市。这些城市塑造了美国的文化、传统和经济。在 2004 年，全美有 251 个人口超过 10 万人的城市，有 9 个人口超过 100 万人的大城市，其中有几个堪称国际大城市，例如纽约、洛杉矶和芝加哥。但是，判断美国的城市的规模，与其依据城市本身的人口，更符合实际的方法是依据"城市圈"的人口。而如果以包括市区及其周边地区，即"城市圈"的人口来算，在美国有 50 个人口超过 100 万人的大城市（圈）。此外，根据每年对全世界"宜居城市"的评选，美国被列入名列前茅的城市最多。

纽约（New York）是美国第一大城市也是世界特大城市之一，是美国的金融、航运、出版、广播、广告等行业的中心，美国的最大海港。纽约的证券交易所、纳斯达克和美国证券交易所集中了全国 80% 以上的证券交易。

洛杉矶（Los Angeles）是拥有发达的飞机制造、石油加工、宇航、化学、机械等工业的重要工业城市，是从北美洲西海岸辐射到亚太地区的经济中心，是电影、唱片、电视节目制作中心，也是美国西部的旅游中心，位于这里的迪斯尼、好莱坞闻名世界。

芝加哥（Chicago）位于美国东部工业区和西部农牧区的中间位置，靠近密歇根湖，是美国第三大城市和美国最大的制造业中心，该市虽然是靠发展制造业起家的，但是从 20 世纪 70 年代就开始向服务业转型，成为美国中西部的金融和商业中心、美国最重要的航空中心和最大的铁路枢纽、全国最大的钢铁与肉类加工业基地，并拥有全国最大的谷物、牲畜市场。

有"世界石油之都"称号的休斯敦（Houston）是美国第四大城市，是美国最大的炼油中心，美国的乙烯、合成橡胶等石油化工产品大部分都由这里生产，美国国家航空和航天局在此设有航天中心。

历史名城——费城（Philadelphia）是美国第五大城市，也是美国主要的经济、交通、文化中心之一，是美国东海岸主要炼油中心和钢铁、造船基地，也是美国东部地区重要金融中心，美国第一家银行与证券交易所即诞生于此。

有"汽车城"之称的底特律（Detroit）是美国北部的大城市，在历史上经历过从航运中心（美国大湖区的重要港口）到造船中心到汽车制造中心的转变，这里的汽车产量占美国全国汽车产量的1/4，是美国三大汽车公司通用、福特、克莱斯勒的总部所在地，这里有最好的制造业工人，但是在过去几十年由于经济、社会、种族、犯罪问题，这个在全球汽车工业发展历史中有过辉煌历史的城市从20世纪60年代就开始走下坡路，成为过去50年里美国大城市中人口幅度下降最大的城市。至2013年，其破败程度已受世人关注。

位于美国西海岸中间位置的旧金山（Sanfrancisco）是美国西部人口密度最大的城市，是美国西部金融中心和太平洋沿岸仅次于洛杉矶的第二大港口，旧金山湾区和太平洋沿岸西北地区是技术开发中心，位于这个地区的硅谷更是全球半导体、电脑、生物技术等高科技发展的重要据点。

波士顿（Boston）是美国东北海岸的大城市和最古老的海港之一，由于距欧洲最近，欧美之间长期的海上贸易促进了波士顿城市的发展。波士顿是世界著名学府哈佛大学与麻省理工学院的所在地。

从2007年美国次贷危机引发世界金融危机以来，美国的许多工商城市遭到很大的打击。首当其冲的是纽约，单单是纽约的金融业，在2008年10月就减少了1.7万个工作岗位。在不久前金融业过度膨胀的高峰期，金融业提供了纽约市的22%的工资，但随着金融业的萧条（有专家估计美国金融业占GDP的比重可能会从8.3%下降到7%、甚至5%），纽约市作为世界金融中心的地位将被削弱。

在实体经济方面，危机对传统的制造业地区的打击十分沉重。自1950年以来，美国的制造业开始趋于萎缩，从事制造业的人数占非农业就业人数的比例从32%下降到不足10%，传统的制造业地区也逐渐戴上了"铁锈地带"的帽子。在这次危机中，在"铁锈地带"大量工人被解雇，其中制造、建筑、采掘、交通业的就业人数在2007年12月到2008年11月这一年之间就减少了近1800万人。2008年底特律市的失业率达到了21%。

有学者估计，危机将深刻地改变美国的经济地理。危机后制造业可能更加集中在中西部到东南部人口较少的地区；一些东南部的城市发展将放缓；大城市的郊区将可能缩小，拥有住房的美国家庭的比例将减少，人口流动将因此增加。[①]

四　从纽约的变化看从城市化到城郊化过渡

纽约城市化进程引起的诸如居住拥挤、交通堵塞等问题迫使纽约市不得不调整城市发展战略，从城市化向城郊化方面转移，通过实施城郊化战略，促使城市化向广阔的郊区城镇扩散发展。总的看来，纽约市向城市郊区转移扩散过程大致可划为三个阶段。

第一阶段是城市居住功能郊区化，即将居民住宅迁移到城市郊区。1940 年前，人们工作生活主要集中在纽约市中心。随着纽约城市规模急剧膨胀，居住环境严重恶化，原住在纽约市内的中产阶级越来越愿意在纽约郊区购房或建房，公路的发展使公交汽车和小汽车成为人们出行的便利工具，从而使他们有条件能够住到郊外。20 世纪 50 年代至 60 年代是纽约实行城郊化的高潮阶段，大量居民由市中心移往郊区。

第二阶段是城市商业功能和产业功能郊区化，即在纽约郊区城镇建立大型购物中心等商业网点及将工厂企业搬到郊区。从 20 世纪 60 年代至 70 年代，纽约市郊区城镇建起了许多大型购物中心，人们不必再为购买生活用品而往返于纽约市中心商业区。统计资料显示，美国目前的郊区商业区已经超过 1.5 万个，郊区商业区的零售额也已超过整个社会零售总额的半数。自 20 世纪 70 年代开始，纽约郊区城镇与市中心之间存在的土地差价也使许多企业纷纷向郊区城镇迁移，新兴产业在纽约郊区城镇兴起，大规模的工业园和商业服务网点落户郊区，具有完善城市功能的中心区域在纽约郊区城镇逐步形成。这一变化给纽约郊区创造了大量就业机会，原来往返于市区与郊区之间的工作生活方式大为改变，郊区城镇成为许多中产阶级人士主要的生活工作空间。由于人口大规模迁往郊区城镇，纽约市区人口出现负增长。1980 年，纽约市人口由 1970 年的 789 万人减少到 707 万人，10 年降幅超过 10%。20 世纪 80 年代以后，产业功能郊区化使纽约的城市中心功能发生了引人注目的变化。

第三阶段是建立边缘城镇。边缘城镇是在纽约市周边郊区基础上形成

---

① 周琪：《危机正改变美国的经济地理》，《第一财经日报》2009 年 5 月 6 日。

的具备居住、购物、娱乐等城市功能的新城镇。如今，纽约四周有许多边缘城镇，其中包括被视为纽约卧室的长岛以及与纽约市相邻的新泽西州的一些城镇。这也就是人们概念中的大纽约地区。

纽约周边的边缘城镇缓解了传统城市面临的噪声、交通、住房、大气污染等方面的问题，为城市居民提供了良好的生活空间。总的看来，这些边缘城镇都具有以下几大特点：一是大都有高速公路相通，距纽约只有一个小时左右的车程。二是基础设施齐全完善，除拥有足够的停车设施及大型商场外，还有影院、饭店、俱乐部、运动场等娱乐设施。三是自然绿化程度很高，大多数居民居住在由绿色草坪环绕的别墅型住宅中。

一百多年来，纽约市先是实施城市化，然后再由城市化向城郊化过渡，这可以说代表着美国城镇化发展的趋势。如今，美国已经发展成为一个高度城镇化的国家，全国人口中有 85% 以上都住在城镇，基本达到城镇一体化，农村城市化。

纽约能够较为成功地从城市化向城郊化过渡，在一定程度上得益于政府相关政策的支持。的确，尽管美国实施完全的自由市场经济体制，政府直接干预经济的程度很小，但是美国政府在促进城市化进程方面却发挥了较为积极的作用。这主要表现在以下两大方面：

一是美国政府推行大规模援助公路建设的政策，公路网、尤其是中高速公路网对美国城市化向城郊化过渡起到了极为重要的促进作用。1956年，美国政府颁布《联邦资助公路法》，提出在全国新修 41000 英里长的公路。规划者当时宣称，这些公路将使工厂、商店、居住区分散化，最终会给美国人的生活方式带来变革。统计资料表明，在 1921 年到 1983 年，联邦政府用于公路建设的费用高达 5000 亿美元。美国各州及地方政府也积极参与公路修筑。高速公路网大大提高了运输效率，减少了运输时间，降低了运输成本，使郊区趋于与城市同等的地位。人员、商店及企业都可以迁移到高速公路附近，建立起城市郊区城镇。在纽约，贯穿长岛的 495 号等三条高速公路如今已经成为纽约市区与长岛卫星城镇相连的交通枢纽，在这三条高速路两旁新建起数十个集居住、购物、娱乐于一体的小城镇。

二是美国政府长期以来一直实施有利于郊区发展的住宅政策。20 世纪 30 年代经济大萧条时期，为了刺激建筑业发展，美国政府帮助中高收入者获得住宅建筑抵押贷款，鼓励他们在郊区建新房，从而加速了 30 年代的城郊化。当时纽约的郊区以两倍于市中心的速度发展就是一个充分的证明。50 年代，美国又提出了在郊区建设小城市的建议。1968 年，美国国会通过《新城市开发法》，并首批批准建立 63 个新城市，其平均人口规模在 2 万人左右。60 年代以后，美国又实行示范城市试验计划，实现分散型城市化。如今，在纽约周边新建的一些城镇就是当时美国政府政策的产物。

　　由此可见，美国起初出现的城市化最终发展成为城郊化，从单中心扩散发展的城市化模式向分散化、多中心均衡发展的城市化模式转变，其最终结果就是数以万计的小城镇应运而生。美国近 30 年发展起来的大城市带就是大量小城镇的集合，而不是靠无限扩张中心城市区域来实现城市规模扩大。大量小城市如雨后春笋般地快速发展，逐步形成密集的城市群带，美国政府统计机构将其称为都市区。

　　20 世纪 90 年代后半期以来，美国城市化出现了新趋势。随着美国经济高速增长，像纽约这样的传统城市中心及其郊区边缘城市共同构成的大都市圈又有向其外围拓展延伸的趋势。美国有关专家认为，这一趋势将在未来 20 年中使美国的农村地区城市化，这种城市化的对象不是农村本身，而是目前已经存在的农村集镇。促使新一轮城市化的原因有三大方面：一是以制造业为主的工业城市向以第三产业为主的后工业化城市转变；二是大都市圈边缘地区的社会发展和经济增长正促使在边缘地区工作的城市居民把家搬迁至开车一小时可以到达的周边城镇；三是经济的增长正促使大都市圈内的公路干线向外延伸，这一趋势引导着美国的投资向公路干线经过的农村集镇扩张。[①]

五　城市规划与资源利用策略

　　城市规划即按照城镇的性质、规模和条件，确定各个方面的布局和城市各要素的布置，为在城市建设的各个方面制定相关措施服务。从这种意义上讲，公共政策是城市规划的重要组成部分。

　　美国城市规划的一个主要特征在于"分权性"。国家基本上不制定城市规划，而由各州行使有关城市规划的权限。根据美国宪法，联邦政府只具有各个州所赋予的权限，城市规划的权限没有被各个州赋予联邦政府，

---

① http://house.people.com.cn/chengshi/article_03_12_23_5316.html.

而是各个州固有的权限。为此，城市规划法都是"州法"。而在很多场合，各州根据授权法（Enabling Act）将城市规划的实际权限委任给自治团体，为此，在美国不存在"美国的城市规划制度"，而在各个州、各个自治团体存在多种多样的有关城市规划的制度。①

比如加利福尼亚州，在政府法的第七个小标题（计划分区法）中，详细地规定了有关城市规划的法律，② 其特征是给予各个自治团体留下了充分的酌情处理的空间。比如有关划定什么样的指定用途地区，全国并无统一规定，加利福尼亚州可以针对各个自治团体的实际情况独自进行划定。而且，在加州的 478 个自治团体当中，有关城市规划的"州法"只适用于"一般法自治团体"（General Law Cities），在 478 个自治团体中多达 107 个"宪章自治团体"（Charter Cities）③ 可不必遵照"州法"，自由地制定包括城市规划在内的自治团体制度。

美国的第一个城市区划规定是纽约市在 1916 年制定的。这个规定包含了对建筑高度的限制和功能区划的规定，例如，工厂不能建在住宅区内。随着其他城市的发展，它们的管理者发现纽约遇到的问题是具有普遍性的；于是，这个规定成为全美国城市规划的范本。从这个意义上说，虽然初版的规定是一个简单的文件，但是，它确实是一份具有开拓意义的文件。

在其他城市逐步以纽约的城市区划为模型制定自己的规定的同时，纽约市自己的规定也在不停地改变。例如新的交通系统的使用改变了土地使用的模式，并且带来了在 1916 年难以想到的停车问题。规定本身就是这样不停地被修正，以适应不断发展的城市所产生的不断改变的需求——新技术、土地使用的改变、人口的变化，特别是持续涌入的移民对住房的需求；与此同时，修正的规定还要满足纽约州的要求：与"考虑周全的计划"保持一致。

1926 年，美国最高法院审议了俄亥俄州 Euclid 市的城市区划法案，在这个里程碑式的案例中，最高法院发现城市区划是一个包括社区维护、

① 曹传新：《美国现代城市规划思维理念体系及借鉴与启示》，《人文地理》2003 年第 3 期。

② California Government Code, Sections 65000 - 67980.

③ League of California Cities, "Fast Facts at a Glance" (July 2003), http：//www. cacities. org/doc. asp? intParentID = 53.

保护和提升的复杂计划；它是社区权力的适当扩展。拥有这个扩展，社区可以通过法律，以保护公共健康、安全、道德和公共福利。在这个具有历史意义的判例中，包含了一个很有远见的意见：城市区划必须不断改变，以适应随着时间改变而改变的需求。

在以后的岁月中，纽约市1916年制定的区划规定确实不断地扩大规定的范围，以适应各种新的和不同的需求。1961年开始实施的现行的区划规定，包括了使用目的、建筑尺寸和停车需求等多方面的要求；同时，它还引入了激励分区的概念，即通过提供额外的层面积来鼓励写字楼和住宅楼的开发商提供更多的公共空间。

新的规定是一个灵活的文件，但是随着时间的改变，它的缺点也在不断暴露。自1961年被通过以来，这个规定就一直在被修正以适应各种新出现的问题。各种规划工具不断被引入，使区划规定能够更好地满足不断改变的纽约城市及其居民的需求。

城市从来不会停下发展的脚步，城市区划也是这样。纽约的城市规划为美国其他城市规划树立了一个榜样。

1973年爆发石油危机以后，城市规划与资源利用策略日益引起人们的关心。如何减少美国的能源消费成为城市规划的一个重要课题，这导致出现了"社会能源规划"。例如，一个社区设计减少平均工作和购物出行距离，就能减少汽油消费。一个社区的土地利用模式如果是服务于公共交通的话，那它的汽油量较之于私人交通的社区更充足。这些规划和其他标准成为能源规划的实质。对这一领域的兴趣直到20世纪80年代末还很浓。那时石油的现实成本（考虑通货膨胀后的美元成本）开始下降，到1990年，一桶石油的现实成本已经低于1973年的成本，也许很不幸，当20世纪70年代的石油短缺被80年代的石油充足代替时，对能源规划的兴趣锐减。1990年8月，伊拉克入侵科威特，石油价格上涨，这段时间出现了另一次"石油危机"。但是其他石油生产商很快弥补了科威特的石油生产损失，石油价格回落，20世纪90年代以来，石油现实成本要低于1973年。而对"温室效应"的关注，重新唤起了对能源规划的兴趣，能源规划得以继续保留。

在城市规划中，节约能源的措施可以分为四类：

（1）土地利用规划；

（2）建筑特点的改变；

（3）交通的改变；

（4）社区能源来源。

土地利用规划可以被用来从多个方面减少能源的消耗量，最明显的就是通过减少对交通的需求而实现。这样的一个办法就是鼓励那些有助于减少起点到目的地之间平均距离的开发。但是，美国的长期发展趋势，是城市密度的降低，作为替代性的方法，很可能也是更可行的方法就是鼓励多用途的开发。例如，把商业、零售用途和居住放在一起，与把这三种用途严格分离开相比，可以缩短平均的通勤和购物路途。

另一个方法是，土地利用规划可以通过使非小汽车交通方式更为便利而提高能源的使用效率，比如可以在主要道路上设置独立的公交车道，在重要的大都市里，还可以在主要公路上标明中央分界线，以便未来设置铁路线。在较小的社区，能源效率规划可能是设置自行车专用道，或将自行车与汽车交通分开，从而减少自行车使用中的不便。

建筑特点的改变可以有效地降低能源消耗。在有些情况下这样的改变与土地利用规划决策有密切的关系；而另外一些时候可能是独立实施的。土地利用规划可能会鼓励建设成排式的而不是独户家庭住宅。这种选择并不必然意味着更高的开发密度，但是可能会意味着，例如所提供的公共开敞空间的聚集。成排式或联体式的住宅普遍能够节约供暖用的能源，因为它能够减少暴露在自然环境中的建筑表面积。对这个问题，不妨把两个独立基础式的单元并肩靠在一起，靠在一起的两个侧面的墙壁就成了内墙，就不会再向外传导热量了。

为建筑选址的时候考虑到可以通过阳光提供所需要的部分供热能源而影响到建筑的舒适度。东西向的街道比较便于布置房屋，从而使房屋朝南最大限度地接受阳光照射。很多社区设置了接受阳光地带，防止建筑或树木设置在阻挡其他建筑直接接受阳光的位置上。

也有与建筑有关而与整体的土地利用规划无关的措施。很多社区对新房强制采用最低的保温要求。有的市镇实行了鼓励不动产所有人改造老建筑的计划。这些可能都只限于技术上的建议或可能还包含低息贷款和其他财政上的激励措施。有少数几个社区要求在房屋转手出售之前必须使之达到某种最低的保温标准，这样一项措施逐渐会强制对现有住房进行改造。

在很大程度上，社区在交通方面的努力必须与社区土地利用规划相结合。但是从小的方面来看，社区可以通过增加公共交通开支、设立新的公共交通形式，如合伙经营货车、电话叫车和合伙搭车等，以减少私人汽车的使用。

很多社区开始采用社区能源生产系统。从某种意义上说这不是节能措施，但是它们致力于并且希望节约传统的能源。很多社区已经开发或正在开发所谓的低水头水电系统，例如，用原来用于发电但后来在成本更低的集中供应的能源出现后弃置不用的水源。使这种开发方式得以实行的原因之一是州立法要求各类公共设施从小规模能源生产者那里购买能源，从而为这些设备打开了市场。新英格兰有大量的水坝，是过去很多利用水力的锯木厂和工厂存在的时候留下的，现在这里是全国此类活动的中心。

在很多社区，曾经用填埋或焚化炉焚烧的方式处理的固体废弃物，现在成了用于发电的燃料。这种电能或者用于当地或者卖给地区的公用事业并通过公用事业的网络输送出去。很多市镇正在探索联合用能的可行性，即从一个工序产生的废热被用于第二种用途而不是简单地排放到大气中。例如，从市发电厂设备中产生的废热可以被转化为蒸汽并用于为市政府或其他建筑提供热能。①

第三节　社会发展与阶层分化

在欧美日等发达国家，在各自的经济高速增长时期，都曾出现过贫富差距较小、收入相对平等的社会。但是，从 20 世纪末到 21 世纪初，欧美日等发达国家都出现了贫富差距扩大的现象，而且这种现象至今仍在继续发展。在美国，贫富差距扩大的现象尤为显著，导致形成了鲜明的社会阶层的分化，其原因既与经济全球化对美国国内经济的影响有关，也与时任总统布什对社会平等不热心有关。本节将围绕美国的社会阶层的分化，介绍美国产业结构变化对社会阶层分化的影响，分析美国阶层结构的主要特征、阶层之间的利益协调等问题。

一　产业结构的变化与阶层变动

美国的社会阶层变动是与产业结构的变化紧密相关的。随着美国工业化的发展，导致农业产值比重的大幅度下降，工业产值比重快速增长，随

---

①　http：//www.nyc.gov/html/dep/.

后是工业之中的高附加值制造业所占比重上升，最后是服务业产值所占的比重超过工业。20 世纪 90 年代以来，信息产业迅猛发展，在整个产业之中日益占有重要地位。

伴随产业结构的变化，美国的就业结构十几年来发生了巨大的变化。[1] 从 1973 年到 1995 年，农场主、农业劳动者等农业从业人员在美国全部就业人员中所占的比重从 4% 下降到 3%，工人阶级、特别是"非技术工人阶级"人数的比重从 33% 下降到 24%，服务业从业人员的比重从 63% 上升到 73%，服务业中的中产阶级和脑力劳动者所占的比重日益增大，[2] 其中大资本所有者、企业经理、行政主管和高级专业人员、高新技术人员构成了新的"资本经营阶级"。[3] 20 世纪 80 年代中期以来，由于信息技术和产业的迅猛发展，美国掀起了以信息技术为中心的技术革命，各个产业部门的信息化水平迅速提高，企业内部的各个职能部门的信息化也出现了不同程度的进展，管理、通信、市场分析、营销等方面的成本大大降低，进而使企业组织结构和生产结构发生很大变化。计算机的应用和普及一方面使从事与信息技术相关的脑力劳动者人数大量增加；另一方面又取代了很多从事中间管理工作、有着中等收入的白领阶层，就像工业革命时期机器曾取代很多从事体力劳动的蓝领阶层一样。与此同时，以信息技术为中心的"新经济"的发展还造就了一批领取"天价年薪"的"公司老总阶级"。随着劳动力市场的两极分化，经济增长的成果日益流入收

---

① 根据美国劳动部的统计分类，美国的从业人员分成 6 个大的职业阶层，13 个次级职业阶层和 340 个小的职业类别。6 个大的职业阶层是：干部、经理和专业人员阶层；一般技术、销售和行政治理人员阶层；服务人员阶层；精密生产、工艺和维修人员阶层；操作、装配制造和体力劳动者阶层；农、林、渔业人员阶层。其中，专业人员大体相当于我们所说的知识分子阶层，包括工程师、建筑师、科学家、教师、社会科学家、律师、法官等；而警察、警卫和消防等从业人员被列入保护性服务阶层；交通运输业的司机等则属于操作人员阶层。1996 年，在美国 16 岁以上的从业人员当中，干部、经理和专业人员阶层占 28.8%，一般技术、销售和行政治理人员阶层占 29.7%，服务人员阶层占 16%，精密生产、工艺和维修人员阶层占 10.7%，操作、装配制造和体力劳动者占 14%，农、林、渔业人员阶层占 8%。Bureau of Labor Statiatics, U.S. Department of Labor, *Employment and Earnings*, Vol. 44, No. 1, January 1977, p. 4.

② Bureau of Labor Statiatics, U.S. Department of Labor, *Employment and Earnings*, Vol. 44, No. 1, January 1977, p. 4.

③ E. O. Wright, *Class Counts: Comparative Studiesin Class Analysis*, Cambridge University Press, 1997, p. 99.

入较高的 20% 的家庭。①

　　技术的发展和全球性的、特别是来自中国等低收入国家的竞争，导致美国的许多工作消失了。掌握高技术、受到良好教育的工人在美国越来越吃香，而低技术的、容易被外包出去的工作岗位不断减少。随着美国劳动力市场流动性的增强，为了降低劳动成本和保持竞争力，美国的企业不断降低长期雇佣的固定职工人数，大量使用小时工或临时工，从而进一步促使收入差距加大，社会阶层日趋分化。最富有的 20% 的美国家庭的收入占美国全部收入的比例从 1973 年的 44% 增加到 2002 年的 50%。最底层的收入占美国全部收入的比例则从 4.2% 下降到 3.5%。又据美国《纽约时报》报道美国贫富阶层之间的总收入差距从 1979 年到 2000 年扩大了一倍。2000 年美国富人的人均收入为 86.27 万美元，穷人仅为 2.11 万美元。按阶层划分，同年占美国总人口 1% 的富人阶层的总收入超过了占美国人口 40% 的穷人阶层的总收入。② 美国确实形成了"富者更富，贫者更贫"的局面。

　　社会阶层的分化也表现在股票市场上。随着大多数企业的股份化，持股者人数大量增加，尽管股份趋于分散化，但并未改变股份集中在少数大资本所有者手中的格局。在 1992 年，拥有股份的家庭数占全国家庭总数的比重达到 33%，而在 1962 年这个比例只有 19%。在美国家庭和个人拥有的所有股份中，最富有的 10% 家庭拥有 90% 的股份，其中最富有的 1% 的家庭拥有 47% 的股份，而 80% 的普通家庭的小股份持有者所持有的股份只占全部股份的 2%。

　　20 世纪 90 年代以来，美国家庭收入两极分化达到第二次世界大战以来最严重的程度。从基尼系数的变化看，美国家庭收入的基尼系数从 1980 年的 0.365 上升到 1995 年的 0.421，2005 年的 0.469。与此同时，值得注意的是，美国家庭财富（指住户的不动产和金融资产减去未付的债务以后的市场价值）占有的差距要比收入差距大得多。

　　从各个产业部门和职业的收入情况看，在 20 个主要产业部门，公司或企业的管理部门的男性的收入最高，其年收入为 77754 美元（2004 年数字，下同），女性平均为 4 万美元或更多一些。从不同行业看，采矿业

---

①　Economy. June 13, 2006. CIA World Factbook. URL.

②　http://www.enorth.com.cn, 2003 - 09 - 28.

为 41516 美元，科技服务行业为 41398 美元，信息业为 40447 美元。在 22
个主要的职业行业中，在法律行业（律师、法官、法律事务员）工作的
男性的平均年收入在全国男性中的收入最高，在 10 万美元以上；在计算
机、数字行业工作的女性的平均年收入在全国女性中的收入最高，为
56585 美元。女性的收入相当于男性收入的 90% 以上的行业有：机械设
备、维修、社区与社会服务、建筑、健康服务等；女性的收入相当于男性
收入的大约 65% 或更低的行业有：法律、销售以及相关行业、开业医生
和技术人员。

从国际比较看，美国的人均收入虽然在世界上名列前茅，但财富集中
度也最高。比如与西欧相比，美国 40% 的人口比西欧更为贫困，而前
20% 的人口则比西欧更富裕。从 2000 年到 2006 年，400 位最富的美国人
的收入翻了一番，而他们的税率却降至 17.2%，在 6 年中降低了 1/3，而
最富美国人的税率下降是由于时任总统布什于 2003 年将资本盈利税降至
15%。与此同时，布什总统为大幅度增大政府开支，增加了纳税人的总
数，这意味着布什让富人少交税而让其他人多交税。

总之，美国虽然是世界第一经济大国，其社会发展也达到了很高的水
平，但是美国社会的贫富差距依然很大，依收入之多寡而形成了不同的社
会阶层。

二　美国的各社会阶层及其主要特征

社会阶层是指社会资源被不平等地分配给社会成员的状态，社会资源
则是指人们所希求的、又不能充分获得满足的对象物。在社会学中，对社
会阶层的测定是多方面的，包括收入阶层、资产阶层、学历阶层等，以下
主要讨论收入阶层，也兼顾不同社会阶层的资产差异。

在美国，人们广泛接受这样一种思想，即人们在经济上的成功几乎完
全反映了他们个人的才能和奋斗。因此，在人们的头脑中，认为某人不配
当中产阶级无异于视他无能或者怠惰，美国意识形态确实存在着过于强调
个人应为自己阶级地位负责的倾向。

尽管一个人的才能和奋斗确实对其社会地位有影响，但是父母亲的阶
级地位的传承也有很大影响，那些出生在贫穷家庭里的人想要提高自己的
社会地位的难度超出一般人的想象。

讨论美国的不同的收入阶层，需依据美国商务部的收入统计，包括家

庭收入统计和个人收入统计。2006 年美国全国家庭收入的中位数为 46326 美元,① 而 25 岁以上的个人收入的中位数为 32140 美元,② 年收入超过 10 万美元的家庭占全国家庭的 17.3%,年收入超过 10 万美元的个人的比例不到 6%。③ 因此可以说美国确实存在着不同收入阶层。当然,社会阶层的差别不仅反映在收入方面,也反映在生活质量、交友、就业、教育、可得到医疗服务以及对休闲活动选择的不同等方面。

此外,还需要注意各州之间的收入差别,这个差别是显著的。比如西弗吉尼亚州的中间家庭收入为 33000 美元(2004 年数字,下同),而新罕布什尔州则高达 57000 美元。普查数据显示,家庭收入中位线最高的州是新泽西州,为 65933 美元,最低的州是密西西比州,为 3 万 5971 美元,前者相当于后者的 1.7 倍多。按城市看,华盛顿的家庭收入中位线为 83200 美元,旧金山为 73851 美元,波士顿为 68142 美元,纽约为 61554 美元。④ 在考察美国社会阶层分化时,确实有必要把"地理因素"也考虑进去。

在全美的中小社区里,社会阶层的不同表现相当明显。大多数人倾向于在相同社会阶层内部选择朋友、配偶、雇员及伙伴。另外,在不同阶层之间可能存在着巨大的沟通障碍。工厂的工人主要认识工人以及从事相近工作的另一些人,他们通常很少与其他阶层的人们有接触,特别是那些离他们阶层较远的人。公司总裁可能过着更加封闭的生活,因为他们的权力和财富屏蔽了他们与其他阶层人们的接触。

在大城市里,有时难以辨别像在小城市那样明确界定的阶级集团,要辨别全国的社会阶层则更加困难。美国的社会阶层划分为:

1. 穷人

在美国,最通用的关于贫困的标准是美国政府设定的贫困线,缺乏被主流社会认为是用于补助的物品和服务的境况,即被承认是贫困。本文所指穷人即指生活在贫困线以下的人。

---

① 在 2003 年至 2004 年,美国家庭的平均实际收入保持在 44389 美元,2007 年为 50223 美元,2008 年第 3 季度,美国每周平均工资是 841 美元,由此推算当年美国人均收入约为 40368 美元。引自 County Employment and Wages Summary,Bureau of Labor Statiatics 2009。

② http://pubdb3.census.gov/macro/032006/perinc/new03_001.html.

③ http://pubdb3.census.gov/macro/032006/perinc/new01_001.htm.

④ US Census Bureau,median household income by state 2004.

　　然而，对于官方所定的贫困线是否太高或太低，至今仍有争论。由于存在着通货膨胀，美国官方根据消费者价格指数对其所认可的贫困线适时加以调整。统计表明，约有 58.5% 的美国人在 25 岁至 75 岁之间的某个时期至少有一年时间生活在贫困线以下。在 2004 年，按个人收入统计，美国有 3700 万穷人，占全国人口的 12.7%（2003 年为 12.5%），占全国成年人口的 20%；按家庭收入统计，全国有 790 万家庭处于贫困状态，占家庭总数的 10.2%。①

　　美国 1938 年通过《公平劳动标准法》，建立了全国最低劳动工资标准。但是这一标准不是随物价上涨而自动调整的，而是每次调整都要由国会通过新的法令。美国每小时的最低劳动工资，1956 年是 1 美元，此后不断有所增加。但是，由于物价增长更快，最低工资的实际购买力是下降的，1997 年一个整时工的最低工资一年是 10482 美元，其实际购买力比 1968 年的最低工资下降 33%。

　　从上述情况可以认为，在美国对穷人或贫困人口具有确切的定义，即可用美元表示的官方标准。如在 1989 年，一个 3 口之家的年货币收入若低于 9893 美元，就是贫困家庭，一个 4 口之家的年货币收入若低于 12674 美元，也是贫困家庭。这个标准是根据通货膨胀率每年调整的，但从购买力的角度来看是不变的。自 1970 年以来，美国的贫困人口占总人口的比例一直在 12%—15%。但是，劳动者的工资收入在贫困线以下的人数却在增长，1973 年，有 25% 的劳动者只能挣到贫困线水平的工资，到 1995 年，这一比例达到近 30%。随着工资收入者收入差距的拉大，最低工资与平均工资的差距也拉大了，1968 年最低工资是平均工资的 56%，到 1996 年，最低工资只是平均工资的 40%。

　　具有讽刺意味的是，在号称"食物出口大国"的美国，每 30 个美国人当中有 1 人有过挨饿的经历。据美国政府农业部于 2000 年 9 月提出的《有关饥饿的年度报告（1999 年度）》，美国公民当中有 800 万人有过实际挨饿的经历。特别是在带有孩子的单身母亲家庭中，有大约 30% 的家庭在确保食物来源方面有困难；有 8% 有过或有着饥饿的经历。

　　如果对"挨饿"的含义稍做广义一些的解释，即获得食物的来源不稳定，"家人过着不能随时获得为健康生活所必需的充足食物那样的生活

---

① http：//www.census.gov/acs/www/UseData/Accuracy/Accuracy1.htm.

的家庭"的人数总计为 3100 万人，按照当时美国总人口 2.2 亿人计算，意味着每 7 人中有 1 人有过"不能随时获得为健康生活所必需的充足食物"的经历。这包括没有充足的食物；没有足够的购买食物的钱；总是为能否获得充足的食物而焦躁不安；减少食物的摄取量；一日三餐有时不得不断顿；吃一些没有什么营养的食物。美国总在向全世界出口食物，谁也不会去想美国会存在食物不足的问题。实际上，食品过剩与饥饿"共存"于美国。

从国际比较看，根据经济合作开发组织（OECD）的最新资料，美国在 2005 年的贫穷率就以 17.1% 在 OECD30 国里排第一。2004 年家庭贫困率 12.7%，无健康保险者的比例 15.7%。[①] 此外，OECD 公布的基尼系数日本为 0.31（2000 年数字），美国为 0.36，英国为 0.33，瑞典等北欧国家为 0.27 以下。

美国穷人的主要特征是：

（1）不仅收入低，而且财产也少。比如，2004 年穷人的人均年收入低于 3 万美元，20% 的最低收入者的财产仅占全国财产的 5% 左右。

（2）不仅收入低，而且其所能享受的公共服务水平也低。例如，2004 年不享有健康保险的人口占总人口的比例为 15.7%，这些人多为穷人。[②]

（3）一部分人从事一些低收入行业，一部分人基本上靠政府养活，在陈旧破烂的穷人区租住廉价的出租屋。

（4）社会地位很低，多数人悲观消沉、愤世嫉俗，是对美国政府抱怨最多、对现实最不满的群体之一，他们参加的团体以及投票活动比任何其他阶层的成员都要少。

（5）黑人等少数族裔的穷人多，比如黑人家庭的平均收入才有 30134 美元，西班牙白人家庭的平均收入为 34241 美元，亚裔家庭的平均收入为 57518 美元，非西班牙白人家庭的平均收入为 48977 美元。[③] 通过比较上述族裔的平均收入，可以推论黑人、西班牙白人这两个族裔的穷人比较多。此外，出生于外国的没有健康保险的人口占总人口的比例为 33.7%，

---

① http：//www.census.gov/acs/www/UseData/Accuracy/Accuracy1.htm.

② 资料来源：U.S. Census Bureau（美国人口调查局）。

③ http：//www.census.gov/acs/www/UseData/Accuracy/Accuracy1.htm.

远远高于出生于美国的比例 13.3% ,① 可以推论出生于外国的穷人多于出生于美国的穷人。

2. 蓝领阶层

蓝领阶层由稳定地从事体力劳动的人构成,是几个主要社会阶层中最大的阶层,大约占劳动力人口的 40% —45% 。这个阶层成员的特点是感到工作并不是一种 "主要生活兴趣"。从 20 世纪 30 年代的大萧条以来,蓝领阶层的状况在稳步改善,然而,它的成员并没有摆脱经济拮据、工作不稳定或者工作没有报酬的困境。近来许多蓝领行业的大规模失业表明了这一阶层成员的工作一直不稳定。

美国蓝领阶层的主要特征是:

(1) 收入相对较低,缺少工作保障。

(2) 可以通过工会或者其他集体组织行使一定的政治和经济权利。

(3) 某些蓝领阶层的工作岗位的工资较高,比如清洁工人和公共汽车司机之类的职业群体已经能够获得相当高的工资,甚至比那些职员或者教师等学历较高的人们挣钱多。

(4) 相比于中产阶级,蓝领阶层成员下班后与同事的交往较少,在家里他们一般不经常谈论工作,业余时间可能观看球赛、去野营或者修理汽车 (不过,在某种程度上所有美国人都从事这些活动)。

3. 中产阶层

根据美国人口普查局发表的数据,1991 年美国 20% 中间收入阶层的年收入是 3 万美元至 9 万美元,很多年收入在 3 万美元以上的人也仍认为自己 "属于中产阶级",而全国的平均水平是 46000 美元。② 这些指标接近后工业化国,如瑞士的 54000 美元,③ 英国的 39000 美元,④ 新西兰的 4 万美元。⑤

中产阶层大多从事 "白领" 工作,也被称为 "白领" 阶级,但他们依然属于 "劳动者",大约占劳动人口的 30% —35% ,它既包括小业主也包括在政府、商业和工业部门等大型机构工作的人。这个阶层的成员从事

---

① http://www.census.gov/acs/www/UseData/Accuracy/Accuracy1.htm.

② US Census Bureau news release in regards to median income.

③ Swiss Government, median household income, 2003.

④ UK parliament discussion showing median household income.

⑤ New Zealand income survey showing median household income.

知识型而不是体力型工作，典型的工作有职员、保险代理、中小学教师以及售货员。

在 1979 年以前，美国的中间家庭收入水平一直是上升的，1947 年是 19088 美元，1967 年是 33305 美元，1973 年是 38919 美元，1979 年是 40339 美元，此后一直停滞不前，到 1989 年是 42049 美元，但是到 1995 年，中间家庭收入水平反而下降到 40611 美元。

有的学者将中产阶层中收入较高的部分进一步划分为"上层中产阶层"，上层中产阶层是现代社会中最新出现的阶层，它的出现主要是因为技术社会中对专门知识的需求。这个阶层的成员大约占整个劳动人口的 10%—15%，占国民收入分配的 1/5。以 2007 年为例，年收入逾 10 万美元的家庭约占两成，他们可列入中产阶级的上层。

上层中产阶层除了收入较高以外还享有相当的权利和声望。他们的很多权利来自拥有诸如美国医疗协会等强大专业团体成员的资格，这些团体在增进他们自己的利益方面起很大作用。上层中产阶层成员的社会背景相当复杂，他们从事各种工作，范围从牙医、律师和医生等自由职业到拿薪水的公司主管这样的职位。

美国中产阶层的主要特征是：

（1）人数最多，占到美国总人口一半以上。

（2）中产阶级内部又存在着不同的层次，下层中产阶层的社会地位比工人阶级高。不过，由于这个阶层的成员一般不联合，所以在某种意义上他们的集体力量还不如工人阶级。

（3）中产阶层、尤其是上层中产阶级成员比较在意声望和地位，成为地位追求者（status seeker），他们用相当大一部分收入来购置能够作为其社会地位标志的物品和服务，其中包括小汽车、住房以及休闲活动。

（4）面对着税负重（1/3 收入要用于交税）、医疗费用上涨、债务以及住宅（在贷款购房的情况下需要定期还债）、教育（特别是孩子上大学的费用）、出行（汽车费用等）、煤气、食物价格上升以及工作场所相互之间的竞争等问题，中产阶层成员总是感到支出压力巨大，很少有"富裕"的感觉，他们大多整天艰辛而忙碌地奋斗着、奔波着，感觉活得很累，或许可以说他们是在美国活得最累的阶层，[①] 退休后的晚年生活或可成为一生中最舒坦的岁月，不过那也要看退休前积蓄的水准。

（5）经济拮据的中产阶级家庭在遇到夫妇有一人失业或家计欠债无法还清时，问题就会更严重，借贷购买的房屋和车辆很快就会被法院查封拍卖。目前，中产阶级的贫困化日益引起美国社会的广泛关注。

4. 富人

富人是美国最有权最富有的群体，大约只占美国总人口的 1%—3%。富人成员占据着大型商业、娱乐业、工业、政府以及军事等部门的许多高层位置。

从具体收入水平看，比如在 2007 年，25 万美元的年收入 5 倍于中间水平，收入达到这样水平的家庭，可以认为进入"富人"行列了。同年这样的家庭只占美国家庭总数的 1.9%，也就是说大约 224 万个美国家庭跨过了"富人家庭"的门槛。当然，这里也须考虑到各州生活成本不同带来的显著区别。

美国富人的主要特征是：

（1）尽管这些人很富有也有权，但是其成员在许多人眼里名声并不是非常完美，部分原因在于他们颇显高贵的表现使自己与一般美国人保持着距离。

（2）富人的生活方式一般比较保守，比较优雅，他们受教于私立学校，参加专门的俱乐部，比较满足于现在的生活。

（3）由于远离不太幸运的美国人所遇到的日常问题，富人的许多成员有余裕试图通过比如基金会和慈善事业，把他们的姓氏保存下来，特别是富人中的妇女一般习惯于在其社区中从事志愿工作，比如为博物馆、交响乐、儿童福利委员会以及其他类似的文化与社会事业筹集资金。美国富人热心于慈善和公益事业的一个重要原因在于美国是世界上遗产税最严格

---

① 一位美国朋友直言不讳地说："美国的财富游戏规则就是让大多数人永远富不起来，富者恒富，穷者恒穷。"美国就好比是一个设计好的财务大陷阱。一些已经跻身中产阶层的华人告诉我，只有回到中国他们才可能不负债，在美国永远要负债度日。哈佛大学法学院伊丽莎白教授在其新著《双收入家庭的困境：为什么中产阶级的母亲和父亲们面临破产》中说："中产阶级就是被以上所说种种问题所困扰，就像一个黑洞那样，把你吸进去了，你就怎么也出不来了。"转引自蒋英建：《另一只眼看美国》，《市场报》2006 年 5 月 31 日。

的国家。①

（4）富人成员比其他社会阶层成员的阶级意识要强。他们充分意识到其在社会中的特权地位。

（5）与大多数美国人一样，富人们也爱过负债生活。仅2001年一年，富人家庭所借的债务总额就高达3460亿美元。但与普通人负债原因不同，这些富人欠债是为了挣更多的钱，他们大多把这部分资金投入到了房地产、债券、期货、股票等容易使自己"坐庄"操控的领域。多年来持续的地价上涨和股市状况良好使一部分富人更加富有，当然不是所有"运用"资金的人都能交上好运。

（6）富人中的男子往往是一些专业人员或者金融家，可以运用自己的"头脑资本"来谋求高薪职位和谋取高额财富。

5. 大富豪

美国大富豪是"收入达10位数的大款"，他们一般都拥有多处超级豪宅，许多人甚至买下了一座山、一个岛屿，在风光秀丽的景区和美丽的海滨都能看到富人们连片的豪宅和山庄。他们在生活上随心所欲，极尽豪奢。

美国是世界上富豪最多的国家，一位超级富豪一年的收入可能是美国总统几百年的收入，更可能是一个职工几千年的收入。目前美国1%的超级富豪占有全国财富总数的40%。美国的贫富两极分化呈现为"天文数字"。

在2006年，仅在洛杉矶，资产达12亿美元以上的富豪就有41人（这个数字在2000年为18人，在2003年为22人，从2003年到2006年的3年间增加了一倍，其主要原因在于这几年地价、股价的上涨）。洛杉矶的平均家庭年收入为44000美元，41人拥有洛杉矶约1000万人口的总资产的5%，这种极端的财产集中在世界上也是极为罕见的。

但是，随着2009年奥巴马总统上台，富豪所处的环境正在发生变化，如果美国政府加大对股票和房地产的课税，会有不少人从大富豪的名单中消失。

---

① 美国实行超额累进税率，遗产数额越大，税率就越高，最低税率为18%，最高可达50%。如果一个人要继承一笔1000万美元的遗产，要先期缴纳500万美元的遗产税，然后才能合法继承1000万美元的遗产。很多人由于先期拿不起如此巨额的税款，所以就干脆把财产捐赠给社会了。

美国大富豪的主要特征是：

（1）美国大富豪人数上升及其所拥有的财富的增加的一个重要背景就是经济全球化潮流导致美国社会贫富两极分化的进展之快超出了人们的想象。

（2）美国大富豪拥有财富多少的排名会因为经济形势变化而不断上升或下降。比如，2008 年全球经济不景气就影响到了商业大亨们的收入。据当年公布的《福布斯》财富排行榜，微软创始人比尔·盖茨连续 15 年成为美国首富，不过他的财富有所下降。此外，经济不景气还导致一些在排行榜中名列前茅的常客跌出前 400 名，其中包括美国国际集团前任掌门人莫里斯·格林伯格、亿贝公司前任首席执行官玛格丽特·惠特曼、赌场大亨谢尔登·阿德尔森（他成为 2008 年最大的输家）。《福布斯》排行榜的编辑马修·米勒说："富人没有变得更富的事实表明，经济已经停滞不前。信贷不再发放，市场流动性很小，交易无法完成，因此经济便会收缩。"①

（3）大富豪的资产具有世界范围的流动性，随着世界经济的全球化，在美国之外的国家或地区到处都存在着有利可图的投资对象。为此，如果美国政府加大对股票和房地产的课税，大富豪可能向海外转移资产。现在，奥巴马所代表的民主党一再想要以征税手段来改善民生和缩小差距，如果征税对象"溜之大吉"，这种努力也只能是"画饼充饥"。

三　亚裔、华裔美国人在美国社会中的地位

占总人口数 4.5% 的 1440 万（2005 年数字）亚裔在美国社会中的地位，说明在作为多民族国家的美国，其社会阶层划分掺杂着很大的民族、种族因素，他们的社会地位不单纯取决于经济因素，他们属于何种社会阶层也不宜简单地依据收入、财富的多寡来判断。例如，亚裔、特别是华裔曾经是美国基础设施建设的重要生力军，但是，他们干着"蓝领"的工作，但却得不到一般美国人"蓝领"的社会地位。在经济上，亚裔本身也分化为不同的社会阶层，亚裔的收入水平不断上升，亚裔中的富人越来越多，然而就社会地位而言，亚裔美国人至今只能是美国的"二等公民"而已。

---

① 引自 CCTV.com，2008 年 9 月 24 日。

亚裔主要包括华裔、印度裔、日裔、韩裔、菲律宾裔、越南裔、泰裔、柬埔寨裔、以色列裔、伊朗裔。其中，华裔美国人包括来自中国本土的中国人后裔、来自中国台湾的中国人后裔、中国香港人后裔、东南亚华侨的后裔、东南亚华人的后裔。华裔美国人又分为"华侨"与"华人"，按照中国政府的定义，在美国的"华侨"是指虽移民美国但仍然保留着中国（包括台湾）的国籍而未取得美国国籍的中国人；"华人"则是已加入了美国国籍的中国人，不过，在很多场合人们也将"华侨"统称为"华人"。

美国排斥亚裔、特别是华裔的风潮由来已久。亚裔、特别是华裔在一个半世纪多以来，在美国经历了不同寻常的遭遇。

1820 年美国出现了最早的来自中国的移民。1848 年，在加利福尼亚州发现黄金，中国人便涌向那里寻找财富，那个地方叫做"金山"，超过 20 万华人在这个时候来到美国"淘金"。

在 19 世纪 50 年代，加州对来自中国的移民课以"上陆税"、"人头税"，在部分地区出现了将中国移民赶出学校的现象。

1865 年，中央太平洋铁路公司招募了一大批华工参加修建横贯北美大陆的铁路。这条铁路西起 Sacramento，东至 Omaha。竣工后，华工的身影却被隔离在竣工庆典的照片之外。当时的华工是被作为"猪仔"卖到美国的，只配干修铁路等苦力活。

1882 年美国国会通过《中国人入境限制法》并得到总统的承认。这也是美国历史上出现的第一个种族歧视法。其后，华裔被剥夺了"归化权"，成为"不能归化的外国人"（即不能加入美国国籍的外国人），而且规定在 10 年内一律禁止中国人劳动者（不问是否熟练工）进入美国。其后，限制中国人进入美国的对象从劳动者扩大到政府公务员、教师、学生、商人、旅游者等所有中国人。该法律一直被延长到 1904 年。①

当华工被排斥在美国的大门之外后，被招来顶缺的日本劳工很快也受到蔑视，随后，菲律宾人因肤色被看做是"褐色威胁"，南亚人的到来则被视为"印度教的入侵"。很多人都经受了制度上和社会上的严重的种族歧视。

---

① Lai, Him Mark, *Becoming Chinese American: A History and Communities and Institutions.* California: AltaMira Press, 2004.

1922 年，美国颁布法律规定，美国的女性公民如果和外籍不具有申请移民条件的男性（实际上是指亚裔男性）结婚，将不再拥有美国国籍。

1923 年，美国制定《移民法》，全面禁止中国人移民入境。

1924 年，美国制定"民法"（日本人称之为"排日移民法"），禁止有新的日本人移民入境。

1941 年发生珍珠港事件，"二战"爆发，罗斯福总统颁发总统行政令 9066 号，对居住在美国的日本后裔实施宵禁，并设立日本裔收容所强行关押在美国的日本裔，超过 12 万的日本人及美籍日裔被强行收容。

1943 年，出于建立世界反法西斯同盟的需要，罗斯福总统签署了《联邦议会法》，允许美国国内的华裔入美国籍并获得公民权，在法律上结束了 1882 年《排华法案》以来持续了 60 年的对中国人移民的排斥（实际上在这近 60 年内亚洲人都没有可能申请成为美国公民）。

但是，1943 年《排华法案》被废除后，美国政府依然以各种方式对来自中国的移民加以限制，华裔所处的社会环境并没有得到明显好转。

特别是由于 1924 年制定的《外国人移民限制法》对外国移民的"配额制"依然有效，在 1943 年后，每年接受中国移民的人数仅有 105 人，直到 1965 年对 1924 年《移民法》做了修改以后，分配给来自中国的移民人数才增加到每年两万人，1979 年制定"归化法"后，分配给来自中国的移民人数又大约翻了一番。①

美国社会长期以来对亚裔反感排斥，歧视迫害，亚裔在美国社会的地位很低，华裔则处于最底层，许多华裔子女不敢承认自己的祖籍，说自己是日本人。

然而，随着 20 世纪 80 年代日美贸易摩擦日益加剧，日本人在美国的处境也趋于恶化。1982 年，住在底特律的华裔美国人陈果仁由于被误认为是日本人，被美国的两个汽车工人用棒球棍打死，原因是这对工人父子认为是日本人造成了美国经济萧条。最终这两个人的谋杀行为只被判罚款 3000 美元，一天监禁都没有。为此，亚裔美国人举行大规模游行、签署万言书来抗议美国政府对这件事的不公正裁决。

对大多数亚裔、华裔美国人来说，勤奋、用功、出人头地几乎是他们

---

① Lai，Him Mark，*Becoming Chinese American: A History and Communities and Institutions*. California: AltaMira Press，2004.

"本能"的行为方式，这令他们当中48%的人拥有了高等学历，这一比例远高于美国白人以及其他少数族裔。比如美国国家优等生奖学金中30%至40%的获得者有中国血统，中国移民的孩子考试分数也高于其他族裔后代。

良好的教育背景使不少亚裔美国人容易获得薪水不错且稳定的工作，再加上"精打细算"的本事，亚裔人成了美国最富足的族裔。现在，华裔乃至一部分亚裔不再被人瞧不起，他们依靠自己杰出的教育背景和技术实力，加上努力工作，取得了相当的事业和经济成功，并赢得了主流社会与文化的承认和尊重。

目前的华裔收入来源主要还是靠普通工资，或者开设中小公司和餐馆饭店，平均收入尚可，但高端的成绩不大，即拥有和掌管大型产业或财团者不多，从事核心职业如律师、法官、医生、高级主管、名牌大学教授、首席科学家等，还相对稀少。参加选举和从政的华裔，那就更是屈指可数了。

现在，随着亚裔、华裔自身的努力和他们背后的祖国日益发展或走向强大，亚裔、华裔在美国不再被人瞧不起，其中华裔甚至为自己争得了"模范族裔"的声誉，外国留学生和研究者、特别是来自印度和中国的留学生和研究者占美国科技工作者的一半以上，占美国科学研究和工程技术领域的博士（Ph. D）学位取得者的40%，占计算机领域的企业高管和高级技术人才（doctorates）的65%。

与亚裔在科技领域的出色表现相比，亚裔在经济领域的地位依然很低。如今，财富500强中只有1%的美籍亚裔。

在奥巴马内阁中，前所未有地出现了3位亚裔部长（能源部长朱棣文、商务部长骆家辉是华裔，退伍军人部长新关是日裔）。此外，在华裔中出现了获诺贝尔奖的美籍华人科学家李政道、杨振宁、丁肇中、雅虎的前最高经营责任者（CEO）杨致远、截拳道创始人和著名演员李小龙、著名演员刘玉玲、作为华裔最早担任美国政府部长级官员的赵小兰、著名武打演员李连杰、美军第一位华人将领（1989年晋升少将）傅履仁等杰出人物。

2007年美国的一份报告显示，亚裔是美国最富有的族群，不仅年收入居全美各族群（包括白人）之首，购买力也远高于全美平均水平。其中，印度裔人均收入最高，其次是日裔和华裔；在购买力方面，华裔最强，其次是印度裔和菲律宾裔。

2009 年 2 月《福布斯》杂志曾讲述了亚裔中的印度裔美国人。文章称，东亚移民一向以受教育水平高和收入水平高而闻名。现在，印度人的成就也颇引人注目：尽管占美国人口比例不到 1%，但印度裔占全美工程师的 3%，IT 业者的 7%，物理学家和医生的 8%。

印度裔移民历史最短，起点却最高，绝大多数是 20 世纪 80 年代后大规模留美的高技术人才，母语是英语，多数拥有硕士或博士学位。来自中国大陆、中国台湾、中国香港、韩国、新加坡、日本的移民也多数是出类拔萃的精英，综合素质比美国人的平均水准要高。相比而言，当初以难民身份来到美国的很多越南人、柬埔寨人，生活要艰辛得多。还有报告显示，美国亚裔呈两极分化之势，在众多的亚裔精英之外，更多的亚裔在从事餐馆侍者、建筑工、码头搬运工、家庭佣人等低级工作，他们不少是新移民。[1]

尽管如此，华裔和其他少数族裔在美国被看做"外国人"的现象仍普遍存在。特别是习惯于坚守本民族传统文化的亚裔，经常遭遇与白人文化的冲突。

近年来美国一些大学相继建立"孔子学院"，但某些白人提出异议，认为这是中国利用孔子向美国进行"文化渗透"。最近美国中餐连锁店"熊猫快餐"要在加州大学伯克利分校建分店，却遭到以白人学生为主的 1000 多名学生联名抵制，称这将加剧学校的"中国化"趋势。2007 年美国陷入自己制造的次贷危机以来，部分美国人竟然把气撒在亚裔身上：在加州，一名白人在无预警情况下用气枪射击华人邻居的汽车；另一名华人停在自家走道的汽车无端被人纵火；一名华人的公寓被人入侵并四处涂鸦，在墙上留下"Go Back to China"（滚回中国）！等字样；一名华人房屋的监测摄像机被人打破，汽车钥匙孔被灌上胶水；在科罗拉多州，一名亚裔美国青年人走在街上，遭到一名白人殴打，并被用刀逼着说"我爱美国"。[2]

总的来说，中华文化在美国的影响力日益强大，特别是在华人社区，在唐人街，中华文化已经成为主流文化。

---

① 此处的内容主要参考和引用的文章是，尚未迟、陈伟、王秀森：《亚裔竞争让美国人又敬又怕》，《环球时报》2009 年 3 月 16 日。

② 参见尚未迟、陈伟、王秀森《亚裔竞争让美国人又敬又怕》，《环球时报》2009 年 3 月 16 日。

第四节　美国的社会发展与自然环境的关系

美国本土地势东西高，中央低，主要山脉为南北走向。东部是阿巴拉契亚山脉构成的古老山地及大西洋沿岸平原；西部是科迪勒拉山系构成的广大高原和山地，包括东侧落基山脉、西侧内华达山脉和海岸山岭，以及两山之间的内陆高原和大盆地。全国最高峰为阿拉斯加的麦金利峰，海拔6193米。高原西南部的死谷低于海平面85米，是美洲大陆最低点；中部大平原，地势低平，土壤肥沃，是美国最重要的农业地区，平原西部是著名的大草原。密西西比河以密苏里河为源全长6262公里，是世界第四长河，向南流经整个平原注入墨西哥湾。东北部的五大湖，是世界最大的淡水湖群，苏必利尔湖面积82400平方公里，是世界最大的淡水湖。伊利湖和安大略湖之间，有著名的尼亚加拉瀑布，位于中部的大盐湖是北美洲面积最大、盐分最高的咸水湖。东北部沿海和五大湖区属大陆性温带阔叶林气候，因受拉布拉多寒流和南下冷空气影响，冬季较冷，夏季较温和，多雨雪，年平均降水量1000毫米左右；东南部和墨西哥湾沿岸属亚热带森林气候，受墨西哥湾暖流影响，温暖湿润，年平均降水量2000毫米以上；中部平原，寒暖气流均可长驱直入，夏季炎热，冬季寒冷多雪；西部内陆高原冬季干燥寒冷，夏季干燥炎热，年平均降水量500毫米以下；西部太平洋沿岸的南段属亚热带地中海式气候，北段属海洋性温带阔叶林气候。

美国耕地占国土面积的17.9%（中国为15.9%），占世界耕地总面积的13.2%，是世界上耕地面积最大的国家。美国森林面积约占全国土地总面积的31.5%（中国为21.4%）。[①]

美国自然资源丰富。煤、石油、天然气、铁矿石、钾盐、磷酸盐、硫黄等矿物储量均居世界前列，其他矿物有铝、铜、铅、锌、钨、钼、铀、铋等。煤总储量36000亿吨，原油储量270亿桶，天然气储量56000亿立方米。阿巴拉契亚山脉蕴藏有丰富的煤、铁和有色金属，石油和天然气主要分布在中部大平原。森林面积205万平方千米。草地与山地牧场占全国总面积的28%，水力蕴藏量约13000万千瓦。运转中的核反应堆有110多座。总之，美国的自然条件比较好，在环境、资源等方面均可谓"家底

---

① FAO："FAOSTATT"（2009年6月下载）。

颇厚"。

一 美国的环保政策：先发展后治理

19 世纪末期，随着美国西部开发、拜金移民浪潮的风行，城市空中乌烟瘴气，工厂污水四溢。这种疯狂的经济增长，一直持续到 20 世纪 30 年代，直到 1940—1950 年代，美国还发生了世界八大公害事件中的两起——多诺拉烟雾事件、洛杉矶光化学污染事件，1950—1960 年代，因为滥施农药、化肥还导致"寂静的春天"，就连美国国鸟白头海雕也因为农业导致的栖息地破坏和农药积累而出现繁殖障碍几乎灭绝！当社会领域的大萧条（经济危机）和自然领域的黑风暴（生态危机）实施报复后才逐渐回归理性。正如罗斯福总统所说："我们建设自己的国家，不是为了一时，而是为了长远。作为一个国家，我们不但要想到目前享受极大的繁荣，同时要考虑到这种繁荣是建立在合理运用的基础上的，以保证未来的更大成功。"① 基于这种理念，罗斯福总统考察了大峡谷、约塞米蒂等国家公园，并据考察结果开始限制一些开发——例如在大峡谷中建设大坝。为了使这种环保思想在官员中蔚然成风，罗斯福还积极倡导土地的分类规划利用，使不同自然条件的土地能用于不同的产业，以发挥环境容量的作用。这位最高决策者的绿色意识，是美国由疯狂开发转向理智发展的一个转折点。

20 世纪五六十年代是美国工业化的迅速发展，导致环境污染和公害问题日趋严重，空气、土地、河流、近海所遭到严重污染超过了历史水平。20 世纪 60 年代初期，著名学者 R. 卡森（Rachel Carson）在《寂静的春天》中描绘了一个没有鸟叫没有生机的世界，那是一个死寂的春天。② 这本书的出版使美国人以及其他国家的人民开始意识到生态危机对人类生存环境构成的威胁，引起了一场关于生态和环境保护的空前大讨论，这场讨论的直接结果之一就是 4 月 22 日"地球日"的诞生。这一天，占美国 1/10 的人口走向街头抗议环境的污染，要求治理环境。地球日标志着美国环境保护运动走向高潮。在这一时期美国制定了一系列的环

---

① 罗斯福曾在议会演讲时特别以中国为例（根据一个考察报告）来说明森林破坏造成的恶果："中国内地（主要指的是黄河下游地区）森林缺乏，乡村只有坟墓和庙祠附近有林木，江河的堤岸没有林木保护，以致洪水经常决堤。山坡都被开垦，导致严重的水土流失……"

② 参照蕾切尔·卡森著、吕瑞兰译《寂静的春天》，科学出版社 1979 年版。

境法，美国环保署也相继建立。

　　美国为保护自然环境而专门立法已有近百年的历史，加上美国又是一个在立法和司法上实行联邦和州双轨制的国家，其自然环境保护法规之多，涉及面之广泛堪称世界之首。自然环境保护在美国环境立法中占有重要地位。早在 1872 年，美国国会就颁布了法令，建立了世界上第一个国家公园——黄石公园以来，联邦政府已经建立了 57 个国立公园及其他国家级自然保护区。[①] 一部分人迹罕至的地区则被指定为"原生地域"加以保护。现在，有 264 万 3807 平方公里的国土（约占美国国土面积的 28.8%）受到保护。[②] 1973 年制定了有关濒临绝灭危机的种的保存的法律，设立了鱼类野生生物局（The U. S. Fish and Wildlife Service），负责保护种的存续所不可缺少的栖息地。各个州也独自开展对种和生态环境的保护活动。鱼类野生生物局和国立公园局、森林局由总统任命的内务长官领导。

表 2—3　　　　　　　　　　美国有关环境保护的国内法

制定或修正时间（年）	法律名称	主要内容
1918	候鸟条约法（Migratory Bird Treaty Act）	禁止狩猎、捕获、杀害、贩卖被指定为候鸟的鸟、鸟卵、羽毛、鸟巢
1924	克拉克马克拿利法（Clarke-McNary Act）	为了保护国有森林和草原，由林业部负责管理植树造林、土地买卖、树苗和木材的生产等
1963	大气净化法（Clean Air Act 1963）	对工厂、发电站等的废气排放进行管制
1964	自然原野法（Wilderness Act）	对自然原野作为自然保护区加以管理
1970	国家环境政策法（National Environmental Policy Act）	预防对生态环境和生物圈的损害，增进国民对生态环境与自然资源的理解

　　① National Park Service, National Park Service Announces Addition of Two New Units, National Park Service News, 28 February 2006.

　　② Republican Study Committee, "Federal Land and Buildings Ownership", 19 May 2005.

续表

制定或修正时间（年）	法律名称	主要内容
1972	水质清洁法（Clean Water Act）	防止未经去污处理的产业和生活的废弃物向周围环境排放导致地下水、河川、湖沼、海洋的水质被污染
1970	大气净化法（Clean Air Act 1970）	对作为大气污染的"移动发生源"的汽车废气排放进行管制，规定在 5 年之内将汽车废气中的碳氢化合物（HC）、一氧化碳（CO）、硫氧化物（SOX）、氮氧化物（NOX）的排放量减少 90% 以上
1974	安全的饮料水法（Safe Drinking Water Act）	对饮用水的质量标准作出规定并实施检测
1976	国有森林管理法（National Forest Management Act of 1976）	由农业部实施国有森林地带的可再生资源的管理计划
1976	有毒物质管理法（Toxic Substances Control Act）	保护人的健康和自然环境免受化学物质的侵害
1977	水质净化法	由环境保护厅制定产业废弃物向海洋、河川、湖泊排放所须达到的标准
1990	大气净化法（Clean Air Act 1990）	针对大气污染的"固定发生源"，将所规定的导致大气污染的有害物质从 7 种增加到 188 种，制定了有害物质的排放标准；追加了对燃料的规制；作为针对酸雨的对策，制定了二氧化硫的排放量的交易规则
2000	海洋法（Oceans Act）	加强对海洋及海岸的资源的管理，保护海洋环境防止海洋污染，增加有关海洋的知识，投资能促进能源和粮食安全保障的技术开发，并设立推动实现上述目的的海洋政策委员会
2009	清洁能源安全法（Clean Energy Security Act）	在 2010 年以后，如果进口产品产地的行业温室气体排放量高于美国同行业的排放量，总统有权对这些进口产品征收"碳关税"

资料来源：根据 EPA 资料整理。

从表 2—3 也可以看出，美国政府真正重视环境保护始于 20 世纪 70

年代。正是在 1970 年，美国设立了"海洋大气局"（National Oceanic and Atmospheric Administration），对海洋、大气、海洋资源和生态环境进行密切观察。同年设立了"环境保护局"（EPA，Environmental Protection A-gency，常简称 EPA，或 USEPA），环保局在美国的环境科学、研究、教育和评估方面居于重要的领导地位，其主要职责是：①根据国会颁布的环境法律制定和执行环境法规；②从事或赞助环境研究及环保项目；③加强环境教育以培养公众的环保意识和责任感。环境保护局等机构的设置结束了联邦政府没有一个组织机构来统一协调应对危害人体健康及破坏自然环境的污染和公害问题的状态。

美国国家环境保护局是美国联邦政府的一个独立行政机构，主要负责维护自然环境和保护人类健康不受环境危害影响。EPA 由美国总统尼克松提议设立，在获国会批准后于 1970 年 12 月 2 日成立并开始运行。环保局局长由美国总统直接任命，并直接向美国白宫负责。EPA 不在内阁之列，但与内阁各部门同级。EPA 现有全职雇员大约 18000 名，所辖机构包括华盛顿总局、10 个区域分局和超过 17 个研究实验所。所有职员都受过高等教育和技术培训，半数以上是工程师、科学家和政策分析员，还有部分职员是律师和公共事务、财务、信息管理和计算机方面的专家。

环保局根据国会颁布的环境法律制定和执行法规，研究和制定各类环境计划的国家标准，并且授权给州政府和美国原住民部落颁发许可证、监督和执行守法。如果不符合国家标准，环保局可以制裁或采取其他措施协助州政府和美国原住民部落达到环境质量要求的水平。近年来，环保局将国会批准预算的 40%—50% 通过用申请基金方式直接资助州政府环境项目。环保局提供基金给州政府、非营利机构和教育机构，以支持高质量的研究工作，增强国家环境问题决策的科学基础，并帮助实现环保局的目标。环保局还提供研究资金和研究生奖学金，向州政府、地方政府和中小企业提供环境融资服务和项目信息。

环保局也通过一些计划提供其他经济援助，如节水节能、减少温室气体、大幅度削减有毒物质排放、固体废物再利用、控制室内空气污染、控制农药风险、州政府饮用水循环基金、州政府清洁水循环基金、轻度污染褐色地的清理和再使用等项目。

环保局十分重视有关环境问题的科学技术研究开发，凭借分布于全国的实验室致力于评估环境状况，以确定和解决当前和未来的环境问题，其总局和区域分局经常与其他国家机构、州政府、民间企业、学术机构、非营利机构等开展共同研究，主导识别新出现的环境问题，提高风险评估和风险管理的科技水平。环保局积极支持环境教育项目，努力提高和增强公众的环保意识、环保责任感以及有关环保的知识和技能。①

美国的环保法案与政策的特点是：强调环保措施上的多样性、创新性和灵活性；充分发挥各级地方政府和企业的积极性（比如加利福尼亚州在保护空气质量方面执行最严格的法律，有力地促进了新能源汽车的普及）；尽量避免与经济发展发生矛盾（强调通过开发新技术和新产品、而不是通过改变过度消费、耗用能源等资源的生活方式来实现环境保护）。②20世纪80年代以来，美国总体的环境状况有所改善，但也须指出，有些环保政策往往遭到企业界和消费者的抵制而难以得到贯彻，随着人口持续增长，消费不断扩大，美国的环境改善远非理想。③ 美国著名生态学者布朗指出，人口增长是在不断地增加分母，使每个人所得的资源馅饼在不断缩小，导致水短缺、农田用做他用、交通拥塞、垃圾增量、过度捕捞有增无减、国家公园里更加拥挤、更加依赖于进口石油，以及其他降低我们日常生活质量的情况。布朗指出，在美国，人口增加意味着小汽车的需求量增加，这就意味着在更多的土地上铺设公路和修建停车场。美国每辆汽车需要将近1/5英亩的土地铺设公路和留出停车空间，每增加5辆车，就需要一块足球场那么大的铺了沥青的场地。被铺设的土地经常是农田，因为它平坦，而且适宜耕作的排水性能良好的土壤也是修筑公路和停车场的理想选择。一旦土地被铺上沥青就不易复垦。正如环保人士鲁珀特·卡特勒所指出的："沥青是土地的最后收获。"布朗还十分担心美国的水资源问题，他指出，越来越多的人需要更多的资源，其中包括水。美国每年人口

---

① http：//www. epa. gov/history/publications/origins. htm.

② 曾有人考察过一个美国中产阶级家庭的消费状况，发现其中40%的支出属于无效支出，包括追求过度包装等心理满足感而非产品实际使用价值的花费和产品过快更新换代所造成的浪费，在美国，人们不难在垃圾堆中发现大量漂亮的包装盒或有些过时但仍可以使用的冰箱、彩电等家庭电器。如果人类都像美国人那样过度消费，恐怕需要几个地球。

③ 美国政府的"动员力"受制于其政治体制和市场环境，一些环保政策难以通行全国。与之相比，中国虽然不具备发达国家工业化进程当时所享有的资源和环境容量，而且中国至今尚未能超越美国等发达国家曾经走过的传统工业化发展模式，但中国作为社会主义国家拥有"可以集中力量办大事"的优势，国家领导人还提出了全面、协调、可持续的科学发展观，体现了"国家环保意志"，如果努力发挥这种优势，中国环保就有可能较快地缩小与美国的差距。

增加接近 300 万，导致这个国家西半部和东部的许多地区缺水。目前美国
大平原和西南部大部分地区的水位正在下降。湖泊在消失，河流逐渐干
涸。美国西南最大的河流科罗拉多河曾经在数年前汇入墨西哥湾。由于水
供应紧缺，农民与城市居民之间的竞争在不断增加。在水资源的争夺中，
农民差不多总是失败。在美国西部，几乎天天都有农民或整个灌溉区将其
水权出售给有关城市。①

　　美国人特别重视保护动物，将动物作为人类最亲近的朋友加以呵护。
人行道和住宅区以及广场等公共场所经常能看到自由自在嬉戏和觅食的小
动物，如松鼠、小鸟儿、鸽子等，一副泰然自若、悠然自得的样子。之所
以如此胆大，是因为这些小动物未受到过人们的伤害，因此，也就没有畏
惧心理。美国民众对动物的保护意识还表现在他们通常只吃家禽和家畜，
对野生动物绝不当美味食之。我们还注意到，为保护环境，美国的各个超
市和大型购物中心，通常都使用纸质的购物袋。和国内不同的还有，即便
是星级宾馆也不配备牙具、拖鞋，供应的香皂通常是再生品，看上去也比
较粗糙。

　　综上所述，美国对自然环境的态度和政策可以用一句话来概括，这就
是"先发展后治理"。那么，这种做法是否适用于中国呢？笔者以为中国
绝不能效法美国对自然环境采取"先发展后治理"的态度和政策，其理
由有三：第一，中美两国的国土面积差不多，但是中国的人口是美国的 4
倍多，因此，中国经济增长导致对环境的负担要比美国大得多；第二，美
国的自然条件优于中国，其广阔的国土对经济增长导致的环境破坏的承受
能力比中国大得多；第三，美国在经济增长和工业化发展过程中大量利用
国外资源，而对国内资源采取适当保护的政策，这与中国在经济增长过程
中过度开发利用国内资源的做法有很大的不同，而随着中国对其国内资源
的过度开发利用（包括滥采滥伐），中国国内的自然环境遭到了严重的破
坏。从目前中国国内的环境污染、灾害频仍（虽然是"天灾"，但很多灾
害的发生与人为的因素有关）的现状来看，中国的工业化发展和经济增
长已经到了"环境不堪忍受"的地步，因此必须摒弃发达国家走过的
"先发展后治理"的老路。

---

　　① 《世界著名生态学家布朗评美国人口增长——人口增长挑战有限资源环境》，《中国环境
报》2006 年 11 月 3 日。

二　重国内环境问题，轻全球环境问题

环境问题具有跨越国界的全球性，任何国家都不可能"独善其身"。特别是全球气候变化是大气污染、水质恶化、土壤沙化、热带雨林减少等地球环境问题相互联系和作用的集中表现，是西方发达国家自产业革命以来长期无节制地使用化石燃料、排放温室气体，给地球"戴帽保温"的量变过程所造成的结果，也是人类与自然界的矛盾激化的反映。

从 20 世纪 70 年代以来，美国对本国的环境问题开始加以重视，接连制定了一个又一个重要法案，然而对于全球环境问题的态度却完全从追求本国的物质利益和相对权力的立场出发，对不同的环境问题和相应的国际条约采取很不相同的立场，在诸多有关保护环境的国际合作和条约方面，美国的表现很不尽如人意。有学者指出，除了白宫和国会，商业团体和关注环境问题的非政府组织等行为体也对塑造美国的环境政策施加了重要的影响，[①] 比如，美国长期不肯在 1982 年通过的联合国关于海洋法的条约（United Nations Convention on the Law of the Sea）上签字。2003 年美国又拒绝在世界卫生组织制定的、旨在预防吸烟对人的健康的危害、特别是预防不吸烟的人们的健康由于被动吸烟而受到危害、禁止或限制在公共场所吸烟、禁止香烟广告和促销的《规制烟草的世界卫生组织框架条约》（FCTC）上签字。对不少国际条约，美国总统虽然签署了，其后美国国会却长期不予批准。如 1990 年虽然签署了旨在规制有害废弃物的跨国移动及其处理的《巴塞尔条约》（Basel Convention），但美国国会却长期未予批准。1993 年美国虽然在旨在保护多样生物的栖息环境、实现生物资源的可持续利用、公平分配遗传资源所产生的利益的《有关生物多样性的条约》上签字，但是美国国会长期未予批准。2001 年美国签署了旨在规制在环境中残留性强的 PCB、DDT、DIOXIN 等残留有机污染物的《斯德哥尔摩条约》（POPS），但是美国国会也迟迟不予批准。美国对保护臭氧层似乎情有独钟，1985 年在保护臭氧层的维也纳条约（Vienna Convention）上签字（1986 年在美国国会获得通过）以后，1991 年美国国会批

---

① Jacob Park, "Governing Climate Change Policy: Domestic Influence on Global Environmental Policy," in Paul G. Harris ed., *Climate Change and American Foreign Policy*. New York: St. Martin's Press, 2000, p. 106.

准了《维也纳条约》（Vienna Convention）的修正条款——《伦敦条款》（London Amendment），2003 年先后批准《蒙特利尔条款》（Montreal A-mendment）和《北京条款》（Beijing Amendment）。1986 年美国国会通过了旨在对作为野生鸟类的栖息地的重要湿地进行保护的《拉姆萨尔条约》（Ramsar Convention）。1994 年美国在旨在应对严重干旱和沙漠化的《应对沙漠化条约》（UNCCD）上签字（2000 年获美国国会批准）。1999 年批准了有关海洋法的联合国条约的鱼资源保护和管理协定（United Nations Convention on the Law of the Sea）。

三　美国政府对全球气候变化问题的立场变化

早在 1989 年，时任美国国务院海洋与环境科学事务高级顾问的戴维·沃思（David A. Wirth）在美国《外交政策》上撰文强调，面对气候变化对人类的潜在影响，国际社会应当加紧将应对温室效应提升到外交政策议程的高度。[1] 1992 年，旨在使大气中的温室气体浓度稳定在气候变暖不进一步加剧的《联合国气候变化框架公约》的通过，对于治理全球气候、拯救地球家园具有里程碑意义。[2] 1992 年美国总统签署了《气候变化框架条约》（UNFCCC，1992 年美国国会批准）。1997 年至 1998 年克林顿政府积极参与谈判并签署了《京都议定书》。该议定书成为世界上第一个旨在遏制全球变暖而要求减少温室气体排放的具有法律约束力的协定。它规定，到 2008—2012 年，工业国家必须在 1990 年水准上削减二氧化碳排放 6%—8%。1998 年克林顿总统在《气候变化框架条约》的《京都议定书》（Kyoto Protocol）上署了名，但克林顿政府既没有采取行动降低排放，也没有作出努力告知公众与国会关于完成这一承诺的必须条件，更没有将签署的《京都议定书》递交参议院讨论表决。因此，克林顿政府虽然重视气候变化问题，并签署了《京都议定书》，但成果十分有限。

2001 年共和党出身的布什（小布什）总统是一个不注重环保而注重保护某些大财团经济利益的人，2001 年 3 月小布什上台不久，就以"给美国经济发展带来过重负担"为由，宣布美国退出《京都议定书》，漠视气候变化问题，拒绝承担拯救地球环境的国际义务。同年 6 月，小布什在

---

[1] David A. Wirth, "Climate Chaos", *Foreign Policy*, No. 74 (Spring 1989), pp. 3 – 22.

[2] http: //unfccc. int/resource/docs/convkp/convchin. pdf.

白宫的演讲中，认为《京都议定书》存在根本性的致命错误：①落实《京都议定书》规定的条款会导致工人失业，物价上涨，对经济带来负面影响；②关于气候变化多大程度上是由人的活动造成的问题，答案并不明确，而且现在对全球气候变化原因及对其加以解决的科学知识不完整，也缺少消除与储藏二氧化碳在商业上可行的技术；③处在议定书之外的中、印等温室气体排放大国不受约束对其他国家而言不公平；④反对对温室气体的排放采取强制性的限排措施，主张采取自愿性的限排措施。因此，尽管到 2009 年 2 月，包括绝大多数发达国家在内的 183 个国家最终签署并批准了《京都议定书》，但美国始终未批准该议定书。

由于主要关注反恐背景下的阿富汗战争与伊拉克战争，小布什在其第一届任期内基本采取了自由放任的气候变化政策。2002 年 2 月，小布什宣布反对民主党人提出的关于要求加快改进在美国出售的汽车与卡车的燃料效率的建议。4 月，小布什政府提出开采阿拉斯加北极国家野生保护区石油与天然气的计划，后来被参议院否决。6 月，美国环保署向联合国提交报告，其结论是，人类活动带来的温室气体排放是全球变暖的主要原因。小布什居然诬称这个报告是联邦政府官僚主义的产物，并武断地认为计算机气候模型并不精确，不足以提供参与国际排放条约的理由，美国需要一个为期十年的研究计划，以更好地增加对气候变化的理解。在 2004 年 10 月，小布什在总统竞选中再次表示《京都议定书》损害美国工作机会的主张。

有学者分析导致美国对气候变化问题采取错误立场的原因在于对物质利益和相对权力的追求。然而，洛伦·卡斯（Loren R. Cass）则指出"物质利益和相对权力位置并不能够充分解释一国国内和国际气候政策的演变，除此之外，规范性争论（normative debates）也是解释国家应对气候变化政策的一个不可忽视的因素"，而在一国国际和国内气候政策中发挥关键性作用的规范性争论包括"谁应当为全球温室气体减排负主要责任"和"指导全球减排的一般原则"，这意味着，只有将观念或规范因素与物质因素结合起来，才能更好地理解一国应对气候变化的内外政策选择。[①]

---

　　① Loren R. Cass, *The Failures of American and European Climate Policy：International Norms，Domestic Politics and Unachievable Commitments*. New York：State University of New York Press, 2006, pp. 219 – 232.

在国际与国内重视气候变化的强烈呼吁下，小布什在其第二届任期内对气候变化问题的政策作出了姿态性的调整。2005 年 7 月，小布什在访问丹麦期间首次承认人类带来的温室气体增加正在导致全球变暖问题的出现。2007 年 1 月，小布什首次在国情咨文演说中承认全球气候变化构成对国家安全的严重挑战，并认为解决之道是技术进步及使用诸如乙醇之类的可再生燃料。2007 年 6 月，在德国海利根达姆（Heiligendamm）召开的讨论气候变化的八国峰会上，小布什同意考虑欧洲提出的至 2050 年前参加国将温室气体排放减至 1990 年排放量的一半，以实现使全球气温升高不超过 3.6 度的目标。2008 年 4 月，小布什确定了一个新的目标：到 2025 年前，美国实现温室气体排放零增长。小布什政府对气候变化问题严重性的认识虽有进步，并赞同各国合作减排的主张，但美国政府并没有采取具体的实质性减排措施。

在国内外各界对气候变化的关注日益增强的情况下，奥巴马在 2008 年 11 月赢得总统竞选，他在胜选演讲中就明确"处于危险中的地球"是美国面临的严峻挑战，明确表示美国与世界面临的最为紧迫的挑战是全球气候变化，并表示美国将在应对气候变化问题上发挥领导作用。在当前美国遭遇严重经济危机的背景下，奥巴马认识到，气候变化及美国对石油的依赖将继续削弱美国经济，威胁美国国家安全，因此奥巴马政府树立了振兴经济、保证安全与应对气候变化彼此补充、相互促进而不是彼此排斥、相互削弱的理念，并以此指导具体政策的制定，从而展示出其在气候变化理念与政策方面与小布什政府有着本质的区别。由于成功地应对气候变化将要求以高碳能源为基础的全球经济转变为以低碳能源为基础的全球经济，所以奥巴马主张落实以市场机制为基础的"总量管制与排放交易"方案（Cap and Trade），以达到大规模减排的目的。为此，美国确立了构建绿色经济、研发替代石油的新能源的行动方针，并在探索新的经济增长模式过程中，实现创造更多就业岗位以及经济复兴的目标。

2009 年 12 月 7 日美国环境保护署在华盛顿召开新闻发布会宣布，根据美国《洁净空气法》，包括二氧化碳、甲烷在内的 6 种温室气体威胁人类健康。这一表态将首次为美国政府出台限排政策奠定学术基石。但环保署同时表示，不会立即出台新规。同时，白宫则更倾向国会立法减排。美国环保署判定温室气体有害则为立法减排起到了铺路作用。

第五节　美国社会发展与稳定及其政策取向

对于美国的社会发展与社会稳定来说，有几个因素具有极其重要的作用，这就是社会保障、雇佣体系、宗教、治安和教育等。

一　从"罗斯福新政"到"费城宣言"

第一次世界大战是人类历史上的一次浩劫，但却给美国的经济发展提供了机遇。第一次世界大战后，美国的经济得到了飞速的发展。1920 年，资本主义世界爆发了第一次世界大战后首次经济危机，西方国家陷入了经济衰退、失业率大幅度上升的泥潭。然而危机过后，美国却出现了持续的繁荣，1929 年美国在资本主义世界工业生产的比重已达 48.5%，超过了当时英、法、德三国所占比重总和，被称之为资本主义经济史上的奇迹。与此同时，生产和资本的进一步集中加深了资本主义社会的固有矛盾，股票、债券等飙升的经济泡沫反映出带有某种程度虚假性的经济繁荣背后正孕育着新的危机。在此背景下，美国的社会风气和价值观念也日趋退化，发财致富成了人们最大的梦想，投机活动猖獗，享乐之风盛行，政治生活中道德水平的低下达到无以复加的地步。在竞选中许诺"美国人家家锅里有两只鸡，家家有两辆汽车"、奉行自由资本主义经典理论的胡佛在1929 年当选总统后，正赶上又一次更大的世界性经济危机，面对危机胡佛苦无对策，致使美国经济坠入深渊，全国上下怨声载道。在 1932 年大选中，胡佛被民主党的罗斯福击败，1933 年 3 月罗斯福就任美国第 32 任总统。罗斯福应对危机的一系列政策后来被称做"新政"（NewDeal），其重心是要让"人民有免于匮乏"的自由，确认避免广大普通人挨饿不仅是私人事务，也是政府和强势集团应尽的责任，政府应大力推进社会安全保障机制，缓解劳资激化的冲突，促进经济的复苏与发展。1935 年美国颁布了专门针对解决失业问题的《社会保障法》，减少和消除非自发性失业，促进充分就业，并对失业者进行救助。在"二战"以后，各发达国家争相仿效美国的雇佣制度。1944 年 5 月国际劳工组织（International Labour Organization，ILO）在美国费城举行的第 26 届国际劳工大会上通过了《费城宣言》（全称为《关于国际劳工组织的目标和宗旨的宣言》），阐述了完全雇佣政策，成为检验成员国是否遵循和采用的准则。

《费城宣言》阐明了国际劳工组织的目标和宗旨以及对其成员国政策具有启发作用的各项原则，其中包括：劳动不是商品；言论自由和结社自由是不断进步的必要条件；任何地方的贫穷对一切地方的繁荣构成危害；反对贫困的斗争需要各国在国内以坚持不懈的精力进行，还需要国际间作持续一致的努力，在此努力中，工人和雇主代表享有和政府代表同等的地位，和政府代表一起参加自由讨论和民主决议，以增进共同福利。

《费城宣言》承认国际劳工组织在世界各国推进各种计划的庄严义务，以达到一下目标：充分就业和提高生活标准；使工人受雇于他们得以最充分地发挥技能与成就，并得以为共同福利作出最大贡献的职业；作为达到上述目的的手段，在一切有关者有充分保证的情况下，提供训练和包括易地就业和易地居住在内的迁移和调动劳动力的方便；关于工资、收入、工时和其他工作条件的政策，其拟订应能保证将进步的成果公平地分配给一切人，将维持最低生活的工资给予一切就业的并需要此种保护的人；切实承认集体谈判的权利，在不断提高生产率的情况下加强劳资双方的合作，以及工人和雇主在制订与实施社会经济措施方面的合作；扩大社会保障措施，以便使所有需要此种保护的人得到基本收入，并提供完备的医疗；充分地保护各业工人的生命和健康；提供儿童福利和生育保护；提供充分的营养、住宅和文化娱乐设施；保证教育和职业机会均等。①

二　社会保障制度的形成与完善

1935 年美国的《社会保障法案》得到国会通过并付诸实施。在《费城宣言》的推动下，美国社会保障制度不断有所发展，主要体现在获得给付金人数不断上升。但是，美国社会保障制度本身及其实施情况依然存在着很多问题，例如，各州自行其是而缺乏全国的统一性，雇佣制度过于"任意"，给付条件相对苛刻，标准也偏低，而且还存在种族、民族歧视。而对社会保障制度最为不利的，则是由于人口老龄化和老龄人口的医疗费不断膨胀等原因，美国的社会保障制度从 20 世纪 80 年代起日益陷于困境。

---

① http://zhuanye.iask.com/pay.php?id=4080653.

　　在美国，作为国家的社会保障制度，旨在扶持社会弱势群体，主要包括退休人群、失业人群及残疾人群。因此，美国的社会保障制度（SS，Social Security）主要包括养老金制度、失业保险制度、针对退休人员和残疾人的医疗保险制度等。换句话说，在美国的医疗体系中，政府仅向退休人群和贫困人群直接提供公共医疗保险，对于其他的大多数人，政府只是补贴雇主购买私营保险。

　　美国的社会保障制度的主要特征是：

　　（1）在美国国内的就业者以其收入的一定比例缴纳社会保障税，且缴纳年数达到取得领取养老金资格所须年数，即可获得到养老金（Retirement）等社会保障服务；

　　（2）为了加入社会保障，必须从社会保障厅取得社会保障号码（SSN，Social Security Number）；

　　（3）美国的社会保障制度是将老人、遗属、残疾人都包括在内的全面的保险制度；

　　（4）雇佣劳动者和年收入在一定数额以上的个体营业者可成为社会保险制度的加入对象；

　　（5）保险费作为社会保障税由国内岁收厅征收，养老金付给由社会保障厅实施；

　　（6）养老金加入期间以 credit 为单位（1 个 credit 相当于 3 个月），对应 1 年（1—12 月）的收入额，最高可取得 4 个 credit。

　　随着美国人口结构的高龄化和社会贫富差距的加大，美国的弱势群体呈现为不断扩大的趋势。从退休人群看，"二战"结束后美国出现了一场生育高峰，但此后不久，婴儿的数量却又急剧减少，在 2008 年前后，出生于战后生育高峰的这一代人开始进入退休年龄，自此老年人比例逐渐上升，预计到 2030 年美国总人口将增长约 18%，而退休人口却将增加 100%。与之相应，社会保险给付金以及医疗保险给付金开支在国内生产总值中所占的比例将可能从目前的小于 7% 上升到 2030 年的 12% 甚至更高。与此同时，随着生育率的持续下降导致的人口结构的变化，必将影响到年轻一代养活老一代人的能力。而弱势群体的不断扩大必然导致社会保障支出的不断增大，导致美国的社会保障制度难以支撑，甚至陷入重大危机，对该制度的改革势在必行。

1. 美国的养老金制度

美国养老金制度的概要是：

（1）加入养老金保险达到 10 年以上者，可以获得领取养老金的资格；

（2）领取养老金的开始年龄为 65 岁（现在，随着修改养老金制度，将分阶段地将领取养老金的开始年龄提高到 67 岁）；

（3）养老金领取者如果有 65 岁以上的配偶以及未满 18 岁的孩子，可以领取相当于养老金金额 50% 的"家属养老金"（随着修改养老金制度，将分阶段地将养老金领取者的配偶领取"家属养老金"的开始年龄提高到 67 岁），不过，针对一位养老金领取者的"家属养老金"领取者的人数规定有上限；

（4）养老金及配偶的"家属养老金"的开始领取年龄最大限度可提前到 62 岁（在此场合生涯养老金额将按一定比例减少），也可将开始领取年龄推迟（在此场合生涯养老金额将按一定比例增加）；

（5）对残疾人和遗属设养老金制度；

（6）对遗属除去遗属养老金以外，还设有死亡抚恤金制度（需在亲人死亡后两年内申请）。

除去国家法定的养老金制度之外，美国的一些人寿保险公司除经营人寿保险、财产保险、死亡保险外，还大力经营集体和个人自愿投保性质的私人养老金保险，作为法定养老保险的补充。其中，集体退休保险是由企业雇主为雇员投保，雇员退休后可逐月领取，政府则通过免税手段对养老保险金予以支持，增强老年人的社会保障感。

2. 美国的医疗保险制度

美国是发达国家中唯一没有全民公费医疗制度的国家。早在 1930 年代罗斯福总统时期，在美国就曾围绕建立全民公费医疗制度展开过热烈的讨论，这场讨论一直延续到 1940 年代的杜鲁门总统时期、1960 年代的肯尼迪总统时期，但每次都因为医师会等组织的反对而不了了之。

然而，早在 20 世纪 20 年代末，在美国就自发地出现了民间医疗保险组织。比如，B/C（Blue Cross）起源于 1929 年得克萨斯州达拉斯的贝勒大学医院与学校教师工会之间签订的保险合同，教师工会从会员那里征收一定数额的保险费，以此作为基金，对会员的医疗给予保障。在 20 世纪 30 年代发生经济大恐慌的年代，美国全国的医院陷入经营困难的情况下，全美医院协会（AHA，American Hospital Association）对这种建立医疗保险制度的尝试给予了积极的支持，并推广到全国各地。B/S（Blue Shield）起源于 1939 年加利福尼亚医师服务（California Physicians Service），与 B/C 相比，B/S 的发展比较缓慢。B/S 诞生的缘由是，一个医生单独对应企业的患者遇到困难，为此，同一诊疗科目的医生组成集团，并在医师之间统一医疗内容和价格，B/S 在 1939 年有了原型之后，得到美国医师会（AMA）的支持和推广，特别是在"二战"以后的 1940 年代得到迅速的普及。

B/C 和 B/S 对加入者收取相同数额的保险费，而不管其年龄和病历的区别，这对年轻人和健康人就显得不公平。为此，营利保险公司采取病历价格决定方式（Experience Rating），对没有生过病的、因为身体健康患病风险较低的人们相应减少收取保险费的金额。这种方式受到年轻人的欢迎，纷纷选择民间营利保险公司投保。为此，尽管民间保险公司的医疗保险发展较晚，却能后来居上，迅速增加投保人数。

从 1950 年代至 1960 年代初，联邦议会开始讨论建立仅限于老人的公费医疗保险制度。对于仅限于老人的公费医疗保险制度，医师会方面也表示了理解，因此得以实现。依此对于 65 岁以上的老人及残疾人设立公费医疗保险制度（Medicare），只要本人或配偶缴纳社会保障税年数超过 10 年，即可免于支付住院的保险费，但门诊的保险费则须每月缴纳。从 2005 年 3 月起，对因为吸烟而患病的老人，将禁烟所需的咨导费用和药费也列入保险范围。对低收入者，则可适用联邦政府及州政府实施的医疗扶助制度、Medicaid 等，在州政府实施的医疗扶助制度中，可举出适用于华盛顿居住者的基础健康（Basic Health）制度，适用于俄勒冈州居住者的 OHP（俄勒冈州健康计划）等。

美国规定医院不得以支付能力为理由拒绝病人的急诊需求，并对因此带来的亏损予以补贴。表面上看，这个体系保护了弱势群体的就医需要。但是，在美国，数千万中小企业员工、个体经营者和打零工者因此成为既买不起商业险又不符合公共保险政策的无保险人。美国禁止急诊拒诊和"退休后就有保险"的制度，使得许多无保险人要么看急诊治常规病，要么把慢性病拖到 65 岁以后去治疗。这些做法无一不带来巨大的政府开支，给财政带来沉重的负担。美国的人均医疗费用、特别是老年人的人均医疗费用是世界上最高的，但其人均寿命在世界的排名远远落后于人均医疗费用的排名。

目前，美国的医保基本是市场主导，美国 3 亿多人口中，70% 的医保由私营保险公司提供。进入 21 世纪以来，由于医疗费用增长过快，雇主不愿为雇员支付健康保险费用，贫穷的家庭买不起保险费，未上保险的美国人人数增长很快。2008 年全美 3 亿人口中大约 4630 万人没有医保（这个群体的规模相当于西班牙的总人口），包括 920 万非美国公民，没有医保的人口占全国人口的比例居于发达国家首位，还有数以百万计美国人"医保不足"，而"无保"或"医保不足"意味着人们基本只能自己掏医疗费，致使全美一半个人破产案至少在部分程度上由无力支付医疗费导致。[①] 另一方面，美国人的医疗支出和医保开支越来越大。2008 年美国的医疗支出占到 GDP 的 16%，远远高于其他发达国家；2007 年全国医保开支 2.2 万亿美元，几乎两倍于经济合作与发展组织成员国平均水平。美国官方预计，联邦政府用于医疗保健项目和医疗补助项目的资金 2007 年占国内生产总值 4%，2025 年将占 7%，2050 年，这一比例将升至 12%。美国人抱怨美国的医疗保障制度千疮百孔、医疗经费不足，有些医生因担心受到误诊起诉而裹足不前。这说明美国的医疗体系必须进行根本性的改革。

社会保障是一个重大的经济和社会问题，对它的改革不仅要使老年人能够比较幸福地度过晚年，年轻人又不至于承受太大的压力，同时还必须不妨碍国家经济的发展，这显然不是一件非常容易的事。美国大多数国民依靠民间的医疗保险，近年来由于保险费上涨，对于零散的个体营业者、中小企业来说，让所雇用的劳动者加入优良的医疗保险已成为不堪忍受的负担。高额保险费也对美国的国际竞争力产生负面影响。以不能受惠于医疗保险的低收入层为中心，由于过度食用快餐、运动不足以及缺乏营养学知识，使美国成为发达国家中肥胖者人数最多的国家，肥胖人数增加成为一个社会问题。[②]

然而，推行医疗改革，不能不触犯相关利益集团的利益，致使医疗改革成为美国历史上不可触动的"雷区"。从 20 世纪 30 年代以来，从杜鲁门、肯尼迪到克林顿，历届美国总统都曾经信誓旦旦地要实现全民医保，

---

① The Kaiser Family Foundation, The Uninsured: A Primer, October 2009,（publication #7451 – 05），pp. 4 – 5.

② http://www. cis. org/articles/2005/back505. html.

却无一不以失败告终。比如，1994 年，当大张旗鼓地要推行医改的克林顿把 1000 多页的医疗改革方案作出既成事实提交国会时，很快被后者束之高阁。

2008 年上台的奥巴马总统决心在医疗体系上进行有史以来最大的投资，以确保美国人民的健康和有效控制医疗费用。其实，早在 2008 年 5 月总统竞选时，奥巴马竞选团队就提出了医改方案"健康美国计划"，后被扩展为"奥巴马—拜登健康美国计划"，这份计划的核心内容之一是建立医疗保险交换系统。该系统将把医保产品像股票一样投放市场，个人和中小企业可以联合起来到该体系下择优选购商业医保。与此同时，该计划允许州政府向市场提供"公共医保选择"，其关键就在于由政府提供"公共医保选择"，政府介入，保障低收入者的医保，并通过公私医保竞争，降低医疗价格。这样市场便由原先的私营保险企业独大，变为公私并立。奥巴马说："医疗体系长期以来使美国的经济和国民的良心不堪重负。因此，医疗改革决不能再等待。"① 但是，在美国实行医保改革必然遭到医保利益集团的强烈反对。

然而，奥巴马和民主党经过极大的努力，终使医疗保险改革法案在 2010 年 3 月下旬获得国会通过，美国民主党人努力多年的全面医改目标终于实现。

3. 美国的失业保险制度

美国的失业保险（UI, Unemployment Insurance）规定企业主须向州政府缴纳 100% 的税金。在失业的场合，比如在华盛顿州，可以到雇佣保险局（Employment Security Department）内的失业保险事务所办申请手续，从提出申请的下一周开始，每周发给 112 美元至 496 美元的支票（Check），至多可领取 26 周。在俄勒冈州，给最近的失业保险事务所打电话或上网进行申请，每周发给 104 美元至 445 美元的支票（Check），至多可领取 26 周。失业保险事务所每周发给的钱（Weekly Benefit Amount）也须最后申报纳税。

美国一贯强调个人奋斗、自由竞争，但随着失业保险制度的发展和扩大，的确出现了有些人变得懒惰，形成了依赖社会的习惯，靠着失业保险制度，他们每月可领到生活补助，其生活状况并非是一般人想象的"缺

---

① 史律、李兵等：《医疗改革，世界性难题》，《环球时报》2009 年 4 月 17 日。

吃少穿"，"没有基本住所"。一些穷人只要有合法身份，即使不工作也可维持日常生计，不仅有足够的食品，还可以花一两千美元买辆二手车，买一些大清仓甩卖或捡来被抛弃在马路边的电器和家具，使得"寒舍"里彩电、冰箱、洗衣机、电烤箱等一应俱全。与此同时，穷人的婴儿可免费得到婴儿食品，孩子可上公立学校，从小学到中学可免费学习和就餐，但难以享受高等教育。

有鉴于此，美国国内出现了反对这种福利制度的强烈呼声，一部分人们主张国家不应过多地对穷人加以补贴，因为这有可能导致"懒汉"增多，助长了一些人懒惰、依赖他人的消极、怠惰的倾向。还有一些人认为，单亲家庭的增加、要求获得救助者人数的不断上升，主要都是这个原因造成的。

面对上述反对意见和呼声，美国政府采取了严格控制失业救济金发放标准和发放时间等措施，以利于失业者积极再就业。联邦立法还规定由企业雇主缴纳失业保险税款，雇员可以不缴，利率则由各州自行确定，全国不统一。至于救济发放时间，如前所述一般规定须经一周等待期之后方可使用，最多支付 26 周，在失业高峰期可延长法定救济周数的 50%，即最多追加 13 周。严格限制发放周数的目的也在于促使失业者积极再就业。

如上所述，失业保险制度对解决美国的失业问题起到了一定的作用，有利于维护社会的稳定。但是，自 2007 年美国经济衰退以来，失业人数迅速增加，全国一半以上都会区的失业率都超过 10%，密歇根、南卡罗莱纳、北卡罗莱纳和加利福尼亚州等成为失业情况最严重的州。现任总统奥巴马为了防止失业危机日趋严重，采取了一系列促进就业的措施。但是，美国这次的失业危机属于结构性的，由于科技革新、资产泡沫破裂，以及全球化引起的产业外包的影响，使得有些工作永久地消失了，因此，光靠过去传统的刺激就业办法，解决不了根本问题，只有抓住以低碳经济为代表的新产业革命，大力开创和发展新兴产业，才有可能大幅增加就业。

三　雇佣体系的建立与完善

众所周知，资本主义剥削的基础在于生产资料的资本主义私有制，即资本家占有生产资料，工人没有任何生产资料。工人谋生的手段只能是依靠出卖自己的劳动力。

世界各国的工人阶级为了维护自身的权益，于 1919 年成立了国际劳工组织（ILO），作为结束第一次世界大战的《凡尔赛条约》的一部分，《国际劳工组织章程》主张世界持久和平只能建立在社会正义基础上的理念。在 1944 年国际劳工组织大会上，该组织的成员国通过了著名的《费城宣言》，声明"劳动不是商品"，提出了完全雇佣政策并要求成员国遵守。但是在包括美国在内的资本主义国家实际推行的雇佣政策并未遵守国际劳工组织提出的完全雇佣政策。比如在美国盛行的所谓"任意雇佣原则"（employment at will）的案例法（common law）或习惯法就与《费城宣言》所阐述的原则存在着很大距离。至今，"任意雇佣原则"在美国社会中仍起着规定雇佣关系的作用；任意雇用的被雇佣形态（"at will" employees）依然十分普遍。①

"任意雇佣原则"说白了就是雇佣者可以"任意"解雇被雇佣者。这意味着美国不存在保障"长期雇用"的制度；劳动者的权利当中不包括"被雇佣"的权利；对于企业来说，一旦雇用了劳动者，并没有对其"终身雇佣"的义务；② 雇佣者可以不依照特定的合同或法律，按照自己的任意的意向对从业员实施采用、解雇、降级、晋升。而且按照这种惯例，雇佣者对从业员实施采用、解雇、降级、晋升时，可以说明理由也可以不说明理由，即便这种说明不恰当也没有关系。当然，在美国的雇用状况的现实并不像人们想象的那样单纯。本来，这个原则在确立之初就有着复杂的背景，其后作了很多修正，其内容也会因时因地而异。如果列举一下"任意雇佣原则"的例外，即不适用该原则的对象，就可以看到在所谓"任意"之中确实包含着不少的"不任意"。

比如，不适用"任意雇佣原则"的对象有：

（1）签了明确记有雇用期间的被雇佣者。

（2）作为工会会员受到劳动合同保护的员工（第二种对象有时与第一种对象有所重复），即使在经济陷入萧条时，受到劳动合同保护的员工只能被"临时解雇"或"下岗"，当景气趋于回复、企业业绩趋于改善

① Werhane P. and Freeman R. （eds.），*The Blackwell Encyclopedic Dictionary of Business Ethics*, Blackwell, 1997, p. 199.

② Andolsen, B H., The New "Employability Contract" and Social Contract Theory, in Desjardins, J R and McMakk, J J., *Comtemporary Issues in Business Ethics*, 4th Edition, Wardsworth, 2000, p. 137.

时，还须召回临时下岗的工人。不过，现在工会的组织率有所下降，有统计表明该比例已经下降到 10%，[①] 与此同时，白领在原则上不组织工会。

（3）"任意雇佣原则"的适用对象限于民间企业的劳动者，公务员不在此例。

（4）如果与特定法令（联邦法或州法）有抵触，雇佣者的"解雇"可能被判"无效"，比如，如果雇佣者以从业员参加工会活动为理由对其加以解雇，即使被解雇者是"任意雇佣"的从业员，也因为违反了"全国劳动关系法"而被判定为"不正当解雇"；又如因为人种、肤色、宗教、性别为理由对从业员加以解雇，则属于违反《差别禁止法》（1964 年制定的"公民权法"第 7 章）行为；对 40 岁以上的从业员进行年龄歧视而加以解雇则因为有悖于《年龄差别禁止法》（1967 年制定）而属于违法解雇；对有残疾的美国人加以解雇则因为违背《有残疾的美国人法》（1990 年制定）而被禁止。[②]

至今，对于这种任意雇佣原则虽然仍然有所争论，但长期以来它已经成为企业主或企业经营者的一种"实践"。[③] 虽然由于工会运动的开展和法律日趋健全，这种任意雇佣原则的影响力有所下降，但是人们依然坚持认为雇佣者和从业员之间没有什么"情面"可言，双方都是"自由"的，而对于劳动者来说，他的自由就是选择受谁剥削的"自由"，而不是真正的自由。

可以想见，依照这样的习惯法所规定的雇佣关系，必然导致美国社会是一个雇佣难以得到保障的、人员流动性很高的社会。在"二战"结束后的几十年中，多数劳动者以其良好的工作表现换取来长期间的雇佣（long-

---

① 第二次世界大战后期是美国工会力量最强大的时期，从 1930 年到 1945 年，美国工会会员占非农劳动者总数的比重从 11% 上升到 35%，达到顶点，但从 50 年代初就开始下降，工会人数占全部劳动力的比重持续降低。进入 1970 年代以来工会衰落的速度进一步加快，工会人数占全部劳动力的比重从 1970 年的 24% 降到 1985 年的 19%、1992 年的 16%、1996 年的 15%。美国工会力量的衰落主要是在私有企业领域，从 1953 年到 1996 年，私有企业工会会员的比重从 37% 大幅度下降到 10.2%，而在公共部门，工会会员在 1962—1974 年增加很快，从约 11% 增加到 39.6%，此后虽然也处于下降趋势，但比较缓慢，1996 年仍为 37%。

② http：//hr - esource. com/index. asp? rightframe = hresources/sampleChapters/lghSampleChapter. html B. K. Glazier WEB.

③ Werhane P. and Freeman R. （eds.），*The Blackwell Encyclopedic Dictionary of Business Ethics*，Blackwell，1997，p. 201.

term employment），① 与此同时，从业员工作时间越长，其受雇就越能够得到保障。如果与日本的企业进行比较，日本企业在需要减少雇员时常常拿老职工"先开刀"，而美国的企业社会却存在着优待先任职者的原则（Last in first out），即最后进入企业的人被最先作为解雇的对象。这导致了"年轻人流动性强"的制度特征。这种优待先任职者的原则不仅适用于蓝领，也同样适用于白领。不过，这种社会契约或惯例也在逐渐发生变化。

从"属于企业组织的人"转向"重视从业员的个性的企业"。② 与"属于企业组织的人"对应的传统雇佣合同之下，从业员一心锤炼适用于特定企业的（specialized）知识与技能，谋求得到该企业的长期雇用，在特定企业发展自己，企业方面则给予从业员以长期雇佣的保障和多方面的照顾。然而，随着1980年代以后企业为了提高竞争能力和效率而实施缩编、外包等经营战略，以"企业人"为标志的传统的雇佣惯例越来越趋于崩溃，越来越多的企业转向"重视从业员个性的企业"的新型雇佣惯例，从业员也随之转向依靠增强自身的"被雇佣能力"（employability）来使自己的被雇佣（不是被特定企业长期雇用）得到保障，努力锤炼自己生涯所必需的技能、能够在劳动市场更好地"推销"自己从而获得更高收入的技能、在其他企业也能够发挥作用的技能。换句话说，就是"虽然不能保证自己在目前这个企业的岗位、却能保证自己在退休之前总能确保有工作可干的技能"，从而产生一种"即使失去现在的工作岗位（被现在的企业解雇），也能够马上在其他企业找到工作"③ 的自信，随时寻找更好的工作和更高的收入的就业机会。对于从业员提高"被雇佣能力"的努力，企业方面也心照不宣，雇佣方与被雇佣方能够达到"相互理解"，企业甚至积极协助从业员培养其"被雇佣能力"。学者则赞扬这种倾向意味着"自己对自己负责的时代的到来"，④ 政府方面则将这种倾向看做为"失业对策"的一个环节。

从1970年代以来，美国政府开始放松对企业利润率、工资、裁员等方面的控制，特别是从里根政府开始，减少政府的干预成为美式资本主义

---

① Andolsen, *The New "Employability Contract" and Social Contract Theory*, p. 137.

② Ghoshal & Bartlett, op. cit., Part2.

③ Thurow, L. C, *The Future of Capitalism. How Today's Economic Forces Shape Tomorrow's World*, Pengin Boks, 1996.

④ Ghoshal & Bartlett, op. cit., Chapter 1.

的一种突出特征。在这一背景下，受雇者、尤其是低收入的受雇者在就业和工资方面的保护被削弱了。随着经济全球化的发展，越来越多的美国大公司为了降低生产成本，增加产品在国际市场上的竞争力，把直接的生产制造基地转移到劳动力成本相对较低的新兴工业国家和地区以及经济增长较快的发展中国家，进一步加大了国内劳动者在就业和工资方面的压力。与此同时，美国工会力量的衰落，也使得到政府撑腰的雇主对工会变得更加强硬。根据美国劳动统计局的统计，1981—1995 年，美国企业雇佣劳动成本的年增长率从 9.9% 下降到 9%，达到 1981 年以来的最低点。同期，1980—1995 年，美国的公司利润增长了 270%，消费价格增长了 85%，而最低工资只增长了 37%。[①]

四 如何处理和解决宗教问题

在今天的美国，每 10 个人中就有 9 个人自称相信上帝；有 8 个人认为宗教对他们的生活非常重要；有 7 个人属于某个宗教组织；有大约 6 个人每天祈祷；有一半以上的人认为上帝是美国民主的道德引导力量，有 4 个人每周去教堂；有 30 多万座教堂寺庙遍及美国城乡；[②] 有 77% 的美国人坚信《圣经》是上帝的话；有 1/3 的美国成年人每周阅读《圣经》。可以说，不了解美国的宗教，就不可能了解美国；要研究美国社会，就不能不研究美国的宗教。"宗教是美国民族的精神源泉；世俗化了的宗教是美国国家政治的基本依托。美国宗教与政治的关系过去是、现在是、将来一定还是密不可分的。研究和探索美国宗教与政治及其相互关系是我们了解美国文化和美国文明的基础和钥匙。"[③] 法国作家贝尔纳·亨利·莱维在《美国的迷惘》一书中指出：在美国，"宗教力量的秘诀在于它摆脱了位于欧洲神学核心的距离感、超凡感和拒人千里之外"。他得出结论认为，宗教没有使美国成为一个狂热的国度。"在美国，宗教不是民主的坟墓，而是民主的摇篮。"[④]

那么，当今美国的宗教是如何形成的呢？为了解答这个问题，我们的视线不能不转向欧洲。

---

① "Industry Productivity and Costs"，http://www.bls.gov/lpc/.
② 21 世纪话题：《美国社会中的宗教》，《21 世纪》2005 年第 5 期。
③ 董小川：《20 世纪美国宗教与政治》，人民出版社 2001 年版，第 2 页。
④ 赵梅：《当代托克维尔笔下的美国》，《美国研究》2008 年第 2 期。

自 16 世纪上半叶开始的宗教改革运动席卷了整个欧洲大地，德国的马丁·路德、法国的加尔文成为改教后的基督教新教的领袖。在英国，加尔文派（英国新教）教徒不满英国国教教义，认为改革后的英国国教仍保留着天主教旧制的陈规陋习，应该进行清洗，让教徒们都过"勤俭清洁"的生活。这些人在历史上被称为"清教徒"。由于英国的宗教迫害，大部分"清教徒"为了坚信自己的宗教，身带《圣经》离开舒适家园，横渡大西洋逃亡到美国，在北美建立殖民地的"清教徒"们以"上帝选民"身份开始了在北美殖民地实现其宗教理想的实践。现在，人们说起"清教徒"一般指的就是美国的"清教徒"。

随着欧洲向美国的移民日益增加，"清教徒"所宣称的基督教理想成为他们开拓新大陆过程中的精神食粮，深深地影响了美利坚民族的形成，在思想意识上成为美国文化的"灵魂"。尤其是所谓"上帝的选民"、"美国例外"等概念，在美国立国之后成为美国人把自己与世界其他地区的人们在精神上区别开来的主要标志。[1]

1. 美国宪法与宗教

1787 年，作为美国的根本大法，也是世界上第一部成文宪法的《美利坚合众国宪法》诞生。该宪法第六条的"宗教检验"（religious test）条款规定："以上提及的参议员和众议员，各州议会成员，合众国和各州所有行政和司法官员，都应宣誓或者代誓陈词支持本宪法；但决不能以宗教检验为担任合众国下任何官职和公职的条件。"或许可以说宗教检验条款有保障个人宗教自由的意义。因为有这一条保证了任何人不必为了服务国家而改变自己的个人信仰，或信仰自己本不信的东西，"宪法本身就是权利法案"的一个体现。[2]

其后，在资产阶级民主派的压力下和 1789 年法国资产阶级革命的影响下，美国国会于 1789 年 9 月 25 日通过 10 条宪法修正案，作为美国宪法的补充条款，并于 1791 年 12 月 15 日得到当时 9 个州批准开始生效。这 10 条修正案通称"权利法案"。而美国宪法第一修正案正是这 10 条修正案的第一条，其中规定了"国会不得制定关于下列事项的法律：确立

---

① 王鸣鸣：《宗教信仰与美国对外政策》，《世界经济与政治》2006 年第 3 期。
② 汉密尔顿、杰伊、麦迪逊：《联邦党人文集》，程逢如、在汉、舒逊译，商务印书馆 1995 年版，第 430 页。

国教或禁止信仰自由"；从而为美国确立了政教分离原则。根据这一原则，美国政府中没有宗教组织的代表，国会中不设宗教组织的席位，司法系统与宗教组织毫无关系，国家财政也不负担与宗教有关的任何开支。

美国宪法本身就带有浓厚的宗教色彩：

其一，1787 年宪法在有关制定宪法时间的表述中称："本宪法于我主纪年一千七百又八十七年，美利坚合众国独立后第十二年的九月十七日，在制宪会议上由出席各州一致同意而制定。"① "我主纪年"即耶稣基督诞生之年，美国宪法在其所制定的时间的表述上就带上了宗教的色彩。

其二，美国宪法第一条修正案的规定，表面看来，前半句意味着禁止政府帮助信仰，后半句意味着禁止政府惩罚信仰。然而事实表明在实践中前半句与后半句经常出现矛盾，比如倘若政府对教会财产免税，那么这种豁免是否构成"建立宗教"？如果不对教会财产免税，"自由行使"是否因而受到影响？从下面有关宗教在美国的广泛影响看，这样的矛盾可以说比比皆是。

其三，美国宪法是立国的法律基础，而宪政主义的起源和基督教的信仰密不可分。"在美国宪政主义发展的整个历程中，一个十分重要的理论是契约思想。现代意义上的宪法（constitution）在概念上起源于中世纪罗马的神学法学和宗教法律，有浓厚的基督教神学背景，故宪法在早先被看成是神法的一部分，是人与上帝的契约。多数美国人是从《圣经》中得知这一思想的。"② 比如所谓"世俗权威"与"精神权威"在政治上的分离的观念就源自于基督教传统。在耶稣被问是否应当向罗马纳税时，耶稣说出了一句著名的话，"恺撒的物当归给恺撒，上帝的物当归给上帝"。这正是基督教政教分离思想的源头。

美国开国元勋们通过制定宪法、修正宪法，坚持实施政教分离和宗教自由的原则，在事实上却起到了推动宗教势力日益走向强大、走向多元化的作用。从宗教对美国的政治、文化、外交、法律、伦理等各个方面和领域之影响的广度和深度来看，声称没有特定"国教"的美国恰恰是一个以宗教作为立国之本、以基督教作为美国式民主政治的必不可少的基础、

---

① Kathleen M. Sullivan Gerald Gunther, *Constitutional Law*, 14th Edition, NewYork：FoundationPress，2001.

② 王鸣鸣：《宗教信仰与美国对外政策》，《世界经济与政治》2006 年第 3 期。

以宗教作为统治阶级巩固统治凝聚民心的有力工具、以宗教之高度普及作为本国国情的突出特色、以多种宗教并存的"民主共和的宗教"[①] 作为事实上的"国教"的、具有很强的信仰力量和意识形态色彩的"特殊国家"或"例外国家"。

2. 宗教对美国的影响

美国建国之后,虽然宪法明确规定实行政教分离,美国也没有国教,但宗教始终与美国历史的进程紧紧地交织在一起,深深地植根于美国社会之中并对美国的政治、法律、文化、外交、伦理等各个方面发挥着巨大而广泛的影响。

第一,宗教与国会

调查表明:美国国会议员95%信仰上帝;80%相信人死后仍有生命;71%认为耶稣基督神圣;约80%相信《圣经》是上帝的话;52%公开承认宗教在他们的生活中"相当重要"。而且,新教徒在议员中占绝对多数。[②]

1955年,国会通过法案确定将"我们信仰上帝"(In God We Trust)印在美钞上;1956年,又通过一项法案把这句话定为全美国的座右铭。至今美国是世界上唯一在货币上印有"上帝"字样的国家;在美国的国歌里,有"上帝保佑美国"的歌词;美国总统就职,要手按圣经进行宣誓;国会参众两院的每一届会议都是以国会牧师主持的祈祷开始;1952年,国会通过一项法律,要求美国总统每年制定一个日期为全国祈祷日,1988年国会又对该法律进行修改,明确确定全国祈祷日为每年的5月7日;美国最高法院首席大法官座位上方的石头上,就镌刻着《圣经》中的十诫。

第二,宗教与总统

独立战争后,美国开国总统华盛顿在其就职演说中重申了上帝与美国的关系:"上帝统摄宇宙万物,主宰各国的治国大政,其神圣援助可以弥补人类的所有缺失。他的祝福能为合众国人民的自由和幸福赐授一个政府,这个政府由人民自己所组成,旨在实现上述根本性的目标,而他的庇

---

① 〔法〕阿列克西·托克维尔:《论美国的民主》下卷,董果良译,商务印书馆1988年版,第100页。

② Robert Booth Fowler, Allen D. Hertzke, Laura R. Olson, Kevin R. Den Dulk, *Religion and Politics in America* Westview Press, 2004.

佑则能使这个政府在治理中运用一切手段，成功地履行其所应尽的职责。"①

　　林肯被刺之前签发的最后一个法案，是在硬币的一面刻上"我们相信上帝"（In God We Trust）的字样。大约一百年后，美国在 1956 年 7 月 20 日通过了查尔斯·E. 贝内特的提议，把这句话确立为一个全国性的座右铭，把它刻在了所有钱币和政府办公大楼上。

　　冷战初期，为了抵御无神论的共产主义渗透，1954 年艾森豪威尔总统签署法令，在全美中小学升旗誓词中增加"上帝保佑的国家"（One Nation Under God）。艾森豪威尔总统签署这一法案时特别说："从今天起，在每一个城镇、每一个乡村学校的教室里，数百万我们的学童将会天天诵读，我们的民族和人民对万能上帝的珍爱。"②

　　小布什在任总统之后十天举行的全国祈祷早餐会上说："我相信祈祷的力量。我们欢迎所有的祈祷。这是我们的国家传统。"③ 2002 年 2 月布什访华在清华大学发表演讲，有 1/4 的内容直接讲到宗教。

　　从开国总统乔治·华盛顿到奥巴马，美国 44 任总统中除去 4 位之外，历任总统都信仰基督教。再除去约翰·肯尼迪，其余 38 位都是基督教新教教徒。每个总统演讲的结束语一般都是"God bless America"（上帝保佑美国）。

　　第三，宗教与军队

　　美国的军队里有牧师、神甫等各种不同宗教的随军神职人员，身穿军官制服，在军中提供宗教服务。宗教对士兵的影响比任何其他因素都大，素有美军精神支柱之称。"上帝的使者"——随军牧师起到了一般军官所起不到的作用，他们一般具备大学本科学历、三四年神学院学习经历以及民间布道两年以上的经验并热爱宗教事业。在军队中他们操持宗教事务，灌输宗教献身精神，解决人际矛盾，了解沟通官兵的心理和思想，帮助精神受挫的士兵重振精神。美国军队自 1775 年设立随军牧师制度以来，随军牧师列入了美军正式编制，最高可授少将军衔，发挥了特殊重要的作用。④

---

① 李剑鸣等译：《美利坚合众国总统就职演说全集》，天津人民出版社 1997 年版，第 4 页。
② 同上。
③ 参见刘澎《当代美国宗教》，社会科学文献出版社 2001 年版，第 24—26 页。
④ 李祖荣：《美国社会和军队的宗教维系》，博讯网 2003 年 3 月 23 日。

第四，宗教与教育

美国 85% 以上私立中小学校的学生就读于教会学校；美国的大学校园里，活动着大量的学生宗教团体；哈佛大学、耶鲁大学、普林斯顿大学等许多著名的美国大学最初都是由教会创办的。

第五，宗教与社会

95% 的美国人相信上帝存在；美国人一生中最重大的几件事——出生、成年、结婚、死亡，都由宗教提供习俗与礼仪，体现出宗教对个人的作用贯穿其生命始终；美国社会宗教团体林立，派别众多，教堂数量也为世界之最；美国隶属于各种教会的人占了总人口的 86%，现有教堂足以容纳 2/3 的美国人；美国有 7240 万名新教徒属于 186 个新教教派，5000 万名天主教徒有 25000 个教堂，580 万名犹太教徒有 5000 个犹太教堂；此外美国还有大大小小的 1500 个信仰各异的宗教团体，总共拥有 300 多万会员，美国每年新产生的新教会新教派就有 1000 多个；近年来有 100 多万本土出生的美国人信了佛教；在美国，只有 3% 的人宣称自己不信教。

每到周末至少有一亿四千万人去教会活动；大多数美国人的婚礼是在教堂举行的，而他们的丧礼要由牧师、神甫主持；一半以上的美国成年人参加过宗教组织的慈善服务活动或做过志愿者，在纽约、芝加哥、洛杉矶、费城等大城市中提供社区服务的主要力量是宗教团体；美国的医院、监狱、机场及其他许多公共与民间机构中也都有专职或兼职的宗教职业人员提供宗教服务。

美国人如此虔诚地参加教会活动，与政府的推动有很大关系。从 1988 年起，美国总统在每年五月的第一个星期四发布行政命令，要求国民祈祷。2008 年，一个由无神论与不可知论者组织的"不信教自由基金会"（The Freedom From Religion Foundation）提起诉讼，称该祈祷日违反了宪法第一修正案中的"禁止建立国教条款"，然而，现任总统奥巴马答辩道，该法案只不过是承认了宗教在美国的地位而已。2009 年，奥巴马按例发布了要求祈祷的行政命令，但并没有像小布什那样和宗教领袖一起举行公开活动。

第六，宗教与媒体

美国有 1200 多家宗教广播电台播放宗教节目，每 12 家电视台中就有一家是宗教电视台；在 20 世纪的最后 10 年里，美国的宗教节目增加了 75%；美国的宗教报纸杂志有 5000 多种，《新约圣经》在美国的印数超过了 1 亿册；宗教音乐的音像制品销售量远远超过了爵士乐、古典音乐及其他各种流行音乐。《圣经》始终是美国最畅销的书，年销量 900 万册左右。每家每户大多备有一本《圣经》。

第七，宗教与外交

从美国建国直至 21 世纪，宗教的善恶意识一直是美国外交哲学的核心价值。美国前总统林肯曾说："《独立宣言》要解放的不仅是美国人民，而且还期望解放整个世界。"①

在 20 世纪 50 年代初期，斯大林要求苏联驻美国大使葛罗米科每个周末都要去教会。斯大林相信，听美国牧师的布道有助于了解美国式思维和价值体系，美国的教会促成了美国的国家定位，左右着美国的对外政策。事实确实如此。

美国第 25 届总统威廉·麦金利在谈到占领菲律宾的时候说："事实上我从没有想占领，但当它作为一个礼物由神赐予我们的时候，我真的不知所措……我可以问心无愧地告诉先生们，我曾不止一次地跪在地上向万能的上帝祷告，最后，终于有一天晚上，我得到了上帝的声音，我不知道这个声音是怎样到来的，但它确实来了……那就是除了占领菲律宾之外我们别无选择……"②

3. 宗教对促进美国社会稳定的作用

美国的宗教，五花八门，丰富多彩，有许多特点，但最主要的特点是以基督教新教为主导。基督教是一个大系统，其中可分为罗马天主教、东正教与新教三大分支。若以宗派数量与信徒人数而论，新教当数第一。但新教内部不存在像罗马天主教教会内部那样统一的教会体制与领导核心，新教的宗派无论大小，都是平等独立的。新教不是一个单一的教会，而是无数具有新教特点的独立宗派或教会的总称。但无论从哪个角度看，新教都是美国基督教乃至美国宗教中最活跃、最重要的因素。尽管美国人没有共同的历史、共同的祖先、共同的文化，有着不同的语言、肤色、年龄、生活习惯和社会背景，但对上帝的敬仰将他们大多数人聚集到一起，基督教（基督教新教、天主教、犹太教统称为基督教）在美国社会中发挥着

---

① Kenneth Thompson, *Moral Dimension of American Foreign Policy*, New York：New Brunswick, 1984, p. 237.

② Michael Novak, *Choosing Our King*, New York：Macmillan, 1974, p. 154. 转引自董小川《20 世纪美国宗教与政治》，人民出版社 2002 年版，第 230 页。

重大的群体认同作用，美国人生活的各个方面都和宗教有着密切的关系，在某种程度上可以说，正是上帝成为维系美利坚民族的纽带。正如宗教社会学家威尔·赫伯格（Will Herberg）指出："美国人民建立认同的一个重要途径，就是到新教、天主教或犹太教这'三个民主宗教'之一中去当教徒。"①

宗教团体（教会）成了美国市民社会基本规则的"培训所"，宗教成为维系社会和凝聚人心的精神纽带，成为个人精神信仰和社会道德的基本源泉，它要求人们在物欲横流的世俗社会中，保持个人的信仰、虔诚、忠贞和团结。对于各种社会问题，如吸毒、犯罪、同性恋、艾滋病、道德败坏、非婚生育等，他们都希望用重建人们的宗教信仰来解决，用宗教填补那些由科学和理性无法占据的心灵空间。一个美国人如果参加某个宗教组织，他便在社会上获得了某种身份和地位，成为团体中的一员，不再孤独与无助。教会在作为市民社会中非政府组织核心力量维护公民权益时，就能够发挥比工会、各种专业人员协会、商会、学生团体、文化与体育组织等其他形式的非政府组织更为强大、更加有效的作用。与此同时，美国的教堂还是人们互相交往的重要场合。"宗教从人的精神信念和社会活动两个方面介入城市化，引起城市各阶层在伦理道德准则、爱国主义信念、对现实世界的责任感的精神共鸣，对社会治安、社会服务、城市贫民的救济和福利事业、减缓社会矛盾以及利用宗教节日的商业促销等方面，发挥了积极的作用。"②"在工业化、城市化冲击下，基督教逐渐世俗化，开始关心周围的社会改革，揭露市政腐败，改进城市道德，开展救济，提倡禁酒，努力使城市恢复纯净。"③

五　美国的社会治安问题

外国人访美可能会留下了一个突出的印象，就是觉得美国社会缺乏安全感。比如，在纽约的一部分街区，一般人在晚上不敢出门，在街头还可能碰见黑人青年抢钱包的事。

---

① 转引自托马斯·F. 奥戴《宗教社会学》，刘润忠译，中国社会科学出版社1990年版，第29页。

② 金卫星：《略论宗教在美国城市化中的作用》，《世界历史》1997年第6期。

③ 郭尚鑫：《美国工业化、城市化与基督教1865—1918》，载中国美国史研究会编《美国现代化历史经验》，东方出版社1994年版。

衡量社会秩序与治安状况的一项重要指标是犯罪率。美国的犯罪率确实高，但是，这并不能说明美国整个社会不安全。美国的社会秩序有如下特点：

1. 越是大城市，治安越差，但大多数地方治安情况良好

在纽约、华盛顿，社会秩序很不好，这是事实。可以说越是大城市，越是市中心或有色人种聚居的区域，治安和卫生状况就较差。但即使再差，真正杀人、抢劫等恶性案件并不多，如果有这种案件发生也就成了重大新闻。

纽约、华盛顿等大城市治安不好的一个重要原因是，这里是各种民族积聚的地方，外来移民多，尤其黑人多，难管理。由于社会制度造成的两极分化，黑人多是穷人，穷人亦以黑人为多，他们因文化程度较低，多从事体力劳动或打临工，职业无保障，有的靠吃救济就满足了，经常在街上逛悠。美国的犯罪人口中，有近一半是住在破旧与集中的穷人街区的黑人，这实际上是一种种族歧视的反映。

不过，美国的贫困街区不多，大部分都是大城市的市中心附近，高尚社区是主流。在高尚社区，在绿草坪与花团锦簇包围的独立住宅区内，不锁门日子也能过。在很多场合，朋友可以自由进入别人的住宅。如果稍稍离开大城市到郊区，则是一片安静和谐气氛，所以美国的中产阶级多住在郊区，包括已经立足于美国社会的华人留学生。一般的居民房子，都是落地玻璃窗，不装防盗门、防盗窗，一般家里有人时，汽车间的门都敞开着的，此外邮递员送信或大小包裹都放在门口，不必签收，从来没有丢失现象。因很少发生盗抢等刑事案件，警察有些胖得走不动路，弯下腰摸不到自己的脚。

2. 犯罪率高的一个原因是执法很严

美国的犯罪率总是被认为全世界最高的，究竟如何？既然美国的犯罪率高，为什么在大多数州已经可以废除死刑？为什么在美国马路上看不到有吵骂打架的？在美国住了多年的华人，直觉认为美国比一些发展中国家的社会要稳定、安全得多。

为什么美国的犯罪率高？这里有一个严格与否的问题，美国的报警系统非常发达，美国警察的权力很大，随时带着枪和手铐，执法很严。任何人遇到不符合法定的事情都可以报警，在城乡地带基本上都能做到三分钟警车到现场，长枪短炮装备，该开枪就开枪，毫不含糊。不像中国治安警

察，连个枪都没有，面对闹事者的推推搡搡，还得忍气吞声，说服教育。比如两口子吵架，可能男的脾气较暴，上中学的女儿害怕了就报警，后来那个做父亲的被强制与家人隔离了好久。又如在规定不能抽烟喝酒的地方抽烟喝酒，谁都可以报告。警察到来，轻则罚款，重则铐走，关上几天，保释后出来，这就算犯罪了。孩子不听话，大人教育孩子，进行体罚，例如打了板子，孩子到学校被老师发现小手红肿，马上报告警察，也是把家长铐起来，并决定让孩子给别人抚养，父母必须离开孩子一百公尺以外。这种事情在华人家庭发生多起，因为华人对孩子教育严，一体罚就会出问题，严重的终身不能接近孩子，所以很多华人想不通，因为中国人认为，父母教育孩子是天经地义的事，但美国有法律规定，对孩子不能动手，孩子必须受到保护。还有就是家庭里两口子吵架，男的打了女的，如果女的报警，警察来了，马上就把男的铐走，因为女人是弱势群体应该受到保护。有一位老华人，她女儿嫁了个美国人，两口子吵架，丈夫把妻子的眼打肿了，女的一气之下报了警，警察把男的铐走，女的后来想想算了，毕竟是夫妻嘛！但法律不饶人，先判了一年半，后来男的在狱中表现不好，又加了刑。警察做到"违法必究，执法必严"，确实像民众的保护神。警察威信很高。

　　美国的犯罪率统计方法也与中国不同。在美国，在公共场所（除了酒吧），比如在大街上、电影院里喝酒，包括啤酒，会立刻被逮捕，上手铐，取指纹，上法庭。打架斗殴也是相同待遇。另外，严重超速，酒后驾驶等，也都是犯罪。而一旦有被逮捕记录，除非请律师清洗，要在你的个人信息系统里跟随一生，找工作申请贷款都会非常不利。所以美国街头打架的几乎看不到。

　　过去30年来，美国犯罪率持续下降，但它的犯罪率在西方国家中仍然算是高的，也高于中国，美国监狱服刑人数有两三百万，人满为患，几乎是人口的1%。此外，美国各地、各州的犯罪率差异很大，例如从2002年凶暴犯罪（杀人、强奸、强盗）的发生件数看，美国全国平均为495人/10万人口，各州的数字从北达科他州的78人/10万人口到哥伦比亚特区的1633人/10万人口，相差20倍以上。

　　即使如此，在美国生活过的绝大多数中国人都觉得美国社会治安良好，大多数时间有安全感。其原因除了人的素质较高外，规章法制齐全也是一个重要原因。如果马路上汽车相撞发生车祸，全由保险公司处理，无须车主自己进行交涉。早两年有朋友不慎发生了一次车祸，事故发生后，有关车主不但没有责备她，还与许多在场的人一起来抚慰她，问她是否受伤或受了惊吓，令人感动。如果对周围的邻里有什么意见，他们一般也是间接向有关方面投诉，而不是当面指责，这样就避免了相互冲突。例如，一次一位熟人家搞装修，将原来铺在房间里的很多地毯卷起来放到阳台上，没过多久就接到物业管理部门的电话，说有人投诉他们地毯放在阳台上很不安全，万一下雨后地毯吸水，阳台承受不了重量就有危险。要是不立即搬开，他们将派人来处理。装修人员得知后当然马上纠正，但根本不知是谁去投诉的。

3. 美国是"枪支犯罪大国"

历史上除去几次发生暗杀总统的事件以外，即便在2000年以来，由于枪支犯罪的死亡人数每年都大大超过1万人，是世界上罕见的"枪支犯罪大国"。由于多年来多次从美国传出骇人听闻的校园枪击案，甚至初中、高中学生胡乱射击导致人员死伤的事件年年都有发生，为此，社会上要求限制枪支的呼声日益高涨。私人拥有枪支成为美国社会的一大问题，也被认为是美国犯罪率高的一个主因。长年来围绕这问题人们展开了激烈的争论，包括有军火商支持的一些国会议员认为，美国宪法修正案第2条规定人民有持枪的权利，他们的理由是如果百姓没有枪支，那么一旦政府被少数人所独裁，人民就没有反抗的力量，成为弱势群体，只有被驯服的义务。此外对待盗匪也是一样，盗匪侵入你没有武器就不能反抗，就是"不平等"。这里当然有的议员是代表军火商的利益的，拥有很强的政治发言力的"全美来复枪协会"成为事实上的压力团体，一而再、再而三地阻止限制枪支的立法。当然，限制枪支的提案在国会上被一再否决，也因为这是涉及要修改宪法的问题。从老百姓的反应看，并非是"一边倒"地支持限制枪支。据英国《每日电讯报》2009年3月14日报道，由于预期美国总统奥巴马将制定相关法律加强枪支管制，美国各地枪械销售量直线上升。美国国家射击体育基金会主席史蒂夫称："自去年11月以来，手枪、猎枪和突击步枪的销售量快速上升，很显然，美国人担心新的持枪规定出台后，自己没有机会再来购买这些东西。"同时，由于担心会增加对弹药的税收，子弹的需求也快速上升。有业内观察家称，人们担心经济危机会引发社会动乱，因此买武器以备不测之需。

华人一般都反对持有枪支，因为在一些大城市，华人往往成为被劫的对象，因为华人生性温和，且言语不通，被抢后往往息事宁人，不去报告，有的人是非法移民更不敢轻易报告了。

在美国，民间的枪支超过人口，可见军火商利益之大。街上卖枪支的商店很普通，人们可以很简单地买到枪支，甚至在超市可以买到子弹。从而助长了"枪支社会"的发展。由于反复发生恶性的枪击事件，美国政府将购买枪支的年龄资格从 18 岁提高到 21 岁，一部分学校在学生进入校舍时还使用金属探测器进行保安检查。即便这样，仍然发生了哥伦拜因高中枪击事件、弗吉尼亚理工学院枪击事件（死亡 32 人）等校园内的枪击事件，甚至出现小孩儿玩弄枪支误伤自己、朋友、家属的事故，围绕枪支的事件、事故真可谓是防不胜防。外国人旅行者、常驻者、留学生等遭遇枪击事件致死的情况也是年年发生，对吸引外国旅游者带来很坏的影响。

不过，美国虽然有两亿多支枪散落民间，时不时有枪击案发生，但由于是散落在 962 万平方公里的广大国土上，总体来讲，社会治安在大国中还是比较安全的。

第六节　美国的国民素质教育

所谓"国民素质"，应是对一国国民整体发展所达水平的综合性评价。一个国家的国民素质如何，应看其国民是否具有强烈的爱国主义，以及应具备的法制观念、民主精神、科学头脑和公德意识，是否具有荣辱是非的辨别力、反省力和行动力。美国的国民素质教育，首先就是爱国主义教育，然后才是法制观念、民主精神、科学头脑和公德意识的培养。下面主要讨论美国的爱国主义教育。从总体上说，美国的爱国主义教育是成功的，在其他方面的培养和教育也是成多败寡。

2011 年 9 月 10 日，即"9·11"恐怖事件十周年前夕，美国总统奥巴马和夫人米歇尔一早来到华盛顿阿灵顿国家公墓，悼念"9·11"事件中的罹难者。在这举国哀伤的时刻，奥巴马身为总统，一一走向正在墓地祭奠亲人的罹难者家属，轻拍他们的肩膀，慰问致意。夫人米歇尔也和民众拥抱，表达关心。这是美国进行爱国主义教育的一个生动的例子。

位于华盛顿西部的阿灵顿国家公墓，与华盛顿中心的独立纪念碑遥遥相望，是美国最重要的爱国主义教育基地。多位美国总统、历次战争中"为国捐躯"的将士及各种事件中为公牺牲的英雄大都安葬在这里。每个州在这里都各自建有纪念性建筑物，成为悼念本州为国捐躯的烈士们的圣地。公墓的标志性建筑是巨大的"二战"时期硫磺岛美军护卫国旗的雕塑，反映了当年在消灭驻守硫磺岛的日本军队的艰苦战役中，英勇的美国海军陆战队队员前赴后继，誓死竖立起一面饱经炮火洗礼的美国国旗的动人场景。如今，每天都有众多的美国人（不仅有学生和其他青年人，更多的是中老年人）前往阿灵顿国家公墓，通过观看美国海军陆战队仪仗队每天定时在那里举行的升旗仪式自觉地接受爱国主义教育。看到公墓内无数的整齐排列着的白色墓碑，前往拜谒的美国人无不顿生敬仰之情和爱国之念。

除阿灵顿国家公墓外，美国各地都有用美国历史上杰出人物命名的地名或建筑物以及展示美国历史和文化、大力弘扬美国民族精神的各种博物馆、纪念馆，例如华盛顿的独立纪念碑、林肯纪念堂、杰斐逊纪念堂、历次战争的牺牲者名录墙、费城独立宫、波士顿"五月花"号古船等，这些都成为对全体美国人尤其青少年进行爱国主义教育的重要基地。洛杉矶著名的私人博物馆亨廷顿图书馆，由于收藏了《独立宣言》草稿以及一批美国文学和历史珍贵藏品，作为著名的爱国主义教育基地，这里每年仅接待参观的学生就有好几万人次。每年的建国纪念日，首都的一些机构、学校和团体积极行动，自发参与游行庆祝活动，抒发爱国热情。

"9·11"事件时，纽约消防员不怕牺牲的英雄形象感动了无数美国人，成了美国爱国主义教育的活教材。美国邮政局专门为此发行了一枚名为"美国英雄"的邮票，热销一时。其实，美国人发自内心的爱国主义，还表现在对国旗的痴迷和爱护上。在各种官方或非官方的集会或仪式中，升国旗、唱国歌是必备程序，人手一面国旗是众所公认的惯例。美国人热爱、尊重国旗并为之骄傲，在这些场合展露得尤为充分。

美国还注重在文化领域采用多种形式生动活泼地进行爱国主义宣传教育。美国出品了大量的"主旋律"电影宣扬美国精神，电视、出版、音乐等其他文化行业也不甘落后。在被列为美国人必读的25部书籍中，《独立宣言》《林肯传》等爱国主义内容的书籍占了多数。国歌及《上帝保佑美国》《美丽的美利坚》等歌曲，都成为经典的爱国主义歌曲。

美国进行爱国主义，其成功首先在于，其目的是明确的。美国要通过爱国主义教育使每一个美国人热爱美国，忠诚于美国，而不是热爱、忠诚于哪一个党，更不是热爱、忠诚于哪一个人。美国人应召入伍，走向战

场，是爱国精神的体现，但国家并不要求战士必须牺牲在战场，没有其他
出路时投降敌方与爱国主义精神并无矛盾（当然投降后不能回过头来向
祖国开枪）。国家要每一个公民来热爱，国家就有责任保护好每一个公民
的生命财产安全。所以，爱国主义实际上是双向事物，这与东方民族提
倡、发扬的爱国主义有极大的不同。

美国重视爱国主义教育有其历史原因及现实原因。历史原因方面，美
国建国仅有二百余年，而且是以英国的殖民地为出发点，通过独立战争始
成为独立国家。此后国家虽然不断发展强大，但历史文化传统和民族精神
仍缺乏丰厚的底蕴，因此需要通过进行爱国主义教育、弘扬爱国主义精神
来弥补这一缺憾。

现实原因方面，美国自成立至今始终具有移民国家的特色，现在仍是
一个发展中的多民族国家，而不是凝固的单一民族国家。众多的民族可以
有不同的生活习惯，相异的人生追求，但不能没有共同的核心价值和主体
意识。否则，各循其途，各以其事，则民难以成民，国何以为国。而此共
同的核心价值和主体意识的形成，除加强国民素质教育外，别无他法。正
因为如此，国民素质教育对多民族国家美国的稳定和发展就具有特殊重要
的意义，甚至说加强国民素质教育是直接关系到美国的国家兴废的最重要
措施亦不为过。

所以，美国进行爱国主义教育的手段是"多管齐下"、"软硬兼施"。
"硬手段"主要体现在法律行为方面。一是所有美国人必须宣誓效忠国
家。1892 年一位基督教牧师提出效忠誓词，1954 年，美国国会批准对效
忠誓词进行修改，加入了"在上帝庇佑之下"的词句。效忠誓词是："我
宣誓效忠国旗和它所代表的美利坚合众国。这个国家在上帝庇佑之下统一
而不可分割，人人享有自由和正义的权利。"此后美国公立学校的学生每
天开课之前都要背诵此效忠誓词。这种强制性的爱国主义的教育方式在美
国延续多年，从来没有人通过法律手段公开对它提出过挑战。二是所有加
入美国籍的人必须对着美国国旗作入籍忠诚宣誓。根据美国国会的相关法
律规定，归化为美国人的基本条件是：合法进入美国的年满 18 岁的非敌
国侨民，获得永久居留权（绿卡）并在美国居住 5 年以上，在一州内居
住至少满 6 个月；须品德良好、信用可靠，具备英语的初步能力，基本了
解美国历史、政府结构及宪法的一般知识，不属于任何极权或极端组织。
符合以上条件的人希望加入美国国籍，应向法院提出申请，得到 2 名美国

公民的推荐，接受移民归化局的审查，经过法庭公开听证，确认符合所有条件后，由法院宣布授予美国公民资格。归化的公民必须宣誓效忠美国，履行作为美国公民的义务，并放弃原有国籍和对原来国家的效忠。加入美国国籍的誓词是："我完全放弃我对以前所属任何外国亲王、君主、国家或主权之公民资格及忠诚，我将支持及护卫美利坚合众国宪法和法律，对抗国内和国外所有的敌人。我将真诚地效忠美国。当法律要求时，我愿为保卫美国拿起武器，当法律要求时，我会为美国做非战斗性之军事服务，当法律要求时，我会在政府官员指挥下为国家做重要工作。我在此自由宣誓，绝无任何心智障碍、借口或保留，请上帝保佑我。"这实际上是一种双向契约：美国承诺尊重移民，并为其提供法律所保证的所有公民都应享有的权利，既不能多，也不能少；移民必须保证忠诚、效忠于美国，这种效忠必须取代、并高于他们与其母国的任何联系。所以，不管是白人、黑人，或是其他已加入美国籍的世界各地来的移民，都高度认同自己作为"美国人"的身份，表现出对美国的忠诚和热爱。在欧美诸多发达国家中，美国人对祖国的认同感和自豪感最强，不惜为保卫祖国而战。

"软手段"则是利用各种机会和渠道、以多种形式向美国民众宣传和灌输美国的"光荣历史"、"伟大精神"，美国"最自由民主"，有"最正确的价值观"、"最完美的制度"、"最先进的技术"、"最高的国际地位"。其主体精神体现在下列文件中：1776 年的《独立宣言》宣布："我们认为下面这些真理是不言而喻的：人人生而平等，造物者赋予他们若干不可剥夺的权利，其中包括生命权、自由权和追求幸福的权利。""这些联合一致的殖民地从此是自由和独立的国家……作为自由独立的国家，我们完全有权宣战、缔和、结盟、通商和采取独立国家有权采取的一切行动。"1791 年 12 月 15 日的美国《宪法》"第一修正案"明确规定："国会不得制定以下事项之法律：（一）确立宗教或禁止宗教自由。（二）剥夺人民言论或出版自由。（三）剥夺人民和平集会及向政府申雪请愿之权利……（对上述规定）任何当政者都不允许变更。"1862 年的《解放黑奴宣言》宣告："被人占有而成为奴隶的人们都应在那时（1863 年 1 月 1 日）及以后永远获得自由；合众国政府行政部门，包括海陆军当局，将承认并保障这些人的自由。"表明彻底摧毁世界法西斯体制的坚定意志的 1941 年 8 月的《大西洋宪章》和 1942 年 1 月的《联合国家宣言》等，美国在其中发挥了重要作用。① 美国就是要通过大力宣扬这些重要的历史文献，要让每一个美国人感到美国是"最伟大的国家"，作为美国人是"最值得骄傲的"，美国人就应该是世界的"管理者"和"裁判官"。当然，从社会发展史的角度看，美国不算长的历史中，独立战争、南北战争、反法西斯战争等值得充分肯定，但如果从美国独立后不断扩张、残暴灭绝印第安人的过程及近年来仍然问题多多的美国人权记录，以及在当今世界为维护霸权、推销美国式的价值观而动辄威胁甚至依仗尖端武器使他国大批民众死于非命，而美国人却越来越远离"反战"传统来看，说美国"一贯正确"、"永远伟大"，显然包括了相当成分的溢美不实之词，说美国人素质如何也成为须进一步思考后才能回答的问题。②

与其他大多数国家一样，美国的国民素质教育也是双管齐下，"两条腿走路"。与社会教育相比，从幼儿教育开始的学校教育在国民素质教育中当然占有更加重要的地位。在学校教育中，与爱国主义教育从幼小的儿童开始一样，法制观念、民主精神、科学头脑和公德意识、自立自强教育也注意从儿童抓起。美国的学校教育是尽量不干涉孩子们的个性、兴趣和追求，只要不影响别人，孩子们的兴趣和思考得到充分的尊重。家长和教师的责任就是尽可能地为他们的自由成长和追求梦想创造条件、搭建平台。学校教育以启发式教育和鼓励独立思考、勇于实践、努力创新为主，

---

① http：//www. douban. com/note/21765156/，http：//zhidao. baidu. com/question/245849530. html，http：//baike. baidu. com/view/84853. htm，http：//baike. baidu. com/view/82702. htm.

② 在此仅以屠杀、灭绝印第安人为例。第一任总统华盛顿曾说："在所有印第安人居留地被有效摧毁前不要听取任何和平的建议。"印第安人和狼"两者都是掠食的野兽，仅仅在形状上不同"。《独立宣言》的主要起草人、第三届总统杰斐逊说："在战争中，他们（印第安人）也会杀死我们中的某些人，但我们会杀死他们全部！"美国人必须"追求灭绝印第安人或者将他们驱赶到我们不去的地方"。美国军队和民兵残暴屠杀和征剿印第安人差不多进行了整整一个世纪。1814 年，詹姆斯·麦迪逊政府参考 1703 年北美各殖民地议会作出屠杀印第安人的奖励规定，重新颁布法令，规定每上缴一个印第安人（不论男女老少甚至婴儿）的头盖皮，美国政府将会发给奖金 50—100 美元。1862 年，林肯总统以莫须有罪名下令绞死了 38 个印第安人酋长。1864 年后（美国内战结束后），美国人根据林肯颁布的《宅地法》屠杀印第安人的活动达到高潮，许多印第安人村庄在一夜之间变成鬼蜮，到 1890 年代基本上完成了灭绝印第安人的作战任务，被屠杀的印第安人应以千万计。也有人以印第安人始终与殖民主义者为伍与美国人作对、也杀了不少美国人为由，为美国屠杀印第安人的罪恶行径辩护，这恐怕是接受美国的历史教育的结果。参考 http：//bbs. tiexue. net/post_ 4317373_ 1. html，http：//www. wyzxsx. com/Article/Class20/200903/73758. html，http：//bbs. hefei. cc/viewthread. php？tid＝361693&page＝1。

不鼓励填鸭式教育和死记硬背、不求甚解。这样的教育制度培养出来的年轻人具有较高的综合素质并不奇怪。

美国的教育制度主要特点是，实行 12 年制普及义务教育，6 岁以下的儿童由家长负责，或入托，或送幼儿园，或自行教养。儿童满 6 岁便可进学校，或者按照教育法规定在家里自行开展 12 年制的初级教育。① 美国的中小学教育比较生动活泼，美国的学校风气、学习方式与中国均有很大不同。

美国的教育制度和学校制度因地区而异，具有多元、多轨的特点，家庭、社区、学校、教会、州政府、联邦政府、众多社会团体等都参与到这项以全民为对象、以全民为依靠的"百年树人"事业中来。从美国教育发展的历史过程看，美国的教育是先有教会和私立学校，后有公立学校，在 1860 年以前，美国的高等院校大多是靠企业家或教会捐赠而设立的。哈佛大学、耶鲁大学、康奈尔大学、普林斯顿大学、霍普金斯大学等美国著名院校就是接受捐赠而创立的。故美国的教育体制是地方分权制和公私并举制。美国教育部不管考试，不管升学，不管评估，不管具体教学，不管政治思想。美国各州自行决定阅读和数学的教学内容以及其他课程。由于各州的教育标准不同，比如在密西西比州，2007 年有 90% 的四年级学生通过了州阅读测试，但只有 51% 的学生在全国性考试中获得基本通过和部分通过的评级。② 但是，在 2009 年出现了制定全国统一的教育标准的动向。美国 46 个州和哥伦比亚特区宣布，他们计划起草一项共同教育标准，规定儿童从幼儿园到高中每年应该学习的内容。美国教育部长阿恩·邓肯声称"这是教育新时代的开始"。③

教育经费方面，公立教育机构的经费由联邦、州和地方共同分担，私立学校的经费主要依靠学费和捐款，美国众多的社会团体（宗教，或工会，或企业）和教育团体（教育基金会，或协会，或研究会）对推动美

---

① 在美国，少数父母选择在家里教育子女。倘若要这样做，你必须使用经过鉴定的合格教程，而且要由一位合格教师监督。一些在特大城市内的学区，还制订了在家教育计划，监督在家里教育子女的当地父母。

② http：//www.washingtonpost.com/wp – dyn/content/article/2009/05/31/AR2009053102339.html.

③ 46 States, D. C. Plan to Draft Comm Educ Stds By Maria Glod, Washington Post 6/1/2009.

国的教育改革起了巨大的作用。[①] 尤其企业界，在拥有了一定的资金实力后都注意资助教育的发展。企业界在为各级教育发展提供支持的同时，也得益于各级教育为企业的发展源源不断地输送具有较高素质的劳动力，更受益于教育机构的科研成果所转化成的生产力。20 世纪 60 年代的民权运动促使教育更加注重弱势群体。在一些州，私立中小学还可得到州政府的资助，私立高等学校还可能得到联邦的资助和贷款。[②] 教师得到全社会的尊重，教育经费得到可靠的保证，这是各级各类教育都能得到充分发展并取得理想成果的前提条件。

[①] 如天主教、卡内基、福特、洛克菲勒等基金会，以其雄厚的资金和强大的舆论来推动教育的各项实验、教改、科研及设立新专业，传播先进经验，提出教育宗旨与政策建议等，其影响力和潜能往往超过政府部门。

[②] http：//www.usembassy.de/usa/society – education.htm.

第 三 章

法国的社会发展与政策选择

20 世纪 90 年代末，法国学术界和舆论界发表许多著作和文章，异口同声地宣布法国已经进入"新社会"①，一个与 30 年前不同的社会，与法国社会学家和政治家于 20 世纪 70 年代描述的"被封锁的社会"②、"官僚主义社会"③ 不同的社会。有的学者甚至认为④，18 世纪以来法国经历了"两次革命"，18 世纪末的法国大革命奠定了法国社会的政治基础，20 世纪末又一次革命诞生了法国"新社会"。在这个"新社会"中，人口结构、城市化、社会阶级和阶层的结构、生态环境、社会保障、国民素质教育都发生了巨大的变化，呈现出自身的特点，创造了法国社会模式。而法国"新社会"的形成和社会的发展都与政策的选择有着极为密切的关系。

第一节 "新社会"人口结构的变化
与政策选择

一 人口结构变化的历史轨迹及其原因

法国人口的变化，有着自己的规律，有时"法国与欧洲其他国家的潮流相反，当其他国家鼓励生育时，法国却采取控制人口措施；而当其他

---

① 奥利维耶·加朗、扬尼克·勒梅尔主编：《法国新社会——30 年的变动》，阿尔芒·科兰出版社 1998 年版。路易·迪尔恩：《法国社会的发展趋势（1975—1995）》，法国大学出版社 1998 年版。埃里克·莫兰：《法国新社会》，瑟伊出版社 2002 年版。拉尔夫·朔尔：《20 世纪法国社会史》，贝兰出版社 2004 年版。

② 克罗齐埃：《被封锁的社会》，商务印书馆 1989 年版。

③ 阿兰·佩雷菲特：《官僚主义的弊害》，商务印书馆 1981 年版。

④ 伊夫·克罗泽、多米尼克·博利耶、弗朗索瓦·富尔、让·弗勒里：《法国社会的重大问题》，纳坦出版社 2000 年版，第 27 页。

国家实行控制人口时，法国又鼓励生育"。① 尤其是 19 世纪和 20 世纪，法国人口的演变表现出与欧洲其他国家不同的特点。

法国人口结构的变化大体上经历了从 19 世纪以前的三高（高出生率、高死亡率、高增长率），到 19 世纪至 20 世纪上半叶两低一高（低出生率、高死亡率、低增长率），到 1946 年至 1980 年代的两高一低（高出生率、低死亡率、高增长率），到 20 世纪 80 年代以来的三低（低出生率、低死亡率、低增长率）。

19 世纪以前，法国人口处于三高时期，高出生率、高死亡率、高增长率。1801 年，法国人口按现在的疆界计算在西欧国家中居首位，约 2734.9 万。但近一个半世纪中，法国人口进入了缓慢地增长的时期，出现了两低一高，即低出生率、高死亡率、低增长率。尤其在两次世界大战之间增长更加缓慢，甚至完全停止增长或出现负增长。1946 年，法国人口为 4050.6 万，它意味着从 1801 年至 1946 年中年均仅增加 9.7 万。而在这个时期，英国、德国等邻国的人口增长迅速，远远地把法国抛在后面。法国人口在欧洲总人口的比重 1789 年高达 17%，到 1871 年降至 8.7%。"二战"前夕，法国人口数量已退居西欧的第四位，排在德国、英国和意大利之后。这个时期法国人口密度，根据每平方公里人口数量统计：1800 年为 51.3 人，1850 年为 66.2 人，1900 年为 73.8 人，1931 年为 75.9 人，1936 年为 76 人。在家庭婚姻方面，这个时期基本上保持着传统的家庭和婚姻观念，处于比较良好的状态，离婚不常见。在男女劳动力比例方面，以男劳动力为主，女性劳动力仅占 40%。在年龄结构方面，伴随着人口缓慢增长，人口出现老龄化倾向，1911 年法国 60 岁以上老人占人口的 12.6%，而同期德国为 7.8%。在法国人寿命方面，1861 年男性为 39.1 岁，女性为 40.6 岁，到 1938 年提高到男性 55.9 岁，女性 61.6 岁。

1946 年至 1980 年期间，法国人口步入了两高一低，即高出生率、低死亡率、高增长率。法国人口 1946 年为 4050.6 万，1960 年为 4546.5 万，1965 年为 4856.2 万，1970 年为 5052.8 万，1975 年为 5259.9 万，1980 年为 5370 万。法国人口的年平均增长率 1946 年至 1968 年为 1%，1968 年至 1975 年为 0.7%。这个时期法国人口密度，1950 年为 76.4 人，1962

---

① 胡伟、H. 孟德拉斯、M. 威莱特主编：《当代法国社会学》，生活·读书·新知三联书店 1988 年版，第 265—266 页。

年为 84.4 人，1967 年为 91 人，1975 年为 95.6 人。在年龄结构方面，19 岁以下的青少年占法国人口的比例，1946 年为 29.5%，1965 年为 33.9%，1975 年为 31.7%。20 至 64 岁成年人占法国人口的比例，1946 年为 59.4%，1965 年为 54.1%，1975 年为 54.8%。65 岁以上老年人占法国人口的比例，1946 年为 11.1%，1965 年为 12.0%，1975 年为 13.5%。男女比例方面，法国女性无论增长速度和数量都已超过法国男性，它占法国总人口比例，1970 年为 51.2%，1980 年为 51.2%。在法国人寿命方面，1946 年男性为 61.9 岁，女性为 67.4 岁，1968 年延长到男性为 68 岁，女性为 75.4 岁。在结婚率方面（结婚对数与人口之比），"二战"后逐渐在下滑，"二战"后不久还保持在 14.7‰（15‰—16‰表明婚姻情况良好），1972 年下降到 8‰，只有 40 多万对的男女结合。而离婚率却呈现上升势头，60 年代末年均约为 3.4 万对，1974 年 5.3 万对，1980 年上升到 8.3 万对。

20 世纪 80 年代以来，法国逐步地过渡到"新社会"，其人口结构也进入了三低时期，即低出生率、低死亡率、低增长率。

法国人口每年增长的数量保持在 19 万至 25 万之间，如 1982 年为 5429.6 万，1990 年 5817 万，1995 年 5941.9 万，2000 年 6059.4 万，2005 年 6281.8 万，2006 年 6319.5 万，2009 年 6432.1 万。2006 年 1 月，法国人口占欧洲联盟人口 16%，仅次于德国。生育数量每年保持在 70 万至 80 万之间，如 1981 年为 80.5 万，1990 年 76.2 万，2000 年 77.9 万，2005 年 80.8 万，2009 年 82.1 万。生育率年平均在 12‰—14‰之间。死亡数量每年保持在 50 万人左右，如 1986 年为 54.7 万，1990 年为 52.6 万，2000 年为 53.8 万，2005 年为 53.8 万，2009 年为 54.6 万。死亡率年均保持在 9‰左右。尽管法国人口处在三低状况，但与德国、英国等邻国比较，法国出生率和自然增长率还是比较高的。法国生育率一直居欧洲最高之列，仅次于爱尔兰和冰岛，平均每个妇女生育 1.9 个孩子，而欧洲大陆的平均数是 1.4 个。

法国人口密度，1982 年为 98.6 人，1990 年为 104 人，2000 年为 107.4 人，2003 年为 108 人，2006 年为 114 人。尽管法国人口密度 2000 年比 1800 年提高了一倍多，但是在欧洲联盟和欧洲属于中等偏下的国家。

法国女性无论增长速度和数量都已超过法国男性。法国女性占法国总人口比例：1970 年为 51.2%，1980 年为 51.2%，2004 年为 51.4%，2010 年为 51.6%。事实上，在出生和孩提的时候，法国男性要多于女性，其比例为 1047∶1000；但是，成年男性因战争和工伤事故等使其死亡率高于成年女性，因此其比例关系颠倒过来为 1000∶1049。

无论男性和女性的寿命都有了很大的提高，1982 年男女寿命分别为 70.7 岁和 78.9 岁，1990 年分别为 72.7 岁和 80.9 岁，2000 年为 75.2 岁和 82.7 岁，2007 年分别达到 77.6 岁和 84.5 岁。20 世纪初，法国人平均寿命仅在 50 岁左右，1950 年为 66.3 岁，2000 年增加到 79 岁，而 2007 年达到 81 岁。法国的女性平均寿命在欧洲国家中高居榜首，在世界上仅次于日本居第二位（2006 年日本女性平均寿命为 85.6 岁）。

在年龄结构方面，20 岁以下的青少年占法国人口的比例，1980 年为 30.6%，1990 年为 27.8%，2000 年为 25.6%，2003 年为 25.1%，2004 年为 25.1%。20 至 59 岁成年人占法国人口的比例，1980 年为 52.4%，1990 年为 53.2%，2000 年为 53.8%，2003 年为 54.3%，2004 年为 54.2%。65 岁以上老年人占法国人口的比例，1946 年为 16%，1950 年为 16.2%，1960 年为 16.7%，1970 年为 18%，1980 年为 17%，1990 年为 19%，2000 年为 20.6%，2007 年为 21.3%。其中，75 岁和 75 岁以上占法国人口的比例，1946 年为 3.4%，1970 年为 4.7%，1990 年为 6.8%，2000 年为 7.2%，2007 年为 8.4%。自 20 世纪 80 年代以来，法国青壮年在人口中的比例不足一半，而 65 岁以上老人在法国人口中的比例愈来愈高。法国已经进入了老年化的社会。

在家庭婚姻方面，离婚率呈现上升势头，从 1980 年占已婚 6.32‰，增加到 2001 年 9.28‰，从而造成了单身、孤寡的增加。另外，自 20 世纪 80 年代以来，法国家庭从复合型向着由一对夫妇及其未婚子女组成的核心家庭发展。

法国人口结构，从三高到两低一高，再从两高一低到三低，其主要原因是：

第一，19 世纪，法国当局对法国人口采取自由放任的做法，认为生、老、病、死是国民的私事和行为，不得进行干预。法国当政者的这种思想，直到 20 世纪初开始发生变化，开始干预法国人口，开始有了人口政策。"二战"后，法国当局越来越重视法国人口问题，进一步加大了干预力度，才有了真正的人口政策。特别是 20 世纪 80 年代以来，法国当局为了遏制法国人口的三低，频繁地出台鼓励生育的人口政策，从而使法国人口政策更加健全和完备，更加符合法国人口的实际。

第二，"二战"前，法国社会各个阶层和群体大多具有根深蒂固的节育观念，不生和少生孩子。特别是受到19世纪上半叶农村劳力过剩的影响，马尔萨斯主义流行起来。马尔萨斯的《人口原理》于1829年被译成法文，受到法国自由派学者的欢迎，成为法国人口社会学的主流思想和理论。特别是19世纪80年代出现的新马尔萨斯主义，很快就在法国流传开来。其代表人物埃米尔·勒瓦瑟尔于1889年至1892年相继出版的3卷本《法国的人口》著作，反对过多增加人口，呼吁少生孩子。新马尔萨斯主义者纷纷成立组织，宣传节制人口。女权主义者也附和新马尔萨斯主义的观点，敦促女子"肚子罢工"。正是马尔萨斯主义和新马尔萨斯主义影响了法国民众的生育观念，从而造成法国人生育率的下降，1801年为32‰，1851年为26‰，1901年为22‰，1911年为18.6‰，1931年仅为15.5‰，在欧洲各国中维持在最低水平。"二战"后，马尔萨斯人口理论在法国人口社会学中不再盛行，法国人根深蒂固的节育观念发生了根本性的变化，响应政府号召，愿意承担社会责任，生孩子和多生孩子。

第三，"二战"前，多数法国家庭考虑到经济条件差和生活水平低，抚养、教育、住房和就业的艰难，尽量少要孩子，以便摆脱抚养子女的困境。"二战"后，法国民众经济条件大大改善，生活水平大大提高，社会保障制度和体系的建立，从而极大地提高了法国妇女生育的积极性。法国妇女的生育率，1945年至1949年年平均为20.3‰，1950年至1954年年平均为19.5‰，1955年至1959年年平均为18.4‰，1960年至1964年年平均为18‰，1967年为16.8‰，1976年为13.6‰。从1945年至1960年，法国妇女生育率的年平均数不仅要比战前高出许多，而且在欧洲诸国中也是名列前茅。尤其是20世纪80年代以来，社会环境和生态环境更加良好，社会保障制度更加健全和完备，从而使法国妇女的生育率一直保持在欧洲各国的前列，2000年为13.3‰，2006年为13.1‰。死亡率进一步下降，1951年为12.2‰，1966年为10.6‰，1976年为10.5‰，1985年为9.9‰，1995年为9.1‰，2006年进一步下降到8.4‰。

第四，"二战"前，不仅成年男子因职业病、工伤事故和疾病的平均死亡率高于其他欧洲国家，而且法国儿童的死亡率也维持在较高的水平，如1901年至1905年法国儿童死亡率为139‰，1936年至1938年为71‰。在这期间法国内乱和战争连绵不断，尤其是两次世界大战，最低估计法国损失了300万人口，所以，1901年至1946年的45年间法国人口仅仅增长了 4%。

第五,"二战"后初期至 20 世纪 70 年代,法国政府大量吸收外国移民,从而使这个时期法国人口激增。自 20 世纪 80 年代以来,法国政府开始限制移民数量,导致了法国人口增长的减速。

二 人口结构变化对社会发展的影响

法国人口结构变化对法国社会发展具有重大的影响,其主要表现为:对法国经济发展的促进和制约;形成老年化社会;造成家庭婚姻的变化。

19 世纪上半叶,法国人口增长的数量和人口结构,基本上满足了正在发生的第一次产业革命的需要,基本上满足了工农业发展对劳动力提出的要求。虽然有些城市和地区劳动力欠缺,但是贫困的农村则向城镇和工业基地提供了其需要的劳动力,基本上达到了供求平衡,从而促进了法国第一次产业革命和法国国民经济的发展。19 世纪下半叶,尤其在第二帝国时期,法国经济迅速发展,城市化进程加快,对劳动力的需求进一步增长,而正是这个时候法国人口增长放慢和人口结构欠协调,不能满足经济发展和城市化的需要,特别是对非熟练劳动力的要求。因此,农村劳动力大量向城市和工业地区转移,基本上达到供求平衡。20 世纪上半叶,法国经历了两次世界大战,"一战"损失了 1/10 劳动力,特别是青壮年劳动力,第二次世界大战人口出现负增长。为重建在"一战"中遭到破坏的地区和重振经济需要 300 万劳动力,而这个时期法国人口增长进一步放缓,青壮年比例减少,制约了法国经济的发展。20 世纪下半叶,特别是"辉煌的 30 年"(1945 年至 1975 年),虽然法国人口数量激增和"二战"后出生的婴儿在 60 年代进入劳动力市场,但是仍然满足不了经济快速发展的需要,造成法国人口数量与法国经济发展的严重失衡。20 世纪 80 年代起,法国经济发展放慢步伐,对劳动力需求急剧减少,从而造成法国劳动力过剩,失业严重。

法国人口老年化的过程从 18 世纪末就已经开始,比欧洲乃至世界其他国家都要来得早,都要表现得更为突出。自 20 世纪下半叶以来,随着人口和家庭政策的实施、社会保障体系的建立、医疗卫生的进步、饮食起居的改善、劳动强度的减轻和休闲制度的建立,法国人的寿命在延长。在近一个半世纪,男性寿命提高了近一倍,女性寿命提高了一倍多。与此同时,出生率的不断下降推动着法国社会向着老年化社会的方向发展,法国的出生率由 19 世纪中叶的 26‰下降到 2006 年的 13.1‰。按照联合国制定的标准，老年人的数量占到该国家总人口的 10% 以上就是老年化社会。而 60 岁和 60 岁以上法国人在总人口的比例 1901 年已经达到 12.7%，1920 年 13.8%，1930 年 14.2%，1950 年 16.3%，1970 年 18%，1980 年 17%，1990 年 19%，2000 年 20.6%，2004 年 20.7%，2007 年进一步上升到 21.8%。2004 年 1 月，法国本土 60 岁和 60 岁以上的老年人的数量为 1240 万人。法国男女老年人的比例出现失调，女性老年人比男性老年人多出许多，而且年龄层越高，女性超过男性的比例越大。法国老年人的地区分布也不平衡，法国中部和西南部的人口老化最严重，主要是因为该地区经济欠发达、出生率低和大量青年人流失。北部比南部则要年轻一些。法国人口老化造成老年人健康状况恶化、生活孤单、女性守寡者众多，从而影响法国经济发展和社会生活。

在家庭婚姻方面，20 世纪 60 年代起悄然地发生了变化。法国的独身家庭、单亲家庭、无子女家庭的比例逐渐上升，而核心家庭和复合家庭的比例则逐渐下降。据统计，单身男子家庭占家庭总数 1968 年 6.4%，1990 年 10.1%，2003 年达到 11.4%。单身女子家庭占家庭总数 1968 年 13.8%，1990 年 17.1%，2003 年上升到 17.6%。单亲家庭占家庭总数 1968 年 2.9%，1990 年 6.6%，2003 年上升到 7.4%。无子女夫妇占家庭总数 1968 年 21.1%，1990 年 23.7%，2003 年上升到 27.9%。有子女夫妇占家庭总数 1968 年 36%，1990 年 36.4%，2003 年下降到 32.4%。复合家庭占家庭总数 1968 年 19.8%，1990 年 6.1%，2003 年下降到 3.3%。家庭数量从 1968 年 1580 万人增加到 2003 年 2490 万人，但是家庭的规模越来越小。在地域分布上，法国北方的核心家庭要多于南方，城市的核心家庭要多于农村。法国人口专家和学者认为，传统的家庭向核心家庭的转变是法国经济和社会发展的必然趋势。然而在家庭婚姻方面的另一种现象，就是结婚率从 1960 年 7‰、1990 年 5.1‰下降到 2003 年 4.6‰，而非婚姻同居越来越严重。为克服这种人口结构的弊端，法国正在寻找解决的办法。

三　人口政策及人口结构的发展趋势

"二战"前法国人口的缓慢增长和两次世界大战法国人口的丧失，使法国有识之士警觉起来，呼吁法国当局推行有效的人口政策，增加人口数量。

早在 18 世纪，法国启蒙思想家就主张"人口众庶主义"。孟德斯鸠指出人口因苛政、战争、瘟疫、饥馑而减少，主张革新社会以提高出生率。卢梭认为度量一个政治体制有两种方式：领土面积和人民数量。只有面积和人民形成适当的比例，才能造成一国之真正伟大。法国空想社会主义者也十分关心法国人口问题，摩莱里"把人口增加、人口流动和地理环境的改变看成是推动社会发展的决定因素，还不知道从生产力发展中去寻找原因"①。19世纪60年代后，法国政界和学术界越来越关心法国人口问题，特别是普法战争的失败（1870年7月至9月），法国有识之士惊呼："1871年后法国意识到在国门外已经出现了一个强大、年轻、人口众多的国家。政治右翼因此希望女人多生孩子，经济学家和资产阶级重又主张增加人口。"② 19世纪法国大文豪左拉是坚定的人口增殖主义者，花费4年时间创作出《生孩子》作品，鼓励法国人多生孩子，同时讥讽马尔萨斯主义者。

为了遏制出生率的下降和人口的老化，法国政府一直采取鼓励生育和多生子女的政策。

早在1914年，法国议会通过累进税法案，减免多子女家庭的赋税。1917年5月法令，决定向有子女的公务员发放临时津贴。1918年和1919年对公务员实行家庭津贴，三胎起津贴继续增加。1920年通过《反堕胎法》，明确了政府鼓励生育的立场，抑制了出生率的下降。1939年7月议会通过《家庭法典》，规定新婚夫妇头胎可获得相当于两个月工资的补贴，多生育则多补贴。同时规定享受补贴的对象扩大到雇主、领工资者和独立经营者。"这是法国第一次实施的人口政策，连贯而且相当完整，虽然姗姗来迟，但毕竟令出生率在战时维持在相对高水平上。"③ 1940年6月5日还成立家庭部，专门负责法国人口和家庭政策。

"二战"后，法国人口和家庭政策进入新的阶段，从而使法国人口政策日益符合法国实际，日益健全和完备。

1. 把增加人口作为国策和长期战略

"二战"后，作为临时政府（1944年至1946年）首脑和第五共和国创始人戴高乐总结了法国人口低增长和停止增长的历史教训：法国"在过去，它在国际舞台上是人口众多、最富有、最强大的国家，经过几次巨

---

① 侯钧生：《西方社会学思想进程》，辽宁出版社1988年版，第339页。
② A. 菲内、J. 桑瓜：《19世纪法国人口》，《我知道什么?》丛书，法国大学出版社1991年版，第117页。
③ J. C. 热古：《19、20世纪法国人口》，奥弗里出版社1989年版，第72页。

大的不幸后，它仿佛退守到本身的事务中去了。它周围的其他国家都在发展壮大，而它却停顿不前"[1]。他指出，法国的衰落，一方面是缺乏能源，"另一方面，它的人口也不再增加，在好多年间，出生的人数比死亡的人数还少。这种情况使它对它的处境感到疑虑和苦恼"[2]。戴高乐认为，在历史上，法国的兴衰与人口有极为密切的关系：人口众多的时候，如17、18 世纪法国人口在欧洲占首位，法国就强大；19 世纪末德国人口超过法国人口，法国走向了衰落。他认识到人口决定国家的命运和前途。他为了战后法国的复兴，为了法国的伟大，为了法国向大国地位不断地攀登，决心把增加法国人口作为国策和长期战略。

为此，戴高乐在任临时政府首脑时发出在未来 10 年增加 1200 万婴儿的号召，专门成立公共健康与人口部负责人口、家庭和公共健康的政策。设置全国人口研究所和全国卫生研究所，建立产前津贴机构。制定比以前所有减税规定更优惠的照顾家庭的减免税制度，即家庭补贴和奖励生育的社会政策和劳工政策。推行人口健康保护的社会保险政策，即婚前检查和产前检查的政策。第四共和国期间（1946 年至 1958 年），法国政府进一步提高家庭补助的标准和鼓励多生育的政策，建立社会保障体系，从而使这个时期出生率大大提高，出生婴儿总数 1955 年达 90 万人，1958 年上升为 110 万人。

戴高乐在任第五共和国总统期间，雄心勃勃地计划将"现代法国人口可能达到一亿"[3] 作为战略目标，以便进一步增强法国国力，在对外事务中具有更强的底蕴。历届政府进一步加强了鼓励生育和家庭政策的力度。1970 年增加对孤儿的补贴，1974 年对学生的津贴，1975 年的专项教育津贴，1977 年的单亲补贴，1978 年增加对三胎以上的家庭的津贴。80年代初进一步规定，补贴数额与胎数成正比，生育越多，补贴越高，甚至多胎家庭还享有交通费和婴儿护理费的补助。1985 年，加强对幼儿的补助，三胎以上的产妇带薪休假直到孩子年满 3 岁。1994 年，实施对孩子教育的双亲津贴。

2. 老龄化对策

所有的发达国家都有人口老龄化的问题，但是法国的这一问题尤其明

---

① 国际关系研究所编译：《戴高乐言论集》，世界知识出版社 1964 年版，第 173 页。
② 同上。
③ 同上书，第 401 页。

显，因为法国在战后 30 年，也就是 1945 年至 1975 年期间出现了婴儿潮。从 2006 年起，婴儿潮期间出生的人数众多的孩子们逐渐进入了退休年龄，从而加速了法国新社会老龄化和超老龄化的进程。

为了遏制法国新社会老龄化和超老龄化的进程，降低 60 岁和 60 岁以上老年人在人口中的比例，法国政府采取了如下的对策：

第一，进一步鼓励生育，进一步增加对多胎的补贴。在法国，生头胎的女性可以获得 20 周的全薪产假，而到生第三胎时，产假则可延长到 40 周。此外，生育三个以上孩子的家庭除了获得丰厚的补贴外，还能享受减税及每月 300 欧元的补贴等其他福利。例如一个五口之家外出旅游，则可免费乘坐公共交通。除此之外，法国还建立了低价高质的儿童看护体系。超过两个月的婴幼儿就可以全天由国立的托儿所看管。收费则根据各家庭经济状况酌情收取：最低完全免费，最多也不过 500 欧元。幼儿园从早上 8：30—下午 4：30 免费看护 2 个月至 3 岁的幼儿。为了鼓励法国女性多多生育，法国政府于 2008 年宣布推出一项奖励性社会福利：生育第三胎的妇女可以获得每月 1000 欧元和产假一年的"优待"。目前，法国出生率在欧洲仅次于爱尔兰，保持第二位。出生数量增加，可以提高青少年在人口中的比例，降低 60 岁和 60 岁以上老人在人口中的比例，从而降低老龄化和超老龄化的速度。

第二，延长退休年龄。在法国，55 岁至 64 岁间老年人的就业率却是最低的，仅为 38.2%。法国人平均离开工作岗位的年龄为 59.5 岁，而瑞典却达到了 64 岁。法国的这个特点与 20 世纪 70 年代末的社会政策有关系：当时在保护就业的名义下，法国选择了"分享"的道路，也就是由目前的工作者负担退休者的生活，借以鼓励更加年长的受薪者提前退休。

很多欧洲国家从 20 世纪 90 年代起，对退休制度进行了改革，都采取了旨在延长退休年龄的改革措施。其退休改革重点都在"法定退休年龄"的问题上，只有在年龄达到法定退休年龄，才能得到"全额退休金"以及相关补贴。而法国法定的退休年龄为 60 岁。在 65 岁之前退休，按照季度给予扣分。相反，在已经达到领取全额退休金的年龄后，将按照季度给予加分。显然，这种社会政策就是在鼓励提前和按时退休。

是否应该延长退休年龄呢？法国 2009 年展开了有关退休年龄的全国讨论。政府提出可能要借鉴德国经验：德国目前的法定退休年龄为 65 岁，但是从 2012 年起将逐渐延长，至 2029 年延迟到 67 岁。目前，法国政府决心对退休制度进行改革，延长退休年龄，一方面发展了生产力，另一方面又缓解了老龄化和超老龄化的压力。

第三，适当吸收移民，每年保持在 7 万人至 10 万人之间，可以使法国人口年轻化，从而降低老年人在人口中的比例，遏制法国新社会老龄化和超老龄化的进程。

3. 传统婚姻、契约结合以及灵活的生育模式

在法国新社会中，传统的婚姻模式仍然占主要的地位，但是，传统的结合模式无论在数量上还是在千人中的比重都在下降，1950 年分别为 33.1 万对和 7.9‰，2007 年分别下降到 26.7 万对和 4.2‰。造成上述情况的主要原因是：其一，随着 20 世纪 70 年代以来失业日益严重，法国人担心结婚为家庭带来沉重的经济和税赋的负担，因此放弃传统的婚姻结合形式。其二，法国人的观念发生变化，个人主义日益盛行，不愿承担繁衍后代的社会责任，宁可不结婚。其三，异性和同性结合越来越多，从而使传统的结婚数量下降。

因此，法国非婚同居十分严重。非婚同居系指异性或者同性双方未经法律的批准而过夫妻生活或同居，它们在 20 世纪最后的几十年成为法国年轻人普遍地追逐的目标。之所以出现这种现象，主要是年轻人崇尚"性解放，性自由"，另一个重要原因则是避免离异时家庭财产分配的纠纷。与此同时，非婚生孩子十分突出。2007 年在法国出生的 81.96 万个婴儿中，51.7% 的父母未结婚，而 2006 年为 50.5%，2005 年为 48.4%，10 年前为 41%。这说明，法国新社会中的非婚生子女在增加，2006 年起已经占出生婴儿的一半以上。而 1970 年，这种情况只有 6%。那时候，非婚生子女不被人所接受，因而这些孩子被视为"私生子"或"不合法的孩子"。对这种现象，20 世纪 70 年代法国舆论进行谴责，认为有悖于传统的伦理道德，也不为法律所认可。但是，这种现象也带来重大的人口问题：一是同居者的法律地位不解决，势必影响新社会的安定和和谐；二是同居者的子女地位不被社会承认，也影响法国人生育的积极性。

正是在这样的背景下，法国议会于 1999 年 10 月 13 日通过《公民结合契约》[1]。该项法律[2]的第一条开宗明义："公民结合契约是为了组织共

---

① 《公民结合契约》法语为 Pacte civil de solidarité（PACS）。

② 该法律文献载于法国《政府公报》1999 年 11 月 16 日，第 265 期，第 16959 页。

同生活，在两个异性或同性的成年自然人之间所签订的合同。"这个"合同"的概念，从签约当事人来说，含有更多的自愿成分，因而更被人们认同。该法律第三条规定："两个同性或异性结成伴侣，在一起的生活具有稳定性和连续性，构成以共同生活为特征的事实上的结合。"在民法中确认了同居的现象。《公民结合契约》还规定了同居的成年人（无论一对异性还是一对同性恋者）都应该在物质生活、住房、家产、赋税和社会责任方面确立双方的权利和义务。

法国新出台法律规定，从 2006 年 7 月起私生子和婚生子的权利不再有区别，在进行出生登记时，法律不再将新生儿分为私生的或者合法的，他们和婚生孩子完全平等。该法律使法国的生育模式富有灵活性，从而提高了法国同居女性生育的积极性。

4. 选择性移民政策和"共和同化模式"①

"二战"后初期至 20 世纪 70 年代，由于经济恢复和发展的需要，法国政府采取宽松的移民政策，大量吸收外来移民。70 年代以后，由于经济经常发生危机或低速增长，出现结构性的劳动力过剩，导致结构性的失业，因此开始严格地限制外来移民。

法国政府相继于 2005 年 7 月和 2008 年实施移民新政策，其中心内容是"有选择移民"，针对高学历、高技术移民发放有效期 3 年至 4 年并可续延的长期居留许可，为了筛选，法国将成立跨部门委员会，评估移民需求和接待能力。法国驻外使领馆将设立"评分制"，根据年龄、文凭、工作经验和法语水平等多项标准，筛选有望被法国接纳的"有专长的劳动者"。

与此同时，法国政府对现有的移民（500 万，占法国人口的 8.2%）推行"共和同化模式"，即对待移民推行以自由、民主、宽容、融合为内涵的"共和同化模式"。它以高福利为保障，世俗化为基础，法兰西的普世价值观为标准。它欢迎移民参与法国的经济建设，鼓励并相信外来移民能够顺利地融入法国社会。它要求应当平等地对待移民，帮助他们学习了解法国的语言风俗，为其提供技术培训，在住房、医疗等方面让他们分享社会福利，使他们能愉快工作。法国的"共和同化模式"在理论上叫做

① 亨利·孟德拉斯：《第二次法国革命（1965—1984 年）》，加利马尔出版社 1988 年版，第 162 页。

"番茄汤理念"，就是把法兰西文化比作一锅番茄汤，移民可以往里面添加种种辅料和调味品，使之更加味美汤浓，但基本上仍然是一锅番茄汤。与法国相对照，英国推行多元文化社会制度，它允许移民保留自己的文化，对待移民持"互相宽容，互不干扰"态度，这被称为"沙拉理念"。荷兰更加善待移民，他们提出的是"绝对宽容"的理念。

但是，这种模式并没有完全解决现有移民的平等和公正问题。在法国新社会中，因为移民及其后裔问题，频发社会冲突和危机。2005 年 10 月底，以两名移民少年躲避警察追捕而意外身亡为导火线，巴黎郊区乃至全国爆发大规模骚乱。这是 1968 年五月风暴以来最严重的暴力事件，比利时、德国都有所响应，欧洲其他国家的政府都心有戚戚焉，害怕引起本国移民的大规模连锁反应。最终法国政府宣布宵禁，进入"紧急状态"才平息事端。但是，骚乱凸显法国"共和同化模式"弊端，它并没有完全将移民、特别是阿拉伯和北非的移民及其后裔完全融入法国社会和文化，相反地，使多数移民及其后裔沦为"次等公民"。目前，法国出台《移民与社会融入法》，表示"要加倍努力，保证机会均等"，许诺要促进"种族融合"，安抚移民情绪。

总的来说，法国一系列鼓励生育和家庭政策的出台，在一定时期对遏制生育率的下滑、增加人口数量和改变人口结构起着积极的作用，如"一战"后的 20 和 30 年代、"二战"后 40 和 50 年代。但是随着时间的推移，法国的社会政策越来越向医疗保险和老年人保险倾斜，家庭补助在社会预算中的比重逐渐下降。另一方面，法国在相当长时期一直通货膨胀严重，家庭补助的种种好处往往被上涨的物价所抵消。正是上述的情况挫伤了法国民众自身生产的积极性。当然，还应该考虑到许多法国民众只追求个人自由、性爱和享乐，而忘掉社会责任。总之，鼓励生育和家庭政策的效果有所下降，但是仍然起着积极的作用。

根据"新社会"的人口和家庭政策以及鼓励生育的新措施，法国人口数量增长的前景和人口结构的走向是：

第一，由于生育率低下和人口增长缓慢，法国人口在欧洲联盟中、在欧洲中和在世界中的比重都在逐渐地下降。法国人口在欧洲人口中的比重 1800 年为 15.7%，1900 年为 9.7%，1965 年为 7.8%。法国人口在世界人口中的比重 1700 年为 4%，1850 年为 3%，1964 年为 1.5%，20 世纪 90 年代末为 1.1%，2000 年为 0.9%，2015 年预计进一步下降到 0.7%。

人口是国家的主要资源，是社会存在的基础，国力的表现。法国人口在欧洲和世界人口中的比例减少，意味着法国国际地位的下降。

第二，根据估计，法国本土人口在缓慢增长中，2050 年达到 6600 万，比目前净增 10%。其中大多是 15 岁至 64 岁的劳动年龄段，高出现有的水平。他们将有利于法国经济的发展，使长期的结构性失业率大大下降。

第三，法国人口老化现象进一步加重。根据法国国家统计与经济研究所的预测[①]，60 岁和 60 岁以上的老年人占法国人口的比例，2010 年达 23.1%，2015 年上升到 25.3%，从而使老年化将给法国整个社会带来沉重的负担和更大的压力。

第四，自 1980 年以来，女性占法国人口的比例一直过半，预计 2010 年上升为 58.6%。女性就业人口占法国就业人口的比例不断地提高，1999 年 46.1%，2004 年和 2005 年已经达到 52%，预计 2010 年高达 60%。2003 年，拥有中学会考文凭和更高文凭的 25 岁至 35 岁女青年已经占该年龄段女青年的 67.5%，而男青年仅占 53.2%。这就意味着，法国社会正在向女性化社会发展。

第二节 "新社会"的城市化与产业化

一 产业化与城市化的进程与发展模式

法国产业化与城市化大体上同步进行，可以划分为三个阶段。

第一阶段（1804—1945 年）：即从第一帝国到"二战"前，法国经过两次产业化。第一次产业化从第一帝国开始到第二帝国终于完成。主要标志是近代工业体系的建立并在国民经济中的比重上升，传统手工业和工场生产在国民经济中的比重下降。法国蒸汽机的拥有量从 1852 年 7200 台上升至 1870 年 24787 台，增加了三倍多。19 世纪 60 年代法国生铁和钢的产量仅次于英国，居世界第二位。新兴工业部门不断涌现。法国工业的年增长率从 1845 年 1.83% 提高到 1865 年 3.16%。铁路总长度从 1851 年的 3248 公里增长到 1869 年的 16465 公里，巴黎成为世界上最大的交通枢纽

---

① 《法国经济图表（2004—2005）》，法国国家统计与经济研究所出版社 2004 年版，第 35 页。

之一。公路深入到铁路未能到达的腹地。由于耕作技术的改进、化学肥料的推广、农业机械的逐渐普及、农业品种的改良，农业生产也有了显著的提高。1852年至1862年，法国农产品年平均增加3.2%。第一次产业革命使法国经济的面貌为之一新，最终确立了近代资本主义的经济基础。

20世纪初，以汽车工业、电力、飞机制造业为代表的新兴工业和科技革命标志着法国第二次产业化，从而使20世纪20年代法国经济进入了高速增长的时期，1924年至1929年工业生产年均递增5%，劳动生产率年均递增3%。法国人均国民生产总值每年递增1.5%，超过了德国、意大利、英国。在农业方面，土地和资本也开始集中，农业机械化程度有所提高，化肥的消费从1913年到1938年增长了88%。经过第二次产业革命，法国在"二战"前完成了由农业国向工业国的转变，工业结构实现了由轻纺业为主向以重工业为主的转变。

两次产业革命促进了法国城市化，其主要原因是：第一，产业革命促使法国人口向工业地区集中，从而扩大了原有城镇的规模，或者诞生了新的城镇。第二，法国大革命和第一帝国时期建立了新的统一的全国行政区划和新的地方管理制度，从而使各省省会得到比其他城镇更快的发展。

新兴城市的不断涌现，古老的城市得到扩充和改造，使法国适应现代化的需要，具有更大的魅力和诱惑力，使乡民和外国移民进一步趋之若鹜。19世纪上半叶，人口超过10万的大城市只有巴黎、里昂和马赛三座，到20世纪初增加至16座。城市人口占总人口的比例不断地攀升，1806年为17.4%，1861年为28.8%，1901年为40.9%，1931年为50.8%，历史上首次超过农村人口，1936年上升到51.9%，实现了初步城市化。由于城市成为经济、工业和资本的中心，近代法国城市已经转变成为生产城市，并主导着乡村。因此，近代法国城市的职能随着现代化和工业化的进程而不断地扩大和发展。

在城市化过程中，出现了发展不平衡问题：第一，与邻国比较，近代法国城市化起步晚，进展缓慢。英国早在1775年开始城市化，19世纪中期完成；德国城市化始于19世纪初，与法国不相上下，但是于1881年完成。总之，近代法国城市化如果从19世纪20年代算起，经历了一个多世纪，而英国和德国仅用3/4世纪。这是由于19世纪，法国当局保守思想占据上风，"他们认为城市充满悲剧，是社会弊病、人间地狱、国家和民族的坟墓等的体现，而农村则相反，是充满美德的地方，是民族的摇篮、国家的心脏、人间的天堂"①。因而法国当局未采取积极地促进城市化的政策，导致近代法国城市化迈着蹒跚的步伐。第二，近代法国城市化起点高，但是，城市化水平低。19世纪初，在尚未开始城市化以前，法国已经拥有了三万以上居民的城市17座，居民总数达144.86万，在广袤的土地上已经形成了城市网络。而海峡对岸的英国，工业化和城市化正在如火如荼地进行着，同时期同等规模的城市只有15座，居民总数为171.3万。但是，在城市化完成后在规模上反而落后了。在近代法国城市化过程中，巴黎得到了高度的发展，到20世纪初在欧洲是仅次于伦敦的大城市。但是，其他大城市发展比较缓慢，中小城市占据主导的地位。到20世纪30年代，拥有10万以上居民的城市，美国93座，英国57座，德国56座，而法国仅有17座。在初步实现城市化时，绝大多数法国城市居民生活在中小城市中②。就此而言，初步的城市化基本上仍然是"城市乡村化"的水平。近代法国城市化迟和城市化水平低，与法国现代化和工业化缓慢、以及工业化程度低有着极为密切的关系，正是后者决定了前者。第三，在近代法国城市化过程中，特别是在改造和扩建城市过程中，有意识地设置达官显贵居住区和贫民居住区。第二帝国时期，在巴黎拆迁市中心建筑物时，有意识地将贫民驱赶到城市边缘或者郊区，从而在近代法国大中城市中，贫富的差距在居民社会地理学中鲜明地表达出来：一个地区是达官显贵居住的豪华住宅，另一个地区和城市周边则是简陋的贫民窟，而农村移民和穷人一般总是住在恶劣的、拥挤的、不卫生的社区及住宅中。第四，在城市改造和扩建过程中，追求盎格鲁—撒克逊或日耳曼的风格，忽视了对文物的保护。例如，1852年至1869年巴黎总共拆除了近2万栋房屋，其中许多具有历史文物价值，如胜利广场、多菲纳广场、18世纪漂亮的塔楼式住宅，不再是巴尔扎克笔下风格各异、丰富多彩的世界，从而有损于巴黎作为"历史名城"的声誉。与此同时，巴黎老城的格局也荡然无存。

第二阶段（1945—1990年）：在这个阶段，法国经历了"辉煌的30年"（1945—1975年）和滞胀时期（1976—1990年）。在"辉煌的30年"

① 前揭《当代法国社会学》，第46—47页。
② 根据法国国家统计与经济研究所制定的标准，拥有2000名居民以上的市镇被视为"城市单位"。

中，法国实施了六个计划。第一至第三计划实现"经济复兴"，优先发展能源、原材料和交通运输业等基础部门。第四至第六计划实现经济"大幅度的、有竞争力的和平衡的增长"，重点开始转向"有竞争力的工业"。国民生产总值年均为5%。1975年进入经济滞胀后，第七计划为重新"调整工业结构"，把节约资源消耗置于重要位置。第九计划对产业结构实行全面"大调整"，促进产业重心转向高技术部门。国民生产总值增长率1973年至1979年年均3.2%，1979年至1985年年均降到1.2%。经过近半个世纪的发展，法国的产业化继续向更高层次演进。第一和第二产业在国民经济中所占的比重不断地减少，1950年分别为15.5%和54%，1984年下降到4.1%和36.1%。第三产业在国民经济中的比重不断地上升，1950年为30.5%，1984年上升到59.8%。工业发展由20世纪50年代的基础部门为主走向60年代的加工业为主，80年代向高新技术产业前进。

经济的发展加快了法国城市化的进程，而"二战"后的法国城市化，则是在城市社会学和农村社会学理论指导下、城市规划机构的规划下以及各项政策的具体实施下进行的。

"二战"后的50年代，法国建立了城市社会学和农村社会学，并得到了很大的发展。他们进行城市结构和功能、城市化可持续性及城市规划的研究，就城乡对立问题、城市的运转、居住问题、社会空间问题及空间化方式、社区等从事理论探讨。与此同时，法国建立了从中央到地方的城市规划管理机构，负责编制和审批城市规划。1967年的《土地指导法》，确立了由"城市规划整治指导纲要"和"土地利用规划"构成的城市规划编制体系。它对土地使用、发展导向以及重要基础设施进行布局安排，协调城市扩张、农业用地与自然环境保护之间的关系，确定城市化地区的建设发展容量，并在市镇群的尺度上平衡就业岗位、住房和城市交通等问题。20世纪80年代初实行权力下放，大区、省和市镇三级地方政府才拥有建筑许可权和修订土地使用规划权，负责"土地利用规划"、"指导纲要"等城市规划文件的编制和实施。正是在这种背景以及市民参与下，法国开展了城市的复兴、改造和扩张、住宅建设、文化建设。

在城市化进程中，城市数量在增加，城市人口在发展。农村人口和移民不断地流入城市，从而使城市人口占法国人口的比例上升，1946年为53.2%，1975年72.9%，1990年上升到74%。城市劳动人口占法国劳动人口的比例，1906年56%，1954年73%，1988年上升到93.3%。法国人口和劳动人口主要集中在巴黎、里昂、马赛等大城市。城市的面积迅速地扩大，仅在 60 年代就扩大了 1/3 强。

由于"二战"前后农村人口和移民过分向巴黎集中，"二战"后法国在城市政策上向其他大城市倾斜，使这些城市的工业、住宅、城市建设方面，在就业和生活方面，成为整个法国城市发展的重要组成部分。新城的发展则经历了从现代主义功能分区、人车分流、架空地面的空间组织模式，到小地块开发、功能混合、以自然平地组织交通网络、鼓励步行以及自行车交通的建设和改造过程。经过"二战"后 30 年的发展，这些大城市和新城市的工资收入、居住条件和生活环境都与首都巴黎相当。在巴黎，从 20 世纪 60 年代开始，实行建设新城和疏散老城的战略，即沿塞纳河谷平行发展具有连续性的多个新城的空间发展战略。新城中心由交通轴贯穿连接，在新城内有完善的公共服务、教育、医疗、商业、娱乐等配套设施，设立行政机构，力求达到居住人口和就业人口的平衡。

"二战"后，住宅建设是法国城市化中最优先考虑的项目之一，而法国中央和地方政府在解决房荒中起到了重要的作用。根据 1984 年统计，法国住宅的 52.5% 都是"二战"后兴建的。在巴黎，大量地建设廉价和低租金公寓楼房，从而在巴黎四周形成"红色地带"（廉价房外墙涂着红色）。到 20 世纪 80 年代末，法国和巴黎的房屋紧张问题基本上得到解决。与此同时，法国着手改善原有住房的生活条件和卫生设施。

"二战"后，法国把文化建设作为城市化的重点。20 世纪 50 年代，法国城市内歌剧院遍地开花，60 年代文化宫随处可见，70 年代体育场、游泳池、网球场、高尔夫球场相继建成。在城市文化建设过程中，注意到对历史文物和古迹的保护。20 世纪 80 年代，为迎接和庆祝法国大革命 200 周年，法国各个城市进行大规模文化设施和标志性建筑物的建设和改造。巴黎则兴建了 10 大公共工程。工程的最大特点是它们荟萃了 20 世纪 70 年代至 90 年代初期西方形形色色的建筑思潮，因而各个建筑都有自己的特色和文化内涵。经过 20 世纪 80 年代的兴建和改造，巴黎更加美丽、动人和浪漫了。

这个时期的法国城市化也存在着一些问题。首先，城市化又重蹈了第二帝国的覆辙，仿造纽约的模式，建筑群都是所谓的高层塔楼，或是长条形楼群，与原来的城市建筑及其格局及其不协调。第二，"二战"后建设的福利房引起了很多的批评，他们认为给穷人盖的房子还是不够好，建筑密度太高、绿地太少、居住太拥挤，人们在里面缺少自尊心。第三，在大城市中，豪华的富人区和简陋的贫民区的格局基本上没有改变。

第三阶段（1991 年至今）：20 世纪 80 年代末，法国工业结构的调整大体上完成，使工业各个部门做到决策科学化、管理信息化、生产过程自动化。到 90 年代末，法国加速资本和企业的兼并和集中，这一浪潮波及金融业、工业、农业、银行业、保险业、汽车制造业、石油业、制药业、化工业、商业、电信业和多媒体业等几乎所有的经济领域。进入 21 世纪，法国制定了经济可持续发展战略，加大了对科技创新的投入，确定了 67 个"竞争力极点"的产业集群，其中许多是"世界级"的，如航天航空、生物工程、纳米技术等。法国国民生产总值年平均增长率 1992 年至 1995 年为 2%，2000 年 3.1%，2006 年 2.1%，2008 年因金融危机下滑至 0.4%，2009 年呈现 -2.2% 的负增长。法国逐渐进入了"新经济"时期。

在这个时期，法国城市社会学的理论进一步提升，通过对城市化过程中的暴力、城市人口、城市文化、城市居住方式、家庭以及城市居民如何排斥或利用制度安排等的研究，扩大了法国城市社会学理论的内涵。在这个时期，法国城市社会学从单一的学科发展为多学科交叉研究，特别注重与人类学、地理学、建筑学、历史学等学科相结合，从而开创了城市研究的新视角。正如法国城市社会学家亨利·雷蒙所指出："人们起初认为，城市只是一种生产工具，而现在，人们开始考虑城市建设的一切方面了。这一事实充分表明，各门社会学科是互相联系的，是不可能长久相分离的。"①

正是在法国城市社会学的理论指导下，法国有关行政部门进行了新一轮的城市规划和城市建设，从 2000 年起先后颁布了《社会团结与城市复兴法》、《国土协调发展大纲》、《地方城市规划纲领》等法律文件。《社会团结与城市复兴法》规定，"城市复兴"是指推广以节约利用空间和能源、复兴衰败城市，支持各个城市政策的协调与整合。"社会团结"是指对城市建设社会住宅的强制规定，促进住宅在城市化密集区、市镇和街区的多样化发展。《国土协调发展大纲》规定在城市规划方面必须考虑与空间利用相关的所有问题的基本政策，将作为制定人居、经济发展、休闲、客货交通、小汽车交通控制等城市资源利用政策的依据。《地方城市规划

---

① 前揭《当代法国社会学》，第 65 页。

纲领》要求各个城市制定城市发展的地方规划，必须与地方空间发展战略统一，与地方住宅发展计划、地方交通规划相互协调。

正是依据城市社会学理论和新的城市规划，法国在这个时期开展了轰轰烈烈的旧城市的改造和新城市的建设，使城市继续向周边地区辐射和扩张，从而使法国城市人口进一步增长，1999 年法国城市人口上升到 4400 万，占总人口的 77%，计有城市 354 座。根据联合国统计，目前，包括法国在内的西方发达国家中，3/4 以上人口居住在城市，都是高度城市化了。进入 21 世纪，法国城市人口的增长进一步放慢。法国城市人口增长放慢的原因是：第一，在发达的乡村和毗邻城市的乡村，其人口不再向城市流动，甚至出现逆反回流的现象。只是穷乡僻壤的农村，或是山区和边远农村的人口才出现外迁的现象。第二，法国的移民政策进一步严厉，限制外来移民的数量，从而使移民流入城市的数量明显地减少。第三，因农村住房比城市住房便宜，许多退休的市民搬迁到农村安度晚年生活，从而降低了城市人口的增长率。

投入巨资改造城市贫困的街区。自 19 世纪以来的城市化过程中，遗留下许多的问题。其一是城市化的差别扩大，巴黎发展快一些，而其他城市如马赛、里昂、波尔多要慢一些。其主要原因是法国是高度中央集权的国家，作为首都巴黎是法国政治、经济和文化中心，城市化的步伐自然比其他城市快。其二是城市中的城市设施和家庭设施差别扩大，分为富裕社区和贫困社区。如巴黎市区西部是富人居住区，都是富翁、著名的电影和影视人士、社会名流、高级官员的高档住宅、豪华公寓。那里街道和社区整洁、宽敞、明亮、静谧。市区的东部、北部和市区四周"红色地带"是劳动人民居住区。外来移民也大多集中在这里。这里住房简陋和破旧，许多街道狭窄、肮脏、夜间缺乏照明设备。市区的中部和南部则是中产阶级的居住区，环境和生活条件介于西部和东部北部之间。这种在历史上形成的社会地理学分布，经常造成阶级和阶层的矛盾和冲突，法国历史上的许多革命事件和工人起义都是在巴黎东部和东北地区发端。2005 年秋发生了震惊全国的巴黎郊区骚乱事件，引起人们对城市贫民区问题的高度重视。法国政府于 2004 年开始了全国城市贫困街区的"深度改造"，在 530 多个街区增加居民住房面积和附属生活设施。2007 年筹资达 270 亿欧元。这将是法国历史上规模最大的建设计划，预计将在 2013 年完成，届时将有 250 万居民受益。

加大建设廉价住房的力度，规定廉租房要占新建总住房面积的 20%，以解决城市无房户的急难。2000 年法国建设廉价住房总数仅为 4 万套左右，最近 4 年政府加快了步伐。2007 年批准建设的套数为 43 万套，力争年底可向社会提供 17 万多套此类廉价住房。廉价住房的标准要高于普通社会住房。

将廉租房建在普通住宅区，使低收入者与高收入者"同在一个屋檐下"，从而形成"贫富混居"，化解贫富分居所激化的社会矛盾。目前 59% 的法国人拥有自己的住房，35% 的法国人租房住，6% 的法国人住房免费，相对于 2001 年 55% 的私人住房拥有率，又有很多法国家庭实现了购房梦想。据法国国家住房改善署公布的一项住房调查结果，61% 的法国人对自己的住宅"非常满意"，"相当满意"的为 34%，"还算满意"的为 3%，"一点都不满意"的只占 2%。调查说明，有 95% 的法国人认可自己当前的居住状况，满意度最高的是居住在乡村的私人房主，最低的则是寡居人士和公寓房的承租者。

法国产业化和城市化的发展，在欧洲主要国家中要比英国、德国晚，但在发展过程中融合了自己的历史、文化和政治体制的特点，从而形成了法国产业化和城市化的发展模式。

法国产业化和城市化的模式包含有强烈的国家干涉主义。早在 17 世纪法王路易十四时期，财政大臣柯尔贝推行重商主义政策时形成的"社会—柯尔贝主义"①，即"国家以一种政治雄心和一种社会进步意愿的名义统帅经济"②。"二战"后的 20 世纪 50 年代至 70 年代，法国进一步加强了国家对产业化和城市化的干预，成立有关的行政部门和出台一系列有关法律法规和政策，从而造就了"辉煌的 30 年"。20 世纪 80 年代中期，随着政府在产业化和城市化中直接干预的减弱，市场因素日益突出，"形成了一个对决策和投资进行双重调节的机制"③，即"它是一种以公共政策为主导的市场经济模式"④。它具体表现为产业和城市在规划、发展和

---

① 米歇尔·阿尔贝尔：《资本主义反对资本主义》，社会科学文献出版社 1999 年版，第 212 页。

② 同上。

③ 米歇尔·米绍、张杰、邹欢主编：《法国城市规划 40 年》，社会科学文献出版社 2007 年版，第 7 页。

④ 前揭《法国城市规划 40 年》，"导读"，第 4 页。

管理方面相结合的"混合经济公司"（SEM）①。混合经济公司是一个私人性质的有限公司，但是地方政府投资占85%。它从事规划、建设或者管理，从事各种各样的活动，享有公共职能的权限，如征用权等，但另一方面它又具有私人公司的灵活性。

法国产业化和城市化发展模式不同于盎格鲁—撒克逊的产业化和城市化发展模式，因为前者实行市场经济的同时，强调国家的指导，服从政府的规划，后者则实行完全的市场经济，赋予私人企业主更重要的地位。即便是法国在推进欧洲一体化进程中和加入欧元区后，在20世纪90年代实施新自由主义经济政策中，仍然保持着浓厚的凯恩斯主义、管理主义和国家干涉主义的色彩。《法国城市规划40年》主编认为：与英美更依赖市场的模式比较，"法国模式更有效地推动了城市公共设施和环境建设，也为城市公共环境的发展提供了体制保障"。②

二　人口流动的引导和控制

在法国，城市化就是指城市人口占总人口比例增长的过程，就是农业人口向非农业人口流动并在城市集中的过程。

20世纪50年代以前，农业人口向城市的转移主要通过不同城市经济和产业的发展方向来调节农业人口流动的数量和方向。第一，法国几次的产业和工业革命以及城市化需要大量的劳动力，特别是19世纪至20世纪上半叶法国许多城市发展劳动密集型的工业，如北部城市的轻纺工业、东部的钢铁等冶金工业、巴黎的机械工业和城市建设等，需要吸收大量的外来劳动力。第二，法国农业不断的现代化和机械化，导致农业劳动力过剩。第三，在19世纪，法国农业经常发生危机，农产品价格下跌，导致农民破产。第四，"19世纪上半叶，原有的公地使用权不复存在，贫困的农民难以生存……农业工人、小土地所有者再也不能依靠土地生活，所以就成了外流的主力军。"③第五，在两次世界大战中，法国农村人口和农民大多参战，而不是进城打工。法国背井离乡和外出谋生的农民1806年至1851年年均约有9万，1876年至1881年年均16.4万，1881年至1886

① 前揭《法国城市规划40年》，第7页。
② 同上书，"导读"，第4页。
③ A. 菲内、J. 桑瓜：《19世纪法国人口》，《我知道什么？》丛书，第94页。

年年均 10.3 万，1886 年至 1891 年年均 12 万，1891 年至 1901 年年均 13.5 万，1906 年至 1911 年年均 15 万，1936 年至 1939 年年均 10 万—15 万之间。农村人口和农民外流最多的是山区、北部、布列塔尼、东部、巴黎盆地西部，其次是罗讷省和上加龙省。19 世纪上半叶法国农村和农民向城市的流动，多是临时性的流动和季节性的流动，在城市和工业地区挣到钱后再回到故土，多少有点"盲流"的性质。19 世纪下半叶开始，农村人口和农民向城市的流动更多地在城市和工业地区长期地定居下来。

20 世纪 60 年代起，法国通过发展农业经济来控制农业人口的流动。在此以前，法国农业还是以小农为主体，"农村人口高于城市人口这一现象的转变也比大多数欧洲国家缓慢得多"①。它的特点是生产技术落后，劳动生产率低下，产量不高，成为法国国民经济中最薄弱的环节。为了改变农业落后面貌，法国于 1960 年和 1962 年分别公布了《农业指导法》和《补充法》，加快对小农经济的改造，促进农村土地的兼并和农业资本的集中，使农业生产科学化和现代化。1955 年法国拥有各种农场 230.7 万个，1963 年至 1988 年就有 130 万个消失，1990 年只剩下 92.4 万个。但是，在农村土地兼并和农业资本集中过程中，法国众多的小农纷纷破产，其速度由过去每年数万户激增到几十万户。他们被迫远离乡土，流离失所，大量涌进城镇，形成了史无前例的农村人口和农民的流动高潮。1968 年至 1975 年，法国农村人口年均减少 0.7%，而农民则年均减少 2.9%。法国农村人口和农民大规模的流动一直延续到 20 世纪 80 年代。1970 年法国农业人口还有 160 万，到 2003 年减少到 66.4 万。这个时期法国农村流入城市的人口主要是青壮年的劳动力为主。20 世纪 80 年代以后，随着农业的现代化、农民社会保险的完善、农业劳动条件的改善、农民生活水平的提高，以及城市对劳动力需求减少，法国农村人口和农民向城市流动的数量大大下降。

与其他欧洲国家相比，法国农村人口和农民向城市迁移的距离短、规模小、速度慢、持续时间长，给法国现代化的历史打下深深的烙印。

在法国，城市化也是移民流向城市的过程。为了弥补人口数量和劳动力的不足，法国曾经出现过三次移民高潮，促使移民向法国城市和工业化地区流动。第一次移民高潮出现在 19 世纪下半叶，那时正是第二帝国工

---

① 前揭《当代法国社会学》，第 35 页。

业化和经济高涨时期，外国移民从 1851 年近 40 万增加到 1881 年 110 万，约占当时法国人口的 3%。第二次移民高潮出现在 20 世纪上半叶，为了重建在"一战"中被破坏的经济，法国政府大量吸收外国劳动力，1905 年至 1911 年外国人年均增加 2%，1921 年至 1926 年年均增加 10%，为战前的 5 倍。到 1926 年，法国拥有移民的数量（包括入籍的法国人）达 250 万，外国人已经占法国人口 6%。1931 年上升为 6.6%，达到"二战"前的最高比例。在当时，法国是继美国之后成为世界上第二大接受移民的国家。如果按移民在人口中的比例计算，法国则排在首位。第三次移民高潮出现在"二战"后至 20 世纪 80 年代初，为了满足战后重建和经济发展的需要，法国特别成立了"全国外国移民局"，负责引进外国移民，从而使移民数量激增。从 1946 年 174.4 万增加到 1968 年 262.1 万，上升到 1982 年 368 万，达到"二战"后的最高峰。外国人占法国人口数量的比例，1946 年 4.4%，1968 年 5.3%，1982 年上升到 6.8% 的最高值。

20 世纪 70 年代中期，法国出现"二战"后最严重的经济危机，失业人口增加，法国政府采取了限制移民的政策。另一方面，法国社会产生排外主义和种族主义，敌视在法国的外国人和坚决抵制非法移民。早在 1945 年法国颁布了《外国人入境和居留法》，同时成立了国家移民局，由移民局主管审查、接收外国劳工移民和入境居留期间的管理。1978 年和 1981 年先后两次修订了《外国人入境和居留法》，规定无论是旅游者和做工者，都必须具备充足的经济来源，才能获准入境。1987 年 7 月 18 日，法国又通过了新《外国人入境与居留法》，对在法国境内非法居留外国人，作出了严厉惩罚的规定。2006 年 8 月，法国议会通过了新的移民法，其主要精神和内容是：其一，未来 10 年，法国移民率保持在现有的水平。目前，移民占法国人口的比例一直稳定在 1975 年水平。1999 年外国人 326 万，占法国人口的比例 5.6%，比 1990 年减少了 0.9%。其二，法国需要一些移民，但要有选择性，选择那些高素质和优秀的人才。其三，帮助现有移民融入法国社会。2007 年当选法国总统的萨科齐表示，要设立"马歇尔计划"，给生活在敏感街区的 25 万年轻人①提供培训机会，签订融入合同，提供一定报酬，最终使其获得一份工作，不让任何人闲着没事干；不以种族，而以经济、社会、教育等标准，制定"平权歧视"原则，

---

① 这些年轻人大多是移民或者移民的后裔。

使那些肯努力奋进的人有机会获得最佳工作和教育条件。法国还设置"高级融入委员会"，组织和协调有条件的移民尽快融入法国社会。

移民补充了法国城市和工业化地区劳动力的不足，推动了法国经济的发展，减缓了法国老年化的过程，改变了法国人口的构成。与此同时，合法的移民也正在逐步地融入法国社会，促进了法国和谐社会和"团结互助"社会的形成。

三　城市规划与资源利用策略

法国城市规划与资源利用的策略，主要包含在一系列有关城市化法律法规之中，而法国城市规划体系和法律法规的发展和变化大致可分为三个时期。

从"二战"结束到 20 世纪 70 年代末，是中央集权的城市规划时期。在这个时期，法国建立了从中央到地方的城市规划管理机构，负责编制和审批城市规划。"二战"后不久成立公共工程部，主管城市规划、建设和交通等基础设施，制定大规模城市集群建设计划。20 世纪 60 年代则是装备部，70 年代更名为公共工程部。这个时期，法国颁布了许多城市化法律法规，其中最具有代表性的是 1967 年的《土地指导法》。《土地指导法》确立了由"城市规划整治指导纲要"和"土地利用规划"构成的城市规划编制体系。而在土地利用方面，法国的土地利用规划一般属于国家层面的国土规划，其主要任务是根据自然资源和产业分布状况，进行全国或区域范围的人口布局。与城市规划不同的是，国土规划主要着眼于法国甚至欧洲，从促进经济和社会持续发展的角度出发，寻求资源、产业、人口布局的相对平衡，属于宏观规划的范畴。它将用地性质分成城市用地和自然用地，以便加强城市用地扩张的控制和保护自然与农业用地。城市规划属于微观规划的范畴。它是中长期的城市发展指导方针。它对土地使用、发展导向以及重要基础设施进行布局安排，协调城市扩张、农业用地与自然环境保护之间的关系，确定城市化地区的建设发展容量，并在市镇群的尺度上平衡就业岗位、住房和城市交通等问题。这些法规规定，由来自国家和各级地方的代表共同组成专门的城市规划整治地方委员会或工作小组，分别代表中央政府和各级地方政府联合组织编制上述城市规划文件，市镇政府负责组织编制辖区的城市规划文件，并且在审批通过"城镇规划"的前提下，发放建设开发许可证书。

　　20 世纪 80 年代初实行权力下放，大区、省和市镇三级地方政府才拥有建筑许可权和修订土地使用规划权，负责"土地利用规划"、"指导纲要"等城市规划文件的编制和实施。中央负责制定有关城市规划权限和程序的规则，参与编制城市规划文件，依法实施行政管理，建立中央与地方在城市规划之间的协调和制衡机制，使市镇的开发符合所在省份、大区和国家的利益，也要与周边市镇的空间开发相协调。1991 年的《城市指导法》以及随后补充的相关文件，鼓励每个城市化密集区、市镇、街区和住宅发展的多样性。1999 年的"公共服务发展纲要"实际上是全国资源利用的策略，它规定以全国为地理范围，制订九项对国土利用具有结构性影响的公共设施的发展计划，它们是：高等教育与科研、文化设施、信息与通信、医疗保健、客运、货运、能源、体育设施以及自然保护用地。

　　2000 年的《社会团结与城市复兴法》标志着法国城市规划进入了一个新阶段。根据规定，"城市复兴"是指推广以节约利用空间和能源、复兴衰败城市、提高社会混合特性为特点的新型城市发展模式。支持各个城市政策的协调与整合。"社会团结"是指对城市建设社会住宅的强制规定，促进住宅在城市化密集区、市镇和街区的多样化发展。它肯定了权力下放和中央与地方政府之间城市规划权的分配方法，提出彻底更新"城市规划整治指导纲要"和"土地利用规划"，以便确保中央与地方在城市规划政策上的一致性。它以"地域协调发展纲要"代替"城市规划整治指导纲要"，规定在城市规划方面必须考虑与空间利用相关的所有问题的基本政策，将作为制定人居、经济发展、休闲、客货交通、小汽车交通控制等城市资源利用的依据。在市镇层面上，"城市的地方规划"取代了原有的"土地利用规划"，要求各个城市制定城市发展的地方规划。其内容超出了单纯的土地使用规定，地方城市规划必须与地方空间发展战略统一，与地方住宅发展计划、地方交通规划相互协调。

　　以法国首都巴黎为例，巴黎市政府正是根据上述法国城市规划和资源利用策略着手编制巴黎城市建设和发展规划，2001 年公布了"巴黎城市团结和复兴法"，并以此法规作指导，出台了"巴黎城市化的地方规划"、"巴黎居住条件的地方大纲"、"巴黎交通的规划"等三大规划。这些规划和大纲规定了巴黎城市规划和建设 3 大目标：其一，改善巴黎市民的生活环境。努力减少自然的日常有害影响（如水、空气和土壤的污染）；维护城市交通的新概念；进一步扩大绿色空间，新社区的地面中 25% 用做绿化和服务设施；保护巴黎建筑和城市化的遗产。其二，缩小不平等，维持巴黎社会的团结。对巴黎市民实施一个新政策，使不同肤色、不同文化、各个阶层的居民融合；大量兴建适合中等收入家庭需要的私人住宅；建立相互接近的设施；使巴黎城市服务于巴黎市民的生活节奏（如工作时间、消费、交通和消闲等）；发展居民点的商业和各种商业网点。其三，开展市镇之间的合作，建立市区与居民点的交通。建筑环城大道；整治巴黎各个城门；在马雷肖大街开辟一条有轨电车线路；鼓励步行、自行车、滑轮鞋等"温柔的交通"；发展新区的经济；发展教育和文化事业，特别在巴黎左岸和东北地区实施《第三个千年计划》（即发展教育和文化的计划）。

根据这些规划和大纲，要在巴黎市区恢复塞纳河、运河、凡森纳森林和布洛涅森林等主要景点的活力。提高巴黎闹市区和阿勒地下商业中心的价值和作用。开发巴黎左岸地带。整治巴黎东北部和巴蒂尼奥勒两大地带。建立各个车站与邻近社区的新关系。

根据这些规划和大纲，2003 年 3 月，巴黎市还与周边大区、省和市镇签订合同的附加条款，起名为"巴黎城市复兴大方案"。该方案要在 7 个行政区总共 11 万居民范围内，改善和建立公共设施和绿色空间，加强公共交通和治安；建立为儿童、青年和残疾人的服务体系；发展该地区经济，鼓励市民的参与和就业；发展与邻近的社区关系。

随着巴黎市政的扩大以及巴黎城市的发展和扩展，巴黎与巴黎大区的联系越来越密切，因此，这个时期巴黎和巴黎大区的建设规划往往相互关联和相互补充。1990 年，巴黎大区和巴黎市根据中央政府的要求与中央政府装备部派驻巴黎大区和巴黎市的机构共同编写了《巴黎大区和巴黎市的白皮书》。巴黎大区在历时 4 年对巴黎市和巴黎大区的经济、社会、人口、住房、交通等调查的基础上，1994 年出台了"巴黎大区总体规划"，1996 年根据法国可持续发展战略方针制订了"巴黎大区可持续发展计划"中关于巴黎城市规划和可持续发展的方案，1999 年制定了"2000至 2006 年国家——大区计划议定书和大区规划"。

这些规划和方案首先提出对巴黎城市进行宏观的和原则性的指导：怎样实现巴黎城市的现代化与古城保护的平衡；怎样确保巴黎城市功能的多样性和巴黎居民的社会融合；怎样能够实现巴黎城市空间的合理布局，既发展经济与社会又保护环境、减少噪声和抵御自然灾害。这些规划和方案把保护法国首都的自然环境作为首要目标，保护和修复建筑遗产的同时与新建筑协调，要求尊重自然环境和自然景观，保护历史文化古迹，保留市区和市郊的林木和森林，保持大区内的绿色河谷，维持农村景色，保护具有生态作用的自然环境等。

　　这个规划强调巴黎市和巴黎大区的建设和整治都应该与该地区的经济、社会、文化、环境的发展保持均衡，在发展中要充分体现城市的空间、农业的空间和自然的空间，使之相互协调。为此，采取了许多具体的措施：其一，在城乡居住区保留自然环境，在远郊区保留农业生产空间，从而为巴黎市和巴黎大区提供丰富的土地和自然景观。其二，在巴黎近郊区保留和加紧建设绿化带，使之成为巴黎城市空间结构的重要组成部分，成为市民的休闲场所。其三，在高密度聚居区内兴建绿地，通过绿地和水面来提高巴黎市的环境质量。其四，实施城郊一体化战略，特别是城乡接合部包括巴黎市区与郊区的地带，处于首都巴黎的城门位置，居住着 95 万巴黎大区的公民。拆除那里的非法建筑，整顿城门及其周边环境，进行城市化管理。

　　经过这个时期的建设，巴黎市的面貌发生了明显的变化：首先，巴黎市的人口密度有了明显的下降，每平方公里约为 2 万人，与世界上的大都会人口密度大抵相当。其二，住房数量有所增加，1999 年巴黎大区有了450 万套，其中巴黎市区为 132.3 万套。每个家庭平均居住面积为 82.7平方米。其三，进一步完善公共交通网络。其四，绿地面积进一步扩大。巴黎大区有森林 27 万公顷，占土地总面积的 23%。巴黎市区除了拥有东边的凡森纳森林和西边的布洛涅森林外（共 995 公顷），还兴建和扩大了426 个公园，占地 380 公顷。巴黎市区每隔 500 米，就能找到公园或绿地。在高楼的屋顶和平台，大都开辟为花园。巴黎市区人均占有绿地24.7 平方米，列世界第 9 位。总之，经过这个时期的建设，巴黎人的环境大大地改善了，巴黎人的生活质量大大地提高了。

　　经过多次的城市规划和建设以及城市资源的合理利用，使巴黎具有鲜明和突出的特色，人们使用极尽赞美之词来描述巴黎。人们称赞巴黎是"世界之都"、"文化之都"、"浪漫之都"、"花都"、"光明城"、"都市中的女王"、"时装之都"、"会议之都"、"现代文明的窗口"、"梦巴黎"，等等。为了吸引顾客，世界五大洲都有打着"梦巴黎"、"浪漫巴黎"、

"香榭丽舍"、"凡尔赛"、"枫丹白露"等招牌的大小酒肆、旅店、美容店、化妆品、咖啡店。巴黎是一个在世界上闻名遐迩的名城，它的名声已经深入到世界上的各个角落，已经深入到人们的心目中。的确，巴黎太诱惑人了，非常有特色。所有这些特色，都是巴黎在城市建设、经济和社会发展过程中有意识地和有计划地保护传统特色和培育新特色的成果，是巴黎人、自然环境与建设、经济和社会协调和和谐发展的成果，是维持原有古都风貌与城市化和现代化的比例寻求均衡的成果。

四　城市化的经验与教训

法国城市化的漫长历程中，积累了比较丰富的经验，其主要有：

1. 必须由政府规划和指导，市民参与

"二战"前，法国城市化基本上是自由放任的状态，除了在第二帝国时期对巴黎和法国其他主要城市实施了"奥斯曼计划"以及偶尔出台一个有关城市化的法律和政策外，历届政府既没有设置专门的机构对城市化进行具体地规划和指导，市民也没有积极地参与，使"二战"前的法国城市化在无序中进行，从而造成城市化带来的严重弊端和后果：城市之间的不平衡、城市内的空间和布局混乱、形成富人区和穷人区、城市功能单一等。

"二战"后，尤其在20世纪80年代以后，历届法国政府对城市化进行强有力的干预，设置专门的机构，对城市化进行理论的探讨和研究，从事城市化的规划和具体指导，并吸收民间组织和市民参与。例如，法国政府于2009年宣布改造"大巴黎计划"，并建立"大巴黎广场"供市民和公众讨论、提想法。正是在政府规划和指导下，使"二战"后的城市化在有序中进行。正是在政府规划和指导下，法国出台了一系列有关城市化的法律法规和政策，从《土地指导法》到《社会团结与城市复兴法》，并使这些法律法规和政策越来越科学和完备。正是政府的规划和指导，从而在城市化过程中克服了"二战"前城市化出现的某些弊端，消除了"二战"前城市化造成的某些严重后果。也正是政府的规划和指导，才能够产生具有法国特色的城市化模式。目前，法国城市化和农村现代化都达到新的高度，从而在法国新社会阶段实行了城乡高度的一体化。

2. 在城市化过程中不断扩大城市新功能

"二战"前，法国在城市化过程中主要发展城市的经济和工业，城市功能比较单一。例如巴黎大区①到 20 世纪 50 年代其土地面积仅占全国面积的 2.2%，而人口却为全国人口 17.1%，劳动力占全国劳动力 27.8%，工业产值占全国工业产值 24.8%。

"二战"后，法国有关行政机构注意到城市单一功能的这种弊端，在城市化过程中发展城市经济的同时，越来越重视城市社区、文化、环境的建设，不断地扩大城市的功能。例如 1962 年 8 月出台的《马尔罗法》（又称为《历史街区保护法》），要求在城市化过程中对城市文物进行保护，并大力发展城市文化。而正是《马尔罗法》等一系列保护和发展城市文化的法规和政策，使巴黎等法国城市的历史文物发扬光大，从而"使得巴黎能够一直引领世界建筑文化的潮流"②。目前，巴黎和许多法国城市的功能已经多样化，不仅成为经济和工业的城市，而且还成为居民宜居的地方、文化遗产保护的地方、环境清洁和优美的地方、休闲的好场所、旅游的胜地。

3. 在城市化过程中消除城乡差别和对立

"二战"前，法国产业化和城市化导致了城乡和工农的差别和对立，出现了"工业法国与农业法国的差别逐步地与空间上分隔开来，工业在城市，农业在农村；工人在城市，农民在农村"③。

"二战"后，城乡和工农的差别和对立引起法国社会学家的严重关切，为此建立起城市社会学和农村社会学，并就城乡和工农关系开展综合历史学、地理学、人口学、社会学等多学科的研究和探讨，比较城乡的出生率、结婚率等人口行为，比较城乡的发病率、死亡率、犯罪率直到宗教感情、选举行为、精神状态，比较家庭结构、社会结构、生活方式、文化等，提出了城市和农村现代化的对策和建议，其中最具有权威性的社会学家亨利·孟德拉斯。他在其著作《农民的终结》④中提出许多消除城乡和工农差别和对立的建议，例如，认为消除了城市对农村的控制和支配，则或多或少地消除了城乡和工农的差别和对立，"农民的终结只是时间问题而已"⑤。

---

① 巴黎大区又称为法兰西岛，它是由巴黎省以及邻近的 7 个省组成。
② 前揭《法国城市规划 40 年》，"导读"第 5 页。
③ 前揭《当代法国社会学》，第 46 页。
④ 亨利·孟德拉斯：《农民的终结》，社会科学文献出版社 2005 年版。
⑤ 前揭《当代法国社会学》，第 50 页。

　　"二战"后，正是在政府规划和社会学理论的指导下，进行了城市和农村现代化。一方面，原有的城市不断地扩展，特别是城市周边环状带的扩张，其速度远远超过城市郊区的扩展，吞噬了周边的农村。法国城市化扩展的年均发展率详细情况见表3—1：

表3—1　　　　　　　　**法国城市化扩展的年均发展率**　　　　　　　（％）

	1975—1982 年	1982—1990 年	1990—1999 年
市中心	- 0.64	- 0.17	0.15
郊区	0.83	0.84	0.41
城市周边环状带	2.85	2.05	1.19

　　资料来源：米歇尔·米绍、张杰、邹欢主编：《法国城市规划40年》，第17页。

　　另一方面，重点发展农村经济，扩大农村的功能，从而使20世纪80年代的"第二次农业革命震撼了一切结构"[①]，法国古老的乡村发生了巨大的变化。"二战"前的法国乡村，还是一个由血缘、家族、亲缘、地缘、宗族、民间信仰、乡规民约等深层社会网络联结的乡土社会。目前，法国农村除农业外，还拥有工业和其他产业，不仅是农业和农业经营者所在地，而且还是休闲和疗养的地方，观光的旅游胜地，养老和送终的场所。法国乡村代表着田园风光和山川秀美，它辽阔、天然、野趣、宁静、惬意、舒适，与城市鳞次栉比的高楼、喧哗的闹市、车水马龙的交通、熙来攘往的人流、灯红酒绿的夜生活形成鲜明的对照，使人产生许多联想。由于法国农场和农庄年平均收入2006年达到3.02万欧元，高于当年法国人平均收入2.48万欧元的水平。从事农业经济的个体不再称为农民，而是"农业经营者"。因此，法国乡村和城市并不代表两种不同的生活水平，而只是代表两种不同的生活形式，基本上消除了城乡、工农的差别和对立。法国新社会的乡村，如同过去工业社会的城市像吸铁石吸引着乡下人一样，现在反而也像吸铁石吸引着城市人的向往，从而实现了城乡高度一体化，"人们在谈论农村城市化，随着城市在农村的散布，为什么不可以讲城市的农村化"？[②]

---

　　① 前揭《农民的终结》，第5页。
　　② 前揭《当代法国社会学》，第48页。

4. 城市的可持续发展

目前，法国新社会在城市化过程中把可持续发展作为各项规划的根本目标，这一目标将"社会环境发展"问题摆在了规划的中心位置。城市规划在保证经济功能的基础上，更加强调城市中的低碳节能和生态环境保护，打造"绿色城市"、"森林城市"的概念。例如，大巴黎改造计划就是要使巴黎成为世界上首个森林生态城市，需要建设庞大的公园和完整的绿化带。法国政府希望在未来 10 年至 20 年间将巴黎建成一座全世界仰慕的城市，即一座创造的城市、一座革新的城市、一座充满凝聚力的城市。法国政府许诺，绿色环保、安逸舒适、交通便利、经济发动机等将成为未来"大巴黎"的城市标签。

法国城市化的漫长历程中，也有许多教训，其主要有：

（1）城市化的不均衡性，导致城市之间的差距。"二战"前，在法国城市化过程中，巴黎和其他几个大城市发展很快，特别是巴黎，人口、工业和资源迅速地向这里集中，马赛、里昂等几个大城市紧跟其后，而其他中小城市则发展较慢，特别是边远地区的城市发展更是步履蹒跚，导致巴黎与中小城市之间在经济发展的不平衡，收入和生活水平的差距拉大。

"二战"后，法国政府一方面阻止巴黎和其他大城市无休止的扩张，并在政策上向中下城市的工业、住宅、城市设施建设方面倾斜，从而才从根本上改变城市化的不均衡性，使中小城市市民的收入和生活水平与巴黎等大城市市民相当。并且，由于中下城市，特别是海滨的中小城市的气候宜人和自然环境优越，更加吸引外来居民落户和游人观光。

（2）城市内的贫富差距明显，造成市民心理不平衡。"二战"前，在法国城市化过程中，造成了市民的社会地缘分布严重的不平衡，社会阶级和阶层以及社会群体的地理分布十分明显。富人集中居住在街道整洁、环境幽静、住宅豪华的社区，而低收入者和穷人则集中居住在街道肮脏、环境混乱、简陋住宅的社区。

"二战"后，在城市化过程中，法国已经注意到城市内贫富的差距和现象，并尽力在城市规划和住宅建设中改变这种局面，例如提倡混居等，使不同民族种族和不同收入者混居在一个社区内，但是收效甚微，基本上没有改变城市社区的贫富差距，从而导致城市内贫穷的社区频频发生暴力、暴乱和恐怖事件，引起社会动乱，使市民不得安居乐业。

（3）住房紧张，造成社会不安定。法国人的住房有很大的改善，并不意味着法国从根本上解决了住房问题，实际上法国的住房紧张问题依然存在。首先，战后，随着工业化和农业现代化的进展，越来越多的农民流入城市，其结果是大城市的住房十分紧张。2006 年，法国家庭拥有住房的比例为 57.1%，低于欧洲国家平均水平的 75%。其次，在住房问题上的两极分化日益严重。富有的阶级和阶层拥有高级住宅、富丽堂皇的别墅和最时髦的住房设施，如花园、游泳池等；低收入的阶级和阶层，其居住条件恶劣。其中，既没有卫生间也没有热水和浴室的劣质住宅占法国住宅总数的比例，1984 年时为 15%，1996 年减少为 4%，2002 年减少为 2.6%，目前保持在 2% 左右。第三，巴黎和许多大中城市中，历史上遗传下来的住宅布局极其不合理，分为富人居住的街区和穷人居住的街区。第四，那些无落脚之处的贫困劳动者和在法国滞留时间超过两天无落脚之处的游客，2006 年有 10.6 万人，其中有 10.5 万人在巴黎游荡，他们大多数属于无房户。

为了缓解住房的紧张问题，法国历届政府都相继出台一些措施，法国政府于 2005 年提出了"10 万欧元独立房屋"计划，2006 年推出"贫富混居"计划，2008 年提出每年建造 50 万套新房的计划和"每天 15 欧元独立住房"的计划，同时大力发展廉租房（又称为福利房或社会房）。所谓廉租房是一种由法国政府补贴的专供出租的住房，用以安排那些收入在规定水平以下、无力依靠收入来租住适当住房的人员和家庭。尽管如此，仍然远水不能解近渴。法国城市化过程中的城市住房问题仍然是严重的问题。

（4）法国在城市化过程中，由于城市内部阶级阶层的分化，以及收入的差距和生活水平的不同，导致贫富的差别，从而使城市经常发生暴力和恐怖事件，犯罪率高，造成城市市民缺乏安全感，社会动荡。

第三节　"新社会"的发展与阶级阶层
结构的嬗变

一　产业结构的变化与阶级阶层结构的嬗变

正如恩格斯在《共产党宣言》的序言中所指出："每一历史时代的经济生产以及必然由此产生的社会结构，是该时代政治的和精神的历史的基础。"① 随着经济生产的发展，必然导致经济结构和产业结构的变动，而经济结构和产业结构的变动则必然促进社会结构和阶级阶层结构的嬗变。法国资本主义发展过程中，因经济结构和产业结构变动先后形成了三种类型的社会阶级阶层结构。

1. 早期的社会阶级阶层结构

早期的法国资本主义社会中，其经济结构和产业结构十分复杂，它既存在着传统的产业和工业结构，也同时存在着现代的产业和工业结构，从而决定了早期法国阶级阶层结构的复杂性。

1789 年开始的法国大革命，推翻了法国封建王朝的统治，确立了法国资产阶级在政治上的统治地位。在这个早期资本主义社会中，存在着"原始工业化"时期的资产阶级和工人阶级。在这两个阶级之间还存在着中间阶级，特别是城市中间阶级和农民。由于法国社会还是以农业经济为主，农民占总人口 3/4，是各个阶级阶层中人数最多的群体。除此之外，由于早期法国资本主义传统产业和工业结构依然存在，所以拥有大量的手工工场主、大中型商人、"穿袍贵族"②、佃地农、手工工场工人和农业雇工。

法国大革命虽然彻底地推翻了封建王朝的统治，但是，封建主义经济和经济关系的残余依然存在，作为封建社会基础的王室、贵族、封建地主、僧侣在政治上十分强大。他们在革命与反革命、复辟与反复辟、君主立宪制与共和制的斗争中，曾经几次占据上风。他们与广大的人民群众、中小资产阶级和工人阶级水火不容，势不两立。他们与金融寡头和工业巨头有着千丝万缕的联系，共同镇压革命群众和劳动人民。法国劳动人民和中小资产阶级与封建政治势力和资产阶级上层进行了顽强的斗争，推翻封建王朝和建立共和制，因而发生了震惊世界和欧洲的法国大革命和 1848 年二月革命。

早期法国社会阶级阶层结构由于多种经济形态的并存而呈现出十分复杂和多层次的特点。

2. 工业社会的阶级阶层结构

19 世纪 30 年代开始的工业革命和 19 世纪末发生的以电力为代表的

---

① 《马克思恩格斯选集》第 1 卷，人民出版社 1972 年版，第 232 页。

② 资产者任官吏时必须穿一种袍服。

第二次科技革命，都促进了法国经济大发展、社会大分工以及产业结构的大变动。封建主义的经济形态已经彻底消失，手工工场也已经萎缩。第二帝国时期第一次工业革命的完成，标志着法国工业社会的诞生。20世纪上半叶，法国工业实现了由轻纺业为主向以重工业为主的转变。在政治上，1870年第三共和国的建立标志着民主共和制度最终确立，王室和封建势力最终走向灭亡。工业社会的诞生和第三共和国的建立又一次使法国社会阶级阶层结构产生大嬗变：法国封建主义社会晚期的社会阶级阶层已经消失，手工工场的工场主、佃地农阶层、手工工场的工人也走向没落，从而使法国资本主义早期社会阶级阶层混合结构形态走向纯粹的和典型的资本主义社会阶级阶层结构形态。

19世纪末至20世纪上半叶，法国现代资产阶级是由工业家、银行家、大批发商、大量股票持有者、5000家资产阶级化的贵族以及高级政治人物组成。由于法国现代资产阶级绝大多数集中在经济发达和工商业集中的巴黎，从而使1911年占巴黎人口10%的人拥有巴黎84%的财富。20世纪初，法国传统资产阶级是以"两百家族"为核心。"两百家族"指的是法兰西银行的200家大股东，他们拥有法兰西银行的股票并控制其董事会，还各自开办和经营其他的银行和企业，其所有权和经营权都是由他们的家族支配和承袭。他们是"二战"前法国最大的私人垄断资本集团，在政治上和经济上占据主导的地位。他们主要收入来源于银行的利息和借贷的高额利息，所以当时的法国社会被称为"食利者社会"，法国现代资产阶级被称为"食利阶级"。

法国现代工人阶级包括工业和手工业中的体力劳动者、店员和雇农。其中，非熟练工人是主体，分布在冶金、采掘、纺织、建造、食品、造船、运输等传统工业部门。他们是以体力为主从事直接生产劳动、生产剩余价值的雇佣劳动者。法国现代工人阶级早在法国资本主义萌芽时期开始出现，第一次产业革命后其数量迅速增长。

法国现代中产阶级包括农民、小手工业者、小商贩、小雇主、自由职业者（如律师、医生、教员等），其中农民、小手工业者、小商贩、小雇主又称为小资产者或小资产阶级。小资产阶级是法国传统中产阶级的核心，其中又以法国农民作为主体。19世纪至20世纪初，法国是一个以农民占大多数的国家。

法国工业社会的阶级阶层结构的最大特征就是两极分化，而两极分化最主要来源于现代中产阶级。法国现代中产阶级不断地瓦解和分化：极少部分上升为资产阶级，绝大部分不断地被抛到工人阶级队伍中来。特别是法国农民在 19 世纪至 20 世纪 30 年代以前占法国人口的多数，是传统中产阶级的主体。他们成群结队地涌入城市和进入劳动市场，是他们分化、瓦解和破产的表现。正是现代中产阶级不间断向资产阶级和工人阶级两极集结，从而壮大了资产阶级特别是工人阶级，缩小了现代中产阶级的队伍。正如《共产党宣言》所指出："但是，我们的时代，资产阶级时代，却有一个特点：它使阶级对立简单化了。整个社会日益分裂为两大敌对的阵营，分裂为两大相互直接对立的阶级：资产阶级和无产阶级。"[①] 资产阶级和无产阶级构成现代法国社会的两大社会力量，从而使现代法国社会日益两极化。

3. "新社会"（后工业社会）的阶级阶层结构

"二战"后，法国国民经济的发展大体上经历了三个阶段：第一阶段是"辉煌的 30 年"，法国经济从战后的重建和恢复，之后出现了稳定、持续、高速发展，法国经济实力大大增强，已经超过英国，成为仅次于美国、日本和联邦德国的资本主义世界第四大国。第二阶段是经济结构和产业结构调整阶段（20 世纪 70 年代中期到 80 年代末）。法国经济发展速度虽然放慢步伐，但是经济结构和产业结构调整加快。工业发展由 20 世纪 50 年代的基础部门为主走向 60 年代的加工业为主，80 年代又向高科技产业前进。产业结构继续向着更高层次演变，以第一产业和第二产业为代表的物质生产部门在国民经济中所占的比重不断缩小，而以第三产业为代表的非物质生产部门所占的比重明显提高。随着产业结构的转换，经济集约化程度大大提高。第三阶段是 20 世纪 90 年代，法国进入了"新经济"时代，其最主要特征就是高科技在经济发展中发挥领头羊的作用和第三产业成为国民经济的主体。法国的"新经济"标志着法国"新社会"（后工业社会）的到来。

随着法国进入了"新社会"，法国社会阶级阶层结构发生了急剧的嬗变：各个主要社会阶级内部结构发生深层次的、根本性的变化，从而出现了许多新阶层、新社会集团和新群体；原有的阶级、阶层和社会集团也发生了"自我扬弃"，以崭新的面貌出现；各个主要阶级、阶层和社会集团

---

① 《马克思恩格斯选集》第 1 卷，第 251 页。

之间力量对比也发生了质和量的变化。

　　在"二战"后法国社会阶级阶层结构嬗变过程中，法国社会学家于20世纪60年代附和美国社会学家罗伯特·尼斯贝特于1959年首次提出"社会阶级的终结"①。他们认为，马克思主义关于阶级对立的基本理论，已经不能解释法国社会的实际状况，已经过时了，因为，法国"社会阶级终结"了②，法国社会阶级死亡了。应当承认，20世纪60年代，法国进入了消费时代，各个阶级和阶层的工作和劳动环境和条件有了很大的改善，中下层的工资和收入有了很大的提高，生活水平有了明显的改善，贫富的差距已经大大地缩小，两极分化得到了遏制。但是，法国各个阶级和阶层之间，在工作和劳动环境和条件，在工资和收入的差别，在消费水平和生活水平的区别方面依然存在，贫富的差距和两极分化并没有消失，社会不平等和不公正显而易见。那么，决定社会阶级的经济地位和经济关系的条件既然存在着，如何得出"社会阶级的终结"和"社会阶级的死亡"这样的结论呢？

　　自从20世纪70年代中期西方各国遭遇石油危机和经济危机以来，法国经济进入滞胀的时期，经济危机导致通货膨胀，失业增加，工资和收入的减少，购买力和消费水平的下降，社会上的各种不平等现象又重新抬头，使各个阶级阶层和各社会集团的本来面目又逐渐显露出来。于是，一些法国社会学家宣称："70年代末起，法国社会中的各个阶级现在又重新回归了"③，不得不承认阶级阶层存在的事实。

　　自20世纪90年代以来，越来越多的法国社会学家都不仅承认法国社会阶级阶层回归的事实，而且还承认它们发生新的嬗变，承认法国新社会由新型的社会阶级及其结构和关系所组成。亨利·孟德拉斯明确地指出："法国社会在最近30年里经历了深刻的变化，形成了新的社会结构。"④因此，法国新社会具有新型的社会结构和新型的社会阶级及其结构和关系，不仅是客观存在的事实，也被多数法国社会学家所承认和接受。

---

　　① 罗伯特·尼斯贝特：《社会阶级的衰落和终结》，《太平洋社会学评论》1959年第2期，第119—129页。

　　② 奥利维耶·加朗、扬尼克·勒梅尔主编：《法国新社会——变动的30年》，第20页。

　　③ 路易·肖韦尔：《法国社会阶级的回归？》，法国《经济问题》2002年第2771期。

　　④ 前揭《当代法国社会学》，第164页。

二　"新社会"阶级阶层结构的主要特征

1. 复杂化和多层次化

"二战"后，法国主要的阶级阶层朝着复杂化和多层次化方向发展。随着法国私人和国家垄断资本主义的发展，资本和生产的高度集中和垄断，大型和特大型企业的不断涌现，新一代财团开始诞生，控制这些财团的金融寡头大大增加。根据 2001 年 1 月统计，法国 10 多家新式财团和 200 家特大型公司集团的主要控股者构成了法国社会中的新"超级富翁"。"二战"后，生产资料所有权与经营管理权分离的迅速发展，使总经理、董事长、经理、经纪人和代理人这种类型职务的高级管理人员大量繁衍起来。这类高级管理人员在公司企业中进行决策，组织和指挥生产，负责人事调动，处理劳资纠纷，完成"行动的资本家"的职能。"二战"后，随着法国国家干预经济和社会的加强以及国家行政职能的扩大，政府的高级官员、资产阶级政党和社会组织的上层人物数量日益增长。他们代表着法国资产阶级的某一阶层或某一政治派别的利益。"二战"后，随着法国科技、教育等第三产业的蓬勃发展，知识分子上层的一部分如高级教授、高级律师、高级专家、高级顾问等，为当权者出谋划策，维护当代法国资本主义社会。他们是法国资产阶级的不可缺少的组成部分。这些新的阶层和集团加上原有的垄断资本、财团、家族以及大、中、小资本家，从而使法国当代资产阶级内部复杂化和多层次化。

随着科技在生产中的应用，自动化、合理化、系列化、信息化和机器人的问世，生产和社会分工越来越细，促使劳动发生了质的变化。工人不再亲自参加到具体生产过程中去，而是以生产过程中的监督者、调节者和操作者的身份同生产过程发生关系，从而实现了从传统劳动方式向现代化劳动方式的转变，即体力劳动向脑力劳动和脑体双重劳动的转变，诞生了监视工、操作工、维修工、多能技工、调度员、装配工、实验员等熟练工人和半熟练工人，即新型工人。"二战"后，相当数量的普通工程师同技术员一样，小部分从事生产活动，如安装、调试和检修机械和仪表；大部分则在生产的上游和下游部门参加产品的研究、实验、设计、试制和检验等。普通工程师和技术员是脑力劳动者，其劳动形成物质产品中所凝结的共同劳动（脑力劳动和体力劳动）的一部分，已经构成了当代法国工人阶级的一部分。"二战"后，随着法国第三产业的蓬勃发展，职员数量迅速激增。他们无论在商业、工业企业、国家行政部门（如打字员、速记员、邮递员、小学教员等普通公务员），其绝大多数降为一般的办事员和行政命令的执行者。他们实际上依靠出卖自己的脑力劳动谋生，成为雇佣劳动者。这些新阶层和集团被称为"白领工人"，加上原有的"蓝领工人"，使法国当代工人阶级内部复杂化和多层次化。

2. 中产阶级化和多极化

法国的当代中产阶级由现代中产阶级和新中产阶级组成。"二战"后，随着法国农村土地的集中和兼并加快，以及农业的现代化，农民纷纷破产，离开农村流入城市，从而使农村中的中产阶级数量急剧下降。据统计，农民占法国人口的比例，1990 年为 0.7%，2000 年仅为 0.2%，2003 年上升到 0.7%。城市中的中产阶级，特别是自由职业者由于"二战"后法国第三产业的发展和在三大产业中占据较大的比重而有所发展。自由职业者占法国人口的比例，1990 年和 2000 年均保持在 0.7%。但从总体上看，法国的现代中产阶级走向没落。

"二战"后，以专业人员、管理人员和公务员组成的新中产阶级迅速崛起。在法国第三产业发展过程中，以教育、医疗卫生、社会福利、文化艺术等增加"人的价值"的行业发展尤为迅速，第三次科技革命使科研成为独立的行业。因此，从事这些行业的科研人员、教师、医生、社会福利人员、艺术家、文学家等专业人员的数量剧增。专业人员占法国人口的比例，1990 年为 7.2%，2000 年上升为 8.2%。过去，这些专业人员大多数属于自由职业者，今天绝大多数被私营或国有企业所雇佣，是新中产阶级的重要组成部分。

由于生产进一步社会化，生产和劳动分工更加精细，从而在法国诞生了调度、组织和监督生产劳动和流通的新职能，出现了新的管理工作岗位。在这些管理工作岗位工作的管理人员与执行资本家职能的高级管理人员的根本区别在于，他们执行公司企业的管理职能，而管理职能是在生产和劳动分工中自然形成的，是现代化和科学管理的需要，是生产力的要素。在这种新岗位上的大部分高级管理人员（如公司的经理等）和中级管理人员（如正副主任等）处在资本和劳动之间的地位，属于新中产阶级的范畴。这类管理人员 1990 年占法国人口的 1.7%，2000 年已上升为 2%。

随着国家职能的扩大和国家干预的加强，从中央到地方的政府部门也大大增加，如19世纪法国政府平均设置3—5个部，现在平均设置20个部左右。行政人员也随之激增。在法国庞大的公务员队伍中，除了少数高级官员掌握决策权和享有高薪俸外，大多数高级公务员和全体中级公务员执行着上级的指令，实施着行政管理的职能。他们也属于新中产阶级。法国这类公务员1990年占法国人口的0.6%，2000年上升为0.7%。

新中产阶级完全不占有资本或生产资料，靠出卖脑力劳动来换取工资报酬。新中产阶级拥有一部分资本家或国家赋予的经营权、管理权或处置权。他们的工资收入、文化程度、消费水平、度假和娱乐方式都处在资产阶级和工人阶级之间的中等状态。新中产阶级和现代中产阶级中的自由职业者所从事的行业都是高级的、具有技能的脑力劳动行业。这些行业要求受过高等教育，因此新中产阶级和自由职业者几乎都是知识分子。在当代法国社会中，除了一部分属于资产阶级的知识分子和工人阶级知识分子外，大多数知识分子集中在中产阶级内部，特别是新中产阶级内部。因此，知识分子构成了新中产阶级的主体。

当代中产阶级的崛起促使当代法国阶级阶层结构朝着多极化的方向发展。当代中产阶级已经在政治上成为法国资本主义社会的稳定力量，成为平衡两个基本阶级（资产阶级和工人阶级）的因素，成为推进法国经济、社会、科技和文化发展的中坚力量。法国当代中产阶级占人口的比例在30%—35%之间。随着当代法国经济、政治、社会、科技和文化的进一步发展，当代中产阶级数量还将增长，在法国人口中的比例还将进一步提高，在法国社会中的作用越来越重要。因此，当代法国社会已经中产阶级化，法国"新社会"意味着是"中产阶级的社会"。

3. 工人阶级内部结构的变动

法国当代工人阶级主要由第一产业和第二产业的工人以及第三产业的职员组成。当代工人阶级中，工人数量1975年765万，2002年下降到615万。其中，工业工人仅占220万，占工人总数35.6%。工业工人不再是多数，而且工人在当代工人阶级队伍中也不再占据多数。职员数量2001年达690万，超过工人的数量。当代工人阶级内部结构的这种变化对其组织性和战斗力都产生不可忽视的影响。

4. 向上流动

"二战"后，法国当代社会阶级阶层呈现向上流动的趋势。在法国

"新社会"中，工人和农民数量的减少，而职员和中产阶级数量的增加，这就给下一代子女，特别是工人和农民子女向上流动以更多机遇。据统计，40 岁至 59 岁男性的半数 1953 年拥有与他们父辈相同的职业，1977 年只有 40％，1993 年降到 35％。工人、农民子女向中产阶级流动，职员向中产阶级流动，中低级管理人员向高级管理人员流动，甚至低阶级阶层向更高层阶级阶层流动已经成为经常性和规律性的现象。

5. 阶级意识淡化

"二战"后，法国人的阶级意识一度非常强烈。两个法国民意和舆论调查所曾经对"您是属于一个阶级吗？"进行跟踪调查：1966 年持肯定态度者占 61％，1975 年达到 68％最高点。此后下降，1994 年回到 1966 年水平。然而持否定态度者 1966 年仅为 30％，1994 年上升到 38％。这就证明，自 90 年代以来法国人的阶级意识淡化。在持肯定态度者中，多数法国人认为自己应当属于中产阶级，尽管被调查者本来应当属于工人阶级或者资产阶级。这一方面说明法国人的阶级意识越来越模糊，另一方面也证明中产阶级是众多的法国人追求的目标。

三　"新社会"阶级阶层利益的冲突与协调

"二战"前，法国社会的阶级矛盾和斗争十分激烈和尖锐，革命斗争、人民斗争和工人运动不断高涨，1789 年开始的法国大革命、1848 年二月工人起义、1871 年巴黎公社、1936 年人民阵线都是最好的例证。整个 19 世纪，世界和欧洲是在法国阶级斗争和革命斗争的影响下度过的。"二战"后，法国人民斗争和工人运动经历了一个曲折的过程。20 世纪 50—70 年代，工人阶级为了提高工资、改善劳动条件和生活质量、反对帝国主义的侵略政策和战争政策，开展了强大的攻势，进行了不屈不挠的斗争。这个时期，各个主要阶级阶层对自身地位的认同率高，"阶级斗争"成为法国社会上的热门话题。1949 年领工资者参加工会率高达 40％，1976 年劳资冲突达 4400 次，迫使资产阶级和统治阶级作出让步和进行某些社会改革。

20 世纪 80 年代至今，工人阶级的阶级意识逐渐淡化，法国人不愿意把自己归属于一个阶级，"阶级斗争"不再提及，工人参加工会的比率 2006 年下降到 10％，罢工斗争除了个别年份外日益减少，如 1985 年劳资冲突降到 2000 次。按罢工损失工作日计算，1997 年损失 35 万个工作日，而 80 年代都在百万个工作日以上。1996 年至 1998 年，出现劳资冲突的企业仅占企业总数的 20.7%，2002 年至 2004 年略有上升到 29.6%，社会运动大有替代罢工、学潮之趋势。在这期间，个别年份发生重大的事件，如 1995 年 11 月数百万职工参加的罢工，2005 年巴黎等 90 多个城市发生的骚乱，2006 年数百万工会会员、学生反对"首次雇佣合同"的游行示威，但是各个阶级阶层利益的冲突总体上处于较低的水平。

在法国"新社会"中，劳资冲突、工运、学潮和人民斗争总体上走向低潮，与历届法国政府推行的协调各个阶级阶层利益的社会政策和劳资政策等有关。

1. 努力缩小各个阶层不平等和收入的差别

在法国"新社会"中，当代社会阶级阶层的存在就是意味着不平等和不公正的存在，而不平等和不公正的存在主要表现为物质上和生活上不平等和不公正的存在及收入差别的存在。在法国"新社会"时期，历届政府采取缩小阶级阶层之间收入差距的社会政策，以便"消灭"阶级阶层之间在物质上和生活上的不平等和不公正现象。

首先，法国历届政府努力发展经济生产，增加国民财富，提高低收入家庭和贫困家庭的收入，使这些家庭在法国经济快速发展时获得最大的收益，在法国经济缓慢增长时也能够获得较好的收益，即便是在法国经济出现负增长时收入也不下降。总之，20 世纪 70 年代以来，法国低收入家庭和贫困家庭的收入在经济生产发展中一直保持稳定增长的势头。

第二，通过税收制度调节阶级阶层之间收入的差距。对低收入家庭和个人实行免税政策，而对高收入家庭和个人的所得税则实行高额累进税。此外，还开征大宗财富税、遗产税和财产赠送税。正是通过上述的政策措施，20 世纪 60 年代以来法国社会阶级阶层在物质上收入的差别在不断地缩小。

按照国际通用指标基尼系数反映的居民收入总体性差距看，法国基尼系数 1962 年为 0.50，收入差距较大①。但是，自此以后法国基尼系数不断地下降，1995 年为 0.327，2000 年 0.283，2002 年 0.327，2004 年 0.32，2005 年 0.327。也就是说，进入 21 世纪，法国基尼系数一直保持

---

① 联合国有关组织规定：基尼系数 0.2 以下为收入高度平均，0.2—0.3 为收入比较平均，0.3—0.4 为收入相对合理，0.4—0.5 为收入差距较大，0.6 以上为收入差距悬殊。

在 0.3 水平，低于 0.4 的警戒线。另据欧盟统计办公室的抽样调查，按照五等分法计算，2001 年，法国收入最高的 20% 人口的收入总额与最低的 20% 人口的收入总额之比为 4.0 倍，比 1995 年的 4.5 倍降低了 0.5 倍，而同期欧盟国家的平均水平为 4.4 倍。法国与欧元区及全部欧洲国家相比，属于较低水平。

2. 扩大中等收入阶层，构筑"橄榄形"的社会结构

"二战"前，法国高收入的富有阶层的数量占少数，中等收入阶层的数量比高收入的阶层多一些，低收入阶层数量占绝大多数。如果按照数量排列，高收入阶层在塔尖，中等收入阶层在塔身，低收入阶层则是塔座，从而形成了"金字塔形"的社会结构。这种"金字塔形"的社会结构表明贫苦家庭占绝大多数，且贫富差距十分巨大，经常导致社会动乱，阶级斗争异常尖锐和激烈。

在法国"新社会"中，法国通过发展高新科技产业、实施新一轮经济发展战略、实现"竞争力极点"计划、重大工业创新规划、进一步发展第三产业，扩大中等收入阶层的队伍（既包括中产阶级，也包括相当部分的工人阶级）。例如 2006 年 4 月 25 日宣布国家通过工业创新署支持的六大世纪战略工业创新项目，以期振兴法国工业科技创新并进而带动法国科技、经济的发展。这六大世纪战略工业创新项目包括植物型可降解化合物、节能型建筑、城市智能无轨道轮胎公交系统、新一代多媒体计算机系统、无限制手机电视、柴油电力混合汽车等。通过实现上述计划，可以创造数十万个高科技含量的工作岗位，从而扩大中等收入阶层的队伍。法国还通过增加低收入阶层工资和提高工人工资的办法，来扩大中等收入阶层。根据法国国家统计与经济研究所调查，2004 年全日工作和劳动的月工资在 1200 欧元到 1840 欧元之间可以认为是中等收入阶层，约占领工资者总数 40%，而高收入和低收入各占领工资者总数的 30%。法国还通过降低中等收入阶层的个人所得税的办法来稳定中等收入阶层队伍。法国财政部规定，从 2006 年起将个人所得税由七个档次改为五个档次。其中年收入在 10847 欧元至 24431 欧元和 24432 欧元至 65558 欧元的两个档次为中等收入的档次，个人所得税税率分别为 14% 和 30%，处于较低的征收水平。

正是通过上述的政策和措施，协调了各个阶级阶层的利用关系，扩大了中等收入阶层，从而将"金字塔形"的社会结构改变成为"橄榄形"

的社会结构，即中等收入阶层占多数，处于"橄榄形"中部，高收入和低收入阶层各占少数，处于"橄榄形"两端的位置。这种"橄榄形"的社会结构，即一个庞大的中等收入阶层的存在是法国社会保持和谐和稳定的重要因素。

3. 实行股份制和企业参与制

企业和资方，无论是私营还是国营企业一律实行股份制，吸收本企业职工投资，成为股东。尽管职工的股份所占份额不大，但是它把职工的利益与企业利益或多或少地联系在一起，从而协调劳资双方的关系，减少了劳资双方的摩擦和对抗。

与此同时，企业和资方，无论是私营还是国营企业都积极地推行职工参与制。1945 年 2 月颁布法令规定，凡雇佣 100 人以上的工商企业必须建立企业委员会。1946 年 5 月法令进一步规定，凡雇佣 50 人以上的企业普遍推广企业委员会和职工参与制。1982 年的"奥鲁法"规定，加强劳动者的代表性，企业委员会有权了解本企业经营情况和在企业财政困难时提出"警告和查封权"。实行企业参与制，让本企业职工过问企业的事务，部分地参与企业的经营和管理，从而有利于激发职工劳动和工作的积极性，减少劳资双方的矛盾和冲突。

4. 实行利润分红制度

法国于 1967 年 8 月颁布了一个新的法令，规定在百人以上的企业中，如果雇主年终获得占资本 10% 的利润，则必须拿出一部分分红。这些应分的红利积累 4 至 5 年再全部分给职工，成为职工获得的额外收入。进入 21 世纪，法国利润分红制度进一步普及。虽然利润分红的数额不大，但能够在某种程度上激发职工的工作和劳动的积极性，或多或少缩小收入和贫富差距。

5. 建立最低工资制度

法国政府于 1970 年 1 月 2 日颁布法律，规定采用"各行业应增至的最低工资"[①]。它一方面随 295 种物价指数上升 2% 而自动地调整，另一方面法国政府还随一般经济条件的变动每年 7 月 1 日进行上调，从而保证了低收入者的购买力在任何条件下总是不断地增长。自 2009 年 7 月 1 日起，各行业应增至的最低工资为每小时 8.82 欧元，按每周 35 小时工作时间计

---

① 各行业应增至的最低工资的法文为 SMIC。

算的各行业应增至的最低工资每月为 1337.70 欧元。进入 21 世纪以来，各行业应增至的最低工资每年上调 2% 至 6% 之间。

根据 2007 年统计，领取各行业应增至的最低工资的劳动者，在 10 人以下的小企业中占 30.8%，在 10 人和 10 人以上的中型企业中占 12.2%，在 500 人和 500 人以上的大型和特大型企业中只占 7.7%。根据 2007 年统计，在领取各行业应增至的最低工资的 10 个劳动者中，有 4 个劳动者从事部分时间工作。

6. 政府、资方和劳方三方的协商和对话成为协调各方利益的主要手段

"二战"后不久，法国政府着手制定法律，应用谈判、协商等手段来调节劳资关系和缓解劳资冲突。

1950 年法律规定，各个行业必须建立劳资对话和协商制度，就职工的工资和报酬、劳动力市场规则进行谈判和协商。1967 年 8 月颁布了的法令再次强调，在百人以上的企业中，雇主和职工之间要强化协商和直接对话制度。

1982 年的"奥鲁法"规定：改革集体谈判制度，除了坚持每年劳资双方就工资、工时和职工培训进行谈判外，每两年双方还要签订集体公约；职工除了拥有原先的各种权利外，还享有公共自由权、对劳动条件的发言权；恢复劳动的集体性质，禁止使用临时工。"奥鲁法"扩大了法国劳动者的权利，提高了他们在企业中的地位，加强了职工在谈判和协商中的砝码，从而淡化了法国的劳资冲突。

1988 年，时任法国政府总理的罗卡尔，要求国家权力机构采用对话的手段，同社会伙伴进行最广泛的、最开诚布公的和理性的协商，从而填平"国家机器"与"市民社会"之间的鸿沟。即使不能完全填平，至少也要部分的弥合。

2004 年 5 月 21 日关于集体协商的"菲永法"规定，在有关社会问题的立法前，必须事先与社会伙伴讨论和协商，并取得有关行业的同意。采纳某行业的协定，必须考虑其他行业组织的反面意见。与一个行业组织签订的协议如果 5 个最有代表性的工会中的 3 个没有提出反对意见则该协议方能有效。反之，如果 5 个最有代表性的工会中有 3 个签订了协议，则该协议可以立即生效。

2007 年的"社会对话现代化法律"进一步规定，政府在出台有关劳动、就业和职业培训等方面的新政策之前，必须事先与工会和代表资方的

雇主协会等进行协商，以便就此展开谈判。政府必须提供有关新政策的方向性文件作为协商的基础，工会与雇主协会根据情况通知政府是否准备就新政策制定问题进行谈判以及谈判需要的时间。该法律还规定，政府每年需与包括工会和雇主协会等在内的"社会伙伴"举行一次会议，介绍政府有关劳动、就业和职业培训等方面的政策走向及相关日程，工会与雇主协会方面同时也向政府通报就有关问题进行内部协商的日程和进展。该法律有利于促进社会对话，有助于解决改革过程中出现的一些障碍，便于法国劳动就业体制改革和保障劳工权益。

经过日积月累的改进，对话、谈判、协商已经法制化和制度化，已经成为了政府处理与社会伙伴关系的主要手段，已经成为了调节劳资关系和缓解劳资冲突的主要手段，也已经成为了法国新社会调整各个阶级、阶层和群体之间关系的主要手段。

目前，法国新社会中的对话、谈判、协商制度包含两种形式：第一种是政府、资方和工会三方的谈判和协商。它一般由政府主导，与全国范围的和全社会范围的社会伙伴或劳方和资方，就具有全国性和全社会性的问题进行谈判和协商，并达成具有全国和全社会意义的合同或协议。例如，就各行业最低保障工资、职业培训、年工资增长的幅度、职工在企业中的地位和权利等。这种形式所达成的合同或协议，在一般情况下，容易被大中型企业所接受和遵照执行。第二种是自20世纪80年代地方权力下放以来法国政府极力鼓励的一种形式，即劳资在企业内、在行业内和在跨行业之间甚至具有全国性和全社会性范围内，就劳动条件和环境、工时、职工的参与、工种的划分、职工的晋升、奖励和惩罚等，进行直接的对话和协商。这种形式特别适用于小型企业。

在法国新社会中，无论是哪一种的谈判和协商形式，都增强了对话各方的妥协性和灵活性。因为历史证明，无论哪一方在谈判和协商过程中采取强硬和不妥协的立场，则必然导致谈判和协商陷入僵局，甚至导致谈判和协商破裂，引起公众的不满和抗议，诱发罢工或社会运动的浪潮，从而冲击经济和社会生活。1984年，法国跨行业劳资双方就劳动合同灵活性问题，进行了大规模谈判，长达8个月的谈判最终以所有工会拒绝签字而失败。

2007年5月，法国新任总统萨科齐上台后，力主改革法国僵硬的劳动市场，创造更多的就业机会，提高法国企业的竞争力。2007年9月7

日，具有代表性的工会和雇主协会双方关于劳动合同改革的谈判正式开始。经过4个月20多轮的艰苦谈判，双方各有妥协和让步，终于在2008年1月11日晚达成了《劳动市场现代化》的协议。协议确定了"灵活与安全"机制，以协调资方主张的灵活聘雇和解雇，以及劳方要求的职业安全。

这次法国跨行业劳资双方大规模的谈判之所以最终能取得成功，是因为双方都不愿意再让1984年历史事件重演，以免最后政府出面制定更严厉的措施，可能会距双方的要求更远。这次跨行业劳资双方大规模谈判成功，不仅证明了双方能够共同协商起草管理劳动市场的协议，也为今后谈判和协商解决劳资纠纷开创了先例。

法国总统府爱丽舍宫称这次劳资谈判成功是"法国社会对话成熟的证明"。法国总理菲永认为法国劳资双方达成的协议，有助于法国改变先罢工再谈判的局面，"朝着建立法国式的灵活与安全机制迈出了第一步"。法国劳动部长指出，"达成这项协议后，职工的权利会得到加强。另外，中止工作合同将更加灵活，企业内部对话将得到加强，司法诉讼数量会减少，被解雇员工还可能保留互助保险或互济基金，解雇赔偿金可能翻倍"。

第四节 "新社会"的发展与自然环境的关系

一　自然环境问题的提出和环保特点

"二战"后，法国在经济建设和社会发展过程中，在工业和农业现代化过程中，特别在开发和利用本土资源的过程中，在取得明显成就的同时也造成严重的后果，形成了高碳经济和高碳社会。在土地方面，由于农村人口的流失导致土地的闲置和荒漠化。在大气方面，家庭取暖、工业和汽车排放的二氧化碳、二氧化硫和氧化氮在20世纪60年代末每年分别达到200万吨和60万吨。在江河方面，受到污染的河流已经达到2500公里的长度，其中塞纳河、罗纳河的污染最为严重。总之，到60年代末，法国的环境遭到严重的污染，生态平衡遭到严重的破坏，人民的生命遭到严重的威胁，人民的生活质量日益恶化。

从20世纪60年代起，法国人民纷纷行动起来，响应有识之士的号召，建立起环保社会团体组织。这些团体组织一方面反对对土地过度开发和城市污染、反对核试验、反对破坏自然环境，宣传环保的必要性；另一方面向政府当局施加影响以便采取必要的措施维护法国的生态平衡。1976年，法国拥有民间环保组织 6000 个，会员 30 万，其中著名的环保组织如"保持生态运动党"、"土地之友"等，80 年代演变成为绿党，从而在自然环境保护方面拥有更大的发言权。

法国政府也意识到法国环境污染的严重性，60 年代开始采取措施和制定法规，如 1960 年出台了《国家公园法》、1964 年出台了《水污染防治法》。两部法律根据"谁污染谁付费"的原则而建立的财政刺激机制。70 年代起，法国不仅加大了环境保护的力度，而且建立了环境保护的管理体制等。经过 40 多年的努力，法国已经在环境保护方面取得了很大的成绩，并形成了自己的特征：

1. 比较完备的自然环境保护的管理体制

为了加强自然环境保护和统一管理，法国于 1971 年 1 月 27 日首次建立了自然和环境保护部，以便统一管理自然环境保护和协调各部有关环境保护的事务。此后政府的更迭和政府部门的变动都不影响自然和环境保护部的存在，只是名称有所不同罢了。1991 年设立了 26 个地区环境管理局，1997 年设领土整治与环境部，把领土整治与环境保护结合起来进行。2003 年成立的部际可持续发展委员会，取代了部际环境委员会、部际反温室效应委员会和部际重大风险预报委员会，统一制订法国的环保政策。

自 20 世纪 80 年代权力下放后，地方的环境保护由地方政府负责，各个大区设有大区环境指导机构，特别是市镇承担着主要责任。根据权力下放法的规定，市镇必须设置环境保护管理机构，管理可饮用水的供应、土地、卫生、家庭垃圾的收集和处理、交通等，并制定地方的环境保护计划和条例。

2. 拥有一系列政策和法律体系

早在 1810 年 10 月，法兰西第一帝国皇帝拿破仑签署了一项法令，对制造业厂家排放有害物质进行限制。它规定企业必须获得政府部门发放的许可证，方可从事危险的工业活动；它还列出了 30 多项诸如化学、牲畜养殖和屠宰之类的经营项目，严禁其出现在人口聚居区内。这是法国第一个将工业发展与周边环境相联系的法令，因此被视为此后所有环保立法的基石。

"二战"后，法国加紧了环保的立法和政策的制定，于 60 年代出台了几项自然环境保护的法规，1970 年 6 月制定了《环境保护初步规划》，开展了"百项措施"运动。它规定每年开展"全国自然环境保护周"活动，以便提高国民的环境保护意识和加强他们的责任感。"百项措施"要求自然博物馆、幼儿园、初级和中等教育部门在教材中列入有关环境保护的知识，修改了有关建筑立法，进行噪声控制等。法国还先后颁布了一系列环境保护的条例和标准以及一系列环境保护的税收，从而形成了一个比较完整的环境保护的法律法规体系，如 1976 年《关于废料的回收与消除法》、1981 年《空气质量法》和 1982 年《能源控制法》。2000 年的《环境法》，使环境的地位在国家政策中得到了极大的加强，对所有与环境相关的问题进行了严格而细致的规定，这也成为目前人们处理环保纠纷所参考的最新版本法规和最权威依据，从而使环境的地位在国家政策中得到了极大的提高。在法国的一系列政策和法律体系中，体现了国家经济和社会发展的战略思想，体现了经济可持续发展与领土整治、与自然资源的保护及合理利用和开发、与生活质量和生存环境相结合的原则。

3. 鼓励和支持民间的环境保护活动

法国政府于 1977 年 7 月 7 日颁布法令，承认保护生活质量、保护自然和资源的联合会、协会等社会组织是国家的正式伙伴，并给予津贴和进行对话。正是在官方的鼓励和支持下，在近 15 年中又新成立了 40000 个环境保护组织，吸收了众多的环境保护的志愿者。其中 1500 个在环境保护活动中十分活跃，为民间的环境保护活动作出了杰出的贡献。法国政府和民间在建设工程立项时根据 1993 年 2 月 25 日法律的规定，必须与有关的民间环境保护组织充分讨论和协商，诸如高速公路和高速铁路的建设等。在法国，每年都有成千上万志愿者从事环境保护的活动，环境保护已经成为全民的事业。

4. 加强国际间的合作

自 20 世纪 80 年代以来，法国积极参加世界和地区的环境保护活动，签订了 30 多个国际间的环境保护公约或条约以及 100 多个欧洲的环境保护条约或文件。在许多有关环境保护的协商中，如在 1989 年 3 月 11 日 24 国关于大气保护的海牙声明中、1990 年建立援助不发达国家的世界环境保护基金的协商中，法国起了发动机的作用。2010 年 5 月 19 日，第六届欧洲可持续发展城市大会在法国召开，来自全球 50 多个国家和地区的市长和环保人士总结城市发展的经验，探讨未来的发展模式。

二　社会发展与生态和谐的政策与实践

1. 大气保护

为了执行保护大气的国际公约，法国于 1990 年成立了温室效应部际代表团，统一负责保护大气的政策。

自 1974 年爆发石油危机以来，法国为了减少对石油等化石矿物能源的依赖，大力开发和发展电能和核能，从而使 1980 年至 1988 年的二氧化碳排放量减少了 1/3。1997 年以来，法国就把反对大气污染作为环保的首要任务之一，于 2000 年 1 月通过一个反对改变气候而进行斗争的纲领，在这个纲领中采取了 100 多种措施，以便在 2010 年能够使温室效应的排放减少到 1990 年的水平。法国还于 2003 年 6 月通过了一项有关减少所有部门（工业、运输、建筑、农业）的排放量的计划，涉及的领域有：技术领域（油料、发动机技术、气体动力汽车、电力车、减少工业排放量）、组织领域（城市交通规划、城市化等）以及税务领域。

为了造就低碳经济和低碳社会，法国一方面对旧车辆进行严格的管理，要求他们安装催化装置；另一方面 1993 年 1 月决定全国使用无铅汽油，并解决推广汽油代用品如天然气、电力等。法国还规定，各种车辆必需贴有绿色小圆点图案的环保标志，否则不予通行。为了执行该项决定，法国在全国各地设置 1500 个监测站，负责对大气污染的监测和对过往车辆的检查。法国还动员环境保护组织在全国建立 30 多个监测网点，对超标的大气污染发出警告。这些措施取得成效，1998 年法国二氧化碳排放量人均为 6.6 吨，在发达国家中是最低的。

在国际上，法国在《哥德堡议定书》框架内承诺，1999 年至 2010 年，将其氮氧化物和易挥发有机合成物的排放量减少 40% 左右。

2. 水资源保护

法国水资源非常丰富，但是受到严重的污染。30 多年前，法国为了保护可贵的地表水资源，在各个大型水系分别设置了 6 个水管理局，控制辖区内水系中污水的排放量，杜绝有毒污水进入河道，在 20 世纪末使河流的水质达到标准。在水管理局内还成立水系委员会，吸收用户参加，以便双方进行对话和协商，达成双方都能接受的水治理的协议。此外，经过 1992 年修改的《水污染防治法》，加强了地方政府在保持河流水质的职责，重申了水资源是国家自然资源的重要组成部分。正是经过 20 多年的努力，法国废水的排放量已经减少了 70% 以上。法国地表水开始清澈起来，水质有了很大的提高。目前，法国政府又根据欧盟的标准，计划在 2015 年前恢复地表水的良好的生态环境。

地下水的污染主要发生在农业区，由于过量使用农肥、农药以及家禽和家畜粪便，从而使这些污水渗入地下污染了地下水。法国正在执行 1991 年欧洲指导法的规定，至 2005 年完成农业区废水的收集和处理。因此，自 1992 年以来法国加大了在这方面的投入。

法国还加强了对沿海地区的保护。1986 年 1 月通过的、并于 1989 年修改的"沿海法"规定，1100 个沿海的市镇及其周围不得进行建设，让他们保持自然状态。同时，对沿海 700 多个浴场进行监测，每年海水化验的数据必须达到欧洲指导法规定的标准。正是采取了这些严格的措施，使法国沿海沙滩的卫生有了很大的改善，近海水质有了很大的提高。

3. 土地保护

在法国，土地的污染比大气和水质的污染要严重得多，特别是在北部加来海峡大区、法兰西岛大区、罗讷—阿尔卑斯大区等工业密集的地带，采矿地带，农业集中的地带，以及居民聚集的大城市，以及高速公路两翼。这些地区积累着高密度的化学物质、重金属物质、有害物质等，被植物吸收或渗入地下，威胁着法国人的身体健康，恶化了土质，破坏了生态平衡。自 1994 年以来，有 123 个污染点得到治理，但又出现 226 个新的污染点。根据法国领土整治与环境部统计，1998 年总共还有 896 个污染点亟待清除。

法国对于土壤及其污染地区的政策主要基于三个方面：预防、治理和重新利用、了解。目前，法国正在使用先进的除污方法，如用细菌等生物来分解有机物，使用矿物冲洗与中和土壤中的化学物质和有害物质，以消除土地的污染。

4. 垃圾处理

如同其他工业化国家一样，法国工业废弃物和家庭垃圾年年增长。目前，一年中法国家庭垃圾已经达到 2800 万吨，比 30 年前翻了一番多，每人平均年生产垃圾 460 公斤。而工业垃圾目前已经达到 1.5 亿吨。

过去，法国的家庭垃圾都是抛弃在垃圾场，但随着垃圾量的剧增，垃圾场不堪重负。1993 年 4 月 1 日的"垃圾场税法"规定，凡是到垃圾场倾倒垃圾必须交纳垃圾税，同时利用这笔资金建立垃圾焚化炉。目前，法国已经建立了 300 个大型垃圾焚化炉，分布在全国各地。它们平均每天焚化三万吨家庭垃圾。焚化垃圾产生的热能用于发电或取暖。1992 年 7 月 1 日的家庭垃圾法还规定，每个家庭必须对垃圾进行分类：废纸、玻璃、塑料、铝制品、白铁、空油桶等，分别装入特制的袋内，以便让某些垃圾经过提炼或加工后再循环利用。例如，目前法国生产的玻璃制品中，约有 35% 是利用回收的玻璃垃圾制成。不能利用的家庭垃圾经过焚化后留下最后的灰烬才能倒入垃圾场。1992 年 7 月 13 日颁布的法律还规定，从 1996 年起每个省都要制定消灭家庭垃圾的计划。

在工业垃圾和废弃物方面，1993 年 1 月 1 日法律规定，有关的企业有义务回收它在市场上出售商品的包装物，到 2002 年这些包装物的再循环利用率必须达到 75%。目前，在法国工业垃圾和废弃物的总量中，有一亿吨被当作填料填埋，4000 万吨可以利用，还有 1000 万吨是有毒和危险废料。这些废料，或是焚化掉，或是经过物理和化学处理。到 2002 年，只有最后处理过的工业废料和垃圾才能倒入垃圾场。法律还规定可以由垃圾场附近的环境保护组织监督工业垃圾和废料的处理过程，发布有关垃圾场的信息，避免有害垃圾危害附近居民生命安全。1995 年 2 月 2 日法律规定征收工业有害垃圾和废料特别税，以便用于建设有害工业垃圾场和支付管理费。

5. 自然和风景区的建设和保护

1976 年，法国颁布了《大自然保护法》，开始了自然和风景的建设和保护。到目前为止，法国已经确定了 14000 个动物和植物生态自然地带，进行建设，开展生态的研究。这些自然地带大多集中在法国的湿地或森林地区。根据 1992 年 5 月 21 日关于自然生态、野生动植物保护区的欧洲指导法的要求，2004 年法国进一步调整和建设自然保护区，恢复已经遭到破坏的动植物群落，《自然 2000 网》汇集了所有的有趣景点并确保欧洲内部的生物多样性。1994 年，领土整治与环境部同有关的市镇行政长官签订协定，共同保护为数不多的比利牛斯熊。1993 年 1 月 8 日法律规定，保护城市周边的环境，拆除所有的广告牌以及违规架设的电线等。

与此同时，法国在本土建立 6 个国家公园，瓜德罗普岛有 1 个，总面积为 99.2 万公顷，其中 37.1 万公顷的中心地区受到高度保护。还建立 35 个地区天然公园：如阿雷山、阿尔萨斯山的圆形顶峰、卡马格岛、布雷纳公园、吕贝龙公园等。此外，还有不少自然保护地，有的属于国家，有的属于市镇，还有的属于私人业主。这些自然保护地往往成了受到威胁物种的最后栖息地。目前，法国共有 132 块自然保护地，其中最著名的有：阿尔卑斯山区的红松保留地和阿卡松流域的阿甘滩。

6. 森林资源的建设和保护

两千多年以前，在法国本土上天然森林密布，面积达到 4400 万公顷。但是，人类长期活动的结果使郁郁葱葱的林木遭到破坏，森林面积随着时光的流逝逐渐缩小，1827 年森林仅占国土的 13%。法国本土的生态和环境逐渐恶化。

19 世纪中叶开始，法国才注意到森林面积缩小的严重性，于 1827 年颁布了第一部较为完善的森林法，并采取措施恢复和更新林木，植树造林。"二战"后，法国政府和民间在保护生态平衡和改善环境方面首先从保护植物、植被和森林做起。法国于 1946 年建立了国家森林基金会，对发展森林进行无偿贷款，重建法国本土的植物和森林资源。为了加强对林木的管理和提高造林的质量，法国于 1966 年成立了国家森林局，负责造林、更新、改造法国本土的植被和森林，以及林道、防火、旅游设施的建设。正是经过战后几十年的努力，法国本土的植物和森林有了较快的恢复和发展。1945 年以来，法国本土的森林面积增加了 35%，每年递增 3 万公顷。法国本土的生态和环境有了很大的改善。法国还制定了发展森林的远景规划，到 2020 年森林将扩大到 2000 万公顷。

三 自然环境与可持续发展战略

进入 21 世纪，法国进一步提高了环保的地位和作用，将环保与经济和社会密切联系起来，并把环保纳入到国家可持续发展的战略规划之中。

2002 年 11 月 28 日，法国总理拉法兰召集了政府第一次关于可持续发展的研讨会，决定将此战略融入法国政府的施政纲领中。会议宣布了 64 项首期行动纲领，表明了政府对可持续发展的关注及将付诸行动的决心。之后于 2003 年 1 月 14 日成立了法国可持续发展部际委员会，以便在各部之间协调，并着手制定法国国家可持续发展的战略方针。这一方针同时确定了法国可持续发展的目标和行动纲领，并使得可持续发展成为法国施政措施中的一项重要战略要素。同时为了保证这一措施得以持久地贯彻落实，法国政府在各个部内任命了一名专门负责可持续发展的高级官员。法国自然环境部部长宣布 2003 年 6 月 2 日至 9 日为法国第一个可持续发展周，旨在向公众宣传和诠释可持续发展战略，让人们认识它的重要性，调动各地方政府、公共机构、协会、企业和个人对环境保护的关注，使民众注意自己的行为举止及此对环境带来的影响，如气候的变化和自然资源的枯竭等，以使人类对自然的影响有所减轻。

2007 年萨科齐当选总统，把实施可持续发展国家战略作为政府工作的核心和重点，并探索和构筑"既能够创造财富，又要尊重环境的经济增长方式"。这种新的经济增长方式，目前法国官方概括为：发展绿色经济、循环经济、低碳经济。法国决定，把新的经济增长方式，作为重振法国经济的主要动力。因此，法国政府把"环境问题多方协商会议"作为整个新型治理方式的开始。

2007 年的"环境问题多方协商会议"是为保障法国的可持续发展而确定新的行动，说明生态问题已经成为涉及所有人的事情。它将国家、各环境非政府组织、地方政府、专业人士、工会组织和科研人员以及可持续发展方面的专家们会聚在同一张会议桌上。协商会议分三个阶段：第一阶段是在各个由国家和公民社会代表组成的工作组内进行对话并提出建议。这些对话由独立的知名人士主持，6 个工作组的使命是讨论一系列的具体措施：如阻止气候变化和控制能源需求，保护生物多样性和自然资源，创造尊重人类健康的良好环境，采纳可持续发展的生产和消费模式，建设生态民主，促进有利于就业和竞争力的生态发展模式。第二阶段是通过互联网在各个地区的民众中进行协商，提出自己的意见，让大家分享自己的经验。法国的 17 个城市举行了民众参加的公开会议，环保协商会议网站和政府论坛网站举办了论坛和讨论，30 万网民参与在线讨论并提出建议。第三阶段为圆桌会议和制定行动计划阶段。经过 4 个月的协商后于 2007 年 10 月 25 日公布了"协商会议"的报告，产生了 13 项行动计划。2009 年 7 月 23 日法国议会又通过《新环保法》。

行动计划和《新环保法》的基本要点：在能源领域，2020 年之前将法国的能源消耗削减 20%，甚至将建筑物能源消耗减少 38%。启动发展可再生能源计划，以便超越欧盟规定的目标：到 2020 年，可再生能源比例占耗能总量的 23%，并从 2010 年起停止销售白炽灯泡。在交通运输领域，今后的重点是首先发展铁路和水路运输，在 2020 年之前建造 2000 公里的高速铁路，连接各主要城市。在法国主要的公路禁止卡车通行，并且在未来三年里建造两条新的从法国北部通向东南部和西南部的铁路货运线路。暂停兴建新的公路和机场，通过补贴和罚款引导消费者远离耗油量大的汽车，法国电车轨道和高速列车网络也将被延长；在建筑领域，法国全国范围内推进改善新的和现有建筑的能效，目标是在 2010 年以前节省能源 20%。一项建筑物的保温隔热修缮计划，首先涉及 800 万套廉租房；在农业领域，国家将帮助农业生产者转向密集型、可持续性的生态农业。2012 年，生态作物种植面积增长三倍，到 2020 年达到耕种总面积的 20%，并从 2009 年起加倍抵免生态农业的税收；将实施计划，减少危害性杀虫剂的使用量；在法国设立"绿线"，旨在限制城市占地，停止空间浪费，减少人工改造土地行为，保护自然景观免遭破坏；2007 年年底前将建立新的独立鉴定机构，在其鉴定结果出来之前，中止抗病虫转基因作物的商业化种植。一项为期四年的可持续投资国家计划将启动，以发展能源、未来"发动机"、生物多样性和环境健康。

四　"新社会"的发展与自然环境的基本和谐及其原因

正是采取了社会发展与生态和谐的政策，并经过实施，法国的自然环境大大改观，新社会的发展与自然环境基本上达到交融与和谐。

联合国开发计划署自 1999 年起每年发表一份《人类发展报告》。在历次的报告中，法国的生活质量和居住环境在 175 个国家中的排名经常在前 20 名。《2005 年人类发展报告》中在生活质量和居住环境方面，挪威第一名，得 0.963 分；法国第 16 名，得 0.938 分。法国与第一名挪威的差距仅有 0.025 分。

2009 年 1 月，美国旅游杂志《国际生活》第 26 年公布生活质量指数，杂志根据生活指数、文化与休闲、经济、自然环境、自由、医疗、治安等九大方面评分，结果发现充满浪漫情怀的法国"气候宜人，拥有未受破坏的乡间和优良的保健系统，首都巴黎堪称全球最美丽和浪漫的城市，基础设施具世界一流水平，荣登全球最佳居住地实至名归"。法国是追求生活质量的最理想国度，连续 5 年高居榜首，成为全球最佳居住地。

根据有关国际组织、调查机构和著名的杂志在对世界各个国家和城市生活质量的调查和排名中，法国及其首都巴黎往往获得桂冠，或者排在前列，这就足以说明，法国新社会的发展与自然环境基本上是交融与和谐的，国民生活是高质量的和优质的。究其原因，可以得出如下的结论：

1. 法国执政者把环保作为重要的执政理念

早在 200 年前，法兰西第一帝国皇帝拿破仑就树立了环保执政的理念，当法国人论及社会发展与自然环境关系时，还深深地缅怀作为法国第一个环保主义者——拿破仑以及 1810 年 10 月法令。

自 20 世纪 70 年代以来，法国无论哪个政党领导，都把环保作为执政的理念，重视社会发展与自然的协调及和谐，在施政纲领中提出有关环保的政策和主张。曾经担任两届总统的前法国社会党领导人密特朗于 1980 年指责资本主义的工业社会是搞"经济主义，为发展而发展，唯生产力论"①，忽视人与自然的关系。他认为社会党人要"尽可能深刻地认识人、人的行动、人的发明、人的生产活动同人所处的环境之间的关系"②。曾经担任过法国总理的前法国社会党领导人若斯潘于 1998 年 6 月 19 日在华盛顿会见记者时提出"要市场经济，不要市场社会"③ 这一著名的口号，指出不能把社会全盘市场化和商品化，"人类的环境也不是商品，人类必须对后代负责，不能把对后代的责任当作商品来交易"④。所以，法国社会党执政期间，积极地制定环保宪章，出台一系列环保政策。

作为多次参加法国左翼联合政府的绿党，本来就是从 20 世纪 70 年代轰轰烈烈的生态主义运动中脱颖而出的政治组织。他们虽然分裂为许多派系，拥有各种思潮，但是他们都是环保主义者，从事生态政治，把生态作为公共政策的核心。其中激进的派系把社会不公正不平等与自然环境联系起来，"目前在世界上，经济成为压倒一切的任务，而忽视了社会和环境问题，从而加剧了社会不平等"⑤。还有的派系主张"生态社会主义"。

正是"二战"后法国执政者具有强烈的环保执政理念，才使得法国出台了一系列完备的环保的法律法规和政策，保证了法国新社会的发展与自然环境的交融与和谐。

2. 强大的生态主义思潮和运动的推动

1968 年法国爆发震惊世界的"五月风暴"，其中目标之一就是反对

---

① 克洛德·芒塞隆、贝纳尔·潘戈：《密特朗传》，新华出版社 1984 年版，第 120 页。

② 同上书，第 121 页。

③ 见《法国社会党对社会民主主义理论革新的贡献》文章，《当代世界与社会主义》（双月刊）2002 年第 3 期。

④ 同上。

⑤ 吴国庆：《法国政党和政党制度》，社会科学文献出版社 2008 年版，第 256 页。

"消费社会"过度浪费资源和破坏资源,从而使法国社会异化。许多参加五月风暴的领导人和积极分子,后来都成为左翼分子,成为环保主义者。从这个意义上讲,五月风暴就是一个生态主义运动。

从20世纪70年代初开始,法国自然主义者、环境保护主义者、反对核能者和反对核武器者、第三世界主义者、和平主义者、女权主义者在保护环境和维持生态平衡的口号下会聚在一起,形成强大的生态主义思潮,开展轰轰烈烈的生态保护运动,纷纷建立起团体组织,特别是地方组织,以数以万计组成团体组织出现在法国政治舞台上。他们发动生态保护社会运动,并逐渐走上生态政治斗争的道路。而正是强大的生态主义思潮和运动的推动,促使法国当局在环保方面采取积极的姿态。

3. 执行国际和欧盟有关环保的条约和指令

法国加入了欧洲和欧盟有关环保的百余项条约和协定,以及30项世界性有关环保的条约和协定。其中,有些条约和协定是法国倡议实施的,如1989年3月1日24国通过的《海牙保护大气层声明》和1990年为援助不发达国家而成立的《世界环境基金》。法国还建议,南极洲应该成为自然保护区和科学研究基地,并建议南极洲周围应该成为鲸鱼活动的保护海域。

法国在欧洲和欧盟始终在政治上起主导作用,在国际上也是有关环保条约和协定的倡导国或参加者,因此要积极地执行国际和欧盟有关环保的条约和协定。

进入新世纪,法国的环保执政理念又有了进一步提高,把生态和环境与生活方式和生活质量紧密地结合在一起,认为"生态主义运动不仅是一种反对工业污染的政治活动,而且是人们在空闲时间里首先发展起来的一种新的生活方式的反映。海洋、山地、平原的自然风景、自然保护区、公园、道路等有了新的价值"①。

第五节 "新社会"的发展与社会稳定的政策

一 覆盖全民的"从摇篮到坟墓"的社会保障制度的建立和完善

法国议会于1898年4月1日和4月9日分别通过了两项法律,规定

---

① 前揭《当代法国社会学》,第183页。

雇主对劳动者的工伤事故和职业病承担免费医疗的责任，并发放抚恤金。自此，法国开始了社会保障制度的历史。1939 年的《家庭法》进一步使家庭补助普及到更多的行业。《家庭法》成为第一个全国性的社会保障法规。

"二战"后，法国议会通过了一系列有关社会保障的法律，政府也颁布了实施这些法律的法令和条例。1945 年 10 月 4 日的法令决定成立全国性的保险银行及其分支机构，统一管理社会保险经费，并规定了工、商业中低工资者的社会保险项目。1946 年的法律确定在中等收入以上的雇员中和非体力劳动的雇员中建立相应的社会保险制度。1946 年 5 月至 9 月颁布的法律决定实行家庭补助并规定了适用范围，还规定了全体法国人民享有疾病和老年保险。1947 年的法律规定，高级和中级管理人员在退休后也可以领取养老金。60 年代，法国社会保障制度开始在个体经营者中普及和推广，如 1961 年在农业经营者中建立了医疗保险制度，1966 年在其他个体经营者中也建立了医疗社会保险制度并开始实行农业经营者工伤保险制度。70 年代，法国政府把地区、行业和部门的社会保险制度协调起来。1973 年 12 月 27 日法律规定，把各行业和各部门的社会保险制度统一在一般的系统之内。1978 年 1 月 2 日法律规定进一步在全国范围内普及社会保险，从而使在当代法国"新社会"中每个法国人，"从摇篮到坟墓"都能享受医疗和生育保险、家庭保险、退休制度等。

在建立社会保障制度的过程中，法国既参考了德国模式的经验，肯定了以行业性互助为基础的全国性互助的思路；又汲取了英国模式的某些特点，肯定了普遍性和统一性的原则。所以，一般都认为法国社会保障制度属于"混合型"的，既具有俾斯麦模式的特点又含有贝弗里奇模式的特点的"中间模式"[①]。但是，应该说当代法国社会保障制度主要是继承了法国几个世纪以来的自发性行业和职业互助和共济的传统，尤其是"二战"中抵抗运动的精神和《抵抗运动宪章》[②] 的原则。法国社会保障制度贯彻了四大原则：①普遍性原则，必须覆盖所有的劳动者，必须覆盖所有的风险；②统一性原则，其管理机构必须统一；③均衡性原则，补助标准

---

① 马克·德蒙塔朗贝尔主编：《法国社会保障》，法国文献出版社 2004 年版，第 66 页。

② 1943 年 5 月，法国各党派团体在巴黎召开秘密会议，成立"全国抵抗委员会"并发表《抵抗运动宪章》，宣布战后要"完善社会保障制度"。

和社会提成标准必须划一和均衡；④独立自主性原则，其机构由资方和劳方双方对等人数组成和共同管理和经营，目前，这样的机构达 1000 个。它们保持着管理和经营独立自主的权利，它们的财政支出占整个社会保障支出的一半。

法国社会保障总支出逐年增长，占法国国内生产总值的比例也在逐渐提高，1949 年为 12%，2005 年 29.6%。2005 年法国社会保障总开支比 1949 年增长约两倍半，比同期的国民财富增长的速度要快得多。法国社会保障总支出，2000 年 4979.7 亿欧元，2006 年达到 6684 亿欧元。法国社会保障支出要高于欧洲联盟国家的社会保障支出的平均水平。

1. 医疗和生育保险

在法国"新社会"中，享受医疗保险的人占人口的比例，1970 年为 74.3%，1983 年为 77%，1985 年达到 99% 以上。目前，几乎所有的法国人都享有医疗保险，同时，每个人得到的医疗保护水平是平等的，与其收入高低及健康状况无关。生活在贫困线以下的人以及赤贫者予以免费医疗服务。医疗保险覆盖了重病、慢性病和大病，全部或部分药费、医疗费、住院费和化验费等予以报销，病人只付就诊费。在领工资者总制度中，投保人就医时可以报销 75% 门诊费，药费报销从 40% 到 100%，住院费报销从 80% 到 100%。报销标准因行业和个人收入不同而异。投保人因病不能工作还可以享受病假和病假补助。病假补助一般为工资的 50%。公务员在享受医疗保险方面的待遇较高。公务员生病都可以公费医疗，还享受病假及其补助。一般病假连休可达一年。病人在头 3 个月领取全部工资，以后 9 个月工资逐渐减到原来的一半。长期病假可以连休三年，第一年领取原份工资，后两年减半，但仍然可以享受家庭补助和社会保险津贴。大多数投保人可以自由选择医院看病，只有矿工和铁路职工要到一个指定的医院看病。

在生育补助方面，产妇在生育期间其医疗费和住院费全部报销，并且可以在产假期间领取占工资 90% 的生育补助。产假一般有 16 周，如果需要还可以延长 4 周。为了哺育婴儿或者收养一个不满 3 周岁的小孩，女公务员在产假后还可以享受最多为两年的产后假。在这期间，该公务员领取全部工资和津贴。

2. 家庭保险

从 20 世纪 70 年代起，法国家庭保险从鼓励生育为主转变到社会救助为主，即对低收入和无依无靠双亲家庭进行社会保险。法国家庭保险的种类很多，目前主要有以下几种：

（1）多子女家庭补助。凡是多子女的家庭，无论其家庭收入情况如何，均可以领取多子女家庭补助。根据法律规定，子女愈多，补助金额愈高。同时规定，子女超过 10 岁或 15 岁，再分别增加 9% 或 16% 的补助。多子女的公务员家庭除了领取上述固定部分的补助外，还按工资的比例领取额外补助。即凡有第二个孩子的家庭，可得到占工资 3% 的补助，第三个孩子的家庭可得到占工资 8% 的补助，第四个孩子的家庭可得到占工资 6% 的补助。法国对多子女家庭的补助，是为了鼓励生育，以便改变法国人口生殖率低的状况。

（2）住房补贴。根据家庭人口、房租和收入情况以及住房面积和设备条件，法国决定发给住房补贴。例如两口人的家庭住房面积规定为 25 米，3 口人为 42 米，4 至 5 口人为 55 米，低于上述标准则给予补贴。又如，住房要有客厅、卧室、厨房、浴室、厕所、暖气设备、自来水和电话机，达不到上述舒适标准的家庭也给予补贴。

（3）家庭补充收入。凡有子女的家庭，无论其子女的年龄和数量多少，只要在纳税后的收入低于规定的标准，每月可领取一定金额的补助。除此之外，法国家庭保险还包括学生入学补助、孤儿补助、特种教育补助、父母分居补助、家庭补助和取暖补助等。法国家庭保险的总支出，1995 年为 316 亿欧元，2000 年达到 358 亿欧元。2000 年比 1999 年增长了 0.9%。

3. 退休制度

凡年满 60 岁、工龄和缴纳退休金分摊额达 37.5 年的领工资者均可以退休和领取退休金。退休金相当于 10 年最高工资平均数的 50%。但是，退休金的最高限额不得超过最高工资的一半，也不能低于退休金的保底数。工龄不足的领工资者退休金占工资的百分比要降低 10%。法国公务员服务 15 年以上、至少缴纳占工资 6% 的退休储金，在退休后有权领取退休金。退休金额按公务员的工龄计算：工作一年，退休金为最后工资的 2%，多一年再增加 2%，依此类推，但最高金额不得超过最后工资的 80%。如果把其他补助和津贴与工资合并计算，最高退休金额不得超过最后报酬的 60%。但是，因伤残提前退休的公务员不受年资的限制，可以立即享受退休金。对女公务员另有特殊照顾。如果退休者死亡，则由家属领取其中的一部分，称为"可转换的养老金"，即死者的寡妇或鳏夫可领取死者退休金的一半，每个不满21岁的子女可领取退休金的10%。

二　社会排斥和反社会排斥的政策

在法国"新社会"中，社会弱势群体被称为"社会排斥"①，然而，"社会排斥"的内涵远比社会弱势群体的内涵丰富得多。

早在20世纪60年代法国从"工业社会"向"后工业社会"（亦即"新社会"）转型时，一些法国学者根据新出现的社会贫困现象提出了穷人是"受社会排斥者"的问题。1974年，法国社会学家勒内·勒努瓦发表题名为《被社会排斥者，十分之一的法国人》②的著作后，"社会排斥"的词汇在法国政界和舆论界盛行起来，成为热门讨论的话题，在学说界也成为显学。勒努瓦认为，在法国"辉煌的30年"和工业社会中，穷人被界定为是没有工作能力的人，是群体中的小部分，是"第四世界"，是随着进步和发展将会消失的剩余状态。"社会排斥"的提出实际上是对法国"后工业社会"中的社会弱势群体重新概念化。"社会排斥"包括自杀者、身体残疾者、精神病患者、老年病患者、受虐儿童、药物滥用者、不良行为者、单亲父母、多问题家庭、边缘人、反社会的人、其他社会"不适应者"。勒努瓦指出，在法国受到"社会排斥"的人约占法国人口的1/10，即平均10个法国人中有一个是"被社会排斥者"。按1974年法国5100万人口计算，有510万法国人被列入"社会排斥"。

20世纪80年代，"社会排斥"的理念不仅普遍地被法国社会所接受，而且进一步深化了对"社会排斥"的认识：第一，"社会排斥"不仅包括在物质方面的贫困，而且还包括精神和其他方面的贫困，即在法国"新社会"中出现的"新贫困"现象。第二，"社会排斥"意味着失业率的上升，意味着长期失业者和重复失业者数量的增长，意味着不稳定社会关系的发展，意味着个人与社会的疏远，意味着阶级阶层团结的削弱。第三，"社会排斥"不仅描述一种处境，而且更注重被社会排斥的过程。它是被社会遗忘的角落，"被取消融入社会的资格"③。20世纪80年代末，欧洲

---

① 社会排斥的法文原文是"l'exclusion sociale"。

② 勒内·勒努瓦：《被社会排斥者，十分之一的法国人》，瑟伊尔出版社1974年版。

③ 伊夫·克罗泽、多米尼克·博利耶等：《法国社会的重大问题》，纳坦出版社2000年版，第202页。

委员会采纳了"社会排斥"这个理论，并把反社会排斥作为欧洲联盟的社会政策的核心。

20世纪90年代，法国"社会排斥"有了进一步发展。首先，根据法国国家统计与经济研究所统计，90年代法国1/10家庭被列入被"社会排斥"，约有550万。这就意味着"社会排斥"与70年代比较在绝对数量上有所增长。第二，"社会排斥"越来越多地涉及25岁以下的青年人和单亲家庭。第三，"社会排斥"越来越集中在城市的各个阶层中，特别是被解雇的领工资者和失业者中间。

"社会排斥"的出现为法国"新社会"敲响了警钟。自20世纪70年代中期以来，法国各届政府相继出台反社会排斥的政策和措施，以便援助被社会排斥者。其主要有：

1. 建立紧急救助体系

针对无家可归的流浪汉提供紧急救助，如提供免费求助电话服务，任何人均可免费拨打求助电话要求政府帮助找到住处。设立为无家可归者的流动救助车①，提供紧急救助服务，随时为流浪者送去食品和御寒衣物，并在本人愿意的情况下将其带到收容所。由于很少有人主动寻求救助，因此有一大批志愿者（包括医务人员、护士）活跃在紧急救助领域，他们承担发现被救助者并提供帮助的义务。还成立了紧急接待站，一方面起接待作用——即提供场所让无家可归者喝杯咖啡、洗澡、换洗衣服等；另一方面还负责把这些人领到负责救助工作的有关社团去，或帮其了解自身的权利，如帮助办理有关的手续以得到救助等。

2. 建立失业保险和积极安排就业

自1974年发生经济危机以来，法国失业现象日趋严重。直到90年代，法国失业率仍然居高不下，1990年为9.2%，1993年11.7%，1994年12.3%，1995年11.7%，1996年12.4%，1997年12.3%，1998年11.7%，1999年11.3%。90年代，法国经常保持300万失业大军，其中多数长期失业者和重复失业者可能成为"社会排斥"。

在反"社会排斥"斗争中，法国建立起比较健全的失业保险制度。从1979年3月开始，法国政府与雇主达成协议，建立起一个新的、统一的失业津贴制度。新的失业津贴制度包括如下几种津贴：第一种基本津

---

① SAMU，为无家可归者服务的流动救助车。

贴，专门发给被迫解雇的失业者。第二种特别津贴，专门发给因经济原因被解雇的失业者，期限为一年。一年后，失业者按照基本津贴制度的规定领取失业基本津贴。第三种权宜终止津贴，失业者在终止领取特别津贴或基本津贴后仍然找不到工作，可以领取该津贴。第四种定额津贴，专门发给初次进入劳动力市场的青年、求职的寡妇、求职的原犯人、求职的回国侨民、求职的避难者。法国每个失业者 2001 年平均每天可以领取 23.32 欧元。法国失业保险的支出，1995 年为 232 亿欧元，2000 年为 252 亿欧元。

另外，法国推行积极的就业政策。在"新社会"时期，尽管右翼或者左翼执政党都是根据各自的理念推行不同的就业政策，但是都把就业工作放在首位。法国右翼认为：法国企业解雇与雇佣成本均太高，造成企业竞争力下降，也造成目前人才市场死水一潭。在失业率高居不下的同时，又有很多岗位无人问津。企业负担过重，不敢雇人，是年轻人大量失业的根源。因此，法国右翼推行减税、奖励等政策重点刺激小型企业扩大招工，通过奖惩措施并用方式促进失业者再就业。法国左翼则认为，老板是天下乌鸦一般黑，得到好处也不会首先想到治理失业，而是要榨取更多的利润。很多大企业在利润很高的情况下依然要大批解雇员工就是证明。因此，法国左翼就业政策的重点是保护员工不被解雇，然后扩大就业渠道，职工提前退休，缩短工时，给企业发放补助以便促使雇主尽可能多地招收新雇员。法国左右翼都把它们的就业政策冠以"社会团结计划"，为了社会团结、社会和谐和社会稳定而实施就业政策。经过左右翼执政党不懈的努力，法国积极的就业政策终于开花结果，失业率 2003 年降到 9.5%，2006 年 8.6%，2007 年 5 月进一步降至 8.1%，失业人数为 220 万人，是 20 年来的最低点。

3. 加强职业培训提升就业能力

加强职业培训，设立个人培训档案，制订"低学历青年就业法"，推广面向 16 岁至 22 岁青年的"青年就业契约"。到 2009 年培养 50 万名学徒，即相对于目前的学徒人数增加 40%。通过税收鼓励机制鼓励雇主改善学徒的报酬，提高他们的社会地位。

4. 维护残疾人权益

法国约有 250 万残疾人，其中 150 万以上在工作年龄内。1975 年 6 月颁布的法律规定残疾人有学习、工作的权利，各个部门有义务进行安排。

5. 社会救济

法国政府还设立救济金，对进入劳动市场而找不到工作的青年、离婚的夫妇、负债的家庭等成为新赤贫者的家庭进行救济。1999 年，法国用于社会救济的支出为 147 亿欧元。其中由省负责发放的救济金占总数的 88.5%，中央负责发放的占 11.5%。

6. 工伤假和补助

受保障者因工伤事故造成丧失工作能力 10% 或由职业病丧失工作能力，可以在领取原来工资的同时，得到一笔致残临时补助。其金额是把致残者的工资分成 100 等份，按丧失工作能力的百分比领取，直到恢复工作或退休为止。在此期间，致残者享有免费医疗。

7. 融入社会的最低收入

法国于 1988 年建立了融入社会的最低收入制度，即最低生活保障金。凡 25 岁以上生活处在极其贫困状态的法国人均可以申请和获得这种保障金。发放保障金额视申请者收入而定：无收入者全额发放，有收入者补足其收入至保障金标准。两个孩子的家庭在领取融入社会的最低收入的基础上再增加 50%，3 个孩子的家庭则再增加 80%。按照法国官方的解释，领取这种保障金，可以融入社会而不至于被排斥在社会之外。根据规定，融入社会的最低收入的保障金相当于各行业应增至的最低工资的 40%。

8. 慈善事业

法国的慈善事业，如同西方其他国家的慈善事业一样，被称为"第三部门"，即非公非私部门，既不是国家机构也不是私营企业的第三类组织，利用社会财富进行第三次再分配。法国第三部门最早于 19 世纪诞生，1888 年创立的法国巴斯德研究所就是这样的依靠志愿捐助的非营利机构。它以一系列科研成果闻名于世，对一些传染病的预防和治疗提供免费服务，被视为"20 世纪医疗慈善事业所继承的典范"。自法兰西第五共和国以来，法国鼓励和支持政府机构和半官方组织、特别是民间组织建立起许许多多的慈善基金会和慈善机构，广泛地分布在教育、卫生、保健、福利、科研、文化等各个领域。例如在福利领域，设置济贫院、孤儿院、施医所等，专门收容流浪者和临时陷入困境的人及其儿童。在法国各地都利用废弃的企业、工厂、公寓、甚至古堡等建筑物改造成为贫民收容所、救世军接待中心、团结中心，专门收集栖息在河边、地铁站内、破房子里的无家可归者和赤贫者。法国还在全国各地设置了 1200 个"爱心食堂"，每年冬天或每逢节日给无家可归者和赤贫者发放食品和饮料，让这些人暂时忘掉苦难，感受社会的爱心和温暖。

三　雇佣制度的建立与完善

自法兰西第三共和国以来，经过法国官方、资方和工会三方长期地谈判，终于达成了《雇工合同》，亦即法国式的雇佣制度。针对企业的固定工作而制定的长期雇工合同规定——但在雇佣之后的两个月里，须将以下主要因素写入合同：双方身份、工作地点、工作类型、契约起始日期、工资、工作期限、需预先申请的带薪假期期限。《雇工合同》规定，雇主除非破产或者犯有严重错误不得以任何理由任意解雇雇员，这实际上等同于一个无限期的雇佣合同。20世纪80年代后期，法国企业，无论是私营企业还是国营企业，如果雇主想要解雇一个雇员，必须要得到政府的行政批准。企业解雇职工的条件更加严格了，这是当时的左翼政府为了降低失业率而采取的极其严厉的措施。20世纪90年代初期，右翼政府为了减轻企业的负担和给企业松绑，已经把这一条规定取消了，但是企业及其雇主仍然有着种种的压力，比如说强大的工会组织，而且社会上有着一个很强烈的保护劳动力、保护雇佣者的传统，所以解雇一个已经签订了合同的雇员基本上是不可能的事情。这就是法国模式的雇佣制度。

法国德维尔潘政府上台伊始（2005年至2007年）宣布将"查清劳工市场上妨碍求职者顺利就业的阻塞，一个个把它们打开"（德维尔潘语）。德维尔潘发出"坚定走法国模式"，"为打赢降低失业率这一仗，将求助于一切经验，甚至是他山之石"的誓言。但是，他处于既要满足自由派松绑改革劳工法的要求同时又照顾劳工大众不许触及社会福利的困境。于是，德维尔潘决定参照丹麦经验，给予企业很灵活的裁员权力，与此同时国家为失业职工提供更多的补贴和再就业培训条件。德维尔潘政府于2005年9月1日颁布《就业紧急计划方案》，即《新雇佣合同》。新合同主要是针对20名职工以下企业设立的一种新的工作合同。第一，它允许雇主在两年期间内解雇职工，而不需提供任何理由。这会使雇主"增加信心，愿意雇工"。根据政府估计，如果目前不雇工的企业里有10%雇一名工人，就能创出15万个新岗位。第二，设立"就业券"。"就业券"等于报工单，也是缴纳社会捐金证明、劳工合同和职工工资单。第三，减轻企业因增加职工、特别是超过10人后须增纳各类税收造成的经济负担。

第四，职业培训一项，小企业原先需要缴纳的 1.6% 比例，将下降为 1.05%。《新雇佣合同》的实施取得某些成效，2006 年第二季度法国竞争部门的就业率增加 0.3%，即新增加 51900 个就业岗位，相当于 2005 年全年的水平。

四   社会公正的制度保障

为了保证社会公正制度的实施，自法兰西第四共和国起建立了一系列的保障机制。首先，从国家大法入手建立社会公正的保障机制。第四共和国宪法在序言中，庄严地重申 1789 年的《人权宣言》以及法律所确认的公民权利的基本原则，共用 16 条规定了公民权利的基本原则。宪法序言开宗明义地重申人类无论种族和宗教信仰如何，都拥有不可转让的、神圣的权利。宪法序言规定了公民享有政治、经济和社会的基本权利，特别是在法律许可范围内保护工会的活动和罢工的权利，公民享有劳动和就业权，实行政治和经济参与制，实行劳动保障等。宪法序言破天荒地宣布妇女享有同男子一样的权利，使一个半世纪以来女权运动所追求的理想终于得到实现。宪法序言还承诺，国家向全社会所有人提供最基本的公共服务。宪法规定，"国家保证所有人都有平等接受教育的权利"。宪法正文第 1 条宣布法兰西是"社会的共和国"①，从而实现了国家概念的转变，为"二战"后法国公民享受第二代人权提供了理论依据。宪法不仅规定立法机构制定有关公民权利的法律时应遵循的基本原则，还确定了讨论和通过的程序，防止立法机构滥用职权。法兰西第五共和国宪法进一步确认了法兰西第四共和国宪法序言中的人权原则，进一步承诺国家向全社会所有人提供最基本的公共服务。正是根据法兰西第四和第五共和国的精神和原则，保证了法国社会公正制度的正常运行。

其次，通过一系列的法律法令确保公正制度的实施。例如，在宪法中虽然规定了男女平等，但是并没有通过法律法令给予确认。因此，相当长时间，在政治方面法国妇女参政的权利往往被忽略，就拿女议员在国民议会中的数量和所占比例为例：第一届国民议会有 8 位，占 1.38%；第三届国民议会有 11 位，占 2.26%；第六届国民议会有 20 位，占 4.07%；第十届国民议会有 35 位，占 6.06%；第十一届国民议会有 63 位，占

---

①   莫里斯·迪韦尔热：《宪法和政治文献》，法国大学出版社 1986 年版，第 242 页。

10.92%。在第十一届国民议会中，虽然女议员的比例有了空前的提高，但是在欧洲国家中仅排在希腊之前，位居倒数第二位，而瑞典高达 40%，挪威占 1/3，德国和西班牙各占 1/4。在经济方面，法国妇女大多在服务业就职，绝大部分是女职员，属低薪阶层。在社会地位方面，法国妇女虽然于 1983 年获得法律上享有与男性平等的就业权，但就业的机会比男性少得多。大量的法国妇女留在家庭中，处于从属男性的地位。

许多法国社会学家和舆论认为，在法国女权运动如此盛行，女选民又占选民总数的 53% 的情况下，妇女地位依然没有很好解决，确是一个令人费解的现象。社会党在第十一届国民议会选举所发表竞选纲领中，曾经许诺将男女均衡分配职位的原则加载宪法之中。左翼在组织政府过程中做了表率，吸收了许多妇女入阁。为了兑现这个许诺，它于 1998 年 7 月提出宪法修正案，将"法律鼓励男女任职机会均等"加入宪法第 3 条关于国家主权的条文中，获得了议会的批准。特别在提高法国妇女政治地位方面，左翼政府于 2000 年 6 月 6 日制定了关于男女获得同等参政机会的法律（共两项：一为组织法，另一为普通法）。该两项法律规定，今后在各级选举中，各政党提出的候选人名单里男女各占一半，奇数的名单则男女候选人之间的数目差不得超过 1。男女候选人名单必须按一男后一女或一女后一男的顺序排列。在使用比例代表选举制的欧洲议会选举、大区议会选举和 3500 以上居民的市镇议会选举中，当选的议员总数中男女比例必须是平等的。在使用两轮多数选举制的国民议会选举、省议会选举中，各政党在各个选区提出候选人总数里必须男女各一半。该两项法律还规定了各政党在提出的候选人中达不到平等原则受到经济制裁的办法。法国是世界上第一个采取这样规定的国家，对提高法国妇女的政治地位、激发法国妇女参政的积极性在法律上提供了保证。

在 2001 年 3 月举行的市镇选举中，法国女性当选市议员占总数的 47.5%。大区议会女议员的比例从 1998 年的 27.5% 提高到 2004 年的 47.6%，这使大区议会成为法国女代表比例最高的议会机构。2005 年 2 月 1 日，法国 3.67 万个市镇中，有 4082 个市镇由妇女领导。其中半数，即 2065 位，领导着不足 500 名居民的小村镇，1274 名女市镇长领导的市镇规模介于 501 人到 3500 人。2007 年 6 月的国民议会选举选出了 107 名女议员，占议员总数的 18.54%，而上届国民议会仅占 13.1%。在全球各国议会中女议员人数比例排行榜上，法国原来名列第 86 名，现在跃升为第 58 名。全球有 17 个国家的议会中其女议员人数至少占 30%。在北欧国家女议员的比例平均为 41.6%，远远领先美洲国家（20%）和欧洲其他国家（17.7%）。法国妇女在当代法国政治生活中起着越来越大的作用。

在经济上，通过各种职业培训制度确保妇女参加人数的最低限额，以保证男女就业机会的均等。通过每个职业部门谈判签订集体合同，实行并保证男女同工同酬。承认参加农业、商业和手工业者的辅助工作的女配偶，具有劳动者的地位。在社会上，提倡尊重妇女的尊严，特别在学校教科书、广告和电视中要注意妇女的形象。对歧视妇女的现象，保卫妇女权利联合会可以提出控告。

又例如，在保障居民居住方面，法国议会于 2007 年 1 月通过了"可抗辩居住权"法案，承诺增加住房建设投入，在法国基本实现人人有房住。法案同时规定，国家保障合法居民的住房权，居民可通过法律手段维护自己的住房权。该法案规定，从 2008 年 12 月 1 日起，在住房申请没有收到满意答复的情况下，5 类住房困难户（无房户、将被逐出现住房且无法重新安顿者、仅拥有临时住房者、居住在恶劣或危险环境中的人、与未成年子女同住且住房面积不达标的人）可向主管部门要求解决住房问题，如问题得不到解决，可向行政法院提起诉讼。从 2012 年 1 月 1 日起，"可抗辩居住权"将向更大范围的人群开放。据统计，法国现有近 100 万人没有住房，200 多万人居住条件差。

法国除了受教育权和保护健康权是可抗辩的外，又增加了保护居住权是可抗辩的，从而进一步保证了法国"新社会"的社会公正。

最后，通过政策和措施来保障社会公正的制度。其中，实施税收政策来调节阶级阶层之间收入的差距。对低收入家庭和个人实行免税的政策，而对高收入的家庭和个人的所得税则实行高额累进税率。法国将所得税标准定得较高，故缴纳所得税的家庭只占法国家庭总数的 51%，比德国和美国少得多，从而保证了低收入家庭免缴和少缴所得税。所得税的税率一般在 16% 至 21% 之间，但收入高的家庭征收最高税率，2006 年规定年收入 65559 欧元以上税率为 40%。越富的人交税越多，从而使高收入者成了所得税的主要税源。法国还设置了大宗财富税，对拥有超过一定限量的个人动产和不动产征收大宗财富税。目前，该税的起征点为 95 万欧元，税率也按高额累进方式征税，从 0.55% 到 1.65% 不等，其税率比其他西方国家高。2006 年，近 45.7 万纳税户缴纳了大宗财富税，较 2005 年增长了 16% 。法国将征收来的大宗财富税用来再分配，大幅度提高无收入和低收入家庭的工资和补助，以便缩小贫富差距和体现社会公正，故又名为团结互助税。此外，法国还设置遗产税和财产赠送税。它指在动产、不动产交易、买卖、赠与、继承等转移行为中国家征收的税，其税率差异很大。直系亲属按 20%—30% 的比例税率计征，旁系亲属按 40%—60% 比例税率计征，旧房买卖的转移税为 9% 左右。

正是通过上述的政策措施，20 世纪 70 年代以来法国社会阶级阶层在物质上收入的差别不断地在缩小，见表 3—2：

表 3—2 　　　　　　　　法国贫困的界限和占家庭的百分比

	1970 年	1979 年	1990 年	2001 年	2004 年
中等生活水平收入的 50%（欧元/月）	359	520	576	639	657
贫困户占家庭总数的百分比（%）	12	8.3	6.6	6.1	6.2

资料来源：法国国家统计与经济研究所的《税收收入调查》，2005 年。

从上表可以看出，70 年代和 80 年代法国各个阶层在物质上和货币上收入的差距缩小很快，90 年代法国贫困户家庭保持在 6% 的低水平。如果按照欧洲的标准把中等收入的 60% 作为贫困的界限，那么法国贫困家庭占家庭总数的百分比 1970 年为 18%，2004 年则为 12%，在欧洲国家中仍然处于中等地位。可见，法国的税收政策基本上保障了法国"新社会"的公正。

五　民族问题和宗教问题的处理

1. 处理科西嘉民族分离运动的问题

法兰西民族以高卢人为主，少数民族有阿尔萨斯族、弗拉芒族、布列塔尼族、巴斯克族和科西嘉族等。阿尔萨斯族主要集中居住在法国东部阿尔萨斯地区，约有 140 万。弗拉芒族是日耳曼民族中的法兰克人的后裔，主要集中居住在法国北部和东北部，约有 10 万。布列塔尼族主要集中居住在法国西北部的布列塔尼半岛，是公元 5—6 世纪自大不列颠岛渡海迁居的部分布列通人的后裔，约有 125 万人。巴斯克族主要集中居住在法国南部比利牛斯山脉西部，约有 15 万人。科西嘉族主要集中居住在科西嘉岛上，约有 30 万。

法国民族问题中，存在着以地域为单位的民族分离运动由来已久，如东南部的科西嘉岛上科西嘉民族分离运动、西南部与西班牙接壤的巴斯克地区的巴斯克人分离运动、西北部的布列塔尼问题。其中，科西嘉民族分离运动十分突出。

科西嘉是法国第一大岛，位置在地中海西部，是法国 22 个行政大区之一，辖上科西嘉和南科西嘉两省，面积 8750 平方公里，大多数为科西嘉人。科西嘉人笃信天主教，使用属意大利语系的两种方言。科西嘉于1768 年并入法国版图。20 世纪 70 年代，科西嘉民族主义分子要求独立的呼声日益强烈，并成立了科西嘉民族阵线等组织，提出独立的政治纲领。这些组织开展武装斗争，从事政治暗杀和恐怖主义活动，给法国造成了巨大的财产损失和人员伤亡，同时成为法国社会不稳定的重要因素。

20 世纪 70 年代，法国政府对科西嘉民族主义分子和地方分裂主义分子采取坚决镇压的政策，然而结果适得其反，它导致科西嘉岛内独立运动更加高涨。继而，80 年代的法国政府采取镇压为主和对话为辅的两手政策。1982 年 3 月 2 日和 7 月 30 日分别颁布了两个法律，即以内政部长命名的"德费尔法"。该法律规定：其一，将科西嘉大区议会改名为科西嘉议会，以便提升科西嘉地方议会的地位。其二，科西嘉议会拥有对有关科西嘉法律和条例的建议权，从而增加了科西嘉地方议会的权力。但是，这种改革收效甚微，岛内暴力频仍。法国政府再次对科西嘉进行改革，于1991 年 5 月 13 日颁布有关科西嘉的法律，也称为"若克斯法"。该法律规定，设置科西嘉行政委员会，经济、社会和文化委员会，建立岛屿整治基金，以便加大地方政府的行政权力，促进科西嘉经济和社会的发展。但是，科西嘉依然动荡不安，1997 年 2 月初政府派驻当地的最高行政长官、科西嘉大区区长兼南科西嘉省省长埃里尼亚克遭有预谋的恐怖袭击身亡，震惊了全法国。正是这些政治暗杀和恐怖活动使科西嘉的经济和社会发展受到极大的影响。

若斯潘左翼政府 1997 年上台后决心在科西嘉问题上有所突破，以便结束岛上民族主义分子和地方分裂主义分子的恐怖活动。它于 1999 年下半年开始同岛上的民选代表和科西嘉民族主义分子的代表谈判，经过一年的努力，终于在 2000 年 7 月 20 日达成《马提翁协议》。该协议在政治方面给予科西嘉较大程度的自治，让地方政府有更大的自主权，并许诺

2004 年给予地方议会"有限的立法权"和 2004 年之前进一步扩大地方政府的权力。在经济方面，15 年内免除居民的遗产税，15 年内给予科西嘉23 亿欧元的贷款。在文化方面，将科西嘉语言作为义务教育的语言。但是，《马提翁协议》遭到希拉克总统、右翼政党中许多重量级人物的反对，甚至内政部长舍韦内芒也因为反对若斯潘总理的科西嘉政策于 8 月29 日挂冠而去。左翼政府于 2001 年 5 月将科西嘉法案提交议会讨论。在激烈的辩论中，该法案经过不断的修改，阉割了主要的内容，终于获得通过。根据 2002 年 1 月 22 日颁布的法律，在科西嘉的初等教育中进行科西嘉语言的义务教育，到 2016 年科西嘉享受税收的优惠。该项法律关于科西嘉改革的内容比起《马提翁协议》倒退了许多。总的看来，科西嘉在今后一段较长的时间仍将是法国的隐患。

2. 法国族裔问题及其解决

法国族裔问题，其中主要是阿拉伯族裔问题和黑人族裔问题，近年来由隐性状态转变为显性状态。

阿拉伯族裔和黑人族裔虽然加入法国国籍，但还是很难融入主流社会。他们从事法兰西民族不愿意干的清洁卫生、收拾餐具、搬运重物、保安、施工等重活、累活和脏活，从而使法国的社会分工带有明显的族裔性。在法国各大城市，黑人和阿拉伯人都有自己的聚居区，这些聚居区一般分布在城市的边缘或郊区，从而形成某种意义上以族裔为划分标准的"隔离区"。这些"隔离区"往往与不安全、混乱、肮脏等负面词语联系在一起。族裔之间相互的不认同：白人认为黑人和阿拉伯人只不过是持有法国国籍而已，并不是真正的法国人；黑人和阿拉伯人则觉得法国并没有给他们真正的归属感，他们努力想融入法国社会，却在很多时候遭遇隐性的排斥甚至是歧视。法国为"种族隔离"政策付出代价，2005 年，巴黎东北郊两名北非裔少年在躲避警察追赶时触电身亡，从而引发全国性的骚乱。骚乱者在法国 300 多个市镇不仅焚烧汽车，还对政府机构、警察机构、法院、学校、商店和仓库实施纵火，震惊了法国。

为了整合法国新社会，2009 年曾掀起国家认同大讨论。这次全国范围的大讨论是由总统萨科齐亲自牵头，由移民、整合、国家认同和团结发展部具体组织实施的。讨论的内容主要包括法兰西价值观、移民问题、民族种族关系和认同等。从平民百姓到共和国总统，从海外属地到首都巴黎，从偏僻市镇的公民讨论会到大区的圆桌会议，通过大讨论，提高了各个民族对国家和作为"法国人"的认同。早在 2004 年 6 月 30 日和 2008 年 4 月 16 日,法国议会先后通过的"莱奥内蒂法"规定①:每年的基督圣灵降临节,或者基督圣灵降临节前后选择一天,作为某机构、某单位、或者某企业的"团结互助日"。这一天,职工无偿工作一天,雇主将全部工资的 0.3% 捐出,用于包括少数族裔等弱势群体的慈善事业。

法兰西第五共和国宪法第二条规定:"法兰西是不可分的、世俗的、民主的和社会的共和国。它保证所有公民,不分出身、种族或者宗教,在法律面前一律平等。它尊重一切宗教。"② 它强调所有公民对法国和法兰西民族的认同,强调社会群体的一致性、同质性、一体化,对所有法国公民一视同仁,避免刻意地区分民族、宗教等身份。因此,法国并没有制定专门的民族政策,而是把与少数族裔有关的政策分散在国家公共政策体系中的移民政策、公民权利、社会福利等政策中。但是,近年来随着族裔问题的不断增多,法国逐渐意识到这种抹去社会成员族裔身份的政策理念在实践中出现了问题,将要作出相应的调整。

3. 处理宗教问题

法国主张宗教信仰自由,全国第一大宗教是天主教。目前,法国有天主教徒 4700 万,占人口总数的 81.4%。全法国有 88 个主教管区,4.1 万个堂区。教区神甫 5.5 万名,修会神甫 11 万名。受天主教洗礼的人有 3800 万。在法国,从城市到乡村可以随处看到大大小小的天主教教堂。法国历来有"教会长女"之称谓,还有许多天主教的圣地和古迹,吸引着众多的善男信女前来进香朝圣。法国官方还为此专门成立了全国朝圣委员会,规划和安排天主教徒的朝圣活动。法国第二大宗教是伊斯兰教。据统计,法国约有 400 万穆斯林,占人口总数的 6.89%。全法国拥有 1000 多座清真寺院,其中巴黎就有 400 多座。绝大多数伊斯兰教的信徒是外籍移民,其中来自马格里布三国的占 80% 左右。此外,土耳其穆斯林占 8%,黑非洲穆斯林占 4%,欧洲穆斯林(包括法国人和欧洲移民)占 5%。由于这些外籍移民的穆斯林几乎都是下层人民,收入少,生活拮据,在每逢星期五进行宗教活动和祷告时,往往发泄对社会的不满和不公正的

---

① "莱奥内蒂法"法文是"la loi de Léonetti"。

② 中国人民大学法律系国家法教研室和资料室编:《中外宪法选编》,人民出版社 1982 年版,第 115 页。

第三章 法国的社会发展与政策选择 287

待遇。因此，法国穆斯林活动近年来已成为法国的社会问题。

法国还有新教徒95万，占人口总数的1.64%。犹太教徒75万，占1.29%。佛教徒40万，占0.68%。由于来自越南、柬埔寨和老挝三国的移民几乎都是虔诚的佛教徒，他们在巴黎建立佛塔和喇嘛庙，以便进行宗教活动。东正教徒20万，占0.34%。此外，中国的道教在法国产生越来越大的影响，有关道教著作的法译本十分畅销。无宗教信仰的法国人在20世纪80年代仅占人口总数的3%，90年代初已经达到16%，90年代末这种比例进一步提高，这说明无宗教信仰的法国人越来越多。

法国推行政教分离的原则。1598年，法国国王亨利四世发布南特赦令，宣布天主教为国教。18世纪法国启蒙思想家对宗教和天主教进行了猛烈地抨击，法国大革命中曾经宣布政教分立。法国大革命后共和派和保皇党、改革派和保守派、左派和右派之间继续围绕着政教分离还是政教合一展开激烈的较量。直到法兰西第三共和国成立，才于1905年通过"政教分离法"，规定国家和教会互不相干，并水不犯河水。自此，宗教不能像过去那样直接干预和左右法国政治生活了，但是，法国政府和教会之间的纠纷和冲突经常发生，特别是在如何对待教会控制的私立学校问题上。改革派和左派主张私立学校"公立化"和"世俗化"，而教会则要坚决保留这个势力范围。直到今天，私立学校问题依然是法国政治生活中的热点。

法国主张各个宗教信仰一律平等，不得歧视和过度张扬。2004年2月10日法国议会通过禁止在法国公立学校佩戴明显的宗教饰物的法律。该法律指出，在学校等公共场合佩戴明显的宗教饰物，如穆斯林头巾、犹太教小帽、基督教的大型十字架是一种宗教信仰的过度张扬，也是将宗教习俗在现代世俗社会有意或无意的强制传播。因此，在社会非宗教的公共场合佩带明显的宗教饰物有悖于现代文明，如果出于不良意图和动机，则必然导致宗教间的纷争和冲突。

在保护宗教信仰自由的同时，法国也加强了对邪教组织的监控和防范。法国现有各种邪教组织达200多个，追随者达20万人以上，其中"太阳圣殿教"多次组织集体自杀。法国邪教搞教主崇拜，宣传末世论，操纵信徒的精神和行动，排斥社会，毒害青少年，引起了社会的广泛注意。为此，法国成立了高级邪教观察中心，以监控和防范邪教闹事。法国议会还于2001年5月30日以绝对多数通过了《反邪教法》。这是法国议会自1995年以来第三次就反邪教立法。根据这项法律，被判处犯有伤害

人身、非法行医、非法售药、做欺骗性广告和走私等罪行的邪教组织，高
等法院有权予以取缔。

六　社会稳定政策的特征及其对"新社会"发展的促进作用

1. 法国社会稳定政策的特征

（1）法国社会稳定政策的指导思想。在法国大革命中诞生的《人权
宣言》的第 2 条中宣布："任何政治结合的目的都在于保存人的自然的和
不可动摇的权利。这些权利就是自由、财产、安全和反抗压迫。"① 第 16
条宣布："凡权利无保障和分权未确立的社会，就没有宪法。"② 这两条无
疑地表明，法国大革命的结果，是要保障公民的安全、自由的权利，即实
行社会民主。"二战"结束后的第四共和国和第五共和国，在宪法中不仅
承认了《人权宣言》，而且宣布社会的目的就是共同的幸福，规定平等、
自由、安全和财产是人的自然的和不可动摇的权利，肯定了工作权、救济
权和教育权，规定公共救助是神圣的义务，规定了各个公民有随意享受和
处置其财产、收入、劳动成果和实业成果的权利，从而进一步扩大和深化
了社会民主，并把社会民主作为历届政府、特别是新社会历届政府制定社
会稳定政策的指导思想。

"二战"后，法国历届政府、特别是新社会历届政府宣扬"社会公
正"、"社会平等"、"社会公平"的理念，也把它们作为制定社会稳定政
策的指导思想，从而建立起一整套法国式的社会公正制度。这些社会公正
制度主要有覆盖全民的、从摇篮到坟墓的社会保障制度、抑富济贫的税收
制度、从公立小学到大学提供几乎免费的教育制度等。这些制度的建立基
本上保证了各个阶级阶层和社会群体行为和活动中的公正、公平和平等。

（2）社会稳定政策系统全面，重点在于民生。"二战"后，特别是法
国新社会中，社会稳定政策既系统又全面，涉及法国社会方方面面，如社
会保障制度、反社会排斥领域、雇佣制度、社会公正制度的保障、民族问
题和宗教问题等。当然，还涉及本节未论述和分析的其他社会稳定政策方
面。所有这些社会稳定政策，其重点则是解决民生问题。

法国新社会稳定政策的指向，则是社会各个阶级和阶层以及群体，特

---

① 中国人民大学法律系国家法教研室和资料室编：《中外宪法选编》，第 279 页。

② 前揭《中外宪法选编》，第 281 页。

别是向中下层倾斜，向草根阶层倾斜，向弱势群体倾斜，向社会排斥群体倾斜，重点解决他们的民生问题。

（3）社会稳定政策起点高，保障有力。与欧盟其他国家比较，法国新社会的社会稳定政策起点高，例如医疗保险自 2000 年起覆盖了全民，甚至包括滞留法国 3 个月以上的外国人，均可以享受免费医疗服务。医疗报销的范围扩大到包括看病和治疗过程的往返交通费。

与欧盟其他国家比较，法国新社会稳定政策保障有力，例如，法国式的雇佣制度中，规定企业解雇职工的严格条件，加上法国社会一向具有强烈的保护雇佣者的传统，从而使解雇难上加难。例如，法国政府曾经于 2006 年 1 月推出《首次雇佣合同》法案，规定 20 人以上企业的雇主在雇佣 26 岁以下的年轻人时，可在头两年内自由终止合同，而无须说明理由，从而放宽企业主雇工制度的约束。该法案一出炉，立即引发数百万全国性的游行示威和大罢工，法国政府被迫撤销《首次雇佣合同》法案。法国社会稳定政策的有力保障，维护了劳动者的权益。

（4）法国新社会稳定政策，还允许民间在稳定社会方面发挥作用，例如鼓励和支持民间举办慈善事业，对弱势群体和新陷入困境的穷人进行物质救助和精神救助。

2. 社会稳定政策的作用

（1）正是采取了社会保障的政策和家庭补助（包括生育津贴和假期、多子女补助等），鼓励生育和增殖人口，促使"二战"后法国人口保持较快的增长，尽管 20 世纪 90 年代以来人口增长的速度有所放慢，但仍然要比"二战"前快得多。在欧洲出生率下降的大背景下，1999 年起法国人口却呈不断上升的趋势，从而巩固了新社会的社会基础，保持了法兰西民族在世界舞台上的国力和形象。

（2）正是建立了社会公正制度及其保障机制，使法国新社会居民收入差距有所缩小。从国际通用指标基尼系数反映的居民收入总体性差距看，法国 1995 年为 0.327，2004 年为 0.32，低于 0.4 的警戒线。目前，法国基尼系数依然保持在 0.32 的水平。另据欧盟统计办公室的抽样调查，按照五等分法计算，2001 年法国最高 20% 人口的收入总额与最低 20% 人口的收入总额之比为 4.0 倍，比 1995 年的 4.5 倍降低了 0.5 倍，而同期欧盟国家的平均水平为 4.4 倍。法国与欧元区及全部欧洲国家相比，属于较低水平。法国新社会居民收入差距的缩小，基本上体现了社会公正和社会平等，从而有利于社会的和谐与稳定。

（3）正是通过社会保障制度、工资制度、税收制度、失业保险、社会救济、慈善事业等财富分配和再分配，使法国由"二战"前的金字塔形社会（塔尖为少数富人，塔中间为中等收入人群，塔底座为穷人）转变为橄榄形社会。在法国新社会中，富人和穷人都是少数，大体稳定在法国人口15%至20%之间，处在橄榄形社会的两头，而橄榄形社会的中间，则是占人口80%的中等收入群体，是绝大多数。法国新社会的橄榄形社会结构，有利于社会的稳定和发展。

（4）正是通过雇佣制度的建立和完善、劳资双方的定期谈判和协商等，极大地降低了法国新社会中的劳资矛盾和冲突。也正是社会保障制度的建立和完善以及公正制度的保证机制，保证了大多数劳动者和穷人"最起码的生活需要"，从而缓解了法国"新社会"的矛盾和冲突。也正是在民族问题上贯彻了各民族一律平等，给予科西嘉民族较大的自治权，从而使法国新社会中的各民族基本上能够和睦相处。还由于实行宗教自由和一律平等，加强对邪教的防范，从而保持了法国"新社会"的稳定性。

第六节　国民素质教育

一　国民教育与素质教育

法国国民教育的总目标，就是通过国民教育提高国民素质和全民族素质。早在18世纪法国大革命前，法国各启蒙思想家在他们的著作中都先后提出了教育目的这个命题，并作出了大体一致的回答。伏尔泰认为，教育的目的是培养具有"健全理性的自由人"，即具有自由、平等、博爱思想和科学知识技能的人。孔狄亚克反对笛卡尔的"天赋观念"和"天赋才能"，断言人才不是天生的。他认为，人们是通过感觉获得知识、认识真理、增长才干的，因此，人才是后天学习和教育的结果，而不是先天就具有的。爱尔维修在培养新人的教育计划中提出教育应是道德教育和知识教育两种，而且把道德教育放在最重要的地位。他认为，如果一个国家的大多数公民具有美德，则这个"国家内部就是幸福的，对外就是可畏的，就可以得到后世景仰"①，因此，良好的教育计划必须把培养美德的教育

---

①　北京大学哲学系编译：《十八世纪法国哲学》，商务印书馆1963年版，第511—512页。

放在首位。卢梭在他的《爱弥儿》著作的第一卷开宗明义地论述培养什么人的问题，他指出就是要培养"自然人"。卢梭所说的自然人已不是自然状态中的野蛮人，而是社会状态下即现社会下的自然人，"我的目的是：只要他处在社会生活的旋流中，不至于被种种欲念或人的偏见拖进旋涡里去就行了；只要他能够用他自己的眼睛去看，用他自己的心去想，而且，除了他自己的理智以外，不为任何其他的权威所控制就行了"①。可见，卢梭要培养的自然人，就是在一个理想的社会中具有公民品格的人。卢梭还进一步指出，人是教育的产物，"我们在出生的时候所没有的东西，我们在长大的时候所需要的东西，全都由教育赐予我们"②。他还指出，人与人之间之所以存在差别，就是在于教育程度的差别。

19 世纪末至 20 世纪初，法国学者埃米尔·迪尔凯姆③将社会学进行体系化和学科化，建立起社会学年鉴派，或者称为迪尔凯姆学派，并使他的社会学派在第二次世界大战前在法国一直占据主导的地位，从而使他成为现代法国社会学的真正创始人和结构功能主义学派的奠基人。迪尔凯姆的理论和他所关注的政治问题中，教育社会学处于中心的地位。他提出的"社会整合"和"社会失范"的概念常常为各国社会学家所引用，而教育则是"社会整合"的优先领域，"教育构成社会的中心过程，通过它使价值观和道德习惯注入个人的行为中，并且一代一代传下去"④。他极力主张通过科学和世俗的教育，使法国人的素质和道德得到更新。

"二战"后，法国进一步深化对国民教育的认识，通过教育改革进一步把培育和提高国民素质和民族素质放在首位。密特朗总统于 1985 年指出："在全球大量的竞争中，要把握住摆在我们目前的变化，未来属于在为学习知识而进行的智力竞争中将能取胜的国家。我确信法国必将是取胜的国家之一。"⑤ 1989 年出台的《教育方向指导法》中的第一条规定："教育是国家置于优先地位的事业。"⑥ 90 年代，法国意识到法国在信息技术、信息产业及知识经济方面与美国的差距，积极响应欧洲联盟提出

---

① 卢梭：《爱弥儿》第四卷，商务印书馆 1978 年版，第 360 页。
② 同上书，原序。
③ 旧译名为"涂尔干"、"杜尔干"。
④ 前揭《当代法国社会学》，第 67 页。
⑤ 瞿葆奎主编、张人杰选编：《法国教育改革》，人民教育出版社 1994 年版，第 495 页。
⑥ 同上书，第 651 页。

"将知识化放在优先地位"的号召，于 1998 年正式推出了命名为"使法国准备进入信息社会"的政府行动计划。在该计划中，人才资源的开发被放在首要地位。计划明确提出，"下个世纪的国际竞争就是人才与智力的竞争，而智力的竞争始于学校教育"，因此法国要大力抓教育，在学校中大力普及现代信息通信技术。可见，20 世纪 80 年代以来法国已经把教育与国家的未来命运紧密地联系在一起，已经把教育事业提高到战略地位来对待，已经把教育的重要性和战略地位以法律的形式固定下来。

2003 年 11 月起，法国青年、国民教育和科研部组织发起了关于"学校未来"的全国讨论。法国学校未来全国教育讨论委员会就这次大讨论编撰了总结报告（以下简称报告），并于 2004 年 10 月 12 日正式出版。报告以"为了所有学生的成功"为标题，围绕着什么是"为了所有学生的成功"和"如何使所有学生成功"这两个主要问题展开了充分的论述，并就构建未来 10—15 年法国教育发展提出了设想。

那么究竟什么是"为了所有学生的成功"呢？报告的定义是：作为一所学校，它应该用个人成长不可缺少的知识、能力和行为规范来武装所有的公民，使每个人能作出明智的发展路径的选择，并最大限度地施展其才智。学校必须承诺满足三点要求：第一，学校参与青年教育，其方式是确保教育行为的条件、保证学生的均衡发展、培养学生"共同生活"的意识，为其行使公民权利做准备。第二，学校要确保学生能掌握必不可少的共同基础和组织多样化的发展路径。第三，学校必须努力做到公正，给不同学生多种成功的机遇。在"为了所有学生成功"方面，学校的首要任务是育人、教书，让学生融入社会并促进其发展。为此，首先必须让学生掌握那些奠定人生基础的必不可缺的共同的东西——知识、能力和行为规范。所谓必不可少的共同基础，传递着一个民族希望其后代掌握的重要信息，是指学生 16 岁完成义务教育时应该获得的东西。它是 21 世纪成功人生不可缺少的。总之，法国教育是为了培养 21 世纪人不可缺少的特征：自主的人、共和国公民和有能力的职业人士，而知识、能力和行为规范，是重中之重。

2006 年，法国国民教育部颁布法国基础教育改革指导性文件——共同基础法令。该文件对法国义务教育应达到的 7 个目标进行了清晰的设定：①掌握共同基础的基础——法语，学生必须通过对词汇、语法、拼写知识的学习并适当背诵文学作品，掌握阅读、写作、口头表达和使用工具书的能力。②掌握基本的数学和科学文化知识。③掌握基本的人文文化知识。④掌握一门外语。它能够帮助青少年在各种情景下更好地理解、表达和阐述思想，同时能用外语作为媒介了解和领会异国文明，超越固有偏见。⑤掌握常用的信息和通信技术。⑥具有较强的社会交往能力和公民意识。⑦拥有独立自主和主动进取的精神。上述对义务教育的目标的设定，为培养法国国民素质打下了坚实的基础。

法国政府为提高国民教育的地位和实现国民教育的总目标，采取了许多措施：

第一，政府牢牢地控制着教育的领导权，不仅控制着公立学校的领导权，而且还通过经济杠杆等手段干预私立学校的教育。鉴于法国宪法和法律允许私人办学，所以学校都有公立和私立之分。公立学校占 3/4，私立学校占 1/4。自 20 世纪 80 年代以来，法国加强了对私立学校的控制，不仅通过财政资助来干预，而且同时加强了对私立学校的监督。

第二，教育的民主化。20 世纪 60—70 年代，法国学术界和教育社会学家著书立说，掀起了教育民主化的浪潮。特别是皮埃尔·布尔迪厄和让—克洛德·帕塞隆合著的《继承人：学生与文化》（1964 年）和《再生产：教育体系理论的基础》（1970 年），以及克里斯蒂安·博德洛和罗歇·埃斯塔布莱合著的《法国的资本主义学校》（1971 年），经过认真地调查，明确地指出法国教育存在严重地不平等和不公正，在帮助穷人子女入学方面已经大大落后于其他欧洲国家。这些学者分析了法国国民教育不平等和不公正的经济、社会和家庭的原因，揭露了法国学校是如何再生产社会的不平等的，批驳了"孩子们没有同样的智力，不能接受同样的教育"[①] 的理论。正是在教育民主化思潮和 1968 年五月风暴的冲击下，法国政府开展了对法国原有的教育制度和教学方式的全面改革，从而提高了全民族的文化水平和素质，向所有阶层的子女开放中等教育，并创造条件和提高下层子女进入高等学府的奖学金比例，从而减少国民教育的不平等和不公正。

以目前法国著名的高等师范和巴黎综合大学为例，80% 的在校生都来自条件优越的政府高官、企业高管、自由职业者等城市家庭。那些普通的

---

① 克里斯蒂安·博德洛、罗歇·埃斯塔布莱：《法国的资本主义学校》，巴黎马斯佩罗出版社 1971 年版，第 279 页。

工农子弟、尤其是移民家庭的孩子要想进入重点大学则十分困难。因此，要想彻底改变法国教育中的不平等现象，真正实现教育民主化，真正做到"教育面前人人平等"，还要走很长的路，迈出更大的改革步伐。

第三，国民教育的现代化。法国政府意识到，在科技革命和全球化时代，法国旧教育制度已经不能适应形势的需要，教育要面向当代社会，着眼世界，教学内容要迅速反映当代科学发展的需要。为此，法国政府从1960年起不断地对国民教育进行改革并使之现代化：其一，实行普通教育大众化，即从幼儿教育、初级教育到中等教育，通过20世纪50年代至70年代改革，实现教育体制的大众化和民主化。通过20世纪80年代以后对教育结构、教学内容和升学制度的改革，基本形成面向大众的当代教育体系。在中等教育的第一阶段，基本实现机会均等的原则，规划80%青年要达到高中毕业水平。教学内容也发生了相应的变化，科学知识取代古典教育，技术、经济管理等职业教育的部分内容引入普通教育。其二，推进高等教育现代化，其主要措施有：①实行自治管理。1968年的《高等教育方向法》规定，大学的办学原则是自治，大学可以自己决定本校的章程、组织原则和运行方式，在教学、财政和行政方面拥有自治权。②法国大学管理结构分为两极：大学理事会和教学研究单位理事会。两个理事会由大学生、行政、技术和服务人员、教师和研究人员选举产生。前者是全校最高决策机构，由选举产生的校长和副校长领导，候选人必须是教授；后者由选举产生的主任领导。③高等学府实行对外开放，让校外人士参与学校管理，建立与企业的联系，让校外人士参与教学计划的制定和实施，改变大学的自我封闭状态。④使法国大学与国际接轨。自2004年起，法国为了顺应欧洲教育一体化的要求，使法国颁发的学位和其他欧洲国家的学位对等，便于学生在法国获得的学位可以在更大范围内得到承认。

第四，法国政府对教育的投入历来是非常可观的。根据统计[1]，法国政府年度预算支出中，国民教育和科研经费的支出，2001年592亿欧元（政府预算总支出2609亿欧元），2002年614亿欧元，2003年690亿欧元（总支出2738亿欧元），2004年707亿欧元（总支出2779亿欧元），2005

---

[1]　法国国家统计与经济研究所：《法国经济图表（2001—2002）》，法国国家统计与经济研究所出版社2001年版，第127页；《法国经济图表（2004—2005）》，2004年版，第129页；《法国经济图表（2005—2006）》，2005年版，第129页；《法国经济图表（2007）》，2007年版，第129页。

年 725 亿欧元（总支出 2888 亿欧元），2007 年 809 亿欧元（总支出 2678 亿欧元）。国民教育和科研的财政支出在政府各部的预算中已经居首位，2001 年占当年政府预算支出的 44%，2003 年 40%，2004 年 40%，2005 年 39%，2007 年 33%。

根据法国统计与经济研究所统计，2006 年法国政府对公立教育的投入占当年国内生产总值的 5.37%，私立教育的投入占当年国内生产总值的 0.54%，国家对私立教育的补贴占国内生产总值的 0.21%。这年，法国政府对公立教育的投入高出欧盟 27 国对公立教育的投入占国内生产总值的平均水平（4.64%）。

法国加大对教育的投入加快了教育设备的现代化，法国学校电脑设备几年来不断添置。2000 年，所有初、高中学校都可以使用因特网。1997 年，普通中学每 12 个学生拥有 1 台电脑，到 2000 年 6 月，每 7 名学生使用 1 台电脑。职业高中由 8 名学生 1 台发展为 5 名学生 1 台电脑。初中由 26 名学生使用 1 台到 15 名 1 台。小学电脑的发展速度略慢，但到 2001 年底实现小学全部上网。为了使正规教育现代化，法国建立与因特网联网的教育网络。法国原来已有教育科研网 Renater，各大学都已入网，多数大学生都有电子邮件地址。法国政府现在把发展的重点放在中小学校，正在建立一个专用的 EDUC. ET 教育网并与因特网联通。到 2000 年大部分中小学校已经入网。政府采取的相关措施有：优先解决学校所需设备；与入网服务商达成协议要求其对学校提供优惠；鼓励学生配备个人计算机及入网。法国还将采取特殊措施在农村及其他优先教育地区建立与因特网联网的教育网络。

根据法国国家统计与经济研究所 2010 年发布的统计，2008—2009 年度法国在校学生（从小学到大学）为 1487.81 万人，约占法国人口的 1/4。其中，大学生为 223.17 万人。

二　公民意识的形成与社会公德

早在法国大革命时期，法国开始实施法国人的公民教育和培养法国人的公民意识。为了与"旧制度"① 决裂从而使"民族再生"，法国大革命时期的领导者对所有的法国人进行了一次脱胎换骨的改造，把他们变成

---

① "旧制度"指的是法国大革命前的封建主义制度。

"新人"。革命的领导者革除旧式的作为臣民的称呼和服饰习惯，更改历法、地名、人名，创立新型学校，制定和组织各种革命节庆。例如，首创和使用与"臣民"、"私民"相对应的"公民"的政治和法学概念，并使之在法国和世界流行开来①。更重要的是，革命的领导者向民众宣传和灌输法国启蒙思想家关于民主、自由、平等、法治、人权的思想和精神，发表《人权宣言》，提出"自由、平等、博爱"口号，推广"统一、团结、普济"的共和主义的价值观，从而使法国人在那个时代就形成了公民意识。这种公民意识在法国代代相传，并在以后各个时期补充新的内容。

在当前的法国"新社会"中，法国教育更加重视培育学生的公民意识。在义务教育中，学生应在价值观、知识、实践和行为方面学习如何做公民，从而更加有效和建设性地参与社会及职业生活，在尊重他人权利的前提下实现自己的自由。同时还要培育学生在尊重个人选择及多样性的基础上加强对法国及欧盟的归属感。学生首先应该学习如何与他人相处。在知识层面上他们需要了解集体生活规则和人类社会行为准则，知道什么行为是被允许的，什么行为是被禁止的；理解职业、公共和私人空间之间的区别；接受基本的性、健康和安全教育，学习基本的自救知识。在能力上要求学生遵守规则，特别是学校内部的规则；能够在团队中进行沟通交流和合作，知道如何倾听、阐述、谈判、取得共识、完成任务；能够衡量自己行为的后果，表达和控制自己的情绪，以建设性的方式表现自我；能够在危险的情况下自救。在态度上学生应该懂得社会生活是建立在一系列原则的基础上，即尊重自己、尊重他人、尊重异性、尊重私人生活的原则，和平解决一切争端的原则；他们还要懂得任何人都不能脱离他人独立存在，每个人都应该对集体有所贡献，具有责任感和团结意识。其次是为公民生活做准备。在知识层面学生应该学习法国和欧洲的历史，了解国家的象征（国旗、国徽、国歌）、民主生活的基本规则（法律、选举、投票、拥护和反对权）、共和国的基本价值观念、基本的法律概念、重要的国际组织、欧盟的组织机构和特点，以及法国社会、政治的基本特点（宪法原则、世俗原则、法国人口经济的基本数据、公共财政的框架、社会服务的运转）。在能力上，学生应该具有判断力和批判精神，即能够分辨讲话

---

① 古希腊和古罗马也曾经使用过"公民"，但它只是指在法律上享有特权的部分本民族男性自由民。

或报道的主观性和片面性；能够分辨论证的合理性和武断性；学会对信息进行辨识、整理、分类和批评；懂得虚拟与现实之间的差别；认识大众媒体在社会生活中的地位与影响；能够提出、质疑和修改自己的观点。青少年在学校的公民实践可以帮助他们具备以下态度：有权利和义务意识，对公共生活和社会重大问题感兴趣，意识到公民选举和民主决策的重要性，愿意参加公民活动。

早在法国大革命时期，法国革命领导者十分重视培养公民的"社会公德"、"公民美德"，并把它作为公民教育的三大部分之一（其他的还有公民科学文化知识教育和公民实用职业技术教育）。他们把爱国主义作为社会公德的主要内涵，从而使"公民"与"爱国"和"美德"紧密联系在一起。"公民"与"爱国者"成为法国大革命时期的同义语，"爱国公民"、"公民爱国者"成为当时最为流行的称呼。

在法国"新社会"中，法国继承了这个传统，并把它发扬光大，认为"教育乃是道德和哲学的教育"，把社会公德作为公民意识教育的主要内容。学校培养合格公民是法国教育政策的重要目标，因为"现代法兰西共和国同我们前辈所处的共和国一样，不能没有热爱共和国的原则和法律的公民，这就是公民教育的首要任务"。1995 年 1 月，法国国民教育部颁布新的中小学教学大纲，规定小学公民教育课的目的是：第一，尊重人、自己和他人（在出身、人格和财产方面，应该尊重他人和尊重自己，尊重每个人的思想表达）。第二，爱护公共财产，保护生活环境（消费教育，实施卫生、安全条例的健康教育，环境管理入门教育以及人类生活环境和公共财产教育等）。第三，认识社会共同生活的基本原则及规则，学会承担责任，了解公民的权利和义务（包括班级和学校的公共生活规章制度，同学友情，相互帮助，共同合作，责任感、努力和勤奋工作的意识）。

三 人文文化教育与荣辱观的关系

2006 年法国国民教育部的基础教育改革指导性文件指出，义务教育中的人文文化教育能帮助学生在时间和空间上获得延续和中断的感受。只有知道法国和欧洲从哪里来，学生才会更清楚自己将向何处去，在发展自我意识的同时了解他人、异域和异国文化。人文文化有助于培养学生的判断力、欣赏力和敏感性，它能够丰富学生对现实的体会，有益于其开放思维，对自己的观点和情感进行反思。人文文化教育主要借助对各个时期的各种类型作品的分析和诠释进行。

学生所应掌握的人文基础知识包括：地理坐标（自然地理与人文地理知识、欧盟地理特点、法国国土特点）；历史坐标（人类历史的不同阶段，欧洲历史发展，法国历史中的重大时代、重要事件和重要任务以及与世界史和欧洲史的关系）；欧洲文化（古典时期重要的文学历史作品如《伊利亚特》、《奥德赛》、《圣经》等，古代、现代与当代具有代表性的文学、美术、戏剧、音乐、建筑作品）；世界的复杂性（人权、文化与宗教的多样性、生产与交换的基本原则、世界化、世界的不平等和相互共存、可持续发展、政治文化因素、政治经济与社会的主要组织方式、国家的地位与角色、全球范围的冲突与防御）。

学生所应掌握的能力是：能够阅读和使用不同的语言和图像；能够确定某一事件、文学或艺术作品、科技发现产生的时间；能够使用地图确定某一空间；能够区分文化消费产品和艺术品；对现实敏感，能通过所掌握的知识理解现实事物的意义。

学校的人文文化教育帮助学生获得共同的参照元素，使学生愿意享受文化生活，同时培养他们对艺术品、法国和外国文化遗产、人类历史、文明和现实始终好奇和热爱的态度。

法国国民教育部发布的《为了 21 世纪的高中》指出：高中的任务就是让所有的学生，不论其社会出身，不论其获得成功的领域如何，在其教育专业中获得基本知识，并掌握进入国家和欧洲生活，更广义地说，进入人类历史所需要的评判能力和文化知识。至于高中教育的内容，在促进某一学科和职业方向逐步专业化的同时，应该为学生获得基本的知识和概念整体出力，没有这些知识和概念，学生们在成人以后，将会无力胜任其负责的、批判的和警醒的、具有洞察力的公民角色。

可见，法国规定义务教育和高中教育的最基本任务之一，就是通过文化教育给予法国学生基本的文化知识，从而克服愚昧和无知，分辨黑与白、是与非、曲与直，建立正确的荣辱观。

四　科学知识的普及

法国国民教育部规定，从义务教育开始进行科学知识的普及。2006年法国国民教育部的基础教育改革指导性文件指出，无论算术、几何还是数据处理，数学都提供了在日常生活中行动、选择和决策的工具。通过对数字、运算、数据管理、几何和测量基础知识的学习，学生应该能够具备以下能力：建立数学模型；逻辑推理、演绎、演算；使用适当的数学语言进行书面和口头交流；计算（简单数字的心算、笔算或使用计算器进行四则运算和乘方、开方的运算）；使用工具作图；制作表格；使用数学工具；在日常生活中利用数学知识分析解决问题；使用地图坐标等在空间中定位。数学学习要求培养学生严谨的态度以及对合理论证的尊重。

在数学的基础上，学生应掌握的科学知识包括：了解宇宙的构成（微观世界的原子、分子、生物细胞，宏观世界的行星、恒星、星系）；认识地球、物质的各种存在形态、生物的特点（细胞结构、生殖方式、生物机体的发展与运转、遗传与物种）；宇宙、物质和生物的相互依存相互作用关系；各种能量的存在和转化方式；人类对物质与能量的逐渐了解与控制；对人的认识（人种、基因、生殖、人体的构成和功能、人对生态系统的影响）；熟悉日常生活中的技术。

学生在这方面所应具备的能力包括：能够运用科学方法（观察、提问、假设、证明、推断）；能够动手操作和进行实验；能够对自然现象进行模拟；懂得某种现象是由多种已知和未知的因素引发的；表现和开发测量或研究的结果；运用学过的知识理解身体功能、饮食和体育锻炼对身体的影响，避免潜在的危险。

以上知识与能力的学习能使学生保持好奇心，拥有开放和批判性思维，增强对科技进步的兴趣和道德意识以及对自然环境、生命和健康的责任感。

在信息时代，数字文化覆盖着社会经济的各个领域，信息、多媒体和因特网技术是每个学生都应掌握的基本工具。学生应该通过对信息通信领域基本知识的学习，包括硬件组织构成、日常应用软件、信息处理和交流、文档文件整理、多媒体课件的使用等具备以下能力：很快适应数字化工作环境；创造、处理和开发数据；查找信息和文献；沟通与交流。在这个过程中，学生还应该培养对信息加强识别、批判和思考的审慎态度，在应用互动式信息工具时培养自己的责任感。

巴黎百科知识大学是面向 21 世纪普及科学知识的大学，建学的目的是通过法国知名科学家的报告来普及科学知识，把研究和传播科学文化连接起来。因为该大学指出，不为广大民众所接受的科学很快便会成为一种危险的欺骗性的科学，这种科学会偏离科学的目标，即偏离由人类最高尚的精神活动来增加人类文化和物质文明的目标。法国一所大学把普及科学知识作为己任，足以证明法国对普及科学知识的重视。

法国还把发展远程教育作为普及科学知识的重要手段。法国国民教育、研究和技术部成立了专门的教育多媒体发展指导机构，制订了"教育资源"计划，在因特网上设立了专门站点对教育多媒体资源的开发提供指导。同时，政府也鼓励公立机构、私营企业等参与教育多媒体的发展，如法国电视五台建立了教育多媒体节目库，法国科技成果推广署也积极参与这一领域的开发，使更多国民受益。

综上所述，法国历届政府所实施的经济和社会政策，促进了法国社会和新社会的发展，并形成了法国社会发展的模式。

有些国外学者把发达资本主义国家的社会发展模式归结为两大类：盎格鲁—撒克逊模式和莱茵模式①。而法国社会发展模式则被纳入莱茵模式的范畴。我国学者也把欧美国家的经济模式分为两大类：欧洲经济模式和美国经济模式；前者指以德国为代表的社会市场经济，后者则指以美国为代表的自由市场经济②。而法国则被纳入社会市场经济模式的范畴。这样笼统的归纳法无可非议，因为包括法国在内的许多欧洲大陆国家的社会发展模式，的确具有莱茵模式或者社会市场经济模式的许多特征。丹麦学者考斯塔·艾斯平—安德森在他的著作《福利资本主义的三个世界》中，把西方福利国家分为三种模式：盎格鲁—撒克逊模式；欧洲大陆传统模式；"社会民主"模式③。而法国则属于欧洲大陆传统模式。这样的划分法，实际上就是把莱茵模式再细分为以德国为代表的欧洲大陆传统模式和以斯堪的纳维亚国家为代表的模式。考斯塔·艾斯平—安德森关于西方福利国家三种划分模式，普遍地被外国学者接受并加以引证。还有的外国学者如比利时学者安德烈·萨皮尔，根据西方福利国家的具体情况划分为四

---

① 米歇尔·阿尔贝尔：《资本主义反对资本主义》，社会科学文献出版社1999年版，第82页。

② 中国社会科学院欧洲研究所、中国欧学会：《欧洲发展报告（2003—2004）》，中国社会科学出版社2003年版，第4页。

③ 考斯塔·艾斯平—安德森：《福利资本主义的三个世界》，法律出版社2003年版，中文版序言第2页。

种模式：盎格鲁—撒克逊模式，以社会救助作为社会保障的终极结果为特征；欧洲大陆模式，拥有社会保险、失业保险和退休津贴的内涵；北欧模式，拥有高水平社会开支和普遍保障的特征；地中海国家模式，实行严格的等级保障和把社会开支集中用于养老金①的特征。而法国则划归欧洲大陆模式。安德烈·萨皮尔指出，正是包括法国在内的欧洲大陆模式以及地中海国家模式出现了问题，近几年成为了关注的焦点。

但是，如果根据上述的几种划分法，只能反映所在国家的社会发展模式的一般现象和共同特征，并不能准确地反映所在国家的社会发展模式中他国所不具有的特殊现象和个别特征。可以这样说，无论是归属上述哪种社会发展模式的国家，由于历史文化的不同、政治生态和意识形态的差别以及经济和社会政策的特点，从而形成了各具特色的社会发展模式。正是由于与其他国家不同的历史文化、政治生态和意识形态以及经济和社会政策，从而形成了法国社会发展模式。

法国社会发展模式主要有如下的内容：

1. 强调国家干预和调节

历史文化上，法国具有强大的国家主义传统，即柯尔贝主义传统，或者叫做国家干预的传统。自 17 世纪国王路易十四的财政大臣柯尔贝开始在经济和贸易上推行统制主义和保护主义政策以来，法国政府始终强调国家的力量，经济自由主义思想和政策一直不占统治地位。"二战"后，无论是左翼还是右翼政党执政的政府，除了几届政府例外，都加强了对经济和社会的干预和调节，在法国经济危机或经济不景气期间尤为如此。战后以来法国政府推行国有化、计划化、欧洲经济一体化以及利用财政和货币政策进行宏观调控就是很好的例证。正是在美国里根和英国撒切尔实施新自由主义的经济和社会政策的时候，1981 年社会党上台执政把国家干预推向顶峰，大力推行新凯恩斯主义的经济和社会政策、扩大国有化、强调计划化、在欧洲经济共同体内提倡统一大市场和经济货币联盟。

1986 年法国右翼政党上台执政，为了解决财政赤字和失业，为了加速欧洲一体化进程，并在新自由主义思潮的影响下，推行部分私有化，放弃经济和社会中长期计划而改用"计划合同制"，在相当大的程度上减少

---

①　见《"法国社会模式"奄奄一息：一个主观臆断的诞生（2005—2007）》，法国《经济与社会研究》杂志 2009 年第 2 期（总第 61 期），第 135 页。

国家干预。这种政策一直延续至今。尽管如此，与其他欧美国家比较，法国在经济和社会层面的干预和调节仍然是全面的和强大的。尽管经过多次的私有化运动，法国国有企业（国家控股企业）[①] 在 2005 年仍然保留4471 家，拥有职工 112 万，占法国职工总数的 5.2%，其产值占国内生产总值 15% 以上。其中许多是掌握国家经济命脉的大型企业，如国家邮政局、法国铁路公司、法国电讯公司、法国电力公司。法国依然保持强大的国有经济，作为新经济的基础。

正如阿尔贝尔在其著作《资本主义反对资本主义》中所总结："总的来看，首先，在所有资本主义国家中，法国属于这样的国家，它的特点是，近一个世纪以来，国家机构在社会的地位比其他机构都强大，这是一个柯尔贝主义的国家，它不停地监管着经济：这个国家一方面实行保护主义和统制主义，另一方面又是投资者、创业者和圣西门主义者。"[②]

正是法国国家主义的传统，强调国家干预和调节，从而形成了政府主导资本主义，在经济和社会层面形成了国家市场经济和社会发展模式。这种国家市场经济和社会发展模式既包含了社会市场经济所涵盖的内容，又比社会市场经济模式更加强调和突出国家的地位和作用。特别是在 2008年下半年开始的西方金融危机期间，凯恩斯的《就业、利息和货币总论》著作在法国畅销书中高居榜首，法国"人人都是凯恩斯"，可见法国人在经济和社会危难时刻对国家作用的越加向往。而由于国家市场经济模式和法国政府经济和财政干预，国际舆论普遍认为在西方国家中法国将率先走出金融危机，从而肯定了这种经济和社会发展模式的作用。

2. 构筑法国特色的社会保障制度

正如本章第五节所分析，"二战"后法国建立的社会保障制度主要是继承了法国几个世纪以来的自发性行业和职业互助和共济的传统，尤其是"二战"中抵抗运动的精神和《抵抗运动宪章》的原则。与此同时，它还吸收了德国和英国社会保障制度的某些经验，既具有行业性的特点，又具有普遍性。特别是进入 21 世纪建立的医疗保险，当属最具有全民医疗保障的性质，又是当今世界上高水平的社会保障。所以，当代法国社会保障

---

① 根据法国国家统计与经济研究所（INSEE）于 2005 年 9 月 15 日公布的 2005—2006 年度法国经济社会统计报告的数据。

② 前揭《资本主义反对资本主义》，第 213 页。

制度，最能够体现"慷慨的社会制度"①。

正是当代法国社会保障制度，几乎对所有的法国人实行从"摇篮到坟墓"全过程的包干，从而极大地减轻了后顾之忧，也极大地打消了对前途的担心，在心理上和物质上满足了劳动力及其家庭的社会需求。我们可以经常地看到，法国人和西方人都是紧张地劳动，快节奏地工作，态度认真负责，达到很高的效率。法国劳动生产率年均增长率，1949 年至1973 年 4.6%，1973 年至 1979 年 3.5%，1980 年至 1993 年 1.8%，2001年至 2007 年 1.4%。尽管劳动生产率在下降，但法国在业的劳动者平均所创造的国内生产总值并没有减少，反而有很大的增长。据统计，法国在业的劳动者平均创造的国内生产总值，1933 年为 8660 美元，1974 年为34200 美元，2000 年为 45000 美元。法国劳动生产率的提高，保证了法国国民经济的增长，尽管"二战"后出现过经济不景气和危机，包括金融危机，但不再出现 20 世纪 30 年代大萧条和大恐慌。当代法国社会保障制度，构成了法国经济的稳定器。

"二战"前的一个多世纪，法国人口增长缓慢，在欧洲人口中的比重逐渐地下降。正是当代法国社会保障制度的实施，使"二战"后法国人口迅速地增加，从而解除了对法兰西民族生存的威胁，保持了法国在欧洲和世界的地位。

"二战"前，法国社会中的两极分化日益明显，富有者极富，贫困者赤贫，社会不平等现象达到十分严重的地步，社会动荡频仍。鉴于"二战"前法国社会贫富不均的教训，"二战"后当代法国社会保障制度的始作俑者在推出社会保障制度时，其主要目的之一就是要消灭贫困现象，缩小贫富的差距，减少甚至消除社会不平等，还给社会公正。经过努力，特别是当代社会保障制度的建立，使贫富差距缩小。尽管 20 世纪 80 年代以来出现新穷人和社会排斥，但是经过当代社会保障制度的调节，遏制了贫富差距的发展。当代法国社会保障制度，构成了社会不平等的调节器，从而缓解了阶级矛盾和社会冲突。

3. 拥有严格和制度化的劳资关系

劳资关系受三套法律准则约束：全国性劳动法典，集体劳动协定和公

① 见《"法国社会模式"奄奄一息：一个主观臆断的诞生（2005—2007）》，法国《经济与社会研究》杂志 2009 年第 2 期（总第 61 期），第 131 页。

司协议和雇用合同。在法国法律规定下，雇佣合同可以自由协商订立。比较普通的方式是无时间限制的合同。实际操作中合同必须是书面形式的法语版本。在雇佣合同中具体地规定了双方身份、工作地点、工作类型、契约起始日期、工资、工作期限、需预先申请的带薪假期期限等，使劳资双方的权利和义务法定下来，一目了然。雇主解雇应遵守解雇程序。解雇程序因解雇的性质（集体或单一解雇，是否由于经济原由解雇）和被解雇的雇员是否受法律特殊保护等而有所不同。雇员在被解雇时原则上有权得到解雇/赔偿费，其数额相当于该雇员月薪的1/10乘以该雇员在企业工作的年限。某些行业劳动协议或劳工合同可规定更高的解雇赔偿费。在某些情况下，雇主还因解雇员而应向失业救济部门交付专款。正是有了严格和制度化的雇佣合同，工会和社会上又有着一个很强烈的保护劳动者权益和保护雇佣者的传统，所以在法国，解雇一个已经签订了合同的人，基本是一个不可能的事情。

在劳资关系中，根据"二战"后出台的职工参与制政策，法国劳资双方接受了"对等主义"思想①，已经建立了"劳资双方同等数量代表共同管理的模式"。这种模式就是由雇主和工会同等数量代表，共同组成企业委员会，就企业生产和经营进行咨询和监督。这种模式已经推广到社会保险、失业保险、互助基金等许多行业。在这些行业中，由资方和投保方同等数量的代表组成董事会（或理事会），共同管理公司的运作。

在劳资关系中，资方已经承认劳方为"社会伙伴"，在法律上的雇主和雇员的平等地位，并建立起就职工劳动和工作条件、工资和福利待遇、工时、休假等劳资双方或者政府、资方、劳方三方的定期谈判和协商机制。

严格的和制度化的劳资关系，化解了雇主和雇员之间固有的矛盾和冲突，促进了法国社会的和谐与发展。

4. 在分配和再分配中兼顾正义、公正、公平和互助团结

法国拥有强大的社会主义和民主社会主义思潮、频频发生的工运和社会运动，社会党又多次上台执政，所以在"二战"后分配和再分配领域，兼顾正义、公正、公平和互助团结，向中下层倾斜，导致收入和贫富差距缩小。尽管20世纪八九十年代因经济不景气导致新穷人的产生，但是法

---

① 对等主义法语为"Le paritarisme"。

国的基尼系数依然保持在 0.3 水平，低于 0.4 的警戒线。在分配和再分配中兼顾正义、公正、公平和互助团结，有利于法国社会的稳定和发展。

法国社会发展模式在"二战"后"辉煌的 30 年"中得到了法国人一致的认同，但是自 20 世纪 70 年代以降，法国经济增速放慢并多次爆发经济危机，致使出现结构性的失业和财政赤字。于是，法国舆论界和学术界对法国社会发展模式提出了质疑，并在 2007 年法国总统选举前后掀起了一场关于法国社会发展模式的大辩论①，时至今天这场大辩论仍未结束。在这场大辩论中，否定法国社会发展模式有之，但多数舆论和学者认为，法国社会发展模式基本上符合法国国情，在化解社会矛盾和冲突中起着积极的作用，从而推动了法国社会的发展。但是，正如许多法国舆论界和学术界所指出：法国社会发展模式是在"辉煌的 30 年"形成的，经济高速增长加大了分配和再分配的盘子，从而才有可能实行"慷慨的社会制度"。20 世纪 70 年代以后，法国经济处于低速增长和不景气，无力加大分配和再分配的盘子，从而造成财政负担加重，导致"慷慨的社会制度"的危机。他们还指出，严格的和制度化的劳资关系使法国社会发展模式僵化，缺乏灵活性。多数议论和学者认为，唯一的出路就是对现存的法国社会发展模式进行改革，使之更富有弹性，使之现代化，使之符合欧洲一体化和全球化的需要。

从法国社会发展模式和关于法国社会发展模式的大辩论中，可以得到如下的启示：①社会发展模式的主要内涵。在法国社会发展模式大辩论中，多数舆论和学者认为，法国社会发展模式应该包含经济和社会模式两个层面，但当代法国社会保障制度是法国特色社会发展模式的主要内涵和表现形式，其他发达资本主义的社会发展模式亦是如此。社会保障制度愈完善，则作为主要载体的社会发展模式愈成熟。从这个角度上看，目前我国仍然处在经济和社会转型阶段，中国特色的社会保障制度正在建立，因而谈论中国社会发展模式还为时过早。只有在建立中国特色社会保障制度达到比较完善的阶段，中国特色社会发展模式才能形成。因此，为了早日建成中国特色社会发展模式，必须加快建设中国特色社会保障制度。②在建立社会发展模式中，要坚持国家的主导地位。法国虽然是资本主义国

---

　　①　见《"法国社会模式"奄奄一息：一个主观臆断的诞生（2005—2007）》，法国《经济与社会研究》杂志 2009 年第 2 期（总第 61 期），第 131 页。

家，但是，有着国家主义传统、强大的社会主义和民主社会主义思潮和运动，即便是新自由主义盛行时期仍始终强调国家干预和调节，坚持"经济爱国主义"，坚持经济和社会发展中国家的主导地位，因此才创造了"辉煌的30年"奇迹，才能克服经济危机和金融危机，推进社会的发展。我国是社会主义国家，在推行社会主义市场经济中可以参考法国国家市场经济的做法，强调国家在发展经济和社会中的主导作用，强调国家的干预和调节。③实行"慷慨的社会制度"。"慷慨的社会制度"是法国社会发展模式的一大特征和主要表现，而"慷慨的社会制度"的形成，正是依赖"二战"后30年的经济高速发展。我国在新中国成立后30年中，经济得到高速的发展，目前依然保持这种发展势头。因此，我国已经有条件重点解决民生问题，实行"慷慨的社会制度"，特别是解决贫富两极严重分化和弱势群体的问题。④经济与社会必须协调发展。法国是在经济高涨时建成法国社会发展模式，又在经济低迷时使法国社会发展模式出现问题，证明了经济与社会发展开始失衡。鉴于法国的经验和教训，我国在建立社会发展模式的过程中，要注意经济与社会协调发展，必须使经济发展保持一定的速度，从而促进社会的发展。

第 四 章

日本的社会发展与政策选择

日本是一个后发的资本主义国家，在近代以来百余年的发展史上，日本既走过弯路，也走过捷径。战后日本不断创造奇迹，至今已建成一个社会差距相对不甚大、社会基本稳定的成熟的资本主义社会。这是由多方面的政策效果叠加造成的。当然，日本的社会发展也存在不少的问题。本章即对日本社会发展中的几个主要方面的政策效果及问题进行分析，并试图得出一些可供参考的结论。

第一节　日本人口结构的变化与政策选择

人口发展规律是从高出生率、高死亡率和低人口自然增长率的"高高低"型，过渡到高出生率、低死亡率和高人口自然增长率的"高低高"型，再过渡到低出生率、低死亡率和低自然增长率的"三低"型。世界各国所处的经济社会发展阶段不同，其人口再生产类型的转变也处于不同的阶段，但最终都要完成以上三种类型的转变。日本已从"第一次人口转换"（高生育率、高死亡率向低生育率、低死亡率的转换）进入"第二次人口转换"（由于过低的生育率进入人口减少时代）。日本社会少子化、老龄化问题日趋严重，人口的减少和出生率的下降将进一步加速日本的人口老龄化进程，对日本社会产生诸多影响。

一　战后人口结构的变化过程

国际人口组织把 65 岁作为老年人口的起始年龄。1970 年，日本 65 岁以上老人占总人口的比率为 7%，开始步入人口老龄化国家的行列。1998 年，日本老年人口比率上升到 16.12%，高居世界前列。从老年人口比率由 7% 上升到 14% 所需的时间来看，法国为 130 年、瑞典为 85 年、美国为 70 年、德国为 45 年，而日本则仅为 25 年（由 1970 年到 1994 年），可见日本人口老龄化进展之快高居各发达国家之首。根据日本总务省发布的日本老年人口数据，截至 2006 年 9 月，日本 65 岁以上的老年人口为 2640 万人，比上年增加 83 万人，占总人口的 20.7%；75 岁以上老年人口为 1208 万人，比上年增加 54 万人。① 日本目前已是世界发达国家中老年人口比率最高的国家。根据预测数据，日本还是世界上老龄劳动人口占总人口比例最大的国家，2001 年，日本有 492 万 65 岁以上的老年人仍在工作或在寻找工作，占同年龄人口的 21.8%。另一方面，日本新生儿数量不断减少，少年儿童人口（0—14 岁）在总人口中所占比例日益下降。据统计，2001 年日本少年儿童人口为 1830 万人，占总人口的 14.4%，2002 年少年儿童人口为 1812 万人，占总人口的 14.2%。② 截至 2006 年 4 月，日本少年儿童人口减至 1747 万人，占总人口的 13.7%③。至此，日本少年儿童人口已经连续减少 25 年。

　　"二战"后，日本人口在 1945 年至 1946 年经历了短暂的出生率锐减时期后，1947 年至 1949 年出现了持续三年的生育高峰期。这三年共出生约 806 万人，这个时期出生的人被称为"团块世代"，现今他们已经 60 余岁，即将形成庞大的老年人集团。婴儿潮之后，日本的出生率急速下降，每年新出生婴儿的数量约为 160 万人。日本人口的年龄构成，由于传统的高出生率、高死亡率的影响，从"二战"前到 1955 年一直保持金字塔形态。由于"二战"后出生率的降低和死亡率的降低，1955 年以后逐渐开始了人口出生率下降和人口老龄化的进程。在 20 世纪 50 年代中期到 70 年代中期大约 20 年的时间里，日本的出生率一直稳定在相对较为合适的人口替代水平上。这 20 年也是日本经济顺利发展、国民生活水平明显提高的时期，每对夫妇所期望的子女人数为 2 人至 3 人。④

---

①　《65 岁以上人口比率为 20.7%》，《日本经济新闻》2006 年 9 月 18 日。
②　日本国立社会保障和人口问题研究所：《日本将来人口预测：2002 年 1 月预测》，http: //www. ipss. go. jp/syoushika/tohkei/Mokuji/1_ Japan/J_ List_ 14. asp? chap = 0，2006 年 9 月 2 日检索。
③　《少年儿童，25 年连续减少》，《日本经济新闻》2006 年 5 月 5 日。
④　人口问题审议会：《日本的人口、日本的家庭》，东洋经济新报社 1988 年版，第 45—83 页。

从 20 世纪 70 年代后期开始,日本人口的动态平衡逐渐被打破。1975 年,日本的总和生育率首次低于 2,降至 1.91,此后开始不断下降。1990 年降到 1.57,被日本称为"1.57 危机"。1995 年、1997 年、1999 年、2001 年和 2003 年依次降至 1.43、1.39、1.34、1.33 和 1.29[①],一路下滑,到 2005 年更是降至 1.26。[②] 根据日本国立社会保障和人口问题研究所的测算,到 2060 年日本人口规模将缩小到目前的 2/3 左右,人口数量为 8674 万人,老龄化将进一步加剧,65 岁以上人口占总人口比重将高达 39.9%。每 2.5 名日本人中就有一名老年人。[③]

事实上,日本人口"少子老龄化"的进展比预计的还要快。日本厚生劳动省公布的人口动态统计数据表明,2005 年日本新生人数为 106.2 万人,比上年减少 4.8 万人,而死亡人数则为 108.3 万人,意味着日本从 1899 年开始人口统计以来首次出现了人口负增长。[④] 2008 年日本的少子老龄化的形势更加严峻,人口数量减少。日本总务省统计局发表的数据表明[⑤],截至 2008 年 10 月 1 日,日本总人口为 12769.2 万人,比上年同期减少 7.9 万人,拥有日本国籍的日本人人口为 12594.7 万人,比上年同期减少 13.8 万人。2008 年新生儿数量为 110.8 万人,死亡人数为 114.2 万人,人口自然增长为负 3.4 万人。另一方面,0—14 岁的少儿人口为 1717.6 万人,比上年减少 11.7 万人,占总人口比率为 13.5%;而 65 岁以上老年人口为 2821.6 万人,比上年增加了 75.2 万人,占人口比率为 22.1%,其中 75 岁以上老年人口为 1321.8 万人,比上年增加了 51.5 万人,占人口比率为 10.4%,首次突破了 10% 大关。另根据日本总务省的推算,在 2008 年 1—12 月间,年龄达到满 20 岁的"新成人"为 133 万人,比上年减少了 2 万人,也是从 1968 年开始推算以来的最低水平。这从另一个侧面说明了日本人口减少的状况。

① 日本厚生劳动省:《2003 年人口动态调查》,http://www.dbtk.mhlw.go.jp/toukei/data/,2006 年 9 月 2 日检索。

② 《05 年出生率,确定值为 1.26》,《日本经济新闻》2006 年 11 月 30 日。

③ 日本国立社会保障与人口研究所,《日本人口推算(2012 年 1 月推算)报告》,HYPERLINK,http://www.ipss.go.jp/。

④ 《人口自然减少 21266 人》,《日本经济新闻》2006 年 9 月 9 日。

⑤ 日本总务省统计局:《截止 2008 年 10 月 1 日时的推算人口》http://www.stat.go.jp/data/jinsui/2008np/index.htm。

二 日本人口出生率下降的原因

从人口老龄化的直接表现来看，其原因主要包括两个方面：一方面是人口平均寿命的延长，即老年人口死亡率下降后，老年人口生存时间延长，从而使老年人口的比重增加，加速了人口老龄化；另一个方面是人口生育率下降，使少年儿童人口数量和比重减少，老年人口数量和比重相对增加。即使老年人口数量没有增加，而由于少年儿童人口数量和比重的减少，老年人口的比重也会相对增加，从而促使人口老龄化。出生率和死亡率的下降都会改变人口的年龄构成，但出生率下降的影响更为明显。死亡率的降低会延长人口的平均寿命，使老年人的数量增加，但要影响到人口老龄化则需要较长的时间；而出生率的降低将立即减少少年儿童人口，提高老年人在人口结构中的比例。可以说，出生率的下降是改变日本人口年龄结构更主要的原因。

少子化的出现是一个非常复杂的社会问题，其原因涉及经济社会的发展和民众观念意识的变化。

1. 晚婚晚育

一个国家或地区人口的婚姻状况直接影响其人口的总体发展态势，关系到社会经济的发展。从日本厚生劳动省发表的《人口动态统计》数据来看，2003 年日本人初婚的平均年龄为男性 29.4 岁、女性 27.6 岁，而在 1975 年则为男性 27.0 岁、女性 24.7 岁。[①] 在约 30 年的时间里，男性上升了 2.4 岁，女性上升了 2.9 岁。这种晚婚化的趋势近年来日益明显。从女性初婚的平均年龄看，从 1977 年的 25.0 岁上升到 1992 年的 26.0 岁用了 15 年的时间，而从 1992 年的 26.0 岁上升到 2000 年的 27.0 岁则仅用了 8 年时间。[②] 同时，从女性生育的平均年龄看，1975 年生育第一胎的平均年龄为 25.7 岁，第二胎为 28.0 岁，但到 2003 年已经分别上升到 28.6 岁和 30.7 岁。可以说，晚婚晚育在一定程度上加速了日本少子化的进程。

日本女性晚婚的原因之一是高学历化。在日本，女性接受高等教育的机会在不断地扩大，缩小了男女在学历上的差距。1960 年，日本女性的

---

① 日本内阁府编：《少子化社会白皮书（2004）》，行政出版社 2004 年版，第 8 页。

② 同上。

大学（包括大专）升学率仅为 6.5%，1970 年为 17.7%，1980 年为 33.3%，2003 年已上升到 47.8%，与男性的 48.3% 基本持平。同时，在 20 世纪 90 年代后期，四年制大学的升学率就超过了大专的升学率，2003 年四年制大学的升学率为 34.4%，大专升学率为 13.9%。① 日本有关调查研究表明，高学历化的进展直接影响到民众的晚婚晚育倾向。根据日本 2000 年进行的国情调查，在 25 岁至 29 岁的人群中，高中毕业女性的未婚率为 45.1%，大专和高等专科学校毕业女性为 56.5%，大学、研究生毕业女性为 69.3%。② 不难看出，学历与未婚率呈明显的正相关关系。同时，从终生未婚率（50 岁时的未婚率）来看，在 50 岁至 54 岁人群中，高中毕业女性的未婚率为 4.5%，大专和高等专科学校毕业女性为 6.3%，大学、研究生毕业女性为 8.7%。③ 根据 2000 年日本国立社会保障和人口问题研究所的"第十二次出生动向基本调查"，从婚后 15 年至 19 年家庭的孩子人数看，妻子高中毕业的为 2.29 人，大专和高等专科学校毕业的为 2.18 人，大学（包括研究生）毕业的为 2.09 人。④ 不难看出，学历与子女人数呈明显的负相关关系。

2. 婚育观念的变化

少子化现象的产生与年轻人婚育观念的变化有着密切的关系。根据 2002 年日本国立社会保障和人口问题研究所以 18 岁至 34 岁的未婚者为对象的调查，回答"在一定年龄之前要结婚"的人在减少，男性从 1987 年的 60.4% 下降到 2002 年的 48.1%，女性从 1987 年的 54.1% 下降到 2002 年的 43.6%，而回答"在没有找到合适的对象前可不结婚"的人却在增加，男性从 1987 年的 37.5% 上升到 2002 年的 50.5%，女性从 1987 年的 44.5% 上升到 2002 年的 55.2%。⑤ 调查还表明，从 1987 年至 2002 年间，在认为"结婚有好处"的男性当中回答结婚"可以得到精神安逸"的比率一直最高，其次是"可以有家庭和孩子"，而女性回答"可以有家庭和孩子"的人最多，其次是"可以得到精神安逸"；相比之下，回答结婚"可以得到社会的信任和对等的关系"，"不辜负父母和周围人们的期

① 日本内阁府编：《少子化社会白皮书（2004）》，行政出版社 2004 年版，第 28 页。
② 同上。
③ 同上。
④ 同上书，第 29 页。
⑤ 同上。

待"的比率却在降低；同时，男性认为结婚"便于生活"的人也在减少。① 可见，迄今为止在日本到了一定年龄就要结婚的社会规范意识在逐渐淡化，人们越来越从个人的理由来考虑婚姻问题。从这个角度讲，结婚对日本现在的年轻人来说已经不是人生的唯一选择。在没有找到合适的人选或没有足够的金钱操办婚事的时候，他们就会选择不结婚。现在日本就有许多被称为"寄生单身"（parasite single）的年轻人，他们不结婚一直住在父母家里，生活上由父母照顾，饮食起居也全由父母安排，自己的钱则可以自由支配，享受着快乐的单身生活。

　　3. 从业女性逐渐增多

　　在传统日本社会"男主外，女主内"观念占据主导地位，女性要通过婚姻来得到经济上的稳定、社会上的信用和精神上的安逸。但是 20 世纪 70 年代以后，由于受西方女权思想和妇女解放思潮的影响，伴随高学历化的进展以及《男女雇佣机会均等法》（1985 年）等有关法律的出台，日本女性的从业人数不断增加。在日本，女性的劳动力比率呈现独特的 M 形曲线。在 20 世纪 60 年代，日本女性初婚的平均年龄为 24 岁，她们一般都是在 24 岁前工作，25 岁至 34 岁为婚育而辞职，到 40 岁后重新开始工作。从不同年龄段的就业比率看，20 岁至 24 岁为 70%，25 岁至 35 岁下降到 40%—50%，40 岁后又上升到 60% 左右，呈 M 形曲线。但是 20 世纪 80 年代后，25 岁至 35 岁女性的就业比率逐渐上升，尤其从 90 年代初开始，25 岁至 29 岁女性就业率上升较快，到 2002 年已超过 20 岁至 24 岁女性的就业率，M 字的谷底也从 25 岁至 29 岁转移到 30 岁至 34 岁。② 就业机会的增多，男女工资差别的缩小，使得女性在经济上得以独立，希望事业和生活两不误的女性越来越多。但是，日本企业的用人惯例是工作优先于家庭，传统的男女角色分工概念并未消失，照料子女的主要责任还是由女性承担，而日本政府也没有及时调整相关政策，所以，日本女性常常遇到了工作和育儿之间发生冲突的问题，面临难以兼顾工作和家庭的困境。女性生育子女后通常会被辞退，再就业又极为困难，所以许多女性不愿失去自己来之不易的工作。这势必影响到了女性的生育愿望。

---

　　①　日本内阁府编：《少子化社会白皮书（2004）》，行政出版社 2004 年版，第 30 页。

　　②　同上书，第 26 页。

4. 高昂的育儿成本

较高的养育子女成本也是造成日本少子化不可忽视的因素。首先，教育费用占有很高的比率。根据 2003 年野村证券的"家计与育儿调查"，在日本家庭的育儿费用当中，教育费用占 37.7%，而且从母亲的年龄段来看，年龄越高花费的教育费用越高，其中，40 岁至 50 岁的母亲用于子女教育的费用高达 46%，接近育儿总体费用的一半。① 日本文部科学省 2002 年的统计数据显示，一个家庭一年用于教育方面的平均费用为公立幼儿园 23 万日元，私立幼儿园 52 万日元，公立小学 29 万日元，公立初中 44 万日元，私立初中 123 万日元，公立高中 53 万日元，私立高中 103 万日元。② 假设物价水平不变，那么从公立幼儿园到公立高中的费用约为 511 万日元，如果除小学外都到私立学校则需要 959 万日元。如果上了大学，国立大学平均每年需要 159 万日元，私立大学需要 215 万日元。这就意味着，一个家庭培养一名大学生，如果全部就读公立学校，也至少需要 1147 万日元，如果除小学外都去私立学校则需要 1817 万日元。

其次，育儿需要大量的时间和精力。根据 2003 年日本总务省统计局的调查③，日本男性平均每周工作时间为 49.6 小时，女性为 35.3 小时；在子女处于幼儿期的 25 岁至 29 岁年龄段，有 40% 以上的日本男性平均每周工作时间超过 49 个小时，有 20% 的人平均每周工作时间达 60 小时；在子女处于成长期的 30 岁至 40 岁年龄段的人群中，有近 25% 的日本男性每周工作时间超过 60 小时，有近 50% 的日本女性平均每周工作时间超过 40 小时。日本厚生劳动省指出，2004 年在 25 岁至 39 岁年龄段的日本人中，平均每周工作时间在 60 小时以上的超过 20%，与 10 年前相比增加了 4 个百分点。④ 可见，生育年龄段人群的业余时间不足，已成为少子化的重要原因。此外，由于在日本家庭中，家务和育儿工作大多由女性负责，使得女性在兼顾工作和家庭的情况下，背负着沉重的负担和压力。据统计，在有 6 岁以下子女的家庭中，有工作的妻子平时用在家务和育儿方

① 野村证券：《第八次家计与育儿调查报告书》，第 28—29 页，http：//www. nomuraholdings. com/jp/press/securities/031016/031016_ 1. pdf。

② 同上书，第 39 页。

③ 同上书，第 40 页。

④ 《厚生劳动省：少子化的原因是育儿一代人的长时间工作》，《读卖新闻》2006 年 9 月 8 日。

面的时间达 5 小时，而丈夫仅为 21 分钟，不到妻子的 1/15，即便是在节假日，丈夫做家务的时间也仅是妻子的 1/5。[①] 为此，许多从业妇女结婚后，都不愿意早生头胎或控制子女人数。

再次，育儿存在较高的机会成本。如前所述，日本女性的就业模式呈M 形曲线，很多女性一旦生育子女之后就会放弃工作，待孩子基本自理之后再重新工作。但是，由于日本企业的用人标准非常看重工作的连续性，依然在很大程度上崇尚论资排辈的企业文化，所以，女性生育期间的工资没有保障，生育后也不一定能返回原来的岗位，即使重新工作也不过是一些非正式的零工或小时工，不会像正式职员那样有升迁机会和年金保障，她们会因为育儿而失去提高工资和晋升的机会。这种情况阻碍了女性的婚育愿望。

三　人口结构变化对日本社会的影响

1. 人口老龄化对社会老年赡养负担的影响

从社会功能角度看，人口由三部分构成，即支撑经济和社会基础的劳动年龄人口，以及由他们扶养的少年儿童人口和老年人口。根据国际通行的划分规则，15 岁至 64 岁人口为劳动年龄人口，14 岁以下人口为少年儿童，65 岁以上人口为老年人口。[②] 根据 2005 年日本的国情调查，日本老年人口为 2567.3 万人，占总人口的 20.1%，少年儿童人口为 1752.1万人，占总人口的 13.7%，劳动年龄人口为 8409.3 万人，占总人口的 65.8%。[③]

"总扶养人口指数"是指"少年儿童人口指数"即少年儿童人口相对于劳动年龄人口的比率与"老年人口指数"即老年人口相对于劳动年龄人口的比率的相加之和。人口结构在转型过程中出现老龄化是必然的现象，随着生育率和死亡率的下降而出现的人口老龄化在初期有利于社会经济发展，因为这一时期人口增长放慢、总扶养人口指数趋于下降、人口年龄结构相对稳定。但是，随着老年人口指数超过少年儿童人口指数，老年人口开始成为社会的主要扶养对象，人口老龄化也就逐渐成为问题，进而

---

① 前揭《少子化社会白皮书（2004）》，第 41 页。

② 熊必俊编著：《人口老龄化与可持续发展》，中国大百科全书出版社 2002 年版，第 47页。

③ 《日本成为人口减少社会》，《日本经济新闻》2006 年 10 月 31 日。

形成对社会经济发展的负面影响。

在少子化和老龄化同时进展的情况下，总扶养人口指数会在一段时期内呈现下降趋势，这是多数发达国家都曾出现过的现象。"二战"后日本经济的快速发展，也在一定程度上得益于总扶养人口指数的下降。日本总扶养人口指数在 1990 年降至最低，此后开始呈上升趋势，具体而言是少年儿童人口指数逐渐减小，而老年人口指数明显增加。总扶养人口指数的上升，对原有的养老保险制度构成严峻的挑战，需要国家稳妥地解决好社会保障体制问题。在人口老龄化的进程中，老年人口数量急剧增加，一方面越来越多的老年人口退出了生产领域，不再直接创造物质财富；另一方面老年人口的消费活动却并未停止，不仅仍要消费生活资料，同时还需要医疗和护理消费，因此总体消费还会有所增加。这必然导致社会经济负担的急剧增加，主要表现在老年人口的退休年金、医疗费用、护理保健费用、社会福利费用、社会保障费用的快速增长。根据日本国立社会保障和人口问题研究所的统计，日本的社会保障给付总额在 1970 年为 3.5 万亿日元，1980 年 24.8 万亿日元，1990 年 47.2 万亿日元，2000 年 78.1 万亿日元，2002 年更是增至 83.6 万亿日元。[1] 从占国民收入的比率来看，2002 年为 23.0%，而 1970 年却仅为 4.7%[2]，社会保障给付总额的增长已远远超过了日本经济的增长速度。社会保障是年轻一代人供养老一代人，因而老年人口越来越多和劳动年龄人口越来越少，就意味着社会保障的负担越来越重。根据日本国立社会保障人口研究所的测算，2050 年每三名日本人中就有一名老年人，也就意味着届时每两名日本人就要养活一名老年人，而这两人中还包括无工作能力的儿童和学生，所以实际劳动人口所承受的社会负担将更重。这种趋势持续下去，将极大地影响养老金、医疗保险等社会保障制度的实施，并动摇整个社会保障体系。于是，如何解决养老金财源不足已成为日本的长期课题。

2. 人口老龄化对劳动力年龄结构及劳动力供应的影响

相对而言，劳动力人口比劳动年龄人口更能说明日本劳动力的实际状况[3]。在人口老龄化进程中，老年人口比重不断上升，少年儿童比重相对

---

[1]　前揭《少子化社会白皮书（2004）》，第 81 页。

[2]　同上。

[3]　在日本，劳动年龄人口是指 15 岁至 64 岁年龄段的人口，劳动力人口是指 15 岁以上拥有职业和有就业意愿的人口。

下降，劳动力人口年龄结构将逐渐趋于老化。这种变化必然会对生产活动产生不利影响。

第一，影响劳动生产率的提高。劳动力老化意味着中青年劳动力比重降低，中老年劳动力比重升高，但任何人在中年以后生理机能都会出现衰退，心理素质也会发生相应的变化，接受新事物和掌握新技术的能力不如年轻劳动力，工作效率也会有所降低，因而劳动力老化将不利于劳动生产率的提高。

第二，不利于产业结构的调整。在现代市场经济条件下，新兴的产业和行业不断涌现，传统的产业和行业逐渐衰退消失，劳动力的职业变换日益频繁，但中老年劳动力对职业变动的适应能力较差，因此劳动力老化将对产业结构的调整形成显著制约。

同时，在人口老龄化进程中，由于老年人口比重不断上升，而劳动力人口比重总的趋势是不断下降，当劳动力人口比重下降到一定程度，就会导致劳动力的不足，从而影响生产的发展。近年来，日本劳动力人口一直呈现老化趋势。据统计，日本劳动力人口 1980 年为 5650 万人，年龄结构是 15 岁至 29 岁为 24.1%，30 岁至 59 岁 66.6%，60 岁以上 9.3%；1990年 6384 万人，年龄结构是 15 岁至 29 岁 23.1%，30 岁至 59 岁 65.4%，60 岁以上 11.5%；2000 年 6766 万人，年龄结构是 15 岁至 29 岁 23.5%，30 岁至 59 岁 63.0%，60 岁以上 13.6%；2003 年 6666 万人，年龄结构是 15 岁至 29 岁 21.6%，30 岁至 59 岁 64.3%，60 岁以上 14.1%。[1] 根据日本厚生劳动省的预测，日本劳动人口在 2005 年达到峰值的 6770 万人后将逐渐下降，到 2025 年减至 6300 万人，年龄结构将是 15 岁至 29 岁为 17.1%，30 岁至 59 岁 63.5%，60 岁以上 19.7%，劳动力人口的构成逐渐向头重脚轻的方向发展。[2] 日本劳动力人口的这种变化是随着人口整体年龄构成的变化而发生的不可避免的变化。经济发展的基本要素是劳动力，劳动力人口规模和人口年龄结构的变化，势必从各个层面对社会经济发展产生直接的影响。

日本经济之所以在"二战"后较短的时期内获得迅速发展，主要原因之一就是拥有充足、优质、廉价的劳动力。而今后由于人口结构的变化

---

[1]　前揭《少子化社会白书（2004）》，第 77 页。

[2]　同上。

而带来的适龄劳动力不足，必将影响日本经济的发展。目前在日本的农业、渔业、食品加工业等地方产业，从业人员都已面临劳动力老化问题，而工作条件艰苦的行业更是人手不足。为此，日本已开始推迟退休年龄，将 60 岁退休逐步推迟到 65 岁。但反对者提出，在终身雇佣制已经改变的今天，这种延长雇佣的措施无疑是日本式经营的卷土重来。由于无论是体力还是脑力劳动，年轻劳动力均优胜于老年劳动力，这在知识经济时代更是明显，因此劳动力老化不利于劳动生产率的提高，对社会经济的发展也会起阻碍作用。根据联合国经济社会理事会的测算，在今后的 50 年内，日本为维持国民经济的发展，每年至少需要移民 60 万人。但是，部分发达国家的实践表明，大量引进外国劳工，将会引起本国劳工与外国劳工间的矛盾，产生诸多的社会不安定因素。对此，日本有关方面建议，日本接受移民最好的方法就是将目标锁定在日本各大学的留学生群体，适当增加接纳留学生的数量，并对学有所长的留学生放宽就业劳动许可。这有助于将移民可能导致的社会混乱限制在最小范围。日本厚生劳动省下设的外国人雇佣问题研究会的调研报告指出，日本若要在未来的国际竞争中取胜，解决人口老龄化和少子化带来的国内劳动力不足，必须直面引进外国劳务问题，而最需要重视的就是引进具有高学历和具有"卓越"技能的人才。[1] 但是，也有日本学者根据日本国立社会保障人口研究所的测算认为，由于从 2000 年到 2020 年日本将减少约 1200 万劳动力人口，因此仅靠移民来解决并不现实，因而主张挖掘日本国内的老年人和妇女的劳动潜力。[2]

此外，人口老龄化还将对社会就业和再就业产生影响。随着人口老龄化的发展，老年人口比重和老年人口数量都会有较大的增长。由于健康水平不断提高，平均预期寿命不断延长，老年人口的生存期日益提高，因此不少老年人口尤其是低龄老年人口都还具有较强的劳动能力，也有参加劳动的愿望。但是，大批的老年人口参与就业和再就业的竞争，必然会增加社会就业和再就业的压力。20 世纪 90 年代以来，随着泡沫经济的破灭，日本的失业率呈上升趋势，1998 年底首次超过同期的美国失业率，攀升

---

① 外国人雇佣问题研究会：《外国人雇佣问题研究会报告书》，2002 年 7 月。http：//www. mhlw. go. jp/topics/2002/07/tp0711 - 1. html，2006 年 9 月 3 日检索。

② 后藤纯一：《少子高齢化と移民受け入れについて》，《ESP》2002 年第 5 期，第 43—46 页。

至 4.5%，而在 2003 年，更是升至 5.3%。① 近年来，由于日本经济逐渐复苏，失业率有了较大幅度的回落。根据日本总务省的劳动力调查，2006 年 11 月的日本失业率已降至 4.0%，② 是 1998 年以来的最低水平，但从长期来看，如何合理安置老年人就业，减少对社会就业的压力，仍是日本需要解决的课题。

在人口老龄化过程中，少年儿童人口的比重和数量不断下降，老年人口比重和数量迅速增加，将会对社会的文化教育产生影响，形成与社会原有的文化教育结构之间的矛盾。其主要体现是：过大的少年儿童教育规模及能力与日益减少的少年儿童教育需求及数量之间的矛盾；迅速增加的老年人口数量及其接受教育的需求与老年教育设施严重匮乏之间的矛盾。从日本的情况看，前者的矛盾更为突出。从 20 世纪 90 年代初开始，日本升入小学、初中、高中的人数逐年减少，大学生源短缺，使一些学校陷入困境，尤其是部分短期大学的经营更是难以为继。短期大学是伴随着"二战"后日本的学制改革而成长起来的，最早出现于 1950 年，是一种学制为 2 年到 3 年的高等教育机构。短期大学的主要宗旨是对完成中等教育的学生或成人进行专门的职业技术教育，使他们具备就业和实际生活所必需的能力。有的短期大学还设置了为升入四年制大学做准备的课程或成人的继续教育课程。短期大学生源短缺与日本少年儿童人口减少密切相关。在争夺生源的过程中，很多私立的本科学校不断降低门槛，扩大招生，考不上大学准备就业的高中生又大量流入能学到一技之长的技术培训学校，短期大学处于二者的夹缝中，情况不容乐观。2002 年，日本全国 434 所私立短期大学招生名额为 11.75 万人，实际入学人数为 11.22 万人，有 210 所学校名额不满，其中 30 所学校招生不到计划的一半。根据日本私立学校振兴共济事业团的调查，日本有 1/4 的四年制私立大学和近一半的私立短期大学经营赤字，由于学生数量的减少，近 5 年平均每所学校减少收入 8.45 亿日元。

此外，随着人口老龄化的进程，以生产音响、赛车、摩托车等面向青少年消费品的企业和经营娱乐服务的行业，都有可能陷入经营危机。如何

① 金融广报中央委员会：《生活与金融所有数据》，2005 年，第 52 页，TOKIWA 综合服务股份公司。

② 《11 月的失业率降为 4.0%，8 年来最低》，载《日本经济新闻》2006 年 12 月 26 日晚刊。

调整产业结构和消费结构，已成为日本需要考虑的重要课题。老年人口在物质生活和精神生活方面都有其自身的需求和消费特点。因此，老年人口比重的上升和老年人口数量的增加，将会使原有的市场结构和产业结构难以适应人口老龄化社会的需要，从客观上要求由老年人口市场需求增长带动相关产业的发展。其中既包括与老年人口食品、服装、出行、健身、住宅、文化等相关产业的发展，也包括针对老年人口的服务行业的发展。

四　日本采取的对策与举措

人口出生率的持续下降与少子老龄化问题，已引起日本各界的广泛关注。由于这些问题会对劳动力人口结构、社会保障制度等诸多方面形成重要影响，因此很多日本民众都对低出生率抱有危机感。2004 年日本内阁府的"关于少子化对策的特别舆论调查"表明，有 76.7% 人由于出生率持续下降而对日本的将来"感到了危机"，没有危机感的人仅有 8.2%。[①]日本内阁府于 2009 年 1 月进行的相同调查表明[②]，有 83% 的人因少子化的进展对日本的未来感到危机，这个数字比 2004 年的调查增加了 6.3 个百分点。人们期待政府进一步采取少子化对策措施，有 58.5% 的人认为要"支援工作和家庭的两立以及促进对工作方式的重新审视"，有 54.6% 的人认为要"减轻育儿的经济负担"，有 54.6% 的人提出要"鼓励妊娠和生产"。

面对人口年龄结构的少子老龄化问题，日本从 20 世纪 80 年代以来一直在积极应对，试图缓解少子老龄化问题对社会经济的影响。一方面改革和充实以老年人口为对象的各种制度措施，另一方面为提高出生率制定对策。

1. 老龄化对策

针对日本社会日益严重的老龄化问题，日本政府于 1995 年制定并实施了《老龄社会对策基本法》，为老龄化社会对策确立了基础框架。《老龄社会对策基本法》的目的在于综合推进老龄社会对策的制定，以谋求经济社会的健全发展和国民生活的稳定提高，建立一个立足于公正而有活

---

① 《内阁府调查：76% 的人因"低出生率，对日本将来有危机感"》，《日本经济新闻》2004 年 10 月 8 日。

② 日本内阁府政府广报室：《"关于少子化对策的特别舆论调查"概要》，http：//www8.cao. go. jp/survey/tokubetu/h20/h20 - syousika. pdf。

力的地区社会自立和互助精神基础之上的富裕社会。该基本法重新审视了与老龄社会密切相关的雇佣、养老金、医疗、福利、教育、社会参与、生活环境等领域，制定了新的政策和目标，以谋求经济社会的健全发展和国民生活的稳定提高。1995 年 12 月，日本政府设立了以首相为会长、全体内阁成员为委员的"老龄社会对策会议"，对老龄社会对策相关的重要事项进行审议，制定老龄社会对策大纲以及推进相关对策的实施。根据《老龄社会对策基本法》的规定，日本政府于 1996 年 7 月首次制定《老龄社会对策大纲》，后来随着经济社会的发展和少子老龄化问题的恶化，日本政府又于 2001 年 12 月制定了新的《老龄社会对策大纲》。

日本政府除出台法律、政策、方针之外，还非常重视进行有关老龄化社会的社会意识调查。1994 年以来，日本每年都要进行两项调查，一项是有关就业、收入、健康、福利、教育、社会参与、生活环境等涉及老龄化社会对策各个方面的"老龄人对策综合调查"，另一项是以独居老年人、夫妻家庭和退休人员等特定老年人为对象的"政策研究调查（老龄化问题基础调查）"。通过这些调查，日本政府得以全面了解老龄化社会的状况，掌握老年人观念意识和生活方式的动向，为政府在老龄化问题上出台更切合实际的对策提供参考。

近年来，面对人口老龄化问题日趋严重、社会保障费用支出过大、养老金制度受到严峻挑战的问题，日本在老龄化对策方面特别加大了对养老金制度的改革力度。针对保险费滞纳问题严重、国民养老金空洞化、领取养老金人数猛增、保险费居高不下、代际间负担义务不平衡等课题，日本政府主要采取了以下改革措施：第一，推迟支付养老金的时间，将支付时间从 60 岁逐步过渡到 65 岁。对于过渡期，男性是 2013 年至 2025 年，女性是 2018 年至 2030 年。第二，推行在职老年人养老金制度。该制度以 65 岁以上 70 岁以下仍在继续工作的老年人为对象，目的是为了解决部分老年人收入过高所引起的负担义务不合理问题。由于 60 岁（或者 65 岁）的老年人在退休之后即可以领取国民养老金和厚生养老金，同时停止缴纳各项保险金，因此，退休之后继续工作的老年人实际可以拿到双份工资，从而加剧了代际收入与负担不平衡问题。在职老年人养老金制度实施后，将对 65 岁以后仍然在岗工作的老年人，根据其工资收入情况减少给付的养老金，从而在一定程度上缩小老年人之间以及老年人与中青年之间的收入差距。日本进行养老金改革的根本方向是实现养老金给付与负担的平衡，并解决养老金财源问题。2004 年 5 月，日本国会通过《养老金制度改革相关法案》，其内容包括：将厚生养老金的保险费率固定在年收入的 18.3％，并将给付水平维持在现职人员平均纯收入的 50％；将基础养老金即国民养老金的国库负担由现在的 1/3 提高到 1/2；等等。2006 年 5 月，日本内阁官房长官在参加"社会保障恳谈会"时表示，政府将进行养老金制度的一元化改革，确保养老金的稳定财源。此外，2006 年继任的日本首相安倍晋三在其就职演说中也明确表示，政府对于公共养老金制度负有重要责任，需要建立能够得到国民理解和信赖的养老金制度。

日本的老龄化社会面临的问题很多，不是一朝一夕可以解决，需要中央和地方政府以及民间的共同努力，创建更合理的制度和制定更切实的对策。

2. 少子化对策

日本政府对日益严重的少子化问题一直非常重视，且有着强烈的危机感。近年来，日本相继出台和修改了一系列法律、法规，从中央到地方均采取了多项措施来促进生育，试图遏止少子化现象的加剧。

1994 年 12 月，日本政府厚生、文部、劳动和建设四省大臣就"关于今后为支援育子施策的基本方向"（简称"天使计划"）达成一致。作为日本政府最早提出的有关少子化对策的综合性政策，"天使计划"的重点包括女性的工作及育儿、保育服务设施、保健医疗体制、住宅生活环境、儿童教育、养育经济负担等问题。为推动"天使计划"的落实，日本政府专门拨付了 60 亿日元的财政预算。1999 年 12 月，日本政府大藏、文部、厚生、劳动、建设、自治六省大臣就"天使计划"的继续和延伸——"新天使计划"达成一致。

2001 年，日本修订《育儿休业法》。该法规定：养育不满一岁婴儿的正式从业人员，不论男女均可以提出休假，企业不得拒绝也不得以此为由予以解雇。这一法律出台的目的就是为了缓解生育给职业妇女带来的压力，创造一个无论男女均可兼顾生活和工作的社会环境。

2002 年 8 月，日本厚生劳动省决定投入 1 万亿日元，用于托儿所等妇幼保健项目的建设，希望借此吸引育龄夫妇生育子女，扭转日本人口出生率不断下降的趋势。

2003 年 4 月，日本政府颁布《推进支援下一代培养对策法》和修订后的《儿童福利法》。这两部法律试图从支援培养后代和增加儿童福利两方面鼓励生育、减缓少子化发展。同年 5 月，日本执政三党提出《少子化社会对策基本法》草案，提请众议院内阁委员会审议。同年 9 月，《少子化社会对策基本法》颁布实行，成为日本解决少子化问题的基准法律。根据这一法律，日本内阁府设置了以首相为会长、全体内阁成员为委员的"少子化社会对策会议"，并将解决少子化问题作为政府长期的综合目标，该法还明确了制定《少子化社会对策大纲》的基本方针，提出要建设"让生育子女的民众真正感到自豪和喜悦的社会"，完善育儿休业制度和保育服务，规定国家和地方自治体有责任和义务制定少子化对策，企业有责任和义务对此进行合作。

2004 年 4 月，日本修订《儿童补贴法》，扩大了原先给予补贴的范围，即由原来从第二胎开始享受补贴改为从第一胎开始享受补贴；补贴额由原来从第二胎每月 5000 日元改为第一、第二胎每月 5000 日元，第三胎后每月补贴 1 万日元；补贴的年限由原来孩子上小学为止改为小学三年级毕业。该法是从鼓励生育、提高孕妇的分娩补贴、扩大儿童补贴范围的角度来减缓少子化趋势。同年 6 月，日本政府制定并通过了《少子化社会对策大纲》。该大纲是依据《少子化社会对策基本法》，经过"少子化社会对策会议"多次召开"少子化社会对策大纲讨论会"，对大纲草案进行了广泛深入商议后才出台的。该大纲包括 4 个重点课题和 28 条重点实施的具体对策，从社会、企业、家庭、社区等角度来构筑解决少子化问题的对策框架，其中包括：推进育儿休业制度、普及父亲参加养育子女、缩短劳动时间、促进妇女再就业、加强宣传对生命的珍视、帮助年轻人理解家庭的作用、在社区建立支援养育子女体系、发挥居民的力量充实学龄前儿童和学龄儿童的教育和保育、防止虐待儿童、支援家庭教育、完善儿童医疗体制、减轻养育子女负担等。《少子化社会对策大纲》中还有一项"新新天使计划"，具体包括增加保育所数量、延长保育时间、充实育儿支援、普及育儿休业制度、扩大儿童津贴等措施。日本内阁府还分别在同年 6 月和 12 月召开了两次"少子化社会对策会议"，就少子化社会对策大纲所列举的重点措施，商议了具体的落实步骤。

2004 年 12 月，日本内阁发布了第一部《少子化社会白皮书（2004 年）》。《白皮书》指出，2005 年开始的五年期间是日本第二次生育高峰期间即 1971 年至 1974 年间出生的女性的适龄生育期，全国 26 岁至 35 岁的女性人口有 800 万到 900 万，因此以这一年龄段女性为对象积极实施支援生育的政策，可以有效防止少子化问题的发展。《白皮书》提出了"建立健全男女劳动者边工作边养育子女的雇佣环境"、"将等待入托儿童人数降到零"、"促进年轻人稳定就业"等对策，其中最重要的是对养育子女的支援对策，重点在于使《育儿休业法》真正落到实处。

2004 年 12 月，日本厚生劳动省少子化对策企划室根据《少子化社会对策大纲》制定并发布了《有关基于少子化社会对策大纲重点对策的具体实施计划》即"支援孩子、育儿计划"。该计划确定了 2004 年至 2009 年间有关缓解少子化现象的具体对策，显示出日本政府在少子化社会对策上的理念正由构筑"健康的培育子女的社会"向"能够因生育、养育子女而感到愉悦的社会"转变。该计划的具体内容主要包括：培养年轻人的自立性；加强年轻人对生命和家庭作用的理解和教育；重新审视工作与家庭兼顾的社会环境；在社区、家庭教育、医疗、住宅等方面支持养育子女；完善保育设施；以社区为中心支持妇女兼顾工作与家庭；等等。此外，该计划还对日本企业提出了一系列政策目标，具体包括：普及对工作和家庭的支援；表彰兼顾工作和家庭的优秀事迹；提倡根据个人生活需要调节劳动时间；由企业和员工共同促进工作和家庭的和谐；等等。同时，该计划还根据"从小培养民众热爱生命、关注生命意识"的需要，提出向中学生开放幼儿园、托儿所、儿童馆、保健所等设施，提供他们接触幼儿的机会和场所，以培养他们对幼小生命的喜爱。另外，该计划还提出应深入开展"将等待入托儿童人数降到零"的要求，防止对儿童施暴，在全国建立确保父母和子女能够自由聚会的场所。而且，考虑到孕妇和携带子女外出的父母的不便，该计划还提议完善和改进公共场所与设施。这些具体措施的实现，都有赖于政府、民间、社区、企业、个人的理解和通力合作。

2005 年 4 月，《推进支援下一代培养对策法》和《有关基于少子化社会对策大纲重点对策的具体实施计划》正式开始实施。2006 年 6 月，日本"少子化社会对策会议"通过了《关于新少子化对策》决议。决议认为，尽管迄今为止已采取多项少子化对策措施，但都未能有效阻止出生率下降和人口减少的趋势。决议指出，为缓解少子化问题，需要首先扭转目前的社会意识，促使民众重新认识到家庭的重要性，消除引起年轻人不安的因素，因此有必要从根本上扩充和加强少子化对策。决议强调，日本第二次生育高峰期间出生的女性再过 5 年左右就要度过适龄生育期，因此必须及时采取措施，尽可能提高婴儿的出生率。决议拟定的具体举措包括：

（1）进行整个社会的意识改革，让全体国民认识到养育子女是社会的基本责任；

（2）站在重视子女和家庭的立场上制定对策，国家、地方公共团体、企业和社区都要支持育儿家庭；

（3）支持家庭育儿，进一步完善和落实各项少子化对策；

（4）倡导"重建家庭与社区纽带"的国民运动以及"珍惜子女和生命"的社会运动。

2008 年 7 月，日本政府为强化社会保障功能制定了"五个安心计划"①，具体是：

（1）建设老年人可以拥有活力放心生活的社会；

（2）建设任何人有健康问题都能接受医疗的社会；

（3）建设关爱担负未来的孩子们的社会；

（4）建设以派遣员工和计时工等形式工作的人们对未来抱有希望的社会；

（5）恢复对厚生劳动行政的信任。

其中，第四项就是应对少子化的进展而提出的。这方面的两个大的政策方向就是"完善保育服务等支撑育儿的社会基础"，"实现工作与生活的和谐"。

五　日本面临的人口结构课题

长期以来，日本采取了许多针对老龄化和少子化问题的对策和措施，这些法律、对策和具体建议涉及国家、地方团体、企业和社区。然而，部分政策似乎未能取得预期的效果，特别是少子化趋势始终未能得到根本的遏止，安心生育的环境和兼顾工作与家庭的环境也尚未建立。这一方面说明，解决少子化问题将是长期的综合性社会工程，需要各领域长期配合、综合治理；另一方面也说明，现今日本实施的一些政策并没有对症下药，难以从根本上解决问题。

---

① 日本首相官邸网站：《为加强社会保障功能的紧急对策——五个安心计划》，http：//www. kantei. go. jp/jp/kakugikettei/2008/0729pr. pdf。

过去的 10 多年里，无论是日本政府还是企业都在积极采取措施，创造有利于生育子女的环境，以提高出生率，但却未能遏止出生率持续下降的趋势。其中的重要原因就是这些对策基本都是以"工作的女性"为支持的对象，而没有把对策的重心放到支持生育和养育子女方面。日本的少子化对策一直强调工作与育儿的兼顾，但更多的是偏重于女性，而忽视了同样负有育儿责任的男性，也没有充分考虑到现在没有子女而今后可能有子女的潜在生育人群。这一情况直到 2003 年出台《当前关于支援培养下一代的举措方针》后才有所改善。因此，今后日本在少子化对策方面除了要在经济上加大对家庭育儿的支持以外，首先要解决的课题就是真正实现多样化的工作方式，让男性也有时间、有精力、有意愿参与育儿。这不仅需要国家制度的支持和企业、社区的合作，更需要民众观念的转变。

进入 21 世纪以来，日本先后采取了很多应对少子老龄化的政策措施，但并没有遏止少子老龄化的进展。人们期待日本政府出台新的政策。2004 年根据少子化社会对策基本法制定的《少子化社会对策大纲》已经过去了 5 年，2009 年要对其进行评估，制定新的大纲。为此，日本少子化对策会议决定了制定新的少子化社会对策大纲方针。根据这个方针，2009 年 1 月，在少子化对策担当大臣主持下成立了"从零开始思考少子化对策课题组"，与各个方面交换意见，对相关问题展开讨论，以制定新的对策大纲。

第二节　日本农村社会的变迁

明治维新后日本近代化的重点在于工业化，农业则相对处于次要的地位。地税改革等一系列农业政策剥夺了农民的利益，为日本资本主义的发展提供了原始积累。同时，由于土地向地主手中集中，在农村逐渐确立了封建性极浓厚的寄生地主制，政府亦通过实施户籍法、征兵制、郡区町村编制法等一系列法令，将农村也纳入到近代天皇制统治之下，成为日本近代行政统治的末端组织。1945 年日本战败后，农地改革作为改变日本过去的强制体制，消除军国主义和侵略主义的潜在因素，实现民主化的重要一环提了出来。经过半个世纪的改革，日本的农业逐渐实现了现代化，农村家族关系、农村组织、阶层关系等农村社会结构也发生了显著的变化。

一　农地改革与农村社会变迁

第二次世界大战后，日本的村落经历了两次重大的社会变动。一次是作为战后改革一环的农地改革，另一次是 1955 年正式开始的日本经济高速成长带给农村的巨大影响。[①] 从历史上看，这一说法是很有道理的。前者是在占领军的指导下的被动的改革，[②] 而后者则主要是日本政府顺应市场经济而作的自我调整。从结果上讲，前者在一定程度上打破了传统的半封建土地所有制关系，而后者是对这一成果的巩固和发展。

战争使日本农村处在极度困难之中。

（1）人口激增。战败后包括失业工人、复员军人和从国外遣返回国人员在内的 1300 多万人，大部分返回农村，给农村带来巨大的压力。

（2）粮食产量下降。连年的战争使耕地面积逐渐减少，粮食产量逐年下降。1945 年农业歉收，战败后进口粮食减少，更加重了农民的负担。

总之，农村承受着人口增加和粮食供应量加大的双重压力。[③] 基于国际战略的考虑以及日本国内严酷的形势，1945 年 12 月占领当局提出了《关于农地改革的备忘录》和指令，要求日本实行农村的民主化改革。"在推进民主化的时候，要扫除经济方面的障碍，要充分尊重人权，要打碎几个世纪以来，在封建的强权政治下，把日本农民当做奴隶的经济桎梏。"根据美国占领当局的指令，日本政府先后于 1945 年、1946 年进行了两次农地改革。在此之前，日本政府也曾试图通过建立自耕农事业（1926 年）、制定《调整土地法》（1938 年）来修改租佃制度，调整农村中地主与佃农的关系，也取得了一定的成果。1926 年到 1945 年间全部土地的 1/4 变成了自耕地。而此次农地改革与以往的土地改革有本质的区别。以往的改革是日本政府内部自发的，其无法也不可能从根本上改变作

---

① 富永健一：《日本的现代化与社会变迁》，商务印书馆 2004 年版，第 213 页。

② 事实上，在盟军总部没有制定出农地改革方针之前，日本已经开始主动着手农地改革了。其目的是通过类似于欧洲圈地运动似的改革将农民从土地分离出去，一方面为增产粮食，稳定社会；另一方面，为在日本资产阶级统治趋于薄弱时，拉拢农民成为他们保守势力的地盘。当然为工业的发展提供必要的劳动力也是其中一个重要的目的。但是，这与盟军总部的农地改革理念并不完全一致。对此，1945 年 12 月麦克阿瑟发布了"解放农民指令"，1946 年 5 月对日理事会制订了第二次农地改革方案，并于同年 9 月提交到日本第 90 届议会通过。从这个意义上讲，这块农地改革带有被动的意味。

③ 王振锁：《日本农业现代化的途径》，天津社会科学出版社 1991 年版，第 11 页。

为其统治基础的封建地主土地所有制。而此次农地改革是在盟军最高统帅部指导下完成的，这种外力的强制正是促使日本打破农村传统的生产关系，进而打破天皇绝对主义政权统治体系的动力。这使得第一次和第二次农地改革规模大，也较为彻底。从佃租上讲，这次农地改革规定将过去的实物地租改为现金地租，并且规定水田不得超过 25%，旱田不得超过 15%，大大降低了佃农的负担。从佃农的比例上讲，到 1949 年自耕地的比率已经达到了 87%，全国农户的 84% 都成了自耕农和半自耕农，地主阶级势不可挡地没落了。

农地改革的主要内容有：

（1）政府在两年内，强制收买在外地主的全部耕地和农村地主平均公顷之外的自耕地，并在原则上将这些土地再度卖给佃户，支付期限为 30 年，并有利息。

（2）规定农地价格是全国平均十公亩水田 60 日元，旱地 450 日元。同时对于拥有不到三公顷土地的地主加付补偿费。

（3）剩下的佃耕地地租以现金形式缴纳，平均每 10 亩水田缴纳 75 日元。并将将来缴纳现金地租的比率限制在水田收成的 25%，旱地收成的 15% 之内。同时，佃租合同契书化，无特殊情况经县知事许可，不得没收。

农地改革不是农民自下而上地斗争的结果，加之内容和规模的急进，所以在深度上存在着一定的局限。残留着一些佃农的土地问题没有解决，山林地主的土地没有收买等问题，这是这次改革的不彻底之处。但是，这次农地改革提高了农民的积极性，从根本上削弱了地主的统治力量，无论是从精神上，还是从制度上，都是农村民主化的一大进步。[1] 1945 年 9 月《曼彻斯特卫报》发表的《农地改革才是日本民主化的第一步》一文指出："农地改革是日本改革的第一步。提高农民生活水平，就能杜绝日本工业的低工资劳动来源，并能减少日本的征兵力量，另一方面，农民购买力提高后也能增加国内的需要，相应地也有缓和对外输出和侵略的效果。"[2]

战后农地改革是 GHQ 日本三大经济民主改革中最重要的改革，是战

---

① 木下航二：《战后昭和史》，六兴出版部 1959 年版，第 84 页。

② 楫西光速等：《日本资本主义的发展》，阎静先译，商务印书馆 1963 年版，第 442 页。

后日本史上一次重要的社会变革。它的出台和实施对日本农村发展产生了重要的影响。

首先，农地改革改变了农村的阶级关系。农地改革是战后民主化的重要组成部分。政府从地主手中将土地强制征收上来卖给农民，使绝大部分的农民获得了土地的所有权和耕作权，使长久以来的地主与农民间的隶属关系发生了根本的改变。从农地改革开始到1950年8月为止，包括财产税实物缴纳部分在内，政府收买了近1.9亿公亩的佃耕地。1945年11月佃耕地占总农地的46%，而到1950年这一比例降到10%，80%的佃耕地得到了解放，得到转让农地的农家户数达到84%。根据《1950年世界农业统计调查》，到1950年为止，日本的农村出现了明显的自耕农化的倾向，自耕农户占全部农户的70%，若再加上自耕农兼佃户，达到了93%。不在村地主几乎完全被消灭，在村地主变成了小土地出租者，农村中自耕农成为农村的主要力量。

其次，农地改革使日本的农村结构发生了巨大的变化。根据农林省的调查，改革前1945年11月23日全国农地面积的45.9%是佃租地，改革后1950年8月1日佃耕地的面积下降到了9.9%。通过改革佃农数量大幅减少，自耕农的数量大幅增加。战前农村主要依靠佃农，而到1955年全国佃农占全国农村户数的比例降到了4%。此次农地改革虽然没有改变日本农村的小规模农家经营占优势的日本农业经营形态，但是农地所有关系却发生了很大的变化，确立了自耕农为中心的农村结构。

再次，农地改革使农村渐趋保守化。农地改革解决了农村的基本问题——半封建寄生地主制，这使日本农民运动失去了斗争的目标，逐渐转入低潮，从而弱化了农村中的革新势力，农村中的保守政治基础得以重新组合和强化。从这一点上说，这次改革基本实现了美国制定的战略意图，即通过实行农地改革防止日本农村向共产主义转化。

另外，农地改革调动了农民的积极性。在战后经济恢复期间，稳定农业以保证居民粮食供应成为日本政府的头等大事，政府的许多政策措施向农业倾斜，因而当时农民生活比较稳定，收入甚至超过了挣工资和薪金的城市工人。农民从地主的剥削和压迫中解放出来，有了自己的土地，他们对农业技术改革和投入表现出了极大热情和积极性，从而为日本农村经济的发展奠定了基础，加速了日本农业现代化的进程。

总之，以提高农村生产力和增强农村民主化倾向为目的的战后农地改革基本达到了预想的目的。农地改革改变了日本农村的阶级关系，从根本上打破了寄生地主制，将农民解放出来。日本政府又于 1952 年通过了《农地法》，对土地的所有权和使用权加强管制，以法律的形式将农村的自耕农体制固定下来。改革提高了农村的粮食产量，改善了全国的粮食供应状况。在农地改革后不久日本政府又调整了在此之前的粮食强制征购政策，实行粮食增产政策。并先后制定了《粮食增产兴业运动方针》、《粮食增产五年计划》，逐年提高米价，设立各种奖励基金，通过这些措施提高了农民的生产积极性。同时，为了提高粮食的产量，政府颁布和实施了一系列改良土地的法律、法规，如《农林渔业金融公库法》（1952 年）、《农业机械化促进法》（1953 年）、《旱地农业改良促进法》（1953 年）等，使日本农业生产迅速恢复，为全面实现日本农村的现代化奠定了基础。

二　经济高速增长与日本农村社会发展

1954 年 3 月，日本与美国签订了《日美相互防卫援助协定》（MSA 协定），根据这个协定日美双方签订了《剩余农产品购入协定》，美国加大了对日本的剩余农产品援助力度。1955 年第一次援助就达 5000 万吨。这一协定客观上阻碍了日本政府在此之前制定的粮食增产政策的继续实施。1954 年日本政府的年度预算中不仅完全取消了粮食增产 5 年事业费，而且大幅削减了粮食增产对策费。比起提高本国的粮食产量，日本政府选择了依靠进口廉价粮食的发展方向。加之，相对日本工业化的发展，农业的地位明显下降，出现了"农政丧失"现象。

1955 年以后日本经济进入高速增长期，日本经济实力迅速增强。1968 年日本国民生产总值升至世界第三位，超过了德国，成为仅次于美国的资本主义世界第二经济强国。在这一过程中，农地改革以来农村经济的发展对日本经济的振兴起着不可抹杀的作用。而另一方面，日本经济的发展对农业和农村也产生了巨大的影响。以经济高速增长为背景，日本农业和农村的发展大致经历了基本法农政时期和综合农政时期两个阶段。

在经济高速发展的情况下，市场机制和价格机制使农业的发展大大滞后于工商业的发展。在这种情况下，必须通过国家权力进行干预和调节，提高农业劳动力，改善农业结构，在确保优质而廉价的粮食供应的同时，保证农民的利益，确保农民的收入和非农业就业者收入的均衡。1957 年公布的《农业白皮书》将这些问题概括为五个方面，即农业就业结构恶化、农业兼业化明显、农业收入低、农产品的国际竞争力弱、粮食供给能力低。为了解决这些问题，1956 年日本政府通过了《新农山渔村建设综合对策纲要》，从而开始了新农村建设运动。

新农村建设事业是由粮食增产政策向基本法农政的过渡和准备。其核心思想是纠正粮食增产政策，施行因地制宜的生产政策。这一对策具有以下几个特征：

（1）强调町村的主体性。主张政府配合下的农村自立，提出农政要从迄今为止的以国家意志为中心转向以町村为中心。

（2）推进制定自主计划。主张计划制定主体应该是新农山渔村建设协议会，其成员通常由町村长、团体长、村落代表构成，一般还有青年及妇女代表参加。自主计划的建立及实施，特别对农山渔村青年的创造性和旺盛的推进力寄予了很大的希望。

（3）追求经济合理主义。该政策内容主要着重于适地适产以及提高国际竞争力，通过培养适度经营，提高生产力，完善生活环境。

（4）为了实现计划，除了一般的援助外，还设置了特别援助方式。各町村从一系列援助政策中，选择对本地最适合的方式。[①] 通过新农村建设事业，商品经济迅速地渗透到农业经营和农村生活之中，克服了农村的零散经营，为其后农村接受农业现代化路线创造了条件。

1960 年岸信介内阁垮台后，池田勇人继任首相。他在经济领域提出了《国民收入倍增计划》，使日本的经济取得了快速的发展。农业问题也是其中的重要组成部分，该计划写道："为确保国民经济的均衡发展，将制定农业基本法，以便在农业生产、收入及农业结构等各方面，重新确定农业政策的基本方向，推进农业的现代化。"在各政党和社会各界的要求下，日本政府开始起草《农业基本法》，该法案于 1961 年 6 月开始实施。从此日本农业进入了基本法农政的时代。

该法将农业政策的最终目标设定为："改善农业与其他产业的生产力差距，提高农业生产力，并增加农业就业者的收入，使其能与其他产业就业者享受平等的生活。"并设定了将来农业发展的三个方向，即生产力的

---

① 焦必方主编：《战后日本农村经济发展研究》，上海财经大学出版社 1999 年版，第 4—5 页。

提高、所得的均衡、农业结构的改善。其中前两者是解决农业结构问题的必要条件。其最终目的是通过扩大经营规模，使农户具有自立经营的能力，缩小农民与工人之间的收入差距，并为实现农业机械化创造条件。

这一法案对日本农村社会产生了重要的影响。首先，基本法调整了农村的生产结构，增加了农民的收入，改善了农民的生活。由于工业化的发展，农民收入高于工人收入的时代已经过去，并且差距不断扩大，所以基本法的一个重要的目的就是要解决工农之间的收入差距问题。通过扶持畜牧业、水果蔬菜等和美国农产品竞争小且产品需要量不断增加的行业，压缩与美国农产品竞争大的稻米生产，改变传统的稻、蚕单一结构，同时放宽对农产品物价上涨的限制，从而为增加农民的收入创造了条件。

其次，按照基本法，日本政府实行了农业结构改善事业，这一事业的50%的资金由国家补助，25%由县补助，25%由农民个人负担。其内容有二：其一，农业土地基本建设事业；其二，农业机械和生产设施引进事业。农业基本建设包括排水设施、农道、把耕地建成10亩大小的土地。实施这一事业使小型拖拉机等农业现代化设备引入农村，大大提高了农村的生产力。

农业基本法政策执行了近十年，虽然取得了一定的成绩，但是也产生了一系列问题。由于农民对农地规划与改造的强烈抵制，农业规模生产和机械化生产的计划被迫搁浅。同时，虽然农民收入1970年比1960年增加了2.32倍，但农业经营费却增加了3.57倍，农民的实际收入增长并不明显。加之，随着稻米产量提高，大米收购价逐年提升，国家财政负担加重。如何在经济合理主义的前提下，推进农业的现代化成为日本政府面临的棘手的课题。基于这种情况，1970年日本政府出台了《综合农政基本方针》，该方针的提出标志着日本的农业进入了综合农政时期。

《综合农政基本方针》的核心是调整稻米生产，主张"国际分工"化，其主要有以下四方面的内容：

其一，在《农业基本法》的基础上，进一步推进农地的规划和改造，促进土地流动化，实现土地规模经营。把过去维护自耕农的政策改变为以出租土地关系为中心的农地政策，鼓励土地经营上的相对集中。

其二，针对20世纪60年代后期的大米过剩危机，实行调整农业生产结构，减少水稻的种植面积。全国平均减少水田种植面积30%，对于休耕水田每10公亩政府每年给予1.5万日元的补贴。

　　其三，推行兼业农户经营协作化，使生产要素配置合理化，提高农业生产质量和效率，既有利于解决兼业农户生产中的困难，又促进了农村剩余劳动力的流出。

　　其四，放宽对土地的征用限制。

　　这一时期，日本政府不仅重视对农业生产的调控和投入，而且综合地推进生产、结构、价格、流通等各项政策。不仅谋求大米的稳定供应，而且还注重畜产品、蔬菜和水果的稳定供应。不仅关注农业生产，而且还注重农村生产基础设施、生活环境基础设施的建设和农民福利的提高。根据综合农业政策，日本政府施行了"农村综合整备事业"，加大了对农村福利的投入。国家用于农村福利方面的预算也由 1965 年的 13 亿日元，增加到 1976 年的 516 亿日元，占农林预算的 2.5％。

　　经济的高速发展和日本政府所施行的各项农业政策使日本农业和农村社会产生了深刻的变化。首先，农业生产结构发生了很大的改变。种植业和林业的比重下降较快，畜牧业比重上升，种植业中粮食作物下降幅度较大。稻米在农业生产中的比重从 1960 年的 48.5％，下降到 1977 的 37.4％，而畜产品、蔬菜和水果的比重却不断增加。其次，农村地区人口骤减，产生了人口过疏问题。大量人口涌向城市，在为工业发展提供必要的劳动力的同时，也造成农村人口过疏化。根据 1965 年国情调查，与 1960 年相比，1965 年全国 46 个都道府县中 25 个县人口减少，3376 个市町村中有 2574 个市町村人口减少，减少 30％以上的有 36 个村，偏僻和边远的山村甚至出现了"废村"现象。再次，农村中兼业化进一步深化。随着经济的高速发展，农村中兼业率增长很快，到高速经济增长末期的 1975 年已经达到了 88％。兼业的方式也由以前的非农经营为主演变为拥有土地的工薪收入为主。[①]

三　国际化时代与日本农村社会的变化

　　进入 20 世纪 70 年代日本农业迎来了国际化时代。丸田定子认为国际化时代大致可以分为两个时期，即经济稳定增长时期（1973—1985）和泡沫经济崩溃时期（1986—　）。国际化时代日本的农业和农村面临着很

---

　　① 甘巧林、陈忠暖：《高速经济增长时期日本的农村与农业问题》，《开发研究》2000 年第 4 期。

大的压力。特别是 1986 年开始的关贸总协定"乌拉圭回合"谈判，要求
各国取消农业保护政策，扩大农产品贸易。在"乌拉圭回合"谈判开始
的同时，环境问题的国际讨论也开始了。强调推广不增大环境负荷的可持
续的环保型农业。

日本经济持续 20 年的高增长后，20 世纪 70 年代进入大转折时期。
至此日本经济高速增长的神话宣告结束。这一时期，日本农村面临着三个
主要的问题：即农业问题、农地问题和农村建设问题。

在农业问题上，20 世纪 70 年代后国民的粮食消费水平已经达到饱和
状态，食品消费渐趋多样化，造成农产品过剩严重，从而出现了粮食需求
与供给不平衡的问题。另外，来自国外的农产品进口自由化的压力显著提
高，要求日本开放农产品市场，减少各种农产品进口的限制。农业结构调
整是高速经济增长时期以来日本政府就着手解决的问题，但是由于兼业农
户不断增加，影响了农业规模经营的扩大和核心农家比例的提高。

1979 年 8 月农业政策审议会题为"今后农业政策的发展方向"的报
告认为，结构政策的基本方向"是确立通过技术、经营能力均处于优势
的生产性高的经营，来承担相当部分的农业生产的农业结构。特别是在土
地利用型农业里，在组织好地区农业、提高地区农业生产力的同时，重要
的是促进核心农户经营面积的扩大"[1]。

为了扩大农业的经营规模，引导农地在流动中向农业经营上积极扩大
规模的有经营能力的核心农家集中，1992 年日本政府又制定了《农业经
营基础强化促进法》，其主要内容有：

（1）农地流动主要向认定农业者集中，市町村要促进调整农地权利；

（2）通过农地保有合理化事业等，引导农地向有经营能力的生产者
移动；

（3）促进开展农作业委托业务。

总之，要缩小经营规模的生产者可采用农地买卖或租让的方式，通过
市町村农业委员会的中介，将农地向认定农业者移动。也可采用农作业委
托的方式，经过农业协同组合的中介，将农作业委托给认定农业者。具体
目标是在 2000 年前扶持个体经营体 35 万—40 万户，有组织的经营体 4
万—5 万个。总之，落实了以审批农业者制度、低息贷款制度为内容的新

---

[1]　关谷俊作：《日本的农地制度》，生活·读书·新知三联书店 2004 年版，第 20 页。

的支持、扶持措施。①

在农地问题上，日本政府面临着两大课题，一个是有效利用农地，促进农地流动；另一个是防止农地的荒废和农地转用非农化的问题。为应对这些课题，日本政府制定了《关于农业振兴地域的法律》（简称《农振法》）。该法被称为"农业政策上的领土宣言"。无论从农地制度上看，还是从农业结构改善措施、农业振兴措施上看，这种让市町村成为制定农业振兴综合地域计划主体的制度都是史无前例的。② 1975 年日本对《农振法》作了修改，正式启动了农用地利用事业。在农用地区域内促进农用地利用的同时，在不同地域设定集团使用权，通过经营权让渡形式的变化，来解决与《农地法》有关规定的冲突和矛盾。但是，由于农地经营权让渡的飞速发展，为了进行有效的规范和管理，1980 年日本政府颁布了《农用地利用增进法》、《农地法》部分修改案、《农业委员会法》的部分修改案，简称"农地三法"，成为促进农用地利用和流动的重要手段。据统计 1975 年因租让而形成的农地流动量为 5920 公顷，1980 年为37583 公顷，1990 年为 57276 公顷，1994 年为 64871 公顷，租让农地的农家数量稳步上升。

20 世纪 70 年代以来，兼业化问题更加棘手。农民主体已经是兼业农民。1995 年农户数为 343.8 万户，农户以外的事业体为 6436 个。从事业体的数字来看 99.8% 是农户。在这些农户中以农业为副业的占 37.1%，自给式农户为 23%，合计约有 60% 的农户近于非农户。在近五年中以农业为副业的农户的绝对数不断增加，而以农业为主要谋生手段的农户只有19.6%。③ 兼业化是日本工业化发展的必然产物，也是日本农村工业化发展的必然结果。1971 年 6 月政府通过了《农村地区工业导入促进法》，有计划地将工业引进农村，以谋求稳定地扩大雇用机会，改善农村产业结构。计划在 1975 年以前在 2596 个市町村，引进工业产值约 9 万亿日元的企业。为配合偏远地区农村顺利地引进工业，政府于 1972 年 6 月又制定了《工业重新配置促进法》，通过行政指导和财政手段，将太平洋沿岸地

---

① 酒井富夫：《日本农业经营的现代化与农政》，载焦必方编《日本的农业、农民和农村——战后农业的发展与问题》，上海财经大学出版社 1997 年版，第 17 页。

② 前揭《日本的农地制度》，第 18 页。

③ 酒井富夫：《日本农业经营的现代化与农政》，载焦必方编《日本的农业、农民和农村——战后农业的发展与问题》，上海财经大学出版社 1997 年版，第 21 页。

区的部分工业迁移到北海道、本州东北部、四国和九州等地的农村。农村中大量存在的中小企业，为农业劳动力提供了在务农同时兼业务工的机会。①

　　农村劳动力老龄化问题进一步深化。"70 年代后半期高速增长受到了挫折而转入低增长，人口向大城市的聚集也得到了缓解，但这一情形持续了不到 10 年，从 80 年代后半期开始，人口再度流向大城市圈、特别是东京一带，非大城市地区的人口急剧减少。"② 随着青壮年劳动力向城市的流动，农村社会的老龄化日益严重。1990 年 65 岁以上的农村人口占农村总人口比例已高达 20.6%，远远高出同年全国平均 12% 的水平，而 1995 年农村 65 岁以上的老年人占农村总人口的比例又增加到 24.7%。尤其在单一从事水稻生产的农户中，65 岁以上老人占骨干农业劳动力的一半以上。③

四　农村的城市化过程及其政策

　　日本农村的城市化开始于 20 世纪 50 年代后期。町村合并奠定了农村城市化的基础。1953—1956 年根据《町村合并促进法》实施的大规模町村合并，改变了地方建制的区划规模，使"村"的数量大大减少，由 7606 个减至 1365 个。而工业化的发展是农村城市化的动力。日本自 60 年代初期推行工业化政策以来，城市的工商业吸纳了大量的农村剩余劳动力，促进了农村人口向城市的转移，兼业农户的剧增，造成了农村社会结构的改变。同时，工业化所产生出的先进设备，为农业机械化的实现提供了物质保障，而农业现代化的发展也促进了农村城市化。

　　农村城市化的表现是，农村的生产、生活方式和思想观念，都受到了城市价值观的影响和改变。从农村的产业结构上讲，农村工业的发展改变了农村单一的产业结构，形成了第一、第二、第三产业同时并举的局面。生活环境也日益人工化，人们的思想观念也日益个人主义化和多样化。另外，人们的时空观念发生了很大的改变。由于外出工作的人越来越多，城市的作息习惯也逐渐影响到农村。农村已经没有农忙和农闲之分。因此，

---

　　① 前揭《战后日本农村经济发展研究》，第 142 页。

　　② 田代洋一：《日本的农村和城市的关系》，载焦必方编《日本的农业、农民和农村——战后农业的发展与问题》，上海财经大学出版社 1997 年版，第 280 页。

　　③ 转引自王振锁《日本农村老龄化问题及其对策》，载焦必方主编《日本的农业、农民和农村——战后日本农业的发展与问题》，上海财经大学出版社 1997 年版，第 124—125 页。

春秋两季的祭祀活动，改变了安排在农闲时的传统习惯，改在某月的某个星期天举行。由于现代化交通工具的普及，农村交通网络的整备，农村的空间距离大大缩短。不仅如此，农村城市化也促进了农村文化生活和物质生活的改变。如果说汽车的普及拉近了城乡间的地面距离，电视的普及则缩短了城乡间的空间距离。电视时代的到来，使农村与城市有了共同的话题，打破了城乡间的文化隔阂，改变了农民的文化生活面貌。

日本农村的城市化一方面是随着工业化发展而出现的现象，另一方面也是在日本中央政府和地方政府联合推动下顺利发展的，政府在其中起着主导的作用。日本政府部门在推进农村建设和振兴区域经济的过程中主要运用了制定规划、法规保障和资金扶持三个手段。[①]

日本政府首先要制定合理的土地规划。日本所实施的城市化战略，并不是孤立地推进大城市的发展，而是将城市和农村结合起来，作为一个整体接受中央政府和地方政府的统一规划和管理。1974 年日本政府制定了《国土利用规划法》。该法将在此之前制定的《城市规划法》、《农振法》等有关土地利用的制度作为基础，把全国的土地作为对象来规划，在日本的土地制度史上是一个划时代的法律文件。通过在制度上和运作上加强农村和城市规划的协调，在一定程度上为农村城市化的发展打下了良好的基础。

日本政府非常重视对农村环境的建设。农村环境建设也是农村城市化建设的重要组成部分。围绕着农村的环境建设日本也颁布了相关的法律文件。1984 年日本政府审议通过了对《农振法》和《土地改良法》的修改案。这两个修改案主要是针对加强农村地区的环境建设而提出来的。其中《农振法》的修改案中增加了促进农用地的有效综合利用，促进农业从业人员的稳定就业，建设以改善农业结构为目的的生活环境的相关内容。并且完善了由市町村实施的交换合并制度，为生活环境设施用地的产生开辟了道路。《土地改良法》修改案中关于完善村落环境的规定更加具体，其中很多条款是针对农村地区混住化的发展而提出的。[②] 其后，围绕着农村环境建设问题日本政府又制定了《村落地域建设法》和《市民农园建设法》、《关于促进农山渔村滞留型休闲活动基本建设的法律》、《促进建设

---

① 刘志仁：《日本推进农村城市化的经验》，《中国农村经济》2000 年第 3 期。
② 前揭《日本的农地制度》，第 24 页。

优美田园住宅的法律》，这些法律为加强农村的环境建设提供了坚实的法律基础。

针对农村城市化过程中的具体问题，日本政府也做了具体的规定。如为了扶持落后地区和人口过疏化地区经济的发展，制定了《山区振兴法》、《大雪地区对策特别措施法》、《特定农山村法》、《半岛振兴法》和《活跃过疏地区特别措施法》等。为了确保农村劳动力的充分就业和农村工业化的顺利发展，日本政府颁布了《向农村地区引入工业化促进法》、《新事业创造促进法》和《关于促进地方中心都市地区建设及产业业务设施重新布局的法律》。关于治理和防止农业环境污染，日本政府颁布了《农药管理法》、《林业基本法》和《海洋水产资源开发促进法》等。

农村城市化事业的顺利展开，中央政府和地方政府的资金支持是不可或缺的。对于农村的投资渠道有很多。中央政府主要是对建设项目提供财政拨款和贷款，而地方政府则除拨款之外，还通过发行地方债券用于农村的建设。仅从中央政府来看，在1961年到1970年的基本法农政时期，国家农业预算每年以20%的速度递增，保障了农业和农村建设的资金需求。在国家将对农业投资重点转向改善生产、生活基本设施和农业结构调整后，1998年农产水省共投资了11210亿日元。

五　农村"人口过疏"问题及其对策

一般来说，农村人口减少和城市人口增加是工业化过程中的必然的现象，也是衡量一个国家工业化程度的重要指标之一。但是，农村人口过疏化并不完全是好事，如何应对农村人口过疏化后所产生的各种问题，是各国政府所不可回避的问题。日本在现代化过程中的农村人口过疏化对策为我们提供了可贵的参考。

所谓人口过疏是相对于城市过密而言的，是"由于人口减少而难以维持一定的生活水平，如难以维持防灾、教育、保健等地区社会构成的基础，同时，难以合理利用资源，地区的生产机能显著衰落等"。即主要包括三个方面：其一，人口减少造成农村正常生活秩序难以维持。其二，在资源合理利用方面出现困难，造成地区生产机能明显下降。其三，由于人口外流造成人口结构比例失调，出现了人口老龄化问题，妇女化问题，给农民的生产和生活都带来了严重的影响。

·日本农村人口严重减少已如前述，因此日本政府在经济社会发展计划中首次使用了"过疏"一词。产生这一现象的主要原因是：

（1）过疏现象是日本工业化发展的结果。20 世纪 60 年代日本以重化学工业为核心的高速经济增长拉开了城乡差距，形成了城乡之间经济收入和生活水平的位势差。

（2）过疏现象也是日本城市化发展的必然结果。以城市为中心的高速工业化提供了巨大的劳动需求市场，从农村流失了大量的劳动力。

（3）过疏现象也是日本人口管理制度所造成的结果。从制度上讲，日本并不限制城县之间人口的流动。[①]

农村人口过疏化导致了深刻的社会问题。使农村地区的生活与社会基础弱化，随着青年层劳动力的大规模流出，农村进入老龄化社会。而过疏化和老龄化又影响了相关地区的农业技术进步、生产功能的维持和有效需求，使地域经济难以振兴。为了振兴和改变过疏化地区的面貌，日本政府自 20 世纪 70 年代开始制定出台了一些有针对性的措施。

日本政府首先制定了一系列的相关法规，促进过疏化地区经济社会的发展。1970 年日本出台了《过疏地域对策紧急措置法》。针对过疏化提出紧急对策，以法律的形式保障农村生活环境和产业基础的完善，防止过疏化地区人口的继续减少，提高居民的福利。其后，日本政府又先后颁布了《振兴过疏地域特别措置法》、《过疏地域活性化特别措置法》、《促进过疏地域自立特别措置法》。1999 年 7 月日本政府颁布施行了《食物、农业、农村基本法》，被称为《新农业基本法》。新农业基本法与旧农业基本法相比，最重要的不同是，扩大了法律所涉及的范围，不仅着眼于提高农业劳动者的地位和促进农业发展，而且给农业和农村的作用作了重新定位，强调要发挥农业及农村在保护国土、涵养水源、保护自然环境、形成良好自然景观、保留传统文化等方面所发挥的作用。过疏化地域的社会经济发展日益得到日本政府的重视和关注。

过疏化所导致的一个重要的问题是需求不足。为了解决这个问题，《过疏地域活性化特别措置法》、《特定农山村地域农林业活性化法》、"农业、农村活性化农业构造改善事业"都将提高农村的活性化作为解决农村过疏化的重要途径。《过疏地域活性化特别措置法》提出了四个基本目

---

① 甘巧林、陈忠暖：《高速经济增长时期日本的农村和农业问题》，《开发研究》2000 年第 4 期。

标：其一，通过增强产业基础，实现农林渔业生产的现代化，扶植中小企业，鼓励引进企业、开发观光地等措施，振兴产业、增加稳定的就业机会。其二，通过健全道路以及其他交通设施等，确保过疏地区与其他地区以及过疏地区内部的交通通信联络。其三，通过健全生活环境、高龄者福利和其他福利，确保医疗服务，振兴教育和文化，实现居民生活的安定和福祉的提高。其四，通过健全基干村落和培养适当规模的村落，促进地域社会的重新组合。并且，为了实现过疏地区的活性化，要求各都道府县制定"过疏地域活性化方针"，并规定都道府县知事在制定方针时，必须将过疏地域纳入到广大的经济社会生活圈整备体系中来考虑。要求过疏市町村基于活性化方针通过该市町村的议会讨论，制定市町村过疏地域活性化计划，并具体规定了计划的具体事项。由此，形成了国家、都道府县、市町村三位一体的活性化促成机制。

解决过疏化问题一方面需要国家的大力扶植，而关键还是要靠过疏化地区本身提高自立能力。为此日本政府在修改《过疏地域活性化特别措置法》的基础上制定了《促进过疏地域自立特别措置法》。相对于《过疏地域活性化特别措置法》，《促进过疏地域自立特别措置法》更注重提高过疏地区的自立能力。该法具体提出了促进过疏地区自立的几点举措。如完善包括主干农道、林道和渔港通道在内的市町村主干道路的建设；完善公共下水道和主干线渠道；解决过疏地区人们的看病问题，为无医地区提供必要的医疗设施和服务；增进老龄者福利，建设增强老龄者的自主活动能力和福祉的集中设施；为了方便过疏地区人们的生活，提供必要的旅客运输服务；为了促进市町村计划的实施，可以灵活地利用国有森林和原野以及土地；对于过疏地区向农林渔业金融公库、住宅金融公库等金融机构的贷款、过疏地域中小企业的贷款也都相应地给予了倾斜和方便；对于过疏地区内的制造业、旅馆业、畜牧业、水产业等可以减收一定额度的地税。此外，还特别增加了对地域文化、信息通信体系和终生教育的规定。国家和地方团体，为确保过疏地区人们生活的方便，振兴产业，促进地区间的交流，必须促进信息交流的顺畅和建立完备的通信体系。关于过疏地区的教育问题，在努力提高学校教育和社会教育的同时，也要振兴适合地域社会的终生教育。对于过疏地区传承下来的文化遗产要加以保存和利用，振兴该地域的文化。

不仅如此，对过疏地区加大了财政支持力度。首先，从国家层面上讲，对于在过疏地区自立发展过程中必要的事业，在国家预算中可以划拨一部分经费。国家除了根据《关于国库负担义务教育诸学校等设施费等的法律》的规定，为过疏地区学校的建设提供一部分经费。并且，对于按照市町村规划而合并公立小学、中学而出现的教职员工住宅建设问题，国家负担住宅建设经费的55%以上。从地方上讲，对落户于过疏地区的企业，给予减免地方税等优惠，地方因此受到的损失由国家补贴。过疏地区可以发行地方债用于对过疏地区自立发展所必须的市町村道路、渔港、港湾、观光设施、电力通信、地下水道、消防实施、医疗设施、老人福利设施等的建设。仅至1979年底，在近十年时间里都道府县级计划层次实现投资超过了3523亿日元，其中用于市町村主干道路的投资约234.491亿日元，用于都道府县道路整备2031.165亿日元，用于医疗设施建设33.755亿日元，用于振兴农林水产业991.674亿日元，用于生活环境建设232.417亿日元。

通过对过疏地区基础设施的大力投资，使日本的过疏地区往往拥有比城市还要充实的公共设施。而由于交通条件、通信设施的改善，可以说在一定程度上缩短了农村与城市的距离，促进了农村产品向大城市市场的流入，推进了过疏地区商品经济的发展。而地方政府在税收上的优惠政策，也在一定程度上促进了过疏地区产业的振兴。

六　日本农村政策的经验与教训

日本学者富永健一认为，战后以来日本农村社会的变迁不同于文艺复兴、科学革命以来"以文化现代化带动社会变迁"的西方现代化模式，是一种"以经济增长带动社会变迁"的模式。① 日本政府在农村发展过程中，注重农村的经济发展与社会发展的平衡。既重视农业基础设施建设，更重视农村社区建设和农民的发展。政府对农村社区环境的关注主要是从20世纪90年代开始的。在此之前，从粮食增产政策、农业保护政策、到农业结构改革，政府都是将农村发展的重点放在提高农业生产力和农业生产者的生活水平上。通过生产政策、价格政策、结构政策，培育规模大、具有高技术的农业经营者，提高农业生产率。另外，政府把振兴农村工业

① 富永健一：《日本的现代化与社会变迁》，李国庆、刘畅译，商务印书馆2004年版，第310页。

发展，促进农村产业结构调整作为一项重大的战略和长远的规划来对待。从 20 世纪 50 年代开始，针对农村的工业化问题，政府先后制定颁布了《低开发地区工业开发优惠法》、《建设新工业城市促进法》、《农村地区引进工业促进法》和《工业重新布局促进法》，对农村工业开发大力扶植，实行贷款、税收方面的优惠政策，鼓励城市工业向农村转移，促进农村产业结构的转变。除了国家制定政策鼓励城市工业向农村转移外，地方政府也推出了一些招商引资的优惠政策。如减免地税、无偿或低价提供土地、发放奖励金和补助金、对雇佣本地劳动力予以补贴等。在中央政府和地方政府的引导和支持下，农村工业化迅速发展，兴起了一大批中小型"卫星企业"。这些企业所涉及的业务范围十分广泛，包括食品、服装、木材、家具、钢铁、印刷、纸张、金属、机械等各个领域。但是，这种"效率至上的一边倒"政策并不十分成功。农村环境污染问题、农村基础设施落后问题，成为困扰农村发展的大问题。人的发展是社会发展所追求的最高目标，而农村中农民的发展问题在农村人口老龄化日益严重的时代变得更为棘手。20 世纪 90 年代以来，政府开始反思以前的农村政策。1999 年以乌拉圭回合农产品协定的通过为契机，日本制定通过了《粮食、农业、农村基本法》，取代《农业基本法》，将确保粮食的稳定供给、农业的可持续发展和振兴农村作为基本目标。在促进农业生产力发展的同时，完善农村基础设施，改善农村交通、卫生、教育、文化条件，提高农村福利水平，使农村成为景色优美、生活丰富、适合居住的地方。这一点对于我国的农村建设具有重要的参考价值。在农村现代化的过程中，既要走农村产业化的路子，又要注重农业的可持续发展，既要注重效率，又要注重环保，将人的发展放在农村发展的中心位置。

日本政府在农村发展过程中注重协调农村发展与城市发展的关系。日本的城市化并不是一蹴而就的，根据区域经济和社会发展的水平可以分为三个阶段。第一阶段是农村城市化发展的初级阶段，即从 1868 年明治维新到 1920 年，日本的城市人口约占总人口的 20%，这些地区主要是工业化水平较高的地区。从产业革命末期到第二次世界大战前夕，是日本农村城市化发展的加速阶段。这一时期农业人口大量向城市转移，使城市人口占总人口的 40% 以上。并且因为交通条件的改善，聚集的地区也由中心城市向周边城市扩散，形成了城市聚集发展的雏形。"二战"以后，随着工业化的飞速发展，大量的农村人口涌进城市。据统计 1980 年日本城市化水平达到 76%。日本的农村城市化进入第三阶段，形成了城市集群化和城乡一体化的格局。① 前两个阶段，由于对农业和农村发展重视不够，导致农业人口向城市流入过快，形成农村地区人口稀疏、农业衰退，城乡差距迅速扩大。20 世纪 50 年代以后，政府就开始重视城市与农村的协调发展问题。将城市和农村不再作固定的区域加以分割，而是作为一个整体接受中央政府和地方政府的统一管理。城市功能的设置不限于城市内部，周边的农村也被纳入其中，呈放射状分布。② 一方面，政府注重协调城市化发展与农业发展的关系，在城市化发展过程中，不断加强对农业的改造，促进农业现代化。制定土地保护法规，防止农用地的滥用和流失。加大对贫困落后农村经济发展的扶持力度。为此日本政府颁布了一系列的法律法规，如《山区振兴法》、《过疏地区活性法特别措施法》、《大雪地区对策特别措施法》等。并由中央政府和地方政府财政拨款、贷款、发放债券的形式不断加大对农村的资金投入力度。另一方面，注重缩小城乡差距。在推进农村城市化的同时，加大对农业发展和农村基础设施的投入，这样做不仅可以改善农业生产和农民的生活条件，而且可以增加农民的收入，缩小城乡差距。另外，强化城乡道路建设，畅通城乡间的联系，也是政府所采取的促进城乡均衡发展的重要方法。随着农村设施条件的完善，出现了城市人口向农村回流的现象，农村成为专业农户、兼业农户和非农户混居的社会。

日本政府在农村发展过程中注重协调劳动力转移与农村社会保障的关系。劳动力转移是伴随现代化出现的必然现象。农村富余劳动力向城市的合理转移既有利于农业和农村的发展，也为其他产业的发展提供了必要的劳动力。因此，政府采取了许多政策鼓励农村富余劳动力向城市流动。日本政府于 1961 年制定了《农业基本法》和《农业现代化资金筹措法》，规定在 10 年内要将农村中农户总数的 60% 转移到非农方面，并计划由国家补贴利息，向农户提供长期低息贷款，促进农业现代化。农业实现机械化作业，农业劳动生产率得到提高，从而出现了大量富余劳动力。国内蓬勃发展的工商业则为这些富余劳动力提供了大量的就业机会。随着现代化

---

① 曾建民：《发达国家农村城市化发展措施及效应》，《经济纵横》2003 年第 8 期。

② 张利庠、缪向华：《韩国、日本经验对我国社会主义新农村建设的启示》，《生产力研究》2006 年第 2 期。

的发展，农村劳动力不断向城市流入，农村出现了人口过疏化和老龄化的问题。为此，政府一方面加大对农村的资金投入力度，促进农村基础设施建设和农业、农村工业化的发展，提高农民的生活水平。并且为丰富老年人的生活，在农村建立图书馆、妇女中心、博物馆等文化设施，并以老年人为对象开办各类讲座和培训。另一方面，从制度上和资金上着手农村社会保障体系的建立。颁布和制定了《国民年金法》、《老人保健法》、《老人福利法》和《看护保险法》，形成了保健、康复、护理、保险等于一体的社会保障体系，将家庭养老社会化。

但是，日本政府的农村政策也存在有很多问题。如就农村的社会保障体系来说，兼业农户不断增加，老人与子女同居率逐年下降，家庭养老的功能正在弱化。农村老龄人口不断增加，社会保障费的支付规模扩大，税收负担和社会保障费负担占国民收入的比重不断增加，1970 年为 5.8%，而 2001 年上升到了 22%，达到了 81 万 4007 亿日元。不仅如此，国家的财政补贴也不断增加，加大了国库负担。在社会经济形势没有根本好转的情况下，这是日本农村社会保障体系所面临的主要问题。由于日本的公共养老金制度基本上是现收现付制，人口老龄化使日本国民特别是年轻一代对日本公共养老金产生了信任危机。2002 年度国民养老金的参加者中有37% 没有缴纳保险费。其中，20 岁至 29 岁的参加者中有 50% 以上拒绝缴纳保险费。原因在于他们认为自己现在所缴纳的高额保险金很大一部分是用于支付现在退休老人的养老金，而自己将来的养老金需要下一代支付，但日本出生率的不断下降使他们担心下一代无力承担未来养老金。加之经济持续低迷，人们收入减少，2001 年度国民养老金保险费欠缴率达29.1%，为 1961 年开始建立国民养老保险制度以来的最高水平。保险费欠缴数目巨大，造成国民养老金面临着巨额资金缺口。另外，尽管日本在发展农村社会保障体系时遵循城乡一体化思路，但是在保险费负担和保障水平上城乡之间却存在着很大的差异。相较城市，农民的保险费和医疗费负担较沉重，而且年满 65 岁的农民可领取的基础养老金人均最高限额每月仅有 6.7 万日元，而工薪阶层加入的其他 5 种养老金的月平均水平为18.6 万日元。除此之外，日本农村的社会保障体系还存在着服务质量不够高，看护标准不明确，审查认定与老人实际需要脱节等问题。就农村城市化来说，由于日本的农村城市化发展过快，虽然也颁布了相应的法律，但农业用地仍然损失了 60% 左右，严重影响了农产品的自给自足。而且，城市人口过度集中，导致城市污染严重，出现了所谓的"城市病"。城市化过程中，土地流转与农村劳动力转移呈现非同步性。战后日本农村劳动力迅速向城市转移，但是土地的流转与集中却非常缓慢，出现大量兼业农户。由于土地价格的上涨预期使农户"惜售"心理增强，从而阻碍了农业规模化大生产的发展。

第三节　日本社会阶层与社会流动

一　1945 年前后的日本阶级、阶层变动

关于 1945 年前的日本阶级、阶层，富永健一《日本的现代化与社会变动》一书列举了贵族、资本家、新中间层、地主、农民、非农旧中间层、工人和城市贫民 8 种。那么，在战后日本这种情况发生了什么变化呢？

战后日本在美军占领的条件下制定了新宪法，走上了民主化的道路，经济也得到了高速发展。在这个过程当中日本的阶级、阶层也发生了很大变化。

（1）战后日本的新宪法规定，取消华族及贵族制度。贵族院被取消，之前位于日本阶级结构顶点的华族销声匿迹，在日本阶层结构中贵族这一要素消失了。1960 年，当时日本的皇太子、现在的天皇明仁娶一实业家之女为妻，现在的皇太子及其兄弟也都与平民百姓的女儿结成百年之好。皇室与平民的联姻，典型地说明贵族在战后日本不仅作为构成阶层的一要素不复存在，而且在人们的意识当中它也不再占有位置。

（2）战后日本经济是作为资本主义经济发展起来的，因此难免得出资本家大量增加的结论。但是，在战后日本的社会，即便是在那些马克思主义社会学家的论著当中也很难找到战后日本的资本家增长的数据。这是因为，日本经济社会的发展，使"资本家"这一概念趋于模糊和复杂化，它已不被人们作为一个可操作概念用于数据统计。战后日本的国势调查，在区分人们职业地位时常常使用"役员"一词，它泛指公司的经理、董事、监查和团体的理事、监事以及公共社团的总裁、理事、监事等高级管理人员。根据日本的国势调查，1960 年以后所谓"役员"层在不断增加。1960 年为 75 万 9 千人（占从业人员的 1.7%），1965 年上升到 120 万 7 千人（占从业人员的 2.5%），1975 年上升到 211 万 3 千人（占从业人员的 4.0%），1985 年上升到 267 万 7 千人（占从业人员的 4.6%）。这里所说

的"役员"自然不能等于资本家。马克思主义认为，资本家一定要是生产资料的所有者。但是，在资本主义现代化大企业当中所有权和经营权相分离，既有是股东的"役员"又有不是股东的"役员"，还有不是"役员"的股东，"役员"并不等于所有者。就战后日本的大企业而言，经过战后的改革，财阀不复存在，公司的上层管理人员大多由下面选拔上来的职业型人才，实现了所有权和经营权的分离。从这一点上说，资本家和新中间层的区分界限发生了变化。另一方面，在经济高速发展的过程中，许多中小企业成长为大企业，这些企业还没有经历产权与经营权的分离，可以将这些企业主视为资本家。可是他们原来是自营业主和中小企业主，属于旧中间层，所以资本家与旧中间层的界限也发生了变化（见表4—1）。

表4—1　　战后日本各职业地位的变化情况（数据：历年国势调查）

单位：上段：千人；下段：%

	经营者	白领工人	蓝领工人	自营业者（非农）	农业劳动者	从业人员总数
1950 年	—	5598	7513	5335	17017	35625
	—	15.7	21.1	15.0	47.8	100.0
1955 年	—	7119	9912	6139	15874	39261
	—	18.1	25.2	15.6	40.4	100.0
1960 年	759	8334	13695	6347	14169	43691
	1.7	19.1	31.3	14.5	32.4	100.0
1965 年	1207	11313	15998	7514	11676	47629
	2.5	23.8	33.6	15.8	24.5	100.0
1970 年	1675	13734	17823	9106	10009	52110
	3.2	26.4	34.2	17.5	19.2	100.0
1975 年	2113	16126	18114	9478	7290	53015
	4.0	30.4	34.2	17.9	13.8	100.0
1980 年	2316	17811	19187	10383	6049	55811
	4.1	31.9	34.4	18.6	10.8	100.0
1985 年	2677	20464	20295	9394	5360	58357
	4.6	35.1	34.8	16.1	9.2	100.0

注：从业人员总数包括"无法分类的职业"，所以不是5项相加的和。

资料来源：引自东京大学社会科学研究所编《现代日本社会六问题之诸相》第9章"战后日本的社会阶层及其变动（1955—1985）"，富永健一，东京大学出版会1992年版。

（3）战后日本，在几十年的发展过程中，新中间层（白领工人）迅速壮大起来。白领工人与蓝领工人的区别在于前者受过良好的教育，而后者却没有。"二战"以后，日本迅速普及义务教育，高等教育日益"大众化"，人们都有上大学的机会，白领工人也随之增多。日本的国势调查把白领工人按职业分类定义为"专业技术、管理、事务、销售"，按从业地位定义为雇员。从表4—1可以看出，1950年以后日本的白领工人急剧上升。在日本尚未开始高速发展的1950年，白领工人约为560万人，只占就业人口的15.7%，而到了1975年其数字却上升到约1600万人，比1950年增加了约3倍，占就业人口的比率为30.4%，比1950年增加了两倍。到1985年其人数上升为约2000万人，比1950年增加了约4倍，占就业人口的比率为35.1%，比1950年增加了约2.5倍。战后日本白领工人的急速增长一方面缘于教育的普及所造成的高学历人员的增加，另一方面缘于城市化、产业化的进展而带来的农村劳动力向城市的流动。在日本经济发展的过程中，蓝领工人的工作逐渐被机械代替，而白领工人的工作简单者可以利用电脑来完成，但复杂者仍然需要人来做，高级的脑力劳动还不能由机械来代替。因此，白领工人的位置不但没有减少反而增多了。同时，自动化机械的引进使蓝领工人白领化，事实上白领工人和蓝领工人的界限已经越来越模糊了。日本学者认为白领阶层的增加改变了日本的阶层结构，日本的阶层结构因此而从金字塔形转变为上下两头小、中间粗的"葱头形"。

（4）日本战后进行了农地改革，农户自己耕种土地，改革前那种地主与佃户的关系已成为过去。尽管有些地区还存在少数小规模的地主，但是，地主在战后日本的阶层结构中已不占有主要位置。

（5）在战后日本的高速发展过程中，农民急速减少。经过战后的农地改革，农村实现了所谓"战后自耕农体制"，农民成为一种以中等规模的自耕生产为主要生产活动的比较均质的群体。在战后初期，日本农民在政府低息贷款政策的支持下，购买农业机械和化肥农药，进行农业技术革新，使生产能力和生活水平得到了很大提高。此后，随着工业化、产业化的进展，一方面农村劳动力开始向城市流动，另一方面农民也开始向既从事农业生产又从事其他工作的"兼业"方向发展，到1970年，日本的"专业农户"已减少到百分之十几。从表4—1可以发现，在战后农地改革刚刚结束的1950年，日本的农业人口约为1700万人，占就业人口的

47.8%，可是到 1975 年农业人口竟减少了近 1000 万人，到 1985 年又进一步减少到约 500 万人，占就业人口的比率降低到 9% 左右。农业生产人口的急剧减少，使战后日本的阶层结构发生了重大变化。

（6）根据日本国势调查的定义，非农旧中间层指的是非农业"雇人的业主"、"不雇人的业主"和"家庭就业者"，也可称为非农自营业者。从表 4—1 来看，其人数 1950 年为 530 万人左右，约占就业人口的 15.0%，1980 年其绝对数上升为 1000 万人左右，约增加一倍，占就业人口的 18.6%。到 1985 年，非农自营业者的人数减少到 940 万人，占就业人口的比率降低到 16.1%。非农旧中间层和农民都是自营业者阶层，但是在日本经济高速发展时期，农民大幅度地减少，而非农旧中间层却在 1980 年以前一直在增加。这是因为，城市的自营业分布广泛，而且在经济高速发展的过程中，生存和发展的机会都较农业多。农业经营一般都以家庭为单位，而城市自营业即便是小规模通常情况下也要雇人，这一点是农业自营业与城市自营业的不同。因此，日本的国势调查把"雇人的业主"和"不雇人的业主"都定义为城市旧中间层。

（7）工人（蓝领工人）与新中间层一样，在日本经济高速发展过程中迅速壮大起来。但是，与新中间层不同的是，1975 年以后，蓝领工人的增加却停止了。日本的国势调查按职业分类把蓝领工人限定为采矿、采石工人、运输工人、技术工人、生产工序操作者、简单工作劳动者、服务业劳动者等。从表 4—1 来看，蓝领工人与白领工人以同等的速度增加，1950 年蓝领工人的人数为 750 万人，占就业人口总数的 21.1%，1975 年上升到 1800 万人，占就业人口总数的 34.2%。就是说，在 25 年的时间里有 1000 万人加入到了工人队伍中来了。但是，1975 年以后，蓝领工人的就业比率却不再增加了。这是因为，第一次石油危机所造成的经济不景气使日本的制造业企业向缩小经营规模、进行企业裁员的方向调整经营方针，更重要的是，日本在这一时期开始了电子革命，在工厂迅速普及机器人，生产工序的机械化代替了生产第一线工人的手工劳动，整个产业结构开始向后工业化、信息化的方向发展。这样一来，曾作为工人阶级核心的制造业的熟练工人和半熟练工人逐渐减少，而被计时工等非熟练工人所代替。日本有学者认为，后者一般不被纳入日本工人组织的"劳动组合"，这也是 20 世纪 80 年代以后日本工人运动进入低潮的原因之一。

　　（8）在日本，目前仍然有一些鳏寡老人或孤儿寡母享受最低生活保障线的生活保障，属于贫困阶层。但是，他们分散于日本各地，已不再构成战前日本那种城市贫民。

　　根据日本目前的情况，日本有学者认为日本现有经营者阶层、新中间阶层（白领）、农业生产者阶层、旧中间阶层（自营业者阶层）和工人阶层（蓝领）5 大阶层。也有学者从阶级分析的角度指出，现代日本存在资本家阶级、新中间层、工人阶级、旧中间阶级（自营业者层和农层）4 种阶级成分。

　　持后一种观点的代表人物是静冈大学教授桥本健二，他从职业、地位、企业规模等方面对资本家阶级、新中间层、工人阶级、旧中间阶级进行了区分。他认为：资本家阶级是法律意义上的所有者，或者具有在组织内部支配生产资料的权限，组织和统制劳动过程。在现代日本，是企业的经营者、"役员"以及雇用 5 人以上的自营业主。旧中间阶级的生产资料规模小，不能组织和统制他人的生产过程，自身从事生产劳动。旧中间阶级包括自营业者层和农民层。工人阶级不具有对生产资料的支配权，受雇于资本家阶级，在资本家阶级的统制下从事直接的生产劳动。在日本，被雇用的蓝领和下层白领都在此列。桥本认为，所谓新中间阶层是一个模糊的概念，属于这个阶层的人们，既受雇于资本家阶级，又从资本家阶级那里得到一部分生产资料的支配权和组织、统制生产过程，进而有别于工人阶级。在日本，企业管理人员、专业人员和事务人员属于此列。由于新中间层尚未形成为一个阶级，所以桥本使用了新中间层这种说法。桥本基于这样一种概念区分，运用 SSM 调查的数据，对战后日本各阶级构成的变化进行了归纳。

　　从表 4—2 不难发现，战后以来资本家阶级几乎没有什么根本的变化，旧中间阶级大量减少，工人阶级和新中间层都有很大增加。旧中间阶级的减少主要是农民层的减少，从 1955 年的 39.2% 降低到 1985 年的 6.6%，而自营业者层的比率却基本没有增减。

　　综上所述，战后日本的阶级、阶层结构已发生了很大变化。尽管针对日本目前的状况，进行阶级、阶层结构分析的立场、观点、方法不尽相同，甚至相互对立，但都强调了这样一个事实，那就是中间层的壮大。桥本健二所说的新中间层既然是指管理人员、专业技术人员和事务职务人员，那么，显然它与表 4—1 中的白领工人是同一概念。可以说，中间层的扩大是战后日本阶级、阶层结构的最大特点。

表4—2		战后日本的阶级构成（1955—1985）		（％）
阶级	1955 年	1965 年	1975 年	1985 年
资本家阶级	5. 5	8. 4	6. 2	6. 3
新中间层	17. 0	23. 1	25. 9	29. 3
工人阶级	19. 5	34. 3	36. 2	39. 9
旧中间阶级	57. 9	34. 1	31. 7	24. 5
自营业者层	18. 7	16. 1	17. 4	17. 8
农民层	39. 2	18. 1	14. 3	6. 6

资料来源：引自1985年社会阶层和社会移动全国调查委员会编《1985年社会阶层和社会移动全国调查报告书》，第一卷"社会阶层的结构与过程"，第134页。

二　中间阶层的壮大与中流意识的产生

在战后日本的各类舆论调查和意识调查中，阶层归属意识是主要内容之一。调查表明，中间阶层的壮大和中流意识的蔓延是战后日本的最大变化之一。在日本，具有代表性的全国性调查是日本总理府进行的"关于国民生活的舆论调查"和"社会阶层与社会移动全国调查"（SSM 调查）。尽管两项调查的调查方法、设置的条目及调查对象不同，所得到的数据也不尽相同，但它们的调查结果都表明，战后几十年间，在日本认为自己属于"中流"的人在增加。

从以下两表（表4—3、表4—4）可以发现，中上、中中、中下的人们相加，日本认为自己属于"中流"的人高达90％以上。从某种意义上讲，这种阶层归属意识集中体现了战后日本的社会意识的变化，它是战后日本经济发展的结果，也在一定程度上说明日本战后社会较战前趋于平等。阶层归属意识属于一种个人判断，这种判断的依据主要是经济社会条件的变化。在日本进行的各项调查表明，人们在决定自己的阶层归属时看重的是经济收入、学历、职业的社会评价、财产、整个生活的富裕程度等因素。

表4—3　　　　阶层归属意识的年度变化（关于国民生活的舆论调查）　　（%）

年份＼阶层	上	中上	中中	中下	下	不清楚
1960 年	0.4	3.9	40.8	31.5	13.6	9.8
1965 年	1.0	7.0	50.0	29.0	8.0	5.0
1970 年	0.6	7.8	56.8	24.9	6.6	3.3
1975 年	0.6	7.9	60.4	22.4	5.1	3.7
1980 年	0.6	7.4	54.4	27.5	6.7	3.3
1985 年	0.5	6.4	53.7	28.4	8.1	2.8

　　资料来源：根据1985年社会阶层和社会移动全国调查委员会编《1985年社会阶层和社会移动全国调查报告书》，第二卷"阶层意识的动态"第44页图表整理。

表4—4　　　　　　　　阶层归属意识的年度变化（SSM调查）　　　　　（%）

年份＼阶层	上	中上	中下	下之上	下之下
1955 年	0.3	7.3	35.3	38.3	18.9
1965 年	0.4	12.6	44.4	33.5	9.2
1975 年	1.2	23.8	54.0	17.0	4.0
1985 年	2.0	24.8	49.0	18.1	6.1

　　资料来源：同表4—3。

　　战后日本进行了体制改革，取消了财阀体制，实行公司股份化，杜绝了大财阀和大资本家的出现。现在，企业管理人员和一般职员、白领和蓝领之间的收入差别已缩小了许多。对缩小这种差距起了推动作用的就是教育的普及，特别是高等教育的普及。战后日本作为体制改革的一环，积极地进行了教育体制的改革，大力发展教育，国家、地方、民间一起兴建大学，不仅富人的子女可以上大学，而且穷人的子女也可以上大学，目前日本高中毕业生每4个人中就有3人上大学（包括各类短大、大专），低于英国而高于美国、法国和德国。教育的振兴在对日本经济社会的发展产生巨大影响的同时，也从某种程度上提高了一些人的社会地位。

　　战后日本的物质生活可以说是从地狱走上了天堂。战后初期的日本一片废墟，人们曾在缺吃少穿的境况中挣扎。以后几十年的发展，日本成为经济大国，日本人过上了富裕的生活。

经济的发展、高等教育的普及，提高了人们的收入水平和生活水平，使日本进入了一个"消费时代"。日本人的消费生活从 20 世纪 60 年代被称为"三种神器"的电视、冰箱、洗衣机发展到 70 年代的所谓"3C"（彩电、空调、私家车），80 年代又转向观光旅游、文化娱乐，90 年代进一步重视健康管理和自我价值的实现。在这个过程中，日本人难免对生活感到一种"满足"，对人生感到一些"幸福"。"中流意识"作为一种生活意识得以形成和蔓延。

关于"中流意识"问题，日本学界议论颇多，但有一点大家达成了共识，那就是在调查中回答自己属于"中流"的具有"中流意识"的人们并没有构成一个"中流阶级"。这首先是因为他们的绝大多数人不具有一定的资产，地位也不稳定。比如，家中挣钱的人一旦病倒，生活水平就要下降，需要另外的人出去工作。即便家里购买了土地、房屋等资产，同时也背着因分期付款而产生的沉重的债务。其次，这些人不具备独自的阶级文化，也就是不具备作为一个阶级的绝对条件。因此他们永远置身于学历、职业、职位的激烈竞争当中。由此可见，所谓"中流阶层"在社会地位上并不具有共同的特征，是由各种各样的人组成的。日本有学者从职业、学历、收入等方面研究了日本社会的阶层地位，得出了日本社会从整体上是一个非整合的社会的结论。大体上看，日本社会的阶层结构是，上层为 10%，中间层为 60%，下层为 30%。其中占一半以上的中间层是由多种不同社会地位的人所组成，是"多样性的中间层"。

既然如此，为什么那么多日本人认为自己属于"中流"，那么多人会产生中流意识呢？实际上，在经济社会不断发展和社会结构不断变动的过程中，所谓中流意识的形成是世界上发达国家都存在的一种现象，大多是基于职业、学历、收入等客观标准而形成的一种意识。但是在日本又有它的特色，即带有较强的主观色彩。日本是一个群体主义盛行的社会，日本人在各方面既不愿标新立异，也不愿被排除在群体之外，都想过随大流的生活。战后日本的经济发展丰富了人们的物质生活，增加了人们的收入，提高了人们的生活水平。一家装上空调家家装，一家买了汽车大家都相仿，去海外旅游时毫便趋之若鹜。结果，消费行为和消费模式整齐划一，缺乏个性，但这恰恰是产生大量中流意识的一个基础。看看周围，比比自己，大家都过着相同的日子，人家有的自己家也有，不比别人富有也不比别人贫穷，所以便是"中流"。另一方面，社会地位的非整合性是中流意识的又一个基础。所谓社会地位的非整合性是指经济收入和社会地位的不一致，即有些人虽然学历高，职业名声好，但收入却较低；相反有些人收入虽高，但却没有高学历，职业地位也不高。这种经济收入和社会地位的不一致性使人们从中得到了某种心理上的平衡，自觉或不自觉地忽视了自己本来所属的阶层。

三　产业结构的变化与阶层变动

战后日本经过经济的高速发展，实现了高度的产业化，社会结构也发生了很大的变迁。战后的产业化使工业取代了农业，成为日本的主导产业，工业劳动者的数量显著增加。在 20 世纪 60 年代"重化学工业化"是人们关注的中心，70 年代以后，所谓信息社会和"服务经济"的到来，"白领价值"受到人们的推崇。第一产业的劳动者从 1955 年的 41.1% 减少到 1985 年的 9.3%，而第二产业劳动者则从 1955 年的 23.8% 增加到 1970 年的 34.1%。此后，第三产业发展壮大，第三产业劳动者从 1955 年的 35.1% 增加到 1985 的 57.5%。

产业结构的变化直接造成了职业结构的变化。许多传统的职业消失了，不仅种田的农民急剧减少，靠山为生的猎人、伐木夫、烧炭的矿山劳动者及一些相关的手艺人、手工业者同样大量减少。这些人组成的劳动组织和他们所代表的传统的价值观、生活方式也发生了变化。20 世纪 50 年代到 60 年代，工厂里的工人大量增加，他们在自动化的工厂工作，70 年代以后，随着计算机技术的提高和办公自动化的普及，涌现出了大量的白领工人。

在过去日本的雇佣结构中，最大的特点就是中间阶层占较大的比重。他们由自耕农和个体商业者组成，家庭生计与商业经营混在一起，子承父业，世代相传。这种生产经营形式是日本传统家庭制度的产物。但是，战后，一方面由于新民法的实施，传统的家庭制度已被打破，人们的传统的家庭意识发生了很大变化，长辈失去了对小辈的权威；另一方面，高等教育的普及，使得本应继承家业的人放弃继承自营业，而成为靠拿薪水过日子的白领工人。这种情况无疑加速了自营业的解体。

四　经济差距有所扩大

近年来有关日本经济差距扩大，社会日益趋于不平等的议论渐多，经济差距问题甚至成为日本国会上在野党与执政党之间展开攻防的焦点问题，引起人们越来越多的关注。日本厚生劳动省每3年进行一次收入再分配调查，主要是为了了解各家庭户的名义收入与实际收入之间有多大的差距。调查数据表明①，1990年以来日本收入再分配基尼系数无论是税前还是税后差距都呈上升趋势。从1990年到2002年的12年间税前基尼系数由0.4334上升到0.4983，增加了0.0649，经过了社会保障和纳税等再分配后的基尼系数也从0.3643上升到0.3812，增加了0.169。另根据日本总务省2002年公布的数据②，可以看出两点：第一，从20世纪80年代以来，与呈下降趋势的法国和有升降起伏的德国、比利时等不同，日本的收入差距一直在扩大，但从收入差距上升速度上看，日本又区别于美国等国家，上升速度缓慢。第二，虽然各国调查年份不同，但还是可以了解日本在发达国家当中所处的位置。日本的收入差距比瑞典、比利时等国家要高，但低于美国、加拿大和澳大利亚等国。发达国家收入差距程度由高向低的排序为美国、法国、加拿大、日本、德国，日本位于中间位置。从时间序列上看，近年来整个发达国家的收入差距都呈上升趋势，其中美国上升幅度最大，日本上升平缓。

关于日本收入差距的扩大，一般认为有以下几个原因：

第一，工资收入减少，差距扩大。根据日本厚生劳动省2003年公布的数据，截止到20世纪80年代，日本职工工资收入无论是名义工资还是实际工资都在逐年上升，但从90年代开始工资收入上升水平持续下降，1998年工资收入与上年比为负增长，2000年虽然一度有些回升，但以后的几年再度下滑。

第二，正式员工减少，非正式员工及无业者增加。由于日本经济不景气，许多企业都在调整雇佣政策，尽量减少雇佣正式员工，而依靠临时工、合同工等非正式员工，通过这种办法减少开支，压缩成本。这样做的结果就是非正式员工大量增加。根据日本总务省的"劳动力调查"，2002年计时工、临时工的总数达到了1096万人。1998年以来，在大多数年份里日本企业都在减少雇佣正式员工而增加雇佣非正式员工，以2002年为

① 日本厚生劳动省：《收入再分配调查报告书》，2002年，http：//www.dbtk.mhlw.go.jp/toukei/kouhyo/indexkk_6_3.html。

② 日本总务省统计局：《全国消费实际状态调查》，http：//www2.ttcn.ne.jp/~honkawa/4660.html。

例，正式员工减少了 151 万人，而非正式员工却增加了 91 万人。另据报道，近 10 年来正式员工约减少了 407 万人，而所谓自由打工者和短工的数量约增加了 650 万人①。厚生省最近公布的 2006 年版《劳动经济白书》主要内容表明，2005 年非正式员工高达 1590 万人，约占劳动人口的 32%。② 根据里库路特工作研究所在 2004 年所做的调查，正式员工的平均年收入为 531 万日元，派遣员工为 226 万日元，自由打工者为 167 万日元。③ 可见收入差距之大。各种调查数据表明，近年来日本的经济收入差距的确在扩大，高速发展后成为"一亿总中流"的日本社会对此感到了不安。

为了改善非正式员工的待遇，缓和正式员工与非正式员工之间的收入差距，日本厚生劳动省劳动政策审议会从 2006 年 7 月起开始讨论计时工劳动对策，同年 12 月提出建议。根据审议会的建议，厚生劳动省在 2007 年 2 月向国会提出了"计时工劳动法修改法案"。2007 年 4 月 19 日和 5 月 25 日，该法案先后通过了日本众议院和参议院的审议，于 2008 年 4 月 1 日开始实施。2007 年日本还对《雇佣保险法》、《雇佣对策法》、《最低工资法》、《劳动基准法》等进行了修改，并制定了《劳动契约法》。2009 年 1 月 7 日，日本参议院通过了"确保雇用和居住"的紧急决议，要求政府确保失业人员的居住和生活的稳定，要求企业"不要轻易解雇员工和取消内定就业人员，全力维持雇用的稳定"④。在扩大就业渠道，稳定雇佣形势，缩小收入差距问题上，日本在考虑应对性举措的同时，也重新审视目前的雇佣制度和雇佣体系。

五　民众淡漠政治，意识趋于保守

"二战"后，经济的发展、高等教育的普及，提高了人们的收入水平和生活水平，日本人过上了富裕的生活。20 世纪 70 年代以后，随着日本经济从高速发展转为稳定增长，以及生活的富足和社会的相对均质化，"一亿总中流"的"中流意识"曾作为一种主要社会意识得以形成和蔓

---

① 2006 年 2 月 13 日《读卖新闻》。
② 2006 年 4 月 13 日《产经新闻》。
③ 2006 年 2 月 13 日《读卖新闻》。
④ 日本参议院：《确保雇佣和居住等国民生活稳定的紧急决议》，http://www.sangiin.go.jp/japanese/gianjoho/ketsugi/171/090107.htm。

延。民众的诉求日益从政治、外交、安全转向保障就业和提高生活的水平和质量，政治意识淡化，更关注的是自我的实际生活。另一方面，日本长期存在的金权政治让民众感到厌倦，使他们日益远离政治。

从政党支持率的角度讲，引起这种定期变化的直接原因是无党派层的存在。无党派层在日本被称为"无支持政党"层，也就是不固定支持某政党的群体。"无支持政党"在日本并不是新近出现的现象，早在1955年，"无支持政党"的人们就有约20%。但是，到1975年"无支持政党"层却剧增到约30%。"无支持政党"层的增加时期与所谓革新政党的衰退期相重合，这一点不能不引起人们的注意。根据日本统计数理研究所的调查①，"不支持任何政党"的人从20世纪60年代以来一直呈上升趋势，1963年为20%左右，到2003年达60%。同时，认为"家庭最重要"的人却持续增加，由1963年的13%增加到2003年的45%。在"不支持任何政党"的人中有许多是年轻人，他们不关心政治，更关心工作、家庭、个人爱好等，在个人生活领域寻找自我价值，在其中得到一定的满足。20世纪60年代至70年代，日本青年曾想否定已有的社会体制，进行社会变革，进行了一系列的社会活动，但现在的日本年轻人却很少具有革新意识。90年代以后，由于泡沫经济的崩溃，日本政治发生了较大的变化，但并没有引发日本人对政治的兴趣，历次选举的投票率依然不高。近年日本政局无党派层呈上升趋势，经常有些无党派人士在选举中胜出。这些人往往靠的不是自己的政治主张，而是因个人魅力当选。

在后工业化社会，随着非政府组织和非营利组织等社团的大量出现，民众将日益远离具有意识形态的政党、工会和特定的宗教团体。日本民众更多的精力不会集中在特定的政党，而是如何应对他们现实生活中的具体问题。

第四节　社会保障政策的形成与发展

日本是以绝大多数国民为对象实行社会保障制度的国家，在经济高速

---

① 『日本人の国民性50年の軌跡——「日本人の国民性調査から」——』，統計数理（2005）第53巻第1号3—33，http：//www.ism.ac.jp/editsec/toukei/pdf/53-1-003.pdf#search ='日本人の国民性50年の軌跡。

增长时期它的有关制度得到了充实与发展。但是，与其他发达国家一样，随着庞大的社会保障费用的上升，日本也面临着财政支出不断增大的压力。日本从战后建立社会保障制度起就没有停止对制度的改革和完善，20世纪80年代中期后更是加大了改革的力度。

一　战后日本社会保障制度的发展过程

1. 战后社会保障制度初创期（1945—1957年）

战后的日本，经济凋敝，百业待兴，在美军的占领下，政治上废除了专制主义天皇制，导入了西方民主主义观念，开始了战后体制改革。日本社会保障的基本框架从这一时期开始形成。首先是颁布了"福利三法"，即：《生活保护法》、《儿童福利法》、《残疾人福利法》。1946年9月，《生活保护法》颁布，它规定了在保障国民生活问题上的国家责任和无歧视平等原则，但在一些条款上带有"慈善"和"恩赐"的色彩。1950年5月，日本政府又颁布了新《生活保护法》。新法以保障和救助生活贫困者维持最低限度的生活为目的，保证所有人可以得到"受保障的权利"。它的颁布，标志着日本社会保障走上了现代化的道路，奠定了战后日本社会保障的基础。日本政府于1947年12月正式颁布的《儿童福利法》首次使用了"福利"一词，它是日本第一部社会福利立法。此法明文规定，保证儿童的健康成长不仅是家长的责任，也是国家和地方公共团体的责任和义务。1949年12月，日本颁布了以救济、援助伤残退役军人和战争受难者为目的的《残疾人福利法》。它保护的对象不仅限于旧军人和战争受害者，还包括普通残疾人。在这一时期的立法当中，与上述"福利三法"同等重要的是1951年3月颁布的《社会福利事业法》。这是社会福利行政方面的立法，在美国占领军当局的巨大影响下，它规定了社会福利事业领域共同的基本事项，明确了社会福利的公共性，设立了国家和地方公共团体设置福利援助、监督及事业设施的基准。根据这一法律，日本设立了开展福利工作的行政机关——福利事务所和负责福利的工作人员——社会福利主事。

这段时期为日本社会保障制度的形成期，也可称为初创期（1945—1957年），这一时期在美国占领军当局的巨大影响下，形成了战后日本社会保障的基本框架。不可否认，美国占领军当局的"社会福利民主化"政策，对战后日本社会保障制度的形成产生了巨大的影响，它在战后日本社会保障政策上具有重要意义。日本政府一方面在社会保障、社会福利上引进民主化，一方面还试图使社会福利保留 1945 年前社会事业那种慈善、恩惠性质，没有完全承认国民享受福利的权利，把生活保障作为社会福利政策的核心，把保障的标准压得很低，仅保证了失业者和生活贫困者最低限度的生活。但"福利三法"在战后混乱时期发挥了政治性功能和社会性功能，起到了稳定社会秩序的作用。

2. 社会保障扩充时期（20 世纪 50 年代末至 1973 年）

20 世纪 50 年代中期开始的日本经济的高速发展，给日本带来了"黄金的 60 年代"，经济发展，物质丰富，人们的生活水平显著提高。但同时产业化的进展所引起的人口大流动，导致家庭与社区的相互扶助功能及其共同体功能衰退，为日本的社会保障政策提出了新的课题。日本有关政府部门在 60 年代初期便注意到这一动向，1961 年版的《厚生白书》认为，这种变化是日本"家庭的近代化过程"，指出日本的传统家庭在解体，家庭所具有的赡养功能在缩小，所以有必要扩大"共同消费领域"，制定新的社会保障政策。实际上，日本开始实施高速发展政策以后一直比较重视社会福利、社会保障的作用。例如，1960 年 12 月发表的《国民收入倍增计划》认为，社会福利是"以经济发展为中心稳定（社会）的必要条件"之一，可发挥"缓和双重结构和确保社会稳定"的作用。[1] 1965 年发表的《中期经济计划》指出，社会福利、社会保障有利于"经济和社会的均衡发展"[2]。

这一时期，日本的社会保障在立法上有较大发展，覆盖范围更加宽阔。1958 年颁布了《国民健康保险法》，1959 年颁布了《国民养老金法》，确立了所谓全民保险、全民养老金体制。这种体制的确立，对于没有参加任何社会保险的人来说，是划时代的事情。而后，在 1960 年 3 月颁布了《弱智者福利法》，1963 年 7 月颁布了《老人福利法》，1964 年 7 月颁布了《母子福利法》，使战后初期形成的"福利三法"扩展为"福利六法"，基本上确立了战后日本社会保障体系。

这一时期由日本的社会保障制度由"救贫"发展为"防贫"，开始重视物质福利以外的福利设施、福利服务的建设，社会保障的预防、恢复、

---

① 经济审议会编：《国民所得倍增计划中间研究报告》，大藏省印刷局 1964 年版。
② 向坂正男编：《中期经济计划解说——1968 年的日本经济》，日本经济新闻社 1965 年版。

开发功能受到重视，福利对象由贫困阶层扩大到低收入阶层。同时，社会保障的重点在于解决社会保障与经济发展不相适应的问题，在发展经济的同时重视社会保障的作用，把社会保障与经济发展、社会稳定结合起来，提出经济发展可提高国民收入，进而有利于充实国民福利。

3. 政策转换期（1974 年至 80 年代初期）

20 世纪 60 年代中期以后，一方面日本经济继续保持着高速发展，人们的收入增多，生活进一步改善；另一方面，经济发展和产业化也带来了一系列问题，出现了人口过密、过疏现象，发生了各种公害，家庭结构和家庭功能的变化带来了社会保障的诸多新课题。人们掀起了前所未有的反公害运动和社会福利运动，日本政府也开始对经济发展之中的社会保障政策进行反省，1972 年版的《经济白书》公开承认"发展与福利脱节"。日本政府 1973 年 2 月发表的《经济社会基本计划》，把实现"充满活力的福利社会"的重点目标放在了创造优美的环境和确保人们富足、稳定的生活上。厚生省 1970 年 9 月发表的《厚生行政长期构想》具体阐述了社会保障政策，把"建设社会福利设施"和"加强福利服务"放到了社会保障的中心位置。日本社会保障政策开始由单纯的经济、物质福利向包括"非经济福利"在内的"全面型"福利发展，重视和强调包括福利设施、福利服务在内的综合性对策。

60 年代中后期起，日本社会保障的各种制度日渐充实，财政支出大幅度增加，70 年代初达到了一个新高度。由于 1973 年用于社会保障的财政预算多于往年，这一年被称为"福利元年"。但是，这种趋势并没有持续下去，以 1973 年发生的石油危机为转折点，日本社会保障进入了一个政策转换期。石油危机以后，一方面日本经济发展速度急剧下降，进入低速发展时期，国家和地方出现了严重的财政赤字，财政危机成为社会保障发展的障碍。同时，人口的老龄化急剧进展，人们的福利需求日益增大，给社会保障提出了新的课题。在这种情况下，经济高速发展后期在较为富足的财政条件下开始的社会保障的扩充，已不可能继续下去，于是在日本出现了重新认识和研究社会保障政策的"福利重探"的议论，以图寻找在经济发展速度低、财政紧张条件下开展社会保障事业的新路子。

"福利重探"论主要是从政府财政的困境出发，认为高速发展时期的社会保障是利益均沾式的，并且只追求供给的扩充，忽视了负担这一面，所以对这种"天女散花"式的社会保障应"重新探讨"。这一时期日本政府机构的许多报告书和文件都指出在公共社会保障方面有必要提倡国民要"自立、自助"。1979 年版的《厚生白书》也提出要重视家庭的作用，认为日本传统的家庭形式（指日本老人与其子女的较高同居率和较高的同居意向）是日本社会福利的"潜藏资产"。1979 年经济企划厅发表的《新经济社会 7 年计划》进一步表明日本要实现的是这样的福利社会：即"是以个人的自助努力和家庭、近邻及社区共同体的互助为基础，选择、创造出一条以高效率的政府重点保障公共福利的自由经济社会所具有的创造性活力为原动力的、我国独自的道路。这种福利社会可称为日本型的新式福利社会。"[①] 1981 年第二次临时行政调查会提出的"第一次咨询报告"，使这种倾向更加明确，它提出国内政策的目标是"实现有活力的福利社会"，强调个人的自立、自助精神和家庭、企业、社区共同体的协作作用，并指出社会保障的过分充实会妨碍人们的自助精神和责任感的形成。

第三时期为政策转换期，这一时期以石油危机为转折点，日本开始对社会保障政策进行调整，强调个人、家庭及企业、团体的作用，重点在于减轻国家负担。

4. 全面改革期（20 世纪 80 年代以后）

面对老龄化社会的进展，日本从 20 世纪 80 年代开始对社会保障制度进行全面的重新探讨和改革，日本的社会保障制度进入了一个改革的时期。

二　日本社会保障的基本特点

日本的社会保障制度受到了欧美社会保障制度的影响，特别是在制度形成时期，美国占领军当局的"社会福利民主化"政策，在战后日本社会保障制度的形成上具有重要意义。但是从总体来看，日本社会保障制度又不同于欧美国家，有它自己的特点。

日本的社会保障制度有狭义和广义之分，从狭义角度来讲，社会保障制度由 4 个部分组成：

（1）政府扶助。指国家为维持低收入阶层最低生活水准所提供的救济，扶助对象为生活贫困者。

---

① 　法政大学大原社会问题研究所：《日本劳动年鉴 1981 年》，劳动旬报社 1980 年版。

　　（2）社会保险。包括健康保险（政府掌管及工会掌管）、国民健康保险、厚生养老金保险、国民年金保险、失业保险、船员保险、工伤事故补偿保险等 17 项。保险对象涉及企业职工、船员、国家和地方公务员、私立学校教职员、农林渔业团体职员及其他国民。

　　（3）社会福利。包括残疾人福利、老人福利、儿童扶养补贴、母子福利、灾害救济等 14 项，提供对象为老年人、残疾人、妇女、儿童及多子女家庭，其中儿童补贴则面向全体国民。

　　（4）公共卫生及医疗。包括传染病预防、结核病对策、精神卫生事业、老人保健等 14 项内容。此外，还有公营住宅建设、住宅地区改造，失业对策等相关制度。日本社会保障大体遵循 3 项原则实施，即保险原则、扶助原则及扶养原则。

　　日本现行各项社会保障制度都是依据相关法律建立的。社会保障各部门均有与之相对应的法规和其他法律的有关条款。例如，健康保险方面有《健康保险法》、《国民健康保险法》、《老人保健法》；养老金方面有《厚生年金保险法》、《国民年金法》、《农业采用从业人员年金基本法》；雇佣方面有《失业保险法》、《劳动保险收入法》等；劳动灾害方面有《工伤事故补偿保险法》、《国家公务员灾害补偿法》等；国家扶助及社会福利方面有《生活保护法》、《儿童福利法》、《母子保健法》、《老人福利法》、《残疾人福利法》、《社会福利事业法》等，公共卫生及医疗方面有《医疗法》、《医师法》、《保健所法》、《精神保健法》、《优生保护法》等。这些法律形成了一套比较完整的、与社会保障事业配套的法规体系，为各项社会保障制度的实施和管理提供了严密的法律依据。

　　日本社会保障实行立法、行政、执行、基金管理、监督等各机构分立的管理体制和运行机制，立法权属于国会，各项社会保障制度的确立和修改由国会审议批准。行政管理机构分为中央和地方两级，中央行政管理机构为厚生劳动省，负责社会保障的调研、规划、调整和审查，地方行政管理机构为都道府县。中央执行机构为社会保险业务中心，地方执行机构为都道府县的民生主管部门、社会保险事务所及健康保险共济组合、国民健康保险共济组合等公共法人组织。为了保证社会保险基金的安全性和独立性，设有国民年金和厚生年金特别会计，对全国的国民年金和厚生年金分别进行统一管理。日本还设立了社会保险基金联合会，对医疗保险费用等进行监督。日本的社会保障制度种类繁多，与之相对应的行政机构较为复杂。从管辖范围看，中央政府有关部门只负责监督，直接运营则由其下属机构或公共法人组织承担。例如国家扶助、社会福利、公共卫生及医疗领域的主管部门是厚生省，但执行机构却是都道府县的有关部门及市町村的保健所和福利事务所。又如社会保险领域，主管机构是按被保险人的类别和保险内容区分的，公务员、普通雇员、农业从业人员等的保险由不同的政府机构和各种组织负责监督和运营。

从社会保障的财源上看，英国和瑞典等北欧国家的资金来源主要依靠税收，美国和西欧国家的资金主要来自保险费。日本则介于二者之间，属于"混合型"。在资金筹措上有以下几种途径：

（1）社会保险费。它是医疗保险、年金保险等制度的基本财源，由被保险人与事业主分担。

（2）租税。它包括有特定用途的普通税和充作社会保障经费的社会保障特别税。

（3）保险基金的运作收入，即各种保险基金的利息和红利收入。

（4）其他收入。包括社会福利设施的使用费、公共卫生部门收取的手续费等。

从战后日本社会保障制度的发展过程看，有以下几个特点。

（1）社会保障法律制度健全。每一项社会保障制度的出台，都有严格的法律依据和程序，日本战后社会保障体系的形成和发展过程，也是以国家立法为基础，相关法律不断完备、充实的过程。

（2）社会保障制度的体系化。从各个单项制度的建立起步，向比较完整的综合性的制度发展，社会保障对象也不断扩大，更具全民性。

（3）建立专家咨询制度。专家咨询是日本社会保障体系的重要组成部分。社会保障制度审议会是内阁首相的咨询机构，由官、产、学等各方人士组成，其职能是对全国性的社会保障计划、立法、运营大纲等进行审议，在日本社会保障政策的制定方面具有重要的地位。此外，日本政府还设有医疗保险审议会和年金审议会，是为厚生大臣及社会保险厅长官的咨询机关，对运营进行审议。

（4）社会保障政策的重点逐步转移。随着经济的发展，人民生活的改善，社会贫困层面日益缩小，社会保障政策从维持低收入阶层最低生活水准的"扶贫"向以保证全体国民生活稳定为宗旨的"防贫"方面转变。

这一政策的重点转移，标志着日本社会保障的重心由政府救济逐渐向社会保险过渡。

（5）社会保障制度根据形势变化不断修改。20世纪50年代后期至70年代初期是日本经济高速发展的时期，同时也是日本社会保障发展最迅速、成果最明显的时期。1973年"石油危机"后，鉴于经济增长速度放慢，租税收入减少，国家财政困难，以国库负担作为重要支柱之一的社会保障制度不得不进行修订和调整。70年代中期至今，日本已多次修改有关制度。

（6）重视家庭的作用，强调国民的自立。与瑞典、美国等其他发达国家比较，战后、特别是石油危机以后日本社会保障制度的最大特点在于重视家庭的作用，强调国民的自立，主张建立"日本型福利社会"。关于"日本型福利社会"，1979年日本自民党编写的《日本型福利社会》一书提出了4点：

①坚持个人可以自由地设计多样、合理生活周期的自由社会的各种体系（其主要支柱是市场体系）；②充实包括个人在内的最小系统——家庭的基础，加强家庭作为安全保障系统的功能；③维持企业的活力，以期在老龄化社会也能发挥支撑个人生活和家庭的支柱作用；④政府应抑制因"福利国家病"而出现的"肥大化"倾向，努力坚持"讲效率的小（规模）政府"，减轻对家庭和企业的负担，维持民间的自助精神和活力。

可见，"日本型福利社会"的核心是发挥企业和家庭的作用，鼓励人们自助、自立、减轻国家的负担。70年代以来日本政府在社会保障和社会福利政策上所做的调整，都是在这种思想指导下进行的。在这些调整和改革中强调的几点是：第一，明确国家与民间团体、个人在社会福利方面的作用分工，强调国家的社会福利服务基本上限于民间机构难以提供的范围，其他各种福利服务由民间提供，这意味着国家负责的福利需求被限定在一定的范围；第二，明确国家和地方的作用分工，发挥地方兴办社会福利的积极性，将社会福利服务的责任和实施委托给都、道、府、县和市、町、村，减轻国家财政的负担；第三，提高个人和企业的保险金和税金额度，谋求支付和负担的"公正化"。

三　日本社会保障制度改革的背景

20 世纪 70 年代后期以来，日本经济进入低增长时期，财政收入恶化，社会保障费用在国家财政支出中的比重日益增大，日本从 70 年代中后期便开始进行社会保障制度改革。

现代日本的社会保障制度，在 60 年代至 70 年代初日本经济社会环境较为有利的条件下，得到了迅速发展和完善，但在步入 70 年代中期以后却遇到了多方面问题，这些问题在当前及今后相当长时期内还将日趋严峻。

日本社会保障制度所面临的问题，有属于其自身结构方面的，也有属于其外部条件方面的。就外部条件方面而言，最主要的是经济增长失速、人口结构变化以及雇佣制度与家庭结构变动等三方面问题。

1. 经济萧条增加了社会保障制度的压力

日本社会保障制度在 60 年代至 70 年代初得到了迅速的发展和完善，这与日本经济的增长有着密切的关系。经济的高速增长一方面带来了国民经济总体规模的扩大，促成了国家财政收入的不断增加，从而保证了社会保障制度扩充所必需的财源；另一方面，经济的发展还扩大了劳动力的需求，失业问题大为缓解，从而减轻了社会保障制度在失业和雇佣保障方面的压力和负担。由经济增长所带来的"大蛋糕"解决了许多方面的问题。然而，在步入 70 年代中期以后，以 1973 年的石油冲击及其引发的世界性经济危机为转折，日本经济进入低增长时期，财政收入恶化。进入 90 年代，由于日本"泡沫经济"的破灭，日本经济又陷入了一场旷日持久的经济萧条，日本财政出现了巨额赤字。财源不足已经是日本社会保障制度面临的最大难题。同时，经济萧条导致大量企业倒闭，劳动力需求的减少，致使失业问题日趋严重，日本完全失业率曾达 5.3%，加重了日本社会保障体系在失业与雇佣保障方面的负担。

2. 少子化、人口老龄化加重社会保障负担

人口转变过程中出现老龄化是必然的，随着出生率和死亡率的下降而出现的人口老龄化在初期则有利于社会经济发展。伴随着这一过程的是人口增长放慢、总人口扶养比和少儿人口扶养比的急剧下降、人口年龄结构趋于稳定，这样的人口老龄化并不成为问题。但人口老龄化达到某一阶段，老年人口比重超过少儿人口比重，老年人口已经成为社会的主要扶养

对象，这样的人口年龄结构变动将不利于社会经济的良性运行。少子化和老龄化同时进展的情况下，劳动力人口所负担总量有一个减轻的过程，这是经历了人口转换的所有国家都曾发生的事情。战后日本的经济发展时期，是日本的人口构成中扶养人口负担较低的时期。但是，日本扶养人口指数最低是 1990 年，此后一直呈上升趋势。对儿童的抚养负担减小，相反对老人赡养的负担加重。社会扶养比的上升，严重挑战着原有的养老保险制度，这就需要国家稳妥地解决好社会保障体制问题。人口老龄化的进程必然导致社会经济负担的急剧增加，具体主要表现在退休老年人口的养老金、医疗费用、护理保健费用、社会福利费用、社会保障费用的快速增长。社会保障是年轻一代人供养老一代人，老年人越来越多和年轻人越来越少，意味着社会保障的负担越来越重。如果 2050 年每三个日本人中就有一个老人，那么届时每两个日本人就要养活一个老人，而这两个人中还有没有工作的儿童和学生，所以实际劳动人口所承担的社会负担则更重。这种趋势持续下去，将极大地影响养老金、医疗保险等社会保障制度的实施，并动摇整个社会保障体系。因此，如何解决养老金财源不足问题是日本长期的课题。

3. 家庭结构的变迁及人们意识的变化

传统的日本家庭以主干家庭为中心，老年人与子女同居一处，安度晚年。基于日本传统家庭的特点，战后日本颁布的新宪法和新民法，明确规定了直系血统、兄弟姐妹、夫妻之间有相互抚养的义务。这使得日本对老人赡养问题没有像有些发达国家那样与家庭分离开来，而是注意在发挥家庭功能的基础上制定有关社会保障政策和制度，甚至称日本家庭的保障功能是日本社会福利的"潜藏资产"，提倡发挥家庭的同居赡养功能。但是在今天，日本的家庭结构也处在迅速变化之中，其主要趋向是家庭核心化、家庭老龄化、家庭独身化、家庭小型化和家庭主妇就业化。随着社会工业化的发展，社会分层结构和职业结构的变化，日本家庭规模变小的趋势较为明显。根据日本总务省国情调查报告公布的数字，1920 年至 1950 年，平均每个日本家庭的成员为 5 人左右，1955 年仍为 4.97 人，而到 1975 年却锐减到 3.44 人，1985 年又减少为 3.18 人，1990 年为 3.00 人，1995 年更减少到 2.28 人。在 40 年的时间里，日本家庭平均人口减少了近 2.27 人，可见日本家庭规模变化之快。当然，出生率的下降是日本家庭人口减少的主要原因。

　　家庭规模的缩小，必然导致家庭结构的简单化。从血缘关系上讲，三代、四代及其以上的家庭明显下降，而二代和一代家庭趋于上升。从家庭类型结构上看，一是核心家庭和单身家庭增加；二是扩大家庭、联合家庭下降。根据日本总务省"国情调查"报告公布的数字，战后，日本的核心家庭和单身家庭一直呈上升趋势。1920 年日本核心家庭、单身家庭户的比率是 59%，1955 年为 62.1%，1975 年为 74.2%，1985 年为 76.1%，1995 年为 84.3%。战后日本家庭的最大变化就是核心家庭化。从家庭形态上看，核心家庭化就是子夫妇（特别是长子夫妇）与父母同住的直系家庭减少，而夫妇和未婚子女组成的核心家庭增加。核心家庭化导致了日本家庭同住比率的下降和家庭分住比率的上升。家庭平均规模的缩小和完全核心家庭的增多导致纯老年户不断增加。根据日本厚生省公布的"国民生活基础调查"结果，截至 1997 年家里有 65 岁以上老龄人家庭数为 1405 万户，占整个家庭（4467 万户）的 31.5%。从 65 岁以上老龄人家庭的具体情况看，"单身家庭" 248 万户（17.6%），"夫妻家庭" 367 万户（26.1%），"三世同堂家庭" 425 万户（30.2%），"只有父母和未婚子女的家庭" 192 万户（13.7%）。在有 65 岁以上老龄人的家庭中，"三世同堂家庭" 的比例下降，单身家庭和夫妻家庭的比例增加。

　　家庭规模和结构的变化，导致了家庭养老功能的弱化。日本传统的家庭养老模式已经出现了瓦解和分化的趋势，生育率下降使子女减少和居住方式的代际分离使得子女对老年父母的照料产生了许多困难。居住方式的代际分离意味着健康不佳的老年人在经济供养之外还面临生活不便、照料不够、精神苦闷等问题。子女数的减少将不可避免地削弱现代家庭的养老功能，特别是家庭生命周期进入空巢阶段，身边没有子女，家庭的养老功能实际上名存实亡。即使在两代人、三代人同住的条件下，传统的家庭养老功能也在削弱。根据日本总务省的统计，在日本护理卧床不起老年人的有 86.1% 是住在一起的亲人，而且大多是女性。但是，近些年来，日本女性的价值观念发生了很大变化，她们不再甘于"男主外，女主内"的生活，走上社会，参加工作的人越来越多。1975 年在育儿期的 25—35 岁的女性就业率为 40% 左右，到 1990 年 25—30 岁的就业女性超过了 60%，30—35 岁女性的就业率超过 50%，一直想工作下去的女性也逐年增多。而且，日本政府政策也是要促进女性的自强自立和社会参与。如此一来，日本家庭中一直由女性进行的育儿、照顾病人及护理老年人等活动，一方面需要男性的参与，另一方面需要社会福利、社会服务的完善。老年人平均期望余寿的延长，老年人口高龄化也使家庭养老的负担加重。随年龄增高，老年人的健康状况将逐渐恶化，患病率、伤残率会上升，自理能力下降，将更多地需要日常护理、生活照料。余寿虽然增加了，但带病期也在延长，"久病床前无孝子"，老年人的生活照料和精神慰藉方面的问题日趋突出，沉重的负荷使家庭难以承受。在重压之下家庭的伦理观念可能发生转变，代沟增大，家庭人际关系产生危机。

家庭结构的这种变化趋势从多方面削弱了家庭的保障功能，把原来由家庭承担的一些保障事务推向社会，大大加重了社会保障的负担，从而成为当前日本社会保障制度所面临的又一个重大问题。

四　社会保障改革的具体措施

由于上述因素的综合影响，日本政府的租税收入不足，财政困难增大，而国家用于社会保障的财政拨款却急剧膨胀，使中央财政不堪重负。社会保障制度改革势在必行。

1. 实施护理保险制度

日本关于建立护理保险制度议论多年，1999 年建立护理保险制度的法案终于在国会通过，并从 2000 年 4 月 1 日正式实施。日本护理保险的口号是"由全社会支撑老年人"[1]，它的实施标志着日本社会保障制度所提供的服务正在由政府实施"主导型"向个人与事业体之间的"契约型"转变。而护理保险制度的建立被认为是社会保障制度改革的第一步，它将对日本整个社会保障制度产生直接的影响。

护理保险制度是一种强制性的制度，凡是 40 周岁以上的人都必须加入。这其中又分为两种被保险人，一是 65 周岁以上的老人，称为第一种被保险人；二是 40 周岁到 64 周岁的参加了医疗保险的人，称为第二种被保险人。这两种被保险人在他们因卧床不起、痴呆等原因需要起居护理或需要有人帮助料理家务和日常生活时，可以得到护理保险服务。根据日本厚生省的测算，目前在日本 65 岁以上老人中约有 13%、80—84 岁的老人中约有 25%、85 岁以上老人中约有 50% 的人需要接受护理保险服务。日

---

[1]   http://www.asahi.com/0401/news/politics01003.html.

本厚生省估计，在护理保险制度开始实施的第一年，将有 270 万 65 岁以上老人和 10 万 40—64 岁的人成为护理保险的服务对象。

护理保险制度提供包括保健、医疗、福利在内的综合服务，主要有两个方面：居家服务和设施服务。居家服务指的是被保险人大部分时间住在自己家里接受各种服务。所能接受的服务种类大致有：上门护理（家庭服务员）、上门帮助洗浴、上门护理、上门帮助康复、日托康复、居家疗养指导（医师、牙医等上门诊断、治疗）、日托护理、短期入住设施、痴呆性老人共同生活护理、收费老人福利院护理、支付租赁及购买福利用具费用、支付住房改修费（安装扶手，拆除台阶等）。设施服务是指被保险人入住到各种福利设施的服务。具体有：护理老人福利设施（特别养护老人之家）、护理老人保健设施（老人保健设施）、护理疗养型医疗设施（疗养型病床、老年人痴呆病疗养病房）等。

在费用方面，如果被保险人接受了护理保险服务，那么，他要负担全部费用的 10%，其余 90% 由护理保险负担。护理保险负担这部分费用的来源一半是被保险人缴纳的保险费，一半是公费负担。在公费负担的这部分中，国家出 50%，都道府县和市町村各出 12.5%。被保险人缴纳的保险费，因被保险人不同而不同。第一种被保险人根据收入缴纳保险费，年金在一定金额以上的人，保险费直接从年金中扣除，另一部分人将保险费交到市町村。第二种被保险人根据现已加入的医疗保险计算保险费，与医疗保险费一并缴纳。

护理保险制度一方面在提高护理服务上引进竞争机制，允许民间营利团体加入提供护理服务的行列，使各种机构之间展开竞争，提供多样化的服务，扩大服务内容，提高服务质量，给被保险人一个自由选择服务的空间。另一方面，此次建立的护理保险制度号称为国家护理保险，它不同于被保险人自愿加入的一般民间护理保险，而是强制性加入方式，要求 40 周岁以上的人必须加入。这种办法既可覆盖所有人需要护理的风险又不会增加高风险人的负担。由于护理保险采取现收现付的方式，所以可以避免将来通货膨胀的风险，同时，对现在已经处于需要护理状态的被保险人，可提高护理服务质量。

护理保险规定，第一种被保险人和第二种被保险人的人均保险费是均等的，这就保证了不同年龄层之间保险费负担的公平。在日本现行的医疗保险当中，老年人缴纳较少的保险费却接受比较多的医疗，实际上这是一种不同年龄层之间的收入转移，往往招致年轻人的不满。而护理保险的保险费负担方式避免了这种现象的发生，而且，从财政结构上看，即使将来年轻人减少老年人增多，保险费收入也不会减少。护理保险这种缴纳保险费方式很可能对医疗改革产生影响，特别是在老人医疗方面，有可能也实行这种方式，甚至使老人医疗与护理保险合二而一，建立"老人医疗护理保险制度"。

日本从 20 世纪 80 年代末 90 年代初开始开始修正偏重老人福利设施的倾向，而是把老人福利的重心转移到居家福利模式上。这是因为，日本从其他西方发达国家老人福利发展的经验教训中看到，由国家大量投资兴建老人福利设施，不仅加大了国家财政的负担，而且，福利设施这种老人集居型的养老方式，虽然可以解决老人日常生活中的困难，但也隔断了老人与家人及朋友之间的情感，不能满足他们参与社会的愿望。日本曾做过调查，证明在福利设施中的老人因心情忧郁而死亡的比率高于居家养老的老人。福利设施尽管可以提供良好的医疗护理条件，但老人们在心理上并不能消除不安的感觉，每天处于一种紧张的状态之中。护理保险制度的建立，正是日本这种福利思想的一种体现，它通过加强居家服务，一方面使传统家庭的护理功能社会化，把家庭成员从繁重的老人护理当中解放出来；一方面又使家庭成员之间的情感得到维系。同时，护理保险制度在"家人护理"上也有规定，根据一定的条件对护理自家老人的人支付"慰劳金"，从而把家庭护理与社会护理结合起来。

综上所述，可以说，日本实施护理保险制度的最大意义在于使政府主导的社会保障模式以向社会为主导的方向转变，并通过这一转变减轻政府在社会保障方面的财政压力。

2. 公共养老金制度的改革

日本的公共养老金制度与其他发达国家一样是从对军人和公务员的特别年金制度起步的，经过战前、战后的多次改革，逐渐形成体系。日本的养老金制度由国民年金、厚生年金和共济年金等组成，其中国民年金是日本养老金制度的基础，属于强制性制度，20 岁以上 60 岁以下、在日本拥有居住权的所有居民都必须加入。近年来，随着日本人口出生率的下降和老龄人口的增加，人口老龄化问题日趋严重，现行的养老金制度受到了严峻挑战。2000 年 3 月，日本国会通过了《厚生年金保险法》、《国民年金法》等 7 部养老金制度改革相关法案，大幅修改缴纳养老金保险费和领取养老金的制度。这些法律将分项目、分阶段付诸实施。

2004 年恰逢日本每 5 年对养老金制度进行重新审视的年份，关于这次养老金改革的工作早在 2003 年已着手进行。根据政府、企业、个人的负担增大，代际间的不公平加重，养老金制度空洞化等情况，这次养老金改革的方向是抑制养老金给付的增加，引入国民养老金保费的强制征收等。改革的目标是要恢复国民对养老金制度的信任，打消人们对养老金制度是否可以持续的疑虑，维持经济活力，构筑稳定、可持续的养老金制度。

2004 年的年金改革主要有以下内容：

第一，提高个人负担的"国民年金"保险费用，在当时每月 13600 日元的基础上，从 2005 年 4 月开始每年提高 230 日元，直至 2017 年达到 16900 日元。以后将固定在这个水平上，不再提高。

第二，将"国民年金"（基础年金）中国家负担的部分，到 2009 年由现在的 1/3 提高到 1/2。

第三，对现在实行的"厚生年金"保险费率进行调整，从 2004 年 10 月起在当时 13.85% 的基础上，每年提高 0.354%，逐渐提高到 2017 年的 18.3%。企业和个人各负担一半。2017 年以后不再提高保险费率，永久固定在这个水平上。

第四，在职女职工享受育儿休假的期间，由原来免除缴费的 1 年改为 3 年。

第五，确保养老金（国民年金、厚生年金）的给付水平保持在在职职工平均年收入的 50% 以上，目前的给付水平是 59.3%，到 2030 年时将下降到 50.2%。

第六，从 2007 年 4 月开始，对 70 岁以上有一定工资收入的退休者，减少养老金给付金额。

第七，从 2007 年 4 月开始，随丈夫加入国民年金的妻子一方，离婚的时候，可以要求法院将丈夫所取得的厚生养老金给予分割，最高可以领取其养老金的一半。

第八，从 2007 年 4 月起，对在领取"遗族年金"的家属中，年满 30 岁的无子女女性，由无限期领取改为 5 年领取时间。

2004 年日本进行养老年金改革的目的，是力图实现养老年金的给付与负担的合理、公正，解决养老金财源问题，保持养老金制度的稳定和可持续发展。改革后的养老金制度提高了"国民年金"保险费用和"厚生年金"的保险费率,看起来是增加了投保人的负担,但实际上是抑制了保险费用的大幅度提高。根据测算,如果日本不进行养老金制度改革,保险费用最终要达到工资收入的 26%,但改革后分阶段提高,最终为18.3%,比测算低了近 8%。① 更重要的是,用法制的形式规定在 2017 年以前分阶段提高保险费率,增加了养老金制度的稳定性。迄今为止,日本的养老金制度曾几次提高或降低保险费率,但大多是"应景文章",没有长期打算,加大了人们对养老金制度的不信任。这次明确表示到 2017 年保险费率达 18.3% 后不再提高,等于给人们吃了"定心丸",可以在某种程度上减少人们对养老金制度的不信任。同时,这种做法还减轻了养老金制度改革上的政治风险,有利于稳定养老金财政。②

2007 年 10 月 25 日,日本政府经济财政咨询会议召开会议,在社会保障制度与财源(社会保障与税)这个论题当中,集中讨论了养老金制度及其财源问题。对于国民年金的财源提出了两种选择途径:一是维持目前的社会保险方式,人们继续缴纳保险费,把国库负担提高到 1/2;二是引进税收方式,养老金全额由国库负担,财源通过税收来解决。全额税收方式最大的好处是相对公平,可以消除老年人与年轻人之间的代际负担差距。但如果日本由现行的缴纳保险费方式向税收方式转移,也会遇到各种技术问题和人们的观念转变问题,需要有一个过渡时期来解决。

日本在"二战"后就逐步建立和完善了社会保障制度,但在世界发达国家中日本的社会保障水平并不高,属于"低福利,低负担",社会保障给付水平比较低。这是因为日本的家庭和企业一直在很大程度上发挥着社会保障的功能。随着人口的少子老龄化,家庭的规模缩小,夫妻共同工作的家庭增加,又由于经济低迷和雇用形态的多样化、流动化,注重个人业绩的工资制度的引进和企业福利的减少,家庭的育儿功能、养老功能和企业的雇佣、住房、保健等福利功能都在缩小,它们已不可能像过去那样发挥社会保障的替代功能。结果,一方面用于年金、医疗、护理等社会保障费用的急剧增加,已成为日本政府的沉重负担;另一方面,由于国民负担的加重和近几年来日本政要的"养老金丑闻"和社会保险厅丢失养老

---

① 『年金—保険料率:徴収体制強化など課題に』,《日本経済新聞》2006 年 10 月 12 日。
② 同上。

金记录事件，日本国民对社会保障制度产生了极大的不满。日本内阁府"关于社会保障制度特别舆论调查"结果表明，有 75.7% 的人对社会保障制度感到"不满"，每 4 个人就有 3 人对日本的社会保障制度有意见。①

2008 年，用于年金、医疗、护理等社会保障方面的预算费用为 21.8 万亿日元，占一般岁出的 46.1%。而在 1980 年这个比率为 26.7%，1990 年为 32.8%，1998 年以后急剧上升。② 社会保障费用的巨额支出，给日本政府财政带来了沉重的压力，如何解决财源将是日本社会保障制度面对的最重要问题。

2008 年 1 月，日本政府成立了社会保障国民会议，并下设收入保障（雇用、年金）、服务保障（医疗、护理、福利）和构筑可持续社会（少子化、工作与生活和谐）三个分科会，对相关问题进行讨论。2008 年 5 月收入保障（雇用、年金）分科会，发表了基础年金"全额税收方式"的模拟计算结果，认为如果从 2009 年引进税收方式根据不同情况将需要 9 万—33 万亿日元，换算成消费税率为 3.5%—12%。③ 2008 年 11 月社会保障国民会议发表最终报告，指出构筑国民所期待的社会保障制度是国家的基本责任，还提出社会保障制度有给付就有负担，"国民有利用服务的权利，同时还有支撑制度的责任"④。

2008 年 5 月 20 日，日本经团联发表题为"构筑全体国民共同支撑的社会保障制度"的建议⑤，提出社会保障制度"要从代际间抚养体系向全体国民支撑的以国家负担为中心的方向转换"，认为"基础年金的税收方式化是一种很有可能的选择"。

2008 年 12 月 9 日，日本政府经济财政咨询会议举行会议，讨论推动社会保障与税收财政一体化改革的"中期计划"。会上民间人士提出把消

---

① 日本内阁府政府广报室：《"关于社会保障制度特别舆论调查"概要》，http：//www8. cao. go. jp/survey/tokubetu/h20/h20 – sss. pdf。

② 日本厚生劳动省：《2008 年版厚生劳动白皮书》，第 27 页。http：//www. mhlw. go. jp/wp/hakusyo/kousei/08/index. html。

③ 日本首相官邸网站：《社会保障国民会议为探讨而进行的关于公共年金的定量模拟》，http：//www. kantei. go. jp/jp/singi/syakaihosyoukokuminkaigi/kaisai/syotoku/dai04/04siryou5. pdf。

④ 日本首相官邸网站：《社会保障国民会议最终报告》，http：//www. kantei. go. jp/jp/singi/syakaihosyoukokuminkaigi/saishu/siryou_ 1. pdf。

⑤ 日本经济团体联合会：《构筑全体国民共同支撑的社会保障制度——关于社会保障改革的中间报告》，http：//www. keidanren. or. jp/japanese/policy/2008/026/index. html。

费税作为"用于社会保障目的税"的建议。这个建议最后被纳入日本政府经济财政咨询会议发布《面向构筑可持续的社会保障和确保稳定财源的"中期计划"》。该计划提出要进行包括提高消费税在内的税制改革，从代际公平的角度出发，以消费税为社会保障的稳定财源①，明确指出税制改革"从 2011 年开始实施，2015 年前分阶段进行，确立可持续的财政结构"，并认为应该在 2010 年先履行法律方面的手续。②

把消费税作为用于"社会保障目的税"，首先要较大幅度地提高消费税率。提高消费税率在日本是敏感的话题，是日本国民一直反对的。现在日本政府和民间有关人士可以堂而皇之地谈论把税收作为社会保障的稳定财源，一方面说明日本财政越来越不堪社会保障费用的重负；另一方面也说明日本国民也认识到要维系社会保障制度提高消费税不可避免。这不能不说是一种观念上的变化。

尽管如此，日本不会走北欧国家那种"高福利，高负担"的道路。《面向构筑可持续的社会保障和确保稳定财源的"中期计划"》提出的目标，是构筑可持续的"中福利、中负担"的社会保障制度。日本社会保障在今后改革的过程中，会逐步向"中福利、中负担"的方向发展。

第五节　国民的宗教信仰与相关法律政策

在市场经济高度发达、生活等各方面竞争异常激烈的日本，无论是在向工业化和现代化飞速进展的过程中，还是在社会经济发展舒缓、"差距"问题日益凸显的今天，宗教在稳定社会、安定人心方面都发挥了并将持续发挥非常重要的作用。

一　日本国民宗教信仰的现状、特点及其影响

1. 日本国民宗教信仰的现状

在日本，自明治维新以来，无论对知识精英还是对普通民众，狭义宗教观的影响一直都是非常大的。所谓狭义的宗教观，即认为真正的宗教应

① 日本首相官邸网站：《面向构筑可持续的社会保障和确保稳定财源的"中期计划"》，www.kantei.go.jp/jp/kakugikettei/2008/1224tyuuki.pdf。

② 日本经济财政咨询会议：《面向构筑可持续的社会保障和确保稳定财源的"中期计划"》，http：//www.keizai-shimon.go.jp/minutes/2008/1216/agenda.html。

该至少包括如下四个层面：其一要有教祖；其二要有教义，即宗教的思想观念及感情体验；其三要有教仪，即宗教的崇拜行为及礼仪规范；其四要有宗教的教职制度及社会组织（教团）。按照这一标准，很多知识精英认为，能够真正称得上是宗教的主要是佛教、基督教、伊斯兰教等，日本根本不存在独自的真正的宗教。所以，对于既没有创始人、教义，亦没有神的教导和严格戒律的神道，也就不能被称之为宗教，而只能看做是日本的"固有信仰"、"民间信仰"，或者充其量也只能说是一种"原始宗教"罢了。①"'原始宗教'一词，原本具有'低级'、'原初'和'落伍'等多种负面含义，它实际上是在以'西方中心主义'为背景的古典进化理论的文脉中对民族和宗教的形态进行了高低排序，其中隐藏着对'原始宗教'之属于'前宗教'或'非宗教'（异教）、'原始宗教'的信仰者之不属于'文明'或其处于'野蛮'状态的价值判断。"②

如今，研究日本宗教的论著可谓是汗牛充栋，既有鸿篇巨制的通史、断代史研究③，亦不乏分门别类精雕细刻的专题研究④。在诸多先行研究的论著中，也都程度不同地提及日本的宗教意识、国民宗教信仰的一些特点，并取得了很多优秀的研究成果⑤。通过研读诸先学之研究成果亦

---

① 关于探讨日本人对"宗教"概念的理解的代表性论著有很多，例如：羽賀祥二『明治維新と宗教』（筑摩書房 1994 年版）、新田均『近代政教関係の基礎的研究』（大明堂 1997 年版）、島薗進「日本における『宗教』概念の形成」（山折哲雄他編『日本人はキリスト教をどのように受容したか』所収，国際日本文化研究センター 1998 年版）、山口輝臣『明治国家と宗教』（東京大学出版会 1999 年版）、磯前順一『近代日本の宗教言説とその系譜』第一章「近代における『宗教』概念の形成過程」（岩波書店 2003 年版）；島薗進『現代日本と「宗教」—超越的普遍性の理念とその相対化』（池上良正等編『岩波講座　宗教　第 10 巻　宗教のゆくえ』岩波書店 2004 年版）。

② 周星：《"民俗宗教"与国家的宗教政策》，《开放时代》2006 年第 4 期。

③ 村上专精：《日本佛教史纲》，金港堂 1899 年版；村上重良：『近代民衆宗教史の研究』，法藏館 1958 年版；家永三郎、赤松俊秀、圭室谛成主编：《日本佛教史》3 卷，法藏館 1967 年版；村上重良：《近代日本的宗教》，讲谈社 1980 年版；杨曾文主编：《日本近现代佛教史》，浙江人民出版社 1996 年版；等等。

④ 谷省吾：《祭祀与思想——神道的祈祷》，国书刊行会 1985 年版；薗田稔：《神道——日本的民族宗教》，弘文堂 1999 年版；张大柘：《宗教体制与日本的近现代化》，宗教文化出版社 2006 年版；等等。

⑤ 西谷啓治：《根源的主体性の哲学》，弘文堂 1940 年版；同《現代社会の諸問題と宗教》，法藏館 1951 年版；丸山真男：《日本の思想》，岩波書店 1961 年版；中村元：《東洋人の思惟方法 3　日本人の思惟方法》（中村元選集 3），春秋社 1962 年版；仁户田六三郎：《日本人の宗教意識の本質》，教文館 1973 年版；等等。

不难发现，在 20 世纪 80 年代以前，很多日本学者特别是宗教研究者都是基于对"宗教"一词的狭义理解来从事研究的，因而神道信仰行为自然不能被其作为宗教信仰看待，神道也就很难成为他们的研究对象。最初把神道信仰作为研究对象的，大多是一些日本民俗学者而非宗教学者。一般的日本思想文化研究者即使研究神道，也仅是将其作为民间信仰而不是宗教来研究的。由于受狭义宗教观的影响，再加之神道与日本民众的日常生活联系过于密切，举凡衣食住行、生老病死、年头年尾，民众生活中处处都可以观察到神道信仰的点点滴滴，所以致使包含日本的知识精英们在内、大多数的日本国民都没有把神道当做宗教来认知。"二战"前，日本政府之所以敢于公然宣称神道不是宗教而是国民必须信仰遵奉的"国家宗祀"，并规定"敬神忠皇"和参拜神社是国民的义务，从而一举将神道成功地奉为高居于各种宗教之上的国教，与这种社会思想背景是不无关系的。

　　1945 年日本投降，以麦克阿瑟为首的占领军最高总司令部（GHQ）进驻日本后，于当年 12 月 15 日发布《关于废除国家对国家神道、神社神道之保证、支援、保全、监督及公布的指令》，废除了政府对国家神道、神社神道的一切保护扶持措施，实施政教分离。而且，该神道指令还特别强调：作为一般国民，有不参加神社祭仪的自由；相反，作为政府官员没有以官员身份参拜神社的自由。1947 年 5 月 3 日，盟军占领下的日本颁布了《日本国宪法》。该宪法第二十条规定："信教自由，对任何人均予保障。任何宗教团体均不得接受国家授予的特权，或行使政治上的权力。任何人均不得强制他人参加宗教之行为、祝典、仪式或活动。国家及其机关均不得进行宗教教育及其他任何宗教活动。"通过《神道指令》的发布、《日本国宪法》的颁布实施以及 1951 年 4 月《宗教法人法》等法律政策的制定实施，从名义上打破了神道独尊的地位，使神道成为与佛教、基督教、伊斯兰教等地位平等的宗教。另外，"二战"以后至少在学术界已经开始把神道作为宗教之一来研究，神道作为日本的民俗宗教越来越多地纳入宗教学者们的研究视野，相关著述不断增加。

　　但是，尽管如此，迄今为止关于日本国民宗教观的舆论调查数据表明，狭义宗教观对日本国民的影响依旧很深，在大部分日本人心目中并没有把神道视为宗教，所以他们才会作出没有宗教信仰的回答，才会给人造成一种日本人缺乏宗教信仰的假象。如果他们把信奉神道能理解成是宗教信仰的话，说日本是全民信教亦不为过。据 20 世纪 80 年代以来的宗教统计数字显示，与佛教、基督教等其他教派相比，无论在宗教法人团体数量、教师数量上，还是在信徒数量方面，日本神道一直独居榜首。1980年日本总人口为 1 亿 1706 万人，神道教的信教人数为 9584 万多人，居第二位的佛教的信教人数为 8774 万多人，基督教的信教人数仅为 119 万人，这三教之外的所有宗教信教人数合计为 1578 万余人。到 1985 年，神道教的信教人数增加为 1 亿 1560 万人，仅神道信教人口就已经与当年的日本总人口 1 亿 2104 万人相差无几了。同年，佛教的信教人数为 9265 万人，基督教的信教人数为 168 万余人，其他所有宗教信教人数合计为 1444 万余人。自 1990 年至 2004 年，日本总人口分别为 1 亿 2361 万人（1990年）、1 亿 2526 万（1995 年）、1 亿 2692 万（2000 年）、1 亿 2748 万（2002 年）、1 亿 2768 万（2003 年）、1 亿 2777 万人（2004 年），相应的神道教的信教人数分别为 1 亿零 900 万（1990 年）、1 亿零 1692 万（1995年）、1 亿零 795 万（2000 年）、1 亿零 777 万（2002 年）、1 亿零 755 万（2003 年）、1 亿零 858 万（2004 年），神道教的信教人数连续多年总是维持在与日本总人口数大体相近的水平。① 这一系列的统计数字不仅证明了在战后至今的日本人心目中，神道的独尊地位未受动摇，而且也表明，有些自称没有任何宗教信仰的日本人并没有认识到其平素的祭神供佛奉祖的行为是一种不折不扣的宗教信仰的体现。但是，因此就称日本人是没有宗教信仰的民族显然是不妥的。

2. 国民宗教信仰的特点

通过分析关于日本国民宗教信仰的统计数据，可以得出日本人宗教信仰的两个极为显著的特点：第一，尊崇神道亦兼信他教，可谓是见神诚奉祭，遇佛勤烧香；第二，注重现世，敬神礼佛奔教堂，熙熙攘攘皆为利往。

关于第一个特点，据日本总务省统计研修所编辑的《第 56 次日本统计年鉴 2007》的统计数字显示，截至 2004 年，日本共有信教人数约为 2 亿 1383 万人，与之相对，2004 年日本的总人口为 1 亿 2778 万人；2005年日本总人口数为 1 亿 2776 万人，日本的信教人数竟然比日本总人口数

① 日本总务省统计研修所编：《第 56 次日本统计年鉴 2007》，http：//www. stat. go. jp/data/nenkan/index. htm。

还要多，而且多出将近一倍，这至少说明每个日本人大概平均兼信两种宗教。而且，自1980年20多年来的日本总人口数和信教者总人数几乎都一直保持着这种比例。[①] 日本统计年鉴连续20多年的统计数据，有力地例证了日本国民宗教信仰多元化的特点。

事实上，日本人在信仰上几乎是没有什么严格限制的，他们除了信奉神道以外，还可能同时在信奉着佛教、基督教、伊斯兰教等，而且他们往往是宁愿祈求所有神灵都保佑他，也不愿笃信其中一种。日本人将佛教、神道、基督教及新兴宗教相互交织成一个信仰网络，尽管各种宗教教义大相径庭，他们却可以根据现实目的随时随地、随心所欲地予以变通，将多种宗教的神灵容纳于自己的信仰体系之中，使其彼此共存却"井水不犯河水"、相安无事。而且如前所述，其中神道的信教人数，自1985年以来至今，每年的统计数据与日本总人口数都相差无几，这也就是说，虽然日本国民信仰呈现多元化的现象，但神道的独尊地位还是没有丝毫改变的。

关于第二个特点，日本人非常注重现世人生，对虚无缥缈的来世人生则兴趣索然。日本人对宗教的真正要求不在于高深的哲理体系、玄妙的彼岸世界和缜密的逻辑思维，大家熙熙攘攘地敬神礼佛奔教堂，目的是为了追求自身安全、商业繁荣、事业发达、生活如意、婚姻幸福等现世的利益。在日本的每个市町村落，大多都会有一个供奉氏族神的神社或保护一方安宁的地藏，但日本人无论是对神佛还是对基督都是很实际的，供奉他们为的是祈求风调雨顺，为的是免灾消祸。如日本人的神道祭祀仪礼，在祈愿之前，要先由相应级别的专职人员向神敬奉备好的新鲜洁净的山珍海味，而且还要敬献币帛之类的物品并诵读赞誉神德的"祝词"，以此来祈求神的保佑。整个祭祀仪式看起来有点儿像请客、疏通、贿赂、吹捧、哀乞。神对日本人来说，是可以带来佳肴、美色、功利、安逸的权力，而不是什么高迈的人生理想。人的一生中可能会遇到太多太多的困苦和无奈，当其难于自力更生又无求助之门时，便会自然求助于"灵验"之神圣。日本人之所以会同时祭拜几种宗教的神，也正是为了确保切身利益的迫切心情所致。除了一些爱咬文嚼字的酸腐学者外，恐怕很少有哪个日本人会

---

① 日本总务省统计研修所编：《第56次日本统计年鉴2007》，http：//www. stat. go. jp/data/nenkan/index. htm。

去认真地考虑各种宗教的教义是否矛盾，各种神是何派别，是否对立等，更不可能在意什么信仰的虔诚和纯洁。日本人新年祈福不但要去神社，还会去寺院，而且在日常生活中遇到红、白之事，也常是各种宗教兼用。比如，祝贺小孩生日大多会到神社去，而结婚仪式则可能选择基督教堂，举行丧礼则又会选择佛教寺院。这种现象，对西方虔诚的基督徒、东方的佛教徒、伊斯兰教的穆斯林这些信奉一神教的人来说，是非常不可思议、难以理解的，但日本人对此却行之若素。

3. 国民宗教信仰的影响

日本国民的上述宗教信仰折射到实际社会生活中，其影响是深远的。简言之，可以概括为如下三点：

第一，"见神诚奉祭、遇佛勤烧香"这种多重信仰，有助于形成日本人的多维价值观，使其在对某一事物作价值判断时，不会仅拘泥于一个标准进行非此即彼"二者择一"式的选择，在社会生活中亦不会受既定思想观念的束缚，而是能够做到灵活处事、求同存异、兼收并蓄，善于适应各种不断变化着的现实。

第二，注重宗教为现实服务的特性，容易使"有用与否"成为日本人付诸行动的判断标准，使日本人更加注意从实际出发去判断事物，不会去做无谓的牺牲。日本国民信仰的这一特征，不仅在取舍扬弃外来文化方面表现得淋漓尽致，而且在国内大的政治转换期也体现得非常突出。1945年日本战败时，之所以能兵不血刃地顺利实现具有划时代意义的政权更替，完成历史性的转变，在很大程度上可以说就是得益于这种宗教信仰的积极影响。[①]

第三，日本国民宗教信仰对日本社会生活的一个最重要的影响，就是使日本人的宗教活动日趋世俗生活化，同时亦使世俗生活宗教化。

由于日本国民宗教信仰极其重视追求现世现实利益，因而使其宗教生活世俗化的倾向尤为突出。日本宗教信徒的生活方式更接近世俗社会成员，如日本僧侣的生活与俗人相差无几，他们可以边高声念诵扫地莫伤蝼蚁命，边杀生吃肉；他们可以边高诵"色即是空，空即是色"，边结婚生

---

① 山折哲雄：《日本人的宗教意识》，《呼兰师专学报》1995 年第 4 期。此外，关于日本人宗教意识方面的研究论文还有刘学《日本人宗教意识的研究》，《黑龙江教育学院学报》2005 年9 月第 24 卷第 5 期；殷英、杨建虹《日本现实主义宗教观的形成及其影响》，《昆明师范高等专科学校学报》1999 年 3 月第 21 卷第 1 期；等等。

子且可以子承父业。其实，在日本，世俗社会与宗教的世界是没有严格区分的。日本人最尊崇的神道世界，就是一个圣俗一体相连的世界。神道中作为祖先神信仰的众神都是具体的各个共同体的神，而不是向世界和人类开放的、具有普遍性格的神。众神都在各自统辖和掌管的领域内，发挥着各自的功能，保佑着共同体成员的安康，它们是共同体意志的神格化。共同体与共同体的祖先神是一致的，所以神的世界里的情形不过是现实中的情形的反映①，也就是说，神与人的世界是同一的。著名宗教学者中村元早就指出："大多数印度人与一般中国人试图把宗教世界与肉欲世界区别开来，反之，在日本人中间有一种潜在的倾向，要把两者等同起来。"②

另外，宗教活动与世俗生活特别是一些文娱活动往往是相辅相成的，宗教活动不单纯是一种对清规戒律的循规蹈矩地遵守执行，还加进了许多游戏娱乐的成分，很多娱乐活动也往往要冠以宗教之名才能堂而皇之地进行，这又无形中给世俗生活赋予了许多宗教意义，使得世俗生活日趋宗教化。日本有很多被冠以"道"字的文化，比如有固本之食道、长智之书画道、积勇之武道、增美之花道和清神之香道、乐道，以及对社会生活影响很大的茶道。日本"道"文化的盛行，正是因为日本宗教生活世俗化、社会生活宗教化的影响所致。

在日本，宗教的世俗生活化，避免了诸多宗教清规戒律对人性的过度压抑；而世俗生活的宗教化，则又避免了人性过度的放纵和堕落。

二　宗教法律政策选择对国民宗教信仰的影响

日本的宗教法律制度始于明治维新，至今已经有一百多年的历史。自明治维新以来，日本政府基本上是围绕着如何礼遇神道来进行宗教立法和制定宗教政策的。纵观 1945 年前日本的宗教立法，其突出特点就是实行宗教管制和宗教压迫。日本政府实施了一系列的举措，规定神道不是宗教而是国民必须信仰遵奉的"国家宗祀"，并规定"敬神忠皇"和参拜神社是国民的义务，将神道奉为高居于各种宗教之上的国教，形成了独尊神道

---

① 崔世广：《日本传统文化的基本特征——与西欧、中国的比较》，《日本学刊》1995 年第 5 期。

② 中村元：《东方民族的思维方法》，浙江人民出版社 1989 年版，第 246 页。

排斥他教的局面。战后，日本新宪法第 20 条规定："信教自由就是对任何人都保障其信教自由，任何宗教团体都不得从国家接受特权或行使政治上的权力；不得强制任何人参加宗教上的行为、庆祝典礼、仪式或活动；国家及其机关都不得进行宗教教育以及其它任何宗教活动。"基于宪法政教分离的原则，1939 年颁布的《宗教团体法》被废除。1951 年，日本政府在《宗教法人令》的基础上公布了《宗教法人法》。《神道指令》、《宗教法人令》的发布以及《日本国宪法》、《宗教法人法》等法律政策的制定和实施，打破了神道的独尊地位，规定诸教平等，从而为"尊神道亦兼信他教"这种多元信仰提供了法律上的保障。然而，2006 年 12 月 22 日，日本政府又颁布实施了的新《教育基本法》。《新教育基本法》对旧法进行了大幅的修改，其中对第九条宗教教育的内容进行的修订，不仅为今后在公立学校进一步强化宗教教育提供了法律依据，也为重现往昔独尊神道的局面提供了可能。

　　1. 自明治维新至"二战"结束日本政府的宗教政策及其影响

　　一般而言，在很多国家，被视为民间信仰或说原始宗教的内容，其价值往往很难得到评价。受狭义宗教观的影响，神道也曾被归类为民间信仰或原始宗教，但神道却并未因此而受到冷遇，相反在明治初年就被日本政府定为国教①。明治政府对神道国教化是与对其他宗教的排斥、镇压同时并进的。首先受到打击的是佛教。从明治新政权成立伊始，佛教便受到了限制和排斥。在江户幕府时代，常常是佛教寺院境内设有神社的"鸟居"，而神社的正殿上亦安放着佛教的画像，诸如此类神佛混合的状态是极为普遍的。但是，1868 年 3 月 28 日太政官发布《神佛不得混淆令》，命令从全国的神社中清除佛像、佛画、佛具等所有带佛教色彩的东西。按照江户时代的"寺请制度"，神社神官们的地位是居于僧侣之下的。由于神佛分离令的发布，于是一部分神官和国学者便鼓惑煽动民众，在日本掀起了所谓"废佛毁释"的弹压佛教的运动。废佛毁释运动迅速波及全国。结果，寺院的佛具、佛像被毁被卖，有些人竟将佛教经典或者佛具当做柴薪来烧洗澡水，或者对佛像实施火刑予以烧毁，加之政府为限制佛教各宗，宣布实现一宗一寺，致使寺院僧侣或被逐、或被还俗、或被改为神职，许多寺院遭到毁灭性破坏。例如，在土佐藩曾有 596 座寺院，在

---

① 王金林：《明治前期神道的国教化》，《日本研究》1998 年第 4 期。

"废佛毁释"之风的影响下，竟有 451 座寺院被摧毁，相当于总数的 3/4。① 佛教受到沉重的打击，一时元气大伤。明治政府除了打击、排斥佛教外，还对基督教等宗教也实施了打击和镇压。

在打压以佛教为首的诸宗教的同时，明治政府为了确立神道国教化地位不仅首先恢复和建立神祇官、神祇行政机构，而且于 1871 年又采取若干措施，加强和提高神道的地位。1871 年 5 月规定了神社的社格，即将神社分成由神祇官管辖的官社（官命社、国命社）和由地方官管辖的府县社、乡社、村社和无格社。通过神社社格的划定，使全国的大小神社，上自中央，下至每一个偏僻角落，按金字塔形的方式，纳入了中央的一统统制之下，使神社由"私有"转变为"国有"，这种神社的社格制度一直维持到了日本战败前夕。这时，日本共有神社 109712 座，其中，官国币社 218 座、府县社 1148 座、乡社 3633 座、村社 44934 座、无格社 59997 座。② 1871 年 7 月，太政官发布布告，把广大民众与神社联结在一起，规定婴儿自诞生之日起，就成为神社的氏子，"必令参拜神社，领取该神之护符"。③ 今天，大多数的日本人无意识的宗教信仰行为，如到神社去为新生儿举行庆祝诞生的仪式、七五三带着孩子去神社拜祭以及每年元旦 2/3 的日本人去神社拜祭等，都是明治时期确立并承传至今的。④ 由此，宗教政策对宗教信仰的形成影响之深远可见一斑。

2. 战后日本政府的宗教政策及其影响

战后，美国占领日本，对日本进行了一系列民主化改革，废除了天皇的绝对权威，使日本人改变了对天皇的神话崇拜，为日本人在信仰上的充分自由奠定了基础。虽然从统计数字来看，神道在日本人心目中的地位较战前并没有多大变动，但至少其他宗教不会再受到打压排斥，取得了与神道同等的发展机会。

日本文化厅《宗教年鉴》的统计⑤显示，1980 年日本的宗教团体总

① 河合敦：《日本史 B》，山川出版社 2001 年版，第 94 页。
② 蘭田稔：《神道——日本的民族宗教》，弘文堂 1999 年版，第 278 页。
③ 《太政官布告》，载《史料による日本の歩み・近代編》，吉川弘文館 1967 年版。
④ 中牧弘允：『宗教に何がおきているか』，平凡社 1990 年版，第 152 页。
⑤ 日本总务省统计研修所编：《第 56 次日本统计年鉴 2007》，http://www.stat.go.jp/data/nenkan/index.htm。

数为 224935 个，其中神道团体总数为 91985 个，佛教团体总数为 84888
个，基督教团体总数为 8345 个，其他宗教团体总数为 39717 个。从这一
统计数字可看出，佛教的发展情况已近于与神道势均力敌，虽然没有哪一
宗教能够超过神道，但如果将神道以外的佛教、基督教与其他诸教的宗教
团体数都加到一起的话，已经远远地超过神道团体总数。虽然每年的统计
数字中各宗教团体数有所增减，但这种诸教共同繁荣发展的态势一直持续
至今。如 1990 年日本的宗教团体总数为 230704 个，其中神道团体总数为
90964 个，佛教团体总数为 88356 个，基督教团体总数为 9055 个，其他
宗教团体总数为 42329 个；2000 年日本的宗教团体总数为 226117 个，其
中神道团体总数为 89183 个，佛教团体总数为 86586 个，基督教团体总数
为 9328 个，其他宗教团体总数为 41020 个；2004 年日本的宗教团体总数
为 230704 个，其中神道团体总数为 88714 个，佛教团体总数为 86414 个，
基督教宗教总数为 9353 个，其他宗教团体总数为 40059 个。这种宗教发
展的繁荣景象，得益于《宗教法人法》的颁布和实施。

　　《宗教法人法》是 1951 年 4 月 3 日公布实施的，其后迭经增删废改，
至 2006 年 6 月，日本国会对该法已经进行了近 30 次修改，使其日趋完
善。《宗教法人法》共由 10 章计 89 条正文加附则构成，在其第一章第一
条第一款就开宗明义地规定："本法律，以赋予有助于宗教团体在维持和
运用礼拜设施和其它财产、及为达成此目的而经营的其他业务、事业中，
拥有法人的能力与资格为根本目的。"第一条第二款规定："宪法所保障
的信教自由必须在所有国政事务中得到尊重。因此，本法律的任何规定都
不得解释为限制个人、集团以及团体根据其被保障的信仰自由而从事传播
教义、举行仪式活动和进行其它宗教行为。"而且，第八十四条规定：
"国家及公共团体的机构在制定或改废针对宗教法人的与捐税相关法令，
或者在决定征收境内建筑物赋税的境内地产及其他宗教法人财产的范围，
或者按法定正当权限对宗教法人实施调查、检查及其他行为时，都必须尊
重宗教法人在宗教方面的特殊性和习惯，特别要留意不可妨碍信教的自
由。"第八十六条规定："对于文部大臣、都、道、府、县知事及法院，
本法律的所有规定不能解释为给予用任何形式调停或者干涉宗教团体的信
仰、规章、习惯等宗教事项的权限；或者劝告、引诱及干涉宗教法人代表
役员和责任役员的任免和进退的权限。"

　　这些规定既充分体现了宪法规定的政教分离和宗教信仰自由的原

则，又体现了圣俗分离的原则，表明《宗教法人法》的立法宗旨，就是要运用法律程序，赋予宗教团体具有法人的权利能力和行为能力，赋予其独立行使民事权利和承担民事义务的资格，而不是出于国家意识形态等原因对宗教实行管制。《宗教法人法》对宗教团体俗的一面进行了规范，而对于圣的一面即宗教活动本身则规定国家公权力不可以介入干涉。这样一来，不仅有利于政府对宗教法人的管理，同时亦保证了宗教团体内部事务和宗教活动的自由权，从根本上保障了日本国民信仰的自由和宗教团体的合法权益。因此，《宗教法人法》所确立的宗教法人制不具有强制性，宗教团体既可以自主选择并通过政府认证登记为宗教法人，也可以不登记为宗教法人进行传教活动。但宗教法人制的确立，则赋予了宗教团体以民事法律主体资格，解决了宗教团体的法律地位问题。当宗教团体登记成为法人后，宗教团体就有了其活动的准则，在享有的一定的民事权利的同时，亦承担相应的民事法律义务。《宗教法人法》坚持将宗教团体的世俗性民事事务与宗教团体神圣性宗教事务相分离的原则，使宗教财产有了归属，宗教法人成为宗教团体财产的所有者，并享有所有权。而且，当宗教法人的财产受到外来侵害后，也有了救济的手段。另外，独具特色的宗教管理制度，如适用于法人的设立、变更、合并、解散等多方面的认证制，以及法人内部财务管理等各个方面的公告制的建立实施，也使日本的宗教立法真正实现了由原来"单纯的行政管制性立法向确权性立法的转变"①，有效地平衡了宗教界与世俗社会的关系，使政教关系更加和谐。

《宗教法人法》首次建立了宗教法人管理的认证制度、责任役员制度、公告制度、宗教法人审议会制度，并对具有法人资格的宗教团体在运营中享有的职责、权利和义务等规范也做了详细规定，其中有关认证制度的内容占了相当大部分。在《宗教法人法》出台前，日本政府在宗教法人管理方面经历了批准制和申报制两个阶段。1945年前的《宗教团体法》实施的是批准制，即宗教团体能否取得法人资格完全由国家决定，结果使所谓的宗教信仰自由成为一纸空文；"二战"后盟军总司令部于1945年发布的《宗教法人令》，主张国家不干预宗教团体，废除政府对教团的认

① 华热·多杰：《日本国关于宗教组织民事法律地位的立法》，《青海社会科学》2007年第2期。

可、监督、调查权，实行申报制，即宗教团体只要申报，谁都可以成为法人。从日本文化厅《宗教年鉴》的统计数据也可以看出，战后各种宗教空前活跃，宗教法人数量剧增。由于实行申报制，对宗教团体的管理过于宽松，结果导致宗教团体龙蛇混杂，甚至还出现了一些危害社会的邪教组织。而《宗教法人法》最重要的一点就是对宗教法人的设立由申报制改为认证制。宗教团体不仅在申请法人资格之初，要就其规则向日本宗教法人的主管部门申请进行认证，而且在成为宗教法人后如需变更其规则或与其他宗教团体合并以及解散时，也都要向日本宗教法人的主管部门申请进行认证。认证制的实行，克服了批准制失之于严和申报制失之于宽的缺陷，最大限度地保障了国民的信仰自由。在东京地铁发生毒气事件后，日本政府又修改了《宗教法人法》的管辖权，其基本精神是对宗教法人实行全国一元化管理，充实监管机构和人员，由此进一步加强了对宗教的管理。

3. 日本新《教育基本法》与宗教教育政策

日本 1947 年颁布实施的《教育基本法》，是在对 1945 年前的军国主义教育进行反省和清算的基础上制定的一部法律。关于宗教教育，《教育基本法》第九条规定："教育必须尊重对宗教的宽容态度及宗教在社会生活中的地位；国家及地方公共团体所设立的学校不得为特定的宗教进行宗教教育及其它宗教活动。"然而很多宗教团体和政治家建议，应该将加强在公立学校的宗教教育和注重培养宗教情操之类的话明确写进教育法中，但几经讨论后，最终在 2006 年 12 月颁布实施的新《教育基本法》第十五条中对这些要求进行了语言上的模糊处理，将旧法中有关宗教教育的内容修订为："教育必须尊重有关宗教的宽容态度、有关宗教的一般性教养以及宗教在社会生活中的地位；国家及地方公共团体所设立的学校不得为特定的宗教进行宗教教育及其它宗教活动。"

从新《教育基本法》第十五条的内容来看，虽然与旧法第九条相比，只是增加了"教育必须尊重有关宗教的一般性教养"一句话，似乎改动不大，但由于其含混地强调"教育必须尊重有关宗教的一般性教养"，则为将来在公立学校进行宗教教育提供了法律依据。在日本，私立学校的宗教教育一直进行得有声有色，此次修订则不仅会进一步推动私立学校的宗教教育，而且可能推进公立学校的宗教教育。这种意图推进公立学校宗教教育的政策会给日本带来什么影响呢？考虑到《教育基本法》得以修订的政治背景（如 1999 年国会通过《国旗、国歌法》）及神道的发展势头，难免不令人担心在公立学校推进宗教教育，会为阴魂不散的国家神道再次兴风作浪提供机遇，为日本右翼势力拼命鼓吹的日本重蹈军国主义侵略扩张覆辙服务。

第六节　日本的环境问题及其对策

日本的环境问题，经历了从矿山公害到一般公害，再到垃圾问题、地球环境问题等不同的阶段。目前，日本虽然已从一个环境严重污染的国家转变成一个环保先进的国家，但仍然被一些环境问题所困扰，仍然在寻找解决环境问题的有效对策。

一　战后日本高速发展时期的四大公害病

明治维新后，日本开始步入工业化时期，工业污染也随之发生。"二战"以前，日本局部地区曾出现过一些产业公害和反公害运动，但由于当时的日本社会还处于现代化、工业化的初始阶段，发展生产和基础设施建设是第一要务，因此，日本政府和企业在控制污染等问题上没有采取积极的措施。"二战"后，日本进入了快速工业化时期，随着 20 世纪 50 年代开始的经济高速增长，城市化进展迅猛，工业污染加剧，生态环境遭到破坏。战后日本在创造了经济奇迹的同时，也曾以"公害岛国"而闻名世界。

这些公害中，最有代表性的是水俣病、疼疼病、新潟水俣病、四日市哮喘病，被称为"四大公害"。

水俣病是由有机水银中毒而引发的中枢神经疾病，因为该病最早出现于熊本县水俣湾沿岸的特定地区，因此被称为水俣病。由于当地人们大量食用含有有机水银的鱼虾类食品，发生水银中毒，出现各种神经障碍、胎儿性水俣病等。因此，水俣病也被认为是人类历史上首次因环境污染影响到食物链而引发的疾病，是"公害的原点"①。

1956 年，新日本氮肥株式会社水俣市工厂附属医院医生细川一，在他的患者中发现了原因不明的怪病，患者的手指、上唇和舌头麻痹，并伴

---

① 《朝日新闻》2009 年 9 月 4 日。

有语言、听觉和行动障碍，严重者意识不明，尿失禁，嗜睡与兴奋交替，身体弯曲，发声似狗叫，最后导致死亡。同年 5 月 1 日，他向水俣保健所报告了 5 个病例，水俣保健所当天作为"原因不明疾病"公布了水俣病。经熊本大学医学部研究者调查判明，该病是由有机水银中毒导致锥体外路系统障碍的中枢神经疾患，并确凿证明直接原因是新日本氮肥株式会社水俣工厂在生产中排放的废水。但是该公司拒不承认是自己的责任，不协助进行调查，对生产工艺流程保密，还不断组织对原告进行反驳。水俣市是一个工业城市，新日本氮肥株式会社在当地经济地位中举足轻重，因此当地政府也未采取任何有力措施制止事件的扩大。日本政府也站在企业的立场上，没有采取积极有效的措施。因为日本政府和相关地方自治政府以经济发展优先为原则。对企业姑息包庇，使水俣病公害进一步扩大。1963 年在新潟县也出现了水俣病患者。1969 年患者家属将企业、地方自治政府甚至日本政府告上了法庭。随着民间反公害运动的不断高涨，日本政府终于在 1968 年发表了"统一见解"，承认水俣病与工业废水的因果关系。水俣病是在 1956 年发现的，但直到 1968 年才被正式认定，从 1969 年开始起诉到 1996 年 5 月最终达成和解，花费了很长的时日。截至 2009 年 7 月，先后被认定的水俣病患者为 2269 人，其中有 1681 人已经死亡。[①]

新潟水俣病是日本四大公害病之一。因它与熊本县的水俣病症状相同，但发生在新潟县阿贺野川下流，因此得名"新潟水俣病"及"阿贺野川有机水银中毒"。又因为它是世界上第二起水俣病事件，所以也被称为"第二水俣病"。同时，它也是在日本四大公害当中发生时间最晚，但有最早提起诉讼的事件。

新潟水俣病发生在熊本水俣病得到确认的 9 年后，是一起本不应该发生的公害事件，但由于日本相关企业和政府部门的不作为，使得水俣病在新潟再次出现。1965 年，在日本新潟县阿贺野川流域，由于一家垄断企业"昭和电工"含有水银废水的污染，出现了水俣病，在很短时间内患病者增加到 45 人，并有 4 人死亡。人们进一步认识到，水银污染能给生命财产带来巨大的损失。昭和电工企图同水俣市的新日本氮肥株式会社一样逃避责任，但新潟市民对昭和电工不负责任的态度极为不满，展开激烈

---

①　日本水俣市立水俣病资料馆，http：//www7. ocn. ne. jp/~mimuseum/。

的示威抗争。1967 年新潟市民正式向法院提出控诉。1971 年法院作出判决，昭和电工败诉，要负赔偿责任。在此期间，新潟的受害者又与水俣市的受害者联手向法院控告了新日本氮肥株式会社。1973 年，法院判决新日本氮肥株式会社支付相当于 3200 万美元的赔偿金，被确认为水俣病的患者，可从政府及新日本氮肥株式会社获得相关医疗费用。

日本疼疼病事件是世界有名的公害事件之一。1955 年至 1972 年发生在日本富山县神通川流域。日本中部的富山平原有一条清水河叫神通川。1952 年，这条河里的鱼大量死亡，两岸稻田大面积死秧减产。1955 年以后，在河流两岸及群马县等地出现一种怪病。患者一开始是腰、手、脚等各关节疼痛，延续几年之后，身体各部位神经和全身骨头都感疼痛，不能自由行动，以致呼吸都带来难以忍受的痛苦，最后骨骼软化萎缩，自然骨折，直到饮食不进，在衰弱疼痛中死去，有的甚至因无法忍受痛苦而自杀。由于病人经常呻吟"疼、疼"，所以人们便称这种奇怪的病症为"疼疼病"。

1960 年前疼疼病患者就已出现，直到 1961 年才有人查明，神通川两岸疼疼病患者与三井金属矿业公司神冈炼锌厂的废水有关。该公司把炼锌过程中未经处理净化的含镉废水成年累月地排放到神通川中，两岸居民引水灌溉农田，饮用含镉的水，久而久之体内积累大量的镉毒而生疼疼病。进入体内的镉首先破坏了骨骼内的钙质，进而损伤肾脏，使患者内分泌失调，最后进入晚期而死亡。在确凿事实面前，日本三井金属公司仍以缺乏依据为借口，拒不承认。直到 1968 年，才经调查证实富山疼疼病是三井金属公司排出镉造成的。同年日本厚生省公布的材料指出，疼疼病发病的主要原因是当地居民长期饮用受镉污染的河水，并食用此水灌溉的含镉稻米，致使镉在体内蓄积而造成肾损害，进而导致骨软化症，妊娠、哺乳、内分泌失调、缺乏营养（特别是缺钙）和衰老被认为是疼疼病的诱因。但此时疼疼病已开始在日本各地蔓延，扩大到黑川、铅川、二迫川等 7 条河川流域，群马县的碓水川、柳濑川和富山的黑部川也发现了镉中毒的疼疼病患者。1968 年 3 月，患者家属以三井金属矿业公司为被告提起诉讼，一审和二审均判原告胜诉。

四日市哮喘事件是日本四大公害之一，也是世界有名的公害事件之一。它于 1960—1972 年间发生在日本三重县四日市，是大气污染所造成的集团性哮喘事件。

20世纪50年代初期，日本政府确定了以石油代替煤炭的方针，并着手建立石油化学工业。四日市近海临河，交通方便，逐渐发展为日本的石油联合企业之城，成为占日本石油工业1/4的重要临海工业区。但是，由于这些工业企业未采取适当的环保措施，发生了严重的环境污染。1956年，由于石油工业含酚废水排入伊势湾，致使附近水域的水产品发臭不能食用。最为严重的是大气污染，石油冶炼和工业燃油产生的废气，使整座城市终年黄烟弥漫。全市工厂粉尘、氧化硫年排放量达13万吨。大气中氧化硫浓度超出标准5—6倍。重金属微粒与氧化硫形成烟雾，人们吸入肺中不仅会导致癌症并削弱了肺部排除污染物的能力，形成支气管炎、支气管哮喘以及肺气肿等许多呼吸道疾病。随着污染的日趋严重，四日市支气管哮喘患者显著增加，这种情况引起各界的广泛关注。调查表明，患支气管哮喘的人数在严重污染地区比非污染区约高2—3倍，而且哮喘病患者的发病和症状的加重都与大气中的氧化硫的浓度呈明显的正相关关系，进而确定了氧化硫是致喘的原因。由于这种公害病最早发生在四日市，在病症中尤以支气管哮喘最为突出，所以称为"四日市哮喘"。

1961年，四日市哮喘病大发作。1964年连续3天浓雾不散，严重的哮喘病患者开始死亡。1967年，一些哮喘病患者不堪忍受痛苦而自杀。到1970年，四日哮喘病患者达到500多人，其中有10多人在哮喘病的折磨中死去，1972年全市共确认哮喘病患者达817人。此后，由于日本各大城市普遍烧用高硫重油，致使四日市哮喘病蔓延全国。如千叶、川崎、横滨、名古屋、水岛、岩国、大分等几十个城市都发生了哮喘病。据日本环境厅统计，截至1972年3月，日本全国因大气污染而患呼吸系统疾病的患者达6376人。[①]

二　日本环境保护的法制建设与对策措施

日本的环境对策可以说是从公共卫生对策开始，经过公害对策发展到生活环境对策、地球环境对策。也就是说，对策对象逐渐从可以特定污染源的公害转变为不容易特定污染源的生活环境污染、森林破坏、沙漠化、

---

① 日本《1973年环境白书》，http：//www. env. go. jp/policy/hakusyo/hakusyo. php3？kid = 147。

温室效应（地球环境），涉及的范围由小到大。

面对以四大公害为首的公害问题，日本逐步建立健全防治公害和保护环境的法律体制、行政管理体制和科技研究开发体制，组织实施了各种防止公害和保护环境的对策。

日本政府 1967 年出台了《公害对策基本法》，1968 年又制定了《大气污染防止法》和《噪音规制法》，开始解决公害问题。当时，日本社会反公害运动兴起。在国民的强烈要求下，1970 年末至 1971 年 5 月召开的第 65 届国会，集中审议了公害问题，因而被称为"公害国会"。在这次国会上，日本修改和制定了 14 项环境保护的法律，其中修改的法律有《公害对策基本法》、《大气污染防止法》、《水质污浊防止法》、《噪音规制法》和《废弃物处理法》等；新制定的法律有《海洋污染防止法》、《关于处理和清扫废弃物的法律》、《公害防止事业费事业者负担法》和《公害纠纷处理法》等。在对基本法进行的修改中，删除了"在生活环境保护方面，必须与经济的健全发展相协调"这一所谓"经济协调"条款，开始修正经济优先的发展方针。1972 年和 1973 年，日本政府又分别制定了《无过失赔偿责任法》和《公害健康被害补偿法》，明确了企业对造成公害所应承担的责任。

日本政府根据《公害对策基本法》等法律法规，又分别就大气和水质保护制定了相应的环境标准，对企业排水、排气实施了浓度限制。在大气污染特别严重的地区，根据修改后的《大气污染防止法》，1974 年和 1981 年又分别实施了硫化物和氮氧化物排放的总量限制。地方政府根据国家的公害对策和环境标准，制定了比国家标准更为严格的地方环境标准，一些市町村还与区域内的主要企业签订了防止公害协议。根据防止公害协议，发电厂等的燃料必须使用不含硫黄的天然气和低硫石油。防止公害协议体现了地方居民的利益，成为企业必须遵守的社会规则。由于签订了防止公害协议，企业的环保行为不仅受到了社会的监督，而且还必须接受地方政府的检查。由于国家、地方自治体、企业等多方面实施了公害对策，由工厂排放的有害物质引起公害的情况逐步减少，日本公害问题的发展势头得到有效遏制。日本在较短的时间内克服了严重的环境污染，一举改变了公害大国的形象，

日本经历了经济高速增长和严重的公害问题之后，又发生了石油危机、日元升值、泡沫经济崩溃、全球化等一系列问题。在这个过程中，日

本一方面实现了产品高附加价值化、产业高新技术化、经营多样化和信息化；另一方面，人口过于向东京等大城市集中，带来了地价昂贵和市内交通压力增大、大气和水质污染等问题。同时，人们收入水平的提高导致了生活的多样化和高档化，不仅导致了能源需求的增加，日益增多的生活垃圾还增大了环境负荷。如此一来，可持续发展问题就摆在了日本面前，环境保护面临着新的课题和更高的要求。

1993 年，日本颁布实施了《环境基本法》，这是环境保护方面的基本框架性法律文件。《环境基本法》在详细规定政府环境政策基本理念和基本政策的基础上，把以前分别实施的公害对策、自然环境保护对策统一起来，形成一个由国家、地方公共团体、企业和个人等社会各方面共同参与、共同分担责任的环境保护体系，确定了环保费用主要由原因者和受益者负担、国家对地方公共团体给予必要的财政支持的原则，以实施综合的环境行政，同时确立了在保护地球环境方面加强国际合作的原则。1984 年，日本政府公布了《关于对环境影响实施评价的办法》，规定由内阁会议审议对环境影响的评价结果。1996 年又制定了《环境影响评价法》。该法扩大了环境评价的对象，而且在评价方法方面增加了征求各方意见的社会评价机制，扩大了居民和环境厅长官的发言权，在评价依据方面也增加了原始资料记载的内容。2000 年 5 月，制定发布了《推进形成循环型社会基本法》。在这个基本法律框架内，先后制定和完善了《废物管理和公共清洁法》、《促进资源有效利用法》、《容器和包装再生利用法》、《家电再生利用法》、《建筑工程材料再生利用法》、《食品再生利用法》、《促进绿色购买法》、《汽车再生利用法》等 8 部法律。

日本在 1971 年设置了专门负责环境问题的机构——环境厅。2001 年 1 月，日本中央省厅由 1 府 22 个省厅精简为 1 府 13 个省厅，各中央机构和公务员的数量里都进行了较大程度的精简，唯有环境厅升格为环境省。同时，内阁府还设置了综合科学技术会议，与经济财政咨询会议、中央防灾会议等其他 3 个会议一起，作为跨省厅横向性政策的综合协调机构。由此可见，日本政府对环境工作高度重视，强化了环境方面的行政管理体制。

面对环境问题发生的变化，根据《环境基本法》的精神，日本政府于 1994 年 12 月制订了第一个《环境基本计划》。该计划根据国内外环境保护的形势和要求，以 21 世纪初为目标，提出了环境保护的基本方针和具体政策措施：第一，以环境负荷小的资源循环利用为基础，构筑环保型经济社会体系；第二，实现人与自然的协调和长期共存；第三，在公平负担环保费用的前提下，由国家、地方公共团体、企业和个人共同参加环境保护；第四，推进国际环境合作。各地方政府也根据自身的情况制定了各自的环境基本计划。2000 年 12 月，日本出台了第二个环境基本计划。在这个环境基本计划当中，确定了 21 世纪初期的环境政策目标，设定和明确了地球气候变暖对策、努力确保物质循环和形成循环社会、减少环境负荷大的交通、确保有利于环保的水循环、保护生物多样性、加强环境教育等 11 项战略计划和重点课题。2006 年 4 月，日本制定了第三个环境基本计划，主题是"环境、经济和社会的总体提升"，提出"从环境开拓新的富裕之路"，决定建立市场对环境价值进行经济评估的机制，推动环境保护的人才建设和地区建设，同时在重点领域设定具体目标和综合环境指标，以有效地开展环境基本计划的各项工作。

通过环境立法和相关政策措施的实施，日本的环境保护工作取得了实质性的进展，日本政府、企业及国民，在环境保护和可持续发展方面已经形成共识，建设循环型社会已经成为日本的发展目标。

三 日本环境保护趋势

为实现循环型经济体系和循环型社会，日本提出了"3R 政策"，即减量化（reduce）、再使用（reuse）、再循环（recycle）。减量化（reduce）是要减少或控制废弃物的产生，用较少的原料和能源投入来达到既定的生产目的或消费目的，从经济活动的源头注意节约资源和减少污染。在生产中追求产品小型化和轻型化，从而达到减少废物排放的目的。再使用（reuse）是要求制造产品和包装容器能够以初始的形式被反复使用，控制抵制一次性用品的泛滥，生产者要将制品及其包装当做一种日常生活器具来设计，可以被再三使用，并要尽量延长产品的使用期，而不是非常快地更新换代。再循环（recycle）是要求生产出来的物品在完成其使用功能后能重新变成可以利用的资源，而不是不可恢复的垃圾，有的废品可被循环用来产生同种类型的新产品，有的废物资源可转化成其他产品的原料。为推动 3R 的开展，日本政府、企业和普通消费者通过各种合作形式，在日本全国开展活动，3R 已逐渐成为日本民众的一种习惯和观念意识。

　　人类在实现工业化和经济发展的过程中，由于大量地消耗资源和能源，严重地破坏了自然和生态平衡，造成了日趋严重的地球环境问题。地球变暖、臭氧层遭破坏、酸性雨、森林资源减少、土地沙漠化、野生动植物资源减少、生态平衡破坏和海洋污染等问题，这都是全球性的问题。地球环境问题是日本十分关注的环境问题。在这方面，日本一直主张举行全球对话，进行国际合作，共同研究地球变暖、臭氧层遭破坏、酸雨等问题。

　　2009 年 9 月，日本首相鸠山由纪夫在联合国气候变化峰会上公开承诺日本到 2020 年将使温室气体排放量与 1990 年相比削减 25%。但要实现这个目标，日本还有很长的路要走。气候变动框架条约第三回缔约国会议（COP3）发表的《京都议定书》于 2005 年 2 月 16 日生效。《京都议定书》以 1990 年为基准期，2008—2012 年为目标期，分别规定了各个国家的温室气体减排目标，其中日本的义务是削减 6%。但到 2003 年，日本的温室气体排放量不但没有减少，反而比 1990 年增加 8.3%，与《京都议定书》规定的削减 6% 的目标相差约 14 个百分点，按照当时的发展趋势，如果不采取有效措施，到 2010 年比基准年不仅没有减少，反而会增加 6%。为此，日本政府于 2005 年 4 月的内阁会议上重新决定了目标达成计划，即到 2010 年的温室气体排放量比 1990 年削减 0.5%。根据世界自然基金会（WWF）的评估，2009 年日本在 G8 各国的全球变暖对策成绩中仅排第 5。[①]

　　到 2020 年力争实现温室气体排放比 1990 年减少 25%，是鸠山首相所在的民主党的"政权公约"，因此，日本政府会全力朝着这个方向努力。具体措施是主要依靠企业和政府部门的节能、技术开发来实现部分削减计划，同时对主要排放企业设置准许排放的上限。对于仅靠国内实行的节能对策难以达成目标的现状，将积极运用"京都机制"来弥补国内的不足，也就是包括排放权交易（被分配的排出量在发达国家之间可以部分转移的制度）、共同实施（包括市场经济转型国家在内的国家之间实施的温室气体削减量可以在相关国家转移的制度）和清洁开发机制（发达国家为实现发展中国家的可持续发展作出贡献而被认定的温室气体排出削减量可

---

　　① 共同社：《日本在 G8 各国的全球变暖对策成绩中仅排第 5》，http：//china.kyodo.co.jp/modules/fsStory/index.php? sel_lang = schinese&storyid = 71520。

以作为本国削减量的制度）在内的温室气体削减对策。另外，还将探讨引进气候变暖对策税（环境税）。

四　日本环境对策的经验教训

日本对待环境保护的姿态是随着经济增长、污染加剧而逐步转变的。在 20 世纪 70 年代以前，日本的主题是经济的恢复与发展，对环境保护并不重视。随着经济的高速增长，能源消耗量大增，公害问题开始引起人们的重视，特别是水俣病等四大公害病的出现，使日本认识到"经济发展不能以牺牲环境作代价"。20 世纪 70 年代以后，日本逐步进入环境保护时代，并确立了建设循环型社会的发展方针。

从视污染为必然到政府、企业、民间一致确立可持续发展的观念，日本用了 30 多年时间，日本的经验教训值得借鉴。

第一，不断完善环境保护法规体系。日本根据经济社会的发展不断对有关环境法律法规进行完善，使其形成有层次法规体系。这些法规主要包括：（1）关于环境保护的基本法规，如《控制环境污染基本法》、《公害对策基本法》、《环境基本法》、《循环型社会基本法》等；（2）关于环境保护的专业法律，《烟尘排放规制法》、《大气污染防止法》、《噪音管制法》；（3）关于环境保护的综合法规，如《工厂废物控制法》、《资源有效利用促进法》等；（4）与环保有密切关联的法规，如《公害健康损害赔偿法》、《能源使用合理化法》、《居住生活基本法》等。

第二，确立环境保护优先的方针。日本在 1970 年就明确提出环境优先的思路，在法律条文中删去了"与经济发展协调"的条款，提出了公害对策优先于经济发展的方针，使日本的环保形势发生了根本改变。环境优先绝不会妨碍经济的发展。日本政府确立了发展循环经济和建立循环型社会的方针以后，制定激励政策，扶持引导相关企业，对开发与 3R 相关的技术产品及建设生态工业园给予资金补助，以循环经济推动区域经济的发展。

第三，加强环保行政管理。日本在建立起了一套比较完整的环境法律体系的同时，注意加强环保行政管理。在经济高速增长期日本的公害爆发来势凶猛，日本采用行政强制手段，制止企业继续污染，促使企业在行政指导下进行技术改造，起到了立竿见影的效果。在发生环境纠纷时，行政干预进行调解，也会比司法方式解决更快。在日本打官司既要花费大量时间又要花太多的金钱和精力，同时司法方式的惩罚往往较轻，而通过行政调解解决见效快，既对企业形象的影响较小，又可能最大限度地保证受害者的利益。

第七节　日本的国民素质教育

如何评价日本的国民素质，这不是一个简单地回答"高"或"不高"即可的问题。国民素质必须是综合性素质，包括许多方面，例如爱国主义和民族精神、民主精神与法制意识、科学头脑与拼搏精神、遵纪守法与社会公德等。在我国人的印象中，日本人的形象有好有坏，其总体素质至少包括以下内容：

第一，日本人讲究礼貌。日本人见面或告别时总是那样客客气气，鞠躬哈腰，不厌其烦。尤其日本女性，每每说话都是低眉细语，绝无张扬，似乎就是温良恭俭让的完美化身。日本人的口头语言和书面语言都有层次不同的敬体语，使用这些敬体语能够充分表达出对他人的尊敬和爱戴之情。每天早晨乘坐电梯时，无论相识与否，互相都会很自然地问候"早晨好"。在各种可以致意的场合，"你好"、"对不起"、"请原谅"、"谢谢"、"非常感谢"成为日本人最常用的表达自身感情的用语。① 除特定场合例如小酒馆外，在日本的公共场合乃至大街小巷都极少看到大声喧哗或吵架厮打的事情。无论在电车站（火车站）或公交站，乘客等车哪怕只有两人也会自觉排队，不会你推我搡。

第二，日本人珍视劳动。日本人是"工作狂"、"劳动狂"，世上对此早有定论。70岁的老人还在驾驶出租车奔忙，既是为了挣钱，更是为了求得精神上的慰藉。因为这证明了自己还是一个能够自食其力的人，对社会发展有用的人。日本人认为劳动是上天的恩赐，所以必须以感恩的心情对待劳动。劳动不仅是求生存的需要，而且是提高生活质量、改善精神生活的重要途径，所以劳动必须认真负责、一丝不苟。为拿出高水平的劳动成果，必须努力钻研技术，精益求精，不断创新。所以，日本人干活有自

① 例如，在京都西部一个非常普通的超市的公共厕所内，超市方在小便池的正上方贴着一张告示："对您每次都来使用厕所表示由衷的感谢。请您允许工作人员也能使用这个厕所，以便确认其安全。还有，工作人员在厕所内不便向您问候致意，请您谅解。"

觉性，有拼劲，力求使每一项劳动成果都能体现出成果主人的负责精神、竞争精神、进取精神和颇为完美的美学精神。在外人看来似乎是"不撞南墙不回头"、"钻牛角尖"的研究，日本人却会"傻"气盎然地坚持着。但就是在这种坚持中，一个又一个世界一流的产品问世，从而受到世人的追捧。"失败是成功之母"、"成功源于坚持"在日本人对劳动的认识和态度上得到了充分的展示。

第三，日本人善于学习。日本历史表明，在大部分时间里，日本人并不以学习他人为耻，而是认为这是正常的、应当的事。只有戒骄戒躁，虚心多学，才能在世界多民族竞争的环境中谋求生存和发展。日本古代向中国学习，近代向欧洲学习，战后向美国学习，如果没有这些学习，日本的发展不知要推迟几百年，绝不会达到今天这样高的发达程度。古都奈良是日本的考古"圣地"，每年都会不少的考古新成果问世。每当此时，考古方都要通过媒体以多种形式刊登关于发掘地开放日的通告。在开放日，无论天气如何，都会有数以千计的日本各地民众涌至考古发掘现场，秩序井然地参观，认真仔细地聆听讲解。奈良东大寺正仓院藏有大批国宝级文物，每年都要在奈良县博物馆举办宝物展，轮换展示这些国宝。展览期间，参观者不仅是络绎不绝，而且是拥挤不堪。为了能够亲眼观赏一下中国唐代的珍宝，排队一两个小时也在所不惜。参观者中年长者占了相当大的部分。日本人的学习热情之高令人赞叹。

第四，日本人保护传统。日本人在努力学习新知识，接受新事物的同时，也十分注意保留文化传统，传承历史遗存，在发展中实现传统精神与现代意识的完美结合。思想现代的日本年轻妇女穿着和服照样洋溢出日本文化的传统美，而看似守旧的老年妇女对每年新涌现出来的成百上千的以英语为母音的外来语新词汇学习起来也是津津有味，不甘落伍。现在，在中国的周边国家中，唯独日本还在正式使用已传入2000余年的汉字。日本妇女穿着的和服、打扮的发髻、席地坐睡的起居方式，以及相扑、剑道、书道、茶道、花道等，都是中国唐代前后传入日本，经过日本人的再创新，数千百年过去，至今仍在日本人的日常生活中发挥作用。唐代歌舞《兰陵王》在中国久已失传，而现在在日本却仍能看到使用唐代台词演出的宫廷舞《兰陵王》，1992年日本的兰陵王迷们来到中国磁县兰陵王墓前舞乐祭奠，其保护文化传统情真意切，令人尊敬。奈良、京都、镰仓等日本著名古都，为保护历史风貌，政府和民众都付出了巨大的努力，使得这些城市中的大批历史文化建筑未因现代化建设而遭到破坏，历史风貌大体上得到保留。为阻止某些现代化建设项目（例如高速公路建设或机场建设等）破坏历史文化传统的整体风格，当地民众组织起来奋起斗争一类消息不时见诸报端和互联网上。

第五，日本人信天拜神。在日本，大大小小的神社不计其数，各神社供奉的神灵亦不相同，其中大多数是当地某个方面的保护神。日本人无论在哪里，只要看到神社，不管供的什么神，与己有关无关，都会虔诚地击掌礼拜之。与此相关，各地还保留有延续多年的祭祀活动。在大小城市乃至农村，同样能够看到佛教寺庙的大殿和天主教堂的尖顶。日本人相信"天道"（老天爷），不与"天道"挣命，遇到自然灾害，会认为这是"天道"惩罚，因此不怨天尤人，而是重新努力，再建家园。这就是日本民族具有的自强不息精神的源泉。2011 年 3 月 11 日造成巨大损失的东日本大地震及由此产生的大海啸和核泄漏，给日本民众尤其灾区民众造成了沉重的心理压力。日本著名的右翼政客、东京都知事石原慎太郎在地震 3 日后的 3 月 14 日公开宣称"这就是天谴"。对于石原的"天谴论"，当然有不少的日本人表示反对，但赞成或者至少不反对石原观点者似乎仍然占多数。日本网民的留言有："美国民众的舆论也有近四成认为是天谴。""石原说得对，能够指引东京都和日本的只有石原。愿他再次当选。"所以，业已 78 岁的石原在 4 月 10 日仍能以较大的票差优势战胜比他年轻得多的多位竞选者，第四次当选东京都知事。在日本媒体播放的关于海啸的视频中，日本妇女仰望苍天乞求"天道"怜悯的镜头，充分展示了日本人敬畏天神、甘受天谴的心理状态。也是这个原因，尽管日本的官方或民营地震研究机构不时发布地震预报，某地某时将会发生破坏性大地震，但这些地区的民众并不因此而惶惶然，而是认真准备，淡定生活。

第六，日本人崇尚俭朴。在外人看来，日本人待人接物、请客送礼，似乎有些吝啬，但实际上这是日本人的俭朴美德的表现。日本人请客，以不浪费为原则，而且用盒饭分餐亦不觉失礼。日本人送礼，是真正意义上的"礼轻情义重"，仅表达心意而已，反而担心送太贵重的礼物会给对方造成心理负担。哪怕送一个很小的礼物，也要向受礼方反复说"给您添麻烦了"、"给您增加负担了"、"太谢谢了"之类的话。日本人居家并不追求房屋面积越大越好，屋内家具摆设越豪华金贵越好，而是以生活舒适方便为主要考量。看看京都御所（古代皇宫）的低矮的木板墙和墙内的木结构宫殿，其蕴涵的俭朴之美与北京故宫那些华丽高大建筑放射出的豪华之美形成了鲜明的对照。

第七，日本人遵规守矩。虽然在日本办事有时也可托托关系，但不可否认日本是一个守规矩的社会、世风清正的社会。媒体上经常爆料某某大牌官僚、高级公务员贪污受贿，腐化堕落，好像日本官场已糟糕不堪，但若仔细看其情节或涉及金额，却很难与贿赂腐化联系在一起。一名内阁成员因接受了几十万日元在《政治资金规正法》限定范围之外的政治捐款，即被媒体大加炒作，不得不辞去内阁大臣的职务。其实，几十万日元只不过是日本的平均月工资额的水平。大多数的腐败案件金额都不高，甚至在普通饭馆接受关系方面两三次请客被披露出来也会成为对自身宦途影响甚大的事件。一旦涉案金额达到几百万日元，说不定就会成为引发政坛巨变的重磅炸弹。因与瞬息多变的日本政坛和党派之争结合在一起，所以无论金额多少，这些贿赂腐败案件都具有了可以用来炒作的重要意义。日本人遵规守矩，盖因法制观念强，自我约束力强。可以说，日本人能要求自己，做事遵规守矩"不等下一次，就从这一次开始；不等明天，就从今天开始"，要做到"有人似无人，无人亦有人"。例如，在新干线列车中，满员的乘客安静似无人，售货的列车员推着食品车穿行各车厢，在进入车厢时要鞠躬致意，在离开车厢时要回身再次鞠躬表示感谢。而且无论在这节车厢里是否有乘客买她的食品，无论这节车厢里乘客是多是少，甚至一位乘客都没有，但列车员两次鞠躬的程序决不会减少，也不会马虎从事。再如旅游业的导游，即便这次带的团只有三两名游客（意味着收入很少），也必定和带几十名游客的团一样，服务同样周到热情，沿途讲解的话一句也不会少。如果一名外国游客到日本"自由行"，只要依照各种时刻表制定出旅行计划，则可尽管放心地旅游，途中欲搭乘的所有交通工具都会按照时刻表一分不差地运行。各等级的饭店也一定会提供相应的上好服务。东京交通拥挤，因地铁和电车承运了大部分出行者，公共汽车常常很空。但每一个公共汽车站都挂着运行时刻表，公共汽车既不会因道路拥挤而误点，也不会因乘客稀少而超前，而都是在准点运行。这其中既有管理方面的学问，当然也离不开从业员严格照章办事的意识。全国各地、各行各业都这样规规矩矩地努力办事，凡事要做到最好，而摈弃投机取巧、坑蒙拐骗、偷工减料、以假乱真一类自作聪明的做法，大家都守规矩则大家共同受益，因而社会和谐，生活轻松。[①]

　　第八，日本人爱护环境。在日本，无论乡村还是城市，很少有苍蝇和蚊子，因为根本见不到无人管理的垃圾堆和臭水塘，没有苍蝇蚊子滋生成长的条件。日本的公共环境整洁卫生，长年如此，到处如此，的确非同寻常，令人赞叹。这完全归因于日本人天生俱来、后生教育养成的环境意识和环保意识。日本人认为草木山川皆为神，皆有灵，必须倍加爱护。树木不得擅伐，河水严禁污染。所以，日本人的生活环境很少有遭到人为破坏的痕迹。说到爱护公共卫生，日本人对家庭垃圾绝不会随意丢弃，而是严格遵照环保部门的要求每日定时定点投放包装好的不同垃圾。投放大型家电、家具类垃圾需事先向环保部门提出申请。各家总是将自家门前打扫得干干净净，不留死角。当然，环境意识不仅仅指注意搞好环境卫生，还包括通过每一个社会成员的努力，共同创造并维护一个安详和谐的社会大环境。在早晚的交通高峰期，电车车厢内，乘客常常挤得满满的。虽然每人都持有手机，但极少能听到手机铃声，更听不到接听手机时高分贝回话的嚷叫声。若有人在交谈，也是尽量放低声音，以第三人听不到为限度。多数人或看书看报，或摆弄手机，或用耳塞听音乐，或闭目养神，非常在意不要对他人形成噪声干扰乃至视觉干扰。这就是民众自觉开展的"禁声"运动，日本人的环境意识因此又提高了一步，社会公共环境也因此得到了进一步的改善。也许是因为长时间的"禁声"憋得难受而需要找地方发泄一下，各类小酒馆就成了发泄这种情绪的好地方。小酒馆里人声鼎沸，几乎达到不大声喊叫就无法与坐在餐桌对面的人交谈的程度。所谓"视觉干扰"，就是在公共场合要注意不能随意打量他人，避免与他人的目光

---

　　① 20世纪80年代以来，日本政治动荡不安，变化层出，甚至连续出现首相任期不满一年的情况。但政坛的动荡并不表明社会不和谐。实际上，日本社会较其他亚洲国家要和谐得多。试想，30年来，尽管人们的收入水平没有发生太大的变化，但无论大米、面粉等粮食及熟制食品，还是猪牛鸡鱼等肉类和全部蔬菜、水果，以及各类交通费用，其价格都没有出现大的变动，而是基本保持稳定。其他生活日用品的价格反而因大量进口亚洲国家的廉价产品而大大下降，再加上较为完备的社会保障和救济机制，只要能保持一定水平的收入，日本人维持较为舒适的生活并不难。在这样的生活环境中，日本人不像一些亚洲国家的民众那样有那么强烈的投机取向，把股票、房屋甚至大豆、大蒜乃至绿豆都利用来投机炒作，梦想发大财赚大钱，而是只要能通过努力工作、认真劳动（按国家、企业和社会的规矩办）以保持稳定合理的收入，使生活无忧，生老病学游（旅游）有保证，就心满意足了。当然，30年来日本虽然物价基本未涨，但民众的生活支出在涨。这是因为政府为增加收入、抵消赤字而采取的消费税政策，这项政策因此遭到大多数民众的反对。

相遇，以免给对方造成心理负担。

第九，日本人甘居"中流"。从 20 世纪七八十年代开始，日本人中多数自我评价为收入、生活水平及社会地位均为中等，实际情况也是如此，中等阶层所占比重越来越大，整个社会出现了两头小中间大的发展状况。近年来，因日本经济连续多年不景气，两极分化有所抬头，但尚未改变中等阶层占大多数的格局。加之日本社会发展至今，可以说城乡差别、工农差别和脑体差别已大大缩小。日本人的普遍意识是，无论是否在大城市，只要能以诚实劳动换来中等水平的生活，就是事业有成。所以，所谓"中流意识"就是有限度的个人追求，比上不足、比下有余就行，既要有不脱离实际的奋斗目标因而不断努力，又不因奋斗目标脱离实际而作茧自缚，陷入无休止的痛苦之中。心态平和与社会和谐有着密不可分的关系。

第十，日本人有和平主义、民主主义和集团主义（集体主义）思想。因近代战争的影响，战后和平主义、民主主义和集团主义成为社会思潮的主流。其集团主义对外表现是认可从属美国，对内表现是对自己所属的企业团体抱有的忠诚。这种集团主义使日本能够长时间在美国的保护下努力发展经济，取得了令世人瞠目的发展速度和成果。当然，在战后的不同发展阶段，与各阶段的特点相呼应，和平主义、民主主义和集团主义在社会思潮中的轻重地位和表现形式也会有所改变。

第十一，日本人的等级观念。在近代，日本人的等级观念曾十分强烈，日本军国主义统治集团为了支持侵略战争，必须维持一个等级制度森严的社会体制，民众的思想遭受极大禁锢，只知"忠于天皇""为天皇而死"而不知其他。战后经过民主化改革，这种等级制度被彻底打破，自由、平等、民主成为新社会体制的核心价值。福泽谕吉在 1880 年的《劝学篇》中提出的自由、平等主张，在 70 年后才真正成为日本人的生活信条。[1] 当然，这并不意味着所有日本人的社会地位达到了真正的平等，理论上的平等（选举时每人一票）与现实生活中的平等其内涵仍有很大差别。实际上，在企业、在行政机关，更不用说在军队，等级意识仍很强

---

① 福泽谕吉的《劝学篇》开篇即说："'天不生人上之人，也不生人下之人'，这就是说天生的人一律平等，不是生来就有贵贱上下之别的。人类作为万物之灵，本应依凭身心的活动，取得天地间一切物资，以满足衣食住的需要，大家自由自在、互不妨害地安乐度日。"见 http://www.xiexingcun.com/Academic/quanxuepian/1002.htm。

烈。社会上虽然法律上人人平等，实际上各类人的社会地位仍有很大差别。当代日本人对法官、律师、大学教授十分尊敬，这些从业者因此享有较高的社会地位。如果询问法官、律师、大学教授与政治家、首相及内阁大臣，谁更值得尊敬，多数日本人会毫不犹豫地选择前者。从总体上说，日本人有等级观念，但是大体上日本人各安其等，各遵其道，这也是社会和谐的一方面原因。① 扩展至对外意识，日本人也有等级观念，多年来始终是畏美、崇欧、贬亚。一说到美国，日本人会禁不住表现出一副敬畏的神态，而谈到英法意等西欧国家，日本人的眼神中充满着崇拜，一旦提到亚洲，日本人则会迅即摆出一副"亚洲老大，舍我其谁"的模样了。

第十二，日本人的冷漠意识。现在日本社会正在走下坡路，其主要表现之一是当代日本人具有的冷漠意识。2010 年 1 月，NHK 播放了系列报道《无缘社会》，引起较大反响。此所谓"无缘社会"，意即当前的日本正在变成一个没有地缘关系的、没有血缘关系的、没有姻缘关系的社会，即冷漠无情的社会。问题的严重性在于，这种冷漠无情已经渗入到相当一部分日本人的思想意识的深处。据日本厚生劳动省统计，因生活穷困和单亲无力或不愿抚养，现在每年日本约发生遗弃婴儿案件 150 起。② 2009 年全国儿童问题咨询机构接待的儿童受虐待而提出的咨询件数达到 44211件，2008 年度被虐待致死儿童 67 人，被动自杀 61 人，合计 128 人，均呈

---

① 世人多以为日本的男女不平等，其实，日本的男女平等问题在近代和战后及当代其表现是不一样的。在近代日本，妇女没有选举权和被选举权，是男女不平等的以男性为主体的社会。直至日本投降后的 1945 年 12 月修改《众议院议员选举法》，日本妇女才获得了选举权和被选举权。翌年的众议院议员选举有 39 名妇女当选众议员，政治上的男女平等迈出了重大的一步。当然，真正实现男女平等仍要付出巨大努力。时至今日，日本社会基本上仍是男主外、女主内式的分工，女性结婚生子后一般辞去工作回家相夫育子，操理家务。如果男女平等就意味着男女干什么都必须一样，则这种社会分工当然意味着男女不平等。不过，"男女干什么都必须一样"是不可能的，也是没有必要的。像日本这样的社会分工，即便从男女平等的角度看，也有其合理性。这种社会分工充分照顾到男女的性别差异，使男女双方都能专心致志地干好一方面的事情，不需要再为另一方面的事情劳神费力，等于双方都减轻了负担。这样的分工有什么不好？如果说女性因不能外出工作挣钱因而在家庭内部没有地位，这是由男女认识差异形成的家庭内部问题，不能与男女不平等直接画等号。须知在日本那样竞争性极高的社会，男子背负全家的命运，早出晚归，拼搏应酬，不敢稍有懈怠，其精神负担远高于女子。有些男子每天仅怀揣 1 千日元（午餐的一碗拉面钱）在外打拼，被称为"千元丈夫"。从男女平等的角度看究竟哪一方地位高？至于日语中女性语言敬畏语较多、和服约束了女性发展等亦不应成为男女不平等的依据，这些恰恰展示了日本女性的柔美丽质，与日本的历史文化传统有关，而与男女是否平等无关。

② http://www.nhk.or.jp/asupro/life/life_06_01.html.

增长趋势。① 不仅儿童遭此悲惨命运，越来越多的成年人、老年人也面临着日益严重的生存危机。随着社会信息的便利化及劳动方式的改变，失业者、临时工、派遣工越来越多，单身生活者越来越多，2030 年可能有接近 40%（东京甚至会达到 50%）的婚姻适龄者没有结婚。这必然造成过年时收不到贺年片、接不到拜年电话、穷得买不起年货的"三不"老年生活者越来越多，这些人孤独而死，甚至多日后才被发觉，没有守夜和告别仪式，没有亲朋送葬接受骨灰。这类没有亲朋参与，由政府民政部门提供安葬费、由殡葬公司负责处理丧事的"无缘死""孤独死"在 2008 年就达到 32000 件。一些三四十岁的中青年因为失业而成为"路上生活者"（即无家可归者），但这些人往往认为这是自己不努力造成的，"死了就一了百了了"，宁愿蜷缩于街头等待死亡，而不会与远方的亲朋联系，更不会向过往的人说"帮帮我""救救我"。② 仅以刚进入不久的 2012 年为例，1 月 20 日，在北海道札幌市一公寓内，发现了已死亡近 1 个月的 42 岁的姐姐和 40 岁的妹妹的尸体。冰箱内没有食物，因无钱交费煤气被断，失

---

① 见 http：//www.crc-japan.net/contents/situation/pdf/10011301.pdf#search = '儿童虐待死件数'。2012 年 2 月，《环球时报》记者在日本居住的小区发生了一名母亲将 2 岁的儿子饿死并在车库中藏尸近 1 年的事件，而在记者的印象中，这位母亲是一位颇有气质又温和谦逊的人。与此几乎同时，东京新宿又发生了一名单身母亲打死 4 岁亲生儿的事件。据大阪警察局统计，2011 年发生虐待儿童案件 1362 起，其中一些儿童甚至被虐待致死，而其中六成以上是被亲生父母虐待致死的，其他则多是被单亲母亲（或父亲）的男友（或女友）等虐待致死的。见《环球时报》2012 年 2 月 27 日第 7 版李珍文《"弃养妈妈"陡增让日本人寒心》。

② http：//www.nhk.or.jp/asupro/life/life_06_01.html。1996 年 4 月 27 日东京都丰岛区池袋一公寓发现了 77 岁母亲和 41 岁长子二人已饿死月余的尸体，母亲的死亡日记在日本引起巨大震动。"1 月 1 日，平安迎来正月，谢谢。还没交 2 月的房费，也没有生活费。今天没有供品可上，和每天一样只能吃一点点心，真对不起。我一贫如洗。""1 月 11 日，我有 10 年、儿子有 15 年没洗澡了，也有七八年没洗衣服了。""3 月 8 日，已经很长时间了，儿子和我都是靠吃一点点点心耗日子。终于快吃完了。就剩下 28 日元，什么也买不了。考虑到去找区政府就会被安排到什么地方去过集体生活，因为不会得到任何人的理解，还是请让我们在现在这样的自由生活中死去吧。""3 月 11 日，到今天早上食品终于吃光了。从明天开始就没有任何可以吃的东西了。我担心是不是孩子先死。请让我们一起死吧。因为留下的未死者是不幸的。"邻居评价这位母亲是"文静有礼、发式整齐、服装得体、受过良好教育、气质高雅"的妇女，也有人说"她真是个奇怪的老人。为什么用仅有的一点点钱买点心而不去买便宜的寿司或面包？为什么用胶带纸封住浴缸不洗澡却又订阅报刊？为什么为节省电费开支封存了电视而不卖掉电视？"还有人总结道"这就是东京"。见 http：//data.livex.co.jp/okonomi/9606/gashi.html。也有日本学者认为，当前日本的"无缘社会"，不是社会的病态，而是我们自己希望的奇怪的"近代完成体"（意即近代开始的追求个人自由民主的结果）。见 http：//blogos.com/article/11353/。

业的姐姐因脑出血暴卒后，骨瘦如柴的智障妹妹被活活冻死。2 月 13 日在东京都立川市一公寓内发现了已死二个月的 45 岁的母亲和 4 岁的儿子，残疾儿子是至少 10 天未进食而饿死的。2 月 20 日，在东京都台东区一公寓又发现了 90 岁的父亲和 63 岁的女儿已躺在各自床上因病饿而死亡。同日，在埼玉市北区一栋公寓里发现了 3 个饿死多日的尸体，一个房间里并排躺着 60 多岁的夫妇，隔壁房间里躺着他们的 30 多岁的病儿子。房间已被断电断煤气，冰箱内空空如也，尸体旁仅有几块糖和几枚 1 日元硬币。日本社会礼貌有序表象掩盖下的冷漠无情，由此可见一斑。前者"礼貌有序"是日本人素质的程序化表现，后者"冷漠无情"则是日本人素质的真实内涵。

　　虽然如此，日本讲究社会秩序和公德，似已达到颇为极端的程度。日本人的劳动观念、法制观念、环境观念以及和平主义、民主主义、集团主义等都值得肯定。如果从这些方面评价，日本人的国民素质之高能够得到世人的首肯。

　　但另一方面，在我国人的印象中，时至今日，日本人的负面形象也难以忽视。说到日本人，脑海中首先浮现出的形象仍然是骄横凶蛮、曾经不可一世的日本"皇军"的形象，和前往靖国神社虔诚地击掌参拜从而肯定侵略战争的当代日本人的形象。尽管周边国家已深刻地批判了日本军国主义的反动本质，揭露了日本军国主义进行侵略战争的万恶罪行，但大多数的日本人却囿于民族私见而认识不到这一点，甚至还要为日本军国主义评"功"摆"好"，以与军国主义分子同流合污为荣。在大是大非上如此缺乏辨别力，没有自省力，这样的国民素质其水平之低，受到世人恶评也是理所当然的。

　　所以，不能将"国民素质"单纯地与社会公德画等号。在评价日本的国民素质时，忽视其政治内容的思维方式应被摒弃。日本国民素质中比较成问题的恰恰就是政治方面的核心内容爱国主义和民族精神。关于爱国主义，19 世纪中叶的明治维新后，日本的爱国主义成为"崇敬天皇主义"，成为日本军国主义对内实行严酷统治、对外推行侵略战争的有效工具。日本军国主义统治集团通过制定《教育敕语》、《军人敕谕》彻底禁锢民众和军人的思想，以所谓"天皇万世一系的国体"来证明日本是"神国"，日本民族作为"神之子孙"是世界上最为优秀的民族，进而将邻国民族贬为丑陋的"亚细亚东方恶友"，日本理应独霸亚洲，从而迅速走上了与东亚各民族为敌的侵略扩张道路。可以说，在近代日本，绝大多数日本人受此种理论毒害甚深，对"天皇神圣"笃信不疑，数百万日本士兵高喊着"天皇万岁"去杀人放火，至死不悟。对这种与天皇制和军国主义的扩张侵略互为表里的爱国主义和民族主义必须加以严厉的批判。

1945 年日本投降，经过民主改革进入了新的发展阶段。虽然这场民主改革不甚彻底，但战后的日本与近代日本已有了本质的不同。仍以爱国主义为例，在战后和平宪法体制中，天皇已走下神坛，和平民主成为社会思潮的主流。由于战后几十年来革新政党与保守政党的对立和斗争，日本国民中的国家意识较弱，甚至连日本是否有国家元首、《君之代》是不是日本国歌、太阳旗是不是日本国旗都成为争论的议题。在这种情况下，爱国主义很难成为时兴的话题。但日本民族勇于挑战、自强不息的精神仍然在战后日本复兴中发挥了重要的作用。直到 20 世纪 80 年代以后尤其 90 年代中期以后，由于国际形势的变化，日本的国内形势也随之变化，持续多年的保守政党与革新政党对立的格局因革新政党的转向、蜕化和衰落而演变成保守政党对保守政党的格局，民族保守主义逐渐成为社会思潮的主流，1999 年日本国会通过《国旗国歌法》才使日本有了法律意义上完整的国家形象。爱国主义因此有所发展，但这种爱国主义多与民族主义互为表里，而且常常在与周边国家矛盾激烈的时刻表现出来。不过，直至进入 21 世纪，与近代日本相比，爱国主义仍弱得多。

21 世纪初日本右翼政客石原慎太郎曾在互联网上组织过一次"征募日本正式国名"活动，日本各地网民踊跃参与，提名逾千，众说纷纭，亦褒亦贬，不一而足。其中有：

"日本皇国"

"封建制度国家日本国"

"大日本帝国"

"大日本低国"

"犬日本帝国"

"非独立国家日本国"

"（对外国）下跪共和国"

"美利坚合众国日本州"

"中华人民共和国日本省"

"支那霸权帝国日本民族自治区"

"美中共同殖民地日本"

"美中共同管理国日本"

"北方领土及竹岛、尖阁诸岛联合国日本"

"完全型共产主义国家日本"

"社会主义立宪君主国日本"

"日本官僚社会主义联邦共和国"

"资本社会主义国日本"

"日本太阳神户三井住友朝日三和大和东海富士第一劝银日本兴业东京三菱银行国"

"日本拜金主义人民共和国"

"高纳税低福祉国"

"贿赂普及国家日本国"

"极恶警察监视国家日本国"

"弱肉强食国日本"

"过劳死过劳自杀先进国日本"

"轻视传统文化人民联邦日本"

"大日本自虐帝国"

"日本乌合众国"

"和最优先国家日本国"

"无责任国家日本国"

"井底之蛙共和国"

"发展终了国家日本"

"落日国家日本"

"即将崩溃日本"

"大混蛋国"等等。①

其中依据读者投票数多少而选出的前三名依次为"日本皇国"、"大日本帝国"和"美利坚合众国日本州"。从这次征名活动的结果可以看出，以1995年第二次世界大战结束50周年为转折点，日本的社会思潮出

① 见 http：//www.sensenfukoku.net/invite/name_b.html。其中"日本乌合众国"中的"乌"即乌鸦，为日本神化传说中的神鸟。"和最优先国家日本国"中的"和"即和谐、和睦之意，日本人以"大和民族"自称，自古标榜"以和为贵"。

现了向近代回归的趋势，尤其 2001 年至 2006 年小泉纯一郎任首相期间，这一趋势更加明显。在这一背景下，在右翼政客石原慎太郎组织的活动中，"日本皇国"、"大日本帝国"被排名第一、二位，并不奇怪。也是由于石原的日常言论中多有对美国不满的表示，在其影响下，"美利坚合众国日本州"排在了第三位，这不难理解。同时由于是在互联网上搞活动，参与者自然多是中青年。因此前三位"国名"投票的读者中大多数也是 30 岁左右的年轻人，这不能不引起我们的关注。

至于对中国的担忧和恐惧，除日本在美国的影响下许多学者鼓吹"中国威胁论"造成影响外，则与 1995 年 11 月 8 日日本参议员笠原润一在第 134 届国会参议院国际问题调查会上的发言以及 1997 年 5 月 9 日桥本龙太郎内阁国务相、总务厅长官武藤嘉文在第 140 届国会众议院行政改革特别委员会上的发言有很大关系。笠原称，1995 年中国某领导人在与澳大利亚首相基廷会谈时称"日本这样的国家，再过 40 年说不定就没有了"。武藤称："两年前去澳大利亚，基廷首相说，与中国某领导人会面时，中国领导人说，你们澳大利亚好象非常依赖日本，可是也许 30 年后日本大概就崩溃了。"① 对于日本媒体报道的这一信息，日本民众的反应并不像中国人预想的那般激烈，反而是反省多于谩骂。其反应主要是，根据当时日本发展面临的各种问题和困难看，日本在二三十年后即使没有崩溃也距崩溃不会太远了，从而成为中国属国的可能性也不是没有。所以才会有"中华人民共和国日本省"、"支那霸权帝国日本民族自治区"一类选名出现。

分析这些"国名"可以看到，封建主义、资本主义、社会主义、共产主义乃至具有双重性质的资本社会主义，都被用来作为对日本国家性质的判断语，说明日本民众对日本国家性质的认识模糊，存在很大分歧。这些"国名"还反映出，对于在"日本"国名掩盖下的当前日本国家所具有的内涵抱有许多不满，甚至是强烈的不满。还有就是对日本发展前途的担忧和危机感亦表露得很充分，能乐观以对者基本没有。面对这种不利的形势，无论哪个政党上台执政，鼓动民族主义（变相的爱国主义，日本

---

① 见 http：//kokkai. ndl. go. jp/SENTAKU/sangiin/134/1540/13411081540002c. html 和 http：//kokkai. ndl. go. jp/SENTAKU/syugiin/140/0780/14005090780004c. html. 此后日本媒体对此进行报道，也有报道说成"日本在 20 年后也许就消失了"，见 http：//ja. wikipedia. org/wiki/%E6%9D%8E%E9%B5%AC。

很少说爱国主义）成为维持政权的有效选择。

　　分析这些"国名"还可以看到，由于当前日本民众的"国家"概念较为淡薄，何谈爱国和爱国主义。据一项有 30 余国参加的针对 18 岁以上民众进行的世界价值观调查，日本的被调查者对"如果发生战争能为国而战吗"作出肯定回答的，2000 年为 15.6%，为各国中最低，作出否定回答的 46.7%，仅次于西班牙的 49.5%。2005 年为 15.1% 和 46.4%，前者仍为最低，后者在德国等国之后位列第四。① 另据 2010 年 11 月韩国国家报勋处对 2400 名韩国、中国、美国、日本中小学生调查，在战争爆发时愿为国而战者，中国最高为 74.8%，日本最低仅 29.3%。为自己国家骄傲者，中国最高为 84.2%，日本最低为 55.3%。② 当代日本民众意识中爱国主义的缺位由此可见一斑。

　　这次日本"正式国名"征募活动也说明，日本社会对民众中各种国家观反映出的从左翼到右翼的政治立场，基本上都是采取宽容的态度（少数右翼骨干分子和立场极端者除外）。这就如同近代初期明治维新中的"文明开化"时的日本，日本人从思想意识到生活习惯都向西方学习，甚至有日本人为身为黄皮肤、黑头发的日本人而自惭形秽，认为日本人种问题多多，进而公开主张"日本人种改良论"，让矮小的日本男人多多迎娶高大的欧洲国家女人，以这种通婚的方式改良日本人种。这种完全自我否定的主张在当时的日本也得到了宽容的对待，提出这种主张的人并未被贴上"反民族"、"民族罪人"一类标签，被打翻在地，再踏上一只脚。此后 1891 年三宅雪岭写《真善美日本人》的同时也写了《伪恶丑日本人》，1970 年高桥敷写出《丑陋的日本人》，这些书都成为影响一世的名著或畅销书，这也反映出日本社会总体上对内所具有的宽容精神。

　　但遗憾的是，日本社会和日本人具有的这种宽容精神是只对内不对外。在对外方面，当周边国家人民反抗日本的侵略、反对日本军国主义的"大东亚共荣圈"时，这种宽容精神就不见了，而变成了残暴的殖民统治和疯狂的屠杀掠夺。日本人不能清醒地认识这种"民族之痛"，深刻地批判这种"国家之耻"，对内对外双重标准，这是日本国民素质中存在的最大缺陷。这一点在日本人的战争观上表现得非常明显。根据 NHK 于

① 见 http：//www2.ttcn.ne.jp/honkawa/5223.html。
② 见 http：//Newton.info/entry/4269/。

1982、1987、1994、2000 年关于日本人（不包括未成年人）对近代日本对亚洲邻国的战争的性质的认识连续进行的舆论调查，认为是具有侵略性质的战争的被调查日本人约占全体被调查日本人的半数左右，而此半数中又只有半数左右认为是并非不得已而进行的侵略性质的战争。①

　　日本的国民素质教育的特点是，家庭、学校、企业、社会四管齐下，而且注重全面教育，终身教育。国民素质教育是特定环境下的潜移默化，而不能搞一时性的运动式教育、形式主义的口号式教育。国民素质教育注意从娃娃抓起。在幼儿园就要开始培养孩子们的独立自主的生活能力，而不是助人为乐的精神。在小学，在传授知识的过程中要重点培养学生们的动脑动手能力，吃苦耐劳的精神，独立生活的能力。在中学，则注重培养年轻人的综合能力。

　　日本人的受教育水平较高，只要有上学的意愿，家庭经济条件又允许，除去一些名牌大学，上一个普通大学或专科大学、短期大学并不是难事，甚至从事家务事也有家政大学可上。虽然在教育程度低下的条件下也

---

　　① 见吉田裕著、刘建平译《日本人的战争观——历史与现实的纠葛》，新华出版社 2000 年版，第 211 页，及 http：//www. froginawell. net/japan/2006/07/% E6% 97% A5% E6% 9C% AC% E4% BA% BA% E3% 81% AE% E6% 88% A6% E4% BA% 89% E8% A6% B3/。与此相关的舆论调查还有很多，但由于调查背景、调查目的、问题设置及调查对象的不同，很可能出现问题类同但结果差别较大的情形。自 20 世纪 50 年代以来，日本政府每年都对一些社会关注的重要问题进行舆论调查，有些调查连续进行多次，其调查成果成为相关研究工作的重要参考。例如，2011 年 1 月内阁府关于社会意识的舆论调查，其结果是，自我感觉爱国精神较他人强烈者占 56.8%，较他人弱者或完全没有者 6.4%，一般者或不知道属于哪一方者占 36.8%。其中，较他人强烈者以男性和 60 岁以上年长者为多。认为应加强爱国精神教育者占 81.0%，反之占 10.2%，不清楚占 8.9%。2003 年 1 月内阁府关于自卫队、防卫问题的舆论调查，其结果是，卫国意愿强烈者占 48.0%，意愿弱者占 11.4%，不强不弱者占 38.4%。其中意愿强烈者同样是以男性、60 岁以上年长者为多，意愿弱者以女性和二三十岁年轻人为多。主张加强卫国教育者占 55.6%，认为无此必要者 29.1%，不清楚者 15.1%。若日本被侵略，则 7.7% 主张一切不抵抗，其余主张进行不同形式的抵抗。1967 年 11 月内阁府的前身总理府进行关于青少年意识—价值观、爱国心等的舆论调查，其结果是，有爱国心者占 56.5%，无爱国心者占 4.5%，一般者占 18.5%，不知道者 10.2%，不能一概而论者 10.3%。但该调查认为爱国心与爱日本仍有不同，故另设是否爱日本一题，结果回答爱日本者占 66.7%，不爱日本者占 1.9%，一般者占 18.4%，不知道者 7.2%，不能一概而论者 5.7%。出生在日本好者占 73.9%，不好者占 3.1%，一般者 19.7%，不清楚 3.2%。该调查又认为出生在日本与是否日本人有所不同，故又设题作为日本人是否感到骄傲，回答感到骄傲者占 69.9%，不骄傲者占 5.5%，一般者 21.1%，不清楚者 3.5%。见 http：//www8. cao. go. jp/survey/h22/index – h22. html、http：//www8. cao. go. jp/survey/h14/h14 – bouei/index. html、http：//www8. cao. go. jp/survey/s42/s42 – 11 – 42 – 16. html。

会有"民风淳朴""路不拾遗"的情形出现，但这与现代意义的国民素质有根本性的不同，现代社会要发展，必须以现代意义的国民素质为基础。所以，从总体上说，受教育程度高对提高民族素质至关重要。诸如民主精神、法制意识、科学头脑、社会风尚等都会因此大大提高。日本的大学教育，形式比较活泼，不提倡死记硬背，而是在启发学生的睿智方面多下工夫。

日本的大学生毕业后，进入各类公司企业，首先要进行企业内教育。企业教育的内容有，培养共同体意识（即集团主义），树立竞争精神，加强纪律观念，使这些年轻人忠于企业，与企业融为一体，全心全意地为企业在激烈的竞争中不断创新发展贡献才智。

社会教育更是独具特色。除前述各种博览会、展览会、成果展示会外，各种各样的学习班、培训班不胜枚举。这些学习班、培训班都面向社会公众招生，许多家庭主妇在处理完毕家庭事务后，都愿去参加这类学习班和培训班，学习传统的和最新的知识和技能，以能跟上社会发展的步伐。学习的内容非常广泛，既有各种流派的花道、书道、剑道、柔道及食道（烹饪技术及营养学）等，还有美容美发、健身舞和交谊舞、太极拳、瑜伽及各种礼仪知识、新技能等。所以，职业女性自不必说，即使全职主妇出门时也会注意淡妆整洁，得体大方，既要体现自身的品位，也要表示对社会的尊重。

第 五 章

瑞典的社会发展与政策选择

在现代社会发展过程中，最突出的问题集中在城市化问题、劳动就业问题、社会福利和保障问题、人口流动与人口结构问题、民族与宗教问题、环境保护问题、教育制度与体制问题、青少年人格培养问题，等等。这些问题体现了人与人、人与社会、人与自然的关系，它们对于社会与国家的发展影响巨大。瑞典是一个很有特色的西方国家，"从经济发展水平、收入差距、社会犯罪率、平均预期寿命等各项指标综合评估，多年来瑞典一直被认为是世界上综合发展水平最高的国家之一"[①]。同时，它在利用政府政策推动社会发展，保持社会稳定的实际过程中，创造了许多有益的经验。

近一个世纪以来，瑞典的社会民主党在瑞典政治生活中占据主导地位。其政治纲领对瑞典的社会政策影响至深。从最初的"人民之家"到以后的"福利国家"，瑞典社会民主党一直在寻求建立一个和谐的社会。汉森[②]是早期的社会民主党政治纲领的规划者，他提出了"人民之家"的思想，他提出："我们奋斗的目标不是建立工人阶级专政，不是用一个新压迫取代一个旧压迫。我们所追求的是在民主的坚实基础上和在绝大多数人民支持下，给受压迫的社会阶级以平等以便废除阶级，给所有瑞典人一个美好家园。"[③] 这不但是一种美好的社会理想，也是对社会的深刻认识，它认识到以一种新的压迫取代一种旧的压迫往往会成为很普遍的社会现

---

① 顾俊礼：《欧洲政党执政经验研究》，经济管理出版社 2005 年版，第 196 页。

② 汉森（1885—1946 年），社会民主党政治家，1918 年至 1946 年任全国议会议员。1920 年至 1926 年曾任国防大臣。1925 年至 1946 年任社会民主党主席。第二次世界大战中主持瑞典联合政府，保持瑞典中立。

③ 高锋、时红编译：《瑞典社会民主主义模式——述评与文献》，杨启先"序"，中央编译出版社 2009 年版。

实。社会民主党一直遵循着这种理念。后期的社民党主席卡尔松指出：
"社会民主党在劳方与资方的利益冲突中代表着劳方利益。但这并不等于
说社民党否定资本的重要性。我们所做的只是不让这一利益去支配、或者
说去剥削经济生活中的其他成员。"① 也就是说，代表社会一方的利益，
并不意味着掠夺社会其他方的利益。必要的社会妥协是政府必须采取的手
段，完全的对抗对社会的损害是致命的。在这种思想认识的基础上，从一
定的意义上可以说，瑞典的社会政策实际上是在社会妥协的基础上作出
的。有人认为瑞典原先是一个老牌的社会民主主义国家，但最近，它正朝
着新自由主义和传统的社会民主主义相结合的"第三条道路"发生深刻
的转变。在一定程度上，可以把瑞典当代的社会民主主义政策看成"第
三条道路"模式的一个变种。同时，尽管"瑞典模式"取得了相当大的
成功，但为了应付来自外部因素，比如全球化和欧洲一体化的挑战，瑞典
也在不断调整自己的社会政策。无论如何，瑞典有许多宝贵的经验值得汲
取，因为"瑞典在社会团结和经济成功这两个方面所取得的成就，不断
使世人对进步充满了信心"②。

第一节　人口结构的变化与政策选择

一　人口结构的变化过程

瑞典位于北欧斯堪的纳维亚半岛的东半部，濒临波罗的海。西面以斯
堪的纳维亚山脉为界与挪威接壤，东部与芬兰隔托尔尼奥湾与波斯尼亚湾
相望，南面波罗的海对岸是丹麦、德国、波兰、俄罗斯、立陶宛、拉脱维
亚和爱沙尼亚等邻国。国土呈纵向长条状，南北最大长度为 1547 公里，
东西最大宽度近 500 公里，全国领土面积为 449964 平方公里（其中
410934 平方公里为陆地；39030 平方公里为水域，占 8.67%），是北欧最
大的国家之一。瑞典自然资源丰富，铁矿、森林与水力资源占有量均居世
界前列，经济高度发达，属欧洲第八经济大国。在 17 世纪，瑞典曾成为
欧洲大国，在历史上产生过巨大影响。从 1814 年以后，长期奉行"平时

---

① 高锋、时红编译：《瑞典社会民主主义模式——述评与文献》，杨启先"序"，中央编译
出版社 2009 年版。

② 菲利普·怀曼：《瑞典与"第三条道路"》，刘庸安等译，重庆出版社 2008 年版，第 2
页。

不结盟，战时守中立"的对外政策，近两个世纪没有任何内外战争。这使其在一个世纪的时间里，从一个贫穷落后的农业国一跃成为最现代化的福利国家和发达的工业强国。进入 20 世纪 90 年代以后，面对国内外形势的巨大变化，瑞典政府开始对政策进行战略性调整，对外融入欧洲一体化进程，加入了欧洲联盟，对内削减公共开支，降低税率，提高企业的国际竞争力，积极争取在 21 世纪里继续保持经济高度发展和世界一流福利国家的地位。1968 年 1 日，斯德哥尔摩市并入斯德哥尔摩省。1997 年 1 月 1日，设立西约特兰省。

瑞典实行的是君主立宪形式下的议会民主制度。根据具有宪法性质的《政府文约》（The Instrument of Government，一译《政府组织法》），一切公共权力来自人民，议会是人民的最高代表。

15 世纪下半叶，在反对丹麦干涉的运动中，形成了贵族、教士、自由民和农民组成的"四级议会"。四级议会的作用和权力在历史上不同时期有所不同。1865 年，议会通过以两院制取代四级议会的提案。1867 年后，议会正式改行两院制。

目前，瑞典的政权组织形式采用议会内阁制，实行"三权分立"，由议会、内阁和法院分别行使立法权、行政权和司法权。

瑞典通常被划分为三个大区：哥得兰区（Gotaland）、斯维娅区（Svealand）和诺尔兰区（Norrland，又称"北部区"）。全国划分为 21 个省，289 个地方政府（市）。瑞典是世界上民族成分比较单一的国家之一，主体民族占 90%，唯一的少数民族萨米人（拉普人）不到 1 万人。瑞典语言实际上是瑞典的官方语言。瑞典居民大多数信奉基督教路德宗。

瑞典的民族问题并不严重。从严格意义上来说，萨米人是瑞典唯一的少数民族。他们不是移民，而是瑞典的原住民。萨米人主要居住在拉普兰地区，故而也称为拉普人，他们是欧洲最古老的民族之一，为蒙古人与欧罗巴人的混合人种。历史上，萨米人祖居毗邻北极的高寒地带，以饲养驯鹿为主要谋生手段，创造了独具一格的驯鹿文明，驯鹿业成为萨米人经济、文化和社会发展的基础条件。16 世纪后，萨米人的生活所在地被欧洲白人侵入，自然和生活资源被剥夺，整体的萨米人群体也被分割于不同的区域，现在，在俄罗斯、挪威、芬兰也有萨米人居住。萨米人在长久的历史中，创造出了自己独特的文化，其口传文学、音乐形式都达到很高的水准。1910 年，约翰·图里出版了《萨米人的故事》，第一次用萨米语

（拉普语）记述了萨米人的历史、传奇、民间信仰和日常生活，萨米人的文化得以广泛的传播。

瑞典政府对萨米人的政策在不同的历史阶段有着变化。20世纪初，瑞典政府视萨米人为"未开化人种"，对其采取所谓的"保护"政策。但这种保护没有切实有效的方案，也没有与整个国家协调发展的妥当策略，从而致使保护政策与国家的环境保护、旅游开发政策产生严重冲突。在1971年，瑞典通过了《驯鹿养殖业法》，规定萨米人拥有一定程度上的自治权利。但在实际上，由于经济力量的扩张，萨米人传统的生活方式已经遭到严重的破坏。在萨米人民族意识越来越强的今天，保持萨米人生活方式、语言和文化的呼声越来越高，瑞典政府也积极促进这一事业的发展，颁布了一系列的政策和法律。现在，萨米人在保留传统与实现现代化之间找到了一定的平衡。

瑞典的人口结构的变化，基本上是一种适度发展，没有明显的过剩，也没有特别的不足。总的来说没有给社会造成重大的负面影响。瑞典的人口统计是以教会登记数字为依据的。1686年，瑞典就有了按教区登记人口的记录，留下了比较准确的人口历史资料。在1749年首次人口调查时，瑞典有180万居民，以后的200年中，每100年增长将近一倍。1850年为350万人，1950年为700万人。1994年，统计为880余万人；到2006年11月底，根据最新的人口调查，瑞典的总人口为9110972人。

二　人口结构变化对社会发展的影响

人口的变化随着社会发展水平的变化而变化。西方发达国家，在工业化时代以前，其人口发展的状态是高出生率、高死亡率和低增长率，而到了工业革命以后，逐渐转为高出生率、低死亡率和高增长率。瑞典与这种发展规律有相类似的地方，但也有自己的特殊情况。

从人口变化趋势看，从1750—1930年间，瑞典人口的变化与大多数工业化国家有着相似之处，都经历过一次人口转型。1810年前，瑞典处于"高出生率—高死亡率—低增长率"阶段，年人口增长律低于0.6%。而在1810年以后，由于生产力的发展和卫生医疗条件的改善，死亡率大幅下降，到1870年为止，瑞典的人口年增长率超过了1%。而在1870年后，由于在1851—1930年间，总共有大约150万瑞典人移居北美。从而尽管死亡率大大降低，这时期人口增长速度又降至年均0.6%。瑞典人移

居北美主要是因为经济增长的不平衡、劳工需求的限制、社会动荡、土地
歉收导致的饥荒以及缺乏宗教自由等。

　　20 世纪 30 年代，世界性的经济大萧条也对瑞典造成深刻的影响。此
时的人口增长率降至 0.3% 以下。政府针对这种情况，采取了鼓励生育的
政策，出生率一度开始增长。但到 50 年代以后，随着生育观念的改变、
避孕技术的普及，瑞典的出生率持续下降。1953—1978 年，瑞典人口出
生率从 1.53% 下降到 1.12%，人口自然增长率从 0.56% 下降到 0.40%。
2004 年，瑞典的人口增长率为 0.18%；几乎到达了负增长的边缘。而与
此同时，瑞典人的寿命不断增加，1951 年到 1976 年间，瑞典男子平均寿
命从 70.49 岁增加到 72.12 岁，妇女平均寿命从 73.43 岁增加到 77.90
岁。据统计，从 1910 年到 1990 年的 80 年间，瑞典 65—69 岁的人口增加
了 2.6 倍，71—74 岁的人口增加了 3.1 倍，75—79 岁的人口增加了 3.4
倍，80—84 岁的人口增加了 4.4 倍，85—89 岁的人口增加了 5.3 倍，90
岁以上的人口增加了 9.9 倍。[1] 经过一个多世纪的发展演变，"瑞典现在
的人口年龄构成和家庭结构与 20 世纪初相比已经发生了很大的变化，瑞
典已经从一种大家庭、多子女、少老人的社会演变为一种小家庭、少子
女、多老人的社会"[2]。瑞典学者罗尔夫·奥尔森在 1997 年发表了《瑞典
福利国家的兴起》一文，认为 20 世纪瑞典经历了一个与人口和经济变化
紧密相连的、长期的社会变化过程。20 世纪瑞典人口与社会经济的发展
变化，直接导致了社会福利制度的兴起和扩大，尤其是老人关怀事业的发
展、医疗和健康关怀事业的扩大、儿童与家庭服务的兴起，以及教育事业
的发展，对瑞典的社会政策的制定，影响至深。[3]

　　人口的老龄化使得养老金制度成为瑞典较早建立的社会保障项目，也
是瑞典社会保障制度中最受关注的内容。实际上，养老金支出是瑞典社会
保障的最大项支出；同时，与此相关联的医疗和保健服务支出也随之大幅
度提高，现在这项支出已经成为瑞典的第二大项社会福利支出。同时，因
为出生率的下降，使得儿童福利越来越为社会所关注，儿童的福利几乎体
现于所有社会保障与社会福利的项目中。如有子女家庭的税收减免、父母

---

[1] 丁建定：《瑞典社会保障制度的发展》，中国劳动社会保障出版社 2004 年版，第 119 页。

[2] 同上书，第 112 页。

[3] 同上书，第 111—113 页。

双方的法定假期、教育补贴，等等。

同时，随着妇女社会地位的提高，妇女的就业率也不断提高。瑞典是世界上妇女劳动参与率最高的国家之一，妇女高就业率是很多因素作用的结果，其中对妇女就业的社会政策保障应该是最重要的原因。

三　人口政策及人口发展趋势

瑞典政府认为，人口政策是社会经济政策不可分割的有机组成部分，不能脱离社会政治经济的实际情况而片面地制定人口政策。比如，1911年，瑞典曾制定法律，禁止有关避孕的宣传和广告，以鼓励生育，维持人口的增长。对于人工流产，在 1921 年以前的法律中，被认为是犯罪行为。而 1921 年通过刑法修正案，尺度加以放宽，规定允许"医疗理由"为根据的流产。1929 年，瑞典议会提出了一个给社会民众提供性知识和性教育的方案，这在当时的社会形态下是很激进的做法。1935 年，瑞典成立了历史上第一个人口委员会。1963 年以后，法律上对人工流产的限制进一步放宽。1976 年，瑞典实施《绝育法》，规定 25 岁以上的瑞典公民可以自愿选择绝育。在今天的瑞典，结婚和同居在很多方面被认为是同义词，不过法律方面的主要差别仍然存在。

瑞典是世界上平均预期寿命最高的国家之一，为 80.3 岁（男性78.12 岁，女性 82.62 岁）。也是世界上老龄人口比例最大的国家之一。据预测，到 2025 年，65 岁和 65 岁以上人口将从目前的 150 多万增加到220 万，80 岁以上人口将从目前的 46 万多增加到 64 万。

在欧洲老龄化程度较深的国家中，几乎所有国家的养老金都出现巨大的财政赤字。早在 10 余年前，世界银行认为，这种态势极为严重，如不加以深刻的改革，"欧洲国家的养老保险便会崩溃"。[①]

老龄化社会的形成，使得瑞典政府不得不对养老金政策特别予以关注。随着人口老龄化问题的日益突出，旧的养老金制度使国家财政负担越来越沉重。自 1998 年起，瑞典对养老金制度进行改革，新的养老金制度采用终身收入原则，即以个人终身收入为基础来计算养老金。为了使不同阶层、不同生活状况的老龄人口都能得到养老金的最大化效益，瑞典的养老金的种类很多。如个人收入养老金（income pension）、基金养老金

---

① 世界银行：《防止老龄化危机》，中国财经出版社 1996 年版，第 25 页。

（premium pension）和担保养老金（guarantee pension），等等。

进入 21 世纪后，瑞典的人口老龄化问题逐渐显现，社会上出现了劳动力缺乏的现象。针对这种情况，瑞典政府在某种程度上改变了其移民政策，鼓励外国劳工到瑞典就业。这项措施包括吸引某些行业的外国技术工人。这些有一技之长的劳动者可以申请为期 3 个月的特殊工作签证，但其所申请的就业领域必须是瑞典劳动力紧缺的行业，如建筑和服务业。同时，政策规定，瑞典雇主可以直接招聘外国劳工，而不需要瑞典劳工部的审批。而已在瑞典的在职职工获得的首次工作签证也从 18 个月延长到 24 个月，以后如果继续在瑞典工作，还可以续签。除此之外，瑞典政府还放松对外国留学人员在瑞典居留和工作的限制。以往，外国留学人员，在瑞典取得学位后，必须先返回原居住国，再申请到瑞典工作。而现在，这些人可以在取得学位后，直接在瑞典申请工作签证。同时，按照瑞典法律规定，在瑞典合法居住 5 年以上的外国人都可以申请加入瑞典国籍。

四　移民问题与社会政策

移民问题可以从两个层面上加以认识和研究。第一个层面是从比较抽象的权利问题上来认识，即人民有迁徙的自由，可以选择适合自己生活的居住地，迁徙自由是最重要的人生权利。有些人权学者将这种权利提高到宪政的高度，认为这是人命不可剥夺的一项自由，在民主社会中，这是一种用脚投票的权利。第二个层面是从具体问题上加以认识，即移民现象对社会的影响。这种影响的牵连范围极为广泛，包括迁离地与迁入地的政治、经济、文化所受到的影响，以及移民本身所面临生活、就业、受教育等一系列的问题。问题的第一个层面是法律问题，即国家以什么样的法律来保护人民的迁徙权，或根据现实情况，在何种程度上对迁徙权加以必要的限制。也就是国家或地方政府，以什么样的社会政策，在有利于社会发展的基础上解决移民所带来的社会问题。在这方面，瑞典的经验有许多可供借鉴之处。

瑞典的移民政策随着瑞典社会状况的变化而变化。瑞典工业第一次兴盛时期同时又是瑞典移民美国达到高峰的时期。仅 19 世纪 80 年代，瑞典大约有 325000 人移居美国。这是因为，其时瑞典由于营养、医疗、公共卫生等方面的改善，使得出生率增高而死亡率下降，这就导致了瑞典人口的大量增长。这样快速的人口增长速度，使得传统的农村与新兴的城市都无法完全吸纳。

但在 20 世纪的 50 年代和 60 年代的前半期，瑞典进入了空前繁荣的时期。工业的快速发展，引发了劳动力短缺的问题。由于瑞典的就业机会、工资水平和生活水平高于其他国家，这使得外国移民大批涌入。"从1961 年到 1965 年，来自北欧邻国，特别是芬兰，以及德国、南斯拉夫、希腊和其他国家的 17 万移民定居瑞典。没有这些移民，瑞典这一时期的经济成就是不可能取得的。从社会角度看，这些移民给瑞典带来深远的影响。瑞典第一次出现值得注意的少数民族问题。"[1] 同时，难民也是造成瑞典少数民族问题的一个重要因素。

这些移民在进入瑞典社会的过程中出现了政治、宗教等一系列社会问题。如何帮助这些移民融入瑞典社会，已经成为瑞典社会政策关注的最重要的问题之一。

瑞典是世界上按人口比例接受难民最多的国家之一。20 世纪 80 年代以后，瑞典移民政策相当宽松，大批移民涌入瑞典，带来了许多相应的社会问题。这种影响在瑞典是前所未有的。因为在瑞典历史上关联宗教与政治的少数民族问题还没有成为过显著的社会问题。在 20 年前，瑞典的学者还可以很肯定地宣称："瑞典和其他国家不同，不存在与政治问题有牵连的宗教或种族冲突。政治稳定，按本人的阶级地位投票是基本状况。"[2]但在今天的瑞典，宗教和种族问题已经开始出现。随着移民的增多，特别是政治因素导致的移民问题，在某种程度上已经成为瑞典的一个比较严重的社会问题。这部分移民，往往并非是自愿地移民瑞典，从而他们融入瑞典社会的主观意识不强，更热衷于保持原有的语言和习惯。同时，这些移民与 20 世纪五六十年代早期移民不同的是，他们中有许多不是来自瑞典的邻国，而是来自宗教信仰、民族习俗与瑞典大不相同的亚洲和非洲国家。这使得伊斯兰教在瑞典发展得非常快。瑞典的南部城市马尔默，现有人口大约 28 万，其中外国移民占有 1/3，在这近 10 万人的外国移民中，有 6 万人是伊斯兰教的信奉者。这与以往的邻国移民产生了很大程度的不同。还以马尔默为例，近年来，每年有大约 5000 难民到马尔默寻求庇护，

① 斯·哈登纽斯：《二十世纪的瑞典政治》，戴汉笠、许力译，求实出版社 1990 年版，第91 页。

② 同上书，第 137 页。

比德国、西班牙、法国和意大利所收留的难民总和还要多。这种状况导致一个有趣的地方景观，在许多住户的屋顶和阳台上，都设置了卫星天线，以接受远方家乡的电视节目。马尔默伊斯兰教中心主任贝伊扎特认为，在瑞典，严重的问题其实并不是歧视，而是这些电视天线。

第二节　城市化与产业化

一　城市化与产业化的进程与发展模式

城市化是和工业化同步而行的。在工业化的过程中，由于社会自身受到经济因素的影响，必然会导致人口与资本向城市聚集的不可逆转的倾向。瑞典的城市化从 19 世纪 20 年代已见端倪，城市人口开始增加。亚历山大·戴维森写道："农村的人口爆炸在 19 世纪前半期成为严重的社会问题，贫困阶级生活在极为艰难的环境之中……他们大部分会涌向城市。"[①]

城市化是近代工业革命以后最重要的社会问题，在历史上，城市化甚至曾是许多社会革命的直接原因。在世界上的许多国家，城市化均引发了诸多的社会问题，它是社会形态的一种根本性转变，改变了人类的生存方式、生活方式；也改变了社会伦理、社会文化以及基本教育的内容和传达方式；甚至改变了社会关系的形式与内容。由此，对于国家的社会控制而言，手段和方法也必然要做相应的改变。也就是说，社会政策的内容和方式必须因之而变化。

实际上，在瑞典，城市化与产业化所引发的社会振荡并没有像其他国家那么剧烈，不但没有酝酿为社会革命，也没有出现因为城市化而导致的重大社会结构的破坏。究其原因，可以归结为三个方面：

首先，瑞典的工业化之初，没有形成大规模的产业转型。与典型的"英国式"工业革命不同，瑞典传统的生产方式没有因为工业化而遭到彻底破坏。最初的瑞典工业，以木材加工和造纸为主要方向，其与瑞典传统的林业产业有很大程度的重合之处，不像英国为了发展纺织业而摧毁传统的农业。

其次，瑞典的人口压力比其他工业化初期的欧洲国家要小得多。还以

---

①　Alexzander Davidson, *Two Model of Welfare*, Stockholm, 1989, p. 49.

英国为例，在其工业化初期，人口压力极大，加之农村人口大量涌入城市，使得城市过度膨胀，形成了大量城市剩余劳动力，社会矛盾时刻处于激化的边缘。

再次，瑞典的社会发展政策起到了重要作用。瑞典的工业化，比起欧洲大陆属于后发，瑞典政府有效地借鉴了其他国家的经验教训，在工业化过程中采取了一系列有效措施，取得了很好的效果。

从社会政策的角度而言，瑞典的工业化是一种比较有序的发展过程。促进瑞典工业化的主要原因，瑞典学者归纳为以下几个方面：

其一，瑞典交通网络的发展为工业化提供了基础设施上的保障，1862年，瑞典的第一条铁路干线哥德堡至斯德哥尔摩的铁路通车。瑞典在建设这条铁路以及其他铁路时都遵循一条原则：避免穿行水路与城镇。因为，这样可以用铁路刺激不发达地区的发展，也可以充分利用偏僻地区的自然资源。

其二，教育水平的大幅度提高是瑞典走向工业化的重要原因，不但初级教育得到快速普及，高等教育也开始加以改革和发展。

其三，人口数量的加剧增长，也是工业化的前提条件，多余的农村人口为工厂提供了充分的劳动力资源。

其四，工商业的国际化，瑞典的工业产品对外输出的数量很快地增加，贸易壁垒大为减少，随着商品的流通，国际化的思想也得到了广泛的传播。[1]

由此可以看到，瑞典的城市化发展之初，政策性的因素占了比较重要的位置。这种政策性的发展战略，起到了相当好的社会效果。在此后的一个世纪中，瑞典的城市化与产业化得到了空前的发展，瑞典也完成了从农业国向工业国的转型。1870 年，瑞典城市人口为 50 万人，到 1914 年已增加到 150 万人。20 世纪 20 至 30 年代，瑞典的城市化进程加速，一些大城市开始出现了第一批现代意义上的郊区。以斯德哥尔摩为例，1920 年，其总人口为 48 万 8265 人，而到 1940 年，其人口数量达到了 72 万 6754人。瑞典学者认为："就社会意义而言，人口从农村迁向城市，其影响是明显的。因为在不断扩大和开发的'新城市'里，阶级差别比旧城市小

---

① 参阅 Stig Hadenius，*Swedish Politics During the 20th Century*，Sweden Institute，1999。

了，新的生活方式出现了。"① 经济学家的研究表明，瑞典在社会发展过程中，工业化与城市化成正相关关系。从 1870 年至 1940 年，瑞典工业化与城市化的相关系数为 +0.976。②

现在，瑞典政府制定的城市发展政策，主要以建设城市化社区为发展目标。瑞典政府认为，城市化社区是实施 21 世纪议程中重要的基础环节，保护环境和可持续发展应成为城市化社区面向 21 世纪工作的重心。

瑞典人首先明确的一个基本理念是：地方 21 世纪议程活动是社区的事务，需要社区肩负起责任。传统的环保立法是要在所有的地方集中解决一个问题，而地方 21 世纪议程则要以社区为立脚点，在一个地点集中解决所有问题。通过基本理念和基本道理的宣传，让广大社区居民认识到社区可持续发展的先决条件就是全体社区居民在制定和施行决策时最大限度的参与。

瑞典实行三级政权体制，市是最低的一个行政层级。市在管理上实行高度自治，担负着社区服务、社区保障、社区治安、社区教育、社区环境等与社区居民的生活息息相关的基本任务。因此，在瑞典，"社区"就是指城市化社区，是以城市为地域单位，以基层地方政府为中心提供全方位社会服务的法定社区。

瑞典社区组织体系主要由社区议会和市政府组成。市议会就是社区议会，是权力机构，议会主席（副主席）由市长（副市长）兼任，下设若干个委员会，由社区居民民主选举产生。社区议会的功能是：①决定议会组成人员。每个社区议会有权通过自己的条例，自主决定选举多少名成员组成议会。②对社区进行通盘规划。社区议会最重要的职责是：站在全局高度，对社区发展作出全盘规划，以使社区政府各部门之间在制定决策时达到平衡和协调。③征税和制定预算。④决定行政机构。自主决定组织什么样的行政机构来进行社区管理。⑤组织社区听证会。决定听证会召开的时间、地点、内容和程序。在这里，社区是由社区议会管理的，而社区议会是由社区居民民主选举产生的，它必须按照选民的意愿来办事。除社区议会和社区政府两个主体性组织外，社区中还有众多的居民理事会，类似于我国城市社区中的中介性组织或群团性组织。在社区政府开办的所有服

① 前揭《二十世纪的瑞典政治》，第 20 页。
② 1841—1931 年，英格兰的相关系数为 0.985；1806—1946 年，法国的相关系数为 0.97。

务性机构中都成立有居民理事会。通过这些理事会，居民们都有机会对以社区议会为中心的社区政府提供的所有服务直接参与管理和监督。在处理社区事务时，社区政府可以享用"一般权限"原则，即社区政府可以处理法律未加具体规定的事务。

瑞典社区始终把发展放在第一位，不断把它们的服务触角深入到每个家庭、每个角落。与此同时，各社区之间力图通过多方面、多层面的合作促进社区的共同发展。社区合作交流的形式主要包括：信息交流、设备和人力资源共享、合作开发发展项目、建立城市之间的联合公司、开展科技交流与合作等。

另外，产业分散与重组是现代城市发展的必然趋势，瑞典也是如此。在瑞典的许多大、中城市的中心区域，已经很少有工厂。传统大城市中心由制造业中心转化为文化教育、知识产业和社会服务中心。城市从生产工业产品的所在地转变为生产文化、技术产品的所在地。

二　关于人口流动的引导与控制

在一个稳定的社会中，劳动力流动的问题并不是一个重要的社会问题，它由社会自我调节，不需要政府加以引导和控制。在工业革命以前，可以说这个问题只是一种阶段性、局部性的问题。而在社会转型过程中，劳动力流动的问题成为一个重大的社会问题，它关系到地方的政治、经济和文化的稳定与发展，关系到全国性的经济布局、社会福利、政治倾向，文化投入，从而也必然成为政府决策的重要方面。

与许多国家一样，瑞典的社会与经济，在不同的地域发展极为不平衡。

瑞典政府鼓励人口有序、有效地流动，提倡异地就业，鼓励由人口密集的地区向人口稀少的地区流动，从经济发达的地区向经济落后的地区流动。瑞典政府认识到，地区发展问题，不应由不规则的市场制度这种自发势力来解决。解决地区经济衰落必须由政府承担责任、采取措施，尤其是采取减少失业的措施，这些措施包括：在衰落的地区进行公路和其他公共工程的建设，以便提供失业救济；借助税收均衡的转让，把发达地区的资金转移到不发达地区；给予人烟稀少地区经营的企业补贴；制订人力计划，以便再培训工人并帮助他们转移到发达地区等。

自20世纪60年代以来，瑞典政府采取了一系列措施缩小地区差距：

坚持在边远地区实行免费义务教育；坚持全国统一的医疗、失业、养老保险和补助标准；完善基础设施建设；因地制宜发展特色产业；通过政府拨款、减税和成立"发展基金"等手段鼓励企业到边远地区投资；积极争取国际经济力量参与和支持边远地区经济发展。实施这些措施后，边远地区 1965—1975 年的工业增长率约为 16%，高于全国平均增长率 10 个百分点。目前，边远乡村地区的平均综合生活水平有了大幅提高，仅比全国平均水平低 13%。瑞典现行的地区政策，要求避免过分迅速的地区收缩和扩展，抑制 3 个主要城市的工业发展，在这些城市以外建立新的中心，只对那些在北部和中部地区能长期生存的工业提供财政援助，尽可能地分散中央政府的行政活动。

三　产业规划与资源利用策略

瑞典政府农业政策，首要考虑的是生产目标，即鼓励增加农业产量，但自 20 世纪 30 年代至今，历届瑞典政府都把建立一个稳定的、自给自足的农业生产体系作为自己的奋斗目标，以保证国内主要农产品的自给有余。第二是收入目标，缩小农民与非农业人口收入水平的差距，保证农民与其他社会成员收入水平的基本平衡。从 20 世纪 30 年代以来，政府采取了多种财政补贴等措施来增加他们的收入。第三是效率目标，一是农产品的价格要合理，在国内能为消费者所接受，在国际市场上具有竞争力；二是要实现农业生产资源的合理配置，保护农业的生态环境。近年来，随着农产品过剩问题的出现和自由贸易的发展，政府不仅注重农业产量，更注重农产品的质量和成本，并取得明显成效。

在工业迅猛发展的同时，瑞典一直没有放松对农业的重视和扶持。早在 1947 年，瑞典议会就通过了有关指导农业计划的法律条文，奠定了瑞典农业政策的基本框架。

瑞典政府主要是通过协商机制确定一个高于国际市场的农产品价格。协商是在政府与农业生产者之间进行，可以有消费者的代表参加。协商时，由国家农产品市场委员会（农业部下设的一个政府机构），或者由政府指定一个特别委员会代表政府。政府在农业指导计划中，根据农民的实际收入状况、农民的结构调整需要和某一类型农场的发展要求，商定一个对农业进行支持的总体框架。

20 世纪 80 年代末以来，瑞典农产品市场政策发生了很大的变化。国家财政对农业的直接补贴和投入减少了，间接支持增加了。原因是政府发现，直接补贴太多带来一些消极后果：一是增加了国家财政的负担，增产越多财政补贴也越多；二是直接补贴容易使农民产生对政府的依赖思想而忽视市场需求信号，不注意节约生产成本，不利于农业生产效率的提高；三是经过几十年的直接支持和保护，农业生产力得到了很大的提高，农产品已经出现了过剩，再鼓励增加产量就会加剧生产过剩，造成恶性循环。在这种情况下，瑞典政府及时调整其农业政策，使之增强自身的国际竞争力。1972 年在斯德哥尔摩召开联合国人类与环境会议期间，一些有识之士提出了"生态农业"的概念。此后，生态农业的理念开始被瑞典农民和消费者逐步接受。与此同时，瑞典成立了专门的农业合作论坛，以推动生态农业走向市场。同时，新成立的瑞典生态食品认证中心开始品牌推广。在有了一定的舆论环境和社会基础后，政府开始强有力介入，1989年，瑞典农业部发布了一项决议，发动全国农民支持生态农业，并在农业大学中设立生态农业专业，加强相关人才的培养。从此，瑞典提出要在"2000 年实现生态农业占总耕地面积 10%"的目标。政府又再次提出："2005 年生态耕种面积要达到 20%"。如今，这一目标也已顺利实现，从而使瑞典的生态农业处于世界领先地位。

　　政府在推进生态农业上发挥的重要作用体现在，制定一系列强有力的法律法规，遏制污染环境的农业生产活动。早在 1969 年，瑞典便有了环境保护法规。80 年代，又相继出台了 15 部单项法规。在此基础上，瑞典政府于 1999 年颁布了一部完整的《农业环保法》，把对农药、肥料、水等的使用上升到法律的高度，明确了"污染者补偿原则"、节省原材料和能源的"生态环境原则"等，并在法规中特别强调了政府的监督作用。

第三节　社会发展与社会分层

一　产业结构的变化与阶层变动

　　任何类型的社会关系最终都要被归结为人与人之间的关系，而人与人的关系在现代社会中基本上以人群与人群的关系加以体现。社会阶层，作为划分社会人群的标志，在现代社会中占据重要作用，它既是人群的标志，也是个人的自我认知的标准。在一个社会中，社会阶层的形成、发展和变动，都直接影响着社会发展的方向，决定着一个社会的社会矛盾的形式与内容；同时，也决定了一个社会的性质与特点。在这个意义上，可以说社会政策的制定与推行，都是社会阶层基本状况的一种必然反映。也就是说，社会阶层的现状，决定了社会政策的基本方向和内容。

工业化导致了城市化，城市化又导致了社会构成的变化。据统计，1870 年，瑞典的农业劳动者有 269 万人，占瑞典人口总数的 72.4%，其中独立农场主 140 万人，各种佣工和散工约为 129 万人，而从事工业和手工业的劳动者仅占瑞典人口的 14.6%。19 世纪末，农业劳动人口的比例下降到 62.1%，到 1910 年，农业人口的比例已经降为 49%，不足瑞典人口的半数；而工业劳动者的比例上升至 32%。瑞典的阶级结构发生了本质性的变化。① 1865 年至 1885 年，瑞典的产业工人的人数从 5.4 万人增加到 10.2 万人。1907 年，瑞典工会会员的数量已经达到 23.1 万人。此后，这一进程继续加速发展。1910 年至 1940 年，瑞典农业劳动者比例下降到 34.1%，工业劳动者比例从 32% 增加到 38.2%，从事商业服务业的劳动力比例从 19.2% 增加到 27.7%。

瑞典由于几乎没有经历工业化对社会的破坏，而是走了一条农业现代化的道路，所以没有出现明显的资本竞争和垄断带来的社会弊病，从而保存了农业文化，特别是相对平均主义、合作、互助等传统价值观，从而形成了瑞典相对平等的社会结构和崇尚平等的社会理念，构造了其社会基础和文化根源。

二　阶层结构的主要特征

社会分层即是社会的一种身份认定方式，也是一种社会资源的分配方式。美国社会学家戴维·波普诺对此下了一个定义："所谓社会分层，是一种根据获得有价值物的方式来决定人们在社会位置中的群体等级或类属的一种持久模式。"② 他还认为："在所有社会中，人民一生下来就面对着

---

① 安德生：《瑞典史》，商务印书馆 1972 年版，转引自丁建定《瑞典社会保障制度的发展》，中国劳动社会保障出版社 2004 年版，第 9 页。

② 戴维·波普诺：《社会学》（第 11 版），李强等译，中国人民大学出版社 2007 年版，第 264 页。

不平等，即缺少平等的途径以得到社会所提供的有价值物。"① 尽管如此，社会阶层结构的稳定，还是应该被看做社会稳定的一个重要的表征。马克斯·韦伯认为，决定社会分层的三个基本要素是财富和收入、权力和声望。其三者分别标示着经济地位、政治地位和社会地位。

早在19世纪，中国人已经开始关注瑞典的社会构成。严复曾对此有比较准确的观察："英国有两议院，其初亦非定制。英有二，大陆诸国有三，而瑞典有四，僧侣也，世爵也，城邑也，乡农也。"② 应该说，这种观察是基本准确的。

现在，橄榄形社会是瑞典社会的一个重要特征，所谓橄榄形社会，指社会阶层的主流是中产阶级，而富有阶层和贫困阶层占据社会的两端，比例比较小。中产阶级占据社会的主导地位，是瑞典社会的最重要特征之一。实际上，这是一个比较理想的社会构成。这种社会形态的构成，有赖于两个因素，其一是国民的高收入；其二是国民收入的平均化。瑞典社会具备了这两个因素。

人们面对生来俱有的不平等，从个人角度而言，改变这种状况的途径是很有限的。因而在一个良好的社会中，个人应该从这个社会中得到改变自身状况的必要条件和资源。这些条件和资源在很大程度上需要由政府的政策所提供、所提倡、所保障。瑞典政府的社会政策在这方面起到了至关重要的作用。其通过一系列的政策、法律保护弱势群体，为一般民众提供了必需的社会资源，从而形成了比较合理的瑞典的社会阶层结构。

高收入是瑞典福利制度的一个重要方面，劳动者收入在净产值中所占的比重不断上升，这使得社会公平的建立有了必要的物质基础。同时，促进社会公平是福利国家的另一项重要内容。由于瑞典的主要执政党社民党以人人平等和共同富裕作为执政纲领，在社会发展政策上坚持向低收入者、社会弱势群体倾斜，构建了一套较完整的全体社会成员人人平等享有的社会福利体系，从而大大缓解了社会贫富差距，使瑞典成为世界上收入差距最小的国家。这种经济上的平等在很大程度上促进了社会政治和文化上的平等，使社会矛盾得到极大的缓和。

---

① 戴维·波普诺：《社会学》（第11版），李强等译，中国人民大学出版社2007年版，第263页。

② 严复：《宪法大义》，载《精读严复》，鹭江出版社2007年版，第307页。

三　阶层之间的利益冲突与调整

瑞典的社会阶层之间的利益冲突比较小，这是一个很重要的事实，也是瑞典长期保持社会和谐稳定的基础。但这并不是说，瑞典没有社会矛盾。实际上，无论从阶级、宗教、劳资、民族等各个方面，瑞典也存在着相当尖锐的社会矛盾。而对这些社会矛盾的有效政策调整，是瑞典政策发挥功能的成功之处。瑞典社会普遍认为，政策的选择是改变社会不平等的重要途径。如顺乎自然演化的结果，社会必然朝着越来越不平等的方向发展，任何个人均无力改变这一趋势，而只能依赖于政府。而政府在效益与公平之间选择也是一个难以抉择的问题。

瑞典居民大多数信奉基督教路德宗，目前有82%的瑞典人是这一教派的信徒。基督教路德宗在长时期里是瑞典的国教。国王信奉国教，法律规定非信奉国教的公民不得担任首相；教会分为13个主教区、2365个堂区，有3249名牧师。瑞典教会在国家享有特权，国王是教会的最高首脑，有权就宗教会议推荐的三人候选名单指定大主教和主教；国家征收教会税，由教会用于民事支出。

基督教是10—11世纪在瑞典逐渐传播开来的。1164年，乌普萨拉教会建立。16世纪，这个教派采用马丁·路德的教义，并断绝与罗马天主教联系。直到2000年，它一直是瑞典的国教。1604—1873年间，瑞典曾禁止国民信奉天主教。19世纪后半期独立教会的出现，使得瑞典国教的垄断势力有所减弱。独立教会当中，主要包括五旬节派教会组织、（宗教改革后的）宣教契约教会、多种浸礼会组织和救世军。不过，当时的一个特点是，这些独立教会团体的成员通常也保留有瑞典教会的会员资格。

路德宗的国教地位，实际上是对信奉其他宗教，其他基督教派的民众的一种不平等对待，也是产生社会矛盾的政治根源。为消除这种社会矛盾，推动社会公平的进步，瑞典政府实行了政教分离的宗教政策。政教分离的过程在瑞典早已开始。1951年起，根据法律规定，允许教徒退出国教会。2000年，教会与国家的密切关系正式终结。今天，人们不再将基督教路德宗称为国教。国家和地方政府当局之下不再设立教会机构，而是由教会自行决定其规则。自1996年起，新教教会会员标准开始实施。以前，一个小孩的父母双方中有一方为国教成员，这个小孩将自动获得成员资格，现在则需要到教堂洗礼或有其他的特殊申请方可。

目前，除了路德新教教会之外，瑞典拥有相当多的独立教会，最主要的有五旬节运动（9.5 万教徒）、宣教契约教会（7.5 万教徒）、瑞典浸礼会联盟（有 310 座教堂，2 万教徒）、卫理公会教会（3600 多教徒）等。20 世纪 40 年代以来，由于外国移民的涌入，带来了新的宗教。在移入瑞典的新教教会中，爱沙尼亚路德新教会是最大的，拥有 1 万多名成员。在新教以外，以罗马天主教最多，达 15 万多人。东正教教徒也大量增加，人数一度达 10 万人。如果受洗礼的儿童都算是他们的成员，这些教会势力都已有所增长。

近年来，瑞典的穆斯林迅速增多，人数超过了 20 万，而且在很多地方建有清真寺，其中约 10 万人定期参加清真寺的宗教活动。此外，还有大约 3 万犹太人（按父系为犹太人计算），其中 1 万人属于教会会众。不少犹太人已经在瑞典生活了多代。在瑞典，还有约 8000—12000 名佛教徒和约 3000—5000 名印度教徒。

经济不平等往往是社会不平等的根本原因。瑞典政府在制定社会政策时，首先考虑的因素就是要缩小乃至消除社会上存在的经济上的不平等。瑞典在这个方面所作出的努力，在世界上即使不是独一无二的，也是非常独特的。政府通过对工资的额度、行业工资进行法律层次上的限制，努力缩小社会经济的不平等，减少因经济不平等而产生的社会阶层之间的对立。

在一个历史时期，人们往往讳言社会分层，认为社会分层就意味着承认社会上的阶级压迫。对这个问题，有必要重视其他国家的理论探讨，借鉴世界各国的经验与教训。

瑞典的社会分层也比较复杂。其复杂之处在于其社会发展的基本状况与社会意识形态之间的错位，在于所有制与社会性质之间的关系的认识方式。瑞典社会民主党对社会平等予以最大程度上的关注。在 1990 年的党纲中，对平等作如下描述："平等是自由的继续。在一个不平等的社会中，那些受到不平等待遇的人肯定没有足够的自由来控制自己的生活。出于其对自由的要求和对所有人同等价值和同样尊严的观点，社民党坚决反对所有形式的阶级差别和各种形式的歧视。"

第四节　社会发展与自然环境的关系

一　瑞典环境保护政策的发展

环境保护是一项世界性的课题，也是建构和谐社会的重要内容。人和自然是须臾不能分离的，人对自然环境的保护，从历史发展的过程来看，经历了从自发到自觉的发展阶段。在当今世界上，自然环境的保护是一项具有广泛意义的人类活动。它的范围如此广泛，依靠个人和任何社会组织都不可能承担其全部活动内容，不可能达到预期的目标，而必须更多地依赖于国家和社会政策来加以宏观的调控与治理。如何在发展中保护环境，如何在环境保护中保障经济的发展，是构建和谐社会需要认真研究的课题。瑞典的环境保护，在世界上处于领先的地位。人们来到瑞典，无不惊叹于其环境保护工作的卓越成效，无不赞叹其在经济的高速发展、科技不断进步的同时，对自然环境的有效利用和妥善保护。

瑞典环境保护的历史可以追随到很久以前。有一项古老而独特的法定权利被认为是世界上独一无二的，这就是"自由通行权"。通过对这项古老权利进行分析可以发现，在自由通行权中蕴涵着环境保护的内容。所谓"自由通行权"，即每个人都有在自然环境中自由行走的权利，私人物业不能成为人们在其中进行活动的限制理由。当然，行使该项权利的人们也不能对业主的生活构成干扰。人们必须负有必要的责任，即在行使这项权利时，要遵循如下原则：人们要尽到保护自然的义务，包括不乱丢垃圾、不折断树枝、不造成火灾隐患，等等。从这项古老的法定权利中可以看到，爱护责任，保护环境，是每个人行使权利的基本条件。

当然，这些还不能算是现代意义上的环境保护。瑞典的环境保护与世界上其他国家或地区一样，也经历了漫长的认识和发展过程。在资本主义发展的早期和中期，对自然环境的破坏也是瑞典的一大社会问题。但进入20世纪，特别是20世纪下半叶以后，瑞典的环境保护事业在社会政策的有效推动下获得重大进展。在此期间，瑞典政府特别重视社会发展与自然环境的关系，国家与社会、政府与民间都为保护自然资源，创造优美环境，不遗余力，努力达成社会与自然的和谐发展。

在20世纪50年代以前，瑞典的环境污染问题也很严重。而从60年代开始，瑞典政府非常重视环境问题，把环境保护作为决策的重点。出台了一系列政策，取得了显著的效果。70年代，瑞典和其他国家一样，也出现了通常所谓政治上的"新因素"，即地区开发和环境保护的协调问题。之所以称其为新因素，是因为这些问题意识形态色彩很淡薄，没有以往那样的"左"与"右"的分野。当时，比较关注环境问题的党派是中央党，该党认为，在政治议事日程上，应该把环境问题作为优先处理的紧迫问题，而不能仅仅关注短期的经济利益。

此后，瑞典成立了生态党，该党后来发展为绿党。在瑞典，环境问题得到社会的广泛关注。1985年后，绿党在瑞典全国范围内获得越来越多的理解和支持。1986年，苏联切尔诺贝利核电站事件使得公众对环境保护问题的关注达到了一个很高的程度。绿党也获得前所未有的发展，其适时地通过了比以前更全面的纲领，改善了党的组织结构。在1988年的选举时，在各种民意测验中，瑞典有6%—12%的选民表示同情绿党的纲领。在这次选举中，绿党获得了5.5%的选票，成功地进入了瑞典国会。绿党是1918年瑞典现代政党制度成立后，单独提出候选人名单，获得选举胜利，进入国会的第一个政党。这说明瑞典公众对环境保护持积极支持的态度。

二　瑞典环境保护政策的具体措施

在瑞典，环境保护已成为全社会的共识，无论个人、社会团体、政府组织，都以保护环境为己任。而在环境保护的社会政策层面，瑞典政府更是起到了主导作用。瑞典环境保护政策制定的依据是：其一，一些环境财产，包括土地、空气、水、卫生和城市环境等，是国家不断受益的源泉，这些环境财产需要保持和改善；其二，环境受到污染和破坏，环境利益的流量就会减少，而通过把资金投入到控制污染和净化环境上，可以增加环境利益的流通，为社会提供更多的资源。在有效的环境保护政策的推动下，瑞典政府通过多层次的管理体制和多样的管理手段来达到政策的目的。

早在1966年，瑞典就成立了瑞典环境科学院。其目的是研究在对社会发展、技术进步的同时，对环境进行科学化的保护。该研究院的经费来自政府和企业两个方面。瑞典的生态环境的管理分为中央、区域和地方三个层次。这三个层级权责明确，中央有关部门负责管理全国性的环境保护工作。

在中央，设有环境部，负责制定和推行环境保护政策，起草、实施、监督环境法律等工作。在环境部下还设立了专业性的环境保护机构。如，环境代理处负责环境的研究和开发，同时，它也是一个权威性的专业机构，可以为政府部门和社会机构提供专家服务；在处理化学和环境损害时，环境代理处是瑞典最有权威性的机构。

在以法律手段推动环境保护方面，瑞典也一直走在世界的前列。

1964 年，瑞典颁布了《自然保护法》；1969 年，颁布了《环境保护法》。其他有关环境保护方面的法律还有：1971 年颁布了《禁止海洋倾倒法》，1979 年颁布了《废弃物收集与处置法》，1986 年颁布了《环境损害赔偿法》，1987 年颁布了《自然资源法》，以及相关的《化学品管理法》、《健康保护法》、《核活动法》、《辐射防护法》、《水法》、《森林法》，等等。

1972 年 6 月 5 日至 16 日，联合国人类环境会议在瑞典首都斯德哥尔摩召开。共有 113 个国家和众多国际机构的 1300 多名代表参加会议。这是一次具有里程碑意义的会议，是全世界范围内第一次有各国政府代表参加的，共同探讨保护全球环境的国际会议。会议选择在瑞典召开，并非偶然，它是对瑞典环境保护成就的一种肯定。在这次会议上，通过了《联合国人类环境会议宣言》。

进入 20 世纪 90 年代后，瑞典不断加大环境保护的力度，提出在福利国家的基础上建设绿色福利国家。瑞典政府把环境政策的总目标定为：将一个环境健康和健全的社会交给下一代。为了达到这一战略目标，瑞典于 1993 年起开始编纂《环境法典》，通过法典化使瑞典的环境立法达到现代化环境法制的要求。这一项立法工作持续了 5 年之久。1998 年，《环境法典》在国会获得通过，并规定于 1999 年生效。这部《环境法典》的颁布和实施，彻底改变了以往环境法制上的分散与缺失的状况，使环境法制更有整体性。

总体而言，瑞典的《环境法典》有如下突出特点[①]，通过对这些特点的分析与研究，可以从中得到许多宝贵的经验：

1. 体现了先进的环保理念

瑞典的环境保护法最大的特点，就是体现了先进的环境保护理念。它

---

① 汤益诚在《促进社会和谐的瑞典经验》一书中对此进行了很好的概括，以下叙述对此多有借鉴，参看《促进社会和谐的瑞典经验》，中国社会科学出版社 2008 年版，第 171—172 页。

将环境保护置于国家整体发展的背景下，不仅仅限于对环境的措施性保护，而是考虑到人类发展的大环境，考虑到社会发展的整体条件，以持续发展的眼光去看待环境保护问题。《环境法典》第一条就规定："法典的目的是推动可持续发展，以确保当代人和后代人有一个健康和健全的环境。这种发展是建立在承认自然值得保护的事实和我们改造及开发自然的权利必须与明智地管理自然资源的责任相结合的基础上。"相对于简单的对环境的保护，瑞典在制定《环境法典》时的立法基本原则定位在以环境保护推动社会的可持续发展这个先进的发展观上。同时，强调权利与责任的结合也凸显了这部法典的先进环保理念。人们有改造自然，降低、减少自然对人类的危害，使自然为人类服务的权利，但更应该认识到，人类对自然也负有相对的责任，要明智地管理自然资源，而不是对自然进行掠夺。这种权利与义务相结合的理念既是一种先进的环保理念，也与中国古代"天人合一"的和谐自然观相吻合。

2. 构造了完善的环保规则体系

在瑞典的《环境法典》中，环境保护的规则体系十分完备，这种规则体系由若干法律原则所构建，其中包括：证明责任转移原则、具备相应知识的原则、预防的原则、最佳适用技术标准原则、合理选址原则、资源管理和生态循环原则、产品选择原则、成本合理原则、污染者负担原则、停止危险活动原则，等等。

许多人强调，在环境保护过程中，最为重要的是树立环境保护的意识，但环境保护的意识并不能直接达成环境保护的结果。而要在社会生活中把环境保护加以落实，必须有赖于具体规则的确立，必须根据这些规则制定出行之有效的具体措施。所以，先进的理念必须依靠现实的规则加以实现。否则"有弹性"的规则，可能会变成没有边际的规则；过多的"自由裁量权"，可能变成"自我放任权"。瑞典的经验是，建立严格的标准体系。甚至在一定的时期内，在立法中采用明确的"量化"标准，以使法律能够被确实有效地执行。

3. 紧密结合瑞典国情

瑞典的《环境法典》紧密结合瑞典的国情，它把环境保护作为法律调整的重点。这是因为，瑞典的环境质量相对于其他国家而言堪称良好，高于欧洲的一般水平。所以，环境污染的情况不太严重。这种状况，决定了瑞典在环境立法时，没有将污染防治作为法律调控的重点。同时，自然资源在瑞典占有重要的地位，森林和水资源相当丰富，它们也构成了瑞典可持续发展的必要物质基础，故而，瑞典特别重视对自然资源的保护。《环境法典》在内容上含括了原有的若干环境保护立法，如：《自然保存法》、《自然资源法》、《水法》、《植物法》，等等。在篇章结构上，也把环境保护作为法律的主干。自然资源保护和管理的篇幅很大，特别是水资源和土地资源的保护管理占有很大的比例。

4. 注重法律的可操作性

法律的适用性是法律的根本，一项法律，无论其结构多么完整、逻辑多么严密、文字多么周全、目标多么诱人，如果在实际运用中不能具有适用性，也是不能达到它预期的社会效果的。瑞典的《环境法典》特别重视法典的可操作性，其中设专章详细规定了环境质量标准，使执法人员在适用法律时可以做到清晰而明确。

瑞典的环境保护法的规则是可操作的规则，其所奉行的原则是法制落实的原则。至于具体的条文，更强调了其实际效用。正是这些现实的考量，使执法者在执行环境保护法的过程中，不但有法可依，还能够做到实际执法。总之，瑞典政府、企业，乃至社会各方面都有着极为强烈的环保意识，都在思考并在实际工作中切实实行保护自然环境与可持续发展的偕同并进的方式与方法，都在最大限度地发展经济的同时，努力做到尽量减少对自然环境的破坏，促进环境保护的良性发展。

第五节　社会发展与社会稳定的政策取向

一　社会保障制度的形成与完善

社会保障制度是现代国家的一种最基本的社会制度形式，是现代国家职能的重要体现，是国家通过社会政策的制定对社会事务进行有效管理的根本性手段。从制度构建与政策实施而言，"社会保障制度是一种建立在全民意识和经济基础上的社会契约、经济分配、人权保障制度。它是国家承担社会责任的一种表现形式，是国家为了维护社会公正与和谐，通过法律化、制度化、社会化的手段做出的一种长远的制度安排。它以平等的权利、义务为基础，实质在于分摊社会风险、补偿利益，调节和均衡各种社会关系，保护社会成员最基本的生存权和发展权，从而促进社会和谐与全面进步"。①

瑞典实施"个人高税收，低税负"的税收制度，构成了瑞典模式的显著特征，成为促进社会和谐的重要制度和政府宏观调控的支柱政策。瑞典的社会保障制度是举世闻名的，其所创造的福利国家模式为世界各国所效法，它所产生的种种问题也为其他国家的社会保障制度提供了可供借鉴的经验和教训。

瑞典政府历来不主张单纯使用给予式的社会保障模式，它将社会保障与劳动就业紧密结合，把就业问题当做解决社会保障问题的基本内容。充分就业既是瑞典的一项社会福利目标，也是一项经济发展、社会发展的根本性目标。政府还把实施充分就业政策与国民收入均等化结合起来，使二者良性互动。瑞典国民收入均等化主要体现在：一是雇员之间的收入差距小，雇员不分地区、行业和企业，都可以获得依据全国统一工资标准计算的收入；二是公务员之间的收入差距小。所得税边际递增机制在实现国民收入均等化方面的调节作用十分强大。在完整而系统的高密度的社会福利体系基础上，瑞典构筑了"从摇篮到坟墓"的国家福利制度体系。这两点既使瑞典成为正面典型，也成为反面教材，正所谓成败皆萧何。

从历史的角度看，瑞典的福利政策以及以此为内核逐步建立起来的瑞典模式，基于斯堪的那维亚福利政策的渊源。主要有以下几个方面：其一是宗教机构的慈善行为。瑞典是一个宗教意识很强的国家，教会在社会上具有相当重要的地位和作用。"几乎所有现代社会的福利项目和机构都可以追溯到宗教组织对孤儿、穷人和老年人的慈善行为。"其二是中世纪的城市行会组织在手工业者之间组成互助关系以保护其成员和家庭的基本生活。这种互助关系虽然不是一种独特的形式，但在瑞典，它确实可以被认为是现代福利制度的一种滥觞。其三是19世纪下半期德国的现代社会福利立法活动，对北欧国家的社会福利立法具有不可低估的示范效应。实际上，北欧国家，特别是瑞典，与德国的渊源甚深。在政治、经济、文化上都与德国有着不可分割的联系。德国的政治、经济、文化所导致的社会发展，都对瑞典有着强烈而深远的影响。其四是19世纪中期开始的政治民主化运动，激发了瑞典的改革主义和思想启蒙运动。其五是瑞典的农业合

---

① 田雪原等：《老龄化——从"人口盈利"到"人口亏损"》，中国经济出版社2006年版，第192—193页。

作运动也对瑞典的社会保障制度的形成和发展施加了积极的影响。如前所述，在瑞典，农业在国家经济中的地位，比其他欧洲国家要重要得多。瑞典的"城乡差别"，从来没有其他工业国家那么大，农业人口的社会影响力也要大得多。

以上是从历史的角度而言，而现代意义上的瑞典社会保障制度的发展，更重要的是与其社会政策的理论基础相关联的。在很大程度上，是与瑞典的社会民主党的纲领与社会发展政策的确定相一致的。

1928 年，社会民主党第二任主席汉森上台后，倡导"人民之家"，强调分配和福利，提出了一整套"福利社会主义"原则。此时，社民党的行动纲领是，按照合作的原则改变社会，奠定富裕的基础，为全体人民带来好处，特别强调要用阶级合作消除分歧，以相互妥协的方式来实现"福利社会主义"的目标。在这一理论基础之上，瑞典制定了一系列社会保障政策，构建了福利国家的基本模式。社民党在 1932 年大选中提出了一整套新的建设性方案，其中包括：必须实施更加积极的"政府计划"，给失业者提供实在的工作，按劳动力市场的标准付给工人工资。"政府计划"的经费由增税筹措。通过"政府计划"的实行，以及通过劳动力市场提高工资标准所带来的经济发展，促使企业界复苏，使工业在政府的帮助下恢复正常，从而减少失业现象。第二次世界大战以后，瑞典社会民主党在厄恩斯特·威格福斯的领导下，制定了一个战后社会发展规划。这个规划的要点多达 27 项，详细说明了社会民主党改造瑞典社会的策略与方针。其中最重要的目标是争取社会的充分就业。为了达到这个目的，规划中建议实施"政府计划经济"，促进企业的民主化，提高生产效率，以达到国民收入的合理分配和国民生活水平的普遍提高。他们最早认识到，就业问题是现代社会中最为重要的社会问题。

当其时，执政的社会民主党着重研究把国有化政策落实到国民经济的一些关键部门的可能性。这些部门包括保险业、石油工业、教科书印刷业，以及制鞋工业。政府根据第一次世界大战以后的实践经验，成立了调查委员会，探讨哪些部门具备了实现国有化的先决条件，并从实际和政治角度出发，得出结论。这些调查委员会并不是一个形式，而是具有实际活动效果的机构。因为，在委员会对这些部门国有化的可能性作出否定性的结论后，没有任何一个部门被政府接管。

随着世界经济、政治的改变，瑞典的社会保障制度也在发生着相应的变化。1969 年，瑞典社民党理论家卡尔松提出了"职能社会主义"，试图把福利社会主义改造成职能社会主义。其理论方法是：不剥夺资本家的所有权，只使资本家所有权的若干职能社会化，把所有权的许多职能如占有、使用、出租、赠予、决策、协调、收益等分离，国家通过政策、立法对某些所有权职能实行有利于社会利益的限制，或把它们分给不同的主体，从而既保留了私人资本的活力又消除了资本家滥用私有权力对社会造成的危害。这是一种极富创见性的思想，是以社会利益为根本价值取向的理论架构，其在一定程度上超越了党派的利益，从而得到了瑞典社会很大范围的认可和支持。

　　20 世纪 70 年代初，为了使工人在物质上能够享有所有权，瑞典工会提出了"雇员投资基金"构想。该构想得到社民党的支持。其内容主要是：从大股份公司、银行和其他金融机构的超额利润中拿出一定比例作为基金资本，用于在股票市场中购买瑞典企业的股份，投资收益用于补贴国家养老金系统，作为雇员集体福利储备。

　　20 世纪 70 年代，世界性的经济危机对西方国家造成严重打击。由于采取了扩大公共投资等干预经济的措施，瑞典经济迅速走出了危机，避免了进一步萧条。1974 年瑞典人均 GDP 达 6720 美元，比美国高出 1%，一度居世界第一。但自 70 年代中期以后，随着石油危机所引发的全球经济衰退，瑞典的情况发生了变化：经济增速明显放缓，公共支出不断增加，财政赤字加剧，通胀率不断上升，福利国家的制度优势在很短的时间内反而成为了经济发展的桎梏。瑞典遭遇到前所未有的"福利国家危机"。

　　庞大的社会福利体系难以支撑，社会福利计划成了无源之水、无本之木。公平与效率这一社会和谐的核心关系面临严峻的挑战。社会民主党也在多年执政后，一度沦为在野党。瑞典社民党在沦为在野党的 6 年中对其政策进行了反思。1981 年社民党全国代表大会通过了题为《瑞典之未来》的决议，主张膨胀与紧缩相结合，走"第三条道路"，即在压缩政府行政开支和私人消费的同时有选择地扩大公共投资，刺激工业生产，以带动整个经济出现以出口为先导的回升。决议还指出，民众有权通过议会和政府对决定企业生产的社会条件进行宏观调控。但同时强调，在这些法律框架内企业有权决定其活动方式，从而进一步划清了国家干预的界限。与此同时，瑞典社会上主张实行新自由主义的呼声越来越大。新自由主义的基本主张是：减少政府干预，更多地发挥市场作用，提倡福利项目和管理体制向市场化、分散化、私营化方向调整。

1982年秋，社民党在"保卫福利、重建经济"的口号下重新上台执政，迅速决定将瑞典克朗贬值16%，增加对工业投资和科研拨款，采取了一系列社会福利制度的改革措施，推行社会保障支出紧缩政策，并实行了一系列的改革和调整，最重要的有以下五条：减少国家干预，改造国有企业，改革税收制度，建立职工基金，加强国际合作。在上述措施的积极作用下，瑞典经济自1983年开始回升，国际经济形势的好转和石油价格的下跌也助推了这一态势。1983年至1988年6年间，瑞典国民经济总产值共增长约3%，工业生产增长20%，工业投资增长60%，企业利润大增，失业率下降到2%以下，政府财政赤字趋向消失。社民党政府在基本保持充分就业和全面福利情况下，成功地使瑞典摆脱了这次经济危机。

1991年，政府开始改革税制和社会保险，取消或减少了对私人借贷的部分优惠，房地产和股票价格开始急剧下跌，各大银行随之接连陷入危机，泡沫经济破产，加上周期性因素影响，瑞典经济再次陷入严重危机中。1990年至1993年，瑞典经济危机持续恶化，经济出现负增长，GDP平均年增长率为负0.8%。1990年，通胀率创下90年代最高水平，达到10.4%，失业率居高不下，1993年失业率高达8.2%。瑞典病的征兆开始显现。"瑞典病"其典型表现是：

经济成本增加，运行效率下降，削弱了瑞典的国际竞争力。高福利导致了国民对福利国家体制的巨大依赖性，不仅造成福利资源的浪费，而且造成经济成本增加，运行效率下降，这也导致了国际竞争力的削弱。此外，过分强调充分就业政策目标，也是造成效率下降、成本上升的重要原因。充分就业的政策目标受到严重损害。瑞典片面追求充分就业目标的僵化政策，与劳动力市场所要求的灵活性之间存在着深刻矛盾。

无所不包的福利体系使国家财政不堪重负。结构庞大、内容复杂、无所不包的福利体系使国家财政负担日益加重，包括社会福利体系维护成本在内的社会保障相关费用一度占到国家财政的30%。20世纪80年代后，瑞典的公共支出占到GDP的2/3左右，几乎与国民收入相等，这意味着一年新创收几乎全部用于消费，没有或很少有积累。与此同时，公共支出增长超过了福利基金收入的增长，收入不足导致财政赤字规模不断扩大。同时，"三高"的政策组合造成投资萎缩、资本外逃。由于政府对市场经济的干预不断增加，而市场决策的作用和功能不断弱化，经济增长的基本动力便遭到了严重损害。

　　高福利显然需要高税收的支撑。瑞典税制的设计原则是"公平至上"。这种以"收入均等化"为价值取向的高税收政策，切断了劳动与收入之间的内在关联，不仅造成私人、企业储蓄和投资能力下降，还导致参加工作所得在扣除税收后同不参加工作而从社会保障中获得的各种津贴的差距逐渐缩小，因此很自然助长了公民的懒惰情绪，也大大挫伤了劳动者工作的积极性。更严重的是，高税收政策带来的税负客观上又导致了逃税倾向和资金外逃的增加，瑞典居民和工商业者为了避税而将大量流动资金滞留海外。

　　高福利的扩张导致财政赤字不断扩大。为弥补财政赤字，瑞典政府选择了增发国债和通货膨胀的政策。到 1989 年，瑞典政府内外债务高达5897 亿瑞典克朗。严重的通货膨胀，使瑞典国民 20 世纪 80 年代初的税后可支配收入降低至 70 年代初的水平，直接损害了福利国家制度的进步成果。

　　瑞典经济在经历了瑞典模式失灵所带来的经济危机和萧条后，开始对经济政策进行不断的调整，瑞典模式也随之经历了第一次较全面的修正和扬弃。

　　1994 年，社民党于大选后再度上台，随之又进行了一系列新的调整，瑞典模式进入第二次较全面修正和扬弃。主要包括：①在提高资本税和财产税的同时，将高收入者的所得税率由 20% 提高到 26%。②大力减少公共开支，改革预算程序，紧缩社会福利。③取消了前政府提出的国家企业私有化计划，主张政府作为一个"积极的所有者"，应加大国有企业改革的力度，推动国有企业为社会创利。政府先后颁布了《国有企业领导人员雇佣条件》等文件，指导国有企业围绕提高经济效率、提高创新意识、优化资金配置、加强核心产品和增加透明度等目标进行了大规模改组和重组。④把加强创新和促进中小企业发展放在重要位置，并采取了一系列有效的措施，中小企业特别是知识密集型中小企业由此得到了快速发展，有力地促进了瑞典经济增长和就业。

　　进入 21 世纪后，瑞典的社会保障在新的理念下也有所调整。2001年，社民党的新党纲再一次明确反对把某种单一形式的经济所有制作为实现理想社会的前提，主张在所有制问题上反对来自左的或者右的方面的"原教旨主义"，称决定性的因素实际上并不是外表形式，重要的是怎样才能更好地实现目标。同时主张把资本主义和市场经济相区别，称市场经济是一个以货币为媒介的资源"配置体系"。瑞典社民党在其执政的历史过程中，不断地对其理论和政策进行反思和调整。其所形成的所有制理论的变迁，反映了社民党作为执政党的执政理念的不断变革。

经济和社会发展的高水平，使瑞典得以建立起较高水平的社会保障制度。长期执政的社民党一贯采取"实现充分就业，收入公正分配，共同富裕，人人价值平等"的社会政策。社会保障制度的意义之一，也在于让人们知道，当他失去收入来源的时候，能够得到应有的生活保障。以这一政策为基础，瑞典对全体国民实行普遍、全面的福利保障，社会保障体系内容广泛、细致而繁琐，包含了人们从摇篮到坟墓的所有人生阶段：生育、儿童、疾病、伤残、失业、遗属、单亲家庭、住房、教育、养老等。不仅给予现金补贴，还提供较为完善的社会服务，如医疗、护理等。概括起来，瑞典社会保障体系有如下特点：

首先，这一体系实行普遍性与特殊性结合。从传统的贫困救助体系向普遍与收入挂钩的保险体系的转变，是当代社会保障制度发展的大趋势。瑞典政府力图使社会保险体系覆盖的范围更广。公共保障体系是一个总的框架体系，它对全体公民是平等的。保险资金来源于按比例缴纳的税费，规定条款对每个人都同样适用。与收入挂钩的保险体系的另外一个特点是，对同种险别所交保险费率对所有的人一视同仁。

其次，参加社会保险对每个公民都是强制性的。同时，对不同群体之间的保险可以再分配。再分配主要在三个环节之间进行：从低风险人群向高风险人群的再分配；从高收入人群向低收入人群的再分配；人生不同阶段之间的再分配。

再次，实行收入损失原则。现金补贴与收入损失直接挂钩。该原则适用于各项社会保障项目的收入损失；父母保险、医疗保险、工伤保险、残疾保险、失业保险和养老救济。

以下以卫生医疗为例做一简介。自20世纪30年代瑞典成为世界上典型的高福利国家以来，公民一律平等享受国家公共卫生医疗服务的权利，便成了社会福利的重要组成部分。政府通过财政拨款，维持各类医疗机构的正常运营，并支付公民医疗费用。这种国家垄断投资、管理和经营的模式，一直延续了50年。它体现了政府关于人人平等享受医疗服务的宗旨。人人健康和平等是瑞典医疗体制的目标，向公民提供医疗服务和资金支持是政府的责任，这是一项基本原则。

　　但是这种体制的弊端也日渐明显：国家垄断造成服务效率低下，医疗经费不断膨胀，从而难以满足公民对医疗服务的需要。从 20 世纪 90 年代至今，瑞典政府根据形势的变化，进行了一系列的改革。这种改革虽然没有改变国家对医疗服务统筹拨款的框架，但在提高医疗服务效率方面引进了一定的市场化经营管理和竞争激励机制。

　　现行的瑞典医疗服务体制为三级管理：中央政府、省级管理委员会和市级管理委员会，他们在瑞典医疗福利体系中起着非常重要作用。

　　中央政府的重要作用是通过法律和法令规定卫生医疗服务的基本原则。1982 年制定的《保健和医疗服务法》是其中最重要的法律文件。该法律规定，人人有权享受平等、优质和便利的医疗服务；提供医疗服务时，必须尊重病人的意愿，并尽可能与病人协商治疗方案。其他方面的法律包括医护人员的责任和义务、职业上的保密、病人档案和医疗专业资格等方面的规定。

　　国家保健和福利署（National Board of Health and Welfare）则是政府在医疗服务、健康保护和社会服务领域的中心顾问和监督机构。

　　瑞典医疗保健技术评估委员会（SBU）也是政府机构，负责从医疗、社会和道德的角度对已有和新使用的医疗方法和手段进行评估，以促进医疗服务领域各种资源的最有效利用。

　　按照《保健医疗服务法》的规定，瑞典 20 个省和哥得兰市（哥得兰省不设省政府，相关事务由市政府负责）负责提供本省内的卫生医疗服务，使当地达到良好的公共健康水准，并负责与教育、文化、公共交通和地区发展有关的问题。

　　近年来，由于人口老龄化和老年人医护问题越来越突出，瑞典针对这方面的需要提出了"一体化医护"的概念，即健康服务中心、医院和其他社会服务机构密切合作，共同满足老年人看病、治病的需要。

　　瑞典的医疗服务机构主要有两个层次：基础医疗服务机构；省医院和地区医院（大学医院）。它们有着不同的分工。

　　瑞典的基础医疗服务机构的目标是改善人们的健康状况，并向不需住院治疗的公民提供医疗服务。这个部门的主要组织形式是健康服务中心，全国约有 1000 家。除基础医疗服务机构以外，目前，瑞典全国有大约 65 家省级医院和 8 家跨省性的地区级大学医院，它们为需要入院治疗的病人提供专科领域的住院或门诊医疗服务。

社会福利国家模式以国家干预、劳资合作、社会福利、国民收入再分配等为主要特征，追求充分就业、公平分配和社会平等、社会公正的发展目标。尽管瑞典的福利社会在其发展过程中遭遇到巨大的挑战，但以瑞典社会民主党为代表的瑞典政府对此矢志不渝，社会民主党在 2001 年通过的党纲宣称："社民党要使民主的理想渗透整个社会和人们的相互关系中。我们的目标是要建立一个没有高低贵贱、没有阶级差别、性别歧视和种族差异，没有偏见和歧视，一个人人都需要、人人都有位置的社会。"①这种理想是一种全人类的共同理想。

以瑞典福利国家模式为研究对象，立足公平与效率两大支点，选择社会和谐的视角，深入剖析大半世纪以来瑞典的制度、政策及其理论根基，从中借鉴其合理内核是十分必要的。瑞典福利社会的基本理念是正确的。它要使社会达成平等的正义，使社会和谐有序地发展。而所谓"瑞典病"，在很大程度上并不是社会政策的问题，而是人性的弱点造成的，是世界性经济的缺陷造成的。瑞典的福利社会制度不仅仅是一种社会政策的创造物，它也是民主理念的产物。应该说，瑞典的社会政策在很大程度上是与瑞典社会民主党的政治纲领相重合的。由于瑞典社会民主党在瑞典的政治生活中长期占据主体地位，其政治纲领必然会极大地体现于瑞典的社会政策之中。

二　对社会弱势群体的政策援助

瑞典一贯重视弱势群体，形成了较为完善的弱势群体保护制度和机制。

弱势群体的概念，在不同的历史时期，在不同的社会条件下有着不同的含义。如妇女在传统社会中居于社会的弱势地位，但随着社会生活的改变，社会政策的影响，这种弱势的状况已获得相当程度的改观；再如，在传统社会中老年人居于家族与家庭的首要地位，其在社会上的地位也是强势的。但在现代社会中，老年人的社会地位缺乏必要的权威性保障，更有许多老年人明显处于社会的弱势地位。

---

① 前揭《瑞典社会民主主义模式——述评与文献》，第 269 页。

1. 性别

瑞典的性别平等政策已有三十多年的历史，为瑞典的经济发展作出了重大贡献。1994 年，瑞典政府更推出新的"性别平等主流政策"，强调应在所有领域全面贯彻性别平等，政府的每项政策都必须进行社会性别分析，看对男女两性是否会有不同影响，所有官方统计数据都必须分性别列举。

瑞典《教育法》、《高等教育法》规定公民有权平等接受公共教育及高等教育。

1972 年，瑞典政府出台了针对雇主的法令，要求雇主保障男女就业机会平等。1980 年出台的《男女工作平等法案》即《机会平等法案》，旨在保护公民在应聘、工作条件及职业发展上的平等权利。

瑞典政府还采取一定措施以消除男女在工资收入和就业范围上的不合理差异，包括：编制高质量的工资统计数据，资助机会平等，监察官调查工资歧视事件，推出有关工资构成和工作评估的研发项目，向议会提出旨在加强禁止工资歧视规定的方案，为失业妇女提供就（创）业指导和各种课程培训，推出帮助妇女在传统男性行业中就业和增进传统女性行业中男性从业人数的项目。

为提高女性在政府决策层中的比例，中央政府出台了多项措施，包括为各级政府有利于男女平等的项目或工作提供财政支持，要求各部部长及其他高级公务员参加性别平等培训，规定结合性别平等原则进行各种调查等。

针对企业管理决策层中的男女失衡日趋严重的状况，瑞典于 1995 年成立了由各公司代表组成的企业领导能力发展学院，旨在同时培养男性和女性管理人才。

瑞典政府积极推行促进性别平等的家庭政策。先后颁布了家庭法等一系列法律。《瑞典家庭法》旨在保障夫妻双方在婚姻关系中的平等地位。《父母法》、《育儿假法案》和《保险法》有关条款规定夫妻必须共同承担照顾家庭和子女的责任。

瑞典政府认为男性对女性实施暴力是严重违反性别平等的行为，将在个体和社会水平上导致男女在权利分配上的严重不均。

2. 老年人

老年人成为弱势群体，其根本表现为不能直接参与社会政策的制定。

退休年龄的限制，使其在社会工作中缺少必要的参与。同时，随着社会物价水平的上涨，老年人的经济支配力大为减弱，生活水准难以维持。特别是在现时家庭结构下，传统意义上的家庭养老体系已难以维系。

与以往相比，由于社会就业压力的存在，现在的工作退休年龄已经大大提前，加之社会平均寿命的增加，这就使得老年人依靠养老金生活的时间也大大加长了。由此，由于通货膨胀而缩水的养老金很难维持老年人的生活水准。这就使得养老金问题成为构建和谐社会的一大难题。瑞典在半个多世纪以前就已经面临这个问题，在瑞典历史上，有关补充养老金的争论曾对瑞典的社会福利政策造成了极大的影响。

补充养老金问题在瑞典政坛上长期引起社会各党派、各阶层的严重关注，这在瑞典是绝无仅有的。有人甚至认为，它不但具有重大的政治意义，而且它已经成为瑞典意识形态分界的标志。对于社会民主党来说，这是一个老年人是否将享受比较合理待遇的问题；而对于对手保守党和自由党而言，这个养老金新措施是以牺牲私营企业利益为代价以扩大政府职权的手段。

这个问题也引发了一系列其他的社会争论，如全民公决的问题。在争论过程中，在野党更倾向于由公民投票的方式决定该项制度的实施方式。而执政党则提出异议，认为把政策决策的问题诉诸公民投票表决，实际上是对执政党地位的挑战和冲击。他们争辩，在实现民主议会制的同时，另外采取公民投票表决的方式是互相矛盾的。如果重要的社会与经济问题的解决，不是由公民选举产生的政府加以解决，政府如何保持政策的连续性？

20世纪50年代，社民党主张一项改革，即在人民养老金基础上另外实施的公共退休金。此前，大多数高级职员已经通过协议获得了以过去收入为基础的补充养老金，因此这次改革实际上主要涉及工人和下层职员。当为工人和下层职员获得同样协议的努力遭到雇主反对后，政治解决就被提上了日程。

当时瑞典是由社民党和农民协会（现在的中央党）联合执政。这两党在公共退休金问题上意见相左，因此政府决定1957年就此举行公民投票。在公投中有三种方案可供选择：其一为社民党的方案，通过立法确定职工有以退休前收入为计算基础、由雇主提供资金的退休金的权利。其二为农民协会方案，主张建立一种由职工个人存款、由国家帮助保值，即提供某种通货膨胀的保护的自愿性退休金。其三为右翼党和人民党合作提出，内容为以劳动市场双方协议为基础的自愿退休金，但没有国家保值。公投结果，社民党方案获 47.1% 选票，农民协会方案获 15% 选票，第三种方案获 35% 选票。这项改革不仅改善了普通工薪者的退休金，交来的资金还建立了由社会控制的巨大资本基金。这些资金被主要用来建造住房，从而使 20 世纪 50 年代的住房困难问题迅速得到缓解。50 年代也就成为现代住房政策开始的年代。

1957 年，政府最终同意举行公民投票表决。提交公民表决的方案有三个，每个方案的制订和宣传都由政府提供经费，以使得这三个方案的代表能够到选民中去宣传各自的观点。政府的这种举措体现了政府决策的公平性。众所周知，在政府的决策过程中，政府本身所倾向的方案，不可避免地具有选择权上的优势，这就使得政府的反对者或其他社会政党、社会团体、社会组织所提出的方案从一开始就居于劣势地位。而瑞典政府所采取的对各种方案一视同仁提供经费的方式，在很大程度上弥补了这种不平衡。

三 雇佣体系的建立与完善

1. 劳资关系

在瑞典历史上，大规模的劳资冲突比其他国家在工业化过程中出现的次数要少得多。劳资双方通过自行谈判解决劳资问题，是瑞典模式的一大特色。瑞典学派认为，瑞典模式在政治上的显著特征是工人和雇主（资本家）都处于平等地位，各自都有自己的阶级组织：工会和雇主协会；国家是超阶级的，因而居民享有充分的民主。有关工资和其他劳资纠纷问题，由雇主协会与工会双方自由谈判，协商解决；协议不成，则由超阶级国家政府出面谈判。这样，全社会依靠政府、雇主协会和工会三大权力中心相互协调、相互制衡，就可以维护阶级合作的正常秩序，也可以大大降低社会成本。

在瑞典，劳资双方通过集体谈判形式，解决了许多问题，其中萨尔茨耶巴登协议和职工基金制度在雇佣体系的构建中发挥了相当重要的作用。它们在一定的历史阶段中，为瑞典雇佣体系的完善起到了至关重要的作用，也为世界各国解决劳资矛盾提供了许多有益的经验。

在瑞典工业化早期，劳资矛盾也很尖锐，引发了许许多多的社会问题，制造了许多社会矛盾。当时，工人的生活相当贫困。卡尔松①曾根据当时的报刊纪实加以描述和评论：有 4 个孩子的家庭只能靠每月 36 克朗生活。19 世纪 90 年代工人的生活是：漫长的劳动日、拥挤的住房、仅仅够用于最基本生活的必需品的低廉工资。他们没有任何接受医疗的机会；没有任何可能使孩子们接受高等教育；他们没有选举权，因为要想参加议会选举，必须有 800 克朗的年收入；他们对劳动条件表示抗议或组织工会来改善条件是很危险的。

劳资双方都承受了由此而导致的巨大损失，社会成本高昂。在这种情况下，瑞典社会的历史传统发挥了巨大作用，避免了激烈的阶级对抗与冲突的解决方式，而创造了对话、妥协、寻求一致的解决问题的途径。加之政府的调解作用，使得瑞典的雇佣体系形成了稳定而有效的和平共赢模式。在此过程中，萨尔茨耶巴登协议占据了重要地位。

1936 年，瑞典工联和瑞典雇主联合会双方协同，设法解决存在于劳动力市场上的问题。协商地点定在斯德哥尔摩附近的海滨度假地萨尔茨耶巴登。经过两年的艰苦谈判，1938 年，双方签署了"基本协定"。协定中指出，劳动力市场理事会的成员包括工联和雇主联合会的代表，理事会将成为全国性协商机构；同时还规定，任何劳资争端在提交法院审理之前，将先在理事会内部进行充分调解。这个协定的达成，劳资双方都有保持劳资之间和平的意愿，都明确反对国家干预；并认为劳资纠纷应以劳动力市场上供需两方面的情况为解决问题的基础。

从萨尔茨耶巴登协议可以看出，瑞典社会的最明显特色是它强大的劳动力市场组织。协议签订后，在相当长的时间里为瑞典的劳动力市场带来了平静与和谐的气氛。劳资双方在最大的程度上达成了相互信任的稳定局面。同时，工联的社会地位越来越高，不但参加工联的人数逐年递增，而且其社会作用也日益重要，甚至在某种程度上决定了瑞典的社会与经济政策走向。如 1951 年，工联全国代表大会提交了一项决议，这项决议对于此后几十年瑞典工业所要实行的提高工业结构效率的措施具有重要作用。这项决议的主要内容有：

① 英瓦尔·卡尔松，瑞典政治家，1934 年出生，1965 年当选为社会民主党议员，1969 年起先后担任社民党政府教育大臣、不管大臣、住房大臣和副首相，1986 年至 1996 年间任瑞典社会民主党主席，并三次出任政府首相。在其执政期间，对瑞典经济政策，特别是税收和福利政策进行了大规模的调整。

（1）采取具体的、有针对性的，而不是一般的措施，减少失业现象；

（2）逐步实施同工同酬的统一工资政策；

（3）集中进行工资谈判；

（4）政府和国会负责控制购买力的过度增长；

（5）用提高公司税取得的收入补偿工业成本。

萨尔茨耶巴登协议的一个重要原则是，政府不插手制定劳动力市场的法规。多年来，协议的双方都坚持这一原则。而政府也基本上保持律己，很少主动用法律手段干预有关劳动力市场的事务。由此我们看到，政府的社会政策的选择，不一定要用积极干预的手段。在有些情况下，充当中间人的角色可能是更有效的方式。社会政策的制定，以消除和避免社会矛盾为根本要求，以服务社会为宗旨，而不是将自己的地位凌驾于社会成员之上，更不能为了使自己的地位得到加强而制造社会矛盾。政府的调节作用往往比主导作用更有效。

瑞典政府一向对萨尔茨耶巴登协议表示尊重，虽然这是因为工联与长期执政的社会民主党关系密切，但更主要的是瑞典政府的执政理念的原因。瑞典政府对于可以通过社会力量加以解决的社会问题，在这个问题不涉及国家原则时，基本上采取减少直接干预的做法。而当这些社会问题需要政府解决时，政府就采取积极干预的态度。直到20世纪70年代，萨尔茨耶巴登协议才出现缺口。1971年，瑞典工联在全国代表大会上通过了一个称为"生产一线民主"的纲领，要求政府和国会进行干预，限制雇主在生产一线的权力。工联这样做，是因为他们认为，就这个问题不能通过与资方的谈判加以解决。

当工联把问题提到政府面前时，政府接受了工联的要求，成立了各种调查委员会，要求它们就劳动力市场的规则提出修改意见。在此基础上，瑞典国会通过了《就业保障法》和《职工决策参与法》。《就业保障法》于1974年7月1日生效，根据该法规定，职工在法律上得到保障，除非有"充分理由"，不得被任意解雇。职工微小的违规行为不能被认为是解雇的充分理由。同时，职工如果认为被解雇的理由不合理，可以向法院申诉，由法院加以审理。在雇主因生产规模缩小而不得不减员时，雇主必须以"最后受雇用者最先被解雇"的原则裁员。《职工决策参与法》于1977年1月1日生效。该法律要求雇主必须要定期向职工提供有关企业经济效益的情况；同时，在进行企业重大决策前，要与职工进行充分协商。这项法律是瑞典立法上的一次大胆突破，"它是标志生产一线劳资关系民主化的一次最重要的尝试"①。

瑞典其他有关法律有：《促进就业措施法》，1974 年颁布，其目的在于增加残疾人或有其他特殊困难者的就业机会。《车间工会代表职权法》，1974 年颁布，目的在于保护工会代表不由于担任工会职务受到歧视。

2. 职工基金

职工基金是瑞典社会保障制度中的一个很有特点的组成部分。1971年，瑞典工联全国代表大会首次提出了建立职工基金的提议。根据这项建议，政府应从公司利润税中拿出一部分建立职工基金，该基金由企业工会加以控制。该项基金可以用于购买瑞典公司的股票，以使得工会有机会获取公司的股份，其目的在于增加工人对国民经济和公司的实际影响。

1975 年，工联全国代表大会通过了由瑞典经济学家鲁道夫·麦德内尔制定的职工基金草案。根据这个草案，公司部分利润将自动成为各种工会的职工基金。基金通过工会代表由职工掌握。由此，职工也就实际上成了公司的股东。职工基金的提议，在瑞典全社会引起了广泛的争论，除社会民主党以外，大多数政党对此持批评的态度，他们认为，职工基金将使工会逐步取得瑞典公司的控制权，其发展下去会使瑞典成为一个社会主义国家。在此后的若干年中，瑞典社会中关于职工基金的争论一直没有停止过。政府也进一步修改了它的基金建议，其中比较关键的一项是把从基金中获得的利润移交到补充退休金基金。但许多反对者仍然坚持认为，职工基金是对市场经济的威胁，并把这个议题提高到瑞典是选择"基金社会主义还是自由社会"这一意识形态的高度。1983 年 10 月 4 日，在斯德哥尔摩举行了有 75000 人参加的反对基金的游行示威活动。尽管如此，国会还是于 1983 年 12 月通过了职工基金制度实施的草案。瑞典政府声明，职工基金法案的目的是保持就业，确保将来公共退休金的价值，增加职工对公司的影响。法案通过后，马上就在五个地区建立了职工基金。基金的来源是新开征的利润分成税和雇主增缴的补充养老金，其数额相当于全公司工资总额的 0.2%。基金根据政府有关部门的指导按市场价格购进股票。

①　前揭《二十世纪的瑞典政治》，第 124 页。

根据规定，职工基金必须取得利润，利润率在扣除了通货膨胀因素后，应该达到 3% 的水平。同时，法律对于职工基金的使用也设定了必要的限制，以消除其可能导致社会性质发生变化的消极影响。比如，不允许一个地区的基金拥有任何公司 8% 以上的股票。

瑞典的职工基金制度是一项可供借鉴的制度模式，它使得劳动者可以通过其组织获得参与经济决策的权利。而不仅仅是争取资方的妥协与让步。这项制度使职工的联合体的性质发生了本质上的变化，也使得劳资双方的对话处于利益一致性的平台上。当然，通过法律的调控也是很重要的一个步骤，它是最终解决社会矛盾的必要手段。

四　社会公正的制度保障

提起瑞典，人民几乎立刻就会与福利国家相联系。社会福利问题甚至成为决定瑞典政治结构、权利分配、社会构成的基本问题，甚至成为意识形态区别的一个重要标志。瑞典《教育法》和《高等教育法》规定公民有权平等接受公共教育及高等教育。1972 年，瑞典政府出台了针对雇主的法令，要求雇主保障男女就业机会平等。1980 年出台的《男女工作平等法案》即《机会平等法案》，旨在保护公民在应聘、工作条件及职业发展上的平等权利。

社会福利国家模式以国家干预、劳资合作、社会福利、国民收入再分配等为主要特征，追求充分就业、公平分配和社会平等、社会公正的发展目标。其追求社会平等、社会公正的政治理念乃至实践中的具体政策和措施，对我国建设和谐社会有借鉴意义。

以瑞典福利国家模式为研究对象，立足公平与效率两大支点，选择社会和谐的视角，深入剖析大半个世纪以来瑞典的制度、政策及其理论根基，从中借鉴其合理内核，对于深化福利国家模式的专题研究，完善我国和谐社会建设的理论和政策，具有重要的现实意义。

瑞典在历史发展过程中，全社会都遵循一种"相互妥协"的渐进式发展观。曾任社民党主席的卡尔松写道："在社会民主党人的社会分析中，资本与劳动之间的矛盾具有关键性意义。这一矛盾既涉及劳动条件问题，也涉及生产成果的分配问题。它不可避免地来自劳动生活中的不同条件。从这个意义上讲，它是不可调和的。但如果双方力量能够达到某种平衡，它又可能成为经济发展中富有活力的因素。"① 在这种理论认识基础上，瑞典社会采取了不提倡暴力或准暴力的方式，而强调以和平谈判的方式解决问题。如通过政府、工会联合会、雇主联合会的协商机制，实现雇主与雇员间的社会伙伴关系。这种关系的建立，大大缓和了社会矛盾，增加了社会凝聚力，也增加了国家的竞争力。

瑞典是一个和谐社会的样板，但这并不是说它没有经过重大的社会矛盾对立过程，而是在解决矛盾的过程中互相克制，相互妥协，进而达成一致。

瑞典的政党比其他国家的政党发挥更加重要的作用。在国会和地方机构的选举中，人民选的是党，不是候选者本人。各级立法机构候选人名单完全由党组织决定。从历史上看，瑞典的政党格局相当稳定。而达成这种稳定的基本原因是，这些政党都有坚强的组织，严密的体制，与特殊利益集团有密切的联系。如，社会民主党与工联是长期的盟友，中央党与农民团体关系密切，而保守党和自由党在很大程度上代表了企业界的利益。这种联系，使得这些政党都有比较固定的收集和发布意见的网络。

1965 年开始，政府对政党进行活动经费上的补贴，补助的数额由每个政党在国会所占席位的数目而定。这种补贴有助于政党政治的稳定。

1974 年的政府组织法中规定："瑞典所有的政治权力来自人民。瑞典的民主政治以舆论自由及男女普选权为基础，通过中央代议制政府及地方政府得以实现。政治权力应依法行使。"②

瑞典社民党始终认为，瑞典经济既不是完全的资本主义经济，也不是完全的社会主义经济，而是一种混合经济。所谓混合经济，就是在所有制上，实行公有制与私有制混合；在分配制度上，实行按劳分配与按生产要素分配混合；在经济运行方式上，实行国家宏观调控与市场经济混合。其中，最核心的是所有制的混合。瑞典的混合所有制在具体运行中有着特定的表现形式。一方面强调私有的有益作用，但反对全部私有；另一方面又注意发挥国有企业在公共服务中的重要作用，但不回避其弊端。在实际运行中则试图把两者整合起来，建立 PPP 机制，即涵盖公共（public）、私

① 卡尔松：《什么是社会民主主义?》，载前揭《瑞典社会民主主义模式——述评与文献》，第 15 页。
② 前揭《二十世纪的瑞典政治》，第 108 页。

有（private）和伙伴关系（partnership）的"公私伙伴关系"。具体表现在三个层面：其一是在社会财产关系方面，政府对基础领域的关键环节保持必要的公有成分。其二是在企业层面，公有资本和私有资本相互渗透和整合。其三是在经营管理层面，与财产关系方面的"公私伙伴"相联系，也呈现出良好的"公私伙伴关系"。

随着经济全球化所带来的资本和要素的国际化，跨国竞争日趋激烈。为提高国家经济的国际竞争力，1990 年，社民党党纲对所有制问题进行了新总结，认为要改变生产秩序只有取消生产资料的私人所有制这种观点来自工人运动青年时期和当时的社会条件，随着普选权和政治民主的实现，条件发生了变化，政治权力不再源于财产占有，而源于公民权。

第六节　国民素质教育

一　国民教育与素质教育

瑞典在科学与教育领域一直享有盛誉。从宗教改革和启蒙运动时起，瑞典就非常重视科学。国家投资于科学，有着悠久的传统。成立于 1477 年的乌普萨拉大学是欧洲最古老的大学之一。1710 年，乌普萨拉就成立了第一个科学家联合机构——皇家科学协会，协调和促进科学研究。1739 年，瑞典皇家科学院建立。1811 年，皇家农林科学院建立。

在当代，瑞典科学研究的高水平得到了国际公认。政府十分重视科学研究和技术开发工作，研发投资在国际上处于较高水平。可以说，瑞典已成为教育发达、科学文化水准很高的国家，不仅产生了以诺贝尔为代表的大批著名科学家，而且建立有许多国际权威科学研究机构。

瑞典的发展之所以能在不长的时间内取得如此大的成就，除了长期的国内政治稳定之外，很重要的一点是高度重视教育和不断提高国民素质，走出了一条教育兴国、科技兴国的发展道路。尽管人口只有 900 多万人，但这个国家却拥有像乌普萨拉大学、隆德大学、皇家工学院、查尔姆斯工业大学和卡罗琳医学院等享誉欧洲乃至全世界的名牌大学。

瑞典是世界上教育事业比较先进的国家，建立起了从幼儿到老人的全程教育体系。该体系包括学前教育、义务教育、义务后教育三个阶段。

瑞典学前教育的目标涉及儿童的保育和教育两大方面，目的是使幼儿得到较全面的发展，强调让幼儿在体力、认知、社会性、情感等方面得到和谐发展，使幼儿将来成为对社会有用的人。具体目标是：促进幼儿学习能力、社会性、情感、体力、语言、智力的发展；丰富幼儿的知识和经验，使幼儿能了解、热爱自己民族的文化，并能尊重、接受外国的文化；使幼儿学会理解自己及周围的环境，培养幼儿的民主精神、乐于助人的品质、与人合作的能力和责任感。

自 20 世纪 50 年代开始，瑞典对教育系统进行了一系列改革。

目前瑞典义务教育体制与许多国家不同，没有小学、初中、女中或男中之分，也没有普通初中和职业初中之分，而是统一合并为综合初等学校，亦称普通学校。

按《教育法》要求，孩子在接受义务教育前，必须在幼儿园接受至少一年学龄前教育，为接受义务教育做好心理准备。

在瑞典的初等学校里，对所有学生一视同仁。在义务教育的课程安排上，瑞典十分强调要使所有学生在整个义务教育阶段接受几乎相同的教育内容、相同时间的教育，尽可能避免出现大差别。根据法律规定，在义务教育期间，所有的学生都需要接受 6—10 周在校外的职业训练课程，包括参观各种不同的就业场所，并在那里参加一段时间的实践，使学生对不同职业、工作环境有所了解，同时也学习关于工会组织、劳动立法等知识。

1980 年后，从一年级到七年级既不搞期末考试，也不记学分。对于中低年级的学生不仅不记学分，也不布置家庭作业。这些年级学生的学习情况和接受能力的高低，由老师根据他们平时做练习和课堂上的表现，再同家长就孩子在家里和学校里的情况交换意见后，共同作出判断。在瑞典的初等学校，没有留级制度。学生如果学习有困难，辅导老师会给予重点辅导。

初等学校的师资，由高等教育机构培养。教师是公共部门（地方政府）的雇员。1—6 年级的班级老师，要接受过两年半综合课程培训；7—9 年级科目的教师，需拥有大学相应科目的学位，并获得为期一年的教学理论和实践课程的毕业文凭。

原则上，瑞典的高中向所有完成了义务教育的年轻人开放。然而，不少初等学校的学生在毕业后并不急于直接上高中，而是愿意先到社会上经历一段实践。每年，约有 10 多万 16 岁的学生从初等学校毕业，其中有大约 85% 的学生申请直接上高中，其他学生则先参加一两年社会实践。

从 20 世纪 60 年代末开始，瑞典的高中教育不断地进行改革，教学大纲进行过多次修改，增加了一些新的专业和单项科目课程。

在高中开设的 30 项专业学习计划中，有的侧重于理论，有的侧重于职业训练。但是，所有的专业学习计划，都提出了使学生达到进入高等院校学习的基本要求。总体来看，高中的专业学习计划可以分为六大类：语言、社会科学和艺术活动（2 年或 3 年）；护理、社会服务和消费教育（2年）；经济、商业和办公室工作（2 年或 3 年）；工业、贸易和工艺（2 年或 3 年）；技术和自然科学（2 年、3 年或 4 年）；农业、林业和兽医（2年）。

青年失业问题引起了地方政府和学校当局的重视。在学校开设专业课程时，尽可能照顾到劳动力市场的需要，培养企业和机关急需的技术人才。由于瑞典高中教育侧重于职业教育，议会要求大部分高中学生在校期间能够接受实际的职业训练，因此学校同社会就业部门包括工会和雇主协会进行了合作。

20 世纪 60 年代末，全国在校大学生的人数增加到 60 年代初的 3 倍。从 70 年代中期到 80 年代末，高等教育进入了一个相对平稳的发展时期，这个时期学生的数量趋于稳定，变化不大。但是，到 80 年代末，一轮新的发展高潮又开始了，这次大发展一直持续到整个 90 年代。目前，高等教育正处于一个相对稳定时期。据 2002 年统计，瑞典有各类高等院校 70余所，在校学生总数达到 30 万人，其中研究生为 16550 人。与 1990 年相比，学生人数增加了 55%。

在瑞典，办高等教育是一种国家行为，私立高等学校必须接受政府的指导，对政府负责。

瑞典的高等学校按性质分为公立和私立两类，按层次有专科学校、理工科大学、单科性大学和综合大学。根据《高等教育法》，每所高等学校必须成立监督委员会。监督委员会是学校的最高决策机构，由主席、副主席和不多于 13 名其他成员组成。监督委员会中必须有一定比例的教师和学生代表，教师和学生代表通过选举产生，主席由中央政府委派，大学校长是监督委员会的当然成员。

国家的投入是瑞典绝大部分高等学校的最主要经费来源。私立大学并非完全私立，它们的财政在相当大的程度上是由中央财政和地方财政支持的。

资源分配的基本原则是，政府拨款应体现学校的教学成绩。大约

60%的政府拨款与学生获得学分的总数相关，而剩下的约40%与这些学分折算成在校全日制学生的人数有关。

2003年，高等教育支出总额为437.1亿克朗，占国内生产总值的比例为1.79%。瑞典是世界上少数几个高等教育不收费的国家之一；对本国学生不仅不收学费，国家还发给一定的助学金。

瑞典不举行全国统一的高等学校招生考试，而是举办国家学术能力考试（National Scholastic Aptitude Test），主要测试在高校学习所必须具备的知识水平和能力，但参加这项考试并不是被一所大学录取的必要条件。由于实行学分制，学生在一所大学学习的实际年限并无严格的规定。

在学习期间，大学生可以申请国家的经济资助，资助的形式包括助学金和学习贷款。2003年的统计数字表明，一个学生全年（按9个月计算）最多可获得17000克朗的助学金和46000克朗的助学贷款，两项合计从国家得到的经济资助每年最多可达63000克朗。

瑞典特别重视成人的继续教育，将其列入义务后教育的一部分。函授教育、职业转变培训等机构遍及全国，民众高级学校和各类单项学习小组的活动都得到国家的支持。瑞典的成人教育可以分为如下几种类型：各种民众高级学校等学校课程；有志于教育的团体组织的学习小组；国家、地方及民间企业协同对从业人员进行的实地职业训练；劳动市场训练；国立、公立的成人学校；工会联合会的训练计划；广播、电视、函授学校所提供的各种课程。

在瑞典，大约150家民众高级学校（又称民间高中）是公共学校系统之外最大的成人教育体系。这些民间高中大多是由省市委员会、商贸联合会、教堂、非营利社团或是其他非营利组织开办的。教学课程由全国11个自发教育协会共同制定。瑞典有100多所劳动市场训练中心，目的在于培训没有专门技术的难以安置的失业者。由于该中心对市场的需求非常了解，安排的训练项目很有针对性，大部分人在中心训练不到6周，就找到了对口的工作。

瑞典将本国成人教育的目的概括为：使未能充分受到学校教育的年纪较大的人能达到和今天年轻人同样的知识水平，得到补习教育的机会；向劳动者提供适应产业结构变化与劳动力市场需要的职业教育机会，以及受到更高技能训练和再教育的机会；给予国民不断改善本人政治、社会、文化生活的基础；使成人教育成为不限工作时间、家庭状况和居住地区的任何人均可参加并有利于经济的事业。政府规定，凡是愿意接受成人教育的人，都可以获得政府给予的一份额外的工资补偿。

对于参加回归教育的学习者，瑞典实施三种社会补助制度：劳动力市场训练津贴，支付给接受劳动力市场训练的人；学习资金，支付给接受后期中等教育的人，或者在民众高级学校、公立成人学校、国立成人学校等后期中等教育机构学习的 20 岁以上的在学者；成人学习津贴，主要用于参加初等、中等水平学习的低学历的成人。除此之外，因参加学习导致收入损失时，按时间给予补助。

瑞典把老年教育与正规教育融为一体。全国所有大学都招收老年学生，老年大学生的比例很高。在一些大学，55 岁以上的老年大学生占到全部学生比例的 20%，60 岁以上的老年大学生占到 10%，这是一个很惊人的数字。这对促进社会安定和谐十分重要。

瑞典经济的发展繁荣和人力资源的最大限度利用，也归功于良好的职业教育制度。除了正规教育体系中的职业教育之外，许多瑞典企业也积极参与职业教育，目前企业提供的职教资金已超过实际支出的数额。瑞典政府认为，职业培训是为职工更好地工作进行的，本身也是工作的一部分，因此学员不仅可以免费，而且应该可以得到工资。

在强调平等的瑞典，特殊教育同样受到高度重视。大多数有某种身体残疾的学生，均就读于正规义务教育学校。在一些九年制义务教育学校中，设有为智障孩子就读的特殊班级，为其提供特殊的帮助。但学生既可以选择就读正规学校或班级，也可以选择就读特殊学校或班级。

瑞典的研究开发活动，90% 集中在大学和工业企业。与其他国家不同的是，瑞典政府资助的科学技术研究开发经费大部分用于高等教育机构，用于政府其他公共部门和私营机构的研发活动的经费则比一些欧洲国家要少。

瑞典政府积极鼓励和促进产、学、研的合作。国家对创新体系的支持，主要是通过促进工商业部门与产业研究机构进行研发合作，共同向这些机构投入资金。在瑞典教育与科学研究体系中，国家研究资金是一项很有特色的组成部分，值得加以介绍。

瑞典的国家研究资金是瑞典政府为提高瑞典的科学研究水平而建立的一整套科研资金分配制度。

国家研究资金的分配通过两种方式：向高等教育机构的直接拨款，向研究理事会、部门研究机构的直接拨款。

进入 21 世纪，瑞典成立了三个新的研究理事会和一个新的研发促进机构，以取代过去的多个理事会和其他机构。这种组织结构改变的目的，是推动关键领域的研究、鼓励跨学科和多学科研究、促进不同研究领域的协作和研究成果的传播。

2003 年，国家直接拨款占到了高等教育机构研发经费的 47%，其余资金则来自"外部来源"，主要来自全国性的研究理事会、中央政府机构和研究基金会。

瑞典研究政策的一个重要因素，是每个部门对自己的研发项目资金投入作出评估。

除了上述这些公共部门资金提供者之外，还有一些私人基金和学术机构。其中之一是瓦伦堡基金会（Knut and Alice Wallenberg Foundation），它尤其重视科研设备的大额资助。而瑞典皇家科学院、瑞典皇家工程学院等，也是科研的促进机构。

瑞典政府充分认识到，发展高新技术及其产业，是摆脱经济危机、调整经济结构、刺激经济发展、创造就业机会的上策。从 20 世纪 70 年代开始，政府就大力支持环境、能源、交通、信息、生物技术等领域的研究开发计划，到现在已经形成以电子信息技术及设备、生物制药、交通运输装备、能源和环境技术为主的高新技术产业。对技术创新的重视和大力投入，使瑞典成为世界上在技术创新方面领先的国家。从按人口比例衡量的国际专利（主要是在美国、欧盟和日本获得的"三地专利"，这是衡量各国技术创新成就的重要指标）获得数量来看，在 1970—2005 年间，瑞典的表现是很突出的，在国际上的排名仅次于瑞士。2004—2005 年度，"世界经济论坛"发布的《全球竞争力报告》将瑞典经济列为最有竞争力的经济体之一，排在芬兰和美国之后。

国际合作对各国科学技术的发展越来越重要。瑞典研究界向来有着广泛的国际联系，最常见的国际合作形式是单个研究人员或研究团队与其他国家的同行共同开展联合研究项目。

文学、语言、历史和考古研究在瑞典具有悠久的传统，皇家文学、历史和文物研究院是这方面的主要研究机构，成立于 1753 年。它的工作主要是：推动人文科学、神学和社会科学研究，特别是考古、文物和文献的研究；保存瑞典的文化遗产；通过与外国其他有关机构的联络，推动相关领域的国际合作；为政府提供建议；对有关领域学者的研究提供经济资助，对优秀研究成果给予奖励。

瑞典文学院是另一个国际著名机构。它于 1786 年 3 月 20 日由国王古斯塔夫三世依照法兰西学院创建，同年 4 月 5 日举行成立仪式。文学院的座右铭为"天才和鉴赏"，任务是致力于瑞典语言的纯洁、健康和高尚，提高对文学作品的鉴赏能力，促进文化事业的发展。

在社会科学领域，成就最突出的是在经济学方面，形成了经济学中的瑞典学派。该学派又称北欧学派或斯德哥尔摩学派，是在当今西方世界尤其是北欧有重要影响的经济学流派之一。瑞典学派起源于 19 世纪末 20 世纪初，理论先驱为 K. 维克塞尔、G. 卡塞尔和 D. 达维逊。维克塞尔提出累积过程理论，主张控制利息率以维持经济稳定，是瑞典学派的理论渊源，开国家干预主义先河。20 世纪 20—30 年代，G. 缪达尔、E. R. 林达尔、E. 伦德堡、B. 奥林等人发展了宏观动态均衡方法论，建立起瑞典学派经济周期理论，并提出以宏观倾向政策为主，以财政政策、产业政策、工资政策为辅的经济政策主张，使瑞典学派的理论最终形成。第二次世界大战以后，以缪达尔、林达尔、伦德堡、奥林和林德贝克等为主要代表人物的瑞典经济学家在 1929—1933 年大危机中逐渐成熟起来，他们运用宏观动态的分析方法，进一步发展了瑞典学派的理论，使瑞典学派的经济理论产生了广泛的影响。其中林德贝克分析了小国开放型混合经济的经济周期理论、通货膨胀理论和失业理论，把经济制度区分为无政府主义经济制度、自由主义经济制度、社会民主主义经济制度、市场社会主义经济制度和中央集权经济制度，通过分析比较，认为瑞典社会民主主义混合经济制度最为优越。瑞典学派的理论具有小国开放型、社会民主主义色彩和混合经济三个明显特点。这一理论学派，既以瑞典社民党执政半个世纪的实践经验为其佐证，又反过来给予社民党更有力的理论支持。

二　法律意识的形成与社会公德

瑞典的教育注重培养学生具有广泛的理解和广阔的胸怀，理解价值的多样性、合理性，形成自觉的法律意识和社会公德意识。

瑞典政府认为，培养公民的法律意识和社会公德应该从儿童抓起，并将这种人格培养贯穿于青少年的整个教育过程中。教育不仅仅是传播知识的过程，也是公民的法律意识、社会公德意识形成和发展的过程。

2001 年瑞典颁布《义务学校系统、学前班、闲暇中心的课程指南》，对义务教育的培养目标作了全面而细致的规定：

（1）熟练掌握瑞典语，不仅能用口头和书面语言表达自己的观点和想法，而且主动地倾听和阅读；

（2）熟练掌握数学基本原理，并能将这些原理用于日常生活；

（3）认识和理解自然科学及其技术、社会、人文知识领域中的基本概念和背景；

（4）发展创造性表达自己的能力，并能逐步地参加社会中的各种文化活动；

（5）熟悉瑞典、北欧、西方文化遗产中的核心部分；

（6）了解瑞典少数民族的文化、语言、宗教和历史；

（7）能够用各种表达方式如语言、图像、音乐、戏剧、舞蹈等来丰富和使用自己的知识和经验；

（8）增强对非本国或本民族文化的理解；

（9）能用口头或书面英语进行交际沟通；

（10）了解社会法律和社会规范的基础以及自己在学校和社会中的权利和义务；

（11）了解世界各国和各地区相互依存的性质；

（12）了解什么是一个优良自然环境的必然要求，并理解基本的生态环境；

（13）具有什么是保持健康的必要条件的知识，并理解生活方式在健康和环境中的重要性；

（14）了解各种传媒及其作用；

（15）能把信息技术用做探索知识和促进学习的工具；

（16）能就自己选定的一些学科进行学习并掌握其中较为高深的知识。①

在瑞典的高中，公民学科被列为学生必修的核心学科，其学科目的被表述为：公民学科以民主作为价值观念体系的基础，旨在拓展和深化学生

---

① 引自方彤《瑞典基础教育》，广东教育出版社 2004 年版，第 75—76 页。

关于现代社会条件和社会问题的学识。另外，本学科还旨在为学生提供积极参与社会生活的更好条件，并且使学生为迎接社会的变革做好准备。同时，开设这门课程的目的还有，促进学生对不同国家和不同社会的生活条件的了解。为学生提供各种条件和情景，使其了解蕴涵在文化多样性中的价值概念，懂得尊重人权，并能使自己摆脱或远离各种形式的压迫。瑞典的教育机构认为，在一个信息多、变化快的复杂社会中，要使学生形成一种批判的态度，使学生能够寻求不同来源和媒体所提供的"事实"，并能够对这些"事实"进行考察、梳理和判断，能够明确地阐述自己的思想，得出自己的结论。公民学科教学大纲明确规定教学的目标为：

（1）了解和实践民主的价值观念，了解不同视野和意识形态所提供的看待社会的不同方法；

（2）丰富对一个多元化社会的了解和理解；

（3）增长关于人权的知识，了解个体在社会中的权利和义务；

（4）深化对国际关系中合作和冲突的了解，并能够对这些问题进行思考；

（5）从历史的观点出发，不仅深刻了解瑞典，而且深刻地理解国际社会；

（6）增长足以形成自己观点的学识，并能就地方、地区、国际上对生态持续发展有重要意义的问题而采取相应的实际行动；

（7）养成批判地思考社会状况的能力，以及养成预测各种行动对自己和社会产生什么后果的能力；

（8）养成阐述、讨论问题，表达自己观点的能力，并养成主动参与社会并影响社会发展的能力；

（9）养成在解决社会问题时采用不同方法的能力，并逐渐形成一种讲究科学性的方法。①

通过对学生进行民主意识、互助意识的教育与培养，使学生具有理解力、同情心；通过对多元社会的理解与认识，使学生具有宽容的精神和品格，使他们能够理解不同的文化，从而使学生的知识水平与思想境界同时

---

① 引自方彤《瑞典基础教育》，广东教育出版社 2004 年版，第 134—135 页。

获得提高，进而使学生从小就能形成比较完整的人格，具有高尚的情操，具备乐于助人的精神。特别是瑞典政府认为，在一个全球化的时代，瑞典人不能仅仅把眼界限于瑞典本土，不能只着眼于个人的生活环境，而要理解不同的社会形态、不同的意识形态，要认识人权的本质，认识人与自然的关系，认识和谐发展对于人类、对于瑞典的重要性。

三　全社会文化的普及

为提高全社会的文化素质，普及文化知识，瑞典政府制定了行之有效的文化政策。1974 年，瑞典议会一致通过决议，为国家文化政策确定一系列目标。到 1984 年，对文化领域的政府投入增加了一倍多。1996 年，议会对这些目标做了进一步的修订，完善了国家对地区文化机构的资助体系，并制定了《图书馆法》。

根据 1996 年秋议会的决议，文化政策的目标为：①保护言论自由，创造使所有人都真正得到这种自由所必须的条件；②采取措施，向每个人提供参与文化生活、体验文化活动以及发展个人创造性的机会；③促进文化多样化，推动艺术的发展和质量的提高，抵制商业主义的消极影响；④提供使文化社会中动态的、具有挑战性的、独立的力量的必要前提条件；⑤保护和利用文化遗产；⑥促进文化教育；⑦推动国际文化交流和国内不同文化之间的联系。

在上述文化政策目标的指导下，瑞典规定了政府机构支持文化发展的责任。中央政府对中央级文化机构和全国性文化活动给予资金支持，投入资金的总量由议会决定，分配则由文化部和文化领域的公共机构确定。国家文化事务委员会负责全国性的文化政策，该委员会在文化部的领导下履行职责。

在瑞典，由国家资金支持的中央一级文化机构有很多，其中包括皇家歌剧院、皇家戏剧院和国家级的图书馆、博物馆等。瑞典各地拥有各种文化设施，而且一般设备先进、服务齐全。公共图书馆被瑞典人视为国民文化生活的传统基石之一，因为它们是公众经常利用的文化设施。1997 年 1 月 1 日开始生效的《图书馆法》规定了公共图书馆的地位。该法为公共图书馆确定了两条原则：每个市都必须拥有一所公共图书馆；公众可以免费借阅文献。众多的博物馆和美术馆在瑞典已经形成一个分布广泛和联系密切的网络。通过中央政府的财政支持，瑞典保持了若干个地区性和地方性博物馆的正常运营，目前全国约有 26 个此类博物馆接受政府的资金资助。

瑞典社会民主党的理论奠基人之一汉森曾如此描述他心目中的人民之家："在一个好的家庭里，没有特权者或者被冷落的人；没有宠儿，也没有被冷落者。这里没有轻蔑，也没有损人利己。在这里强者不会压迫、掠夺弱者。在好的家庭里有的是平等、关照、合作与互助。实行大型的人民或公民之家将意味着拆除所有把公民分成有特权的与被冷落的、统治者与依赖他人的、富人与穷人、占有者与被掠夺者的社会和经济壁垒。"① 应该说，这是一个伟大的理想，一个令人向往的美好社会。在将近 100 年的时间中，瑞典通过各种手段意图达成这个理想，并取得了实质性的进展。社会政策的制定与实施是其中最重要的手段。通过社会政策，瑞典建立了政治上的民主体制、经济上的基本平等和完整的社会保障体系及高度发达的文化教育系统，达成了人与自然的充分和谐。当然，在这个过程中，它也遭遇过许多挫折，经历了许多的困难，因而产生了许多经验教训，值得认真总结。

瑞典有效地避免了社会革命给社会带来的冲击。民主的进程可以以相对温和的方式达成。"在封建时代，在很大程度上说，自由民是通过民主选举的乡村委员会管理自己的。而且，他们耕种集体拥有的土地，因而他们能够保持相对的独立性，而不受贵族的统治。没有集权主义专制统治的传统，以及对决策分散化的强调，这种情况有助于保证瑞典社会民主党免遭许多其他社会主义运动所面临的镇压。"② 所谓瑞典模式即建立在生产力高度发达基础上，生产资料所有制形式为混合所有，以高福利、高税收为公共政策取向，以混合经济、福利国家、充分就业、社会合作为特征的经济社会发展模式。瑞典模式造就了全民收入较为均衡、贫富差距较小等社会状况，呈现出明显的制度特征。瑞典的混合市场经济或社会市场经济模式的基本特点是：①通过法律手段限制垄断，保护竞争，充分发挥市场机制的作用。通过立法禁止大企业之间达成垄断市场的协议，防止大企业

---

① 斯文·阿斯坡林：《瑞典 100 周年——通往人民之家的道路》，时代出版社 1989 年版，第 54 页。

② 前揭《瑞典与"第三条道路"》，第 26 页。

兼并小企业，在税收、贷款、财政援助、信息咨询服务等方面保护和支持中小企业等。②明确规定实现"社会公平"的具体内容。如把社会总产值中的一部分划归雇员所有，雇员对企业的生产与管理采用工人委员会的形式有"共同决定权"或"参与决定权"。发展社会福利事业，政府用于此项事业的开支约占国民生产总值的1/3。雇员在职时必须参加社会保险，以应急可能发生的情况等。③十分强调国家对经济的宏观调控。国家通过中期计划和年度计划，指导国民经济的发展方向，并制定相应的经济政策来影响、引导企业沿着计划指导的方向进行生产和经营活动。虽然国家干预在瑞典经济运行中发挥了巨大作用，但总体上看，瑞典的混合经济体制仍以私有经济为主导，公共经济以及合作经济等处于补充地位，这种国家干预下的混合经济制度成为瑞典模式的运行基石。

瑞典在社会政策的制定过程中，并不死守教条，而是与社会生活紧密结合。"社会民主党强调，民主社会主义不是一种模式，不是一种社会经济形态，而是一种由基本价值加以界定的规范性政治和理论思想。"① 实际上这种表述体现为一种思想基础，它打破了任何形式的意识形态的原教旨主义，也就无所谓任何形式的修正主义。它是一种新的社会发展模式。由于没有所谓的思想基础，也就决定了它可以有效地摈弃各种形式的教条主义，可以接受各种理论为我所用，可以随时根据实际情况制定社会政策，也可以根据社会发展的形势与不同的政治派别、社会力量达成暂时或长期的妥协。

---

① 王学东：《欧洲社会民主党暨欧洲社会党译丛》"总序"，引自前揭《瑞典与"第三条道路"》。

终　章

比较与结论

第一节　各国社会发展及其政策选择的经验教训

以上分别对英国、美国、法国、日本和瑞典五国的社会发展及政策选择进行了详细论述，这五国发展的起点各不相同，目前达到的发展程度也有所不同。这其中，既有相同的经验，也有不同的教训。总结这些经验教训是为了给正处在改革发展关键阶段的我国提供借鉴，使我国今后的发展具有更大的能动性，更加富有活力，更加顺畅，更加完美，从而实现建设现代化强国、振兴中华的宏伟目标。

英国是最早发展起来的老牌资本主义国家，美国则是后起的移民资本主义国家，法国是较具革命性的激进资本主义国家，日本是东方后发的资本主义国家，瑞典则是平稳发展的社会资本主义国家。我国正在建设有中国特色的社会主义，虽然体制有别，但在经济发展程度上，这些国家发展在先，属于发达国家。我国还是发展中国家。在社会发展方面，仍可从这些资本主义国家的发展过程中吸取有益的经验教训。

关于社会发展中的人口及人口政策问题，英国、法国、日本和瑞典当前面临的主要问题都是老龄化。在资本主义发展初级阶段，人口增长较快，那时的人口政策主要是控制增长。但在现代社会，随着生活条件的不断改善，人类的平均寿命延长是必然趋势。由此产生的社会问题各国也大致相同，如何改革养老金制度、做到老有所养在各国的社会发展政策中占有了越来越重要的地位。虽然从结果而论，人类平均寿命的增长是有限度的，但至少可以说在 21 世纪内人口增长难以做到因老龄化问题的解决而达到新的平衡。与老龄化相呼应的是少子化。由于生育率低下，人口减少，这些国家有危机感，于是多制定了鼓励生育的政策。美国除此之外还有一个控制移民问题，这成为其控制人口增长的一项重要举措。

关于社会发展中的城市化问题，人口向城市集中、城市发展远快于农村发展，这种城市化是社会发展的必然途径。英国在战前基本是社会自由发展，战后导入凯恩斯主义引导社会发展，被称为"粉红色的社会主义"，20 世纪 80 年代后又推行新自由主义的发展模式，走过一条 S 形的发展道路。法国与英国大致相同，20 世纪 90 年代继续提升城市化水平，改造贫困社区，加大廉租房建设。美国 20 世纪末城市化率达 80% 以上，但此后出现了明显的城郊化倾向，这一趋势有代表性，很值得关注。日本农村曾为资本主义发展提供劳动力，落后凋敝。1945 年后，农村的发展虽受到政府保护和推进，但与城市发展相比仍不平衡。大城市的繁荣与偏僻农村的凋敝、山阳道的繁荣与山阴道的破败宛如两个世界。不过，由于日本经济的特殊性（依靠进出口而不依靠农村）及政策调整，日本的城市化尚未出现致命性的问题。与上述国家相比，瑞典的城市化发展较为平稳，农村保留了应有的地位，使社会发展亦相对平稳。这与几十年来的政策推动作用是分不开的。

关于社会发展中的社会阶层分化问题，从发展趋势上说，一二三产业人口的变化规律是一二产业人口不断减少，第三产业人口不断增加，一二产业在国民经济中的比重不断下降，第三产业在国民经济中的比重不断增加。2007 年以来的金融危机提出了如何评价虚拟产业的问题，进而虚拟产业工作人员的本质属性如何界定成为新的问题。而且工人阶级、资本家阶级的概念日益模糊，混沌化趋势明显。比较而言，英国和美国的贫富差距较大，相对贫困问题较为突出，因此劳动者尚有较强的阶级意识。法国和日本则贫富差距较小，中产阶级化明显，阶级意识淡化，中间意识加强。瑞典则是一个橄榄形社会，大多数人在高收入、高税收、高福利的社会体系中，处于中间位置，社会的平均化倾向明显，稳定性好。瑞典的实践具有一定的示范意义，因为目前出现了社会负担过重问题就否定这一意义并不妥当。

关于社会发展中的社会保障问题，无论英国、美国，还是法国、日本，对建立健全社会保障体系都很重视。其中，英国的普遍性原则和低入低出原则，法国从摇篮到坟墓的社会保障制度及反社会排斥政策，以及对受教育权、健康权、住房权的保障，依靠政策调节收入差距，努力实现社会公平等做法，均值得注意。当然，瑞典搞福利社会主义多年，以高福利的形式提供完全的社会保障，追求充分就业，公平分配，援助弱势群体，故社会发展相对稳定，可持续。多国的实践已经证明，现代社会中，低收入、低税收、低福利是贫穷的社会主义，是不可取的，低收入、低税收、高福利或高收入、低税收、高福利都是不可能的，只有高收入、高税收才能实现高福利。但这要社会发展到一定程度才能实现。在此之前，中收入或高收入、中税收、中福利成为众多国家的选择。

关于社会发展中的环境保护问题，这些国家都走过了先污染、后治理的路。进入治理阶段后，加大投入是重要一环，因此才会有几十年的持续发展。另一项重要措施就是重视环境立法。日本 1967 年《公害对策基本法》，至 1993 年《环境基本法》，建立了完备有效的环境法体系。瑞典的环境法典理念先进、成体系、符合国情、可操作，也很有参考意义。

关于社会发展中的国民素质教育问题，这些国家历来重视教育，教育内容包括公民教育、道德教育、科普教育、法制教育等。教育形式是多渠道并行教育，但一般而言，国民素质教育不搞运动式、口号式教育，而是以长期的潜移默化式教育为主。当然，这些国家的国民素质教育也有不成功的方面，需引起注意。

当然，我国与这些国家国情各异，历史背景和发展环境各有不同，因此，别国的经验只能借鉴，模式不能照搬。例如，只要稍做具体分析，则可知美国和日本就不能成为发展中国家谋求发展的样板。

先看美国。仅占世界人口 4.5% 的美国人，2005 年其能源消费占世界能源消费总量的 21.7%（能源净进口占能源消费的比重为 30.3%）[1]，其最终消费占世界最终消费总量的近 1/3，达到 32.2%[2]。显然，美国凭借高技术支撑的美元霸权消耗巨大的世界财富，等于变相占有应属于其他国家财富，如果再出现第二、第三个"美国"，世界就会立即垮台。例如关于汽车拥有率问题，美国著名生态经济学家布朗曾说，"在美国每 5 辆汽车所占用的土地量相当于一个足球场那么大，类似的情况正在中国发生"，而一个足球场的面积接近中国的人均耕地面积，中国人的人均耕地面积仅为美国的大约 1/9。对于每 5 辆汽车占用足球场大的面积，美国可以不在乎，而人多地少、耕地资源稀缺的中国却不能不在乎。中国高速公

---

① 其下依次为中国占 15.0%（4.4%），俄罗斯 6.5%（83.2%），日本 4.6%（81.2%），印度 4.1%（22.0%），根据联合国 2005 年《能源统计年鉴》和世界银行数据库的数字算出。

② 根据世界银行数据库算出，其下依次为日本（9.6%）、德国、英国、法国、意大利，再次为中国（3.3%）。

路通车总里程 2012 年底已突破 9.6 万公里，已超过美国的 8.9 万公里跃居世界第一，而比起公路来铁路总里程则有 9.8 万公里，仅相当于美国的 1/2 多一些，这说明中国的交通发展向汽车倾斜的程度甚至超过了号称"汽车轮子上的国家"的美国。中国的汽车发展必须有一个限度；中国人虽然理应享受汽车文明，但中国没有条件像西方国家那样，达到那么高的汽车拥有率。美国不能成为发展中国家谋发展的样板。请莫将《增长的极限》一书中引用的两位西方学者的话当做耳旁风，这是对人类发展的善意的警告："粗略估计……表明现今对于自然资源和服务的占用早已超出了地球的长期承载能力……如果地球上的每一个人都享受与北美同样的生态标准，那么在目前技术水平下我们就需要三个地球来满足总的物质需求……为了可持续地适应未来 40 年人口和经济产出的预期增长，我们需要另外 6—12 个星球。"①

再看日本。相比较而言，日本 2005 年的能源消费占世界能源消费总量虽然只有 4.6%，但其能源净进口占能源消费的比重为 81.2%，远远高于美国，所以日本的能源纯进口达到美国相应值的 60%。从人均消费能源来看，美国 6.8 吨，日本 3.4 吨，日本为美国之半，若从人均进口能源来看，美国 2.4 吨，日本 3.3 吨，日本则为美国的 1.4 倍，由此可见日本能源消耗过量之严重。除能源外，日本的粮食（除大米）、油料、棉布、各种矿产品的消费无不主要依靠进口。对日本人的平均收入而言，从各发展中国家进口的廉价商品充斥大大小小的百元店（每件商品均 100 日元），日本人因此能够得到几乎等于不用付出什么代价的日常生活用品的保障。这也是以高技术为支撑的日元发挥作用的结果。

再以住房而言，日本基本实现了居者有其屋（住宅数与家庭数之比为 1.14，每户住宅有居室 4.77 间，多于户均 2.7 人），而且户均面积达到 95 平方米（人均 40 平方米，2003 年，但低于美国 2001 年的户均面积162 平方米），② 各种家电普及率高，生活设施齐全，社会管理井然有序。③

---

① 德内拉·梅多斯等：《增长的极限》，李涛等译，机械工业出版社 2008 年版，第 115 页。

② 2009 年版《日本的统计》所载 2003 年数字。

③ 在日本，上千户的大型住宅区根本见不到警察、保安之类人物，治安状况非常好。日本的偏远小镇与大城市的卫星城没有太大区别。这些说明日本社会均一程度较高，人们心理平稳不浮躁。近年来社会差距拉大，社会问题越来越多，人们的心理随之发生变化，已引起越来越多的关注。

若不考虑其他因素，说这已达到前文所述的共产主义的居住标准也未尝不可。但应指出的是，日本人居住条件的改善，若不仰仗进口木材则很难实现。为防止地震、台风、海啸等自然灾害，日本住宅以轻质木结构住宅为最佳选择。据日本国土交通省《住宅竣工统计》，2007年动工新建住宅（包括各种公寓和独栋住宅）中木质住宅占48.8%，但在独栋住宅中，木质住宅占到85.2%（2005年日本总务省调查曾达到93.0%）。建造如此大量的安全、健康、经济的木质住宅，当然需要大量的木材。① 尽管日本国土绿化率非常高，但日本所需木材的自给率在1970年后迅速下降，2000年最低达到18.2%，此后略有回升，但在2008年也仅有24.0%。日本的进口木材量在1995年最多，达到约0.90亿立方米，2008年降至0.59亿立方米。如果以平均年进口木材0.75亿立方米计算，近30年总共进口木材22.5亿立方米，几乎等于把瑞典全国的蓄材林砍光。② 日本木材进口的主要对象国目前是加拿大、美国、俄罗斯、中国和瑞典。不难想象，如果这一趋势长期延续下去，加拿大北部和美国阿拉斯加的原始针叶林、俄罗斯西伯利亚的广袤的原始森林、中国大小兴安岭的原始林和人工林以及瑞典的大片寒温带山林将会遭到严重的破坏。

　　显然，与美国一样，日本绝大多数人维持富足、有序的生活，若无夺取世界财富、剥削其他国家劳动力则不可能，因此对众多发展中国家的发展也缺乏示范意义。

　　既然两个最大的剥削国美国、日本不足为楷模，瑞典又该如何？瑞典国土面积45万平方公里，居住着约920万人口。从各方面观察，可以说除人口密度较低（20人/平方公里），约为世界人口密度（50人/平方公里）半数外，其他项目均具有示范意义。2008年，欧盟在包括美国、日本在内的西方国家中进行调查后评出瑞典是最具创新能力的国家。同年世界拯救儿童组织从寿命、产假补贴、饮水质量、参政和5岁以下儿童死亡率等方面对全世界146个国家和地区的妇女生活状况进行了评比，瑞典以最高得分蝉联最适宜母亲居住的国家。母亲是人类之本，最适宜母亲居住

---

　　① 　世界人均寿命排名日本第一，这与日本具有洁净透明的空气、亲近自然毫无污染的木质居室和拒绝污染的饮食有十分密切的关系。

　　② 　见日本林野厅网站。日本进口木材中，纸浆等造纸用材和建筑用材各占约4成，2006年日本人均纸张年使用量为247公斤，中国的相应值为50公斤。日本使用的一次性筷子98%自中国进口。

的地方理所当然也是适宜所有人居住的地方。瑞典最突出的特点是比较完善的社会保障制度。瑞典的人均住房面积可能不是很大，但能基本保证在不背负沉重负担条件下居者有其屋。凡是到过瑞典的人，无不羡慕瑞典人轻松自在的和平生活，及由此产生的工作高效率。^① 针对瑞典的社会保障制度，人们常以"高税收、高福利"概括之，但这种说法并不准确，易于误导一般人的思维，以为瑞典人被高税收压迫得喘不过气来。其实，税收是高是低，不能看税收多少，而要看收入多少。1000 元的税收是高是低无法评判，若收入仅 2000 元，税收达到 50%，则 1000 元的税收就成为高税收；若收入 10000 元，税收降为 10%，则 1000 元的税收就成为低税收。瑞典人收入高，因此税收占的比例亦较高，这并无不合理之处，把瑞典人的收入看成中等收入不就可以了？有中等收入（的广大民众）而能享有较完善的社会保障，社会保障与经济发展相协调，这正是各国改革来改革去所追求但难以达成的目标。虽然近年瑞典在社会保障方面出现了一些困难，随着老年人的增加，国家的社会保障金支出负担日渐沉重，但所谓"瑞典病"不是瑞典一个国家的问题，而是经济发达国家在人均寿命增长后出现的带有普遍性的问题。相信经过政策调整会逐步渡过这一难关。^②

当然，瑞典绝不是十全十美的样板，能达到六全六美、七全七美就是很难得的了。人类社会发展的十全十美的样板只能存在于理论中，甚至在理论中都难以存在。人类社会发展的实际，则要靠包括经济发达国家和发展中国家在内的世界各国的学者、官员、有志于此的民众在认真总结人类社会发展的经验教训的基础上，解放思想，共同研究，制定原则，设计方案，规划出一条可持续千年、万年，令子孙后代也能感到无比幸福的路。这是 21 世纪全世界近 70 亿人共同肩负的光荣的世纪使命。

---

① 瑞典在两次世界大战中保持中立，执行和平外交政策。一年有法定假日 13 天，带薪休假 5 周，每周 5 天工作制，但周五下午已基本不再工作，甚至如果法定假日轮到周四，则周五亦连带成为休息日。

② 直到 2002 年才成为联合国正式会员国的瑞士，人口密度 180 人/平方公里，外交永久中立、积极中立，内政大事小事皆公民投票解决。瑞士人的口号"休息是最重要的权利"、"休假是权利也是义务"令世人羡慕。但因它是通过金融机制聚集世界财富，成为富人乐园而对其他国家失去示范意义。

第二节　关于现代田园主义的思考

鉴于各国社会发展和政策选择的经验教训，本书主张现代田园主义，认为现代田园主义是人类社会免除环境威胁、谋求持续发展的最佳途径。现代田园主义与古代隐士们追求的古典田园主义不同，不是要建立远离尘世的世外桃源，既不提倡消极无为的苦行僧式的生活方式，也不支持没有约束的享乐主义生活方式。现代田园主义也与英国人托马斯·莫尔在他的名著《乌托邦》中虚构的理想社会不同，既不主张公有制是唯一的所有制制度，更不主张把社会变成一个大兵营（全体成员穿统一的工作服，在公共餐厅就餐等）。当然，现代田园主义也从古典田园主义和乌托邦思想中吸取了许多积极有益的成分和营养，主张在各尽所能、按劳分配的前提条件下，通过各种社会调节政策和完善的社会保障制度，客观上基本实现真正合理的按需分配。现代田园主义要以生态文明、有限发展、以人为本、机会均等、全面保障、万事和谐为政策的核心取向，以社会发展逐步远离增长的极限而保证生态文明、全体社会成员得到各尽所能的机会而没有沉重压力，生活不讲奢侈却完美幸福为努力追求的目标。现代田园主义是在人类社会在其发展面临增长极限的条件下，为谋求可持续发展、向更高层次发展的必然选择。陶渊明"采菊东篱下，悠然见南山"的意境加上现代化的生活工作条件，必然令每个现代人向往。

现代田园主义付诸实施，必然会遭遇巨大的阻力。其中最大者一是人类的认识误区，二是无处不在的资本。人类根据悠久传承认为无限制地追求美好生活的欲望是理所当然的，除马克思主义的 5 种社会形态外绝不会出现其他任何社会发展形态等，这些认识否认社会发展的过渡形态、中间形态和多种特色形态，属于非此即彼、唯我独尊的形而上学观点，不符合唯物辩证法。资本追求最大利润的欲望造成的阻力甚于前者，为追求超额利润，无视人类社会的根本利益，大搞技术垄断和技术封锁，浪费大量的社会资源和自然资源。为了克服这些阻力，实现现代田园主义的万事和谐，必须提出以下六项原则：

（1）生态原则。这是现代田园主义内涵中最重要的核心原则。可以说，没有良好的生态环境，不建立完美、健全的生态文明，现代田园主义就难以成立。生态文明与人口、城市化、社会保障、国民教育等政策取舍有密切关系，是一个综合性的指标体系。现代田园主义是为研究社会发展道路而提出的发展形态论，即以生态原则为核心但又涉及全方位要素的社会发展形态，下述各原则是生态原则的重要配合性原则。在没有生态文明就没有人类社会的可持续发展的当代及未来，现代田园主义是建立生态文明、维持人类社会可持续发展的最佳形态。在此需指出的是，不能将现代田园主义片面理解为主张城市回归农村，一味追求田园风光，或简单地将生态文明等同于环境保护，将生态保护与经济发展对立。现代田园主义主张限制城市无序扩张，约束工业恶性增长，避免农村萎缩消亡，主张生态保护第一，经济发展第二，以求城市和农村、工业和农业在社会发展中各得其位、多元包容、相得益彰、和谐共生，实现长久存续的生态文明呵护下的社会可持续发展。

（2）共责原则。建立生态文明应是国际社会的共同要求和责任。社会的发展离不开资源的支持。而在各国所有的各种资源中，有些资源对整个人类社会的稳定与发展具有特别重要的意义，因而成为人类共同需要的资源。南美洲亚马逊河流域的原始森林被视为地球之肺，与俄罗斯的西伯利亚大森林、非洲的刚果河流域的原始森林一起成为调节地球气候的非常重要的资源，格陵兰、北冰洋、南极洲的冰川是维持地球温度的不可缺少的资源，维护这些人类共同需要的资源，就应是人类共同的责任，这就是对人类社会发展而言十分重要的共责原则。在国际社会的统一协调下，世界各国都应为保护好这些人类共同需要的资源付出相应的、不求回报的努力。另一方面，各国的发展应以基本依靠本国资源支持为原则，经济发达国家有责任限制掠夺性地利用他国资源为自己的过度发展服务。对于人类社会的可持续发展，每个国家都有自己的责任。"为了降低人类的生态足迹，每一个社会都应该在最有可能改进的地方加以改进，这一点似乎是合情合理的。南方国家最有余地在人口上改进，西方国家最有余地在富裕程度上改进，而东欧国家最有余地在技术上改进。"①

（3）适度原则。经济增长要适度，增长超限则副作用大；城市扩展要适度，扩展过大则阻碍农村发展；个人消费要适度，消费爆炸不利于社

---

①　前揭《增长的极限》，第118页。

会的长期稳定发展。要通过思想道德教育，确立以适度消费为荣的新道德观，通过完善法制（制定更加严格的反垄断法和反超额利润法），限定资本追求利润的程度。国际社会对社会发展要制定一个符合适度原则的基本指标，各国综合各自因素和条件而制定的发展指标应与国际指标相协调。检验各国的发展指标不仅要看是否符合本国的适度原则，更主要的要看是否符合整个人类社会发展的适度原则。这一条对经济发达国家而言更具有紧迫性，当然，发展中国家在筹划未来目标时也应注意到这一原则。

（4）均衡原则。这是在适度原则之上建立的原则。这一原则的根本目的是防止国际社会已经出现的两极分化日益加剧，而要促使这个两极分化逐渐缓和，乃至最终消失。经济发达国家为保证富裕生活已超量占有地球资源多年，这也是造成发展中国家贫困的主要原因之一。人类社会发展的现实并不是经济发达国家越发展，自然而然越能带动发展中国家发展，而是经济发达国家越发展，造成众多的发展中国家愈加陷入贫困。这种人类社会发展的不均衡状态必须改变，国际社会应共同努力实现经济发达国家与发展中国家的均衡发展。这种均衡发展的实际含义就是，经济发达国家应限定发展速度，用更多的力量支援和帮助发展中国家加速发展，早日摆脱贫困，进入小康社会。经济发达国家已经占取了很多的利益，所以支援和帮助发展中国家发展是其应尽的责任，而不能认为是得不偿失。均衡原则的另一方面体现，则是经济发展与生态保护要均衡，城市和农村的发展要均衡，社会成员各群体的发展大体平衡。现代田园主义不搞绝对平均主义，不主张全体社会成员完全一致的"大锅饭"制度，"大锅饭"制度的社会是缺乏长久发展动力的社会。现代田园主义同时也反对两极分化。虽然社会发展的基本原则之一是社会成员各尽所能，但各成员对社会的贡献仍有大小之别。贡献小者能享有充分的生活保障，贡献大者则能在此基础上享有更多一些的物质待遇。考虑到贡献大者必然会付出更多的智力和精力，则得到更多一些的物质待遇也是应该的，要承认差别，鼓励个性，发挥特长，形成压力。

（5）轻负原则。社会发展需要每个社会成员积极努力，作出贡献，但不能要求过度，使之成为社会成员的沉重负担，不能过度紧张，甚至造成"过劳死"。田园世界是美轮美奂的世界。这个美不仅要表现在受到充分保护的大自然上，还要表现在每个成员的脸上，更要浸透到每个成员的心里。让社会成员有足够的时间谈情说爱，享受生活，充满幸福感。这是社会的责任，轻负与否应成为衡量社会幸福指数高低的一项重要内容，同时也是现代田园主义的重要原则。

（6）有序原则。现代田园主义充分保障每一个社会成员的人权，包括生存权、发展权和民主参与管理权，为每一个成员的个性发挥提供充分可能的条件。但以人为本并不是以个人主义为本，不能满足不合理的无限膨胀的个人欲望和要求。现代田园主义不主张无政府主义，而主张有序原则。序即秩序，法制与秩序是不可分的。没有法制就没有秩序，没有秩序个人的能力就得不到充分的发挥，生活就难有可靠的保障。有序才能心情舒畅。当然，法律并不是可以任意建立的，法律和秩序的基础是全体社会成员的觉悟和意愿。反之，法律和秩序又成为现代田园主义美好生活的保护神。

现代田园主义不等于现实社会，也不是完全脱离现实社会的空想，而是针对当代人类社会发展过程中出现的众多现实问题而凝聚成的一种有针对性的思想认识和主张，它提醒人们在今后推动社会发展时为摆脱危机应予以充分注意的事项，是为鼓励人类继续前进的勇气和智慧而描绘出的一个令人神往的目标。人类社会的现实虽然与现代田园主义的目标尚有较大距离，但这不等于现代田园主义没有任何现实意义。如果允许追溯历史以往，人类能够更早地认识到人类社会发展面临的危险，更新思想观念，出现众多的类似瑞典、瑞士那样的国家，停止所有战争，将20世纪以来支出的全部战争经费都使用到提高科学技术、维护和改善人类生活环境上去，那么人类社会在进入21世纪的时候就不会像现在这样存在着巨大的不平等，面临着巨大的危险，现代田园主义完全可能正在变成现实。

从现代田园主义回到战火不断（也包括金融战、贸易战等）的现实中来，便能看到处处都在追求大大小小的个体主义（国家追求的是放大了的个体主义，个人追求的是缩小了的个体主义），无不声言有百分之百的充足理由追求个体主义。当然，其结果只能是少数的个体主义得到满足，多数的个体主义得不到满足，社会发展的整体条件也因此遭到破坏。而且无论个体主义未得到满足的多数，还是个体主义得到满足的少数，其又都感到不满足。如果把现代田园主义的图画展现出来，很可能无论此多数或少数都会以居住在生活稳定轻松有保障、社会管理井然有序的现代田园主义的社会里而感到满足。①

第三节 对我国维持社会稳定、推动 社会发展的政策建议

本书出于我国当前面临的各项艰巨而又复杂的社会改革的需要，选择英国、美国、法国、日本和瑞典五个经济发达或较为发达的国家，以其社会发展和政策选择为问题意识进行探讨，从中总结出共同的发人深省的经验教训，并以上述现代田园主义的理论设计为指引，为我国继续推进改革事业提出以下参考性建议。

第一，人口增长问题。根据联合国粮农组织数据库、世界银行数据库的数字，英国、美国、法国、日本、瑞典五国的人口密度依次为252人/平方公里、33人/平方公里、112人/平方公里、351人/平方公里和20人/平方公里，最高者日本的人口密度是最低者瑞典的人口密度的近17.5倍。英国、法国、日本的人口密度均大大超过世界平均人口密度50人/平方公里，美国和瑞典的人口密度则比世界平均人口密度低出许多。事实已经比较清楚，目前的世界平均人口密度似乎成为一条警戒线，超过这条警戒线，人口将会给经济发展、社会发展造成很大的压力；反之，低于这条警戒线，人口不仅不会成为压力，反而会因人的能动性能够得到充分的发挥而推动经济和社会发展（当然不能绝对化地看待这个问题）。

我国目前的人口密度大约为135人/平方公里。单从数字上看，比日本、英国低许多，又比美国、瑞典高许多，大体与法国处于同一水平，但同样大大超过世界平均人口密度。而且还要看到在此数字之下掩盖的两个问题。一是我国的国土面积中，有大片的沙漠和冻土高原，正在严重沙漠化的土地和大地震不断的区域等，不适宜人类居住的国土面积巨大。如果

---

① 可喜的是，2010年2月，曾获"中国最具幸福感城市"大奖的成都市完成首个"世界现代田园城市"规划，在保护和尊重生态的基础上，成都规划了4大总体功能区，13个市管产业功能区和19个区（市）县管产业功能区。见 http://cd.qq.com/a/20100201/000925.htm。该规划获得了中外相关专家学者的好评，但也有记者调查后写出报道，认为占用大量良田搞居住区建设有悖规划宗旨。一位农民看到成片的良田被毁，痛心地说："田都要全没了，还能有什么园?!"见《中国青年报》2010年8月11日。

仅以适宜居住的国土面积来计算，则我国的人口密度提高程度可能会比其他国家要大得多。二是我国出生儿男女比例失调严重。据国家统计局2006年抽样调查（抽样比为0.907‰），此调查样本中0—9岁婴幼儿男女比例为1.22，说明此前9年的出生儿男女比例大大超出了1.03—1.07的正常比例范围。而且此调查样本总数中男性占50.67%，尚低于同年调查全国人口总数中男性所占比51.52%，因此可以认为，这9年间出生儿男女实际比例还要略高于1.22。[①] 往事不可追，总人口数、人口密度和近十余年出生儿男女比例都已经大大超过警戒线，必须引起全国上下的高度重视。人口压力过大不利于生态文明建设，也与现代田园主义的宗旨相背离。

解决人口问题难度大，耗时长，要有降低人口总量的长远目标，也要有阶段性安排。若以回归世界平均人口密度计算，我国人口以5亿至6亿人为宜，即回归到1953年的水平。这显然难度极大，甚至是不可能的。1953年以后经过50年人口翻了一倍，但无论今后如何努力，即使再经过两个50年，恐怕也不会回归到6亿。所以，切实可追求的目标首先是停止增长，第二步是降至10亿。所以，仍然要坚持计划生育的大方针，同时对相关具体政策不断进行调整。当然，因为人的生育、成长是人权中最主要的生存权和发展权的最主要内容，在制定相关政策时必须十分慎重。计划生育应避免行政强迫命令，坚决去除"一胎上环二胎扎，计外怀孕坚决刮"、"该扎不扎，房倒屋塌"、"逮着就扎、跑了就抓，上吊给绳、喝药给瓶"、"宁可血流成河，不可超生一个"、"打出来！堕出来！流出来！就是不能生出来"一类生硬冷漠甚至恐吓威胁式的工作方法，如果能够通过提供相应的社会环境，最主要者是建立以老有所养为核心的完善的社会保障制度和投入力度较大的少生优育奖励制度，通过入情入理的宣传教育逐步改变社会主体意识，真正实现男女平等，使社会成员能够主动接受并实践少生优育，则经过长期努力就能最终实现降低人口总量的目的。

[①] 中华人民共和国国家统计局编：《2007 中国统计年鉴》，中国统计出版社2007年版，第105、第110页。因该年鉴未披露出生儿男女比例数字，故只能根据其公布的相关数字作如上分析。第五次全国人口普查数据显示，我国出生人口性别比为117，个别省份超过130，农村失调程度更为严重。这样到2020年，20—45岁的适婚男性将比女性多3000万人左右，这些大龄男青年将找不到配偶。我国已成为世界上失常程度最严重、持续时间最长的国家之一。

　　在这个过程中必然会出现老年人占总人口比例不断增加的现象，一般称之为"人口老化"。现在，人的平均寿命在不断增长，生育率在不断降低，一增一降成为老年人占总人口比例不断增加的主要原因，并由此形成年轻人赡养老年人负担过重的问题。这是为降低人口而必须面对的现实，老年人比例增加将是一个长期的过程。政府的责任就是通过制定政策、采取措施，促使"人口老化"的负面作用降至最低。

　　在人口问题上，应及早取消所谓"城镇户口"与"农业户口"的区别，取消这种将全民划分成对立的两大部分的差别性做法。在城乡之间"拆墙通路"，是建立和谐社会的基本前提。采取这一措施时要注意两点：一是要充分保证农民的既有权益，尤其不得剥夺农民的房屋宅地私有权、承包土地的种植经营收益权，要让农民比城里人有更好的生活和工作条件，更令人羡慕；二是鼓励城里人到农村就职安家，与农民进行形式多样的合作，为农村的发展贡献才智和财力。这是限制大城市人口无节制增长的有效途径。

　　第二，经济发展问题。根据各国以往经济发展的经验教训，在此提出经济发展应遵循的四项基本原则：

　　其一，绿色发展原则。在经济发展的指导思想中，因为 GDP 增长不能反映全部社会问题，所以不能单纯搞以 GDP 增长为本，而应在搞 GDP 增长为本的同时，还要以人为本（也就是以民为本），还应以自然为本。在此突出以自然为本，是因为过去片面强调"经济发展速度"、"改造大自然"、"战胜大自然"，没有按照自然规律办事，经济发展超越了自然的承载能力，限制乃至破坏了自然的发展，正在出现日益严重的后果。以自然为本，不仅要求经济发展不能超越自然的承载能力，还要求经济发展必须坚决摈弃污染环境、破坏自然的任何黑色发展或白色发展，绝不能以"发展是硬道理"为挡箭牌继续搞黑色发展或白色发展，而必须搞绿色发展。经济发展必须与自然发展相协调，极而言之，如果经济发展与自然发展之间出现了难以协调的矛盾，则应毫不犹豫地舍弃经济发展而保护自然发展，否则将会面临自然更加严重的惩罚。反之，如果能够使经济发展与自然发展长期保持协调，则经济发展的动力就会更加充沛。英国原子能机构主席芭芭拉·贾奇在 2009 年大连夏季达沃斯论坛上表示，人们想要过上既富裕又健康的生活，完全符合循环经济标准的绿色经济是大势所趋，而其发展的关键是增加投入。[①]

以自然为本，目前面临的另一个必须努力解决的问题是保护农业和保护森林的问题。农业是与自然最近的产业，其本质属性应是典型的绿色产业，是社会得以保持绿色发展的基本要素之一。但多年来，由于人口大量增加必须相应提高农产品产量，使得化肥、农药和塑料薄膜成为农业发展的主要依靠，因此形成污染日益严重的白色农业。今后的努力方向便是保耕地（杜绝良田为城镇化、工业化所用）、保草原（限定畜牧规模）、保森林（坚持退耕还林），通过进一步提高粮棉豆肉奶等农业相关产品的收购价格使农民直接受益，提高农民的生产积极性，规范流通渠道，严把农产品上市的质量关，使白色农业向绿色农业回归，使农业发展不仅不会污染破坏环境，反而会使环境变得更加美好，从而形成人与环境、自然的和谐共生。

相对来说森林问题更加严重。若从卫星拍摄的我国地形地貌图看，土黄色区域越来越大，说明由于森林面积减少，我国特定地区的水土流失和沙漠化问题已很严重，再不注意很可能会在几代人之后出现到处荒原凄凄、满目童山濯濯的灾难性后果。[②] 应认真总结 1978 年开始的三北防护林建设和 20 世纪 80 年代全国人民支援黄土高原和西北地区植树造林的经

---

① 见 http://news.sohu.com/20090912/n266680477.shtml。

② 黄土高原植被变化的教训尤其值得吸取。有研究认为，秦汉时期黄土高原天然植被仍占较大比重，人类活动尚未改变黄土高原的植被面貌。唐宋时期关中平原、汾涑河流域已无天然森林，黄土丘陵、山地植被也遭到破坏，黄土高原北部沙漠开始扩张，自然环境处在恶化之中。黄土高原历史植被的毁灭性破坏主要在明清时期。造成黄土高原历史植被变化的原因有自然因素，但更主要的原因是人为开垦土地，人为采伐森林和过度放牧造成的。根据历史时期黄土高原森林分布图推算，春秋战国时期黄河中游森林覆盖率为 53%，秦汉时期下降为 42%，唐宋时期下降至 32%，明清时期下降至 4%。所以，黄土高原濯濯童山主要是近 600 多年来人类活动对植被破坏的结果。见桑广书《黄土高原历史时期植被变化》，《干旱区资源与环境》2005 年 7 月第 19 卷第 4 期，第 57 页，http://www.doc88.com/p - 34280773686.html。另有研究认为，黄土高原植被变化与该地区的人口增减有很大关系。汉代对黄土高原自然植被的破坏最大限度占总面积的 30%—50%。此后人口有所减少，植被又有所恢复。北宋以后人口不断增加，对植被的破坏呈加剧的趋势。明清时期，人口增长更快，土地大部分被开垦，很少有植被覆盖，而乔木一旦被砍伐，自然恢复的难度较大。王守春《历史时期黄土高原的植被及其变迁》，《人民黄河》1994 年 2 月第 2 期，第 9—12 页，http://www.doc88.com/p - 11265008639.html。另外，还有研究注意到引起植被变化的其他因素，认为黄土高原西缘的河西走廊的环境退化主要因约 4000 年前的早期大规模青铜器冶炼造成的。见李小强《河西走廊早期青铜冶炼导致环境退化》，载 2010 年 11 月 25 日《中国社会科学报》。

验教训，坚决防止造林植草面积报表数年年增加但荒漠化、沙化土地面积越来越大的现象，脚踏实地地在今后 20 年将植树造林的重点放在黄土高原和华北地区北部，以及长江、黄河两河流域。① 各级领导要发挥带头作用，植树节不在城里装样子，而是真到水土流失严重的山野荒滩挖几个坑、种几棵树，使全社会形成"砍树容易养树难"、"不砍一棵树，不欠子孙债"的主体意识，全民踊跃参加到植树造林的行列中去。② 要大力表彰治沙造林的先进人物和事迹，鼓励全民捐款为这些先进人物设立绿化基金，国家也要从经济上给予充分的支持。事实已经充分证明，植树造林必须是国家百年大计，是需全民共同面对的再难以耽搁的紧迫任务。我国在经济发展的同时必须采取更加有力的措施迅速遏止森林覆盖率下降的趋势，不断加大投入使森林覆盖率尽快提高。

低碳经济是现在所称绿色经济的另一主要内容，主要指以低能耗、低排放、低污染为基础的经济发展模式。随着人们对气候变化的日益关注，思想意识开始改变，世界经济向低碳经济转变的趋势愈发明显。低碳经济作为新的经济发展模式，将对实现全球减排目标和推动经济可持续增长起到重要的作用。我国在低碳经济方面不仅与先进国家还有较大差距，而且存在很大的盲目性。为了完成低碳指标，关、停、并、转是必要的，但类似 2011 年第四季度某些地区不得已进行的断电停产，这只能有一时的作用，最根本的措施应该是技术创新，没有技术创新就没有低碳经济。改革开放以来，我国经济总量提升很快，但技术创新未能同步发展，除极少领域外尚无领先世界的技术创新，所以最后

---

① 据 2011 年 1 月国家林业局《中国荒漠化和沙化状况公报》，至 2009 年底，我国荒漠化土地面积 262.37 万平方公里，占国土总面积 27.33%；沙化土地面积 173.11 万平方公里，占国土总面积 18.03%。该报告称荒漠化土地面积和沙化土地面积近 5 年每年都在减少，但另有文章称沙化土地面积每年仍以 3436 平方公里的速度扩展。见 http：//www.china.com.cn/zhibo/zhuan-ti/ch – zinwen/2010 – 08/31/content_ 21669628.html 和 http：//www.milfuns.com/2012/0305/45598.html。然而近年也有研究发现，黄土高原造林后出现了土壤干化和径流减少等现象，这可能会进一步加剧当地水资源紧张的状况，使本已短缺的水资源更加紧缺，并可能威胁到当地及下游的供水安全。因此，急需评估造林对黄土高原区域产水的影响，确定合理的区域（流域）森林覆被率，以保障区域协调发展。见 http：//www.caf.ac.cn/news/kjcx/201104/2011 – 04 – 25 – 10 – 51.html。

② 国家或可采取一些强制性或半强制性措施，例如规定每位公务员每年植树 3 棵，每位公民一生植树 3 棵，新婚夫妇植树 3 棵，也可以罚代植（每棵树 200 元），不依其利润而依其规模向所有企事业单位征收植树造林税，等等。

只能断电停产。要技术创新，当然会面临风险。国家应对这种自己努力搞技术创新的"风险企业"给予更多的支持，而没有必要支持那些只知"引进技术"（实际上是引而不进，技术仍是外国的）的"懒虫式"企业。

其二，循环发展原则。大自然是循环发展的，人类社会的经济发展也应与之相适应，以循环的方式发展。循环发展是可持续发展，非循环的直线式发展显然是不可持续的发展。遗憾的是，人们往往喜欢效果直接的直线式发展，而低估了将直线式发展转变成循环发展的重要性。循环发展与绿色发展相互依存，不可分割。无法想象，循环发展能与污染严重的黑色发展、白色发展联系在一起。

走循环发展之路是一项需要科学技术加观念更新的综合工程。循环发展包括的内容非常广泛，绝不能将循环经济仅仅理解为回收垃圾或洗衣服的水用来冲厕所之类。其实，就说洗衣服的水用来冲厕所这类非常简单的事情，有多少家庭能够做到？几十年来，一批又一批的住宅楼拔地而起，但到目前为止，没有看到任何一家住宅的排水设计在这方面有所改进。循环发展指依据物质不灭（转化）定律在产业、能源、资源和社会各方面实现最大限度节约的发展模式，循环发展的目标是把最终未能纳入循环发展的资源浪费降为零。当然，绝对地降为零是不可能的，百分之百实现循环经济也很难，但是，"难"不能成为借口，应追求无限地接近这个目标。人类在这方面面临的可操作空间实在太大了，其中有许多空间尚未能完全认识清楚，还需要长时期的研究与探索。

其三，协调发展原则。对于国民经济中的第一产业、第二产业和第三产业，在经济改革与发展中，必须协调这三个产业的关系。也就是说，要努力创造条件使这三个产业能够协调发展，各自占有应有的地位，各自发挥应有的作用。尤其应注意的是，随着经济的发展和规模的扩大、层次的提升，第一产业所占比重会越来越小，第三产业所占比重会越来越大，尤其其中的金融业所占比重会更大。但金融业（或包括股市）绝对不可能取代实业（即第二产业和第一产业），而只能推动实业发展。至于金融业中的虚拟产品业，恐怕对经济发展的实际意义并不大，而只有 GDP 统计上的意义了。所以，三个产业协调发展，其重要点就是要维护和促进第一产业的发展，尤其像我国这样一个具有 13 亿人口的大国，又要搞现代田园主义的发展模式，第一产业的发展就具有特别重要的意义。社会的发展绝不是要取消农业、取消农村，而是要发展农业、发展农村。社会协调发展的一项不可缺少的主要内容就是城乡之间的协调发展。如果经济发展的结果是城市大发展，乡村更落后，则此经济发展不是可持续的发展，不是成功的发展；而是不可持续的发展，是失败的发展。城乡协调发展也不是让农村也都变成城镇，高楼大厦，车水马龙，而是要保留农村的田园特色，并且使农村在生活环境、生活水平方面比城市有更多的优越性，进而使更多的人愿意离开城市到农村去生活，谋求发展机会。①

其四，科学发展原则。上述绿色发展、循环发展皆属科学发展的内容，简言之，符合自然规律的、能够运用自然规律创造绿色财富的发展，才称得上科学发展。科学发展的最大化解释，就是追求人类与自然的平衡与和谐。在此要陈述的是科学发展中科学与发展的关系。有一种观点是，科学是手段，发展是目的。这种观点是错误的。如果仅仅将科学置于手段的位置，则其重要性必然大大降低，甚至可有可无，因为也可以找到其他推动经济发展的手段，如加大资金投入、实施政策激励搞竭泽而渔式发展等。这种观点认为只要经济发展了，其他所有问题都能随之解决。但现实结果是，经济发展了，其他问题并没有随之解决，有些问题反而变得更加严重了。所以，科学不是手段，而是必须具备的前提。科学与发展绝不能分离。我们只能追求科学前提下的发展，在发展过程中要坚决摈弃一切不符合科学规律的做法。现在提出国民经济要科学发展，正是针对目前大量存在的不科学发展的现实，所以具有非常重要的现实意义，也具有为子孙后代造福的长远意义。科学发展是硬道理，是已被无数事实证明了的必须毫不犹豫地遵循的硬道理。

既然追求科学发展，就不可能是永远一成不变的高速发展。如果经济

---

① 所以，近年有些地方搞农村城镇化颇为积极，通过所谓的"土地置换"让农民上楼，实际上是搞"圈地运动"，剥夺了农民的既有权益，搞变相的土地财政。这类做法应予以制止。2011 年 12 月 27 日，温家宝总理在中央农村工作会议上说："要全面推进农村各项建设，建设好农民幸福生活的美好家园。农村建设应保持农村的特点，有利于农民生产生活，保持田园风光和良好生态环境。不能把城镇的居民小区照搬到农村去，赶农民上楼。要长期坚持把国家基础设施建设的重点放到农村。建设部门要加强对村庄规划和农村建房的指导，提高农村民居设计和建设水平。"（见 2011 年 12 月 28 日《人民日报》第 1 版）。所以，对搞城镇化也要具体问题具体分析，非宜居地区的农民可以迁居搞城镇化，但宜居地区的农民只要改善其农村生活工作条件就可以了，一刀切式地搞城镇化则会贻害不浅。

增长率年年都是九点几，时间一长此类统计数字的可信度必然下降。如果真是年年都达到九点几，则其中可能包含了不合理的因素。例如，通过抬升房价和国家垄断的必需消费品价格，或操纵股市大幅度升降，不惜借子孙债，鼓吹超前消费，搞寅吃卯粮等，虽有一时的经济高速增长，但为以后的经济增长留下了隐患。既然如此，应加强未来经济学、危机经济学研究，为今后经济中速乃至低速发展甚至遇到经济危机做好准备。当前中央提出了扩大内需的方针，但若不改变房市、股市占用大量资金、大资本圈钱、小资本溺市的状况，何来内需？

其五，幸福发展原则。在以人为本的社会体系中，经济发展不是目的，而是提高人民生活水平的手段。不能神化 GDP 增长率。如果提倡GDP 主义，则在 GDP 统计中难免出现层层加码的现象，GDP 从而被增长，缺少了科学性。GDP 不能说明一切、代表一切。一方面现在的 GDP增长率计算颇不全面，它只能是经济发展的一个方面的指标系。经济发展的综合指标系除包括 GDP 增长率外，还应包括上述绿色指标系和循环指标系。另一方面，评价经济发展除这一综合指标系外，对其社会效果则需使用幸福指标系。实践证明，幸福指标系对评价经济发展具有越来越重要的意义，因而受到越来越多的人的重视。

之所以要提出幸福指标系，是因为经济发展的综合指标系与人民生活的幸福指标系并不是必然成正相关变化的，也就是说经济发展快，人民生活水平不一定就提高得也快，人民生活水平可能提高得并不快，可能很慢，甚至下降。如果缺少相应的政策配套，则经济增长并不能消除贫困，经济增长的成果将不成比例地流向更富有的阶层，使穷者未变，但富者更富。所以，经济增长不是唯一的选项，政策和分配制度的完善也会对提高人民生活水平发挥关键性作用。总之，如果经济发展的成果没有能使绝大多数的社会成员受惠，而是被极少数人所占有，则经济发展的综合指标系与人民生活的幸福指标系就会出现严重的乖离，造成经济发展的同时不满情绪增长的危险现象。所以，对经济发展提出综合指标系和幸福指标系两种指标体系进行评价，对执政为民的政府制定正确的政策更属必须而且有利。

民众幸福感是与社会公平度密切联系的。如果社会公平度很低，则民众幸福感不可能很高。社会公平度很高，则民众的幸福感一定会随之增高。由此可见，幸福感并非单纯产生于与生活相关的物质条件，还包括其他因素在内。而社会保障的最主要目的就是保障社会公平，实现社会和谐。社会不公平，就不能实现社会和谐。为实现这个目的，国家的政策选择十分重要。我国提出以人为本多年，国家财富越积越多，但民众的税负也随之增加，并且由于税率调节不到位，甚至出现了富人不纳税或少纳税的怪现象，致使贫富差距却在不断拉大，两极分化的趋势难以遏制；垄断行业利用国有资产和特殊有利的地位聚拢资金，供少数领导层领取自己定下的令人咋舌的巨额"薪水"，甚至其一般职工的工资也要比其他行业高出许多倍；一些貌似合法的腐败如少数人利用公职或国有经费、资财为小集团、为个人、为子女谋福利；房地产商借国家政策支持哄抬房价大发不义之财，使很多青年人过上了沉重的负债生活；城市确实越建越漂亮的同时强拆民房的报道接连不断，等等。① 广大民众面对这些社会不公现象，怎么会产生幸福感？如此不协调的现象已引起民众的极大不满，应引起高度注意。这说明在保障社会公平方面政策还不到位，包括政策的制定不到位和政策的执行不到位。对于政策制定不到位的方面要加紧制定政策，对于政策执行不到位的方面要努力弥补漏洞。以人为本应深化到以民为本，即政策以维护和发展最广大人民群众的根本利益为本，少数人先富起来没有错，可以也必然会有差距，但这种差距必须通过政策有效地控制在一定的范围以内。这是为实现社会公平从而提高民众幸福感必须要做的事。

民众幸福感还与社会安全感密切联系。在缺少安全感的社会里，民众的幸福感绝不会高，这是不言自明的道理。所以，凡是影响社会安全感的因素，必须高度关注：对正面因素积极创造条件扩大之，对负面因素通过不懈努力祛除之。在社会安全感中，食品安全与民众的日常生活相关最紧密，是最受民众关注、对幸福感影响最大的因素。但遗憾的是，我国的食品安全度目前仍很低，并且尚未看到改善的趋势。从注水肉开始，苏丹红、地沟油、毒豆芽、污染菜、毒白酒、假鸡蛋、瘦肉精、牛肉膏、添加剂、染色馒、注胶虾，一个问题接一个问题，民众对食品不安全的问题已

---

① 有文章介绍，美国财经杂志《福布斯》在 2005 年就各国税务负担做调查，其结果是，在所调查的全球 52 个主要国家和地区中，中国内地是仅次于法国的税负第二重的国家，中国香港是仅重于阿联酋的税负第二轻的地区。见 http://hi.baidu.com/kkio2005/blog/item/3af4003193 elee07eac4af6f.html。

是处"变"不惊,承受能力越来越强。① 要解决食品安全问题,首先要解决认识问题,各级干部和主管部门要有"人民利益大于天、食品安全重于山"的思想,对食品安全方面发生的问题要雷厉风行地解决,坚决杜绝官企相护,蒙蔽视听。其次,应设立严格的惩戒制度,对造成问题的企业负责人和政府主管部门负责人必须追究法律责任。再次,大力宣传并适时改进《食品安全法》,使食品相关企业,无论大小,均以诚实守法为本,并在开展群众监督方面多设有效渠道。只有实现食品安全,民众才能

---

① 其中影响最大的是乳制品问题。2008 年发生的奶制品污染事件,包括三鹿、伊利、蒙牛、光明、圣元及雅士利在内的多个著名大厂家的奶粉都检出三聚氰胺,三鹿奶粉致使多名婴儿得病,4 人死亡。这一事件致使多数民众不再敢买国产奶粉。针对这种状况,2010 年 3 月,主管部门颁布"乳品新国标",有专家称此国家标准"被个别大企业绑架,是全球最差标准","中国原奶质量,可以说是全世界最低了"。但主管部门称这是"立足国情,实事求是",作为强制性新国标,如果标准定高,反而会增加散户奶农造假的几率,"万一出现企业拒收,奶农倒奶,则事关三农稳定的大局了"。在这种"国标"引导下,声称每一包牛奶"都要经过 9 道工序、36 个监控点、105 项指标检测,只要有一项检测项目不合格,整批产品都不允许上市"的蒙牛,从 2008 年到 2012 年,从三聚氰胺到黄曲霉素 M1,6 次出现重大问题的蒙牛,仅 2011 年就获得"最具消费者信赖奖"、"年度杰出品牌大奖"、"中国食品安全年度自律先锋品牌"等众多奖项的蒙牛,在 2011 年 12 月 24 日国家质检总局抽查出蒙牛乳液(眉山)有限公司的 250ml 利乐包装盒装鲜奶黄曲霉毒素 M1 超标达 140%。对此,12 月 27 日,蒙牛乳业负责人竟为企业推卸责任称,产生毒牛奶的原因是奶农所用饲料发生了霉变,但是乳企对奶农用什么样的饲料并不能够控制,甚至强词夺理地说:"就像国家刑法立法了说不容许你杀人,但是有人就是要杀人,那你怎么办?"尽管蒙牛百般辩解,民众已将蒙牛牛奶称为"致癌牛奶",蒙牛牛奶销量骤跌,蒙牛乳业股票严重受挫。蒙牛之所以腰杆强硬,不无原因。2012 年 3 月 7 日,农业部某副部长即公开表示,不赞成媒体对蒙牛"致癌牛奶"过度炒作,"你说吃了致癌,它得吃几吨、吃几年才致癌啊?""就那个别人、个别场,出现那么点个别问题,炒得全社会沸沸扬扬,好像哪个都不能吃了。"对于副部长的言论,网民多有议论:"中国的食品安全已到了非解决不可的地步了。一个副部长敢冒天下之大不韪来为食品问题开脱罪责,不知是你真明白还是假明白,是对事还是对钱对人?食品涉及千家万户,绝非小事。有这样看法的副部长,中国的食品安全还能得到很好的解决吗?在食品安全问题上,我们正确的态度是:不论对人体的伤害大小,绝不让步,这是底线,触不得,动不得。无论是从部长角度讲,还是从人民代表的身份讲,先生错了。我真为你的政治命运担心呢。忠言逆耳,再讲话还是想好了再说吧。""对人体健康有害有毒致癌物质竟然用吨来衡量其危害,这样的货色竟然都能混个副部长当,难怪中国的食品安全会事故频发,食品安全管理会如此混乱!只怕你自己吃的是绿色特供,所以才为了所谓的 GDP 不把老百姓的健康当回事吧!也难怪转基因那么快就能在中国上市流通!!""太不负责任了,这样的人管食品安全,简直是笑话!""这就是领导人对民生的态度啊,太让人寒心了!"看起来,主管部门认定"我国农产品质量安全近年来保持了'总体平稳、逐步向好'的发展态势",与民众在食品安全方面的实际感受存在着较大的距离。见 http://pinglun.sohu.com/s337040314.html, http://www.foodmate.net/news/guonei/2011/12/197210.html, http://news.sohu.com/20120308/n337040314.shtml。

放心生活，轻松生活，其幸福感必然会不断提高。

此外，对于人民生活的幸福指标系，究竟应该如何设立，这还是一个需要发动有关方面认真讨论研究的问题。幸福指标系与基尼系数体系有一定的关系，但不相同。我国应及时制定符合我国国情、能够准确反映人民生活水平和民意的指标体系，为建设国民经济稳定发展、人民生活祥和幸福的和谐社会服务。在这种幸福指标体系建立之前，不妨以最简单的方式进行调查，即调查问题只有两个：一，你感到幸福吗？回答有 6 个选择项，即：非常幸福，幸福，一般，不幸福，很不幸福，不回答。二，请写出选择此项的理由。通过这样简单的社会调查，也能分析出民众幸福感的大致状况如何及理由为何，从而为制定相关的社会政策提供参考。[①]

第三，环境保护问题。环境保护问题是上述绿色发展、循环发展和科学发展的有机组成部分。要想完全解决环境保护问题并不是一件容易的事，它包括开发环保技术、制定环保法律、发动群众监督等众多方面。但是，如果已经开发了环保技术却不能推广应用，已经制定了完备的环保法律却没有法律权威，群众已经发现了环保方面存在的问题却投诉无门，破坏环境的违法犯罪行为能够长期逍遥法外，这说明了什么问题？这些现象的背后存在着一个重大的认识误区，即认为只有先发展经济，有实力以后才可能开发环保技术，解决环保问题。这种先发展、后环保的认识，是将发展与环境保护对立起来，是完全错误的。实际上，许多企业已经引进了环保技术，甚至安装了环保设备，但就是不投入使用，这是为什么？说穿了，这就是资本追求高额利润的表现，资本为了追求一分的利润，可以对社会造成十分的污染也不在乎，或将污染物排入地下贻害子孙也不在乎。但在表面上，却还要打着"先发展经济"的幌子，掩盖自己破坏环境以谋私利的违法犯罪行径。打着"先发展经济"的幌子可以蒙骗百姓，可以"合法"地拉拢当权者，所以往往可以畅行无阻。要想真正彻底地解决环境保护问题，不再使"××××年内一定要根治×河"一类口号成为根本无缘实现的笑柄，在端正思想认识的同时，首先需要大张旗鼓地确立法律的最高权威，坚决打掉包庇违法犯罪的当权者和执法者，态度鲜明地支持广大群众积极履行监督职责，对破坏环境的违法犯罪行为严惩不

---

① 2012 年某媒体进行的幸福感调查不符合社会调查的规范，不能准确反映社会现实状况，意义不大。

息。只有大力匡扶正气，才能压倒邪风。无论以任何所谓的理由，各级政府和公职人员凡是对破坏环境的违法犯罪行为加以姑息纵容，即等同于对人民的犯罪，亦应由法律惩处。①

　　由于环保意识的普遍缺失，总体上讲，社会对环境保护投入的科研经费仍很不足。由于环保投资见效慢，收益低，还影响眼前的经济效益，所以加大环保投入的积极性难以提高。国内的环保技术跟不上实际的需要，国外的环保技术又难以引进，最终形成环保落后的局面。为打破这种落后局面，国家、地方、企业要共同努力（如对环保投入的收益在一定时期和范围实施减免税），不要眼睛向外，而要眼睛向内，动员大学和科研机构与企业结合，自主开发环保技术，共同开发，共同得益。如此坚持不懈，环境保护问题或能较快地得到解决。

　　第四，社会保障问题。现在往往将社会保障问题单纯理解为养老保障问题，这是片面的观点。社会保障应是社会对其全体成员的生活进行的没

---

　　①　但实际上，在现实利益的驱使下，要做到这一点很难。农业方面的主要问题是稻米重金属镉超标。我国镉污染面积已很大，其中两广与湖南是镉污染严重的三个地区。有色金属矿产开发、冶炼及其他工业生产排出的废气、废水和废渣都会造成镉污染，农民耕种习惯使用的磷肥也含有一定量的镉。据我国7大水系，26个国控湖泊、水库的监测发现，长江水系的镉污染是仅次于汞的重金属污染物，黄河水系、淮河干流、滦河的镉超标率都在16%以上，26个国控湖泊、水库中都发现了不同程度的镉污染问题。全国仅镉污染的耕地就有8000万亩左右，被镉、砷等污染的耕地近1.8亿亩。我国每年由工业废弃物排放到环境中的镉总量约680余吨。在一些重金属污染严重的地区，稻田有效镉含量甚至是国家允许值的26倍。2002年，农业部稻米及制品质量监督检验测试中心曾对全国市场稻米进行安全性抽检。结果显示，稻米中镉超标率为10.3%。南京农业大学农业资源与生态环境研究所在全国六个地区县级以上市场随机采购大米样品91个进行检测，结果也同样表明：10%左右的市售大米镉超标。镉中毒会导致软骨症周身痛，能引发多种恶性肿瘤。与20世纪五六十年代日本因镉污染中毒出现的疼疼病一样，我国一些农村已出现因镉污染中毒造成的骨骼疼疼病。见 http://discover.news.163.com/special/cadmium/。媒体上这样的消息并不少见：多少企业为降低成本、追求"经济效益"，明知生产伴有严重污染，但不搞污染治理设备，或虽有治理设备但不运转，或白天短时间运转而夜间大量排污，严重污染周边土地、水源甚至江河湖泊，使人民群众的生活受到严重威胁。但当地政府主管部门对此睁一只眼闭一只眼，财政重于环保，终使环保亦不得保。时至今日，重大环境污染事件仍时有发生，2005年11月19日中石油吉林石化公司双苯厂化工车间爆炸，对松花江造成严重污染。国务院为此制定了《松花江污染防治规划》，但在2006年8月20日又发生松花江支流牤牛河因一食品添加剂厂偷排生产废水而受污染事件，2010年7月28日又发生数千只化学原料桶流入松花江污染江水事件。2012年1月15日广西龙江发现重金属镉污染，并影响到柳江，此次污染因广西金河矿业股份有限公司和金城江鸿泉立德粉材料厂排污所致，但当地政府直到26日才公开发布消息。2013年2月媒体披露山东潍坊多家企业偷偷向地下排污污染地下水的事件，可见环境保护问题已严重到何种程度，但仍未得到全社会的应有重视。

有社会排斥的全方位的保障。所以，社会保障应包括住房保障、教育保障、就业保障、医疗保障和养老保障。各国在社会保障方面的经验表明，社会保障搞得好，民心则顺，社会则稳定。社会保障能否搞好，关键是国家能否不断增加投入。在合理的社会保障体系中，包括各级公务员在内的民众的基本住房保障、基础教育保障和全部医疗保障应全部由国家投入来解决。超过基本标准的住房需求、接受大学教育则由市场机制解决，养老保障则应由国家、单位和个人三方共同解决，但也应以最终实现完全的国家保障为目标。多年来，住房保障、教育保障、医疗保障三大改革最终未能取得预期成果（姑且不言失败），主要原因是国家承担的责任太少，过分依赖规范性极差的市场机制，从而失去了群众的支持。

"安得广厦千万间，大庇天下寒士俱欢颜"，基本住房保障是广大民众的最基本要求。其实，近年来国家在保障城镇居民的基本住房需求方面已经付出了大量投入，建设了大量各种类型的保障房，只要搞好进入和退出机制，可以乐观地认为在不太长的时间内基本住房保障问题将会基本解决。但居民仍然认为现住房制度缺乏合理性，其原因是：其一，国家变相动用纳税人的钱支持房地产开发商，如果没有这个支持，房地产开发商怎能"发财发到不好意思"的程度；其二，部分政府工作人员利用土地拍卖程序暗中谋私；其三，某些国家单位以公款购买商品房为职工（主要是领导层）谋取基本住房以外的利益；其四，商品房价格畸高，对于富人无所谓，欢迎富人以买房手段（实际上是买了一堆钢筋水泥块）保值赚钱，但对中等收入者而言，买房就是背上了沉着的债务包袱，严重地限制了日常消费。针对这些问题，必须将国家保证基本住房需求以外的房地产开发完全推进市场，国家绝不能承担"托底"或支持的责任，对违规违法的房地产商不能任其以破产为由逃避法律惩罚，同时对国家工作人员在房地产交易中的徇私舞弊行为加以法律严惩，同时处以高额罚款。在这方面，必须严防各级国家工作人员中暗中与房产商勾结牟利的大小"蛀虫"。

2008年以后，我国各地房产价格骤然上涨，而且涨到离奇地步，但无论房价多高，照样卖得红火，好像全国的民众突然间都成了百万富翁，买多么贵的房子眉头都不带皱一下。据2011年统计，鄂尔多斯人为买房而疯狂，几年内将达到人均10套房，但许多已建成的小区都是极少有人居住的"鬼城"。在房价一日三涨的情况下，开发商不用再费力气盖房，只要能通过各种渠道靠贷款买进土地，不要说囤地数年数月，哪怕当时倒手，也能赚大钱。这种在国外极少见的情况说明，这时的房屋和土地显然已经失去了原本具有的功能，而变成了极少数人投资牟利、坑害民众的工具。少数人钻制度空子据有几十套、上百套甚至二百余套房子，国家对这种胡作非为式的所谓"市场行为"没有及时跟进抑制打击，严重失去了对房地产的控制能力。或许政府中一些人并不希望控制房价，一则可以拉升 GDP，二则可以从中分得好处。国家使用全体纳税人的钱为房地产商"托底"，国家不加管制而形成的超高房价只使房地产商发大财（建筑业、建筑材料业并未发财），促成了极多民众的无限享受和投机发财的欲望和不劳而获意识，从而限制了这些人的日常消费能力，使扩大内需成为可议而不可行之事，并使国家在解决住房问题方面一度陷于被动。

实际上，参考国外的经验和教训，将房地产业作为国民经济的支柱产业，最终弊多利少，因此少有国家这么做。住房是消耗土地资源的特殊商品，国家必须管控，不能完全市场化。国家保证合理范围内的住房需求，对合理范围外的住房需求则交给市场，但不仅要严格限定卖房购房价格必须是非暴利价格，而且必须限定公租房和私租房的房租价格为合法价格。目前采取的限购政策，对于遏制房价过快上涨产生了一定的作用。但我们的最终目的并不是仅仅遏制房价过快上涨，而是要让房价迅速降下来，回归合理水平。何谓"合理水平"？即非暴利价格，房产商的利润率在 20%（或 30%？）以内时的房价就可以看做非暴利的合理水平的房价。① 此外，测定房价是否合理的第二个指标是，100 平方米住房的总价为当地三口之家平均年总收入的 6—8 倍，超过十倍则可视为非合理价格。从中央到地方的各级政府如果能够在反房产暴利方面发挥应有作为，要使房价下降并不难：

（1）健全法制。至今在生产经营和服务领域的反暴利方面，只有1995 年 1 月国家计委颁发的《制止谋取暴利的暂行规定》，但令人不解的是，以"制止谋取暴利"为宗旨的国家级法规强调了对限制暴利无大作用的明码标价，而对何为暴利甚至没有一个明确的界定，只是含糊其辞地

---

① 在 2013 年政协会上，身为某房地产开发有限公司董事长的某全国政协委员宣称："房地产是市场选择，只要双方合意，一平方米卖 100 万、1000 万也是合理的，政府就不该干预！"这种明显违反国家反暴利法规的言论，竟出自全国政协委员之口，令人遗憾。

规定商品或服务的价格水平不超过"同一地区、同一期间、同一档次、同种商品或者服务的市场平均价格的合理幅度",差价率不超过"平均利润的合理幅度",而平均价格、平均差价率、平均利润率及合理幅度皆须由各级政府相关部门测定和规定,对违反规定者没收违反所得和违法所得,罚款及追究刑事责任。① 但实际上,此规定的可操作性极差,各级政府主管部门根本无法进行相关的测定,规定并发布种类繁多的商品或服务的平均价格、平均差价率、平均利润率及合理幅度,当然更无从对违反规定者没收违反所得和违法所得,罚款及追究刑事责任。各级政府主管部门由难作为而不作为,此规定只能变成一纸空文。② 所以,制定一个含义明确并可操作性强的《反暴利法》,《刑法》中相应设立暴利罪,已是当务之急,国家主管部门对此的不作为等同于对人民的犯罪。

(2)加大供给。除政府出资建设经济适用房以照顾低收入者外(必须能进能出或只能由国家回购),加大供给的一项主要措施是,限定房地产商拿地后至投入开发即开始建房的时间(无论地价高低如何)为至多两年,对逾期不开发者征收高额罚款直至无偿收回土地。此项措施还需追溯以往,即全部切断房地产商单纯以土地牟暴利的途径,以保证社会每年都能够得到平稳的住房供应量。

(3)开征房产税。政府在房产税方面应及早采取坚决措施,再不能犹豫不决,迁延时日。就如同汽车虽为生活用品,但仍不论新旧而以排量征使用税(变相的财产税)一样,房产作为更重要的财产,理所当然应不论房产新旧、房屋价值高低而以房屋使用面积对全部房屋征收房产税。现在要讨论的不是应不应征房产税、何时开征房产税的问题,而是如何尽快开征房产税的问题。开征房产税的原则应是合理、易行。中国的传统观念是"不患寡而患不均",此所谓"不均"并非指每人的住房面积不相等,而是指少数人通过不合法或不合理手段谋取到巨大私利而使差距扩大。因此,住房改革必须去除掉这种"不均"。国家在大力建设各类保障房的同时,可首先设定城镇人均住房保障面积为30平方米,农村人均住房保障面积为50平方米。对城镇居民每年每人发给30平方米的住房补

---

① 全文见 http://www.docin.com/p-106634039.html。
② 房价暴涨明显属于此规定所限制的非法牟利:业界哄抬价格,强迫交易,价格欺诈。但未见任何一级政府主管部门依此规定出面进行干预,去处罚或追究刑事责任,而只有房产商抬高房价后,政府主管部门以各种方式予以直接或变相追认,其中的利益关系不言而明。

贴，对农村居民每年每人发给 50 平方米的住房补贴。同时对城镇和农村的全部住房不论新旧和房屋价值高低而按面积每年征收非阶梯式房产税，每平方米的房产税额与住房补贴额相等。① 随着经济的发展，人民生活水平的提高，住房补贴和房产税标准可十年调整一次。要注意这必须是无社会排斥的措施，即发放住房补贴的对象是全体公民，不论幼长，不论贫富，甚至被剥夺政治权利的罪犯，都要按一个标准发放。这是体现人权中的居住权平等的重要措施。征收房产税的对象是与接受住房补贴相同的群体，即全体公民。而且住房补贴和房产税不能相抵，必须实发实征。住房补贴和房产税标准以中偏上为宜，这样才能限制对超大面积住房的追求，对套取多套房的投机炒作者形成经济压力。对于不按规定交纳房产税者应有相应的处罚，额外征收滞纳金（房产税的 20%），若连续三年不交房产税，则没收拍卖其房产。另外还要注意政策制定者兼为利益波及方而对此工作不作为。

（4）加强对房租的管理。对于出租住房，同样应纳入国家管理范围。国家的公租房自不必说，集体和私人的私租房同样应受国家监管。公租房的房租不应低于住房补贴的 80%，私租房的房租不得高于相应住房补贴的 120%。为加强治安管理，私租房只能以单元套房整体出租，禁止单元套房内拆分成单间多向出租。私租房的房主需保障租房者的居住权，保证各项生活设施的完备，不得任意解除租房合同，驱赶租房者，超过住房补贴 120% 的房租金其超过部分不受法律保护。

（5）设立国家统管机构。为使上述措施得以顺利进行，应设立国家专门的统一管理机构——国家房产公平交易中心和房地产金融公库。目前存在的各类房产中介机构，为扩大中介利润，实际上发挥了抑制房价下降、推动房价上涨的作用。国家房产公平交易中心可以替代这些房产中介机构，管理全国联网的住房信息查询系统②，以作为征收房产税的唯一依据，从而加强房产市场管理，促成房价回归，合理稳定。国家房地产金融公库除管理发放住房补贴、征收房产税外，还要收缴各级政府的卖地收入

---

① 或可设定北京、上海等少数房价畸高、上涨过快城市为高补高征特区（较全国平均额度提高 20%），少数特贫地区为低补低征特区（较全国平均额度降低 20%）。

② 2013 年 3 月新政府上台，决定至迟 2014 年 6 月底前建立全国联网的住房信息查询系统，这对防止腐败、打击房产方面的刑事犯罪并促成房价回归有重要意义。为防止下有对策，搞假联网，此住房信息查询系统必须具有房产证的确认权，无此系统的确认，任何房产不得上市出售。

的 80%，由国家调整后以专项资金的方式拨付各地，满足其建设保障房的合理需求。在征收房产税之外，还应考虑如何通过调控土地税以限制富人追求超大面积的别墅而造成宝贵的土地资源浪费的问题。

如果同时采取上述措施，一定能使房价很快降至并稳定维持在合理水平，取消任何限购类措施，使房地产业从无序变为有序，从过度市场化变为适度市场化。这样一来，低收入者和农民能够得到较多利益，实现人人享有平等的居住权，从而做到居者有其屋，富者宽其屋。

在解决住房问题时，国家不仅要控制房价和房租价，而且必须为保证住房质量付出努力。截至目前，我国建筑工程中出现的问题太多太多。[①]大量事实已经说明，在建筑工程中，工程方、监理方、政府主管部门很容易形成一个利益共同体。如果不打破这个利益共同体，要想匡正建筑工程的质量基本上是不可能的。为此，应规定政府主管部门与监理方承担保证建筑工程质量的连带责任，即必须让政府主管部门成为保证建筑工程质量的局内机构，而不是局外机构。这样，一旦出现建筑工程质量问题，必须同时严格追究政府主管部门和监理方的法律责任，具体责任人该判刑则判刑，不得有任何姑息。若仍不痛下决心为确保建筑工程质量而努力，则出现类似 1995 年 6 月 29 日韩国汉城三丰百货大楼倒塌造成重大伤亡事件的那一天距离我们也就不远了。

教育是中华民族发展的百年大计、千年大计、万年大计。教育应以国家为主体，将教育主体推向市场或推向民间都是方向性的错误。推向市场的结果是，教育的根本目的教书育人退居次要地位甚至没有地位，"孔方兄"堂而皇之占据了主要地位。过去以教书育人为荣的教育工作者一齐向"钱"看，如此为人师表，校园怎能继续保持纯洁的空气？教育搞得

---

① 制约房地产商，仅靠"良心"提示是无效的，房地产商为追求高额利润可以不计后果。在央视 2009 年的《经济与法辩辩辩》节目中，某房地产媒体人说，如果房价下跌（即利润降低），就把 10 根钢筋减少到 5 根。果然，2009 年 6 月 27 日，上海市闵行区一栋 13 层住宅楼因地基根桩吃力不够而轰然倒下，此前该楼宇甚至被评为"市级优质结构"工程。2010 年 9 月，在陕西省西安等地发现了大批的"瘦身钢筋"，许多企业将不符合国家标准的拉细钢筋用于建造住宅楼，从中牟利。2011 年 8 月，海南省文昌市保障房工地出现了大量"瘦身钢筋"，严重影响了所建房屋的质量。更有甚者，2011 年 12 月，江苏省泰州竟然发现了用芦苇秆冒充钢筋的民生工程。此外还有新建桥梁坍塌、重点工程的桥墩内填塞泡沫塑料等垃圾一类旷古奇闻式消息。这些工程都有监理单位，但实际上这些监理单位变成了工程单位的合伙谋利单位、工程单位违法操作的包庇单位。每当此时，不仅工程方百般辩解，政府主管部门还往往忙不迭地为其打开保护伞。

好坏没有成为评价各级政府政绩最主要的标准，把维持教育、发展教育的希望寄托在民间的"希望工程"上，而各级政府每年的公用车支出和交际费（吃喝支出）达到数千亿元、甚至上万亿元（多种估计，数字虽不一致，但数额都不低，如果包括公款出国"考察"则更多）。这一鲜明对比怎不令人心痛？！这一不合理现象已经说了多年却始终未能改变，是否有利益集团从中作梗？教育的发展必须以国家为主体，国家尤其要用相对更多的投入支持穷困边远地区的教育事业，使这些地区的教学条件与大城市的教学条件保持基本一致，这些地区的学生能受到与大城市质量基本相同的教育。教育改革的成败，不在于是否能合并出几所表面规模世界一流的大学来，而在于能否培养出符合现代化建设需要的人才。这才是教育改革的正确出路。

为保证广大人民群众的生命健康促进医疗事业发展，这是国家义不容辞的责任。有病得治是社会主义国家人民必须享受的基本权利之一。如果医疗改革的结果是农民得了重病无钱医治在家等死，孩子被白血病夺走生命是因为家长付不出医院索要的天价手术费，医院的宗旨就不再是救死扶伤而变成了"效益"（金钱）至上，这样的医疗改革成了背离人民群众利益的改革，只能日益引起人民群众对医疗制度的不满，甚至延展为对社会主义的国家制度产生怀疑。所以，医疗改革直接涉及广大人民群众的切身利益，必须认真搞好。简言之，医疗改革的核心问题是，重新把救死扶伤变成每一个医护人员心中最神圣的口号，加大对地方医疗机构的投入，使之具有高水平的医护人员和先进的医疗设备，建立以县级医疗机构为中心的快速有效的急救系统（包括配备急救直升机）及省县医疗专家网上会诊系统，做到城乡看病无大差别；逐步实施全方位的国保医疗制度，在此之前首先要以国家支持的方式保大病（癌症、白血病、肾病、心脏病等），保两头（婴幼儿、青少年学生和老年人）。在这方面，国家投入经费再多，也会得到人民群众的广泛而积极的支持。

当前的医保制度在设计上有些规定与实际脱节，因此农村得大病者往往陷入无钱自救的困境。这项制度仍需不断改进。在保大病方面，应对医院的收费标准进行严格核查，防止医院借机谋取超额收入。药品价格高是目前看病难的另一重要原因，主管部门应下决心打破药品厂家、推销方和医院医生以推高药品价格从中牟利的"铁三角"，在药品采购过程中执行限价政策和公开政策，有力打击药品相关方面的暴利行为。① 另外，现有人主张取消干部门诊（即取消蓝卡），要知道蓝卡持有者是为我国的革命与建设作出较大贡献者，让这些人在医疗方面享受一定程度的照顾是可以的，但应考虑的是进入程序是否可以进一步改革，与其取消，不如扩大适用范围，将所有 65 岁以上老人纳入其中，并随着经济发展逐步下调年限，为实施全民免费医保逐步创造条件。

关于养老保障，国外有国家负担、社会互济、强制储蓄等模式及由这些模式混合而成的模式。对比国外，社会主义国家必须做到老有所养。赡养老人是儿女的义务，老有所养是国家的责任，这是养老保障的第一原则。为使老年人都有幸福的晚年，有尊严的晚年，促进社会和谐，国家应把养老事业当作一件大事来抓，设置专门的负责机构，以设立一大批公立养老院为起点，推动全社会都来关心和支持养老事业。对于仍与儿女生活在一起的老年人，国家要发给足够的补贴和慰问金。养老保障的第二个原则是，在养老保障体制中，所有老年人一律平等，绝无高低贵贱等级之分，这样才能保障全体老年人精神愉快地安享晚年，无遗憾地最终离开温馨、平等、幸福的世界。

社会保障的最终手段是法律保障。社会主义国家的法律应该是维护广大人民群众根本利益的最有效武器。法律的神圣不容玷污，法律面前人人平等的基本原则不容置疑。② 法官和律师是法律公正和人民群众根本利益的守卫者，理应是广大民众信任度最高的群体。如果法官和律师枉法徇私，凭关系、金钱办案，就是欺罔民意，执法犯法，应罪加一等，如果造成严重后果，更应罪加二等、三等。否则，连法律都不能保障社会公平和正义，人民群众还能相信谁，依靠谁？切实整治执法队伍已是建立有效的法律保障、实现和谐社会的紧要任务。

---

① 除上述房地产业、医药业外，还有一些行业属于暴利行业，例如金融、电力、通信、油气、烟草、化妆品等，均属此类。国家应首先制定《反暴利法》，给出"暴利"的明确定义（获得利润超过真实成本的30%则超过部分即为暴利），从而界定暴利行业，严厉打击暴利犯罪行为（对超过真实成本30%的暴利课以重税，对超过真实成本100%的超暴利予以没收并处以罚金且判刑）。

② 这里首先有一个法律本身是否保持了社会公正的问题。在经过无数次的宣传教育、执法检查后，仍有人仗恃钱多势大而酒后驾车致人死亡，这与持刀行凶杀人无大区别。但交通法却保护这类人，只以所谓交通肇事罪判处短期徒刑。在这一点上交通法未能保护广大群众的利益，缺失社会公正，不利于建设和谐社会。

　　第五，思想教育问题。创建和谐社会有两个基本条件，一是物质财富丰富，二是社会道德高尚。不能设想，物质财富丰富但社会道德低下、个人主义恶性膨胀，也能建立和谐社会。要做到社会道德高尚，思想教育是重要手段。大量贪污腐败、官员外逃的事例充分说明，所谓对公务员要"高薪养廉"，其结果是薪高而廉未养。另外，在市场经济大潮的作用下，社会上金钱拜物教日益盛行，投机意识越来越强烈，个人主义无限发展，造假欺骗层出不穷，从而引发了诸多的社会矛盾。只有克服这些不良现象，建立和谐社会才有可能。

　　在展示高尚的社会道德方面，执法者、教育者、军人和公务员应起表率作用。执法者应有以法为本、公正无私的坚定信念，教育者应有竭诚育人、堪为楷模的高尚情操，军人应有为国为民、甘洒热血的伟大胸怀，公务员则应有不求名利、鞠躬尽瘁的奉献精神。其中，尤其要在执法者和公务员队伍中坚持不懈地开展政治思想教育。第一课是执法为民、执政为民的教育，要摆正关系，明白人民群众是社会的主人，执法者和公务员都是公仆，是为保障人民群众的利益服务的，绝不能让说"你是替党说话还是替老百姓说话"（郑州市规划局副局长逯军语）一类人再混进公务员队伍。第二课是操守教育，不能以假代真，媚上欺下，而应坚持真理，敢于说真话。公务员应被禁止直接或变相介入各类参股分红活动。第三课是廉政教育，坚决摈弃"父母官"思想，真正树立公仆意识，以吃喝骄横为耻，以清正廉明为荣。① 第四课是法制教育，关键是要认识法律尊严神圣不可侵犯，执法者和公务员首先应是遵纪守法的模范。如果经过教育，公务员退职时都能成为"天下第一廉吏"于成龙，则天下何有不安？②

---

　　① 公车改革议论多年不决，只能说明这项改革与政策制定者及其周边人的切身利益有关。外国的总理都可以步行上班、骑自行车上下班、开私车上下班，我们的干部是"人民公仆"，却习惯了公车接送上下班，若取消公车开私车或坐公交上下班，就必须发给"交通补贴"，这显然与"人民公仆"的称呼不符。其实，只要能真正从国家和民众的利益考虑，公车改革并不难。第一步，限定所有公车必须喷涂公车标志，夜间和节假日必须回单位停放或封存，包括周六、周日在内的所有节假日公车24小时全天限行；第二步，限定所有公车只可公事使用，应明确规定上下班接送是否属于公务，取消交通补贴。只要各级领导都能严格律己，以身作则，这项改革就能顺利完成。
　　② 清代名吏于成龙（1617—1684），一生廉洁奉公，操守端严，忠于职守，政绩斐然。身怀报国救民之心，以"驱除贪吏，拯救民生"为己任。最为可贵的是他在任何环境下都能始终如一，赴任从不携带家眷，独自一人生活，一切从陋从简，以澹泊为乐。每当离任皆两袖清风，仅以任地一掊黄土为念。因此深得康熙帝信任。他去世时，金陵城万人空巷为他送葬，其遗物唯有旧衣破靴，霉米数斛，盐豉数盎。康熙帝褒奖他为"清官第一"、"天下第一廉吏"。

　　当然，思想教育不仅是执法者、教育者、军人和公务员的事，也是每一个社会成员的事。这种普遍的社会教育十分重要。人们旧的思想观念不除，旧习惯加新科技，其后果必然更为严重。只有绝大多数社会成员都具有高水准的社会道德，具有受惠于社会又服务于社会的思想，严于律己，宽以待人，诚实劳动，知荣知耻，社会风气大大好转，再加上新科技的力量，才能最终实现社会和谐。

　　在普遍性的社会思想教育中，有两点应予以强调。其一，要克制个人主义。建设和谐与发展的社会，应以诚信为本，以对社会作贡献为荣。社会财富虽然不断增长，但绝不能适应无限膨胀的个人主义所提出的要求。如果都像《渔夫和金鱼的故事》中的老太婆那样心态浮躁，梦想不劳而获，一夜成名，瞬间暴富，阔享豪宅，哪管他人穷苦，衣食无着，则最终必然梦想破灭，共毁家园。其二，要树立正确的自然观。要认识到，自然是人类生存、发展依据的基础，是人类的伙伴。人类的衣食住行均取之于自然，对自然应具有感恩报答之心。同时，自然资源是有限的，人类社会的发展正在受到自然资源的越来越严重的制约。科学技术的发展只能在一定程度上改善这种状况，但不可能根本改变这种状况。人类应有这种忧患意识、危机意识。自然界的极限要求人类必须设定欲望的极限。为了给子孙后代留出充分的发展空间，人类社会的每一个成员必须限制个人主义的需求，适度消费，勤俭节约，努力减轻自然的负担，使人类和自然在和谐互动中得到共生。也许到那时候，正如列宁所说，可以在世界几个最大城市的街道上用黄金修建一些公共厕所，用以表达现今时代人们的情操和美德。

主要参考文献

David Cannadine, *The Rise and Fall of Class in Britain*. Columbia University Press, 2000, p. 320.

Fiona Devine, *Social Class in America and Britain*. Edinburgh University Press, 1997, p. 303.

PeterDorey, *Developments in British Public Policy*, Sage Publications, 2005, p. 252.

Alasdair Murray, "Does Britain need a population policy?" http://www.centreforum.org/assets/pubs/population-policy.pdf.

Nick Ellison & Chris Pierson ed. , *Developments in British Social Policy*, Palgrave, 2003.

Jane Lewis & Rebecca Surender ed. , *Welfare State Change: Towards a Third Way?*, Oxford University Press, 2004.

Joe Hicks & Grahame Allen, "A Century of Change: Trends in UK statistics since 1900", http://www.parliament.uk/commons/lib/research/rp99/rp99-111.pdf.

Peter Dorey ed. , *Developments in British Public Policy*, Sage publications, 2005.

Robert Riddell, *Sustainable Urban Planning*. Blackwell Publishing Ltd. , 2004.

Rodney Lowe, *The Welfare State in Britain since 1945 (3rd edition)*, Palgrave, 2005.

Stephen P. Savage & Rob Atkinson ed. , *Pubic Policy under Blair*, Palgrave, 2001.

Stephen M. Wheeler & Timothy Beatley, *The Sustainable Urban Develop-

ment Reader. Routledge，2004.

Keith Faulks，"Education for citizenship in England's secondary schools：a Critique of Current Principle and practice". *Journal of Education Policy.* Vol. 21，No. 1，January，2006.

Alain Touraine，*La sociétPost-industrielle*，Paris，Denoël-Gonthier，1969.

Eric Maurin，*L'égalité des possibles：la nouvelle société française*，Seuil，Paris，2002.

Henri Mendras，*La seconderévolution française 1965 – 1984*，Gallimard，1994.

Louis Dirn，*La société française en tendance 1975 – 1995*，PUF，1998.

Sous la direction de Olivier Galland et Yannick Lemel，*La nouvelle société française—Trente années de mutation*，Armand Colin，Paris，1998.

Yves Crozet，Dominique Bolliet，François Faure，Jean Fleury，*Les grandes questions de la société française*，Nathan，2000.

Jean-Michel Berthelot，*La sociologie française contemporaine*，PUF，2000.

Stig Hadenius，"Swedish Politics During the 20th Century"，The Swedish institute.

tableaux de l'économie française 1978，INSEE，1978.

tableaux de l'économie française 1995 – 1996，INSEE，1995.

tableaux de l'économie française 2001 – 2002，INSEE，2001.

tableaux de l'économie française 2004 – 2005，INSEE，2004.

tableaux de l'économie française 2005 – 2006，INSEE，2005.

tableaux de l'économie française 2007，INSEE，2007.

《马克思恩格斯全集》，第 2 卷、第 23 卷、第 30 卷。

《资本论》，第 1 卷、第 2 卷。

恩格斯：《英国工人阶级状况》，中共中央马克思恩格斯列宁斯大林著作编译局译，人民出版社 1956 年版。

中央文献研究室编：《毛泽东文集》，第 8 卷，人民出版社 1999 年版。

中华人民共和国国家统计局编：《2007 中国统计年鉴》，中国统计出版社 2007 年版。

钱保生：《可持续发展的理论与实践》，中国环境科学出版社 1999

年版。

张坤民：《关于中国可持续发展的政策与行动》，中国环境科学出版社 2004 年版。

王伟中：《国际可持续发展战略比较研究》，商务印书馆 2006 年版。

钱易等：《环境保护与可持续发展》，高等教育出版社 2010 年版。

中国科学院研究组：《2011 中国可持续发展战略报告：实现绿色的经济转型》，科学出版社 2011 年版。

鲁明中等：《中国绿色经济研究》，河南人民出版社 2005 年版。

朱海玲：《绿色 GDP 应用研究》，湖南人民出版社 2007 年版。

吴季松：《循环经济概论》，北京航空航天工大学出版社 2008 年版。

山东理工大学课题组：《广义循环经济论》，人民出版社 2007 年版。

任正晓：《生态循环经济论》，经济管理出版社 2009 年版。

何东：《区域循环经济论》，中国财政经济出版社 2009 年版。

刘光岭：《和谐经济理论研究》，中国经济出版社 2007 年版。

孙祁祥等：《中国社会保障制度研究——社会保险改革与商业保险发展》，中国金融出版社 2005 年版。

德内拉·梅多斯等：《增长的极限》，李涛等译，机械工业出版社 2008 年版。

戴利：《超越增长——可持续发展的经济学》，上海译文出版社 2005 年版。

艾斯平·安德森：《福利资本主义的三个世界》，法律出版社 2003 年版。

艾斯平·安德森：《转变中的福利国家》，重庆出版社 2003 年版。

戴维·柯茨：《资本主义的模式》，江苏人民出版社 2001 年版。

安东尼·吉登斯：《第三条道路——社会民主主义的复兴》，北京大学出版社 2000 年版。

安东尼·吉登斯：《现代性的后果》，译林出版社 2000 年版。

弗兰茨·夏沃：《比较福利国家》，台湾巨流图书公司 2006 年版。

奈尔·吉尔博特：《社会福利政策导论》，华东理工大学出版社 2003 年版。

泰勒·古白：《压力下的福利国家变革与展望》，台湾松慧有限公司

2006 年版。

科勒·科赫等：《欧洲一体化与欧盟治理》，中国社会科学出版社 2004 年版。

约翰·雷：《亚当·斯密传》，胡启林等译，商务印书馆 1992 年版。

让—多米尼克·拉费、雅克·勒卡莱：《混合经济》，商务印书馆 1995 年版。

凯恩斯：《就业、利息和货币通论》，徐毓丹译，商务印书馆 1993 年版。

约里斯·范·鲁塞弗尔达特等：《欧洲劳资关系：传统与转变》，世界知识出版社 2000 年版。

米兰·奇波拉主编：《欧洲经济史》，商务印书馆 1988 年版。

余南平：《欧洲社会模式——以欧洲住房政策和住房市场为视角》，华东师范大学出版社 2009 年版。

黄素庵：《西欧福利国家面面观》，世界知识出版社 1985 年版。

李宗主编：《西欧社会保障制度》，中国社会科学出版社 1989 年版。

余开祥等：《欧洲共同体——体制·政策·趋势》，复旦大学出版社 1989 年版。

刘玉安：《北欧福利国家剖析》，山东大学出版社 1995 年版。

周弘：《福利的解析：来自欧美的启示》，上海远东出版社 1998 年版。

陈林等：《第三条道路——世纪之交的西方政治变革》，当代世界出版社 2000 年版。

陈玉刚：《国家与超国家：欧洲一体化理论比较研究》，上海人民出版社 2001 年版。

顾俊礼主编：《福利国家论析：以欧洲为背景的比较研究》，经济管理出版社 2002 年版。

张荐华：《欧洲一体化与欧盟的经济社会政策》，商务印书馆 2001 年版。

巴尔：《福利国家经济学》，中国劳动社会保障出版社 2003 年版。

周弘编著：《欧洲模式与欧美关系：2003—2004 欧洲发展报告》，中国社会科学出版社 2004 年版。

田德文：《欧盟社会政策与欧洲一体化》，社会科学文献出版社 2005

年版。

黄长著主编：《国外专业人才培养战略与实施》，社会科学文献出版社 2006 年版。

赵曙明、李诚等编译：《国际与比较雇佣关系》，南京大学出版社 2008 年版。

易定红等译：《欧洲劳动关系》，中国劳动社会保障出版社 2009 年版。

侯钧生：《西方社会学思想进程》，辽宁出版社 1988 年版。

李竞能编著：《现代西方人口理论》，复旦大学出版社 2004 年版。

中国人民大学法律系国家法教研室和资料室编：《中外宪法选编》，人民出版社 1982 年版。

霍华德·格伦内斯特：《英国社会政策论文集》，商务印书馆 2003 年版。

安东尼·桑普森：《最新英国剖析》，中国社会科学出版社 1988 年版。

阿萨·勃里格斯：《英国社会史》，中国人民大学出版社 1991 年版。

阿瑟·马威克：《1945 年以来的英国社会》，商务印书馆 1992 年版。

WHB. 考特：《简明英国经济史：1750 年至 1939 年》，商务印书馆 1992 年版。

保尔·茫图：《十八世纪产业革命：英国近代大工业初期的概况》，商务印书馆 1997 年版。

托尼·布莱尔：《新英国：我对一个年轻国家的展望》，世界知识出版社 1998 年版。

王皖强：《国家与市场：撒切尔主义研究》，湖南教育出版社 1999 年版。

王振华、刘绯、陈志瑞主编：《重塑英国》，中国社会科学出版社 2000 年版。

王振华等编著：《变革中的英国》，社会科学文献出版社 1996 年版。

王振华等主编：《重塑英国：布莱尔主义与"第三条道路"》，中国社会科学出版社 2000 年版。

王振华等主编：《挑战与选择：中外学者论"第三条道路"》，中国社会科学出版社 2001 年版。

王振华编著：《英国》，社会科学文献出版社 2003 年版。

王皖强：《国家与市场：撒切尔主义研究》，湖南教育出版社 1999

年版。

　　林德山：《渐进的社会革命：20 世纪资本主义改良研究》，中央编译出版社 2008 年版。

　　钱乘旦、陈晓律：《在传统与变革之间：英国文化模式溯源》，浙江人民出版社 1991 年版。

　　罗志如、厉以宁：《二十世纪的英国经济："英国病"研究》，人民出版社 1982 年版。

　　陈炳耀主编：《当代英国瑞典社会保障制度》，法律出版社 2000 年版。

　　汉密尔顿、杰伊、麦迪逊：《联邦党人文集》，程逢如、在汉、舒逊译，商务印书馆 1995 年版。

　　阿列克西·托克维尔：《论美国的民主》下卷，董果良译，商务印书馆 1988 年版。

　　托马斯·F. 奥戴：《宗教社会学》，刘润忠译，中国社会科学出版社 1990 年版。

　　徐玮编著：《美国近代经济史》，黑龙江科学技术出版社 1988 年版。

　　黄绍湘：《美国通史简编》，人民出版社 1983 年版。

　　黄安年：《美国的崛起》，中国社会科学出版社 1992 年版。

　　李庆余、周桂银等：《美国现代化道路》，人民出版社 1994 年版。

　　张友伦：《美国工业革命》，天津人民出版社 1981 年版。

　　董小川：《20 世纪美国宗教与政治》，人民出版社 2002 年版。

　　李剑鸣等译：《美利坚合众国总统就职演说全集》，天津人民出版社 1997 年版。

　　刘澎：《当代美国宗教》，社会科学文献出版社 2001 年版。

　　中国美国史研究会编：《美国现代化历史经验》，东方出版社 1994 年版。

　　奥利维耶·加朗、扬尼克·勒梅尔主编：《法国新社会——30 年的变动》，阿尔芒·科兰出版社 1998 年版。

　　路易·迪尔恩：《法国社会的发展趋势（1975—1995）》，法国大学出版社 1998 年版。

　　埃里克·莫兰：《法国新社会》，瑟伊出版社 2002 年版。

拉尔夫·朔尔：《20 世纪法国社会史》，贝兰出版社 2004 年版。

伊夫·克罗泽、多米尼克·博利耶、弗朗索瓦·富尔、让·弗勒里：《法国社会的重大问题》，纳坦出版社 2000 年版。

亨利·孟德拉斯：《第二次法国革命（1965—1984 年）》，加利马尔出版社 1988 年版。

《法国经济图表（2004—2005）》，法国国家统计与经济研究所出版社 2004 年版。

马克·德蒙塔朗贝尔主编：《法国社会保障》，法国文献出版社 2004 年版。

勒内·勒努瓦：《被社会排斥者，十分之一的法国人》，瑟伊尔出版社 1974 年版。

莫里斯·迪韦尔热：《宪法和政治文献》，法国大学出版社 1986 年版。

克里斯蒂安·博德洛、罗歇·埃斯塔布莱：《法国的资本主义学校》，巴黎马斯佩罗出版社 1971 年版。

米歇尔·米绍、张杰、邹欢主编：《法国城市规划 40 年》，社会科学文献出版社 2007 年版。

米歇尔·阿尔贝尔：《资本主义反对资本主义》，社会科学文献出版社 1999 年版。

亨利·孟德拉斯：《农民的终结》，社会科学文献出版社 2005 年版。

吴国庆：《法国政党和政党制度》，社会科学文献出版社 2008 年版。

吴国庆：《战后法国政治史（1945—2002）》，社会科学文献出版社 2004 年版。

吴国庆：《列国志——法国》，社会科学文献出版社 2010 年版。

吴国庆：《法国"新社会"剖析》，社会科学文献出版社 2010 年版。

胡伟、H. 孟德拉斯、M. 威莱特主编：《当代法国社会学》，生活·读书·新知三联书店 1988 年版。

阿兰·佩雷菲特：《官僚主义的弊害》，商务印书馆 1981 年版。

丹尼尔·贝尔：《后工业社会的来临》，商务印书馆 1984 年版。

马克·布洛赫：《法国农村史》，商务印书馆 2003 年版。

米歇尔·克罗齐埃：《被封锁的社会》，商务印书馆 1989 年版。

卢梭：《爱弥儿》，商务印书馆 1978 年版。

北京大学哲学系编译:《十八世纪法国哲学》,商务印书馆1963年版。

凡勃伦:《有闲阶级论》,商务印书馆2002年版。

克洛德·芒塞隆、贝纳尔·潘戈:《密特朗传》,新华出版社1984年版。

雷吉娜·佩尔努:《法国资产阶级史》,下册,上海译文出版社1991年版。

国际关系研究所编译:《戴高乐言论集》,世界知识出版社1964年版。

瞿葆奎主编、张人杰选编:《法国教育改革》,人民教育出版社1994年版。

王家宝:《法国人口与社会》,中国青年出版社2005年版。

端木美、周以光、张丽:《法国现代化进程中的社会问题》,中国社会科学出版社2001年版。

刘大明:《"民族再生"的期望》,中国社会科学出版社2005年版。

日本经济审议会编:《国民所得倍增计划中间研究报告》,大藏省印刷局1964年版。

向坂正男编:《中期经济计划解说——1968年的日本经济》,日本经济新闻社1965年版。

法政大学大原社会问题研究所:《日本劳动年鉴1981版》,劳动旬报社1980年版。

羽贺祥二:『明治維新と宗教』,筑摩书房1994年版。

新田均:『近代政教関係の基礎的研究』,大明堂1997年版。

山折哲雄编:『日本人はキリスト教をどのように受容したか』,国際日本文化研究センター1998年版。

山口辉臣:『明治国家と宗教』,东京大学出版会1999年版。

矶前顺一:『近代日本の宗教言説とその系譜』,岩波书店2003年版。

池上良正等编:『岩波講座　宗教　第10巻　宗教のゆくえ』,岩波书店2004年版。

村上专精:《日本佛教史纲》,金港堂1899年版。

村上重良:『近代民衆宗教史の研究』,法藏館1958年版。

家永三郎、赤松俊秀、圭室谛成主编:《日本佛教史》3卷,法藏馆1967年版。

村上重良:《近代日本的宗教》,讲谈社1980年版。

谷省吾：《祭祀与思想——神道的祈祷》，国书刊行会 1985 年版。

薗田稔：《神道——日本的民族宗教》，弘文堂 1999 年版。

张大柘：《宗教体制与日本的近现代化》，宗教文化出版社 2006 年版。

西谷启治：《根源的主体性の哲学》，弘文堂 1940 年版。

西谷启治：《现代社会の諸問題と宗教》，法藏馆 1951 年版。

丸山真男：《日本の思想》，岩波书店 1961 年版。

中村元：《東洋人の思惟方法 3　日本人の思惟方法》（中村元选集3），春秋社 1962 年版。

仁户田六三郎：《日本人の宗教意識の本質》，教文馆 1973 年版。

河合敦：《日本史 B》，山川出版社 2001 年版。

《史料による日本の步み・近代编》，吉川弘文馆 1967 年版。

中牧弘允：『宗教に何がおきているか』，平凡社 1990 年版。

日本人口问题审议会：《日本的人口、日本的家庭》，东洋经济新报社 1988 年版。

木村文胜：《解读少子老龄化的问题》，中国经济出版社 1999 年版。

日本内阁府编：《少子化社会白皮书（2004）》，行政出版社 2004 年版。

熊必俊编著：《人口老龄化与可持续发展》，中国大百科全书出版社 2002 年版。

富永健一：《日本的现代化与社会变迁》，李国庆、刘畅译，商务印书馆 2004 年版。

王振锁：《日本农业现代化的途径》，天津社会科学出版社 1991 年版。

楫西光速等：《日本资本主义的发展》，阎静先译，商务印书馆 1963 年版。

焦必方主编：《战后日本农村经济发展研究》，上海财经大学出版社 1999 年版。

焦必方编：《日本的农业、农民和农村——战后农业的发展与问题》，上海财经大学出版社 1997 年版。

关谷俊作：《日本的农地制度》，生活・读书・新知三联书店 2004 年版。

杨曾文主编：《日本近现代佛教史》，浙江人民出版社 1996 年版。

中村元：《东方民族的思维方法》，浙江人民出版社 1989 年版。

吉田裕：《日本人的战争观——历史与现实的纠葛》，刘建平译，新华出版社 2000 年版。

戴维·波普诺：《社会学》（第 11 版），李强等译，中国人民大学出版社 2007 年版。

斯文·阿斯坡林：《瑞典 100 周年——通往人民之家的道路》，时代出版社 1989 年版。

菲利普·怀曼著，刘庸安等译：《瑞典与"第三条道路"——一种宏观经济学的评价》，重庆出版社 2008 年版。

斯·哈登纽斯：《二十世纪的瑞典政治》，戴汉笠、许力译，求实出版社 1990 年版。

汤姆·R. 伯恩斯等著，周长城译：《结构主义的视野》，社会科学文献出版社 2004 年版。

马茨·哈尔伐森：《瑞典经济》，徐炘熹、陈凤沼译，上海译文出版社 1987 年版。

本特·维斯兰德尔：《瑞典的议会监察专员》，程洁译，清华大学出版社 2001 年版。

顾俊礼：《欧洲政党执政经验研究》，经济管理出版社 2005 年版。

高锋、时红编译：《瑞典社会民主主义模式——述评与文献》，中央编译出版社 2009 年版。

丁建定：《瑞典社会保障制度的发展》，中国劳动社会保障出版社 2004 年版。

世界银行：《防止老龄化危机》，中国财经出版社 1996 年版。

汤益诚：《促进社会和谐的瑞典经验》，中国社会出版社 2008 年版。

田雪原等著：《老龄化——从"人口盈利"到"人口亏损"》，中国经济出版社 2006 年版。

方彤：《瑞典基础教育》，广东教育出版社 2004 年版。

叶静漪、Ronnie Eklund 主编：《瑞典劳动法导读》，北京大学出版社 2008 年版。

徐和平等：《城市化的模式》，人民出版社 2006 年版。

黄范章：《瑞典"福利国家"的实践与理论："瑞典病"研究》，上海人民出版社 1987 年版。